耶易會通

耶易會通

清代天主教徒呂立本
《易經本旨》研究與編注

黎子鵬　胡獻皿　編著

香港中文大學出版社

本書的出版獲得香港中文大學文學院出版補助金支持，特此致謝。

This publication was partially supported by the Publication Support Fund offered by the Faculty of Arts, The Chinese University of Hong Kong.

《耶易會通：清代天主教徒呂立本〈易經本旨〉研究與編注》
黎子鵬、胡獻皿 編著

國際統一書號 (ISBN)：978-988-237-309-9
出版：香港中文大學出版社
　　　香港 新界 沙田・香港中文大學
　　　傳真：+852 2603 7355
　　　電郵：cup@cuhk.edu.hk
　　　網址：cup.cuhk.edu.hk

Christian **Yijing**: *A Critical Study and Annotated Edition of* **Yijing benzhi**
(Original Meaning of the **Yijing***) by Lü Liben,*
a Chinese Catholic in the Qing Period
　By John Tsz Pang Lai and Jochebed Hin Ming Wu

ISBN: 978-988-237-309-9

Published by The Chinese University of Hong Kong Press
　　　The Chinese University of Hong Kong
　　　Sha Tin, N.T., Hong Kong
　　　Fax: +852 2603 7355
　　　Email: cup@cuhk.edu.hk
　　　Website: cup.cuhk.edu.hk
Printed in Hong Kong

謹將此書獻給

呂立本

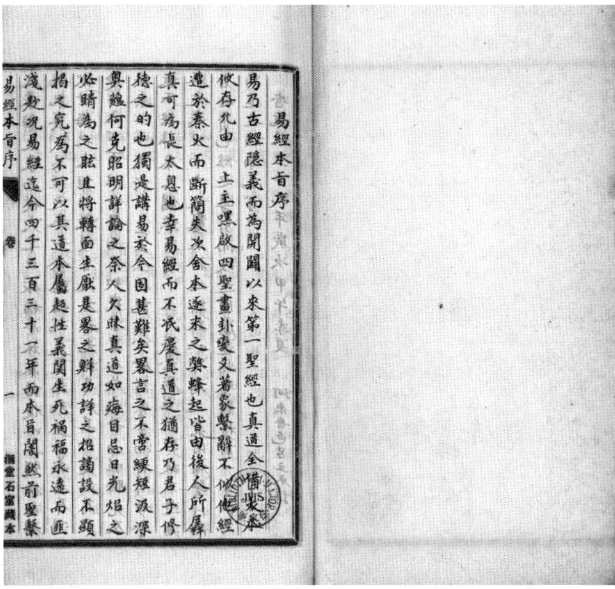

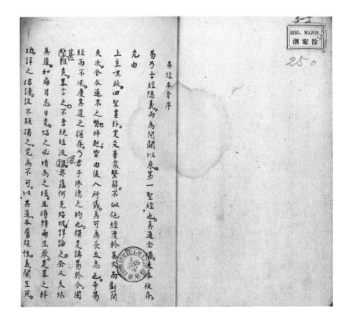

附圖1
石室本卷一序首頁，右下角印有耶穌會會院章。

附圖2
會院本卷一序首頁，右下角印有耶穌會會院章。

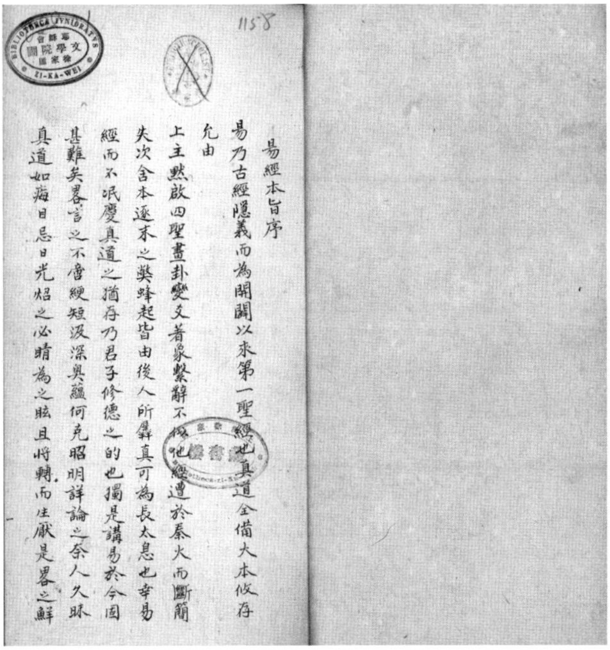

易經本旨序
易乃古經隱義而為開闢以來第一聖經也真道全備大本攸存
允由
上主默啟四聖畫卦變爻著象繫辭不似他經遭於秦火而斷簡
失次舍本逐末之弊蜂起皆由後人所羼真可為長太息也幸易
經而不泯慶真道之猶存乃君子修德之的也獨是講易於今固
甚難矣畧言之不啻綆短汲深奥藴何克昭明詳論之奈人久昧
真道如瘋目忌日光焰之必睛為之眩且將轉而生厭是畧之鮮

附圖 3
文院本卷一序首頁，右上角印有耶穌會文學院舊章。

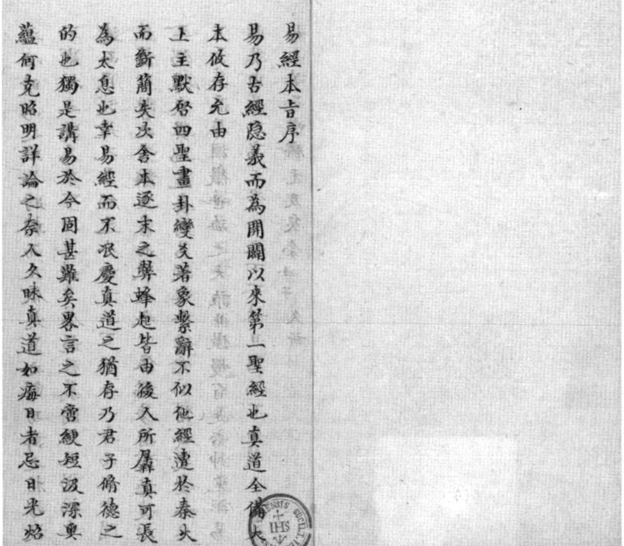

易經本旨序
易乃古經隱義而為開闢以來第一聖經也真道全備大
本攸存允由
上主默啟四聖畫卦變爻著象繫辭不似他經遭於秦火
而斷簡失次舍本逐末之弊蜂起皆由後人所羼真可長
為太息也幸易經而不泯慶真道之猶存乃君子脩德之
的也獨是講易於今固甚難矣畧言之不啻綆短汲深奥
蘊何克昭明詳論之奈人久昧真道如瘋目者忌日光焰

附圖 4
神院本卷一序首頁，右下角印有耶穌會神學院章。

附圖 5
伯祿本卷六扉頁，右方印有黃伯祿私章。

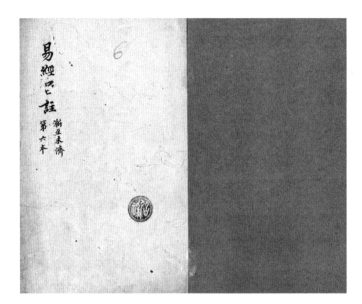

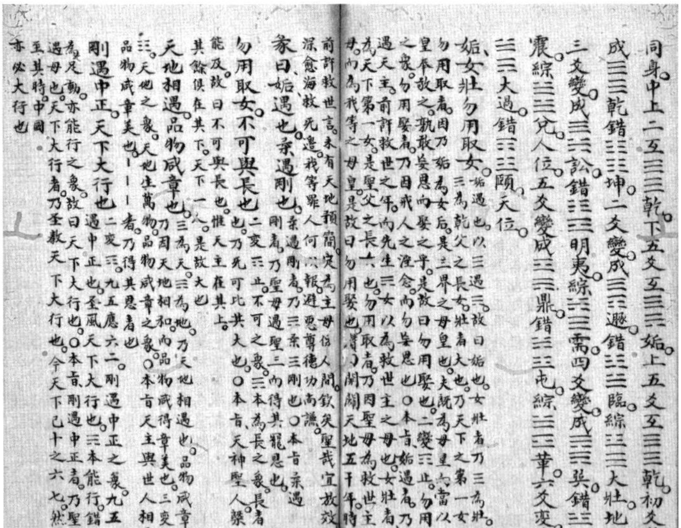
同身。中上二互[illegible]乾。下五爻互[illegible]姤。上五爻互[illegible]乾。初爻變
成[illegible]乾。錯[illegible]坤。二爻變成[illegible]遯。錯[illegible]臨。綜[illegible]大壯。地位。
三爻變成[illegible]訟。錯[illegible]明夷。綜[illegible]需。四爻變成[illegible]巽。錯[illegible]
震。綜[illegible]兌。人位。五爻變成[illegible]鼎。錯[illegible]屯。綜[illegible]革。六爻變成
[illegible]大過。錯[illegible]頤。天位。
姤。女壯。勿用取女。姤遇也。以[illegible]遇[illegible]。故曰姤也。女壯者。乃[illegible]為壯。而[illegible]為乾父之長女。壯者大也。乃天下之第一女也。勿用取者。因乃姤為女后。是三界之母皇也。夫既為母皇。亦當以母皇奉敬之。孰敢妄思而娶之乎。是故曰勿用娶也。二變[illegible]止。勿用取之象。勿用娶者。乃因我人之淫念。而勿妄思也。○本旨。姤遇者。乃正遇天主。前許救世之年。而先生[illegible]女。以為救世主之母也。女壯者。乃為天下第一女。是聖父之長女也。勿用取者。乃因聖母為救世主之母。而為我等之母皇。是故曰勿用娶也。[illegible]闢天地五千年。時遇前許救世言。未有天地預定為主母。位人間。欽矣聖哉。宜效思深愈海。救死避我等罪人何以報。避惡尊德功高識。
彖曰。姤遇也。柔遇剛也。柔遇剛者。乃[illegible]柔[illegible]剛也。○本旨。柔遇剛者。乃聖母遇聖[illegible]而得其寵恩也。
勿用取女。不可與長也。二變[illegible]止。不可之象。[illegible]本為長之象。長者大也。乃死可比其大也。○本旨。天神聖人。槩不能及。故曰不可與長也。惟天主在其上。其餘俱在其下。天下一人。是故大也。
天地相遇。品物咸章也。[illegible]為天。[illegible]為地。乃天地相遇也。品物咸章者。[illegible]天地之象。天地生萬物。乃因天地相和。而品物咸章之象。○本旨。天主與世人相遇。品物咸章者。品物咸得章美也。三變咸[illegible]者。乃得其恩者也。
剛遇中正。天下大行也。二變[illegible]九五應六二。剛遇中正之象。九五剛遇中正也。巽風天下大行也。[illegible]本能行。錯[illegible]為足動。亦能行之象。故曰天下大行也。○本旨。剛遇中正者。乃聖子遇母也。天下大行者。乃聖教天下大行也。今天下已十之六七。然未至其時。中國亦必大行也。

附圖 6
伯祿本卷五〈姤卦〉注文。

易經本旨卷之六目錄

河東晉邑呂立本註

漸、歸妹、豐、旅、巽、兌、渙、節、中孚、小過、既濟、未濟終、

附圖 7
呂註本卷六首頁。

易經本旨卷之四

河東晉邑呂立本註

漸 歸妹 豐 旅 巽 兌 渙 節 中孚 小過 既濟 未濟

附圖 8
徐匯本卷四首頁，所抄錄為卷六內容。

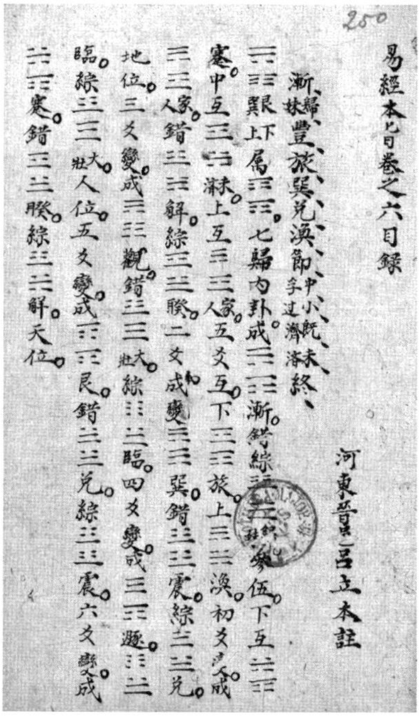

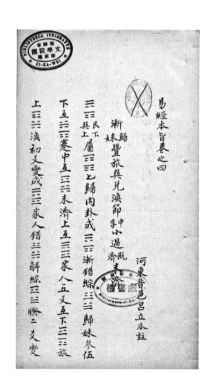

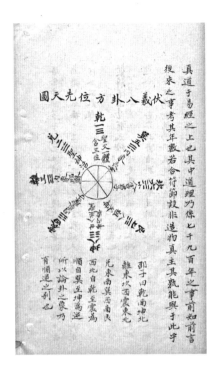

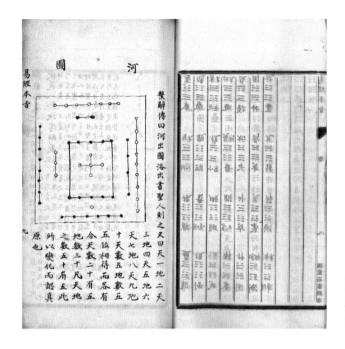

附圖 11
石室本卷首〈河圖〉。

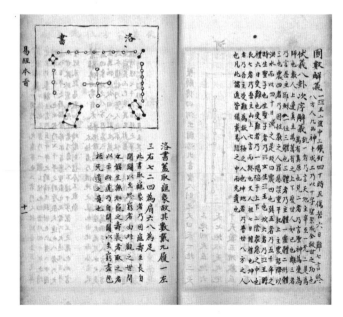

附圖 12
石室本卷首〈洛書〉。

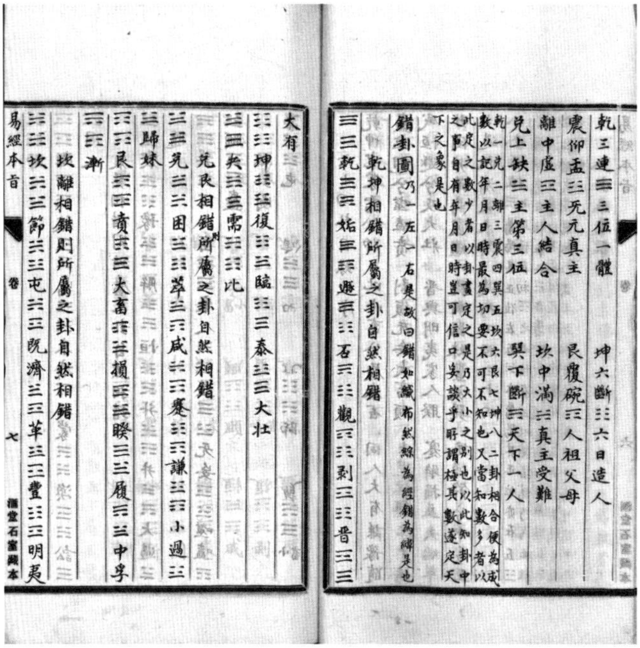
乾連三位一體　坤六斷六日造人
震仰盂元元真主　艮覆碗人祖父母
離中虛主人結合　坎中滿真主受難
兌上缺主第三位　巽下斷天下一人
錯卦圖乃一左一右是故曰錯
乾坤相錯所屬之卦自然相錯
乾　姤　遯　否　觀　剝　晉
大有
坤　復　臨　泰　大壯
夬　需　比
兌艮相錯所屬之卦自然相錯
兌　困　萃　咸　蹇　謙　小過
歸妹
艮　賁　大畜　損　睽　履　中孚
漸
坎離相錯則所屬之卦自然相錯
坎　節　屯　既濟　革　豐　明夷
易經本旨　卷　七　福堂石室藏本

附圖 13
石室本卷首〈錯卦圖〉。

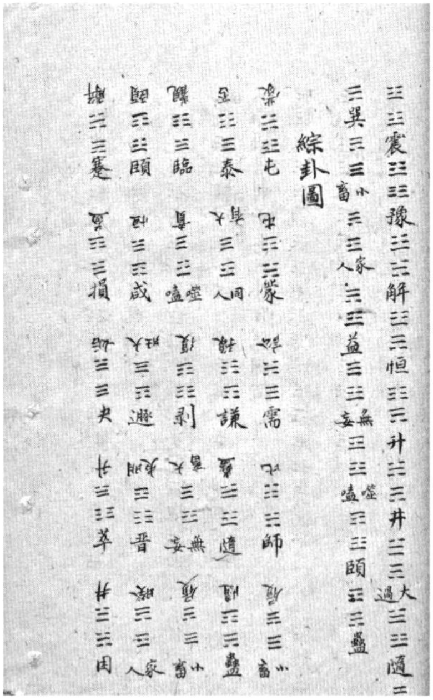
震　豫　解　恒　升　井　大過　隨
巽　小畜　家人　益　無妄　噬嗑　頤　蠱
綜卦圖

附圖 14
徐匯本卷首〈綜卦圖〉。

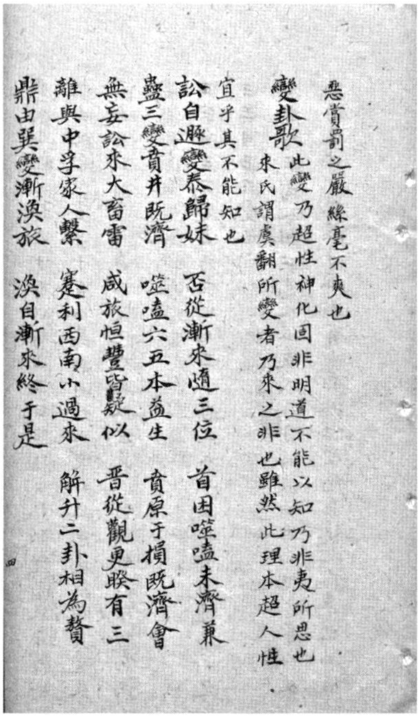

悉賞罰之嚴絲毫不爽也
變卦歌　此變乃超性神化固非明道不能以知乃非夷所思也
來氏謂虞翻所變者乃來之非也雖然此理本超人性
宜乎其不能知也
訟自遯變泰歸妹　否從漸來隨三位　首困噬嗑未濟兼
蠱三變賁井既濟　噬嗑六五本益生　賁原于損既濟會
無妄訟來大畜需　咸旅恒豐皆疑似　晉從觀更睽有三
離與中孚家人繫　蹇利西南小過來　解升二卦相為贅
鼎由巽變漸渙旅　渙自漸來終于是

附圖 15
徐匯本卷首〈變卦歌〉。

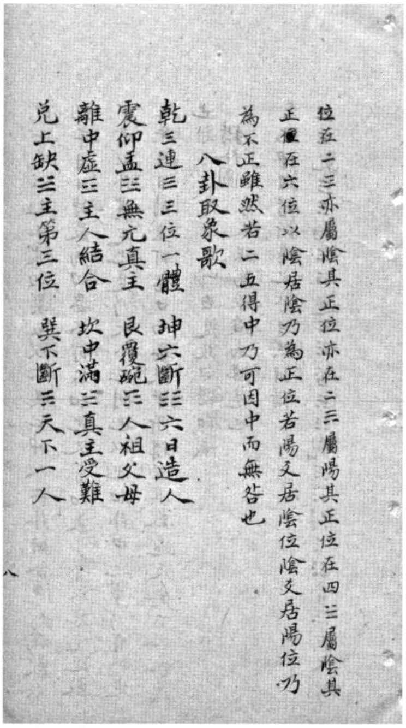

位在二三亦屬陰其正位亦在二三屬陽其正位在四☰屬陰其
正位在六位以陰居陰乃為正位若陽爻居陰位陰爻居陽位乃
為不正雖然若二五得中乃可因中而無咎也
八卦取象歌
乾三連☰三位一體　坤六斷☷六日造人
震仰盂☳無元真主　艮覆碗☶人祖父母
離中虛☲主人結合　坎中滿☵真主受難
兌上缺☱主第三位　巽下斷☴天下一人

附圖 16
徐匯本卷首〈八卦取象歌〉。

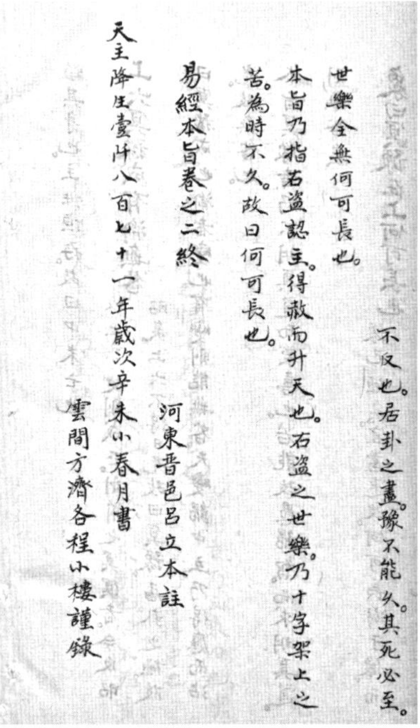

不反也。居卦之畫。豫不能久。其死必至。
世樂全無何可長也。
本旨乃指右盜認主。得赦而升天也。右盜之世樂。乃十字架上之
苦。為時不久。故曰何可長也。
易經本旨卷之二終
河東晉邑呂立本註
天主降生壹仟八百七十一年歲次辛未小春月書
雲間方濟各程小樓謹錄

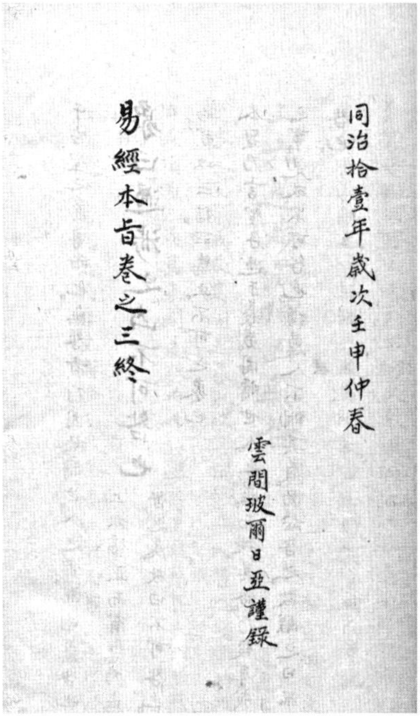

同治拾壹年歲次壬申仲春
雲間玻爾日亞謹錄
易經本旨卷之三終

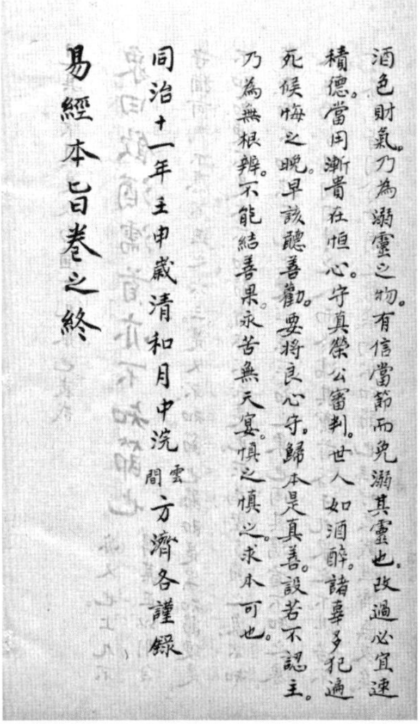

酒色財氣。乃為溺靈之物。有信當節而免溺其靈也。改過必宜速
積德。當因漸貴在恒心。守真榮公審判。世人如酒醉。諸事多犯過
死候悔之晚。早該聽善勸。要將良心守。歸本是真善。設若不認主。
乃為無根辨。不能結善果。永苦無天宴。慎之慎之。求本可也。
同治十一年壬申歲清和月中浣雲間方濟各謹錄
易經本旨卷之終

附圖17–19
徐匯本抄錄人員署名，卷二「雲間方濟各、程小樓謹錄」(左上)，卷三「雲間玻爾日亞謹錄」(右上)

目　錄

張西平序

　　從基督教思想史來看，「索隱解釋」可以被看作是基督教早期時《聖經》解釋的基本特點和方法。對《聖經》舊約的解釋是「索隱思想」的起源。在歐洲對《聖經》的解釋中，如何處理《舊約》與《新約》之間的關係，是當時基督教面臨的重大問題，這樣就產生了《舊約》索隱派的理論，他們從《舊約》中尋找《新約》的形象和真諦。最初的基督徒都是猶太人，對他們來説沒有必要將希伯來信仰的《舊約》和他們對基督的信仰《聖經》做出太嚴格的區分。但當基督教向猶太以外的地區傳播時，就會面臨如何向外邦人解釋和説明猶太信仰的希伯來聖經和基督信仰之間的關係。最早提出這個問題的，是在公元2世紀時「一位名為馬西昂（Marcion）的基督徒提出了新、舊約的關係問題。他看到使徒們在立場上有曖昧的地方，同時也注意到《舊約》給基督徒帶來的問題。」[1]究竟是哪些問題呢？首先是上帝的形象，在《新約》裏，耶穌所説的上帝是仁慈的，而《舊約》裏的上帝有時是極端野蠻、殘忍的；《舊約》是以色列人的信仰，《新約》是基督徒的信仰，這種差別也是明顯的；「耶穌本人宣稱，他來到世上是為要『成全』希伯來聖經（馬太福音5.17），但他在行動上卻似乎拋棄了其中某些最有特色的教導，不僅是在守安息日（馬可福音2.23–28）和飲食律例（馬可福音7.14–23）這類問題上，在某些道德教訓上也是如此（馬可福音7.21–45）。」[2]這樣《舊約》和《新約》的關係問題就擺在基督徒面前。

1　（英）約翰‧德雷恩（John Deane）著；許一新譯：《舊約概論》（北京：北京大學出版社，2004年），頁377。
2　約翰‧德雷恩著；許一新譯：《舊約概論》，頁376。

　　採取一種索隱的方法，將《舊約》和《新約》連接起來，這就產生了《聖經》解釋的索隱派，因為從神學上說《舊約》是《新約》的基礎，如果沒有《舊約》，基督教就沒有了上帝和自然關係這樣的視角，就沒有了《新約》全部解釋的基礎，如果忽略《舊約》，《新約》自身很難自圓其說。這樣，確立堅信只有一個上帝，他是宇宙全能的主宰，也關愛著所有人，這是《舊約》和《新約》的最根本共同點；在解釋耶穌基督與人類的關係時，其神學框架也必須建立在《舊約》創世故事中的上帝與人類的關係論述之上。

　　如何實行這些最基本的神學原則呢？那就需要採取索隱的方法，將《舊約》中並未顯現的道理解釋出來，通過這種象徵性解釋，使《舊約》和《新約》成為一個邏輯上緊密連接的整體。

　　索隱作為對《聖經》的解釋方法有兩種：一種是字面的解經，另一種是超出字面的解經。

　　我們先看第一種字面解經的方法。這種方法就是依據文本，從語言上對《舊約》或《新約》的書面文字內容進行解釋，闡發其宗教意義。《聖經》並不是由一位作者所完成的，而是有許多作者，在不同的時期，有著不同的原因，按照不同的書寫風格，在長達千年的時間中形成的。這樣的記述會有前後矛盾和不一致之處。面對信徒的質疑，必須從文字上對經書進行整理，按照語言固有的規律和特點加以研究。這種釋經的方法就是後來西方語文學的根源。語文學 (Philology) 就是通過對文獻文字的語言學研究「確立由傳統流傳下來的本文，並重新實現本文的意義」。[3] 在我看來，儘管這種解經的方式是依據文本和語言來說明和揭示文本的意義的，這裏同樣包含了一種索隱思想，因為思想的解釋和文本之間並非完全一致，這是需要靠解釋者來加以說明的。當然，相對於超出字面的索隱方法，我們可以將這種字面解經的方面稱為「具象性索隱法」，即這種文本意義的闡發，必須是根據文本的文字——這一具象來完成的，意義的產生不能完全脫離文本。

　　第二種是超出字面的解經方法。所謂超出文本，就是說從文本中無法獲得一種意義，從字面上，無法展現出更為深刻的思想，文本的意義和思想必須超出文本來加以說明和闡釋。如果把基於文字解釋的方法，即「具

3　潘德榮：《詮釋學導論》（臺北，五南圖書出版公司，1999年），頁18。

象索隱法」作為索隱方法的初級階段的話，那麼，這種脫離文字的解釋方法，即「抽象索隱法」，我們可以稱之為索隱方法的高級階段。

這兩種《聖經》的解經方法和傳統成為西方宗教與人文學術發展的重要思想資源和背景，深刻地影響了以白晉為代表的法國來華傳教士。

白晉研究《易經》起源於禮儀之爭，作為耶穌會士，他要捍衛利瑪竇留下的遺產，他要回擊以道明會所代表的托鉢修會對耶穌會傳教路綫的批評，說明利瑪竇路綫的合理性和正確性。隨著德國教會史研究專家柯蘭霓的《耶穌會士白晉的生平與著作》[4]、美國漢學家魏若望的《耶穌會士傅聖澤神甫：索隱派思想在中國及歐洲》[5]、丹麥漢學家龍伯格的《清代來華傳教士馬若瑟研究》[6]這三本譯著的出版，以白晉為首的索隱派團體的整體情況開始為中國學術界所知。

黎子鵬教授是中文學術界最早展開白晉索隱思想研究的人，他在《清初耶穌會士白晉〈易經〉殘稿選注》一書中，便通過對白晉《易經》解釋的研究，指出白晉試圖從歷史的角度把《易經》納入救恩史的敘事脈絡，並從對《易經》相關經文的講疏內容，推演出六千年救贖史和耶穌生平史兩個敘事結構。他認為白晉的詮釋一方面缺乏易學傳統理論的支持，另一方面亦使《易經》失去了主體性，淪為《聖經》救贖敘事的載體。

長期以來學術界集中在來華傳教士的索隱派思想研究，但傳教士的這種研究在中國本土是否產生了影響？中國本土教會對傳教士的索隱理論有何反映？這是學術界長期沒有注意到的問題。子鵬這本書首次整理了中國本土教徒呂立本的《易經本旨》，讓我們看到索隱的釋經理論在中國本土的反映。呂立本是否看過白晉等人的手稿，是否讀過白晉的《天學本義》，這些問題雖然尚未找到直接的證明，但呂立本的價值在於「透過重現這份本土文本的獨特面貌，顛覆過往視索隱易學為『外來』產物的刻板印象，試圖為相關的研究開開闢另一種想像和閱讀的可能」。

4　Claudia von Collani, *Die Fihuristen in der China misson* (Frankfurt am Main: Peter Lang, 1981).

5　John W. Witek, *Controversial Ideas in China and in Europe: A Biography of Jean-Freçnois Foucquet, S.J. (1665–1741)* (Roma: Institutum Historicum S.I., 1982).

6　Knud Lundbæk, *Joseph de Prémare (1666–1736) S. J.: Chinese Philology and Figurism* (Aarhus C, Denmark: Aarhus University Press, 1991).

　　子鵬的研究使我們看到，呂立本的索隱思想在吸收艾儒略等來華傳教士的一些神學思想以外，主要是從中國本身的思想文化資源來加以解釋。《易經》作為最古老的漢語文獻之一，見證著中華文明的發展軌跡，歷來為各種思想與宗教提供了重要的思想資源。儒家有「傳」，道家有《周易參同契》，而且民間宗教等也與《易經》有著緊密的連繫。《易經》解釋的這種開放和多樣性為中國各類宗教思想提供了基礎。呂立本不僅打破了傳教士「獨尊儒術」以及「上層路綫」策略的局限，更充分利用這些本土宗教的元素豐富天主教信仰的內涵。所以呂立本立足《易經》來闡發自己的神學思想就與白晉立足《易經》的闡發有所不同。當白晉解釋《易經》的思想資源主要源於西方，而呂立本解釋《易經》時則主要源於中國的思想資源。如子鵬在書中所說「自東漢魏伯陽（151–211）著《周易參同契》起，便開啓了道學託易象而論煉丹的傳統。魏氏主『天人合一』說，認為煉丹修道與宇宙生化同理，人若能掌握天地陰陽之機，便可煉藥提升和轉化身體和意識，達至長生不老的成仙境界。他把易理卦象具體運用在還丹燒煉的說明上，以乾 ☰ 坤 ☷ 為器（鼎爐），坎 ☵ 離 ☲ 為藥（汞鉛），五行為輔助，解說火候調運、和合鉛汞結成金丹的原理。……呂立本巧妙地借用內丹成仙論（immortalization）的系統來表述天主教成聖論（divinization），以『修行得道』、『長生不老』等既有觀念去框定『修德得救』、『永生不朽』等概念，並立聖子耶穌和聖母瑪利亞為表率……但他援引《歷代神仙通鑑》的作法生動反映了本土人士對瑪利亞神學形象的理解和想像，亦揭示了禁教時期天主教與民間宗教錯綜複雜的關係。」這樣的例證在書中還有很多，從而使我們看到中國本土神學思想的創造性。

　　子鵬熟悉白晉的索隱理論，使他能對來華耶穌會士的索隱神學和呂立本的索隱神學加以對比，從而使我們有一個更為寬闊的學術視野，對索隱理論在中國發展的多維性和複雜性有新的認識。他的結論是：「由此看來，呂立本釋象手法與索隱派傳教士確有不少相似之處。然而相較於傳教士抽取零星卦象加以演繹的作法，呂立本借宋易象數學所建立的八卦象徵系統更顯完整，而他的義理論述亦是在此基礎上進一步開展。」

　　近期我主編的《白晉文集》將陸續出版，其中整理了梵蒂岡圖書館收藏的近30萬字的白晉《易經》研究手稿和《天學本義》的多個文本；而我的白

晉研究專著也將在明年出版。現在讀到子鵬的書稿，十分感興趣。與學術
同行切磋學問，探求新知實乃滋養學問之妙法。是為序。

張西平

北京語言大學特聘教授

2023 年 8 月 20 日寫於巴黎

賴貴三序

——易宗神化天人道，經貴會通聖哲心

　　筆者於2017至2018年在魯汶大學漢學系研究學習時，曾經在該校中央圖書館二樓「東方圖書館」閱覽及複印鐘鳴旦（Nicolas Standaert）、杜鼎克（Adrian Dudink）、王仁芳共同整理編輯之《徐家匯藏書樓明清天主教文獻續編》第一、二冊，以其中收錄的乾隆中葉呂立本撰註之《易經本旨》為研究原典，考論十八世紀後期中國教友天主教式的《易經》闡釋，從西方《聖經》學的傳教士觀點，以及中國學者對於《易經》交流互涉、調適融格的思想脈絡，作為中土《易經》學與西方《聖經》學在詮釋研究上「視域融合」的觀照參考。

　　《徐家匯藏書樓明清天主教文獻續編》與之前出版的明清天主教文獻相同，刊行的多是尚未出版過、或不為外界所知的文獻。這些大多由中國與歐洲教士共同寫就的手稿或印本，重現了十七世紀以來的中歐交往樣貌。黎子鵬、胡獻皿《耶易會通：清代天主教徒呂立本〈易經本旨〉研究與編注》係以《徐家匯藏書樓明清天主教文獻續編》第一、二冊收錄清朝乾隆三十九年（1774）「歲次甲午季夏河東晉邑呂立本撰註」、同治十一年（1872）「壬申歲清和月中浣雲間方濟各謹錄」之四卷楷書過錄稿本《易經本旨》為主要研究編注文本，合共四卷計792頁，卷帙內容甚為完整豐富，全書以天主教《聖經》教義本旨，詮釋《易經》六十四卦，別開生面，自成體系，迥異於傳統以儒、道、釋為解者，從來所未見，也一直未為學者所關注，至今罕見相關研究成果，深具學術探討價值。

　　本書釋文校注付梓出版，以供學界比較參考、觀覽對照，先以導論總括全稿，檢證作者如何援引天主教義，作為詮釋《易經》思想脈絡體系的藍本，並試圖從宗教性、學術性、時代性三方面，分判與會通兩者的同異、

混通與和合，藉此觀察並體會西方天主聖義如何與東土儒學《易》教的調適與融格，辨章考鏡，精當中肯，為學者開啟一扇《易》學研究的明窗。《易經本旨》全書共分四卷，值得注意的是，卷三到卷四之間，缺少了由〈坎〉卦到〈艮〉卦共二十四個卦，筆者推測造成缺漏之可能原因有二：一為自然佚失，被收入《徐家匯藏書樓明清天主教文獻續編》前便在流傳過程中散佚；二為抄錄時遺漏，因此書各卷之抄錄者不同，且各卷被抄錄時間與成書相隔約一百年，極有可能於抄錄過程中出錯或遺漏。

本書作者呂立本以比喻手法發掘出《易經》的「原始含義」，並融入天主教思想、故事與符號，營造出獨特的「耶穌受難敘事」（passion narratives）風格。而天人關係是探討天與人互動模式的課題，其中之「天人合一」被視為是中國哲學的中心觀念。《易經》之天人思想隨著時間推移而有所不同，簡而言之可依畫卦出現、六十四卦產生到十翼作成，分為自然思想、神道思想與人道思想，其間共同的特色則是中道和諧。而《易經本旨》的天人關係因加入天主教思想，而產生截然不同的面貌。

中國先賢皆為主動的創造《易經》，不論取法天地、重卦、作十翼，皆出於人為。而《易經本旨》在此強化了「天」的地位，例如呂立本認為卦畫「本自上主默啟伏羲所畫，而為文字之祖」。而重卦與繫辭是「上主默啟文王所繫，爻象係周公所作，繫辭乃孔子所言。」呂立本認為中國先賢創造《易經》是受神明啟發，此處先賢的主動創造轉變成受託創造，主動性依然存在，但更強調「受託、受啟發」的部分。而託付創造《易經》之神，呂立本稱其為「上主」，即天主教中的「天主」。呂立本認為《易經》由天主所創，是天主給予人們判別是非善惡的工具，亦是天主獎賞或懲戒人的依據。《易經本旨》中的「天」，是萬物的主宰、善惡的制定者，亦是賞罰世人的裁決者；相對的，人是受天主支配、保護、引導的存在。

人雖有罪但天主並未棄之不顧，而是派遣自己的兒子降生於世、引導世人改過向善，若能誠心悔改則能化解災禍，最終前往天國；反之則去到地獄，永遠承受痛苦與悔恨。人在《易經本旨》中的角色至此明晰，人是生來即有罪的、是受「天」支配的，亦是受「天」愛護的對象，理應對天懷著敬畏之心。另外，書中出現的「聖子」，即天主教中的「耶穌」，是《易經本旨》中溝通「天」與「人」的特別存在。他既屬於神亦屬於人，是傳達神的意旨、

引導世人行善者，卻與中國所謂的「聖賢」有所區別，因他只有一人，聖賢應排在他之下。

綜上所述，《易經本旨》中的天人關係中大致有四種角色，由上到下分別是：「天主」、「聖子」、「聖賢」、「世人」。「天主」是自然也是神，創造、支配、賞罰、愛護著祂之下的萬物；「聖子」是次於「天主」的存在，引導萬物順從天道即是他的使命；「聖賢」則是所有助「世人」覺醒、向善的推手；最末位是「世人」，他們背負原罪，受天支配、受聖子引導、受聖賢啟蒙。在此環境中塑造的天人關係，可說是極為複雜，但大體上是和諧的狀態。

再者，《易經本旨》中〈巽〉卦與〈離〉卦，分別被賦予「聖母」與「聖子」的形象，其成因除了呂立本重視卦象圖外，亦能從中看到天主教取象連結而來的元素。此轉化過程亦能更清晰的觀察到，呂立本對《易經》的新創手法是將天主教符號以相似的概念融入，在賦予《易經》新意涵時，亦同時使讀者默默接受了他所欲傳達的天主教內容。

呂立本認為《易經》中奇妙的陰陽變化皆為天主所創，是提供世人判別是非善惡的標準，亦是人死後天主用來決斷要上天國或下地獄的依據。然而「今之迷子不知生從何來，死歸何去，而不求知，其為愚也，至矣！至矣！」多數中國人並不熟悉天主教教義，身為天主信徒的呂立本對此充滿激憤與悲嘆，是以他注解《易經》，認為它是傳揚天主教教義的聖經，亦是天主提供中國人「養靈魂大體之真道」，不信者必遭凶禍，並永受無窮之苦。

呂立本將中國經典轉化為天主聖經的手法，可能是受到「索隱派」（Figurists）的影響，嘗試以八卦本意與天主教典故融合，例如〈兌〉二以〈兌〉之「說話」結合聖子「二性」而成；〈震〉四以「雷」結合天主之「怒降洪水」而成。呂立本大量運用這些類比手法，將中國人熟悉的經典轉化為天主教聖經。筆者以此推測，《易經本旨》可能是呂立本為了在禁教時期傳教而作。透過中國經典包裝天主思想再散播於民間，除了能使中國人對其說的接受度提高，且以書籍流行而不進行集會，亦能減少遭逮捕的可能。要之，《易經本旨》透過中國經典闡揚天主教的教義思想，其行文風格受索隱派的影響，多以類比手法進行註解，引進大量天主教典故之餘，亦賦予《易》新的面貌。而其文字多急切、激揚之調，與清朝禁教、傳教不易且危險性十足之歷史背景相關。

　　《易經本旨》豐富的天主思想與《易》原本即有之神妙相融，形成富有宗教意義的作品。本書探討其天人關係——天主、聖子、聖賢、世人，並聚焦於「巽女生離王」之論點，並分別被賦予「聖母」與「聖子」的形象，因此徐宗澤《明清間耶穌會士譯著提要》將《易經本旨》分類於「真教辯護類」，可見它運用天主教思想注《易經》之舉，含有捍衛天主教原典之宗教意義。

　　呂立本以天主教經典《聖經》本位的角度出發，在《易經本旨》中對於卦旨的闡釋著重關注天地中所包含的天人關係，而不涉及探討純粹物理性的事物。其對《易經》的解讀有意附會天主教的思想，某種程度上也體現出他對《易》學與《聖經》觀點相近處的把握。可見《易經》與《聖經》共同擁有以天地相交而通泰的理想，並且為了實踐天地交融的理想，皆採取包容、不結黨營私、屈尊降卑的態度；藉著《易經本旨》的天主教化的解讀，透顯《易經》與《聖經》在以天地表徵的上下關係思想上的趨近。

　　《易經本旨》於中西文化衝擊、融合中產生，是清朝統治時期的天主信徒所作，其豐富的天主思想與《易》原本即有之神妙相融，形成富有宗教意義的作品。非常慶幸黎子鵬、胡獻皿經過多年努力，終於完成《耶易會通：清代天主教徒呂立本〈易經本旨〉研究與編注》一書，對於《易》學研究者與天主教友，當有「探賾索隱，鉤深致遠」的啟發影響，樂讀、悅究之餘，且拭目以待——洛陽紙貴，嚶鳴友聲。

賴貴三

國立臺灣師範大學國文學系教授

2023 年 11 月 3 日於屯仁學易咫進齋

李奭學序

　　明末西學東漸，天主教耶穌會士管領風騷，多數的歷史學家都以為他們的貢獻僅限於科技曆算，沒料到他們也解釋中國古典，而且不做則已，一做就是春秋墳典，《易經》尤受重視。歷史走到清初，一群由法國來華的耶穌會士，對《易經》的認識更加與眾不同。這群會士以白晉為首，但馬若瑟等人就《易經》所做的疏論後來居上，早已經打響耶穌會索隱派的名頭。蔡元培等《紅樓夢》索隱派，喜歡在小說中尋找清宮遺緒，耶穌會索隱派呢？他們愛好在《詩經》、《易經》或《書經》中窺覓天主奧義。如前所述，《易經》乃他們檢索的首要經籍。但我們沒有注意到的是，就在索隱派內有羅馬教會掣肘，外有中國官方查禁之際，地下教徒呂立本居然在乾隆年間也走上了索隱派的老路，成為首位以索隱派的手法重詮《易經》的中國信徒。

　　呂立本何許人也，我想知者乏人；250年後，他在香港總算覓得知音。黎子鵬教授和胡獻皿女士眼明手快，搶先告訴我們問題的初步答案。呂立本乃山西太原人，是受洗的天主教徒，所著《易經本旨》於乾隆三十九年（1774）成書，認為《易經》所載都是天主奧義，到處洋溢著天學弦音，是以特撰此書，將他讀《易》的心得公諸世人。寬鬆一點來講，明代來華的利瑪竇可稱耶穌會第一位索隱家，《天主實義》等名著，無不在中國古經中找尋天主遺蹟，把東西宗教串連為一。其後金尼閣等人賡續索隱，認定先秦古籍中的上帝就是天主教的陡斯。白晉、馬若瑟和傅聖澤等人是清代最著名的索隱家，大多在古經中探訪天主教義，進一步書之成文，筆之成書，貢獻卓著。呂立本身為中國士子，對《易經》有充分了解，探討更為詳盡。《易經本旨》雖為殘稿，卻系統儼然，有秩有序，乃華人索隱派的開路先鋒。

　　胡獻皿女士勤於撰述，是黎子鵬教授的入室女弟，而子鵬又是我多年好友，我所知較多。他精於基督教的文字事業，著有《福音演義：晚清漢語基督教小説的書寫》、*Literary Representations of Christianity in Late Qing and Republican China* 等中英要籍多種。幾年前他把觸角伸向天主教的著作，編注了《清初耶穌會士白晉〈易經〉殘稿選注》，又拉高觸角，關注到呂立本這本《易經本旨》，實屬不易。就我所知，子鵬關心呂著已有多年，他為此從香港到上海，又從上海回到母校牛津大學，矻矻專心，孜孜不倦，多方查考，廣事研究，終於為呂立本箋注了《易經本旨》。衡諸東西學界，索隱派的《易》學大要，再也沒有人做得比子鵬及其高弟胡獻皿女士來得精當的了。

　　我雖寫過《馬若瑟的文學世界》一書，嘗就《詩經》談點索隱學，然而對《易經》，所知反而有限，是以這篇文字只宜短，不宜長，否則就濫竽充數，越俎代庖了。是為序。

李奭學
中央研究院中國文哲研究所研究員
2023 年 9 月 18 日寫於臺灣南港

鄭吉雄序

　　《易經》因其宗教性、神祕性和多元喻象方法，在歷史長河中，較《詩》、《書》諸經流傳更廣，終而成為全球經典。邁入二十一世紀後，得力於全球化浪潮與資訊科技精進，《易》學傳播更為順暢，東亞各國迺至東西方交流日益頻繁。筆者近年致力與國際學界攜手推動「寰宇《易經》」(Global Yijing) 研究項目，正是感知《易經》全球化的好機遇，也是筆者邁向退休路上的好運氣。而今有幸奉讀黎子鵬教授及其高弟胡獻皿合撰《耶易會通：清代天主教徒呂立本〈易經本旨〉研究與編注》一書，內心鼓舞不言而喻。

　　《易》道廣大，研究途徑多方。本經的研究，當先立足訓詁、校勘，進路則兼取義理、象數、圖象；惟一旦擴大到歷史宗教比較研究，則軌轍迥異，必須以跨文化、跨領域精神推擴新義理，絕不能株守本義。呂立本《易經本旨》的價值正在於後者。由於《本旨》殘佚嚴重，版本多歧，目前學界尚欠缺一較全面而具有深度的校注，引導讀者認識文本。本書付梓，透過校注《本旨》殘稿，而以東西方聖典義理的融通為聚焦，無疑為學界提供一重要研究材料，不但裨益於寰宇《易經》研究，也昭示了跨文化、跨領域的重要性。《本旨》一書，雖為中土文士以中文撰著，鑒於其中融貫耶教教義，要掌握其義理，必須通解泰西語文，並對歐陸宗教歷史有深入了解。子鵬教授留學英倫，專研翻譯與宗教，嫻熟中西語文，久治理雅各 (James Legge)、麥麗芝 (Thomas McClatchie) 等傳教士文獻，深悉耶穌會士索隱派《易》學底蘊。有此學殖，探研耶《易》學說交融，其分析深入而獲豐碩成果，實順理成章，及時為此一領域補入重要板塊，貢獻不可謂不大。尤有進者，因呂立本以耶教教義與《易經》經義作雙向解釋，好比用兩種不同

顏色的射燈交互照耀，產生了眾色紛陳的奇幻效果。讀者因而可見呂氏以八卦喻象比附《聖經》教義及故事，或以「三才」引喻「聖三」（Trinity），或將 Holy Family 納入，縮合「父子母神」為「陰陽四聖」論，其中涉及聖母地位在耶教學說於中土傳播中的歧解異義。至於比附耶教教義時，或引入以《易》理為核心的道教內丹學說，或與《歷代神仙通鑑》「佛祖傳燈」等涉及中國化之佛教教義相格。透過本書，讀者可一覘由《聖經》與《易經》互詮，進一步擴大為宗教交互影響的文化傳播現象。凡斯種種，皆可見此書的特色與貢獻所在。

筆者自 2000 年起在國立臺灣大學推動東亞文化文明的跨領域研究，除鑽研《易經》詮釋傳統，亦推廣《易》學國際化，有幸得與歐、美、日、韓與海峽兩岸三地的《易》家交流，深知《易經》全球化足跡溯源尋流的箇中艱苦。任何點滴研究成果，都能沾溉《易》學土壤，讓故土孕育出新苗。本書刊佈，對東西方宗教文化研究產生深遠影響，實可預期。今付梓之際，承作者雅囑撰〈序〉，謹揭示《易》學全球傳播旨趣數端，以敬告天下後世《易》學同好如上。

鄭吉雄

香港教育大學文化歷史講座教授

2023 年 9 月 8 日癸卯年白露書於御龍山寓廬

韓子奇序

　　自二十世紀八十年代以來，海內外的易學研究一直蓬勃發展。在國內，隨著地下文物的出土（例如馬王堆帛書、王家台秦簡、清華簡、上博簡），學者對《周易》古經經文的編撰及早期版本的流變，有了更為深廣的認識。在國外，因中外文化交流的日益深化，外國學者對中國易學傳統的發展（例如王弼的「哲學易」和程朱的「理學易」），產生了濃厚興趣。四十年來，經國內外學者不斷努力，易學已經成為全球學術研究的熱點之一。從地域來説，易學範圍不單覆蓋東亞、東南亞諸國，也包括歐洲、英國、北美等地。誠如美國易學家司馬富（Richard J. Smith）所説，《易經》已成為跨文化、跨種族、跨國界的全球性經典；它雖源自中國，但面向世界，以不同方式給面臨危機、困惑和恐懼的人提供寶貴的思想資源。

　　截至目前，研究全球易學主要從兩方面入手。一方面是通過外文翻譯去了解《易經》如何從中國國內傳往世界各地，讓外國讀者讀通讀懂《易經》。另一方面是研究當《易經》傳至國外後，它如何落地生根，融入外國的文化環境，在新的文化土壤裏開花結果。這兩種研究方向的優點是各行其善，一邊集中研究易學怎樣從內循環轉為外循環，另一邊則集中研究易學怎樣從外循環轉為內循環。但它們的優點同時也是它們的弱點。兩種研究方向總是河水不犯井水，好像內外循環沒有任何直接關係，更遑論突顯內外兼備、四通八達、川流不息的全球易學循環。

　　從全球易學研究的發展來説，《耶易會通：清代天主教徒呂立本〈易經本旨〉研究與編注》的面世是一個重要突破。兩位編著者的貢獻，不止是把

呂立本《易經本旨》殘本整理出版，為研究清代天主教傳教史的學者提供了一份珍貴資料。更重要的，是兩位編著者從分析《易經本旨》的成書過程與書中內容，證明易學的內外循環之間，其實還有第三個循環。這第三循環介乎內外循環之間，既不完全屬於任何一方，又能貫通兩方。

在一般中外文化交流的著作裏，這種第三循環往往被忽略，原因是它若明若暗，若顯若隱。正如兩位編著者在〈導論〉所說，《易經本旨》是利用《易經》去解釋天主教的教義，目的是把《易經》變為《聖經》。但《易經本旨》出現的時代，卻是乾隆禁教之後，在沒有傳教士的指導和保護之下，中國信徒為了繼續維持宗教信仰，把《聖經》變為《易經》。故此，《易經本旨》是一個兩不像的東西。它既是《易經》又不完全是《易經》；它既是《聖經》又不完全是《聖經》。

從內容來說，《易經本旨》是易學著作。它解釋《易經》的六十四卦，在解釋卦爻時，呂立本刻意地利用來知德的錯綜方法去解釋卦爻辭，因此它是一種典型的象數易學作品。但從思想層面來說，呂立本的《易經》其實是《聖經》。呂立本的《易經》比附《聖經》，其背後的理論基礎是明代天主教耶穌會傳教士的「索隱派」傳釋法，目的是把所有中國古代經典都變為《聖經》的隱喻。因此在《易經本旨》裏，八卦六十四卦並不是占筮的記錄，而是突顯從創世到末世的救贖過程。但同時，《易經本旨》又不完全是耶穌會「索隱派」的翻版。在闡釋《易經》的過程中，呂立本加入不少中國的本土元素，例如山西人對女神的崇拜和對道教煉丹的尊崇。在一定程度上，《易經本旨》反映了中國北方的地方信仰，是天主教在地化的具體表現。

目前，《易經本旨》是我們找到唯一內外兼備的易學文本。但從閱讀這個文本，我們至少可以提出以下兩個問題。一，康熙禁教後，中華大地上依然有不少教徒繼續信奉天主教，而且開始在地化，把天主教義與中國地方宗教混合一體。在這個大環境下，義理易學與《聖經》的對話，究竟擦出了什麼樣的火花？二，這天主教在地化的發展，是否與日後《易經》再一次外循環有關？即是說，《易經本旨》這類書有沒有影響到1840年後新教傳教士的《易經》翻譯？

　　當然，上述兩個問題需要更多文獻證據才能作答。希望在不久的將來，我們會發現更多、更完整的內外兼備的易學文本，使全球易學研究更為充實充分、更加多姿多彩。

韓子奇

北京師範大學珠海校區歷史文化研究中心教授

2023 年 9 月 11 日寫於珠海海怡灣畔

自 序

　　近年來，海內外學者對天主教索隱派易學興趣日濃，成果漸豐。筆者早前經多年的研究，於2020年出版了索隱派代表人物耶穌會士白晉（Joachim Bouvet）手稿的編著，旨在為相關的討論提供新的視角和素材。而在此過程中，有幸涉獵《易經本旨》這部彌足珍貴的作品，為我們的研究另闢蹊徑。

　　有別於大部分耶穌會西教士的著作，《易經本旨》乃清代華人信徒呂立本主動書寫的索隱易著，具體展現了本土的信仰群體如何接收、理解和傳遞索隱派傳教士的觀點，促成《易經》與《聖經》較深入的對話，使兩套價值體系交相激盪。這部索隱易學的遺珠亦標誌著清初天主教禁教期間耶穌會撤退後，本土的信仰群體為保教所作出的努力，其獨特性和重要程度不言而喻。

　　然而，《易經本旨》具兩大缺失，令不少研究者卻步。首先，這部作品只剩數份殘稿，至今未能確證其曾出版流傳。此外，作者身份背景不明，除了名字和籍貫，學界對其一無所知。這種模糊性為確立文本的歷史定位和價值帶來難題。不過，這些挑戰驅使我們以更嚴謹細緻的目光來解讀該文本，從中挖掘更多珍貴的歷史信息和宗教文化內涵。無論從易學或神學傳統的角度來看，呂立本的書寫皆「非主流」，甚至有違「正統」（orthodoxy）。這卻正是其魅力與價值所在。《易經本旨》讓我們脫離以往主流研究以宗教建制及精英主導的進路，回歸底層的視角，深入窺視一位華人信徒真實的宗教處境與心靈經驗。呂立本不僅是歷史個體，更是一個符號，象徵著每一位未在史上留名、身份模糊的信徒。儘管他們的面貌和聲音往往在歷史宏大的敘事中被省略，卻是天主教得以在中華大地扎根開花的重要推動者。本書不僅是對索隱易學研究課題的延伸，更是對這些被遺忘個體的追溯和紀念。

　　本書除了於〈導論〉深入分析其內容結構及詮釋策略外，現把《易經本旨》各手稿重新整理點校出版，配以嚴謹而詳盡的腳註。在編寫注釋方面，筆者特別關注《易經本旨》與天主教神學著作和中國傳統經籍的互文關係，以呈現呂立本如何精心揉合天主教與本土宗教文化遺產的資源，促成「耶易會通」的跨文本對話。《易經本旨》不僅是天主教本色化（indigenization）的典範，其中呈現多元開放的宗教觀，對當代漢語神學以及宗教對話亦提供了極具價值的參考。為了凸顯該文本的特色，本書的封面設計精選了多幅富中式風格的基督宗教海報。這些繪圖巧妙地糅合了天主教符號及本土文化元素，有助呈現《易經本旨》的獨特宗教價值和深刻文化內涵。

　　本書的出版得益於多方慷慨相助。首先，有賴上海圖書館徐家匯藏書樓負責人徐錦華博士多年來提供支援，使本書順利蒐集這批庋藏於該館的手稿，謹向徐博士深表謝意。此外，衷心感激香港中文大學出版社編輯葉敏磊博士及張煒軒先生，在出版計劃、排版及校對等方面提供了專業的意見。另外，承蒙張西平、賴貴三、李奭學、鄭吉雄，以及韓子奇教授撥冗惠賜序文，與有榮焉。最後，要感謝多位研究助理的辛勞工作，包括黃愉行、陳皓婷、鍾卓言、韓樂憫、胡碧文、李蔚婷、陳曉童、王文謙、鄭羽彤和羅曉婷。他們的貢獻令筆者銘感於心。

　　封面選用的海報分別藏於聖言會通用檔案館（General Archives of the Societas Verbi Divini / Divine Word Missionaries Collection）及 Société des Auxiliaires des Missions Collection，感謝 Monumenta Serica Institute 與 Whitworth University 提供並允准使用該些海報的圖像，同時鳴謝波士頓大學（Boston University）「全球基督教與宣教研究中心」（Center for Global Christianity and Mission）「基督徒海報項目」（Chinese Christian Posters Project）的協助。

　　最後，本書的研究及文獻蒐集承蒙香港研究資助局（Research Grants Council of Hong Kong）「人文學及社會科學傑出學者計劃」（Humanities and Social Sciences Prestigious Fellowship Scheme）對「The Global *Yijing*: The Cross-Cultural Translation and Transnational Reception of the *Yijing* (Book of Changes) in Western Religion and Literature」研究項目（項目編號：CUHK 34000223）的資助，並獲香港中文大學文學院出版補助金（Publication Support Fund）資助出版，謹致謝忱。

黎子鵬、胡獻皿

2024 年 2 月 28 日

香港中文大學

凡 例

1. 本書各文本皆已按現代漢語的規範重新標點，方便讀者明瞭。

2. 本書正文為呂立本原作抄本的校勘整理本；下方注釋皆為編者所著，非呂立本原作。

3. 為呈現原作原貌，是次編校比較現存七個抄本的差異，並作適當的增刪修改，以糾正錯字、脫文等抄寫問題。七個抄本按內容完整度及清晰度分為底本和校本兩類。卷一以徐匯本為底本，石室本、會院本、文院本及神院本為校本；卷二及三以徐匯本為底本，呂註本為校本；卷五以伯祿本為底本；卷六以徐匯本為底本，伯祿本和呂註本為校本。若屬脫文或誤抄，以校本為準，於正文補充或更正有關字句，並於注釋說明。若屬異文，則以底本為準，並在注釋收錄其他抄本的版本，以供讀者參考。

4. 經比對抄本仍缺漏或無法辨認者，將以□標注，並據文意推斷相關字句於注釋內說明。

5. 原抄本中異體字，或異/正體字、多個異體字交互使用者均照錄。又為利於閱讀，古今通用字（如于/於、証/證、絶/絕等）照錄。書中附〈正異體字對照表〉（依異體字筆畫排序），供讀者覆按。

6. 本書對原作抄本的卦歌、易圖以及各卦正文前收錄的卦變體例重新排版，以修正抄本依稿直抄造成圖式走樣的情況。為了方便讀者閱覽，卦變體例均採用劃一格式，以橫書圖表呈現（屯卦為例）：

䷂	震下坎上			
屬	䷜ 坎	二變成 ䷂ 屯		
錯	䷱ 鼎			
綜	䷃ 蒙			
參伍	下互 ䷗ 復	中互 ䷖ 剝	上互 ䷦ 蹇 上互暗 ☵	
五爻互	下互 ䷚ 頤	中互 ䷇ 比		
各爻變	初爻變 ䷱ 鼎	錯 ䷍ 大有	綜 ䷆ 師	地位
	二爻變 ䷻ 節	錯 ䷏ 旅	綜 ䷺ 渙	
	三爻變 ䷾ 既濟	錯綜 ䷿ 未濟		人位
	四爻變 ䷐ 隨	錯綜 ䷑ 蠱		
	五爻變 ䷗ 復	錯 ䷫ 姤	綜 ䷖ 剝	天位
	六爻變 ䷩ 益	錯 ䷟ 恒	綜 ䷨ 損	

7. 注釋詳列正文直接引用的文獻，且採粗體標示粗體標示與正文對應的字句。

8. 為免繁瑣，注釋省略所有引用文獻的出版資料，僅在括號內標示卷數和頁數。書末附上「參考文獻」列單，供讀者覆按。

正異體字對照表

筆劃	異體字	正體字
三劃	久	久
	于	於
	之	之
	九	凡
	亼	亡
四劃	丠	丘
	旡	無
	兂	無
五劃	氷	冰
	屵	剛
	仈	仇
	兌	兌
	尔	爾
	圣	聖
	号	號

筆劃	異體字	正體字
五劃	归	歸
	卋	世
六劃	决	決
	争	爭
	凶	凶
	吉	吉
	邦	邦
	壮	壯
	夷	夷
	妄	妄
	机	機
	尽	盡
	观	觀
	过	過
	迁	遷

筆劃	異體字	正體字
六劃	侌	陰
	阳	陽
七劃	两	兩
	体	體
	冝	宜
	况	況
	泯	泯
	坟	墳
	声	聲
	来	來
	灵	靈
	远	遠
	旹	旨
	全	金
	林	林
	兮	雖
八劃	冐	冒
	净	淨
	参	參
	变	變
	国	國
	宝	寶
	庙	廟
	彔	象
	录	象
	徍	往

筆劃	異體字	正體字
八劃	担	擔
	拨	拔
	呑	脊
	迩	邇
	兒	兒
	咎	咎
	些	些
	兒	兒
	疚	疚
	忒	忒
	恒	恒
九劃	係	繫
	养	養
	变	變
	尅	剋
	恒	恆
	奈	奈
	独	獨
	玅	妙
	祐	佑
	迹	跡
	流	流
	釡	釜
	畀	畁
	恊	協
	俒	倪

筆劃	異體字	正體字
九劃	將	將
	頁	負
	拔	拔
	革	革
	享	享
	巺	巽
	㫤	恩
	昭	昭
	庚	庚
	肯	旹
	柔	柔
	淂	得
	草	革
十劃	俻	備
	党	黨
	凴	憑
	剝	剝
	宻	密
	將	將
	悞	誤
	捄	救
	晋	晉
	爱	愛
	盇	蓋
	盐	鹽
	甾	災

筆劃	異體字	正體字
十劃	难	難
	絲	絲
	祡	祭
	凭	憑
	荒	荒
	㷀	舁
	陽	陽
	悪	惡
	淂	得
	喪	喪
	虘	虛
	過	過
十一劃	亀	龜
	俻	備
	减	減
	凑	湊
	惧	懼
	惮	憚
	断	斷
	济	濟
	畧	略
	盖	蓋
	祿	祿
	経	經
	貭	質
	逺	遠

筆劃	異體字	正體字
十一劃	陰	陰
	隠	隱
	高	高
	縢	際
	密	密
	宷	寧
	曺	曹
	配	配
	鼎	鼎
	忩	急
	晉	管
	陥	陷
	喪	喪
	属	屬
十二劃	强	強
	絶	絕
	菓	果
	衆	眾
	趍	趨
	躰	體
	輩	輩
	毫	毫
	僃	備
	蕉	兼
	夢	夢
	宷	寧
	戦	戰

筆劃	異體字	正體字
十二劃	毀	毀
	滛	淫
	無	無
	咸	盛
	葉	葉
	象	象
	陥	陷
	隔	隔
	勢	勢
十三劃	彚	彙
	搖	搖
	敦	敦
	数	數
	㮣	既
	崴	歲
	滿	滿
	炤	照
	献	獻
	畵	畫
	發	發
	睽	睽
	碍	礙
	継	繼
	蒙	蒙
	葢	蓋
	觧	解
	觧	解

筆劃	異體字	正體字
十三劃	辞	辭
	飬	養
	尟	鮮
	甞	嘗
十四劃	塲	場
	凴	憑
	據	據
	暴	暴
	繩	繩
	瑣	瑣
	蒁	蒁
	賔	賓
	遭	遭
	関	關
	還	還
	裵	裏
	嘗	嘗
十五劃	獘	弊
	懐	懷
	槩	概
	潜	潛
	睹	睹
	罸	罰
	撫	撫
	穌	穌
	縁	緣
	雊	雖

筆劃	異體字	正體字
十五劃	聚	聚
	虧	虧
	賴	賴
	龜	龜
	賴	賴
十六劃	趂	趁
	襍	雜
	頤	頤
	餙	飾
	蹈	蹈
	撥	撥
	確	確
	飾	飾
	噐	器
	邊	邊
十七劃	歸	歸
	壞	壞
	豫	豫
	遥	適
	寵	寵
十八劃	闗	關
	騐	驗
	藏	藏
	謙	謙
十九劃	嚴	嚴
	懶	懶
	聽	聽

筆劃	異體字	正體字
二十劃	雙	雙
	懸	懸
	讐	讎

導　論[*]

一、前言

　　《易經》作為漢籍群經之首，在耶穌會來華四百來年的歷史中可謂留下了濃墨重彩的一筆。當利瑪竇（Matteo Ricci，1552–1610）試圖向士人傳講天主教教義，被問到「天主」是否易書所言之「太極」時，便意識到這部漢籍經典對傳教事業有著舉足輕重的影響。思維敏銳的他深知難以說服士人摒棄植根已深的思想觀念，但若巧妙地重新詮釋《易經》以及其他漢籍經典的字句，使之與天主教教義相容，便可反過來有效推動天主教在華的傳播和發展。他在1604年給耶穌會總會長阿奎維瓦（Claudio Acquaviva，1543–1615）的書信寫道：

> 倘若我們抨擊太極學說，便會嚴重冒犯到治理中土的士人們，因此我們儘可能只對他們的解釋，而非其學說本身提出質問。假使他們最終理解太極就是第一本原，有智慧且無窮盡，那麼我們可認同它不是別的，就是天主。[1]

---

[*] 本〈導論〉根據下文修訂增補而成：黎子鵬、胡獻皿：〈索隱遺珠：呂立本《易經本旨》的抄本考略與跨語境詮釋〉，《香港大學中文學報》2.1期（2024年3月）。

[1] Matteo Ricci, Letter to Claudio Acquaviva, achieved 1604, quoted in Pasquale M. D'Elia, *Fonti Ricciane,* vol. 2 (Rome, Libreria dello Stato, 1949), 297–298; and Jacques Gernet, *China and the Christian Impact: A Conflict of Cultures,* trans. Janet Lloyd (Cambridge: Cambridge University Press, 1985), 27: "And because the men of letters who govern China are extremely offended if we attack this principle [of the Taiji], we have tried much harder to call in question their explanation of the principle than the principle itself. And if, in the end, they come to understand that the Taiji is the first

耶穌會在華奉行多年的文化適應政策（cultural accommodation）自此奠定。
在《天主實義》中，利瑪竇駁論士人視太極為宇宙生成起源的觀點，指出太
極只是「理」，依附於實體，無法自立，更莫論創造他物。他接著再釋《易
經‧說卦傳》「帝出乎震」的「帝」為「天之主宰」，試圖游說士人古儒典籍所
言之「上帝」便是「天主」。

　　然而多年後，出現了一批入華耶穌會士，把利瑪竇的權宜之計進一步
推向極致。他們確信《易經》是天主普世預示的遺跡之一，致力從卦象經文中
解讀出《聖經》人物、情事和核心教義，以印證早在伏羲統治之初華夏民族
已掌握救恩的奧秘。這個別樹一格的小團體以白晉（Joachim Bouvet，1656–
1730）為首，傅聖澤（Jean-François Foucquet，1665–1741）、馬若瑟（Joseph
de Prémare，1666–1736）、郭中傳（Jean-Alexis de Gollet，1664–1741）、宋君
榮（Antoine Gaubil，1689–1759）等人為輔。他們多半受到清廷皇帝的禮
待，居於北京，或在宮廷供職。基於這批會士對《易經》符象的偏愛，他們
被標籤為 Kinisticae（Ching-ists ∕尊經派）[2]、Ykingnistes（I Ching-ists ∕易經派）[3]
等多個稱號。其中 Figuriste 最為學界所青睞，今亦有譯作「索隱派」或「符
象派」者。[4]

<hr/>

substantial principle, intelligent and infinite, we should agree to say that it is none other than God."

2　Kilian Stumpf, "De controversia libri y kim seu contra sententias Kinisticae," *Archivum Romanum Societatis Iesu*, Jap. Sin. 176, 422–426. 拉丁原文和德文翻釋可另參 Claudia von Collani, *Die Figuristen in der Chinamission* (Frankfurt am Main: Peter Lang, 1981), 81–108。

3　Joseph-Marie Amiot, "L'antiquite des Chinois prouvee par les Monuments," in *Mémoires concernant l'histoire, les sciences, les arts, les moeurs, les usages, &c. des Chinois*, vol. 2, *Par les Missionaries de Pekin* (Paris: Chez Nyon, Libraire, rue Saint-Jean-de-Beauvais, vis-à-vis le College, 1777), 26.

4　「索隱」一詞出自〈繫辭上傳〉十一章：「探賾索隱，鉤深致遠，以定天下之吉凶，成天下之亹亹者，莫大乎蓍龜。」孔穎達疏：「索謂求索，隱謂隱藏。」此譯法不但説明這批耶穌會士的解經路數，亦點明了他們的研究乃以《易經》符象為核心。譯「符象」者則欲強調耶穌會士所論的「象」乃是歐洲釋經傳統概念下的 *figura*，與易學語境下的「象」不盡相同，詳見祝平一：〈《經傳眾說》 馬若瑟的中國經學史〉，《中央研究院歷史語言所集刊》78 本 3 分（2007 年 9 月），頁 437–438。本文的焦點放置在《易經》的詮釋問題，研究材料以耶穌會士對易象的解說或經文的注疏為主，故以前者譯法為宜。

　　「索隱派」這個稱號出自1732年法國歷史學家弗雷列（Nicolas Fréret，1688–1749）對馬若瑟的復函。信中弗雷列毫不留情地抨擊馬若瑟早前寄來宋君榮所著的《中國天文學史》（*Histoire de l'astronomie chinoise—Faite de l'astronomie chinoise*），並語帶鄙夷地指出「索隱派」的論説已然令傅聖澤在歐洲聲名狼藉。隔年10月，他在給宋君榮的來信中，再次把他們一行人稱之為「索隱派」，語氣仍帶不屑。[5] 所謂「索隱法」（Figurisme），原是天主教傳統橋接《舊約》與《新約》的典型解經手段。拉丁文 *figura* 譯自希臘文 τύπος，意指「預像」（type）。具體做法是從寓意層面解讀《舊約》經文，從中發掘《新約》人物或情事的原型，比如視約納（Jonah）在魚腹三日三夜為基督死後三天復活的預表、或視梅瑟（Moses）銅蛇為基督釘十字架的象徵等。但到了十七世紀，此法被宗教狂熱分子楊森派（Jansenists）大肆利用，到處宣稱從經文解讀出梵蒂岡將亡、新教會即將降臨的啟示，在當時巴黎以及法國各地引發了多宗衝突和騷動，才讓「索隱派」一詞有了如此負面的聯想。[6]

　　儘管索隱派成員的解易手法不盡相同，但仍可歸納出一些他們共同持有的基本觀點。他們主張《易經》的作者伏羲——也是華夏民族的先祖——是哈諾客（Enoch）的化身，因受到天主啟示而創造了卦象和象形文字，用以紀錄基督宗教的奧義；但由於符象晦澀難懂，加上後人的誤讀，導致《易經》的原旨日漸失傳。為了「還原」《易經》真貌，他們挪用索隱法，把相關的符象經文與《聖經》的人物情節作一對照，力尋當中隱藏的奧蹟。他們如此做法的依據乃奠基於「上古神學」（*Prisca theologia*）的理念，其最早由費奇若（Marsilio Ficino，1433–1499）及皮科（Giovanni Pico della Mirandola，1463–1494）兩師徒在十五世紀提出，主張不同民族的遠古聖賢都曾直接或

5　Antoine Gaubil, Letter to Nicolas Fréret, October 28, 1735, quoted in Renée Simon, ed., *Correspondence de Pekin 1772–1759* (Geneva: Librairie Droz, 1970), 362–365.

6　Virgile Pinot, "Les Figuristes," in *La Chine et la formation de l'esprit phiosophique en France (1640–1740)* (Paris: Librairie orientaliste Paul Geuthner, 1932), 347–366; Leszek Kolakowski, *God Owes Us Nothing: A Brief Remark on Pascal's Religion and on the Spirit of Jansenism* (Chicago: University of Chicago Press, 1995), 113–197; J. D. Crichton, *Saints or Sinners? Jansenism and Jansenisers in Seventeenth Century France* (Dublin: Veritas, 1996), 30–40.

間接地獲傳授天主的啟示,故此即便在「異教」的著述中也能尋覓到與天主
教信仰相關的思想內容。[7]如果說索隱法原來的目的是設法調和《舊約》與《新
約》之間的思想差異,把猶太信仰的文本合理收編,那麼白晉一行人把此法
套用在《易經》上的用意是顯而易見的——便是把這中華古經納入天主教的
思想體系內,說服清代時人天主教並非「外來」宗教,而是他們祖先「原有」
的信仰。他們甚至認為《易經》能夠「補充」天主教文獻遺漏或忽略之處。此
舉原是回應當時禮儀之爭(1630–1742)愈趨白熱化的局面,企圖反駁耶穌
會內以及其他修會反對文化適應政策的聲音,並且緩和教廷與清廷因兩派
衝突不斷升級而愈趨緊張的關係。

可惜事與願違,他們的努力非但未能阻止禮儀之爭進一步惡化,更
因而成為其中的犧牲者。在教廷的禁令下,他們不但被禁止以中文書寫,
其著述也多半遭到銷毀,僅有部分私人殘稿獲留存至今。這造成學界早期
對索隱派的誤判,認為他們的著述未獲正式出版,有關思想僅為少數清廷
學者以及他們保持密切通信關係的歐洲學者所熟悉,未成氣候。一直到了
1970年代,才開始出現對索隱派著作具系統性的研究專著。[8]隨著對索隱
派耶穌會士的信札和手稿進行大量的考察和分析工作,學界對他們的評鑑
愈趨正面。大部分學者均肯定索隱派的著述對促進中西文化交流,尤其歐
洲的漢學發展有著正面推動的作用。[9]到了近年,索隱派的易學著述仍備

7　李奭學:《馬若瑟的文學世界》(臺北:國立臺灣大學出版中心,2022年),頁7–8。

8　Paul A. Rule, "K'ung-tzu or Confucius? The Jesuit Interpretation of Confucianism"
(PhD diss., Australian National University, 1972), 391–461; Claudia von Collani, *Die
Figuristen in der Chinamission* (Frankfurt am Main: Peter Lang, 1981); John W. Witek,
*Controversial Ideas in China and in Europe: A Biography of Jean-François Foucquet,
S.J. (1665–1741)"* (Roma: Institutum Historicum S.I. 1982); Knud Lundbæk, *Joseph
de Prémare (1666–1736), S.J.: Chinese Philology and Figurism* (Aarhus C, Denmark:
Aarhus University Press, 1991).

9　David E. Mungello, "The Evolution of Jesuit Accommodation in the Figurism of
Bouvet," in *Curious Land: Jesuit Accommodation and the Origins of Sinology* (Honolulu:
University of Hawai'i Press, 1985), 312–328;韓琦:〈白晉的《易經》研究和康熙時
代的「西學中源說」〉,《漢學研究》16卷1期(1998年6月),頁185–201;Richard
J. Smith, "Jesuit Interpretations of the *Yijing* (Classic of Changes) in Historical and

受學界的關注，推出的專著包括有陳欣雨《白晉易學思想研究 —— 以梵蒂
岡圖書館見存中文易學數據為基礎》(2017)、孟德衛 (David E. Mungello)
The Silencing of Jesuit Figurist Joseph de Prémare in Eighteenth-Century China
(2019)、魏伶珈 *Chinese Theology and Translation: The Christianity of the Jesuit
Figurists and Their Christianized* Yijing (2020)、李奭學《馬若瑟的文學世界》
(2022) 等。

　　從目前的研究狀況來看，學界整體雖然肯定「索隱易學」作為一個獨立
的思想流派的價值，但認為其影響主要還是僅見於西方，未能在華開花結
果。零星學者 —— 如黃保羅 (Paulos Huang) —— 觀察到索隱派的論說至今
依然在華人教會的圈子裏以宣教的方式延續著，[10] 但他們缺乏具體的書面材
料論證這些思想是如何流傳至本土的信仰群體。受文獻所限，大部分學者
的敘事中心仍然以索隱派耶穌會士為主體。他們大多只能從耶穌會士的書
信記錄或康熙朝的宮廷檔案，側面勾勒本土人士的面向作為補充。像柯蘭
霓、張西平、魏伶珈等人便以康熙朝的奏摺為線索，說明白晉與李光地、
王道化等官員有就《周易折中》的編纂，尤其關於易數的研究進行過學術交
流。[11] 龍伯格、孟德衛等則從馬若瑟的信札和著述中頻頻找到江西學者劉
凝 (1620–1715) 的影跡，從而論證劉凝的字學研究對馬若瑟的索隱理論有

Comparative Perspective," *Southeast Asian Studies* 33 (2002): 147–162；張西平：
〈《易經》研究：康熙和法國傳教士白晉的文化對話〉，《文化雜誌》54 期 (2005 年 9
月)，頁 83–93；Claudia von Collani, "The First Encounter of The West with The *Yijing*:
Introduction to and Edition of Letters and Latin Translations by French Jesuits from the
18th Century," *Monumenta Serica: Journal of Oriental Studies* 55 (2007): 227–387；
Pan Feng-Chuan, "Some Reflections on the Methodology of the Studies on Missionary
Sinology," *Monumenta Serica: Journal of Oriental Studies* 68 (2020): 429–434.

10　黃保羅發現許多早期華人佈道家如宋尚節 (1901–1944)、倪柝聲 (1903–1972) 等人
也喜歡使用拆解漢字象形等索隱手法來宣教，如把「船」字拆釋挪亞「一舟八口」之
象。詳見黃保羅：〈漢語索隱神學 —— 對法國耶穌會士續講利瑪竇之後文明對話的
研究〉，《深圳大學學報 (人文社科版)》28 卷 2 期 (2011 年 3 月)，頁 5–11。

11　von Collani, "The First Encounter of The West with The *Yijing*," 250–255; 張西平：〈《易
經》研究：康熙和法國傳教士白晉的文化對話〉，頁 96–197；Sophie Ling-chia Wei,
*Chinese Theology and Translation: The Christianity of the Jesuit Figurists and Their
Christianized* Yijing (London: Routledge, 2019), 94–113.

著直接影響。[12] 但到底這些接觸過索隱易學思想的本土人士如何接收和理解耶穌會士觀點的表述？他們在多大程度上接受或拒絕這些觀點？他們又如何以漢文「再詮釋」並流傳相關的思想？解答這些問題將有助學界更準確評估索隱易學在華流傳的實際情況和影響力。可惜目前發掘出來的文獻材料欠缺本土人士的「自述」，令他們整體呈現一種「在場但缺席」(present absence) 的弔詭狀態。其中一個較為負面的後果便是，索隱易學一直只被視為西方、單向、遠離本土的傳教策略。《易經本旨》的出現卻填補了上述的空缺，為索隱易學的研究開闢另一種想像和閱讀的可能。

二、索隱遺民 —— 呂立本

《易經本旨》，又名《易經呂註》。徐宗澤的編著《明清間耶穌會士譯著提要》(1946)，曾將其列入「真教辯護類」，並附上其序文。[13] 2013年，鐘鳴旦、杜鼎克、王仁芳三位學者將同治年間的抄本複印，收錄在《徐家匯藏書樓明清天主教文獻續編》(下稱徐匯本)。臺灣師範大學賴貴三教授於2019至2020年間對該影印本執行了相關的研究計劃。據他提交的成果報告，計劃已完成打字校注的稿件，以及三篇論文草稿，尚待定稿發表。[14] 他這方面的出版將有助進一步填補現時對《易經本旨》的研究空白。

綜觀目前已發表的文獻，學界並未有掌握《易經本旨》作者的生平、學養背景與信仰經驗等具體資料，只能通過微觀文本的特徵，並結合相關的歷史材料來提出合理的推說。據其序，《易經本旨》乃由河東晉邑 (今山西太原) 人呂立本所撰，成稿於乾隆三十九年 (1774)。呂立本認為「《易》乃古經隱義，而為開闢以來第一聖經也，真道全備」，主張《易經》的卦象爻

12　Lundbæk, "Speaking to the Chinese," in *Joseph de Prémare (1666–1736), S. J.*, 141–160; Mungello, *The Silencing of Jesuit Figurist Joseph de Prémare in Eighteenth-Century China*, 79–82.

13　徐宗澤：《明清間耶穌會士譯著提要》(上海：中華書局，1946年)，頁133–134。

14　賴貴三：《科技部補助專題研究計劃報告：乾隆中葉呂立本〈易經本旨〉稿本研究》。取自 https://www.grb.gov.tw/search/planDetail?id=13132640，2024年2月20日擷取。

辭均隱含了天主救贖奧跡的啟示，只因後儒掃象與臆度而「本旨愈晦」。[15]
他的論調與白晉、馬若瑟等人的觀點如出一轍，亦意味著繼索隱派傳教士
去世後，《易經本旨》乃首部由本土信徒撰寫的索隱易學作品。

從成書的年份來看，《易經本旨》亦別具標誌性。禮儀之爭後，清廷對
傳教活動採取愈發嚴厲的措施。雍正元年（1723）下令禁絕天主教，除了留
京任職的傳教士外，其餘一律驅逐至澳門。[16]乾隆年間（1736–1796），禁教
政策愈發苛嚴，先後於十一年（1746）和四十九年（1784）發生兩起大規模
教案，引發全國性的查禁。[17]另一邊廂，教宗克萊孟十四世（Pope Clement
XIV，1705–1774）於1773年發出通諭，耶穌會遭解散，本土教徒與歐洲教
廷之間的聯繫瞬間被斬斷。[18]一直到道光二十二年（1842）簽訂《南京條約》
後，教禁解除，獲恢復的耶穌會方重返中土，並於1847年上海徐家匯正式
建立傳教中心，陸續設立修道院、藏書樓等場所。由是觀之，成稿於1774
年的《易經本旨》不僅是索隱易學的遺珠，更標誌著耶穌會撤退後、本土的
信仰群體為保教所作出的努力。

三、《易經本旨》抄本考

經考察，《易經本旨》原稿已佚失，現存七份抄本，均是殘卷，封塵於
上海徐家匯藏書樓（見表1）。

---

15 〔清〕呂立本：《易經本旨》，載鐘鳴旦（Nicolas Standaert）、杜鼎克（Adrian Dudink）、
   王仁芳編：《徐家匯藏書樓明清天主教文獻續編》1冊（臺北：利氏學社，2013年影
   印徐匯館藏213000．94441–94444B本）卷1，頁1a（總頁3）。

16 〈雍正元年十二月禮部議覆浙閩總督覺羅滿保疏奏〉，《清實錄．清世宗皇帝實錄》
   （北京：中華書局，1986年影印本）7冊，卷十四，頁251。

17 馬釗：〈乾隆朝地方高級官員與查禁天主教活動〉，《清史研究》4期（1998年4月），
   頁56。

18 Jonathan Wright and Jeffrey D. Burson, eds., *The Jesuit Suppression in Global Context:
   Causes, Events and Consequence*s (Cambridge: Cambridge University Press, 2015), 2.

表1 《易經本旨》抄本收藏情況

編號	標題	內容	抄寫員	藏書號
1	易經本旨（徐匯本）	卷一（乾☰☰–蒙☷☵） 卷二（需☵☰–豫☳☷） 卷三（隨☱☳–大過☱☴） 卷六（漸☴☶–未濟☲☵）	方濟各 程小樓 玻爾日亞	213000·94441–94444B
2	易經本旨（石室本）	卷一（乾☰☰–蒙☷☵）	佚名	213000·94440B
3	易經本旨（神院本）	卷一（乾☰☰–蒙☷☵）	佚名	213000·94931–94935B
4	易經本旨（會院本）	卷一（乾☰☰–蒙☷☵）	佚名	213000·94945B
5	易經本旨（文院本）	卷一（乾☰☰–蒙☷☵）	佚名	213000·95644B
6	易經本旨（伯祿本）	卷五（損☶☱–萃☱☷初六爻辭） 卷六（漸☴☶–未濟☲☵）	佚名	213000·95677–95678B
7	易經本旨（呂註本）	卷二（需☵☰–豫☳☷） 卷三（隨☱☳–大過☱☴） 卷六（漸☴☶–旅六五爻辭；中孚☴☱卦辭–未濟☲☵；旅☲☶六五〈象〉辭–上九〈象〉辭；巽☴☴至節☵☱）	佚名	213000·95679–95681B

　　獲複印的徐匯本最為完整，抄錄了卷一、二、三及六的內容，書寫齊整清晰，分四卷裝訂成冊，保存妥善，頁面未見泛黃、斑駁、皺摺、蟲蛀等破損。其原蓋有文學院的印章，亦是唯一有署明抄寫人員、年份和地點的抄本。按每卷跋尾，該抄本分別由方濟各、程小樓和玻爾日亞三人於同治十至十一年間（1871–1872）在雲間（今上海松江）所錄，與原稿成書相差近百年。

石室本雖只抄錄卷一內容，但版式最為講究。印欄黑格，每半頁十行，行二十四字，經文單行大字，注文雙行小字，字體清晰工整，四周雙邊，單魚尾，版心題有章題和頁數，下方刻印有「滙堂石室藏本」字樣。會院本、神院本及文院本同樣只抄錄卷一內容，並分別蓋徐家匯耶穌會會院、文學院以及神學院的印章。滙堂石室創建於道光二十七年（1847），後經兩次擴建形成獨立的兩層建築，即現藏書樓的現址。咸豐十年（1860），會院在藏書樓附近增設文學院及初學院。民國六年（1917），於今徐匯中學校舍東首再建神學院。文學院及神學院都是耶穌會培訓會士的機構，專門教授文學、哲學與神學，各自設有圖書館，由各自機構管理。一直到1953年，徐家匯各處被收繳查封，所有藏書才一併集中到藏書樓統一管理。雖然這四個抄本具體抄寫的年份均不可考，但足以說明《易經本旨》在會內曾獲得一定程度的關注，甚至很有可能一度成為培訓會士的材料之一。

伯祿本分為兩冊，分別抄錄了卷五部分及卷六全卷的內容。按卷五目錄，該卷收錄應損䷨至艮䷳十二卦注解，伯祿本只抄錄了損䷨至萃䷬初六爻辭的注解。兩冊扉頁均印有黃伯祿（1830–1909）的私章。黃伯祿原名黃成億，字志山，號斐默，洗名伯多祿，江蘇海門人，生於道光九年（1829），道光二十三年（1843）四月入讀耶穌會士南格祿（Claud Gotteland）、艾方濟（François Estève）、李秀芳（Benjamin Brueyre）於上海佘山附近的張僕橋設立的大修道院。經修院十七年的訓練後，於1860年晉升鐸品。晉鐸後，他獲派管理小修院，教授拉丁文和哲學，培育新的傳教士，隨後在上海、蘇州、海門等地傳教。1876年，他被調回徐家匯，擔任徐匯公學校長，兼管理小修院。1878年後，他便常居徐家匯從事著述。[19]黃伯祿精通漢文、拉丁文、英文及法文的寫作與翻譯，著述多達三十餘種，曾兩度獲得儒蓮獎（Prix Stanislas Julien），對宗教神學、天文曆法、政治法律等範疇均有所涉獵。他自身也著有不少護教辯教的著述。[20]單從抄本

---

19 佚名：〈黃斐默司鐸傳〉，《聖心報》12期（1909年），頁358–359。

20 李強：〈晚清華籍神父黃伯祿中西傳略考述〉，《基督教學術》15輯（2016年9月），頁239–256；方豪：《中國天主教人物傳（下）》（北京：中華書局，1988年），頁270–275。

的書體來看，難以判斷伯祿本是否由黃伯祿親手所抄，但最少可合理推斷《易經本旨》這部作品也曾獲得這位學貫中西的華籍神父的青睞。

呂註本是另一份涵蓋較多內容的抄本，抄錄了卷二、三及六的內容，分三卷裝訂成冊。這份抄本的保存狀態較劣，頁面多有斑駁。其中卷六蟲蛀嚴重，部分文字丟失；而且抄寫的次序混亂，先由漸 ䷴ 抄寫至旅 ䷷ 六五爻辭注解，接著由中孚 ䷼ 卦辭抄寫至未濟 ䷿ 全卦注解，最後才附上旅 ䷷ 其餘注解以及巽 ䷸ 至節 ䷻ 注解。

經過仔細比對，發現抄本間雖有異文的情況，但多為異體字或重文互見問題，文本相對穩定。以卷一乾卦「飛龍在天，乃位乎天德」注文為例，徐匯本、石室本、會院本、文院本及神院本文本比較如下：

徐匯本	石室本	會院本	文院本	神院本
又世間之人其多無數乃有聲名者，以此可見以後世聲名為執者，乃不明真道之人，求之不得其故而強為之辭也。	又古間之人其多无數乃有声名者，以此可見以後世声名為执者，乃不明真道之人，求之不得其故而為强为之辞也。	又世間之人其多无數乃聲名者，以此可見以後世聲名為執者，乃不明真道之人，求之不得其故而強為之辭也。	又世間之人其多無數乃有聲名者，以此可見以後世聲名為執者，乃不明真道之人，求之不得其故而強為之辭也。	又世間之人，有聲名者其多無算，可見以此為報於後世者，乃不明真道之人而強為之詞也，豈其然乎？

以上可見，徐匯本、石室本、會院本及文院本的差異僅見於部分異體字的使用，如徐匯本、會院本、文院本均用「辭」，石室本用「辞」。而神院本的文字表述雖較為精簡，且在句末加添了反問句加強語氣，但內容本質與其餘四份抄本是一致的。除此以外，抄本間亦有發現脫文的情況。以漸 ䷴ 卦九五〈象〉辭注文為例，徐匯本、伯祿本及呂註本文本比較如下：

徐匯本	伯祿本	呂註本
九五中正以居尊位，其下不應，柔來中正，乃人心所願也，得主復活之願也，是故曰「得所願」也。	九五中正以居尊位，其下不應，柔來中正，乃人心所願之吉祥全備無缺，故曰「得所願」也。 本旨「得所願」者，乃得童身之願也，得救世人之願也，得主復活之願也，是故曰「得所願」也。	九五中正以居尊位，其下不應，柔來中正，乃人心所願之吉祥全備無缺，故曰「得所願」也。 本旨「得所願」者，乃得童身之願也，得捄世人之願也，得主復活之願也，是故曰「得所願」也。

透過對照伯祿本和呂註本的文本，可判斷出徐匯本的抄寫遺漏了「之吉祥全備無缺」等相關的字句。除了卷五只有一份抄本、無從比照外，其餘分卷內容都有發現零星錯抄的現象，需經抄本間相互的比對及補充，方能復還手稿的原貌。

四、《易經本旨》文本結構

綜合各卷目錄和內容來判斷，《易經本旨》原稿應分為六卷：卷一收錄卷首以及乾☰至蒙☶四卦注解；卷二收錄需☵至豫☷十二卦注解；卷三收錄隨☱至大過☱十二卦注解；卷四收錄坎☵至解☳十二卦注解；卷五收錄損☶至艮☶十二卦注解；卷六收錄漸☴至未濟☲十二卦的注解。目前已發現的索隱派耶穌會士漢文易學著述以論文體為主，注疏體只有白晉〈大易原義內篇〉和〈易稿〉二稿，且其亦僅僅闡釋了上經乾☰至否☶十二卦的經文。相比之下，《易經本旨》具有一定的系統性，完整度亦相對較高，即便現存抄本失落了卷四（坎☵至解☳十二卦）以及卷五的部分內容（升☷至艮☶七卦），所涵蓋的經文比白晉等人注疏的著述都要多。

《易經本旨》卷首輯錄了卦歌四首與易圖七幅，其中四首卦歌皆取自朱熹《周易本義》，[21] 只是命名和排序上有些微差異（見表2）。呂立本改〈分宮卦

21　《四庫全書》所輯錄之《周易本義》版本有二：一命名為《原本周易本義》，卷首載有九圖，無原序和卦歌，注文採用經傳分離的體式，卷末附《周易五贊》和〈筮儀〉

象次序〉為〈周易卦歌〉，排為首篇，接著改〈上下經卦變歌〉為〈變卦歌〉，排為第二，改〈上下經卦名次序歌〉為〈六十四卦目錄次序〉排為第三，最後以〈八卦取象歌〉作結。[22] 易圖方面，呂立本取《周易本義》九圖的其中五圖，包括〈河圖〉、〈洛書〉、〈伏羲八卦方位圖〉、〈文王八卦次序圖〉和〈文王八卦方位圖〉，並額外收錄來知德《周易集註》的〈錯卦圖〉和〈綜卦圖〉二圖，排在諸圖之首。[23]

表2 《易經本旨》與《周易本義》卷首內容對比

易經本旨	周易本義
〈錯卦圖〉	－
〈綜卦圖〉	－
〈河圖〉	〈河圖〉
〈洛書〉	〈洛書〉
－	〈伏羲八卦次序圖〉
〈伏羲八卦方位先天圖〉	〈伏羲八卦方位圖〉
－	〈伏羲六十四卦次序圖〉
－	〈伏羲六十四卦方位圖〉
《文王八卦次序為後天》	〈文王八卦次序圖〉
〈文王八卦方位圖〉	〈文王八卦方位圖〉
	〈卦變圖〉

　　所謂〈分宮卦象次序〉，本是按京房八宮卦說而編制，以乾 ☰、坎 ☵、艮 ☶、震 ☳ 為陽四宮，巽 ☴、離 ☲、坤 ☷、兌 ☱ 為陰四宮，每宮陰陽八卦，順序排列成八句歌訣。呂立本特別在每卦作批注，依序標示「一變」、「二變」、「三變」、「四變」、「五變」、「六還四爻」和「七歸內卦」，把八宮卦的爻變規律以及六十四卦的生成清晰展現。[24] 加以卦象整合則如表3所示：

兩篇；二命名為《周易本義》，卷首載有九圖，有原序和卦歌四首，並列〈筮儀〉一篇，注文則採用經傳混合的體式。後者與《易經本旨》在內容結構上更為貼近。

22　〔清〕呂立本：《易經本旨》，1冊，卷1，頁2a–8a（總頁5–17）。

23　〔清〕呂立本：《易經本旨》，1冊，卷1，頁8b–10a（總頁18–21）。

24　〔清〕呂立本：《易經本旨》，1冊，卷1，頁2a–3a（總頁6–7）。

表3　八卦變六十四卦圖式

本卦	一變	二變	三變	四變	五變	六還四爻	七歸內卦
乾為天	天風姤	天山遯	天地否	風地觀	山地剝	火地晉	火天大有
坎為水	水澤節	水雷屯	水火既濟	澤火革	雷火豐	地火明夷	地水師
艮為山	山火賁	山天大畜	山澤損	火澤睽	天澤履	風澤中孚	風山漸
震為雷	雷地豫	雷水解	雷風恆	地風升	水風井	澤風大過	澤雷隨
巽為風	風天小畜	風火家人	風雷益	天雷無妄	火雷噬嗑	山雷頤	山風蠱
離為火	火山旅	火風鼎	火水未濟	山水蒙	風水渙	天水訟	天火同人
坤為地	地雷復	地澤臨	地天泰	雷天大壯	澤天夬	水天需	水地比
兌為澤	澤水困	澤地萃	澤山咸	水山蹇	地山謙	雷山小過	雷澤歸妹

　　它與宋儒以「加一倍法」推演六十四卦的觀點迥然不同。所謂「加一倍法」，又稱為「一分為二法」、「四分法」，此法乃採用數學倍增的原理，由一分二，二分四，四為八，從而推演出六十卦。朱熹《周易本義》所列之〈伏羲八卦次序圖〉、〈伏羲六十四卦次序圖〉和〈伏羲六十四卦方位圖〉皆是以此原理解釋六十四卦生成次序的圖式。[25]〈伏羲八卦次序圖〉和〈伏羲六十四卦次序圖〉以黑白二橫圖說明一畫兩儀如何衍生兩畫四象，又生三畫八卦，再生六畫六十四卦。而〈伏羲六十四卦方位圖〉則是六十四卦圖與方圖的合併圖，其中六十四卦方圖又稱為〈方圖四分四層圖〉，乃按先天八卦序，即乾☰一、兌☱二、離☲三、震☳四、巽☴五、坎☵六、艮☶七、坤☷八，排列六十四卦，形成一個八乘八的方陣。乾☰作為下卦，依序上配坤☷、艮☶、坎☵、巽☴、震☳、離☲、兌☱、乾☰，即成泰䷊、大畜

25　〔宋〕朱熹：《周易本義》，頁13、15–16。

䷖、需䷄、小畜䷈、大壯䷁、大有䷍、夬䷪、乾䷀八卦一層，其餘七層由兌☱、離☲、震☳、巽☴、坎☵、艮☶和坤☷按同一原理由下而上堆疊而成，說明八卦（三畫卦）重為六十四卦（六畫卦）的過程（見表4）。

表4　八卦重六十四卦圖式

上卦→ 下卦↓	☷ 坤	☶ 艮	☵ 坎	☴ 巽	☳ 震	☲ 離	☱ 兌	☰ 乾
☷ 坤	坤為地	山地剝	水地比	風地觀	雷地豫	火地晉	澤地萃	天地否
☶ 艮	地山謙	艮為山	水山蹇	風山漸	雷山小過	火山旅	澤山咸	天山遯
☵ 坎	地水師	山水蒙	坎為水	風水渙	雷水解	火水未濟	澤水困	天水訟
☴ 巽	地風升	山風蠱	水風井	巽為風	雷風恒	火風鼎	澤風大過	天風姤
☳ 震	地雷復	山雷頤	水雷屯	風雷益	震為雷	火雷噬嗑	澤雷隨	天雷無妄
☲ 離	地火明夷	山火賁	水火既濟	風火家人	雷火豐	離為火	澤火革	天火同人
☱ 兌	地澤臨	山澤損	水澤節	風澤中孚	雷澤歸妹	火澤睽	兌為澤	天澤履
☰ 乾	地天泰	山天大畜	水天需	風天小畜	雷天大壯	火天大有	澤天夬	乾為天

　　來知德批評批評這種解釋視六十四卦為機械式靜態的符號系統，無法展現陰陽不斷流動變化之妙：

> 古之聖人見天地陰陽變化之妙，原是如此，所以以「易」名之。若依宋儒之說，一分二，二分四，四分八，八分十六，十六分三十二，三十二分六十四，是一直死數，何以為易？且通不成卦，惟以八加八，方見陰陽自然造化之妙。[26]

26　〔明〕來知德撰，王豐先點校：《周易集註》（北京：中華書局，2019年），頁48。

為此，他主張六十四卦乃由八重卦（六畫卦）爻變而成，每一八重卦歷「七變」。以乾 ☰ 為例，初爻變陰成姤 ䷫，二爻再變成遯 ䷠，三爻再變成否 ䷋，四爻再變成觀 ䷓，五爻再變成剝 ䷖；五爻皆變後，四爻復 ䷖ 本卦乾 ☰ 之九四，成晉 ䷢；最後下卦三爻俱變，歸復本卦乾 ☰，成大有 ䷍。其餘兌 ☱、離 ☲、震 ☳、巽 ☴、坎 ☵、艮 ☶ 和坤 ☷ 七卦的爻變規律皆如此，每卦推演出一組八個卦，八加八便成六十四卦。來知德此說理論上與八宮卦說毫無二致，只是不直接用「一世」、「二世」、「三世」、「四世」、「五世」、「游魂」、「歸魂」等占算術語，改以「初爻變」、「二爻變」、「三爻變」、「四爻變」、「五爻變」、「復還四爻變」、「歸本卦」等替之。從呂立本〈周易卦歌〉批注所採用的字眼，以及他沒有收錄朱熹〈伏羲八卦次序圖〉、〈伏羲六十四卦次序圖〉和〈伏羲六十四卦方位圖〉三圖可見，他乃採納了來知德「八卦變六十四卦」的觀點。

除此之外，呂立本亦棄用了〈卦變圖〉，以〈錯卦圖〉和〈綜卦圖〉替之，兩者分別取自來知德所制〈八卦所屬相錯圖〉和〈文王序卦圖〉。[27]〈卦變圖〉本為朱熹取虞翻卦變說，補其不足而制成。圖式將諸卦分為「一陰一陽」、「二陰二陽」、「三陰三陽」、「四陰四陽」、「五陰五陽」五類，稱各從姤復、遯臨、否泰、觀大壯、剝夬五對消息卦爻變易位而來。[28]為方便學者記誦，朱熹更另作〈上下經卦變歌〉，將卦變規律撰成歌訣。[29]來知德並不認同以虞翻卦變說來釋易文之意，比如他注訟 ䷅〈彖〉辭「剛來而得中」曰：

> 剛來得中者，需、訟相綜。需上卦之坎來居訟之下卦，九二得中也。前儒不知〈序卦〉、〈雜卦〉，所以依虞翻以為卦變，剛來居柔地得中，故能有孚、能窒、能惕、能中。[30]

---

27 〔明〕來知德：《周易集註》，頁49–52、31–35；〔清〕呂立本：《易經本旨》，1冊，卷1，頁8b–10a（總頁18–21）；附錄圖取自「滙堂石室藏本」，上海徐家匯藏書樓館藏〔213000．94440B〕，頁6b–8a。

28 〔宋〕朱熹撰，廖名春點校：《周易本義》（北京：中華書局，2019年），頁18–28。

29 〔宋〕朱熹：《周易本義》，頁9–10。

30 〔明〕來知德：《周易集註》，卷2，頁223。

按卦變説，訟☲屬二陰之卦，由遯☳九三降至二而成，即朱熹卦歌所言「訟☲自遯☳變」。九三為陽為「剛」，降象為「來」，二為中位。來知德反對此解法，批評其理論根源脱離伏羲、文王作易的原則，主張只需按文王卦序，則訟為需所綜，便可輕易得出「剛來而得中」之象：需☲九五自上卦而來，故曰「剛來」；二為中位，故曰「得中」。

呂立本視錯綜説為重要的解易體例，這從其對圖式的選取和排列可見一斑。且按其注〈繫辭上傳〉十章「錯綜其數」，呂立本認為錯綜之道體現天主造易之精妙，證明《易經》非人所能撰造，乃上主之默示。故此若不按以錯綜解易，則「有負上主洪恩，厥罪匪輕」。[31] 彼言道：

> 錯綜者，錯以左右陰陽相變，綜則以上下二卦相翻，與機縷相似，必有數而後成華，道象亦然〔…〕夫機縷之華，必機匠提之，而後成錯綜之道，非必造物主之，其孰能與于此乎？他書出自後人者，乃可謂之異端耳。此經出自造物真主，判陰陽別善惡賞罰之嚴，絲毫不爽也。[32]

儘管如此，呂立本對卦變説卻另有一番見解。他沒有收錄〈卦變圖〉，卻保留了〈上下經卦變歌〉內容，且對每一句都作了詳細的解讀。他反對來知德的看法，認為卦歌所錄的卦變規律並非取自虞翻義。[33] 以「訟☲自遯☳變」為例，呂立本取用訟乃遯九三易位而成之説，並指出遯☳下卦變成坎☵。按呂立本之象，艮☶為人祖父母（即亞當、厄娃），坎☵為人祖後代，且三爻不止，有罪惡之象。他由此推演遯變訟，乃模寫亞當和厄娃犯元罪污染子孫，致後世起訟，多有紛爭之象。[34] 他聲稱歌訣揭示這種爻變

---

31 〔清〕呂立本：《易經本旨》，1冊，卷1，頁1b–2a（總頁4–5）。
32 〔清〕呂立本：《易經本旨》，1冊，卷1，頁3b（總頁8）。
33 「此變乃超性神化，固非明道，不能以知，乃非夷所思也。來知德謂虞翻所變者，乃來之非也。雖然此理本超人性，宜乎其不能知也」見〔清〕呂立本：《易經本旨》，1冊，卷1，頁4a（總頁9）。
34 「本卦乃☶為人祖，☵為人祖後代，乃因人祖不正而犯元辜以至染污後世子孫，其後世子孫因有原罪，人性受傷自犯之本辜更萬倍于人祖之元辜，觀☵之三爻俱屬不正，因此而天下後世起訟焉。乃☲因☳變也。」見〔清〕呂立本：《易經本旨》，1冊，卷1，頁4b–5a（總頁10–11）。

易位的規律，是為闡明救世真道，尤其巽 ☴ 生離 ☲，即聖母受聖神感孕生耶穌之奧祕。[35] 按呂立本注，《易經》一共有十六個卦變體例為「巽 ☴ 生離 ☲」之證，歌訣錄有其中十變。所謂「巽 ☴ 生離 ☲」，是以聖母為巽 ☴ 女，耶穌為離 ☲ 王，巽 ☴ 二爻與初爻易位則成離 ☲。呂立本以二下降為聖子降孕，初上升為神人二性之結合。[36] 他廣用這種卦變體例，配合錯綜、爻變和中爻三說來注解經文，可謂在來知德易學的基礎上擴展己說。

按現存《易經本旨》抄本，每一卦注文前詳細都列出了該卦各種卦變之象，供讀者參照，用以解其象辭。若將相關內容加以整理，其結構和來知德所制之〈易經啟蒙圖〉有許多相似之處（圖1及表5）。按來知德圖式，其先論本卦的陰陽結構和所屬八卦，接著列出其錯卦、綜卦、中爻、同體[37]和六爻之變；其中又再細列本卦中爻兩體之錯綜，以及六爻變卦之錯綜、中爻兩體和爻象所屬位次。呂立本的作法雖不盡相同，但大體方向是一致。他先論本卦的上下卦象和所屬八卦，然後列出其錯卦、綜卦、互體和六爻之變。他即約化來知德的作法，僅列六爻變卦之錯綜，與此同時又發用互體。來知德中爻說，即三爻互體，僅取卦中四爻。呂立本不但運用三爻互體（他以「參伍」稱之），更引入五爻互體，取象亦擴展至初、上兩爻。以屯 ䷂ 為例，初二三為震 ☳，二三四為坤 ☷，合之為復 ䷗，為「參伍」之「下互」；二三四為坤 ☷，三四五為艮 ☶，合之為剝 ䷖，為「參伍」之「中互」；三四五為艮 ☶，四五上為坎 ☵，合之為蹇 ䷦，為「參伍」之「上互」；接著取初至五爻體頤 ䷚，為「五爻互」之「下互」；二至上爻體比 ䷇，為「五爻互」之「上互」，此法更貼近虞翻互體說，相信與當時虞氏易說的興起不無關係。

35 「變卦之意為証明真道及 ☲ 女生 ☲ 因聖神奇工變化，乃為救世真人當順聽其命，乃為至要人能明此不疑正道矣。」〔清〕呂立本：《易經本旨》，1冊，卷1，頁4b（總頁10）。

36 〔清〕呂立本：《易經本旨》，1冊，卷1，頁20b（總頁42）。

37 來知德所謂之「同體」是指陰陽結構相同者，如復 ䷗ 與謙 ䷎ 同為一陽五陰之卦，蒙 ䷃ 與坎 ䷜ 同為二陽四陰之卦。

圖1　來知德〈易經啟蒙圖〉（屯卦）

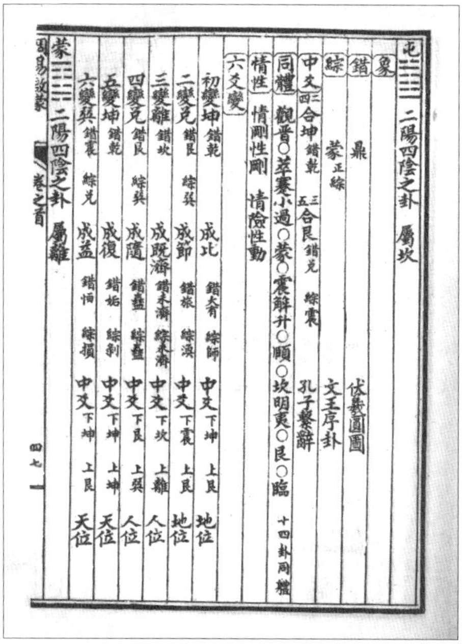

表5　《易經本旨》的卦變體例圖（屯卦）

䷂	震下坎上			
屬	䷜坎　　二變成䷂屯			
錯	䷱鼎			
綜	䷃蒙			
參伍	下互䷗復	中互䷗	上互䷦蹇 上互暗䷌	
五爻互	下互䷚頤	中互䷇比		
各爻變	初爻變䷱鼎	錯䷍大有	綜䷆師	地位
	二爻變䷻節	錯䷷旅	綜䷺渙	
	三爻變䷾既濟	錯綜䷿未濟		人位
	四爻變䷐隨	錯綜䷑蠱		
	五爻變䷗復	錯䷫姤	綜䷖剝	天位
	六爻變䷩益	錯䷟恒	綜䷨損	

呂立本不但取用來知德的卦變體系，對經文的解釋亦是以來知德注文為底本，加以發揮。如注屯〈彖〉辭「雷雨之動滿盈，天造草昧，宜侯而不寧」曰：

> 雷雨之動滿盈者，乃水上于雷，故曰滿盈也。☵中海，海盈之象。天造草昧者，乃時遭水雷之難，而因世惡草褥荒亂，有天而無日，故曰草昧也。不寧者，乃當建侯而不可安寧也。☳為蕃，為草之象，錯☴亦草之象，☵為月，天尚未明，昧之象也。雷雨交作，雜亂晦冥，充塞盈滿于兩間，大亂之象也。[38]

其中以下卦震☳為草、上卦坎☵為昧，乃取來知德義。「雷雨交作，雜亂晦冥」之語更是直接引用來知德注。[39]呂立本接著進一步闡發來知德「天時使之」說，指屯象洪水滅世之難，乃天主因世惡滿盈而「以陰雲雷雨，淹滅人物而使之」。[40]

為佐證其說，他更以互體推演出方舟之象形和敘事。他把參伍下互復☳☳、中互剝☶、上互蹇☵從下而上堆疊起來，陽爻為甲板，便得出「一櫝三層」的象形結構。其取象之理近似於來知德所謂「卦畫之象」，即取整個卦所呈現的物象，如以鼎☲初為鼎足，二三四為鼎腹，五為鼎耳，上為鼎鉉。[41]除此之外，他又取五爻上互比，連同參伍三卦，以「卦體之象」重述洪水故事：以蹇為始，其下卦艮☶為山，上卦坎☵為水，為「洪水漫過高山」之象；接著比下卦坤☷為地，又為眾，上卦坎☵為水，為「洪水滅世」之象；然後剝下卦坤☷為地，上卦艮☶為山，為「水落」而山現之象；最後復下卦震☳為子，上卦坤☷為地，為「諾厄父子復居陸地」。[42]

---

38 〔清〕呂立本：《易經本旨》，1冊，卷1，頁20b（總頁167–168）。

39 來知德注屯〈彖〉辭曰：「雷，震象，雨，坎象。天造者，天時使之然，如天所造作也。草者，如草不齊。震為蕃，草之象也。昧者，如天未明。坎為月，天尚未明，昧之象也。坎水內景，不明于外，亦昧之象也。雷雨交作，雜亂晦冥，充塞盈滿于兩間，天下大亂之象也。」見〔明〕來知德：《周易集註》，卷2，頁202–203。

40 〔清〕呂立本：《易經本旨》，1冊，卷1，頁83b（總頁168）。

41 來知德釋「象」之字義曰：「有以卦畫之形取象者，如剝言宅、言牀、言廬，因五陰在下，列于兩旁，一陽覆于其上，如宅、如牀、如廬，此以畫之形立象也。鼎與小過亦然。」見〔明〕來知德：《周易集註》，頁77。

42 〔清〕呂立本：《易經本旨》，1冊，卷1，頁81a–81b（總頁163–164）。

又其注小畜 ䷈ 卦辭「小畜，亨，密雲不雨，自我西郊」曰：

> 以小畜大，故曰「小畜」。風行天上，是故亨也。暗互 ☲ 為亨之象，暗互有雨而明則無也。☲〔☲〕六變 ☵，為密雲而在天上未下，故曰「密雲不雨」也。中下二互有 ☱，居西方，故曰自我西效〔郊〕也。下卦 ☰ 為郊之象。本旨「小畜，亨」者，乃聖母懷孕吾主，而天路通也。密雲不雨者，乃懷孕而未聖誕也。自我西郊者，乃因聖神之功降孕也。是故曰「密雲不雨，自我西郊」也〔……〕以 ☲ 生 ☳，乃有 ䷍ 大有也。本卦中互 ☲ 三 ☱ 二，合之為五，乃自開闢以後五千年也。中上二互暗 ☵ 為月，中爻 ☲ 三 ☲ 六，合之為九，乃聖母懷孕吾主九月之証也。[43]

釋小畜 ䷈ 為「以小畜大」、其六爻變需 ䷄ 為密雲不雨之象、中爻兌 ☱ 為西之象、下卦乾 ☰ 為郊之象等，皆取來知德義。[44] 而在來知德釋象的基礎上，呂立本巧妙地嫁接其說，從經文解讀出天主教教理。雖與來知德同釋卦名義為「以小畜 ䷈ 大」，但他不取「一陰畜五陽」（陰為小，陽為大）之象，[45] 改以聖母感孕（聖母凡軀為小，耶穌聖體為大）之象來解之。他且比喻耶穌降生為「雨降」，未降即「密雲不雨」，與其解析同持不雨之象、並為小畜 ䷈ 六爻變的需象「古聖待主降生救世」之辭相互呼應。[46] 而按呂立本之象，兌 ☱ 為聖神，故此他認為「自我西郊」隱喻聖神乃「積雲」，即聖子在聖母胎中成孕之由。

43　〔清〕呂立本：《易經本旨》，1冊，卷2，頁33b–34a（總頁264–265）。

44　「乾下巽上，以陰畜陽，又一陰居四，上下五陽，皆其所畜，以小畜大，故為小畜〔……〕中爻離錯坎，雲之象。中爻兌，西之象。下卦乾，郊之象。詳見需卦，凡雲自西而來東者，水生木洩其氣，故無雨。」見〔明〕來知德：《周易集註》，卷3，頁242。

45　同上注。

46　呂立本注需 ䷄ 卦辭曰：「本旨需者，乃四五千年之古聖，待主降生救世也。是故需之，有 ☲ 為救世主，乃其証也。」又注其〈象〉辭「雲上於天」曰：「本旨雲上於天者，乃恩在天上也。☲ 為君子之飲食宴樂，而在天上未降也。待其降來之時，則眾君子得神之飲食宴樂也。猶雨降以時，而世人得其飲食宴樂也。待主來時，乃為吾主，而聖徒得瞻吾主飲食宴樂也。」見〔清〕呂立本：《易經本旨》，1冊，卷2，頁2a、4a（總頁201、205）。

　　此外，呂立本更靈活運用來知德的卦變體系，結合己説，發揮象義。他先取本卦小畜☰☰中爻兩體，即兌☱和離☲，合兩者之卦數而得五，以此推斷耶穌降生創世起五千年。接著他再取其參伍中上二互，即睽☲和家人☲兩卦，兩者中爻皆為離☲和坎☵兩體，合兩者之卦數則得九，且坎☵為月，故得聖母懷胎九月之象。他又發用卦變説，把小畜☰☰九五與六四易位，上卦巽☴變為離☲，得出大有☲天下同慶之象，[47]以證聖母（巽☴女）生耶穌（離☲王），如降甘露，造福世人。

　　從上述諸例可見，呂立本並不僅依〈説卦傳〉所載之象來解釋卦正體或互體之象，而是把八卦與天主教教理的核心象徵掛鉤取象，如以離☲王為耶穌、巽☴女為聖母等。這樣的作法貌似脱離《周易》經學傳統，卻與來知德釋象的主張不謀而合。來知德認為「卦中立象，有不拘〈説卦〉乾馬坤牛、乾首坤腹之類者」。[48]他舉乾☰為證，按〈説卦傳〉乾☰為馬，而爻辭卻言龍，是因乾☰具「變化」特性，[49]而龍為「變化之物」，能更好表現乾☰之「卦情」。[50]換言之，來知德釋象關切的不是〈説卦傳〉中是否言及，而是能否符合卦的性質，把道理説得通。比如按來知德注，凡在經文遇「王」字，他便多以離☲析之。離☲本為日，但來知德認為其能表現君主的形象，故又以其為王之象。呂立本離☲王之説大有可能根源於此，只是他進一步將其對應耶穌「如日當天」的君王形象。[51]聖母作為「聖父之長女」、順服的形象

47　呂立本注履☲上九〈象〉辭「元吉在上，大有慶也」曰：「☲居☲上，是謂『大有』，有大必慶，故曰大有慶也。」又注大有☲上九〈象〉辭「大有上吉，自天祐也」曰：「本旨吾人之大有上吉，皆從天主之恩祐而賜也。☲居天上，降福世人，乃福自吾主降來，是故曰大有上吉，自天祐也。」見〔清〕呂立本：《易經本旨》，1冊，卷2，頁46a、84a（總頁289、365）。
48　〔明〕來知德：《周易集註》，頁111。
49　乾〈彖〉辭有曰「乾道變化」之辭。
50　來知德釋「象」之字義曰：「卦中立象，有不拘〈説卦〉乾馬坤牛，乾首坤腹之類者，有自卦情而立象者，如乾卦本馬而言龍，以乾道變化，龍乃變化之物，故以龍言之〔…〕以卦情立象也，且荀九家亦有乾為龍。」〔明〕來知德：《周易集註》，頁76。
51　呂立本注〈説卦傳〉曰：「〔離〕乃天國之麗日，照世正道之真光，三界之真主，掌管生死禍福之大權，永生而永王，乃救我等之恩主也。」〔清〕呂立本：《易經本旨》，1冊，卷1，頁24b–25a（總頁50–51）。

亦正好符合巽 ☴ 為長女、為順之卦情。可見呂立本之作法乃有例可援，並非沒有來由。

　　而且來知德主張易象之理須經由想像掌握，不可從字面直接理解。其釋〈繫辭下傳〉三章「易者，象也；象也者，像也」曰：

> 夫「易者，象也；象也者，像也。」此孔子之言也。曰像者乃事理之彷佛近似可以想像者也，非真有實事也，非真有實理也。若以事論，金豈可為車？玉豈可為鉉？若以理論，虎尾豈可履？左腹豈可入？《易》與諸經不同者，全在于此。[52]

由此可見，來知德把易象定性為具體事理的一種「模寫」，[53] 如困 ䷮ 九四爻辭所言之「金車」和鼎 ䷱ 上九爻辭「玉鉉」皆非真實存在之物，而履 ䷉ 卦辭所言「履虎尾」和明夷六四爻辭所言「入左腹」亦非實有其事，只是一種喻象，用以傳達抽象之理。以「入左腹」為例，來知德便釋「左腹」為「左右腹心之臣」，而非硬取人體腹部之象。[54]

　　經文所言既是喻象，而非客觀存在的實體，解經者便可突破字面的掣肘，運用聯想力理解。這為呂立本從卦爻辭解讀出「真道之像」提供依據。上述以「密雲不雨」為聖母胎懷聖子之喻象為其中一例，呂立本甚至將此法推展至有些涉及記事的爻辭。如泰 ䷊ 六五爻「帝乙歸妹」之辭，史事派易學家如程頤主張其記載了商王帝乙嫁妹一事，[55] 呂立本則視之為假外象，乃喻世人歸從聖教。[56] 又不以既濟 ䷾ 九三爻辭「高宗伐鬼方」之「高宗」為「商

52　〔明〕來知德：《周易集註》，頁77。

53　來知德注〈繫辭上傳〉六章曰：「易不過模寫乾坤之理，易道之廣大，其原蓋出于此。」見〔明〕來知德：《周易集註》，卷13，頁625。

54　〔明〕來知德：《周易集註》，卷7，頁417。

55　程氏注泰 ䷊ 六五爻辭曰：「史謂湯為天乙，厥後有帝祖乙，亦賢王也。後又有帝乙。多士曰：『自成湯至于帝乙，罔不明德恤祀。稱帝乙者，未知誰是。』以爻義觀之，帝乙制王姬下嫁之禮法者也。自古帝女雖皆下嫁，至帝乙然後制為禮法，使降其尊貴，以順從其夫也。六五以陰柔居君位，下應於九二剛明之賢，五能倚任其賢臣而順從之，如帝乙之歸妹然。」見〔宋〕程頤著，王孝魚點校：《周易程氏傳》，頁68。

56　〔清〕呂立本：《易經本旨》，1冊，卷2，頁57b（總頁312）。

王武丁」，認為九三有離☲王之象，是上主末世伐魔之預象。[57]可以説，來知德象論給予呂立本更多演繹象辭的空間，令《易經》這部典籍可以突破語境的界限，與天主教教理形成不可分割的有機體。另一方面，呂立本仿效《周易集註》逐字拆解、淺顯易明的語言風格，亦打破了以往索隱派傳教士易述只專注於與精英士人對話，而忽視中下層民眾的取向。

五、《易經本旨》解易特色

在文獻整理的基礎上，下文將就數、象、理三個易書的結構要素，分別從「取數編年」、「據象推演」及「説理解義」的視角歸納梳理呂立本治易主張和手法，並配以索隱派耶穌會士的研易稿文作對比，確立兩者的繼承關係，進而展現《易經本旨》的定位和解易特色。

1. 取數編年

呂立本提出「易乃真道真主降世救人之像」的觀點後，便引〈繫辭下傳〉八章「初率其辭，而揆其方，既有典常」一辭注曰：

> 「初率其辭，而揆其方」者，乃順其辭而揆度其卦之方向也。既有典常者，乃有一定之真道，而非無所指而空談也〔…〕古人以卦記年，故後人造年字以六畫而成之，乃本卦爻六位而造之，而以用六畫而成年也。本經所記之事，乃至誠之道，而其中事迹皆記其年月日時至詳且備，豈可以臆説解之，而入于異端邪妄之中乎？是為萬世真道之確據，而無可惑疑者也。[58]

他以古人以卦爻紀年為證，推斷伏羲乃以卦畫記年數。而根據他的算法，《易經》具體記載洪水滅世、耶穌降世以及天地末日等事跡和預言，與天主教編年史相吻合。

57　〔清〕呂立本：《易經本旨》，2冊，卷4，頁89b（總頁180）。

58　〔清〕呂立本：《易經本旨》，1冊，卷1，頁19a–19b（總頁39–40）。

〈洛書〉記有一至九數，排成「戴九履一、左三右七、二四為肩、六八為足、以五居中」的方位。呂立本採納朱熹「蓋取龜象」之說，認為龜乃長壽之物，暗示〈洛書〉之數隱含了天地自開闢以至窮盡的奧跡。由此，他以一至七數為千年，八至九數為百年，推算出天地開闢至末日窮盡共七千九百年，且劃分出數個重要的時間軸點：創世後四千年，文王造〈象〉辭；五千年，救主耶穌降世；七千年，聖教大通中國；七千八百年，路祭弗爾（Lucifer，又作路濟弗爾或路西法）否聖教，行暴亂世；及至七千九百年，天地窮盡。[59]

在這個大體的框架下，呂立本再依次解讀不同的卦象和爻數，逐一補充細枝末節。首卦乾 ䷀ 全陽，釋為天主，又為創世之始。第三卦屯 ䷂ 震 ☳ 上坎 ☵ 下，震 ☳ 為雷，又為動，坎 ☵ 為水，又為險，故有「動乎險中」、「雷雨之動」等象。且按《説文》，屯字「象屮木之初生，屯然而難」，象徵萬物始生困難之狀。呂立本由此推演為「世忘性教，人多作惡」、洪水滅世之象，並按其陰陽爻數算出洪水發生的年數。屯 ䷂ 本卦有二陽爻，為二千年；下互復 ䷗，中互剝 ䷖，共二陽爻，為二百年；上互蹇 ䷦，三四五爻暗互離 ☲，其主爻居四位，為四十年；中互剝 ䷖ 有五陰爻，為五年；合之則二千二百四十五年。[60]

蒙 ䷃ 緊接在屯 ䷂ 後，象徵「物生之初，蒙昧未明」[61]之狀。呂立本承續了索隱派傳教士的理論前設，認為伏羲乃諾厄（Noah）長子生（Shem，又作閃）的後代，洪水後遷至中原地區，成為華夏民族的始祖。[62]他從蒙 ䷃ 卦義進一步延伸，指其暗藏天主自洪水滅世後命聖人制字立法，以啟發後世蒙昧之象，且載有伏羲在古陽畫卦作易設「書教」的確實年份。蒙 ䷃ 本卦有二陽爻，為二千年；另有四陰爻，為四百年；中互復 ䷗ 有五陰爻，為五十年；合之則五千四百五十年，與洪水滅世相隔二百零五年。[63]

59　〔清〕呂立本：《易經本旨》，1冊，卷1，頁11a–12a（總頁23–25）。

60　〔清〕呂立本：《易經本旨》，1冊，卷1，頁80b–81a（總頁162–163）。

61　〔宋〕朱熹著：《周易本義》，頁53。

62　〔清〕呂立本：《易經本旨》，1冊，卷1，頁81b（總頁164）。

63　〔清〕呂立本：《易經本旨》，1冊，卷1，頁91a–91b（總頁183–184）。

按呂立本現存注文，六十四卦中最少有二十四卦內含救主耶穌降世預示，[64]其中記有具體時間的有小畜 ䷈、履 ䷉、隨 ䷐、姤 ䷫、革 ䷰、旅 ䷷ 六卦。取其中三卦為例：姤 ䷫ 一陰抵五陽，為「女壯」之象，呂立本視之為聖母生聖子而成普世主保、天下母皇之喻象，而五陽為五千年，與他所推演〈洛書〉之數吻合；[65]小畜 ䷈ 一陰畜五陽，為「以小畜 ䷈ 大」之象，按呂立本詮釋，乃聖母懷孕聖子之証，且中互兌 ☱ 離 ☲ 兩體，兌 ☱ 為二，離 ☲ 為三，合之為五，亦為五千年；[66]革 ䷰ 有變革之象，對呂立本而言，正好對應耶穌降世「革書教、興寵教」之舉，且革 ䷰ 上兌 ☱ 下離 ☲，兌 ☱ 為二，離 ☲ 為三，合之為五，同樣合乎五千年之數。[67]

「性教」、「書教」和「寵教」概念源自十七世紀歐洲世界觀，其普遍把人類歷史劃分為三個階段：第一為「自然法時期」（Times of Nature Law），從創世到梅瑟以先；第二為「律法時期」（Times of Moral Law），從梅瑟到基督以先；第三為「恩寵時期」（Times of Grace），從基督到末日以先。[68]艾儒略（Giulio Alenio，1582–1649）在華傳道時引入了這種世界觀，把三者分別譯為「性教」、「書教」和「寵教」。[69]其後不少清代傳教士以及奉教士人的著作均沿用這套論述，他們大多以梅瑟《五書》（Pentateuch）為最早紀錄天主啟示（revelation）的文獻，為「書教」（或曰「古教」）時期的開端。[70]其中孟儒

---

64 包括乾 ䷀、坤 ䷁、屯 ䷂、蒙 ䷃、需 ䷄、小畜 ䷈、履 ䷉、泰 ䷊、同人 ䷌、大有 ䷍、謙 ䷎、豫 ䷏、隨 ䷐、蠱 ䷑、觀 ䷓、賁 ䷕、大過 ䷛、益 ䷩、姤 ䷫、革 ䷰、旅 ䷷、兌 ䷹、中孚 ䷼ 及小過 ䷽。

65 〔清〕呂立本：《易經本旨》，卷5，上海徐家匯藏書樓館藏〔213000．95678B〕，頁12b。

66 〔清〕呂立本：《易經本旨》，1冊，卷2，頁34a（總頁265）。

67 〔清〕呂立本：《易經本旨》，1冊，卷1，頁51a（總頁103）。

68 Edward J. Van Kley, "Europe's Discovery of China and the Writing of the World History," *The American Historical Review* 76.2 (1971): 359.

69 〔意〕艾儒略（Giulio Alenio）：《口鐸日抄》，載鐘鳴旦、杜鼎克編：《耶穌會羅馬檔案館明清天主教文獻》7冊（臺北：利氏學社，2002年影印本），卷2，頁5b–6a（總頁108–109）。

70 孟儒望（João Monteiro，1602–1648）《天學略義》（1642）、利安當（Antonio de Santa Maria Caballero，O.F.M.，1602–1669）《天儒印》、 楊廷筠（1562–1627）《天釋明辨》和《代疑篇》（1621）、李祖白《天學傳概》（1664）、何世貞《崇正必辯》、沙守信（Emeric de Chavagnac，1670–1717）《真道自証》（1721）等著作均採納了三教之說。

望提出較為不一樣的觀點。他引《中庸》首言「天命之謂性」、「修道之謂教」等語，説明「儒教」(Confucianism) 教人發揮天賦的善性，已然為天主「性教」的體現，比梅瑟開展的「書教」時代還要早。[71] 他的論述無疑是承襲了自利瑪竇入華所訂立的「合儒」傳教策略，以普世啟示 (universal revelation) 為理論基礎，企圖將儒家納入救恩史的敘事脈絡中。

　　呂立本似乎抱持著相近的意圖，但他另行主張伏羲方為設立「書教」的先鋒，而非梅瑟。此論大膽地把《易經》定性為人類歷史「首部」記載天主啟示的典籍，比《五書》還要早。而且在他看來，《易經》對於《聖經》敘事有著互證，甚至補充作用。以隨䷐為例，他以耶穌為陽剛者，世人為陰柔者，釋其〈大象〉辭「剛來而下柔」為耶穌降世之象；又引「天開于子」一説，配合卦象和卦數，從而推算出耶穌降生時辰：隨䷐下卦為震☳，半現復䷗象，按卦氣説，復䷗對應十一月冬至子時，為一陽始生、大地回春之象，且震☳又為四，由此推演耶穌降誕於冬至後四日子時之際。

　　關於耶穌降生確實的時辰，整部《舊約》以及《福音書》均沒有明示。然而「冬至後四日」之説亦非空穴來風，早在利瑪竇《天主實義》(1630) 中便有過類似的主張，聲稱耶穌降生於漢哀帝元壽二年 (公元前 1 年) 冬至後三日，以對應西曆十二月二十五日。[72] 據《漢書》載，漢哀帝建平二至三年間 (公元前 5–4 年) 出現過兩則特殊星象。[73] 對欲借中國歷史紀年來佐證耶穌

71　「儒教即天主之性教。《中庸》首言天命謂性，修道謂教。蓋欲人盡其性中固有之善，以不負天帝之錫予，則儒教殆即天主之性教也。」見〔葡〕孟儒望 (João Monteiro)：《天學略義》，載張西平、馬西尼 (Federico Masini)、任大援、裴佐寧 (Ambrogio M. Piazzonni) 編：《梵蒂岡圖書館館藏明清中西文化交流史文獻叢刊》，31 冊 (鄭州：大象出版社，2019 年影印梵蒂岡館藏 R.G. Oriente III 213.15° 本)，頁 27a (總頁 198)。

72　〔意〕利瑪竇 (Matteo Ricci)：《天主實義》，載張西平、馬西尼 (Federico Masini)、任大援、裴佐寧 (Ambrogio M. Piazzonni) 編：《梵蒂岡圖書館館藏明清中西文化交流史文獻叢刊》，31 冊 (鄭州：大象出版社，2019 年影印梵蒂岡館藏 Borg. Cin. 355.8° 本)，卷下，頁 62b–63a (總頁 140–141)。

73　《哀帝本紀》載曰：「〔三年〕三月己酉，丞相當薨。有星孛于河鼓。」另《天文志》載曰：「二年二月，彗星出牽牛七十餘日。傳曰：『彗所以除舊布新也。牽牛，日、月、五星所從起，曆數之元，三正之始。彗而出之，改更之象也。其出久者，為其事大也。』」見〔漢〕班固撰，〔唐〕顏師古注：《漢書》(北京：中華書局，1962 年點校本)，頁 341、1312。

誕生時間的傳教士而言，這正好與《福音書》所載的「伯利恆之星」相對應。
艾儒略《天主降生言行紀畧》(1635) 於「天主耶穌降誕」一節中，亦特別添
加了「時冬至後四日也」的注腳，大有可能是承自利氏的觀點，但據不同曆
法而作出的修訂。據《皇朝經世文統編》(1901) 收錄的〈中西曆學源流異同
論〉一文記載，有關說法於康熙年間更獲正式編入規範教會禮儀的瞻禮單
中。[74] 呂立本此處採納「冬至後四日」之說顯然不單單為迎合傳教士融合中
西曆法的傳統，更旨在論證卦數準確預示了基督降生的具體時間，為《易
經》的神聖權威打下有力的基礎。

除了基督誕生為人的奧跡，呂立本更運用卦數建構起一套末日敘事。
據呂立本現存注文，泰䷊、否䷋、大畜䷙、既濟䷾和未濟䷿五卦。泰
䷊和否䷋相錯相綜為一對，分別象徵「通泰」和「否塞」的對立轉化，呂立
本將兩者分別闡釋為「聖教大通」和「魔否聖教」之象，並以卦數推算有關年
期：泰䷊下乾☰上坤☷，乾☰為一，坤☷為八，合之為九，則聖教大
通九百年而天地窮盡；[75] 否䷋上下兩卦卦數合之同為九，但乾☰天居外而
坤☷地居內，天大地小，卦又以內體為主，故與泰䷊比之應作小數，乃
指聖教通行九百年期間，魔行暴亂世，閉塞聖道前後共九年。[76] 既濟䷾和
未濟䷿同樣為相錯相綜的一對，且按卦序排於最後。兩者均以狐狸渡河作
譬喻，呂立本則把「渡通」和「沉溺」的對立象徵，轉化為人死後肉身靈魂
得贖和沉淪的隱喻，[77] 並認為卦數預示了末日審判之期。其注未濟䷿〈大象〉
辭曰：

> 既濟二合五乃為七千，☵三☲六乃為九百，共七千九百年，乃大終
> 之限也。自開闢以至乾隆三十九年歲次甲午，已過六千七百七十四
> 年，尚有一千一百二十六年，乃世界窮盡而已矣。非至神其孰能與于
> 此，即鬼神亦不能知，而豈能前言若是之詳乎？惜迷子何不信至神之
> 道耶。此言《聖經》未記，易數如此。[78]

---

74 〔清〕邵之棠：〈中西曆學源流異同論〉，《皇朝經世文統編》(光緒二十七年〔1901〕
　　寶善齋石印本)，卷96，頁63b。

75 〔清〕呂立本：《易經本旨》，1冊，卷2，頁52a (總頁301)。

76 〔清〕呂立本：《易經本旨》，1冊，卷2，頁60a–60b (總頁317–318)。

77 〔清〕呂立本：《易經本旨》，2冊，卷4，頁84b–85a (總頁170–1)。

78 〔清〕呂立本：《易經本旨》，2冊，卷4，頁97a (總頁195)。

以上可見，呂立本意識到《聖經》的末日預言並無記載確實的時間，他在注文多次提及這一點，如注大畜 ䷙ 上九〈象〉辭以卦數演算聖教大通、魔否聖教、天地窮盡等年期時，也一再重申「《聖經》者未定年期，但卦數如此，時驗則信，今不敢執」。

撇開神學方面的考量，呂立本以卦推算預測年期一舉大有可能是對自身處境的回應。《易經本旨》成稿於乾隆中葉，時值禁教高峰期。[79] 呂立本雖未有具體描述在清廷禁令下所屬信仰群體面臨的困境，但注文中亦藏有些少蛛絲馬跡，透露了他對「外教剝削奉教之人」的批判和憤慨。[80] 其注豐 ䷶ 九四〈象〉辭曰：

> 本旨「位不當」者，乃言外教之人，不當閉塞聖教也。因皆天主所生之人，而不奉主謝恩。今反閉塞聖教之人，仁人之位當如此乎。「幽不明」者，乃言外教之人世務遮蔽其心，因此幽不明也。誠能回心認主，乃吉行也。惜乎！迷子不知夷主乃為耶穌而不認信，請問這夷主確是誰耶？[81]

論到聖教大通之時，他感慨「惜吾不遇其盛時也，再待二百二十六年而後興也」。[82] 其中二百二十六之年數便是按他推論的時間軸，減扣他所處年份而算出。作為正在遭受逼害的信徒，無礙更迫切需要脫離苦難的指望，「算卦」似乎成了他排解途徑。如上文所述，《易經》在民間流傳，多用於方術，預測未來吉凶。呂立本的方法與卜術的區別在於並非隨機起卦，而是順六十四卦排序，從「創世」至「末世」，逐卦演算以救恩敘事為中心的歷史發展。六十四卦始於乾 ䷀，終於未濟 ䷿，原是一個循環時空 (cyclical time) 的系統。呂立本套用了《聖經》線性時空 (linear time) 的架構，視整部《易經》為其變體，每一卦有如不同書卷篇章，涵蓋《創世紀》至《默示錄》的內容 (見圖2)。

79　有關呂立本在禁教語境下受難敘事的探析，詳見 John Tsz Pang Lai and Jochebed Hin Ming Wu, "The Catholic *Yijing*: Lü Liben's Passion Narratives in the Context of the Qing Prohibition of Christianity," *Religions* 10.7 (2019): 416.

80　〔清〕呂立本：《易經本旨》，1冊，卷3，頁47b（總頁491）。

81　〔清〕呂立本：《易經本旨》，2冊，卷4，頁26b（總頁54）。

82　〔清〕呂立本：《易經本旨》，2冊，卷4，頁22b（總頁46）。

圖2　《易經本旨》救恩史時間軸

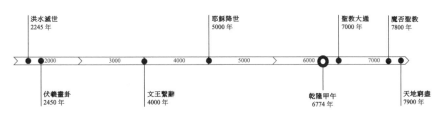

　　綜觀白晉注乾 ䷀ 至否 ䷋ 之文，他亦採用了類近的手法，只是並非以卦為時間單位，而是取首卦乾 ䷀ 為軸心，每一爻為不同時間軸點，又分拆「內意目」和「又內意」兩套解讀系統，形成雙重敘事架構：前者宏觀創世至救贖之道始開六千年史，後者微觀耶穌生平六個階段（見圖3）。其餘十一卦則按不同焦點，配合卦象，反覆再現有關的敘事。可見白晉也企圖把中國歷史納入「救恩藍圖」中，然而有別呂立本在原有的脈絡中「加插」伏羲畫卦、文王造辭等事的作法，他是以「取代」的方式，主張包犧氏（伏羲）便是《聖經》記載人物額諾各（哈諾客／Enoch），[83] 又引文王「演易于羑里」以及成湯「桑林禱雨、負萬方罪」的典故，與聖子耶穌受難之象進行類比。[84] 值得一提的是，「伏羲就是哈諾客」的觀點在馬若瑟（Joseph Henri Marie de Prémare，1666–1736）早期漢語著作均可見其跡，但後來他對這種看法提出質疑，認為伏羲和哈諾客雖同為草創文字的始祖，但不應混為一談。[85]

圖3　〈大易原義內篇〉救恩史時間軸

天地創世 1000年	包犧氏(額諾各)得啟示 2000年	洪水滅世至亞巴郎之約 3000年	每惡牧民寫五經 4000年	大秦(以色列)立國 5000年	救罪救贖之道始開 6000年
初九	九二	九三	九四	九五	上九
耶穌降生 0-30歲	耶穌傳道 30-33歲	革責馬尼莊園之夜 33歲	耶穌順命赴難 33歲	耶穌苦懸十架 33歲	耶穌成就救贖 33歲

83　〔法〕白晉：〈大易原義內篇・乾卦〉，黎子鵬編注：《清初耶穌會士白晉〈易經〉殘稿選注》（臺北：國立臺灣大學出版中心，2020年），頁47。

84　〔法〕白晉：〈易稿〉，黎子鵬編注：《清初耶穌會士白晉〈易經〉殘稿選注》，頁115、153、203、252。

85　陳欣雨：〈立足於文字學的馬若瑟易經研究——以《周易理數》與《太極略說》為例〉，《澳門理工學報》20卷1期（2017年1月），頁90。

　　白晉同樣確信《易經》能助他算出世界年限的奧秘，其〈易稿〉注訟 ䷅
九二爻辭「不克訟，歸而逋，其邑人三百戶，無眚」曰：

> 雖據《天主聖經》，造天地之主于神人中无一示以知天地窮盡〔盡〕之日
> 之時，然論天地始終世代之數〔數〕則不然。今放此爻，邑人三百戶逆
> 知之文，若〔若〕可推而知之。盖若以「七日來復」乃易之原數，而定日
> 月歲世，則四七二十八日為一月，十二月四十八個七為一歲，三十歲
> 為一世，即一代一戶也。捄〔救〕世天子誕生成功之前後，乃自先天人
> 生之門始開，至于宇宙人盡死、地戶閉之終日，乃天地始終之全數，
> 真合于歷代人出天入地三百世之戶。[86]

　　他在另一份拉丁文和法文書寫的手稿中，更詳細說明他的計算。他主
張〈河圖〉和〈洛書〉——即構成《易經》數理的基礎模型——暗含了世界自
創世至末日的運轉週期：前者一共有55點，後者一共有45點，合之便是
100。他以彌賽亞首次降臨為分水嶺，把100週期劃分為兩個時期：第一時
期稱之「先天」，是創世起到彌賽亞降臨升天，一共50週期；第二時期稱之
「後天」，是從彌賽亞升天到再臨，亦即世界的終結，一共49週期，保留了
最後一週期，以示人無法掌握天主所定之終日。然後他再取卦數64的平方
根8進行階乘，得出一週期為40,320天的結論：

```
   1      ×1
        1      ×2
             2      × 3
                  6      × 4
                       24      × 5
                            120      × 6
                                  6720      × 7
                                        5040      × 8
                                              40320
```

---

86 〔法〕白晉：〈易稿〉，頁157–158。

　　為了印證他計算的準確度，他把「先天」時期的天數，即 40,320×50 = 2,016,000 天，按不同曆法換算為年數進行比較。若按安息年計算，七日為一週，一個月四週，一年 12 個月一共 336 日，2,016,000 天便相等 6,000 年，亦即他漢語注文所採用的時空框架；若按陰曆一年 384 天計算，便相等 5,250 年，與歐瑟比（Eusebius Pamphili，265–339）同樣以陰曆為基礎所算出的 5,200 年數一致；若按陽曆一年 365¼ 天計算，便相等 5,520 年，與《七十士譯本》（Septuagint）算出的年數（5,520 年）更是分毫不差。[87]

　　雖然二人均轉化易數為計算時間的抽象符號，但比起白晉，呂立本的作法更具易學傳統的依據。卦爻紀年始於漢易，《易緯‧乾鑿度》曰：「卦當歲，爻當月，析當日」。[88] 按其說，六十四卦每兩卦為一對，一對卦一共十二爻，對應十二個月，即一歲（年）；從乾 ䷀ 坤 ䷁ 到既濟 ䷾ 未濟 ䷿，一共三十二對卦，便是三十二年。[89] 理論的本義是結合卦氣說，以陰陽消長循環解釋一年節氣的變化，並以六十四卦（三十二年）為一周期，計算年代。此法後為邵雍所吸收，並加以推衍，制成歷史年表〈皇極經世圖〉，以推算宇宙和人類社會變化的進程。[90] 呂立本則取其精粹，加以簡化改造，取卦爻之數推算年份，並把易史編入救恩工程的藍圖中。

2. 據象推演

　　「象」可謂《易經》主要的組成部分，其中八卦更是整個易象系統的主幹，亦是呂立本易學的關注核心。為復「真道真主降世救人之像」，呂立本援引北宋象數家邵雍（1012–1077）先天/後天學，另立一套融合宋易象數學與天主教救贖論的八卦象徵系統。關於「先天」和「後天」的說法，早見於乾 ䷀〈文言〉辭「先天而天弗違，後天而奉天時」，邵子據此提出「先天之學」

87　Joachim Bouvet, "Travail de 200 pages sur une découverte faite dans l'y king," Paris, Bibliothèque Nationale de France, Ms. n. a. lat., no. 1173, f. 135–136.

88　〔漢〕鄭玄：《易緯‧乾鑿度》，載嚴靈峰編：《無求備齋易經集成》157 冊（臺北：成文出版社有限公司，1976 年影印本），頁 4。

89　朱伯崑：〈漢代象數之學〉，《易學哲學史》1 卷（臺北：藍燈出版社，1991 年），頁 205。

90　鄭吉雄：〈中國古代形上學中數字觀念的發展〉，《周易研究》79 期（2006 年 10 月），頁 11–14。

和「後天之學」的概念，主張八卦排序方位有先天與後天之分：先天八卦(又稱伏羲八卦)為法天象地之體，呈現的是伏羲觀天地萬象畫卦之理，定位著重於陰陽對待相交的規律；後天八卦(又稱文王八卦)為自然人事之用，乃文王據先天八卦推演，其中所體現的是流行變易的原則。[91]他認為雖然兩者焦點不一，但實則相互轉化，彼此推移，密不可分，必須合而觀之。所謂「體」，是指陰陽變化的不變規律；所謂「用」，則指陰陽變化所顯示的形跡。如是說，先天之體乃後天之用的內在依據，後天之用則是先天之體的外在顯現，故此兩者彼此相函，是「天地之心」，即萬物生化本源[92]的一體兩面。

論到八卦的生成，〈繫辭上傳〉九章有曰：「易有太極，是生兩儀，兩儀生四象，四象生八卦」，邵子以「一分為二，二分為四，四分為八」數理解說此過程。[93]他所指的並非純粹加一倍法的推演，而是陰陽對立相配而構成的不同組合：即「兩儀」(陰 -- /陽 —)以上各添一陰一陽便成「四象」(太陰 ☵ /少陽 ☳ /少陰 ☴ /少陽 ☰)，四象以上各添一陰一陽便成「八卦」(坤 ☷ 八/艮 ☶ 七/坎 ☵ 六/巽 ☴ 五/震 ☳ 四/離 ☲ 三/兌 ☱ 二/乾 ☰ 一)。

朱子《周易本義》所載之〈伏羲八卦次序圖〉便是邵子此說的圖解。[94]他認為〈伏羲八卦方位圖〉便是按有關生成的次序，結合〈說卦傳〉「天地定位，山澤通氣，雷風相薄，水火不相射；八卦相錯，數往者順，知來者逆」說發展而成。按他的解說，此圖定乾 ☰ 坤 ☷ 於上下之位，乾 ☰ 一至震 ☳ 四順序從上至下排正南、東南、正東和東北位，坤 ☷ 八至巽 ☴ 五則逆序從下而上排正北、西北、正西和西南位。圖中，乾 ☰ 與坤 ☷，震 ☳ 與巽 ☴，離 ☲ 與坎 ☵，兌 ☱ 與艮 ☶ 卦象陰陽相反，方位則兩兩相對。若順乾 ☰ 一至坤 ☷ 八之序來看，乾 ☰ 一至震 ☳ 四呈左旋狀，坤 ☷ 八巽 ☴ 五呈右旋狀，合之便是太極陰陽魚(☯)交纏所成之「S」形，更體現了陰陽分中有合、合中有分的關係。

91　余敦康：〈論邵雍的先天之學與後天之學〉，《道家文化研究》11 期(1997 年 10 月)，頁 235。

92　〔宋〕邵雍著，郭彧、于天寶點校：《皇極經世‧觀物外篇》，卷 9，《邵雍全集》，3 冊(上海：上海古籍出版社，2015 年)，頁 1427。

93　〔宋〕邵雍：《皇極經世‧觀物外篇》卷 4，頁 1324。

94　〔宋〕朱熹：《周易本義》，頁 14。

　　呂立本據〈說卦傳〉以及朱熹《周易本義》注解採入的荀九家逸象，嫁接救贖敘事的核心象徵，修訂〈伏羲八卦方位先天圖〉（見圖4）。按呂立本說，乾 ☰ 為天，三爻皆陽，釋為天主聖父三位一體（Trinity）內象；坤 ☷ 為地，三爻皆陰，釋為世人與聖母內象，與天主聖父兩兩相對。震 ☳ 為長男，釋為天主「首生」的聖子內象；[95] 巽 ☴ 為長女，釋為「天主之聖父之長女」瑪利亞內象，[96] 與聖子兩兩相對。離 ☲ 為明，釋為耶穌「世上的光」內象；[97] 坎 ☵ 為陷，一陽陷於二陰中，釋為耶穌降世於眾惡之中、受難受死之內象，與其光明形象兩兩相對。兌 ☱ 為巫為悅，釋為聖神活愛；[98] 艮 ☶ 為鼻為祖，釋為人祖父母，男女相悅始交，與聖神活愛兩兩相對。歸而言之，乾 ☰ 一至震 ☳ 四為順數，是為聖父、聖子、聖靈之「神象」，坤 ☷ 八至巽 ☴ 五則為逆數，涵蓋聖母長女、男女生育、小人君子等「人象」，兩者如陰陽般，雖對立卻又彼此推移。

　　運用陰陽對稱的原則確立有關象徵後，呂立本進一步釋先天八卦次序為整個救贖工程的藍圖，首三卦啟示聖三各自的職能：乾 ☰ 一示天主聖父為天地萬物唯一的真原；兌 ☱ 二示聖神作為主愛化身和訓慰師（παράκλητος / paraclete）的角色；離 ☲ 三示聖子耶穌兼具天主之主體、人之靈體和人之形體，三體渾合為一。後七卦則闡述救贖工程的各個階段：震 ☳ 四象性教的失敗，世人罪惡深重，上主震怒，降洪水四十日滅世；巽 ☴ 五象聖母於五千年之時生聖子；坎 ☵ 六象耶穌上耶路撒冷過逾越節，六日後受難；艮 ☶ 七象耶穌噶瓦畧（Calvaria／加爾瓦略）山上釘十架，臨終前留下七言；坤 ☷ 八象耶穌受難成就救贖，惠及普世八方之人。[99]

95 《哥羅森書》一章15節：「他是不可見的天主的肖像，是一切受造物的首生者。」
96 〔墨〕石鐸琭（Petrus de la Piñuela）述：《聖母花冠經》，載鐘鳴旦、杜鼎克、蒙曦編：《法國國家圖書館明清天主教文獻》，21 冊（臺北：臺北利氏學社，2009 年影印本），頁7。
97 《若望福音》九章5節：「當我在世界上的時候，我是世界的光。」
98 《若望福音》十四章15–17節：「如果你們愛我，就要遵守我的命令；我也要求父，他必會賜給你們另一位護慰者，使他永遠與你們同在：他是世界所不能領受的真理之神，因為世界看不見他，也不認識他；你們卻認識他，因為他與你們同在，並在你們內。」
99 〔清〕呂立本：《易經本旨》，1 冊，卷 1，頁 10b–11a（總頁 22–23）。

呂立本又把邵子言下先天與後天的體用關係加以闡發，以先天八卦為天主救贖的旨意，後天八卦則釋為其實踐，把焦點放置在「巽☴女生離☲王」，即基督降生的奧跡。關於後天八卦的次序和方位，邵子依據〈説卦傳〉來解說〈文王八卦次序圖〉和〈文王八卦方位圖〉，兩者同樣獲輯錄在朱子《周易本義》。[100]〈文王八卦次序圖〉按乾☰坤☷生六子說繪成，乾☰為父，坤☷為母，其下各有三子：震☳坎☵艮☶本為坤☷體，索取乾☰而各得一陽，順序為乾☰之長男、中男和少男；巽☴離☲兌☱本為乾☰體，索取坤☷而各得一陰，順序為坤☷之長女、中女和少女。〈文王八卦方位圖〉則按「帝出乎震」一節，依次順時針立震☳於正東位，巽☴於東南位，離☲於正南位，坤☷於西南位，兌☱於正西位，乾☰於西北位，坎☵於正北位，艮☶於東北位。有別伏羲八卦次序與方位相互緊扣，文王八卦系統——如朱熹指出——「不可曉處多」。[101]邵子有試圖就移卦的方位提供合理解釋，但説法仍存有破綻。他指乾☰坤☷既生六子，便由震☳（長子）和巽☴（長女）代為掌事，故置乾☰於西北位統領震☳坎☵艮☶三男，退坤☷至西南位統領巽☴離☲兌☱三女。然而他的論述並不切合〈説卦傳〉所述的次序，按方位圖順時針的路徑，乾☰體的順序為乾☰（父）坎☵（中男）艮☶（少男）震☳（長男），坤☷體的順序為巽☴（長女）離☲（中女）坤☷（母）兌☱（少女），與乾☰坤☷生六子的順序架構不符，亦未能展現其與先天八卦系統的關連。

呂立本相信，他的論説能破解相關的疑團。他釋乾☰坤☷生子為聖父與聖母（神性和人性）結合生成耶穌的啟示。接著他承接先天八卦的象徵系統，修訂〈文王八卦方位圖〉（見圖5），並順其序闡述基督的生平事跡：「帝出乎震☳」象造物真主在世顯現；「齊乎巽☴」象巽☴女（瑪利亞）之胎齊集神人二性；「相見于離☲」象離☲王（聖子耶穌）誕生，母子相見於世；「致役乎坤☷」象耶穌事母至孝；「説言乎兌☱」象耶穌喜言聖神之語；「戰

---

100 〔宋〕朱熹：《周易本義》，頁17。

101 〈周易十三·説卦〉載曰：「文王八卦不可曉處多。如離南、坎北，離、坎卻不應在南北，且做水火居南北。兌也不屬金。如今只是見他底慣了，一似合當恁地相似。」〔宋〕朱熹述，鄭明等點校：《朱子語錄》（上海：上海古籍出版社，2014年），頁2618。

乎乾 ☰」象耶穌行事聽從乾 ☰ 父(聖父)之命，戰勝「三仇」，[102] 為世人之師；「勞乎坎 ☵」象耶穌身陷眾惡之中，受難受死；最後「成言乎艮 ☶」象耶穌山上十架七言，完成救贖之功。[103]

　　他更細析後天八卦方位所作的調動，主張其中亦蘊含了天主教的教理，補充說明基督救贖的意義。按他的解說，後天震 ☳ 居先天離 ☲ 正東位，乃示聖子結合人性而成救世主、萬有之王；後天巽 ☴ 居先天兌 ☱ 東南位，乃示聖母滿被聖神恩寵；後天離 ☲ 居先天乾 ☰ 正南位，乃示聖子因降世贖人而得聖父讓位，賜予判世之權；後天坤 ☷ 居先天巽 ☴ 之位，乃示巽 ☴ 女生聖子而為聖子之母；後天兌 ☱ 居先天坎 ☵ 之位，乃示世人因耶穌受難而得聖神降臨之恩；後天乾 ☰ 居先天艮 ☶ 西北位，乃示世人得贖後，天主復以慈父之心待之；後天坎 ☵ 居先天坤 ☷ 之位，乃示耶穌因救世之恩而得成人之位；後天艮 ☶ 居先天震 ☳ 東北位，乃示世人親近救主耶穌而得天國。[104] 歸而言之，呂立本利用邵子先天/後天學的象數系統，從宏觀、中觀至微觀逐層推演開展救贖敘事，內容涵蓋救贖工程的藍圖、實踐以及成效，構成一個相當完整的理論模型。

圖4　呂立本〈伏羲八卦方位先天圖〉　圖5　呂立本〈文王八卦方位圖〉

102　所謂「三仇」，即魔鬼 (diabolus / the devil)、肉身 (caro / the flesh)、世俗 (mundus / the world)。

103　〔清〕呂立本：《易經本旨》，1冊，卷1，頁20a–21b (總頁41–44)。

104　〔清〕呂立本：《易經本旨》，1冊，卷1，頁14a–14b (總頁29–30)。

如前所述，白晉在他的漢語注文中，同樣套用了「先天」和「後天」概念作為救贖敘事的框架。他參照三易的源流變遷，把世界歷史劃分三個發展階段：（一）「先天未變」，指的是天主初造，萬物無罪無垢，各安己分，對應《連山》易簡之道；（二）「先天已變」，指的是世人墜落，萬物隨之而變，同失其常，對應《歸藏》易變之道；（三）「後天不變」，指的是基督降生，成就救贖，復明天道，對應《周易》不易之道。[105] 他又援引「三才」說法，以「一純明、一純幽、一半明半幽三環之圖」，展現這三種狀態：第一階段由純白天字圓象（天）表示，象徵天道盛行，宇宙間充滿光明；第二階段由純黑地字圓象（地）表示，象徵世人被蒙蔽，世間為黑暗所籠罩；第三階段則由半白半黑人字圓象（人）表示，象徵「半人半神」的救世主，最終促成天界和人間的和解。[106]

在白晉的論述下，耶穌乃先天與後天狀態轉換的關鍵，是打通天地間唯一的橋樑。他又據卦象確立己說，以乾 ☰ 三陽為天主聖三三才，坤 ☷ 三陰為世人靈魂三司，認為否不通之象正是意指世人叛逆居上，如坤 ☷ 篡乾 ☰ 之上，先天失正，天地上下不交；而泰 ䷊ 則是耶穌成就救贖之象，其雖擁有天主本體，反倒虛己成為人的樣式，如乾 ☰ 甘願處坤 ☷ 之下，轉否 ䷋ 成泰 ䷊，天地復交，開後天之明。他花了不少筆墨描繪耶穌「後天之君」的形象，如注乾 ☰〈象〉和〈文言〉辭之「內意綱」曰：

> 捄世之主開後天，自出乎帝庭之始，至于誕世成功之終日，立己出乎震 ☳ 之聖座于太明之輪，隱藏布列，降〔降〕生捄世，謙仁不可測、超性神道蘊奧之意，于日月星辰，運行經緯，逆知文象之序，命歷〔歷〕代世人仰觀望、俟不惑，因悔過遷善，預沾捄世之恩〔恩〕。[107]

類似的話頭在〈大易原義內篇〉和〈易稿〉還有不少，白晉不單單是援引「後天」一詞，更試圖把「帝出乎震 ☳」說納入其詮釋系統。[108] 他在〈易引〉

---

105 〔法〕白晉：〈易學外篇〉，黎子鵬編注：《清初耶穌會士白晉〈易經〉殘稿選注》，頁 311–312。

106 〔法〕白晉：〈易學外篇〉，頁 321–312。

107 〔法〕白晉：〈大易原義內篇·乾卦〉，頁28。

108 〔法〕白晉：〈大易原義內篇〉，頁 23、76、93；〈易稿〉，頁 106、184。

更詳盡論述有關的觀點，並徵引大量漢語古籍書證，其中第九節列出朱子
易學傳人胡方平（？–1289）論先天與後天八卦方位圖之語：

> 玉斋〔齋〕胡氏曰：「先天卦乾以君言，則所主者在乾。後天卦震以帝
> 言，則所主者又在震，何哉？盖〔蓋〕乾為震之父，震為乾之子，以統
> 臨謂之君，則統天者莫如乾，而先天卦位宗一乾也。以主宰謂之帝，
> 主器者莫若長子，後天卦位宗一震也。」[109]

白晉利用乾 ☰ 震 ☳ 父子關係與君帝象徵，類比天主聖父與聖子的形象，
又視先天與後天「卦主」之別，為救恩工程前後階段的重心轉移，先天以天
主聖父「初造」為功，後天則以聖子耶穌「再造」為功。[110] 同樣的取象亦見於
馬若瑟《周易理數》，此外他又借用夬的之卦象，下卦乾 ☰ 為天主，兌 ☱
為言，合之為天主聖言（Λόγος / Logos），以示易卦作為象形文字含有神聖
的啟示意義。[111]

　　馬若瑟的研究尤其傾重於文字學範疇，花了大量心血分析漢字結構背
後的涵意。對他而言，《易經》不僅僅是五經之宗本，更是漢字之源頭。這
種理解很大程度上乃在白晉的指導下建立起來。[112] 在白晉看來，易卦與漢
字關係密切，需結合兩者方能全面掌握《易經》隱含的信息，比如他主張乾
☰ 為「三」字，以一豎（｜）串連三爻便成「王」字，象徵著聖三與其至高無
上的神權。[113]

　　呂立本對卦象的闡釋也體現了「卦劃者乃古字也」的觀點。[114] 與白晉和
馬若瑟視乾 ☰ 為「三」與「王」字字身的看法類近，他認為以一豎串連震 ☳
三爻便得出「主」字，顯出「天有主宰」、救世真主之象。[115] 另一個結合卦象

---

109 〔法〕白晉：〈易引原稿〉，頁307。
110 〔法〕白晉：〈易引原稿〉，頁291。
111 陳欣雨：〈立足於文字學的馬若瑟《易經》研究〉，頁88。
112 Lundbæk, *Joseph de Prémare (1666–1736), S.J.: Chinese Philology and Figurism,* 16；
　　 Mungello, *The Silencing of Jesuit Figurist Joseph de Prémare in Eighteenth-Century
　　 China,* 45.
113 Bouvet, "Travail de 200 pages," f. 35.
114 〔清〕呂立本：《易經本旨》，1冊，卷1，頁84a（總頁169）。
115 〔清〕呂立本：《易經本旨》，1冊，卷1，頁20a（總頁41）。

與漢字解讀的典型例子，便是呂立本釋屯 ䷂ 為諾厄（諾亞／Noah）「一舟八口」即「船」字之象。關於「船」字與諾亞方舟的象徵關係，最早由白晉建立，馬若瑟針對「八口」又再推演至「四」字，認為「四」字「從口從八」，象徵著諾厄一家八口父母子婦一共四男四女。[116] 呂立本則從卦象出發，以陽爻（—）為兩代之隔，陰爻（--）為夫婦一對，視上六為諾厄夫婦，六二、六三、六四為諾厄三子三婦，合之便得出一舟八口之象，即「船」字之前身。[117]

由此看來，呂立本釋象手法與索隱派傳教士確有不少相似之處。然而相較於傳教士抽取零星卦象加以演釋的作法，呂立本借宋易象數學所建立的八卦象徵系統更顯完整，而他的義理論述亦是在此基礎上進一步開展。

3. 說理解義

自漢代起，《易經》編本多為經傳合一，即將《周易》經文與孔門《易傳》雜揉並陳，此舉把《周易》從卜筮之書轉化為哲理典籍。受到《易傳》重視倫常教化、標明德義的取向影響，「以德論卦」成為歷來釋易的主流方針。所謂「德」（virtue），就廣義而言是指人的行為規範和品性價值，具體內涵和外在表現形式在不同文化處境則存有差異。「修德」在天主教傳統中同為極其重要的教義之一，與其「神人合作」（synergism）觀不無關係。「神人合作」觀與「神恩獨作」（monergism）觀，即把人的得救完全歸於神權的觀點對立，認為人除了接受天主贖罪的恩寵，更要配合個人行為方獲得全面的拯救（salvation），強調信徒在今世應積極追求修德成聖。[118]

如前所述，呂立本理論系統以陰陽框定神人關係，雙方性質雖彼此對立，但共處於一個統一體中，協調共濟，相互轉化，體現了「神人合作」的思想特徵。與此同時，他採用了「以德論卦」的詮釋方針，在序言開宗明義

---

116 陳欣雨：〈立足於文字學的馬若瑟《易經》研究〉，頁88。

117 〔清〕呂立本：《易經本旨》，1冊，卷1，頁81b–82a（總頁163–164）。

118 Ian A. McFarland et al., *The Cambridge Dictionary of Christian Theology* (New York: Cambridge University Press, 2011), 490 ; Daniel Kirkpatrick, *Monergism or Synergism: Is Salvation Cooperative or the Work of God Alone?* (Eugene/Oregon: Pickwick Publications, 2018), 10–30, 113–132.

的指出《易經》乃「君子修德」之導引。[119]「君子」是儒家學說中理想人格，具有道德修養的示範作用，單單在《大象傳》便出現了五十三次。呂立本釋之為「大君(天主)之子」，主張救主耶穌為萬民「萬德之表」，而其諸德中又以「謙」為貴。六十四卦中，唯謙 ䷎ 六爻辭皆曰吉利，〈繫辭下傳〉七章亦給予極高的評價，稱之為「德之柄」，持君子「制禮」之精義。呂立本注謙 ䷎ 卦辭「謙，亨，君子有終」曰：

> 謙卦者，乃耶穌之謙，以為萬世之謙德準也。山居地下者，乃以表吾主以至尊，而居至卑之下，以羞吾人之傲也，故自稱為人子，以示吾人謙德表之也。吾主乃大君真子，故曰「君子」。先受苦難，而後得上國，故曰「有終」。[120]

又注九三爻辭「勞謙君子，有終吉」曰：

> 中爻為 ☵ 勞卦，故曰「勞謙」。☵ 之正位在三，所以此極善，終應上六得正而應，終吉之象。一陽趨于上下眾陰之中，是因謙而遭苦勞之難，故曰「勞謙」〔…〕本旨一陽者，乃吾主也。因謙而降，受苦難而救人，是故曰「勞謙」。終得復活升天，故曰「有終吉」也。人效吾主之謙者，皆得永終之吉也。[121]

謙 ䷎ 上卦坤 ☷ 為地，下卦艮 ☶ 為山，山高卻卑居地下，是為「謙」象。其中九三獨陽居正，與二四爻互坎 ☵ 為勞。按呂立本逸象，坎 ☵ 為耶穌受難負萬方罪。他據象言理，釋「勞謙君子」為降卑受難的聖子耶穌，「有終吉」則為永生之福。此舉不僅再現救贖敘事，更旨在向信徒傳達效法基督謙卑捨己、終得永福的教義。[122]

---

119 呂立本自序曰：「幸《易經》而不泯，慶真道之猶存，乃君子修德之的也。」見〔清〕呂立本：《易經本旨》，1冊，卷1，頁1a(總頁3)。

120 〔清〕呂立本：《易經本旨》，1冊，卷2，頁85b(總頁368)。

121 〔清〕呂立本：《易經本旨》，1冊，卷2，頁88b–89a(總頁374–375)。

122 瑪竇福音十一章29–30節：「你們背起我的軛，跟我學罷！因為我是良善心謙的：這樣你們必要找得你們靈魂的安息，因為我的軛是柔和的，我的擔子是輕鬆的。」伯多祿前書二章21節：「你們原是為此而蒙召的，因為基督也為你們受了苦，給你

有意思的是，除了耶穌，呂立本亦追崇聖母瑪利亞為信徒的另一典範，稱之為「女中之君子」、[123]「世人之德表」，人若效其德便可得永生之福。[124]而且他認為，「謙」同樣是聖母德性的最大體現。按其逸象，坤 ☷ 為聖母之象，六三變陽便成謙 ䷎。其注坤 ☷ 六三爻辭「含章可貞，或從王事，無成，有終」曰：

> 本旨乃言聖母懷孕吾主，仍可童貞，故曰「含章可貞」也。「或從王事，無成」者，乃其自謙之詞也。卒全成之，是「有終」也。[125]

又注〈文言〉辭「陰雖有美，含之以從王事，弗敢成也。地道也，妻道也，臣道也」曰：

> 六三全 ☷ ，諸物全備，乃陰雖有美也。「含之以從王事也」者，乃居內為含。六五為王，故曰「含之以從王事」也。弗敢成者，乃謙詞也。三變 ☶ 止，弗敢成之像。六三位居在下，故曰地、妻、臣道也〔⋯〕本旨乃表聖母之謙，雖有諸德之美，含之以從王事，弗敢自居成德，歸諸美好于上主也。以婢自居，故曰地、臣道也。[126]

以上可見，呂立本認為聖母之謙德體現於兩個層面：一是孕產聖子而不自居有功，二是諸德全備而不自高，把兩者均歸功於天主的恩寵。

值得點出的是，天主教傳統理解的「謙德」（humility）並非純粹仿效基督的生活規範，而是植根於視個人一切成就皆源自唯一真主的神學倫理

們留下了榜樣，叫你們追隨他的足跡。」斐理伯書二章3–8節：「不論做什麼，不從私見，也不求虛榮，只存心謙下，彼此該想自己不如人〔⋯〕你們該懷有基督耶穌所懷有的心情：他雖具有天主的形體，並沒有以自己與天主同等，為應把持不捨的，卻使自己空虛，取了奴僕的形體，與人相似，形狀也一見如人；他貶抑自己，聽命至死，且死在十字架上。為此，天主極其舉揚他，賜給了他一個名字，超越其他所有的名字，致使上天、地上和地下的一切，一聽到耶穌的名字，無不屈膝叩拜；一切唇舌無不明認耶穌基督是主，以光榮天主聖父。」

123〔清〕呂立本：《易經本旨》，1冊，卷1，頁64a（總頁129）。
124〔清〕呂立本：《易經本旨》，2冊，卷4，頁10a（總頁21）。
125〔清〕呂立本：《易經本旨》，1冊，卷1，頁67b（總頁136）。
126〔清〕呂立本：《易經本旨》，1冊，卷1，頁76b（總頁154）。

觀。經院派神學家阿奎那（Saint Thomas Aquinas，1225–1274）把德行劃分
為倫德（moral virtues）和神德（theological virtues）兩大類：前者由後天習
成，以智（prudence）、勇（justice）、義（fortitude）、節（temperance）四樞德
為綱領；後者則由天主所賦，源自聖三的本性，即信（faith）、望（hope）、
愛（charity）三超德，亦是一切倫德的基礎和動力。阿奎那認為「謙德」為「自
我貶低」（self-degradation），是基於對天主的信服而抑制對自我的指望，根
植於信德而附屬於節德。[127] 如是說，「謙德」乃是對天主——即超越者——
完全的委身（submission），其源自天主的恩賜，再經由後天的培育與操練而
得以完善，最終達至對自我完全否定的內化認知，從根本意識上認同自己
是卑微的、是無能的，任何成就均屬天主所賜，並非己功。[128]

　　但在漢語的語境中，「謙」的內涵不盡相同。《說文》解曰：「謙，敬
也。」《史記·樂書》有云：「君子以謙退為禮。」朱子釋〈繫辭下傳〉七章
「謙，德之柄也」則曰：「謙者，自卑而尊人，又為禮者之所當執持而不可失
者也。」[129] 以上可見，「謙」被視為禮的內在本質，亦是個體自發啟動的道德
制約，以維持「我」與「他者」平衡協調的關係。而這種洞見乃源自於對自然
宇宙運轉規律的觀察。程頤釋謙 ䷎〈象〉辭曰：「天道虧盈而益謙，地道變
盈而流謙，鬼神害盈而福謙，人道惡盈而好謙。謙尊而光，卑而不可踰，
君子之終也」曰：

> 以天行而言，盈者則虧，謙者則益，日月陰陽是也。以地勢而言，盈
> 滿者傾變而反陷，卑下者流注而益增也。鬼神謂造化之跡。盈滿者禍
> 害之，謙損者福祐之，凡過而損，不足而益者，皆是也。人情疾惡於
> 盈滿，而好與於謙巽也。謙者人之至德，故聖人詳言，所以戒盈而勸
> 謙也。謙為卑巽也，而其道尊大而光顯。自處雖卑屈，而其德實高不
> 可加尚，是不可踰也。君子至誠於謙，恒而不變，有終也，故尊光。[130]

127 Thomas Aquinas, *Summa Theologiae,* II–II, Q. 161, trans. T.C. O'Brien (London: Blackfriars, 1964), 93.

128 Jennifer A. Herdt, "Christian Humility, Courtly Civility and the Code of the Streets," *Modern Theology* 25 (2009): 541–561.

129 〔宋〕朱熹：《周易本義》，頁254。

130 〔宋〕程頤著，王孝魚點校：《周易程氏傳》（北京：中華書局，2011年），頁86。

是說，天道、地道、鬼神均存在「盈則虧」的現象，由此引申至人事上——只有恪守謙讓之德、戒驕戒滿，方能正確地審視自身的不足，避免因盲目自大而造成的損害。比起展現對宇宙主宰的敬畏之情，此處所提倡的行謙更多是基於理性的考量，其根本目的是為實現自我本體的理想人格，而非否定自我。換言之，呂立本對謙䷏的釋義一方面儒化了耶穌和聖母的形象，另一方面亦在有意無意間轉換了「謙」的內涵，為其注入了天主教的神學涵義。

除了「謙」，另一個呂立本重點闡發的德性便是「貞」。「貞」與「元」、「亨」、「利」三者並列為乾䷀四德，亦是《易經》出現頻率最高的概念之一。孔穎達引《子夏傳》疏「貞」為「正」，[131] 朱熹注乾䷀〈文言〉辭「貞固足以幹事」曰：「貞固者，知正之所在而固守之」。[132] 兩者所論之「貞」乃持「堅守正道」之意。呂立本則將其延伸至「童貞」（virginity）概念。其注乾䷀卦辭「元亨利貞」曰：

> 貞者，乃正而無邪，固而無終也〔…〕其貞者，乃天國無交婚也。[133]

要數天主教傳統最具標誌性的貞德表率，莫過於童貞瑪利亞。呂立本的注文多處闡發聖母「卒年童貞」的信理。[134] 所謂「卒年童貞」（perpetual virginity of Mary），屬聖母四大信理之一，是指瑪利亞產前（ante partum）、產時（in partu）、產後（et post partum）均是童貞之身。[135] 呂立本釋坤䷁六三爻辭「含章可貞」為「聖母懷孕吾主，仍可童貞」之義時，特別在文末引用

---

131 孔穎達疏乾卦辭「元亨利貞」曰：「《子夏傳》云：元，始也；亨，通也；利，和也；貞，正也。言此卦之德，有純陽之性，自然能以陽氣始生萬物，而得元始亨通，能使物性和諧，各有其利，又能使物堅固，貞正而終。」〔唐〕孔穎達疏，邱燮友點校，國立編譯館主編：《周易正義》（臺北：新文豐出版公司，2001 年），頁17。
132 〔宋〕朱熹：《周易本義》，頁35。
133 〔清〕呂立本：《易經本旨》，1冊，卷1，頁28b–27a（總頁58–59）。
134 〔清〕呂立本：《易經本旨》，1冊，卷1，頁69a（總頁139）。
135 關於卒年童貞信理的神學依據，詳參Raymond E. Brown, *The Virginal Conception and Bodily Resurrection of Jesus* (New York: Paulist Press, 1973); Manuel Miguens, *The Virgin Birth: An Evaluation of Scriptural Evidence* (O.F.M. Westminster, Md.: Christian Classics, 1975).

艾儒略《天主降生言行紀畧》(1635) 為參考文獻。[136] 在〈天主耶穌降誕〉一
節，艾氏描述聖母產子的過程曰：

> 夜半覺胎動，知天主欲降誕此處。屏處靜隅，默肅敬畏，不坼不礙，
> 倏生一子，而聖母依然童身；如玻璃、水晶，透太陽之光，而本質猶
> 故也。[137]

他採用了中世紀聖母讚詞中常見的「玻璃透光」意象來闡發聖母產聖子而無
損童貞的信條，此譬亦見於高一志 (Alfonso Vagnoni，1566–1640) 編譯《聖
母行實》(1631)〈聖母童貞〉一節。[138] 高氏獲譽為山西開教宗徒，在地傳教
十五年期間，親手付洗 8,000 餘人，建教堂與祈禱所 102 所，而且著述宏
多。其中《聖母行實》為首部有系統地整合次經、聖徒傳記以及教會傳統記
載的漢譯聖母傳記，流傳甚廣。艾氏《天主降生言行紀畧》裏有關聖母的書
寫除了取自《福音書》，亦有借鑑《聖母行實》的內容加以補充。[139]

　　呂立本作為山西信徒，對聖母童貞的釋義十分貼近二人的譯述。小畜
☴ 六四居上卦巽 ☴ 之下位，與三五爻互為離 ☲。按呂立本逸象，巽 ☴ 為
聖母，離 ☲ 為聖子，錯為血，是為聖母淨血成胎產子之象。他又以離 ☲
為日為火，從而推演出「日光穿過玻璃」之喻象。其注六四爻辭「有孚，血
去惕出，無咎」曰：

> 本旨懷孕聖子，乃「有孚」也。以 ☲ 之淨血成胎，生時離 ☲ 身乃血去
> 也。中互暗血，離 ☲ 去本身，故曰「血去」也。易從心出，故曰「惕
> 出」。不折不碍，故「無咎」也。此言耶穌聖誕之奇，天主全能保護，
> 不損聖母之童身，如太陽火過玻璃鏡，而火、鏡如故也。[140]

---

136 〔清〕呂立本：《易經本旨》，1 冊，卷 1，頁 68a (總頁 137)。
137 〔意〕艾儒略 (Giulio Alenio) 著，李奭學、林熙強編校：《天主降生言行紀畧》，卷 1，
　　《晚明天主教翻譯文學箋注》，卷 3 (臺北：中央研究院中國文哲研究所，2014 年)，
　　頁 211。
138 〔意〕高一志 (Alfonso Vagnoni) 著，李奭學、林熙強編校：《聖母行實》，卷 2，《晚明
　　天主教翻譯文學箋注》，卷 2 (臺北：中央研究院中國文哲研究所，2014 年)，頁 357。
139 〔意〕艾儒略：《天主降生言行紀畧》，卷 1，頁 204。
140 〔清〕呂立本：《易經本旨》，1 冊，卷 2，頁 39a–39b (總頁 275–276)。

除了聖母，呂立本認為耶穌對信徒實踐貞德亦具有十分重要的指導意義。履☲九二爻辭曰「幽人貞吉」，朱熹釋之為「幽獨守貞之象」。[141] 呂立本延續了他的說法，並配合卦象加以說明。履☲二三四爻為離☲，離☲為日為光，按呂立本逸象則為耶穌。其注曰：

> 本旨「幽人」者，乃吾主也。吾主為萬貞之原，至愛貞德。若人幽暗而能貞，明其顯明吾知，必得吾主之愛，自然吉也。中不自亂者，乃心不自淫也。[142]

類近的取象釋義亦見於歸妹☳九二注解。歸妹☳二三四爻為離☲，九二爻辭曰「利幽人之貞」，呂立本注其曰：

> 「利幽人之貞」者，乃宜獨守本身之貞，而不可他求也。幽而閨者，乃得純心事主，是故宜也。其無世間之暫樂，而有天國之永樂。《經》中天主謂貞者曰：「爾弗言我枯樹矣。我定爾寶座于城中，賜爾名甚美于生子者。」即于天堂，貞者乃尊于婚配。貞者之報，亦大于婚配之報矣，是故曰「利幽人之貞」也。[143]

此處他概括譯述了《依撒意亞》五十六章3–5節，把經文中的「閹人」(סירסה / eunuch) 理解為「守貞之人」，倡導為天國獨身者比婚配者更為神聖尊貴。[144]「守貞為自閹」的說法早見於《瑪竇福音》十九章10–12節所載耶穌回應門

---

141 〔宋〕朱熹：《周易本義》，頁72。

142 〔清〕呂立本：《易經本旨》，1冊，卷2，頁47b（總頁292）。

143 〔清〕呂立本：《易經本旨》，2冊，卷4，頁14b–15a（總頁30–31）。

144 《依撒意亞》五十六章3–5節：「歸依上主異邦人不應說：『上主必將我由他的民族中分別出來！』閹人也不應說：『看！我是一棵枯樹！』因為上主這樣說：『對那些遵守我安息日，揀選我所悅意的和固守我盟約的閹人，我要在我的屋內，在我的牆垣內，賜給他們比子女還好的記念碑和美名，我要賜給他們一個永久不能泯滅的名字。』」另參《古新聖經‧聖依撒意亞先知經》：「閹宦亦不能說：『我在主前是一枯木！』主本曾語閹宦：『你們內，凡有守我「撒罷多」、行我 、遵我結約〔的〕，我賞之在我家、我堂任重責，得令名超踰多子女的。』」見〔法〕賀清泰（Louis Antoine de Poirot，1735–1813）著，李爽學、鄭海娟編校：《古新聖經殘稿》，7冊（北京：中華書局，2014年），頁2418。

徒有關婚姻的提問，《天主降生言行紀畧》引譯耶穌所言云：「蓋有生而閹者，有為人所閹者，有為天國而自閹者，能悟者知之。」艾氏在此下了注腳曰：「所言閹者，指童貞也。蓋吾主以婚娶之難，欲勤人守貞也。猶云設生而閹，或為人所閹，終身必守貞〔⋯〕但大主不以此為嚴命，待人自願立功，故曰『能悟者知之』。」[145] 呂立本承襲了艾氏對《福音書》經文的釋義，並把視「閹割」為「童貞」喻象的理解反過來套用在《易經》經文的注疏上，如大畜 ䷙ 六五爻辭和〈小象〉辭中「豶豕之牙」一語，「豶豕」原指被去勢的公豬，[146] 呂立本則釋之為傳教者守「男子之貞」。[147] 雖然他對守貞推崇備至，但同時強調「童身之德不可傳人俱守」，需「待童親選而後可也」，[148] 這與艾氏「待人自願立功」的説辭亦相吻合。

在注損 ䷨ 上九爻辭「得臣无家」時，呂立本釋之為「童身之臣」，並簡述傳教者守貞目的。其曰：

> 上用童身者，乃為事主心專，而並引入脱離世俗內情之網也，乃理之不可少也。設无童身傳教之吉，以矣世人脱免永苦，而世人盡入乎魔網，而永受地下之苦矣。以此观〔觀〕之，這童身救人之士，乃為人神生復活之由來，其為也大矣。童身之論俻載《天主實義》，求明者詳之可也。[149]

此處他參引了利瑪竇《天主實義》下卷第八節有關「傳道之士所以不娶之意」的辯解。利氏列舉了八點守貞於傳道有所助益之處來回應中士「婚娶者於勸善宣道何傷乎」的疑惑，包括：(1) 擺脱錢財的纏累；(2) 除去心目的塵垢；(3) 勸人勿於非義之財色；(4) 攻克己欲以遇人；(5) 絕色以專心傳揚聖教；(6) 急道之所急，緩己之當可；(7) 絕色無家以四方傳道；以及

---

145 〔意〕艾儒略：《天主降生言行紀畧》，卷5，頁277。

146 《説文解字》：「豶，羠豕也。」段玉裁注：「羠，騬羊也；騬，犗馬也；犗，騬牛也。皆去勢之謂也。」見〔漢〕許慎撰，〔清〕段玉裁注，李添富總校訂：《説文解字注》（臺北：洪葉文化，2016年，影印經韻樓藏本），頁36b（頁459）。

147 〔清〕呂立本：《易經本旨》，1冊，卷3，頁75b（總頁546–547）。

148 〔清〕呂立本：《易經本旨》，1冊，卷3，頁85a（總頁565）。

149 〔清〕呂立本：《易經本旨》，卷5，上海徐家匯藏書樓館藏〔213000．95678B〕，頁4b。

(8)其情清淨可邀天主恩寵。之後他特意補充強調絕色不婚並非排斥婚姻，説明婚娶也屬天主聖意，更指出即便絕婚屏色也未必能達義。[150]這一點體現於呂立本屯䷂九五爻辭的注文，其借「小貞吉，大貞凶」一辭，具體地把「貞德」細分為「獨身童貞」和「婚姻貞潔」兩種層次：

> 又〈小貞吉〉者，乃藐小其貞而自謙者，主必降福，是故〈吉〉也。〈大貞凶〉者，乃因貞而自大，主必抑之，是故〈凶〉也。又〈小貞〉者，乃守夫婦之正也。〈大貞〉者，乃守童身之貞也。童身之貞設無天主聖祐則凶也〔…〕自滿驕傲者，〈大貞凶〉之象，惟謙則吉。[151]

他的注解精略地勾勒出天主教貞德觀的要理，並再次突顯謙德在其教義實踐中所發揮的核心作用。有別一般獨身修行觀，天主教傳統強調追求「貞德」的意義不僅僅是為了克己遷善，而是內在肯定天主為道德的終極指向。高一志在其著《齊家西學》論曰：「人以貞潔類天神，超世俗；婚姻則類地獸，從陋俗矣。」[152]另一本明清時期教會出版的刊物《聖教要理》持類似的主張曰：「守貞更美，因守貞的與天神更相近，故與天主密交更切。」[153]如是說，「貞」乃屬超性之德，需訴諸於天主的恩寵方能透徹實踐。故此倘若守貞之人自居有功，對天主失去恭敬之心，不但不如婚配之人，亦無法享用天國的永福；反之，婚配之人若誠心持守正道，終究可得救贖。

反觀白晉乾䷀至否䷋的注文，「謙德」和「貞德」同樣是他義理闡發的重點。單單是有關救主耶穌「謙德」的闡述便多達52處。其中注乾䷀〈文言〉辭「利者義之和也，貞者事之幹」以及「利物足以和義，貞固足以幹事」曰：

> 捄世之主誕世為帝天君父之忠臣孝子，人間義德至聖之表，天之所以遂萬民率普世之人，制之極嚴于謙順忠孝之義，以定上主下人尊卑

---

150 〔意〕利瑪竇：《天主實義》，卷下，頁51b–57a（總頁117–129）。

151 〔清〕呂立本：《易經本旨》，1冊，卷1，頁88b（總頁178）。

152 〔意〕高一志（Alfonso Vagnoni）等著：《齊家西學》，載鐘鳴旦、杜鼎克、黃一農、祝平一等編：《徐家匯藏書樓明清天主教文獻》，2冊（臺灣：方濟出版社，1996年影印本），卷1，頁19a–19b（總頁529–530）。

153 無名氏，《聖教要理》，載鐘鳴旦、杜鼎克、蒙曦編：《法國國家圖書館明清天主教文獻》24冊（臺北：利氏學社，2009年影印本），頁42b–43a（總頁474–475）。

〔臯〕之分，合乎人心之宜，無所矯強乖庚，義之和也。故惟一足以以義能利物，而和萬世之下民于上主聖心萬恩澤之本，上下各得其宜，四方萬民各得其利。

天主聖父所降衷于下民，厥无始之聖子，惟一厥有恒性以開後天惟一堅貞、能始諸善垂之于終，无已无間，再造生成萬民，故惟一貞固足以継〔繼〕先天、立後天、上主下人萬事之基，无所接奪，允為天國永寧之幹。[154]

以上可見，有別呂立本補充教理以闡發「謙」和「貞」義的作法，白晉乃是直接套用儒家倫理思想「謙順」和「貞固」的概念來刻劃耶穌「忠臣孝子」的君子形象。除此之外，聖母並沒有成為他的敘事中心。在他的注文中，幾乎每一辭用以發掘救主耶穌的身影。在注屯 ䷂ 六二爻辭「女子貞不字，十年乃字」時，他略為觸及童貞生子的議題曰：

以童貞天德之聖女為母，非常之道誕世，與下土之人如婚媾相親復與之合，成後天之神婚，継先天之家，生後天之新人，為帝天君父義子无疆〔…〕若厥後世人不敬，不变〔變〕厥陰惡〔惡〕之常道而與之婦合，負上主于後天再親人莫大之恩，警之預示必世終再降厥聖子，乘厥天子至尊之座，忽来〔來〕如寇，嚴嚴公義審判，勦〔剿〕絶凡有罪之永命。[155]

白晉主張聖母與聖神結合孕出聖子，乃預示教會與基督聯合、基督再臨的奧義，其敘述焦點仍然放置在基督耶穌身上，而非彰顯聖母童貞的信理。相對而言，呂立本筆下的聖母對於信徒修德成聖的道德實踐，具有與耶穌同等的指導意義，甚至呈現了首批本土信徒楊廷筠 (1562–1627) 所主張「男效耶穌，女效瑪利亞」的思想傾向。[156]

---

154 〔法〕白晉：〈大易原義內篇・乾卦〉，頁27。

155 〔法〕白晉：〈易稿・屯卦〉，頁110。

156 〔明〕楊廷筠：《代疑篇》，載張西平、馬西尼 (Federico Masini)、任大援、裴佐寧 (Ambrogio M. Piazzonni) 編：《梵蒂岡圖書館藏明清中西文化交流史文獻叢刊》，23 冊 (鄭州：大象出版社，2019年影印梵蒂岡館藏 R.G. Oriente III 219.9° 本)，卷下，頁5a (頁127)。

六、《易經本旨》神學詮釋

前文從數、象和理三個層面，剖析了呂立本的解易策略。本節將從另一個角度，闡釋他如何以《易經》為媒介，積極吸收中國本土宗教文化資源，建構符合本土特色又不脫離天主教傳統的神學論述。最能體現這一點的莫過於他對〈繫辭上傳〉十一章「易有太極」一辭的詮釋：

> 太極者，乃混沌之氣也。由此而分立天地陰陽，是為兩儀。太陰、太陽、及水火，是為四象。地之八方，乃名八卦。卦者，掛也。掛萬物于八方，八方生萬物，是故曰八卦生萬物，萬物掛真道，真道引人認真宗，反本復始，乃吾人之位得矣。[157]

首先，他釋「太極」為「混沌之氣」，與來知德「太極不過陰陽之渾綸者耳」[158]之辭一致。與此同時，他承襲了利瑪竇的做法，取程朱理學中視「氣」為宇宙物質基礎的觀點，融合基督教義化亞里士多德宇宙論（Christianized Aristotelian cosmology）加以闡發。

按朱熹的闡釋，太極既是「氣」，[159]也是「理」，[160]為「化生萬物」的本元。[161]這種觀點可追溯至北宋理學家程顥、程頤，他們視「理」（又稱之「天」或「道」）為宇宙的終極本體、萬物存在的依據，提倡萬物皆是一理；[162]與此同時又贊同氣化論的觀點，認為理氣相互依存，不可分割。在概念表述層面，程頤進一步把「理」和「氣」劃分為形上和形下兩個對立範疇，強調兩者雖為一體，但本質上是有所區別的：

---

157 〔清〕呂立本：《易經本旨》，1冊，卷1，頁12a–12b（總頁25–26）。
158 〔明〕來知德：《周易集註》，頁556。
159 「太極只是一箇氣，迤邐分做兩箇：氣裏面動底是陽，靜底是陰。又分做五氣，又散為萬物。」見〔宋〕朱熹：《朱子語類》，卷3，頁163。
160 「太極只是天地萬物之理。在天地言，則天地中有太極；在萬物言，則萬物中各有太極。未有天地之先，畢竟是先有此理。動而生陽，亦只是理；靜而生陰，亦只是理。」見〔宋〕朱熹：《朱子語類》，卷1，頁113。
161 「天地只是一氣，便自分陰陽，緣有陰陽二氣相感，化生萬物，故事物未嘗無對。」見〔宋〕朱熹：《朱子語類》，卷53，頁1763。
162 〔宋〕程顥、程頤撰，王孝魚點校：《二程集》，1冊（北京：中華書局，2004年），頁157。

離了陰陽更無道，所以陰陽者是道也。陰陽，氣也。氣是形而下者，道是形而上者。[163]

朱熹同樣主張理氣有「先後」之別。[164] 所謂「先後」，不是就時間次序，而是存在結構而言。也就是說，理氣同時存在，但前者於後者卻具有優先性和超越性。他把理氣「不離不雜」[165] 的關係推演至對太極與陰陽的解說上：

太極只在陰陽之中，非能離陰陽也。然至論太極，自是太極；陰陽自是陰陽。[166]

乍看之下，朱熹言下的太極具有創造性質，且是一種超本體（super essence）的存在，與天主教神學觀中創世的聖言（λόγος / logos）可堪對比。而且理氣「一而二，二而一」的邏輯關係與天主教聖三奧跡「一而三，三而一」的概念亦有著微妙的共同點。[167] 可是 在三一神論中，聖父、聖子和聖神三個位格均屬形上物，雖分工不一，但屬性一致。而在朱熹的太極論說中，「理」和「氣」概念表述上分屬形上和形下範疇，在現實存在層面卻渾成一體，這與天主教教義的核心基礎有所衝突。救贖論本身便是建基在「造物主」與「受造物」的區分，進而賦予天主——或曰救世主——凌駕人上的主權。[168]如若朱熹所述，現象世界的各種物體便均存有「太極」（天理），能自行有序

---

163 〔宋〕程顥、程頤撰：《二程集》，1 冊，頁 162。

164 〈太極天地上〉載曰：「理未嘗離乎氣。然理形而上者，氣形而下者。自形而上下言，豈無先後！」見〔宋〕朱熹：《朱子語類》，卷 1，頁 115。

165 牟宗三：《心體與性體》，《牟宗三先生全集》，3 冊（臺北：正中書局，1981 年），頁 510。

166 〔宋〕朱熹：《朱子語類》，卷 5，頁 222。

167 Paulos Huang, *Confronting Confucian Understandings of the Christian Doctrine of Salvation: A Systematic Theological Analysis of the Basic Problems in the Confucian-Christian Dialogue* (Botson: Brill, 2009), 180; Anselm Kyongsuk Min, "The Trinity of Aquinas and the Triad of Zhu Xi: Some Comparative Reflections," in *Word and Spirit: Renewing Christology and Pneumatology in a Globalizing World*, ed. Anselm Kyongsuk Min and Christoph Schwöbel (Berlin/Boston: De Gruyter, 2014), 151–170.

168 Paulos Huang, *Confronting Confucian Understandings of the Christian Doctrine of Salvation*, 121.

運作，生生不息，不需要外力的驅動或關懷，更不需要人格化的「造物主」
（天主）存在。

另一方面，氣化論與救贖論對人魂的見解亦存有很大的分歧。按朱熹
的注解，〈太極圖〉不只是宇宙生成，更是道德實踐的理論模型，其言道：

> 太極便是性，動靜陰陽是心，金木水火土是仁義禮智信，化生萬物是
> 萬事。[169]

在「天人合一」論述框架下，朱熹主張人魂心性與天地萬物一樣，本質上均
由氣流行變化而成。故此他也用清濁之氣來說明人的生死，提倡人魂乃由
清氣而成，人體由濁氣而成；當人死後，則人魂歸天，人體歸地，與萬物
同體。[170] 換言之，人死後不但身體會散滅，靈體也無法獨立存在。如若所
述，死後即無「滅亡」/「永生」之別，傳講救贖論也便失去了著力點。

面對太極論與天主教教義之間的牴牾，利瑪竇採用懷柔策略，主張
「不去抨擊他們的說法，而是把它轉化，使之符合天主的概念」。[171] 據亞
里士多德的時空體系，宇宙是一個同心多球結構，地球靜止的位於中心，
月亮、水星、金星、太陽、火星、土星與恆星等天體環繞著地球，分別處
於八重不同的球殼上。又以月亮天為分界，以上為天域（celestial realm），
以下為地域（terrestrial realm）。天域中的天體都是由一種不朽元素「以太」
（αἰθήρ / aether）形成，而地域內一切有形物質則是由火、氣、水、土四元
素（στοιχεῖον / element）構成。[172] 中世紀神學家夏爾特的希瑞（Thierry of
Chartres，? –1156）在此基礎上展開對《聖經‧創世紀》六日創造說的評論，
主張是天主分化穹蒼並創造了四元素，以結合基督宗教神學與亞氏自然哲

---

169 〔宋〕朱熹：《朱子語類》，卷94，頁3132。
170 〔宋〕朱熹：《朱子語類》，卷5，頁157–158。
171 Gernet, *China and the Christian Impact,* 27: "[…] rather than attack what they say, to
turn it in such a way that it is in accordance with the idea of God."
172 David C. Lindberg, "Aristotle's Philosophy of Nature," in *The Beginnings of Western
Science: The European Scientific Tradition in Philosophical, Religious, and Institutional
Context, 600 B.C. to A.D. 1450* (Chicago/London: University of Chicago Press, 1992),
52–60.

學。[173] 利氏沿用了這種宇宙觀，並參照〈繫辭上傳〉十一章「易有太極」一辭的結構，把要點歸納說明：

> 夫天高明上覆，地廣厚下載。分之為兩儀，合之為宇宙。辰宿之天高乎日月之天，日月之天包乎火，火包乎氣，氣浮乎水土，水行於地，地居中處。而四時錯行，以生昆蟲草木，水養黿龜、蛟龍、魚鱉，氣育飛禽走獸，火暖下物。[174]

以上可見，在利氏的陳述中，「太極」是缺席的，「陰陽兩儀」則由「天地」取代之，以「日月之天」為分界，以上為天域，以下為地域；又以「四行」（火、氣、水、土）取代與「四象」掛勾的「五行」（金、木、水、火、土），與「四時」循環並行，生成地域八方萬物。

他在後來完成的《乾坤體義》(1603)〈四元行論〉一節中，專論以「四行」代「五行」的必要。首先，他試圖點出陰陽五行與易學傳統的說法是相互矛盾的。其次，他又舉證說明五行無法合理解說自然現象的構成與變化。[175] 利氏推廣「四行說」除了是想借助氣象學、地質學等科學知識引起中士們的興趣，亦有神學教義方面的考量。所謂四行，乃從冷/熱與乾/濕兩對彼此相悖的性質中，各取一而合成：熱乾合為火，熱濕合為氣，冷濕合為水，冷乾合為土。由於四行在性質上相敵相對，所構成的物體便有壞滅之因，不能永存。透過把「氣」納入一行，利氏將其明確歸類為屬地的形下之物，與天主所賜、屬天不朽的「靈魂」區別開來。

有別程朱「理先氣後」說，來知德乃主「理在氣中」說，認為太極本質上就是「氣」，「理」只是「氣」運行變化所呈現的規律，而非置「氣」之上的根

173　Lindberg, *The Beginnings of Western Science,* 210. 關於中世紀宇宙觀的發展進程，可詳參 William G. L. Randles, *The Unmaking of the Medieval Christian Cosmos, 1500–1760: From Solid Heavens to Boundless Aether* (Aldershot, England/Brookfield VT: Ashgate, 1999).

174　〔意〕利瑪竇：《天主實義》，《梵蒂岡圖書館藏明清中西文化交流史文獻叢刊》，31 冊，卷上，頁 5a（總頁 509）。

175　〔意〕利瑪竇：《乾坤體義》，載《古今律歷考》，787 冊（臺北：臺灣商務，1983 年影印文淵閣四庫全書），頁 761。

源或主宰。[176] 他所理解的太極更近似物質現象，多於精神本體，正好為呂立本沿用「四行造物」說提供了便利。他釋〈彖〉辭「乾道變化，各正性命，保太和」曰：

> 「保合太和」者，乃大，謂四一大，火、氣、水、土四元行也。四者其性不合，而且相背也，乃天主保合其不和者而使之和者也。火與氣，一燥一潤，不合也。而以熅合之，和也。氣與水，一熅一冷，不合也。而以潤合之，和也。火與土，一濕一燥，不合也。而以冷合之，和也。火與水，一熱一冷，不合也。而以燥合之，和也。以此可見，天主之全能妙慮，用四行變化，以成萬物之形體。[177]

呂氏雖採用了利氏一派「四行造物」論，但對「易有太極」經文中「四象」一辭卻另有解讀，釋為「太陰〔月〕、太陽〔日〕、及水火」。就易學概念而言，「四象」原指少陽（☳）、太陽（☰）、少陰（☵）、太陰（☷）四種爻象。先秦儒學多釋之為春、夏、秋、冬四時。[178] 到了漢代五行學說興起，又將其對應五行中的木、火、金、水。[179] 邵雍疑於五行說，主張「四象」有天地之分，使八卦萬象得以在其完整的架構下排比出來。按《皇極經世書‧觀物篇》，「天之四象」以陰陽言之，為太陽、太陰、少陽、少陰，是說天上之日月星辰；「地之四象」以剛柔言之，為太柔、太剛、少柔、少剛，是說地上之水火土石。[180] 四象既立，便以日月星辰說暑寒晝夜、性情形體，以水

---

176 來氏〈太極圖〉下注：「白者，陽儀也；黑者，陰儀也；黑白二路者，陽極生陰，陰極生陽，其氣機未息也，即太極也，非中間一圈乃太極之本體」〔明〕來知德：《周易集註》，頁25。

177 〔清〕呂立本：《易經本旨》，1冊，卷1，頁37b–39a（總頁76–77）。

178 朱伯崑：〈漢學家的易說〉，《易學哲學史》（臺北：藍燈文化事業公司，1991年），4卷，頁331。

179 孔穎達疏曰：「謂金木水火，稟天地而有，故云『兩儀生四象』，土則分王四季，又地中之別，故唯云四象也。」見〔唐〕孔穎達：《周易正義》，頁592。

180 〈觀物篇五十一〉：「動之大者謂之太陽，動之小者謂之少陽；靜之大者謂之太陰，靜之小者謂之少陰。太陽為日，太陰為月，少陽為星，少陰為辰，日月星辰交而天之體盡之矣。靜之大者謂之太柔，靜之小者謂之少柔；動之大者謂之太剛，動之小者謂之少剛。太柔為水，太剛為火，少柔為土，少剛為石，水火土石交而地之體盡之矣。」見〔宋〕邵雍：《皇極經世》，卷11，頁1146–1147。

火土石說雨風露雷、走飛草木,把自然事物的連結和規律整理出來。[181] 儘管邵雍的四象系統包含了日、月、火、水四者,但細觀呂氏的說法,亦不合乎邵雍的理論邏輯。

〈繫辭上傳〉曰:「陰陽之義配日月」。《說文解字》則謂:「日月為易」。[182]指「易」乃日月兩字而合成,是以日月之盈昃展現陰陽消長的哲理。故在原典出處或文字義涵中,日月二象均被視為易理之本。日為純陽主晝,月為純陰本無光,乃借日之明而主夜。漢儒主「三綱六紀」說,將其進一步推演至人倫關係的層面,以日為君象,月為臣象。[183] 在《周易原義內篇》一稿中,索隱派傳教士白晉便曾依此類推,把天主比作日,人祖比作月,以「君臣」之倫闡述兩者關係:

> 造天地畢,造人祖,有明靈蕪〔兼〕肉軀之性體,係之于地,如月如臣,乃宇宙之下之中,命之允執厥中,其靈之明非自明,惟恒向受上主萬靈太明之神照而明其德。[184]

日月之象在呂立本索隱易學的理論中同樣擔當著舉足輕重的角色。他以乾 ☰ 為日,坤 ☷ 為月,分別對應天主和聖母。其注坤 ䷁ 〈彖〉辭「德合無疆,含弘光大」時,便以月借日光之象,類比聖母承接天主恩寵孕懷聖子之教義:

---

181 〈觀物篇五十一〉:「日為暑,月為寒,星為晝,辰為夜,暑寒晝夜交而天之變盡之矣。水為雨,火為風,土為露,石為雷,雨風露雷交而地之化盡之矣;暑變物之性,寒變物之情,晝變物之形,夜變物之體,性情形體交而動植之感盡之矣;雨化物之走,風化物之飛,露化物之草,雷化物之木,走飛草木交而動植之應盡之矣。」見〔宋〕邵雍:《皇極經世》,卷11,頁1147。

182 《說文解字》解「易」字曰:「祕書曰:『日月為易』。祕書謂《緯書》。目部亦云:『祕書瞋从戍,按《參同契》曰:「日月為易,剛柔相當。」』陸氏德明引虞翻注:『《參同契》云字从日下月。』」見〔漢〕許慎撰,〔清〕段玉裁注,李添富總校訂:《說文解字注》(臺北:洪葉文化,2016年影印經韻樓藏本),9篇,頁44b(頁463)。

183 〈三綱六紀〉曰:「君臣法天,取象日月。」見〔漢〕班固:《白虎通德論》(河北省:鄂官書處,1912年),卷3,頁17b。

184 〔法〕白晉:〈大易原義內篇‧乾卦〉,頁30。

「德合無疆」者，乃德合上主而無疆界也。「合弘光大」者，乃孕懷聖子也，聖母能承接天主之光而含弘之，故曰「含弘光大」也。[185]

又注乾 ䷀〈文言〉「夫大人者，與天地合其德，與日月合其明，與四時合其序」曰：

易為日月，《易》中所載之道乃為 ☵ 王降世，明証是與日月合其明矣〔…〕本旨〈夫大人〉者，乃救世主也。〈與天地合其德〉者，乃天主結合人性而施救世之恩也。〈與日月合其明〉者，乃易為日月，《易經》所載之道為真主降世之明証。[186]

在呂立本的卦象系統中，離 ☲ 乃象「萬有之王」、擁「陰陽鬼神、幽明善惡、吾人生前死後賞善罰惡」判世之權的聖子，[187] 而其錯卦坎 ☵ 則象人子（耶穌）之受難，[188] 乃基督形象的一體兩面。據〈說卦傳〉，坎 ☵ 離 ☲ 為水火，亦為月日。[189] 而按先天/後天學理論，坎 ☵ 離 ☲ 乃乾 ☰ 坤 ☷ 中爻互換，陰陽相交而成。呂立本以此為聖父神性與聖母人性結成聖子（人子）之象。與利氏把宇宙結構分為天地兩域的作法相似，呂立本以陰陽分立「神性」（immortal）與「人性」（mortal）兩個靈性範疇，繼而推演出「四象」，即聖父（乾 ☰）、聖母（坤 ☷）與聖子（離 ☲）耶穌（坎 ☵），分別為神、人與神人二性的代表。而聖神（שדוקה חור / Holy Spirit）則有如五行中土位於中宮的角色，攢簇四位為一體，是為神人兩界的媒介。之於「八卦」，呂立本分釋「八」為「八方」，「卦」為「掛」，主張萬物形象均為救主誕世真道的彰顯，人若心歸真道、悔改認真主，便能「反本復始」。

185　〔清〕呂立本：《易經本旨》，1 冊，卷 1，頁 63a–63b（總頁 127–128）。

186　〔清〕呂立本：《易經本旨》，1 冊，卷 1，頁 58b（總頁 118）。

187　〔清〕呂立本：《易經本旨》，1 冊，卷 1，頁 20b（總頁 42）。

188　〔清〕呂立本：《易經本旨》，1 冊，卷 1，頁 21b（總頁 44）。

189　關於水火與日月之關係，可另參《淮南子・天文訓》：「積陽之熱氣生火，火氣之精者為日；積陰之寒氣為水，水氣之精者為月。」見〔漢〕劉安撰，陳廣忠譯注：《淮南子譯注》，上冊（北京：中華書局，1989 年）頁 91–92。

　　他的詮釋帶有濃厚的道教色彩。自東漢魏伯陽（151–211）著《周易參同契》起，便開啟了道學託易象而論煉丹的傳統。魏氏主「天人合一」説，認為煉丹修道與宇宙生化同理，人若能掌握天地陰陽之機，便可煉藥提昇和轉化身體和意識，達至長生不老的成仙境界。他把易理卦象具體運用在還丹燒煉的説明上，以乾 ☰ 坤 ☷ 為器（鼎爐），坎 ☵ 離 ☲ 為藥（汞鉛），五行為輔助，解説火候調運、和合鉛汞結成金丹的原理。[190] 這套丹道與易理結合的典範建立後，對唐末宋元以後外丹，以及內丹術的形式和內涵都有深鉅的影響，幾乎成了各家的共法。[191] 陳摶所傳之〈無極圖〉基本上便是承繼此論，只是從外煉丹藥更為轉向引內養性（見圖6）。圖示樣式與〈太極圖〉近乎一致，分為五層，順讀便是「虛化神，神化氣，氣化精，精化形，形成人」，即個體生命展開、生長與老死的氣化過程；內丹修煉則主逆向而行，透過修性修命，「煉精化氣，煉氣化神，煉神還虛」，從而復歸無極，進階仙道。而當中最關鍵的一環，便是「取坎填離」。此處是以坎 ☵ 為腎水，離 ☲ 為心火。人欲念一發，心火（情緒）即動，蒸騰腎水（內分泌）。若兩者失衡，腎水不足，心火擾動，便會疾病叢生，促進老化而死亡；反之，若能掌控欲念和體內能量，使後天坎 ☵ 離 ☲ 水火互濟互補，對換中爻，便可回復先天乾 ☰ 坤 ☷ 天地不朽之體，亦即所謂「反本復始」的境界。

190　〔後蜀〕彭曉：《周易參同契分章通真義》，載洪丕謨編：《道藏氣功要集》，下冊（上海：上海書店，1995年），頁1448。

191　賴錫三：〈《周易參同契》的「先天—後天學」與「內養—外煉一體觀」〉，《漢學研究》20卷2期（2002年12月），頁110–112。

圖 6 〈無極圖〉

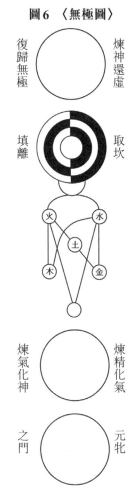

圖式來源：〔明〕黃宗炎，《圖學辯惑》，頁 31a–31b（總頁 750）。

呂立本巧妙地借用內丹成仙論（immortalization）的系統來表述天主教成聖論（divinization），以「修行得道」、「長生不老」等既有觀念去框定「修德得救」、「永生不朽」等概念，並立聖子耶穌和聖母瑪利亞為表率。整理《易經本旨》中有關聖子耶穌的生平內容，與艾儒略《天主降生言行紀畧》（1635）內容相符，並兼具其雙重的敘事結構：一是依時推進（A-B-C-D-C$_1$-B$_1$-A$_1$-D$_1$），二是平行對稱（A- A$_1$，B- B$_1$，C-C$_1$，D-D$_1$）（見圖 7）。若依時序排列，以「聖神降孕」為始，「復活升天」為終，「下降階段」（A-B-C-D）與

「上升階段」(C₁-B₁-A₁-D₁)乃相互對應,形成一個完整下降與上升的降生事件。整個敘述是以「天上」為重心,強調耶穌源自天上,降世成肉身、受洗、傳教、受難,最終戰勝死亡,復活升天,再「返回」天上,重掌三界審判之權。這頗有道學「先天到後天,後天返先天」循環模式的旨趣,但從時間上,基督降生為單次唯一而非不斷重複歷劫解罪的行動;而從空間上,其也是天上與地上某一特定地區之間的升降活動,是無法複製的經驗。[192]

圖7 《易經本旨》裏耶穌(左)和聖母(右)生平敘事的結構

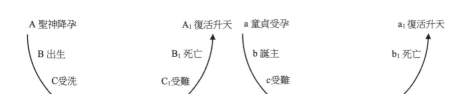

《易經本旨》中有關聖母的生平敘事亦呈現了相似的結構,重點卻略有不同。敘述從「地上」展開,由聖母「受孕」為始,同樣以「升天」作結。艾氏《天主降生言行紀畧》並沒有提及聖母升天,其側重描述耶穌所行之神蹟奇事和教訓,再三強調聖母只是其「托孕者」。[193]按照呂立本所勾勒的內容,聖母與耶穌的生平不但有重疊(A-a,B-b,C₁-c),且多有對稱(A-A₁/a-a₁,B-B₁/b-b₁,D-D₁/d-d₁)之處。在他筆下,聖母不僅為「托孕者」,而是在整個救贖工程的過程中均擔當著積極、不可或缺的角色:耶穌剛出生,聖母避走他國,免其受惡王逼害;[194]耶穌受難時,聖母同行苦路,在

---

192 梁工:《聖經敘事藝術研究》(北京:商務印書館,2006年),頁225–240

193 〔意〕艾儒略:《天主降生言行紀畧》,卷1,頁207;潘鳳娟:〈述而不譯?艾儒略《天主降生言行紀畧》的跨語言敘事初探〉,《中國文哲研究集刊》34期(2009年),頁130。

194 〔清〕呂立本:《易經本旨》,1冊,卷1,頁77b(總頁156);卷5,上海徐家匯藏書樓館藏〔213000 · 95678B〕,頁14a。

十架下忍受如被刀攪的心痛苦楚；[195] 耶穌升天後，聖母代其護教，樹立德表至死，[196] 最終同享復活升天之榮福，並獲授予「普世主保」即「轉達天主赦辜賜寵」之神權。[197] 與兼具神性的耶穌「回歸」天上不同，聖母成聖乃是凡人透過「修靈德」而達至肉身和意識完全的轉化，繼而「飛昇」神界的典範，其路徑更為貼近道教「逆修成仙」一說所追求的境界。而且，呂立本更主張有關的經驗是不受時空所限，身為凡人的信徒只要效法聖母，便能同蒙復活升天永生之恩：

> 以上皆指聖母之德表之，以示聖人當敬、當愛而當效之，死時必蒙其救祐而攜升天矣。[198]

值得一提的是，呂立本在文本中尊稱聖母為「天地之母皇、普世之主保」，其援引自明末清初通俗小說《歷代神仙通鑑》（1700）（又名《歷代神仙演義》或《三教同原錄》）。全書分為「仙真衍派」（道）、「佛祖傳燈」（釋）和「聖賢貫脈」（儒）三集，分類收錄天地初開至明代史上流傳的神蹟奇事。從序言和內容結構來看，作者是以「仙道」為中心，佛儒兩道為其衍化之物，把相關代表人物（如佛祖、孔子等）均納入神仙體系。[199] 其中「佛祖傳燈」一集罕見地收錄了〈瑪利亞貞產耶穌〉一節。[200] 全文以瑪利亞為核心人物，用409字的篇幅囊括她童貞生子、養育耶穌、升舉九品等事，而耶穌童年、傳道、受難等事跡只是附屬其中，多用以刻劃二人「母慈子孝」的形象，如描述孩童耶穌上聖殿一事時，重點勾勒聖母尋子的焦急以及耶穌事後的順服，又特意點出耶穌受難復活後「先見母以解憂」，融入了儒家「孝道」的思

---

195 〔清〕呂立本：《易經本旨》，2冊，卷4，頁2a（總頁5）。
196 〔清〕呂立本：《易經本旨》，1冊，卷1，頁76b–77a（總頁154–155）。
197 〔清〕呂立本：《易經本旨》，1冊，卷1，頁71b（總頁144）。
198 〔清〕呂立本：《易經本旨》，1冊，卷1，頁76a（總頁153）。
199 〈序〉曰：「竊惟域中有四大，而道乃囊括之。道之用在德，其次曰功曰能而已。為聖、為賢、為仙、為佛，皆從此中鍛練而成。」見〔明〕徐道：《歷代神仙通鑑》，載王秋桂、李豐楙編：《中國民間信仰資料彙編》，10冊（臺北：臺灣學生書局，1989年影印本），頁1a（總頁1）。
200 〔明〕徐道：《歷代神仙通鑑》，13冊，卷9，頁4b–5b（總頁1496–1498）。

想。[201] 同樣的敘事亦見於艾氏《天主降生言行紀畧》，強調耶穌自上聖殿後居家「孝敬聖母、若瑟，以立人世孝敬之表」，[202] 並於復活後率先向聖母現身，以「徃慰聖母」。[203] 這揭示了傳教士為適應本土文化而作的強化敘事，大有可能反被民間所吸收並加以發揮。

　　有別教會傳統「聖母壽終升天」的說法，[204]《歷代神仙通鑑》中的瑪利亞並沒有經歷死亡，而是在耶穌復活升天後十日，即獲天神迎舉，「立於九品之上，為天地之母皇、世人之主保」。[205] 作者更似乎有意把瑪利亞與道教仙傳的西河少女相互比照，其因服食其叔伯山甫於華山所煉之丹藥而返老還童。[206] 書中〈神仙鑑像〉（見圖 8）收錄了一幅二人並立的畫像。畫中瑪利亞蓄短髮，袈裟褲裝，赤腳露趾，帶有些少佛僧之風，[207] 與書中將其編列佛道範疇的作法相配合；而畫中西河少女則蓄髮髻，霓裳羽衣，朝向瑪利亞，遙指身後遠方高聳、雲霧繚繞的山嶽，是道教文化中對仙境典型的想像。[208] 就整體構圖而言，正面亮相的西河少女和背對而立的瑪利亞作為「仙道」顯性和隱性的體現，卻在前往仙界的路途中相遇，展現了「各教殊途，同歸仙道」的意象，這亦是《歷代神仙通鑑》的核心主張。

201　「耶穌方十二齡，隨母徃謁聖殿，歸時相失，母痛苦三日夜後，覓至殿中，見耶穌上座，與耆年博學之士講論天主事理，見母忻喜同歸，孝敬事奉〔…〕死後三日復活，身極光羡〔美〕，先見母以解〔解〕憂。」見〔明〕徐道：《歷代神仙通鑑》，13 冊，卷九，頁 4b–5a（總頁 1496–1497）。

202　〔意〕艾儒略：《天主降生言行紀畧》，卷 1，頁 217。

203　〔意〕艾儒略：《天主降生言行紀畧》，卷 8，頁 316。

204　〔意〕高一志：《聖母行實》，卷 2，頁 364–366。

205　〔明〕徐道：《歷代神仙通鑑》，13 冊，卷 9，頁 5b（總頁 1498）。

206　〔明〕徐道：《歷代神仙通鑑》，13 冊，卷 9，頁 5b–6a（總頁 1498–1499）。西河少女的典故早見於唐末道士杜光庭（850–933）撰之《墉城集仙錄》，部分內容後獲收編至《太平廣記》。見〔宋〕李昉等編，汪紹楹點校：〈女仙傳·西河少女〉，《太平廣記》（北京：中華書局，1961 年），卷 59，頁 364。

207　張劍華：《漢傳佛教繪畫藝術》（北京：今日中國出版社，1992 年），頁 70–72。

208　胡知凡：〈凝神遐想，妙悟自然——道教對中國古代山水畫藝術的影響〉，《瑰奇清雅——道教對中國繪畫的影響》（上海：上海辭書出版社，2011），頁 9–108。

圖 8　瑪利亞與西河少女

圖片來源：〔明〕徐道：《歷代神仙通鑑》，頁 52a（總頁 157）。

　　雖然呂立本並沒有明確地定性聖母為神仙，但他援引《歷代神仙通鑑》
的作法生動反映了本土人士對瑪利亞神學形象的理解和想像，亦揭示了禁
教時期天主教與民間宗教錯綜複雜的關係。據不同學者對明清天主教發展
的考察，瑪利亞聖像比起耶穌或天主聖像，更早流入民間社會，且在不借
助外力的情況下獲民眾自發崇拜。[209] 尤其在山西地區，本土民間固有的聖
母崇拜發展成熟，且由儒釋道三教融匯一處而成。太原晉陽城自西晉起設
有晉祠，原是供奉祭祀晉地的始祖唐叔虞。天聖年間（1023–1032），宋仁
宗修建聖母殿供奉祭祀唐叔虞之母邑姜。熙寧十年（1077）邑姜獲加封為

---

209 李奭學：〈三面瑪利亞——論高一志《聖母行實》裏的聖母的奇蹟故事的跨國流變及
　　其意義〉，《中國文哲研究集刊》34期（2009年3月），頁54；代國慶：〈瑪利亞的中
　　國初容〉，《聖母瑪利亞在中國》（新北：臺灣基督教文藝出版社，2014年），頁121。

「昭濟聖母」，逐漸取代唐叔虞，成為晉祠奉祀的主神。後來佛寺和道觀陸續依祠而建，在明清兩代達至高峰，形成了儒釋道三教共處一祠的格局。[210] 除了「昭濟聖母」，祠內亦同時奉祀「水母娘娘」、「送子娘娘」等其他民間宗教信奉的鄉土神靈，回應民眾祈雨、求子等訴求。

作為羅馬教廷反宗教改革的中堅力量，耶穌會在華傳教活動中，亦像在歐洲本土一樣，極力宣導聖母禮敬。除了著書立説闡發有關聖母的信理，他們亦在地建立聖母善會團體，傳播聖母崇拜的宗教形式和觀念。[211] 這正好與山西當地植根已深的女神崇拜氛圍相契合。耶穌會士傳入的《聖母抱子像》令不少民眾把瑪利亞聯想起他們熟悉的「送子娘娘」或「送子觀音」，而「童貞產子」的神蹟故事更進一步深化她作為賜子和助產之神的形象。[212] 除此以外，聖母崇拜中誦念玫瑰經、祈禱默想、守齋等儀式教條，性質上與念經、打坐或齋戒等道佛習俗多有相似之處。尤其在禁教時期，本土的信仰群體為求在官府的打壓下秘密生存，對這些禮規進行了相應的變通，使他們能夠完全融入民間宗教的社群，叫人難以分辨。[213]

為了凸顯基督耶穌為唯一真主的身分，艾氏《紀畧》在敘事上盡可能避免神化聖母，使之有與天主並列的嫌疑。反觀呂立本對易理的註述，卻似乎隱隱透露出「吾主降世於聖母之下」的觀點。[214] 如前所述，他乃借「乾坤交索」之象理來闡解聖母誕主的奧義。按他所修訂〈文王八卦次序為後天圖〉。他以聖母為坤 ☷ 母，與聖父（乾 ☰ 父）並列，統領震 ☳ 坎 ☵ 艮 ☶ 三男和巽 ☴ 離 ☲ 兑 ☱ 三女。其中震 ☳ 為乾 ☰ 父之長男，象聖子，兑 ☱

210 趙世瑜：〈多元的標識，層累的結構——以太原晉祠及周邊地區的寺廟為例〉，《首都師範大學學報（社會科學版）》1 期（2019 年），頁 1–23。

211 Song Gang, "The Many Faces of Our Lady: Chinese Encounters with the Virgin Mary between 7th and 17th Centuries," *Monumenta Serica: Journal of Oriental Studies* 66.2 (2018): 312–377.

212 李奭學：〈三面瑪利亞〉，頁 81–90。

213 據方濟各士 Fortunato Margiotti 於 1738 年的考察報告，有信徒甚至成為了當地佛教群體的領袖，成員均聲稱他們信奉天主。見 Fortunato Margiiotti, *Il Cattolicismo nello Shansi dale origini al 1738* (Roma: Ediziomi Sinica Franciscana, 1958), 618; David E. Mungello, *The Spirit and the Flesh in Shandong, 1650–1785* (Lanham: Rowman & Littlefield, 2001), 112–116.

214 〔清〕呂立本：《易經本旨》，1 冊，卷 2，頁 73a（總頁 343）。

為坤 ☷ 母之少女，象聖神。在這樣的架構下，聖母不但與天主聖父分庭抗禮，甚至有高於聖子與聖神之虞。

天主教入華初期，民間確實存有崇奉聖母如天主的混亂印象，這與早期利氏傳入的〈聖母抱子像〉不無有關。由於〈聖母抱子像〉與民間流傳已久的〈送子觀音像〉構圖上多有相似，利氏又沒有就畫像作出任何文字説明，不少本土人士因而誤以為瑪利亞便是天主教傳教士崇奉的神明「天主」。如謝肇淛（1567–1624）在其筆記《五雜組》記曰：「其天主像乃一女身，形狀甚異，若古所稱人首龍身者。」另一明代士人姜紹書（？– 約1680）亦在其著《無聲詩史》載云：「利瑪竇攜來西域天主像，乃女人抱一嬰兒」。隨著耶穌會士大力宣揚基督耶穌的生平事跡，瑪利亞的身分角色益發明澄，民眾誤解的機率也隨即大大降低。儘管如此，瑪利亞與聖子耶穌的「母子關係」仍然是相當複雜難解的神學議題，尤其涉及到天主「三位一體」（Trinity）的教義。按照聖三一的信理，聖母既為「聖子之母」，也即「天主之母」（Θεοτόκος／Theotokos）。天主雖生於聖母，本質屬性卻超越於她，這箇中道理難以邏輯和語言描述清楚。

呂立本並非首位試圖借助易象解説天主與聖母關係的本土人士，早於明末便出現了一份由明人邵輔忠所著、名為《天學説》的簡短文本，以乾 ☰、坤 ☷ 兩卦比附兩者關係。其曰：

> 竊觀〈聖母天主像〉，而又藉易以明之。聖母有坤之象焉。坤母也，故懷子，即天主系所生子也。天主有震之象焉。震，乾之長男也。代乾行權，故手握天。震木之數三，又名天主三也。然既名天主矣，又生於聖母者何也？天主有先天之主焉，則開天闢地生人，是天地人資始而天主無始，故稱乾父；有後天之主焉，則今圖像罷德肋、費略、彼利斯多三多，是生於坤之母者也，所稱代乾行權者也，故稱震男。[215]

---

215 〔明〕邵輔忠：〈天學説〉，載吳相湘編：《天主教東傳文獻續編》，1冊（臺北：臺灣學生書局，1966年影印梵蒂岡圖書館館藏 Borg. cin. 334.7本），頁6a–6b（總頁13–14）。

他與呂立本的詮釋有著驚人的相似，皆以天主為乾 ☰ 父，聖母為坤 ☷ 母，所生之聖子為震 ☳ 男。為了化解天主生於聖母之理的矛盾，邵氏再行主張天主有「先後」之分，即在聖三以外另有一種形態：「先天之主」生於無始，乃天地開闢、萬物生成之源，並無位格之分，是為乾 ☰ 父；「後天之主」則生於聖母，分為罷德肋 (Pater / Father)、費略 (Filius / Son)、彼利斯多三多 (Spiritus / Holy Spirit) 三個位格，代乾 ☰ 父行權，是為震 ☳ 男。他的釋象不但援引了「先天」和「後天」的概念，也套用了五行學説，以木排為三的次第來比附聖三之數。他亦企圖運用同一套卦象解讀系統來闡發聖母童貞、三位一體等其他神學奧義。邵氏的詮釋是否符合正統教義有待商確，但有意思的是，他提出了《易》為「天學之祖」的主張，[216] 並在結尾部分強調「天主教不以言明人，而第以其像明人，使學者觀象而心悟之」。[217] 這與多年後索隱派傳教士以及呂立本的思路不謀而合。

有別經院派倚重邏輯思辯的方針，索隱派選擇採用原始神學 (Prisca Theologia / Ancient Theology) 象喻解讀的手段，從漢學文本尋找符合天主奧跡的「符徵」(figure) —— 包括語音、文字、圖象、典故等。精於數學的白晉，很快便注意到〈太極圖〉頂層的圓形 (○) 符象，能夠簡潔精闢地表述天主無始無終的本質。以此作為起點，他在漢語古籍中尋章摘句，意圖覓得太極內含「三一」概念的證據。在一批相信是他於 1711 至 1716 年期間所撰寫的漢語手稿中，其中〈易引〉一篇便紀錄了他引古文佐證太極為聖三奧跡預象的嘗試：

> 古云：「太一函三，太極函三。」是知萬有之本原，必埽〔歸〕于一三〔…〕三位既從無始同体同有，無先後大小之殊。然因有三位之異，則第一生第二者為父，第二受生者為子，父子相愛〔愛〕，神感而發第三位者為神。其体一位三之精微，真三為一，一為三，三非一，一非三，神妙难測。一二三合一生発之道既從無始自有，則有始之外発生。凢〔凡〕有靈無靈、有形無形之道，三極三才無極之太極已備矣。[218]

---

216 〔明〕邵輔忠：〈天學説〉，頁 5a（總頁 11）。
217 〔明〕邵輔忠：〈天學説〉，頁 7b（總頁 16）。
218 〔法〕白晉：〈易引〉，頁 281–283。

他額外摘取了不少道教文獻，包括《老子》「道生一，一生二，二生三，三生萬物」、《莊子》「一與言為二，二與一為三」、《太極圖說》「無極而太極」等辭為證，吸納「無」、「道」等概念來突顯太極的形上面向，強調此處所論之太極「無始無終」，並非「有始、有極、有質、有限之太極」，[219] 以配合建構「三一太極」論。為使他的論說更顯完整，他引進三一的標誌性象徵等邊三角，與圓形結合，組成新的太極符象：

> 故以三微圓之列示之，其列之式有二。其一為三極之列，乃一正列于上，下二左右列之。如此 ∴，以成三極圓相象，圓無角有極而動，屬〔屬〕天象也。其間之虛，以三微線同等之線策連之，以成三角方容。如此 △，方有角而静〔靜〕，屬地形也。先師立之，為蘊〔蘊〕易數象圖之本，乃至先無始、至微未衍、無極而太極之圖，以象道心之精微內蘊，未發〔發〕厥能德三極三才，以生神形。[220]

馬若瑟同樣以等邊三角形為符象，把「太極」與「三一」扣連起來。他在《經傳遺跡》(*Selecta quaedam Vestigia praecipuorum Christianae Religionis dogmatum ex antiquis Sinarum libris eruta* / Selected vestiges of certain preeminent Christian religious dogmas extracted from ancient books of the Chinese) 一節，以中文、拉丁文對應的方式，合論「太極」與老子「道生一，一生二，二生三」的「道」或「無」，強調太極是聖三一的象徵，非人類語言所能解釋，只能通過三角符象 (∴) 來領會其中奧妙：

> 第一原理不可能是單點以外的任何事物，而且一旦設立起這單點，我們終會得出 ∴ 這個等邊三角形的符象，而等邊三角形 △ 是太極整體的粗略象徵，亦是神聖三一的象形文字。該注意的是，太極是超越任何物質形象的最高意志，故此中士們強調它不應被繪成任何形象，因為它乃非人所能繪畫出來的。這個符象的底部由三點組成，而介於底部和頂點的中層只有兩點。顯然若從物質層面來理解，它不可能以任何

---

219 〔法〕白晉：〈易引〉，頁284。
220 〔法〕白晉：〈易引〉，頁324。

方式存在。故此這個 ⁝ 符象只能是純屬心靈和精神範疇，是為無形之形、無象之象。雖然太極無象、屬靈且非常簡單，或者可以說它只是一，卻內含有三。[221]

二人的詮釋儘管存有些微差異，但總括而言均以聖三神學為核心，並且使用了數字或圓、點等同質符號來象徵每一位格，規避父、子等人倫稱謂所構成的階級差異，強調三者「無先後大小之殊」（見圖9）。然而，「三一太極」說未有處理陰陽對立轉化的問題，並且集中呈現陽性或男性的面向。

呂立本治易的主張和手段雖索隱派之風，卻並沒有將「三一太極」說納為己用。他與邵氏的作法更為貼近，在聖三以外引入聖母構成「四位一體」（quaternity）的架構（見圖10）。乍看之下，他的理論模型在教義詮釋上頗具爭議。首先以乾 ☰ 坤 ☷ 交媾、陰陽精氣和合比附聖父（神性）與聖母（人性）結合，有違童貞信理之嫌。本土首批司鐸之一吳歷（1632–1717）所撰聖學詩〈慶賀聖母領報二首〉其中「乾坤莫囿貞懷蘊」一行便強調，童貞產子超越凡俗男女交合生子之理，不應與之相提並論。其次按照五倫之序，「子」從屬於「母」，這亦會大大削弱聖子耶穌以及天主整體的神聖權威。事

---

221 Joseph de Prémare, *Selecta Quaedam Vestigia procipuorum Christianae Relligionis dogmatum, ex antiquis Sinarum libris eruta* (Paris, Bibliothèque nationale de France, Chinois no. 9248), f. 52–53; Joseph de Prémare, *Vestiges dans principaux dogmes Chréstiens tirés des anciens livres chinois,* trans. A. Bonnetty and Paul Perny (Paris: Bureau des Annales de philosophie chrétienne, 1878), 105–106: "Ce principe premier ne peut pas être autre chose que le point seul, et le point étant une fois posé, on arrive nécessairement à cette figure ⁝, qui représente le Triangle équilatéral, maisle Triangle équilatéral △ est la représentation grossière de Tai-ki tout entier, et c'est aussi chez nous le hiéroglyphe de la Très- Sainte Trinité. Il faut noter avec soin que Tai-ki est la Suprême Intelligence surpassant infiniment toute figure (matérielle), ce qui fait que les Chinois prétendent à bon droit qu'elle ne doit pas être peinte, parce qu'elle ne peut pas être peinte. Dans la figure ⁝ la base est formée de trois points; la ligne du milieu, qui est entre la base et le sommet, n'en comprend que deux. Or il est évident que, si l'on prend cela matériellement, cela ne peut exister en aucune manière. Donc cette figure ⁝ doit être regardée comme purement mentale et spirituelle 'comme un corps sans corps et une image sans image. Mais quoique Tai-ki soit un être tout à fait sans figure, spirituel, très-simple, et, s'il est permis de parle ainsi, très-un, il contient en soi trois [personnes]."

圖 9　索隱派傳教士「三一太極」論　　圖 10　呂立本「陰陽四聖」論

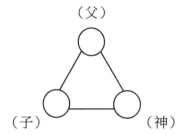

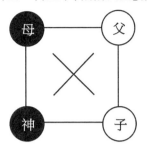

實上，呂立本的注文中並不乏對聖三神學以及聖母貞產信理的闡圍，比如
他注乾 ䷀〈卦〉辭曰「天主一體含三位」，並沒有把聖母包含在內；在注小
畜 ䷈〈象〉辭時，他亦明確表示聖母作為救主「生母」的身分僅僅是對應「吾
主人性」而言，本質上聖子為「大」，而聖母為「小」。[222]

　　但與此同時，他又花了不少篇幅來描繪聖母的生平事跡和神學意涵，
並賦予她相當崇高的地位。這一方面可能與上述禁教的處境有關，另一方
面亦如實地反映了天主教傳統對聖母的偏愛和崇敬。聖三神學在信理上雖
一直佔主導地位，但早在教會發展初期便出現崇拜聖母的風氣，到了中世
紀中後期更盛行於歐洲。從聖像敬禮、祈禱崇拜、靈修操練、藝術創作以
至教堂建築，聖母的身影無所不在，其影響力絲毫不亞於聖三中的任何一
位。[223] 即便聖母禮敬在宗教改革後受到一定程度的打壓，但在羅馬教廷的維
護與倡議下仍然得以保存和推廣。按「始孕無玷」（Immaculata Conceptio /
Immaculate Conception）的信理，聖母因聖神降孕，以無染原罪之軀誕下
「新亞當」（Novus Adam / New Adam）救主耶穌；故此她又獲譽為「新厄娃」
（Nuova Eva / New Eve），象徵著人類新紀元的開端。而她與聖神的結合亦
被視為教會與基督聯婚之預象。作為母性陰柔的象徵，她甚至幾乎取代聖
神作為「護慰者」（παράκλητος / Paraclete）的角色和地位。[224] 就現象而言，

222　〔清〕呂立本：《易經本旨》，1 冊，卷 2，頁 34b–35a（總頁 266–267）。
223　關於聖母崇拜的歷史研究，詳參 Marina Warner, *Alone of All Her Sex: The Myth and
　　the Cult of the Virgin Mary* (Oxford: Oxford University Press, 2013).
224　關於聖母與聖神密切的關係，詳參高慧琳：〈聖母瑪利亞：聖神的畫像〉，《神學論
　　集》117–118 期（1998 年 12 月），頁 369–409。

聖母既補償了聖三神學傾向父性的「缺憾」，也是理解聖三內在共融以及救贖工程奧秘的關鍵。只是礙於「唯一天主」的教義，聖母往往又被埋藏在陰影底下。[225]

　　論到聖母在基督降生奧跡的角色，呂立本認為她「乃聖父應之為長女，聖子應之為貞母，聖神應之為潔婦，聖三應之為寶殿。」這與方濟各會士石鐸琭（Pedro de la Piñuela，1650–1704）所譯述、敬禮聖母之禱文《聖母花冠經》（1702）中「天主聖父之長女、天主聖子之貞母、天主聖神之潔婦、天主皇皇聖三之寶殿」一辭如出一轍。[226] 他更善用太極論的陰陽哲學來呈現聖母與聖三的角色與關係。就功能屬性而言，聖母（坤 ☷ 母）掌主保之權，如聖神般具備撫育（nurturance）的陰性特質，與掌主宰之權、具備支配（dominance）的陽性特質的聖父（乾 ☰ 父）兩兩相對。就神學形象而言，聖母作為「天主之長女」（巽 ☴ 女）、開啟救贖時代的「天下第一人」，與「天主之長男」聖子救主耶穌（震 ☳ 男）亦兩兩相對。父、子、神、母四者相輔相成，缺一不可，體現了陰陽平衡、互制互成之道。如是説，呂立本不僅利用乾 ☰ 坤 ☷ 生子的淺層表象來類比聖母誕主，更透過易道陰陽兼具的深層結構，把聖母作為天主教信仰「隱而未現」的部分彰顯了出來。

七、結語

　　索隱派的學説雖別樹一格，卻並非新鮮的學術議題。自二十世紀七十年代起，已有不少外文專著研究白晉、傅聖澤、馬若瑟等代表傳教士的歐文書信和著作。雖然近年學界的目光轉向他們相關的漢文材料，然而這些研究大多承襲西文著述的內容，在論述索隱派的思想內容、起源和影響時多有重複，已顯飽和之態。本研究的主要目的，首先是引介《易經本旨》這份出自本土人士手筆、封塵超過兩個世紀無人問津的索隱易著遺稿，其次

225　盧德：〈從榮格心理學看天主聖三「隱而未顯」幅度〉，《神學論集》142期（2005年1月），頁611–614。
226　〔墨〕石鐸琭：《聖母花冠經》，頁7。

則是透過重現這份本土文本的獨特面貌，顛覆過往視索隱易學為「外來」產物的刻板印象，試圖為相關的研究開闢另一種想像和閱讀的可能。

鑒於文獻的限制，過去學界誤以為索隱易學只是這一小派耶穌會士在深宮紅牆內進行的閉門研究，後因遭受到時人的排斥和教廷的禁止便無以為繼。雖然有零星學者關注到部分論說至今依然在華人教會的圈子裏以宣教的方式延續著，卻缺乏具體的書面材料論證本土的信仰群體是如何接收、理解和傳遞這些觀點。《易經本旨》正好填補了上述的空缺。呂立本承續了索隱派耶穌會士的論說，主張《易經》乃是其中一部倖存於世、蘊含著救贖啟示的古老聖典。可惜秦火後，經籍佚失，異說紛起，導致《易經》原旨盡失。只有按照天主《聖經》與神學教義詮釋有關的卦象和經文，方可理解《易經》的真正含義。

然而從呂立本的解易手法可見，他並非被動地直接套用索隱派的學說，而是在基礎上加以闡發和修正，具備他個人獨有的見解和風格。與索隱派耶穌會士一樣，他採用了預表法和寓意法來詮釋《易經》卦象和經文。預表法 (typology) 即視《舊約》的人物和事件都是《新約》的耶穌基督和救贖事件的「預像」；而寓意法 (allegory)，即視文本為「喻象」，力求從其表面結構下發掘出更深層的神學意義。兩者的界限雖不明顯，但有所區別。預表法肯定文本的字義 (literal meaning) 和記述的客觀歷史，認為天主的啟示只有在歷史中才能獲得正確的理解。而寓意法則較為重視文本的象徵意義 (symbolic meaning)，認為經文的真實意義與客觀字句或歷史背景並無必然的聯繫；換言之，《舊約》的人物或事件是否真實存在並不重要，重要的是詮釋者借這些符徵 (sign) 所表達出來、源自《新約》的信息。[227] 這兩種解經法不但形式上有歧異，得出的結論亦截然不同。在預表法的論述下，《舊約》是構成天主啟示不可或缺的一部分，必須納為正典之一。反之，寓意法雖擴闊了文本詮釋的空間，但從根本意義上卻否定了《舊約》存在的必要。

當索隱派傳教士把這兩種本質上相互矛盾的詮釋手段，同時套用在《易經》這部集數理、符象與文字於一身的多樣性文本時，立場便顯得更為尷

---

227 Brevard S. Childs, "Allegory and Typology within Biblical Interpretation," in *The Bible as Christian Scripture: The Work of Brevard S. Childs,* ed. Christopher R. Seitz and Kent Harold Richards (Atlanta: Society of Biblical Literature, 2013), 307–308.

尬。他們既意圖從歷史的角度把《易經》納入救恩史的敘事脈絡，又採用象喻的手段對卦象爻辭進行解讀。基於基歇爾和伯里耶等人的研究，白晉主張伏羲便是《聖經》記載大洪水前的先知哈諾客，認為其借助觀察星象所得的知識，包括數學和幾何，把自己從天主得到的啟示以隱蔽的方式記錄下來，畫成〈河圖〉和〈洛書〉，以及六十四卦。[228] 為此，他結合三者之數進行計算，並據安息年曆法換算出創世至末世共六千年的年期。另一邊廂，他又以首卦乾 ☰ 為軸心，以六爻分為六個時間軸點，參照《日講易經解義》對相關經文的講疏內容，推演出六千年救贖史和耶穌生平史兩個敘事結構。在他的釋義中，卦爻象辭涉及的人物和典故，如文王演易、成湯禱雨等都是基督形象的類比。他的詮釋一方面缺乏易學傳統理論的支持，另一方面亦使《易經》失去了主體性，淪為《聖經》救贖敘事的載體。

　　呂立本同樣以伏羲易作為切入點，借助易數和卦象來推演出救贖歷史的架構。不同的是，他的詮釋乃建基於朱熹《周易本義》視《易》起源於卜筮的觀點，其主張上古之時，民心昧然，故伏羲畫卦立象，文王、周公繫辭設教，以吉凶訓戒斷疑。在此基礎上，呂立本再引進艾儒略「三教說」加以推演。他主張洪水以前是為「性教」，因無文字教條，人心蒙昧，終致世風大壞；洪水滅世後，為免世人重蹈覆轍，天主默啟伏羲畫卦作易，以立「書教」；其指示後世真道，並預示基督降生，即「寵教」之始。由於在卜筮的過程中，卦象乃是按照蓍草奇偶之數而定，故此本質上也是一種記數的符號。[229] 呂立本由此判定，每一卦不僅描繪了天主啟示的事跡，更記載了具體準確的時間。他把卦爻之數轉化為計算時間的單位，並依六十四卦之順序，結合卦象，演算出以救贖敘事為中心的歷史進程。這種卦爻紀年的作法於漢易和宋易的傳統中均有跡可尋。

　　索隱派傳教士另一個遭人詬病之處，便是思想零散，解象缺乏連貫性和系統性，存有任意附會之嫌。[230] 比如白晉試圖套用邵雍先天／後天學來劃分救恩工程兩個發展階段，他釋先天卦主乾 ☰ 為聖父，後天卦主震 ☳ 為聖子，除了類比兩者父子關係與君帝形象外，亦用以表達兩個階段的重

228　von Collani, *P. Joachim Bouvet S. J. Sein Leben und sein Werk,* 129–130.

229　鄭吉雄：〈中國古代形上學中數字觀念的發展〉，頁4。

230　von Collani, *P. Joachim Bouvet S. J. Sein Leben und sein Werk,* 207.

心轉移，即先天以天主聖父「初造」為功，後天則以聖子耶穌「再造」為功。但除了乾 ☰ 震 ☳ 兩卦，其餘六卦他都置之不理。然後在別處對否 ䷋ 和泰 ䷊ 的注解中，他又另立逸象，釋乾 ☰ 三陽為天主聖三三才，坤 ☷ 三陰為世人靈魂三司。馬若瑟以字學為重心的研究亦呈現相同的問題，他只徵引部分卦象如乾 ☰、坤 ☷、否 ䷋、泰 ䷊、蠱 ䷑ 等來闡發他的觀點。[231] 而這種不完整性，大大削弱了他們理論的可信度，讓人質疑他們只是抽取適用的材料加以堆砌。

相較之下，《易經本旨》具備一套相當連貫的解象系統。呂立本在〈説卦傳〉以及朱熹《周易本義》注解採入荀九家逸象的基礎上，嫁接救贖敘事的核心象徵在八卦上：乾 ☰ 父為聖父，坤 ☷ 母為聖母，震 ☳ 男為聖子，巽 ☴ 女為瑪利亞，離 ☲ 王為基督，坎 ☵ 難為受難，兑 ☱ 巫為聖神，艮 ☶ 鼻為人祖。然後他把這套八卦系統貫徹應用在易圖以及經文的釋義上。他把邵雍先天與後天的體用關係加以闡發，以先天八卦為天主救贖旨意，後天八卦為其具體實踐，按上述八卦之象，順〈先天八卦方位圖〉之序推演出救贖歷史，然後順〈後天八卦方位圖〉之序推演出基督的生平事跡，並從移卦的方位解讀出基督救贖的意義，內容涵蓋救贖工程的藍圖、實踐以及成效，從宏觀、中觀至微觀逐層推演，構成一個相當完整的理論模型。而在釋解卦爻辭時，他則從本卦中拆解出不同的卦體，然後對應相關八卦之象，解讀出天主教的教理。

呂立本的精明之處在於他採用了來知德《周易集註》為底本，在原先的詞句上再加以演繹。白晉和馬若瑟分別都援引過來知德「象失其傳」的觀點來支持己説，説明易象蘊含天主的啟示。但他們都只是擷取片語，沒有深入理解來知德所謂「象」的具體意涵。首先，來知德所謂「象」乃針對卦象而言。他認為後儒對卦爻辭的詮解脫離了伏羲、文王和孔子原先畫卦作易的原則，即體現陰陽對稱、上下流行、錯變參互之理。故此他提倡以錯、綜、爻變以及中爻四條解易體例，解釋卦爻辭的取象，以闡發卦與卦之間、以及象與辭之間內在緊密的聯繫。他取象的邏輯環環相扣，風格淺顯

231 王澤偉：〈17–18世紀初在華耶穌會士的漢字收編：以馬若瑟《六書實義》為例〉，頁190。

易明，而且兼容漢易和宋易的象數學，除了給呂立本的注解賦予結構，亦令通行流傳上具有一定的優勢。除此以外，來知德主張易象乃是具體事理的「喻象」，須經由想像掌握，不可從字面直接理解。這亦正好為呂立本採取寓意法來詮釋八卦象徵以及卦爻象辭提供了理論依據。呂立本更因應當時的樸學易熱潮，調整來知德解易體例的系統，發用虞翻互體說，在不脫離易學傳統軌道的前提下，進一步擴闊取象的範圍。

除了索隱派易述外，《易經本旨》亦留有不少早期來華耶穌會士著作的痕跡，其中較為顯著的有利瑪竇《天主實義》（1630）、艾儒略《天主降生言行紀畧》（1635）和高一志編譯《聖母行實》（1631）。據呂立本自序，《易經本旨》成稿於乾隆中葉，時值禁教高峰期。雖然他未有具體描述在清廷禁令下所屬信仰群體面臨的困境，但在注文中不時流露出時不我予的尷尬和憤慨。通過融會貫通不同的文體，呂立本表達了與這些傳教士共同的信仰意向，並借助書寫跳出俗世，重新構建、鞏固逐漸消逝的宗教記憶與氛圍。

與此同時，傳教士的缺席卻正好產生了教理詮釋的空間。通過對易理的釋義再寫，呂立本充分且批判地融合天主教與本土宗教及文化遺產的資源，塑造了一套個人獨有的信仰體系：

（一）宇宙觀：太極理氣論發端自原始宗教的自然崇拜，具有萬物有靈論（animism）暨泛神論（pantheism）的色彩。[232] 呂立本採用了利氏「四行造物」說，引進基督教義化亞氏宇宙觀，把宇宙結構劃分為形上（天）和形下（地）兩大範疇，以確立「永生」和「一神」的觀念；另一邊廂，他亦吸收了古代對自然神聖力量的信仰，透過八卦類象，把日月（陰陽）崇拜的宗教情感[233]轉移至天主和聖母身上，填補了三一神學傾向父性的「缺憾」。

（二）拯救觀：呂立本套用了道教內丹理論（取坎 ☵ 填離 ☲），分別以其中「返復先天」和「修道成仙」的概念來框定天主教「神人合作」論中救贖（redemption）和拯救（salvation）的兩大維度：前者指向基督的贖罪工程，突顯天主的恩寵，著眼於靈魂的解放與復和；後者則涵括個人生命的更新

232 吳展良：〈朱子之鬼神論述義〉，《漢學研究》29卷4期（2013年12月），頁119。

233 田合祿、田峰：《〈周易〉與日月崇拜——周易‧神話‧科學》（北京：光明日報出版社，2004年），頁131。

與整合，關注靈魂體全人的成聖。[234] 他刻劃聖母作為「人神主保」的神學形象，亦與山西當地民間宗教氛圍相契合，其以聖人或神仙為祭祀的對象，認為祂們能助信眾解決問題，而這些神明大多數是女性。

（三）倫理觀：通過借易傳刻劃基督耶穌與聖母瑪利亞的君子形象，呂立本把謙、貞等儒家道德規範，擴展應用在自己與天主關係的想像以及靈性生活的實踐上。對他而言，仿效基督和聖母，即意味著仿效他們對天主的謙卑和對貞潔生活的持守。此外，儒家的孝道觀，亦為敬禮聖母提供了思想資源。

由是觀之，《易經本旨》可謂呂立本「耶易會通」的實踐（見圖11），乃多種文本在特定時空脈絡中相互交融的結果，其中所呈現多元開放的宗教觀，卻遠遠超越了其身處的時代。呂立本融會貫通天主教和易學兩個體系的嘗試，展現了「外來」和「本土」文本雙向互動、互相確立價值的可能，超越了「一方迫使另一方屈服」或「以其中一方作為中心或絕對準則」的思考進路。

圖11 呂立本「耶易會通」的實踐

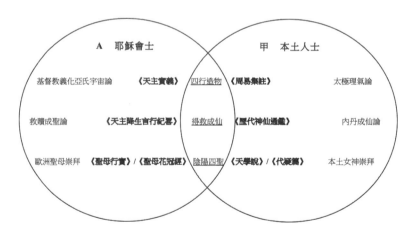

---

234 賴品超：〈從中國宗教反思基督宗教拯救論〉，《宗教都是殊途同歸？宗教研究與漢語神學的視角》（香港：漢語基督教文化研究所，2020年），頁251。

反觀索隱派耶穌會士的經驗，他們無法徹底實踐己說，與他們上層
路線的傳教方針不無有關。上層路線承續自利瑪竇，其積極以附儒的傳教
方針，結識士人、官員等具政治影響力的精英階層，以獲取在華自由傳教
的合法地位。這種策略在實施初期確實為在華傳教事業提供了重大便利和
保障，部分耶穌會士甚至成功獲得皇帝的賞識，在宮廷裏供職。然而，這
亦同時把他們自己置於矛盾的處境：作為傳教士，他們必須服從教廷與修
會；但作為官員，他們又需效忠，或盡可能取悅於皇帝與朝廷。這令他們
的行動遭受到雙重的束縛，尤其當這兩個權力機構之間存在矛盾和衝突。

　　以白晉《古今敬天鑒》為例，其初稿原名為《天學本義》，成稿於1699年
前，內容主要是白晉在四書五經中摘抄的一些涉及「天」和「上帝」的句子，
用以證明古儒對天主有著清楚的認知。1702年，他呈遞給康熙帝，卻遭到
駁回。1703年經修訂後，翰林院大學士韓菼為其作序並將之付梓。得到翰
林院的認可後，白晉將之寄給奧古斯丁會的白萬樂（Álvaro de Benavente，
1647–1707），希望可進一步獲得教廷的準核。[235] 儘管《天學本義》在修會間
得到不少肯定，視之為不可或缺的傳教材料，[236] 但當白萬樂把手稿副本轉贈
予教皇特使鐸羅主教（Charles-Thomas Maillard de Tournon，1668–1710）時，
鐸羅卻以翰林院僭越教廷審核權為由，對其加以責難。1705年，他命令在
京主教查抄所有印本，並命令所有耶穌會士發誓，不得私藏這部著述。[237]
作為回應鐸羅禁令的對策，康熙帝同年頒佈諭旨，命人將這部著述翻譯成
歐文，並直接交由鐸羅審查。白晉此時已經原稿作了補充和修訂，改題為
《古今敬天鑒》重新印刷。1706年，馬若瑟等人奉命完成這部著述的拉丁本
翻譯，但最終仍然未能獲得教廷許可刊行。[238]

　　圍繞這部著述的爭議，只是索隱派傳教士在寫作和出版時所面對的窘
境的典例之一。比起他們其他文稿，《古今敬天鑒》主要只是羅列一些典籍
的材料，在內容上已算是爭議性較低的作品，卻仍然受到如此多的責難和
阻力，足見他們的困境。身處教廷與清廷夾縫間，令他們的研究和寫作受

235　von Collani, *P. Joachim Bouvet S. J. Sein Leben und sein Werk,* 53.

236　Rule, "K'ung-tzu or Confucius? The Jesuit Interpretation of Confucianism," 431.

237　Witek, *Controversial Ideas in China and in Europe,* 130.

238　von Collani, *P. Joachim Bouvet S. J. Sein Leben und sein Werk,* 54.

到多方的審查和制肘。這亦是造成他們的著述零散，未能展現一個完整理論體系的主因之一。而且，儘管他們致力推動天主教與漢語傳統之間的宗教對話，然而這種對話乃是建基於教會的官方立場，即以令其他宗教的信徒皈依天主教為目標，無法真正達至兩者內在互相創造的轉化。[239]

　　呂立本的寫作卻超越了這種前見和進路。清廷的禁教令以及耶穌會的退場令本土信徒與西方教會之間聯繫的紐帶出現斷裂，教會權威的失效容讓並且驅動呂立本繼續在自身的宗教及文化遺產中尋找靈性的啟發。《易經》作為最古老的漢語文獻之一，見證著中華文明的發展軌跡，歷來為各教各派提供了不可或缺的思想資源。其不單單是儒家經書，與道教文化、民間宗教等都有著緊密的連繫。這些本土的宗教和文化傳統雖看似分享著某種共通的本質，但實際上它們之間具有不能抹煞的差異，對宇宙生命有各自的理論觀點和實踐模式，滿足了不同階層和群體的各種精神需要。借助《易經》文本的開放和多樣性，呂立本不僅打破了傳教士「獨尊儒術」以及「上層路線」策略的局限，更充分利用這些本土宗教的元素豐富天主教信仰的內涵。猶如耶穌升天後留在地上的門徒，本土信徒在大多數傳教士因禁教令被驅逐出境的情況下，淪為信仰的孤兒。呂立本吸收了本土女神崇拜的特點，強調聖母的角色，其慈母般的形象正好為失去牧者的信徒帶來精神上的慰藉和指引。除此以外，他亦巧妙地順應民間以《易經》算命的風俗，運用卦數推算禁結束、聖教大通的年期，為正在遭受逼害的信徒帶來脫離苦難的指望。他對「拯救」的理解不只局限於個人靈魂的得贖，更包含個人心靈的復和，以及信仰群體的解放。

　　最後，「遺民」一詞具有深刻的宗教意涵，既描述了喪失故土的焦慮和傷痛，卻亦埋藏著光復失地的應許和盼望。呂立本的書寫雖不時透露出對聖教遭閉塞的憂憤，但亦秉持著正面的態度，在清廷高壓的政策下積極謀求反撲的空間。有如猶太遺民歷經磨礪後重返家國，呂立本雖未能見證聖教大通之景況，他的遺作卻從百年禁教的劫難中倖存下來，構造了一道獨特的風景。《易經本旨》不僅補充了索隱派從殿堂走向民間失落的足跡，

239　John B. Cobb, *Beyond Dialogue: Toward a Mutual Transformation of Christianity and Buddhism* (Philadelphia: Fortress Press, 1982), 47–52.

亦標誌著天主教在華史的轉捩點。禁教的處境雖為天主教的傳播設置了障礙，卻為本土信仰群體的自主發展提供了難得的機遇，讓天主教能從真正意義上於本土扎根開花。另一方面，呂立本的跨文本實踐亦為當代漢語神學以及宗教對話的發展進路提供了典範。有別諸宗教神學的種種既定類型，其既委身於基督宗教，也開放於不同的宗教傳統，並以批判的視角檢視並揉合各個傳統的優勢，整合出一個更全面、涵蓋不同價值維度的信仰體系。這種多維度的宗教觀放置在當代普世的處境亦別具參照價值和意義。

《易經本旨》
原文與編注

卷 首

易經本旨序

　　易乃古經隱義而為，開闢以來第一聖經也。真道全倏，大本攸存，允由上主默啟四聖畫卦，變爻著象繫辭，不似他經遭於秦火而斷簡失次。捨本逐末之樊蜂起，皆由後人所屢，真可為長太息也。幸《易經》而不泯，慶真道之猶存，乃君子修德之的也。獨是講易於今固甚難矣！畧言之，不啻綆短汲深，奧蘊何克昭明？詳論之，奈人久昧真道，如瘹目忌日光焰之，必睛為之眩，且將轉而生厭。是畧之鮮功，詳之招謗，設不顯揭之究為不可以，其道本屬超性，義關生死禍福永遠而匪淺尟。況《易經》迄今四千三百三十一年，而本旨闇然。前聖繫之象辭而後夫之口依稀夢昧語，復以王弼掃象異端亂真，則《易經》之本旨愈晦，惜哉！夫變卦參互至義高原淵微，世海之大，誰非傲慢自是者？神光詎易焰其內，是以高天愛日之下，百姓日用而不知，幾乎盡入於永苦而噬臍無及矣。余小子久祈上主默佑，說諸心，研諸慮，幸而神有妙會，敢不按卦互參錯綜，有負上主洪恩，厥罪匪輕，故不避痛俗之疾目而言之鑿，未抽之緒斯吐，有漏之義用補。譬行路者必資已經之導引而岐途罔虞，遂將〈繫辭〉移前一二，以為斯道之指南也可。

昔乾隆三十九歲次甲午季夏
河東晋邑呂立本註

易經本旨卦歌

周易卦歌

此乃一卦變八卦之理也。是故八八以成六十四也。☷尾二卦言☶，☶尾二卦言☷，乃本其☶☷結合之義也。

乾為天	一變 天風姤	二變 天山遯	三變 天地否	四變 風地觀	五變 山地剝	六還四爻變 火地晉	七歸內卦成 火天大有
坎為水	初爻變 水澤節	二爻變 水雷屯	三爻變 水火既濟	四爻變 澤火革	五爻變 雷火豐	六還四爻變 地火明夷	七歸內卦成 地水師
艮為山	初爻變 山水賁	二爻變 山水大畜	三爻變 山澤損	四爻變 火澤睽	五爻變 天澤履	六還四爻變 風澤中孚	七歸內卦成 風山漸
震為雷	初爻變 雷地豫	二爻變 雷水解	三爻變 雷風恒	四爻變 地風升	五爻變 水風井	六還四爻變 澤風大過	七歸內卦成 澤雷隨
巽為風	初爻變 風水小畜	二爻變 風火家人	三爻變 風雷益	四爻變 天雷無妄	五爻變 火雷噬嗑	六還四爻變 山雷頤	七歸內卦成 山風蠱
離為火	初爻變 火山旅	二爻變 火風鼎	三爻變 水火未濟	四爻變 山水蒙	五爻變 風水渙	六還四爻變 天水訟	七歸內卦成 天火同人
坤為地	初爻變 地雷復	二爻變 地澤臨	三爻變 地天泰	四爻變 雷天大壯	五爻變 澤天夬	六還四爻變 水天需	七歸內卦成 水地比
兌為澤	初爻變 澤水困	二爻變 澤地萃	三爻變 澤山咸	四爻變 水山蹇	五爻變 地山謙	六還四爻變 雷山小過	七歸內卦成 雷澤歸妹

〈繫辭〉曰：「參五以變，錯綜其數，通其變，遂成天地之文，極其數，遂定天下之象，非天下之至變，其孰能與于此。」[1]

參五者，乃一卦參互而為卦也。錯綜者，錯以左右陰陽相變，綜則以上下二卦相翻，與機縷相似，必有數而後成華，道象亦然。上中下並互爻互，[2] 爻象改變得正而通應，乃成天地間道文之義而真現矣。夫機縷之華必

---

1 語出〈繫辭上傳〉十章。
2 互爻互，應作「五爻互」。

機匠提之而後成錯綜之道，非必造物主之其孰能與于此乎？他書出自後人者，乃可謂之異端耳。此經出自造物真主判陰陽別善惡賞罰之嚴，絲毫不爽也。

變卦歌

此變乃超性神化，固非明道不能以知，乃非夷所思也。來氏謂虞翻所變者，[3]乃來之非也。雖然此理本超人性，宜乎其不能知也。

> 訟自遯變泰歸妹，否從漸來隨三位。
> 首困噬嗑未濟兼，蠱三變賁井既濟。
> 噬嗑六五本益生，賁原於損既濟會。
> 無妄訟來大畜需，咸旅恒豐皆疑似。
> 晉從觀更睽有三，離與中孚家人繫。
> 蹇利西南小過來，解升二卦相為贅。
> 鼎由巽變漸渙旅，渙自漸來終于是。

或問：本經之卦六十有四，皆由 ䷀䷁ 二卦所變而來者，何以變卦之歌只言三千〔十〕有八，其義何居？曰：變卦之意為証明真道及 ☷ 女生 ☰ 因聖神奇工變化，乃為救世真人當順聽其命，乃為至要人能明此不疑正道矣。

䷅〔訟〕自 ䷠〔遯〕變者，乃 ☵ 之九三來居二，六二往居三而變為 ☲，是 ䷅〔訟〕自 ䷠變〔遯〕也。本旨乃 ☷ 為人祖，☷ 為人祖後代，乃因人祖不正而犯元辜以至染污後世子孫，[4]其世子孫因有原罪，人性受傷，自犯之本辜更萬倍于人祖之元辜，觀 ☵ 之三爻俱屬不正，因此而天下後世起訟焉。乃 ䷅〔訟〕因 ䷠〔遯〕變也。

3　來氏，即來知德(1526–1604)，明代易學家，著有《周易集註》。

4　辜，「罪」的古字。《說文解字》：「辜，辠也。」〔清〕段玉裁注曰：「周禮，殺王之親者辜之。鄭注。辜之言枯也。謂磔之。按辜本非常重罪。引申之、凡有罪皆曰辜。」(頁748)《書經‧舜典》：「與其殺不辜，寧失不經。」《明史‧太祖本紀二》：「君則有罪，民復何辜？」

䷊〔泰〕從 ䷵〔歸妹〕來者，乃九四來居三，六三往居變為 ䷊〔泰〕卦，是 ䷊〔泰〕從 ䷵〔歸妹〕而來也。本旨乃因聖子受難設教，世人歸從聖教大通焉。

䷋〔否〕從 ䷴〔漸〕來者，乃六四來居三，九三往居四變為 ䷋〔否〕卦，是 ䷋〔否〕從 ䷴〔漸〕而來也。本旨乃古教一歸，風山曰漸，冒聖母之名而生天地否，乃為假基利斯多而閉塞聖教中。幸互有 ☳ 而不能滅也。

䷐〔隨〕三位者，乃 ䷴〔漸〕䷋〔否〕二卦上下相翻，三變而為 ䷐〔隨〕，乃隨居第三位也。本旨乃相魔之輔佐為 ䷐〔隨〕，而冒先知之聖以否聖教也。餘卦之變放前故不俱陳，學者當自省也。

首 ䷮〔困〕䷔〔噬嗑〕者，乃 ䷔〔噬嗑〕因 ䷮〔困〕而變成也。本旨乃因吾主將受苦難而建定聖體大禮也。

䷿〔未濟〕兼者，乃此時尚未得濟也。本旨「未濟兼」者，乃此時救世之功尚未成全而民未得濟也。

䷑〔蠱〕三變 ䷕〔賁〕者，乃 ䷑〔蠱〕卦三變而為 ䷕〔賁〕也。本旨乃因人祖之蠱，上主欲救人蠱而生 ☷ 女，☷ 女生 ☶ 而有 ䷕〔賁〕也。

䷯〔井〕䷾〔既濟〕者，乃因 ☷ 女生 ☶ 而 ䷯〔井〕變為 ䷾〔既濟〕也。

䷔〔噬嗑〕六五本 ䷩〔益〕生者，乃顯証 ☷ 女生 ☶ 之人性也。

䷕〔賁〕原于 ䷨〔損〕者，乃因聖神之工而生 ☶ 王也。

䷾〔既濟〕會者，乃因聖子救世之功而民得濟也。

䷘〔無妄〕䷅〔訟〕來者，乃因吾主受難之功而來無妄之教也。

䷙〔大畜〕䷲〔震〕者，[5]乃大畜因傳教而有也。

䷞〔咸〕䷷〔旅〕䷟〔恆〕䷶〔豐〕皆疑似者，乃因聖神降孕，因 ䷞〔咸〕而有 ䷷〔旅〕，因 ䷟〔恆〕而有 ䷶〔豐〕，乃 ☷ 女生 ☶ 之証也。

5　䷲，應為 ䷄ 需。

䷢〔晉〕從 ䷓〔觀〕天更，因 ☷ 生 ☲ 而有 ䷢〔晉〕。詳有本卦之觧而有本旨也。

䷥〔睽〕有三者，乃三示因聖神奇工降孕而有 ䷥〔睽〕也。

䷝〔離〕與 ䷼〔中孚〕䷤〔家人〕繫者，亦証因聖神奇工降孕生于 ☷ 女之童身也。

䷦〔蹇〕利西南者，乃蹇利柔之人也。䷽〔小過〕來者，乃傳教者未得聖教也。

䷧〔解〕䷭〔升〕二卦為贅者，乃因解辠而賴 ☷ 女保升天也。[6]

䷱〔鼎〕由 ䷸〔巽〕變者，乃言由 ☷ 生 ☲ 而 ☲ 獻 ☷ 于天主堂也。

䷴〔漸〕䷺〔渙〕者，乃由 ䷴〔漸〕䷺〔渙〕而有 ䷷〔旅〕，亦言 ☷ 生 ☲ 而有 ䷿〔未濟〕也。

䷺〔渙〕自 ䷴〔漸〕來者，乃由 ䷴〔漸〕而生 ䷺〔渙〕，是賴 ☷ 女主保漸渙而救人也。

☷ 女生 ☲ 其證共一十有六，右所云者乃其畧也。詳見後卦本觧，今不多贅。

六十四卦目錄次序

乾坤屯蒙需訟師　比小畜兮履泰否　同人大有謙豫隨　蠱臨觀兮噬嗑賁
剝復無妄大畜頤　大過坎離三十備

咸恒遯兮及大壯　晉與明夷家人睽　蹇解損益夬姤萃　升困井革鼎震繼
艮漸歸妹豐旅巽　兌渙節兮中孚至　小過既濟兼未濟　是為下經三十四

八卦正位

　　☰ 屬陽，其正位在五。☶ 亦屬陽，其正位亦在五。☵ 之正在初。☳
之正位在三。以陽居陽，乃為正位。☷ 屬陰，其正位在二。☴ 亦屬陰，其
正位亦在二。☲ 屬陽，其正位在四。☱ 屬陰，其正在六位。以陰居陰，乃
為正位。若陽爻居陰位，陰爻居陽位，乃為不正。雖然若二五得中，乃可
因中而無咎也。

八卦取象歌

乾三連 ☰ 三位一體　坤六斷 ☷ 六日造人

震仰盂 ☳ 無元真主　艮覆碗 ☶ 人祖父母

離中虛 ☲ 主人結合　坎中滿 ☵ 真主受難

兌上缺 ☱ 主第三位　巽下斷 ☴ 天下一人

　　乾一兌二離三震四巽五坎六艮七坤八，二卦相合便為成數，以記年月日
時最為切要，不可不知也。又當知數多者以此定之數，少者以卦畫定之，
是乃大小之別也。以此知卦中之事乃有一定之年月日時，豈可信口而妄談
乎？所謂「極其數，遂定天下之象」是也。[7]

7　語出〈繫辭上傳〉十章。

易經本旨圖說

錯卦圖

乃一左一右，是故曰「錯」，如織布然。綜為經，錯為緯是也。

乾 ䷀		䷁ 坤	
姤 ䷫	乾坤相錯，所屬之卦自然相錯。	䷗ 復	
遯 ䷠		䷒ 臨	
否 ䷋		䷊ 泰	
觀 ䷓		䷂ 大壯	
剝 ䷖		䷪ 夬	
晉 ䷢		䷄ 需	
大有 ䷍		䷇ 比	

兌 ䷹		䷳ 艮	
困 ䷮	兌艮相錯，則所屬之卦自然相錯。	䷕ 賁	
萃 ䷬		䷙ 大畜	
咸 ䷞		䷨ 損	
蹇 ䷦		䷥ 睽	
謙 ䷎		䷘ 履	
小過 ䷽		䷂ 中孚	
歸妹 ䷵		䷴ 漸	

坎 ䷜		䷝ 離	
節 ䷻	坎離相錯，則所屬之卦自然相錯。	䷷ 旅	
屯 ䷂		䷱ 鼎	
既濟 ䷾		䷿ 未濟	
革 ䷰		䷃ 蒙	
豐 ䷶		䷺ 渙	
明夷 ䷣		䷅ 訟	
師 ䷆		䷌ 同人	

震 ䷲		䷸ 巽	
豫 ䷏	震巽相錯，則所屬之卦自然相錯。	䷈ 小畜	
解 ䷧		䷤ 家人	
恒 ䷟		䷩ 益	
升 ䷭		䷘ 無妄	
井 ䷯		䷔ 噬嗑	
大過 ䷛		䷚ 頤	
隨 ䷐		䷑ 蠱	

綜卦圖

屯[8]	需	師	小畜	泰	同人	謙

隨	臨	噬嗑	剝	无妄	咸	遯

晉	家人	蹇	損	夬	萃	困

革	震	漸	豐	巽	渙	既濟[9]

8　屯蒙一組，徐匯本、會院本及文院本重覆抄寫一次，今據石室本及神院本刪。

9　未濟既濟一組後，徐匯本、會院本及文院本有「小過 ䷽ 小過」，今據石室本及神院本刪。

河圖

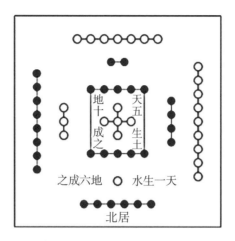

〈繫辭傳〉曰：「河出圖，洛出書，聖人則之。」[10]又曰：「天一地二，天三地四，天五地六，天九地十。天數五，地數五，五位相得而各有合。天數二十有五，地數三十，凡天地之數，五十有五，此所以成變化而認真元也。」[11]

圖數辭義

一☰王，二盜中，三鐵釘，四十時，五傷苦，六日難，七言終，八方人，九品神，十成工，乃以十字聖架成全救世之功也。

10　語出〈繫辭上傳〉十一章。

11　語出〈繫辭上傳〉九章。

洛書

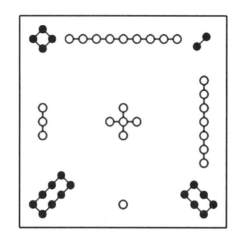

〈洛書〉盖取龜象，故其數戴九履一，左三右七，二四為肩，六八為足。

此書取龜象者，乃因龜壽至長自開闢以至終窮者。由此觀之，世間諸生無如龜之壽長者，取之以示此道乃自開闢以至窮盡，包括無遺之意也。

書數辭義

一者，乃一元真宰也。

二者，乃人性結合上主之第二位也。[12]

三者，乃一體三位也。

四者，乃四千年之時，文王造〈彖〉辭也。[13]

五者，乃五千年之時，降生救世也。

六者，乃中國暗教六千年也。

七者，乃七千年之時，聖教大通也。

八者，乃大通八百年之時，路祭弗爾否聖教也。

---

12 「人」後，徐匯本有「祖」，今據石室本及神院本刪。

13 彖，徐匯本作「彔」，會院本及文院本作「录」，今據石室本及神院本改。

九者，乃大通九百年而世界終事也。

無十者，乃惡人不接十字架上之恩也。

此言聖經未記易數如此，時驗則信，今不敢執。

〈繫辭傳〉曰：「易有太極。」[14]

　　太極者，乃混沌之氣也。由此而分立天地陰陽，是為兩儀。太陰、太陽及水火，是為四象。地之八方，乃名八卦。卦者，掛也。掛萬物于八方，八方生萬物，是故曰：八卦生萬物，萬物掛真道。真道引人認真宗，反本復始，乃吾人之位得矣。《易經》所言之道理，乃開闢以至窮盡而已矣。其名卦者，乃掛真道于《易經》之上也。其中道理，乃係七千九百年之事。前知前言後來之事，考其年數若合符節，設非造物真主其孰能與于此乎？

14　語出〈繫辭上傳〉十一章。

伏羲八卦方位先天圖

　　邵子曰：「乾南，坤北，離東，坎西，震東北，兌東南，巽西南，艮西北。自震至乾為順，自巽至坤為逆。」所以論卦之象乃有順逆之別也。

伏羲八卦次序解義[16]

乾一者，乃言天地主宰至一無二，是為萬有真原也。

兌二者，乃言聖神為愛、為師也，教人上愛真主為萬有之上，下愛世人如己。

離三者，乃言吾主耶穌一三者，乃主體一、靈體二、形體三也。

震四者，乃因性教之人辜惡深重，干犯上主震怒，降以洪水而以四十日滅之，是故曰「震四」也。

巽五者，乃五千年之時生聖子也。生聖子者，乃 ☴ 女生 ☰ 王也。

坎六者，乃 ☵ 王瞻禮六日受難也。受難者，乃一陽于上下二陰衆惡之中也。

15　聖神活愛，徐匯本、會院本及文院本作「聖神活」，今據石室本及神院本增。

16　「伏羲八卦次序解義」一段，徐匯本置於「圖數解義」後，今據石室本改，會院本、文院本及神院本均無抄錄。

艮七者，乃吾主山上七言而終也。又，人祖七日瞻禮也。

坤八者，乃吾主受難為八極之人也。坤地者，乃普世八方之人也。凡此諸道，皆備載《易經》之中而無遺也。

文王八卦方位後天圖

文王八卦方位圖

邵子曰：「此文王八卦方位，乃後天之學也。」

文王八卦次序為後天

主坤聖　　主乾聖
保母母　　宰父父

兌離巽　　艮坎震
少中長　　少中長
女女女　　男男男
·

得得得　　得得得
坤坤坤　　乾乾乾
上中初　　上中初

故故故　　人主主
曰曰曰　　性人性
少中長　　故二故
女女女　　曰性曰
聖乃乃　　少日長
神受天　　男中男
人之下　　　男男
　為第
　也一
非　　人
女

文王移卦方位乃非人之性慧所能為，惟由上主默啟，蓋不由己也。惜今人不知移卦方位之義，何不思何為而移之也？夫移方位自有大道存乎其中，豈可置之而不論乎？夫不明大道何以謂之人也，今予小子畧知其義，僅不避世俗之譏而陳列於左。

文王移卦方本

震居離位者，乃示聖子結合人性而為救世者也。

離居乾位者，乃因聖子降世贖人而聖父界之判世之權也。

乾居艮位者，乃自贖世以後而以慈父之心視我也。

艮居震位者，乃人祖父母親近上主而得天上國也。

巽居兌位者，乃長女滿被聖寵，故居聖神之位也。

兌居坎位者，乃因耶穌受難之恩而人得聖神降臨之恩也。

坎居坤位者，乃恩救世之恩而坎得成人之位也。

坤居巽位者，乃因聖子降世而巽女為母也。

世子不求移卦方位之旨，豈其無義而移之乎？

繫辭傳[17]

〈繫辭傳〉曰:「易與天地準故能彌綸天地之道。

　　準,對合也。彌綸,聯合條理也。本旨《易經》與天地間之正道對準而無些微或異,是故能聯合條理而發明天地間真正之道,而為萬世信心之確據,無可或疑者也。是故明易則明真道矣。夫不明真道其將焉往,除此之外皆為邪說,是以不可不知也。今人捨易之本旨而不求明,是故盡人于邪妄之中而不思歸本也。哀哉!

仰以觀于天文,俯以察于地理,是故知幽明之故,原始反終,故知死生之說。」[18]

　　通天地理者,乃知幽明之故,觀察易中道理,能知生前死後善惡賞罰禍福永遠真道。本末之說原是查根本,反終求下落。如此者,能知死生之說矣。惜今之迷子不求知其死生之說,亦愚甚矣。

　　本旨上卦為天文,天垂象有文章;下卦為地理,地顯形有條理。仰觀俯察,奇妙無窮,便知有造物真主,全能妙慮恰中吾人之用,其愛人也至矣。又默啟古聖著經垂訓,使知地獄與天上明光之所原始要中之道。是故知生前死後之說而為真道之本也。天上常生,地下求死矣。今之迷子不知生從何來,死歸何去而不求知,其為愚也。至矣!至矣!

「易無思也,無為也,寂然不動,感而逐通天下之。故非天下之至神,其孰能與于此?」[19]

　　誠非至能至靈明至尊無對之神,而不能與于此也。是故可知有至靈明全能全知至尊無對之神默啟,前知古聖畫卦著易而得如此恰切神妙也。世人理當求明天下之至神為誰,乃不可不知也。夫至神也者,乃為真道之

17　各抄本無,為方便讀者明瞭而增。
18　語出〈繫辭上傳〉四章。
19　語出〈繫辭上傳〉十章。

本也。倘不明真道之本，其學問皆為捨本求末而無益其大體也。譬之樹無根，何能開花結菓而貢人之食乎？人若不明真道亦猶是也。豈非冒冒一生，而昧昧一死也？夫可慨也！[20]

「夫其稱名〔小〕也，其取類〔大也〕，其旨遠，其辭文，其言曲，其而中，其事肆而隱，因貳以濟民行，以明得失之報。」[21]

惜乎！今人存其名之小，而失其善棨之大務，虛捨旨而言不中。迷子不求幽隱者，何事即有人講明其事，乃疑不信。哀哉！殊不知因貳以濟民之信德，以明失信之罰而得信之賞，乃永報上下也。因貳者，乃名自名而類自類，所以為二而非一也。當求其實，不可殉其名之小而失其類之大者也。夫既曰其言曲而中而中必的，是故當求其所以為的者，乃為吾人修德之真向也。設不求其的，乃無中向而何以的哉？

「是故易者象也，象也者像也。」[22]

《易經》本旨有像，乃真道真主降世救人之像也，乃因王弼掃像而失其本來之像也。今欲復其本來之像，乃心有餘而力不足也。但今人捨其真主真道之旨，而只論無本之空道，枉費心思而究無裨益也。且有一種愚者只論其無實形之虛像，而以卜算命為事，以騙愚民錢財，迷甚哀哉！乃犯罪之大者也。皆因不明《易經》之本旨而歸入異端邪妄之中矣。惜盍思改邪歸正而反本哉！

「录者材也。

言一卦之材質乃為真道正題一欸。所闕至大，乃為吾人之真向不可知也。本旨其录六十四欸，以合《聖經》直觧六十四條，乃週歲六十四端《聖經》也。或曰《聖經》之條不止六十四端，乃《易經》之條亦不止六十四端也。

20　夫，徐匯本置「也」後，今據文院本改。
21　語出〈繫辭下傳〉六章。
22　語出〈繫辭下傳〉三章。

爻也者，效天地之動者也。

爻也者，乃上主定之，命人效其動變而改邪歸正也，是為箴語以醫神者也。

是故吉凶而悔吝者也。

得其中正而有應者，乃為上吉。中正而無應者，乃為中吉。正而不中及中而不正者，乃為下吉。不中而不正者，則凶也。然不正者悔而改之，乃能轉禍為福也。凶吝而無悔改者，乃終受永殃之苦也。爻象著明其凶，以便人改過有路遷善，有門不致失望而為無救之人也。

易之為書也，不可遠。為道也屢遷，變動而不居，周流六虛，上下無常，剛柔相易，不可為典要，唯變所適。

他書遠之而無害，易之遠吉而有大凶，而其遭凶者永不能脫求死滅而不能得。是故曰「不可遠」也。惜今中人概遠之而不求知其所以然之本旨，而豈可乎為道也？

「屢遷」者，移也，乃言移卦之方位也。動變不居者，乃陰變陽而陽變陰也。周流六虛者，乃周流六爻之位也。「上下無常」者，乃時當上而下，當下而上也。「剛柔相易」者，乃陰卦變陽，陽卦變陰，而不居一卦也。「不可為典要」者，乃不可執定一格，而拘守一例也。惟變所適者，乃當以變卦之本旨，理勢而斷之也。

其出入以度外內，使知懼

「其出入」者，乃往上為出，進內為入也。「以度外內」者，乃上卦為外，而下卦為內也。「使知懼」者，乃因其得凶而可懼也。因懼而改惡遷善，乃其所懼之益而可得吉。

又明於憂患與故，無有師保，如臨父母。

「又明于憂患與故」者，乃因明易旨而知憂患，皆因辜惡之緣故而招憂患也。無有師保，如臨父母者，乃即無世之師保而真如臨父母之懷也。

初率其辭而揆其方，既有典常，苟非其人，道不虛行。」[23]

「初率其辭而揆其方」者，乃順其辭而揆度其卦之方向也。「既有典常」者，乃有一定之真道，而非無所指而空談也。苟非其人而道不虛行者，乃言若救世真主而道不虛行也。是所為人能弘道而非道弘人，故曰「待其人而後行」也。古人以卦記年，故後人造年字以六畫而成之，乃本卦爻六位而造之，而以用六畫而成年也。本經所記之事，乃至誠之道，而其中事迹皆記其年月日時，至詳且備，豈可以臆說解之而入于異端邪妄之中乎？是為萬世真道之確據，而無可惑疑者也。今世愚乃曰指定實事，則非易矣。如此之說，乃易中不當題古聖先賢之名字，而易中復有「湯武革命」、「帝乙歸妹」、「文王以之」、「高宗宗伐鬼方」、「箕子之傷明夷」等語，其道何耶？可惜此等之人貴尚虛無而以虛無為本，是乃佛老之徒而非儒者之言也。夫儒以誠為本。誠者，乃真實而無妄也。今不尚真實而尚虛無，是誠何心哉？談空論無何益之，有枉費心思，真如兒戲，乃非論道之君子，豈不傷乎？此等愚子將《易經》作七十二面埋伏，但逢卜卦之人而無不入于其圈套者。迷子不醒，其詭密之術而信伊為真應也。哀哉！

23　語出〈繫辭下傳〉八章。

説卦傳[24]

☳ 帝出乎震

☳ 為陰陽主字。以陰陽為主子者，義謂乃為陰陽鬼神幽明善惡生前死後萬有之真主也。是故以陰陽為字者，以示義也。義謂主宰現出乎 ☳ 卦，乃 ☳ 卦本有上下一純陽，立盡是為主字。識此則知天有主宰，乃生人造物之真主也。本經所云「後得主」者，乃此之謂也。謂 ☳ 顯出主宰，乃上卦顯示真道，以示人知而免妄信之謬也已矣。

☴ 齊乎巽

乃主人二性齊集結合而孕于巽女之胎。所謂小畜是小畜者，乃以小育大也。是故曰「齊乎巽」也。待至聖誕，二爻下初爻，上乃為 ☵ 矣。九二下降者，乃為子也。初六上升者，乃人性結合天主第二位，是為 ☵ 王乃聖子也。

☲ 相見乎離

乃巽女生救世主，而母子相見見于世也，乃所謂「噬嗑六五本益生」是也。[25] ☲ 為陰陽王字義謂，乃為陰陽鬼神、幽明善惡、吾人生前死後賞善爵惡、萬有之王之主也。試看先天乾居正南，後居後天少男之位而在西北，其義何耶？乃自公義謙德之，以教萬世而讓位于離，乃因聖子降世救人，而聖父畀之以判世之權也。由是之，故而 ☲ 得正南之位也。

☷ 致役乎坤

坤居先天長女之位，其義何也？乃因巽女聖子而為聖子之母，是故女為母也。聖子居家以事父母，乃欲民孝已先孝也。以子事母，故曰「致役乎坤」也。

---

24 各抄本無，為方便讀者明瞭而增。
25 見〈變卦歌〉，頁5。

䷹ 説言乎兌

兌為聖神、為聖愛，是吾喜言聖神之語，故曰「説言乎兌」也。聖神之言固可信也。迷子不信乃愚甚也，本經云有言不信是也。

䷀ 戰乎乾

乃後天之主降世之時，聽聖父之命而戰三仇，一戰而全勝，是故曰「戰乎乾」也。乃聖子為師而引世人勝三仇也。

䷜ 勞乎坎

乃一聖子在于上下眾惡之中，乃替普世前古後今為世萬民受難受死，以補贖萬代世人之辜債，故曰「勞乎坎」也。

䷳ 成言乎艮

乃吾主成七言而成救世之功在于艮山之上，[26]故曰「成言乎艮」也。吾主為師以七言教訓，我為弟當聽其命，乃不負吾主救世之恩也。

《紫陽》曰：「帝者，天之主宰也。」

夫既曰天之主宰，豈非天之主乎？而况 ☷ 含陰陽主字，豈不足為真主之証乎？又且乾含君父之義，而君父豈不足為天地萬有之主乎？試觀世上國土皆有其主，豈獨無萬有之總主乎？本旨 ䷘ 無妄為 ☷ 主子，內夫 ☰ 為天，䷘ 非天主而何迷子不信，乃凶之甚後悔無及矣。稱天主者，因天包含萬有稱之曰「天主」，義謂為萬有之真主。云爾夫先無天地而無名可名，故曰「先天」。既有天地之後，借天而稱之，乃曰「天主」，其義正也。本經云「先迷，後得主而有常」是也。

26　成，徐匯本無，今據神院本增。

〈繫辭〉曰：「仁者見之謂之仁，智者見之謂之智。百姓日用而不知，故君子之道鮮矣。」[27]

設人見不及此，何以謂之仁智乎？即强曰仁智，乃屬捨本逐末之務，而非仁智之實也。「百姓日用而不知」者，乃世人日用天主之恩，而不知其施恩之主，不究其道之本原，故君子之鮮矣。經中天主至自云「牛也**驢**也皆知其之槽，而吾民也猶不知我。」[28]惜哉！豈非人而不知乎？

今欲卦解分明，當先明本卦之義而後可也，故今將卦義移此。

乾為圜，健也，剛也，首也，天也，君也，父也，玉也，全也，寒也，氷也。寒氷者，寒泉氷至也。又施命也，龍也，言也，衣也，戰也，用也。☰元為用之所以然，乾含萬有，而乾之元首為天主，乃造化天地神人萬物之真主宰也。☰乃變化之首龍，為變化之物，是故稱乾爻為龍。

坤順也，母也，世人也，牛也，腹也，地也，子母牛也，大輿也，牝馬也，文也，象也，吝也，黑也，牝也，迷也，方也，囊也，黃也，裳也，帛也，聚也，垄也，布也。地上有山，亦有田，又均也。坤元乃為聖母，☷本為王，聖母生☷，故曰「王母」。布帛者，乃人之急用也，以証乃坤為世人也。又為臣，為民，為用，為役。

震，動也，足也，以下為主，故曰「足也」。長子也，真主也，內言也，內象也，雷也，敷也，塗也，決躁也，蕃鮮也，玉也，鵠也，善鳴也，**羿**足也，龍也，鼓也，全也，舟也，旱田遇雨也。以其聲教，謂之善鳴，以其當止于此，謂之羿足。鵠，小鳴也。射設之以命中，乃射者之向的也。惜迷子不向☷的，豈非冒射者也？幼竹自西引東，蘆荀根引而生，乃☷為根而生萬物也。又為出，乃超出乎萬有之上也。

巽，長女也，入也，雞也，股也，密雲也，木也，風也，命也，福也，橈也，繩直也，白也，潔也，長也，高貴也，德也，進艮法則也，楊

27　語出〈繫辭上傳〉五章。

28　語出《依撒意亞》一章3節：「牛認識自己的主人，**驢**也認識自己主人的槽，以色列卻毫不知情，我的百姓卻一點不懂。」

也，鶴也，真也，童也。自謙謂之婢女，又時也。以 ☵ 互 ☵ 中爻 ☵ ，為密雲也，傅命也。惜迷子捨其 ☵ 女高貴之德而不尊重，豈非遇而昧于理乎？又為寡髮。少髮者，乃表聖母無餘血也。廣顙者，乃臉面大也。近市利三倍者，乃多殊福聚齊也。

坎，陷也，逐也，耳也，中男也，水也，隱伏也。中爻為九泉也。車輻也，弓輪也，惡人困君子也，加憂也，心病也，耳病也，血也，酒也，赤緻也，其于馬也。以上乘下謂之馬，為美脊。以其中陽為美脊，為亟心，為下首，為曳，其于輿也，為多眚，為通，為月，為盜。其于木也，于巽為之于木，為堅多心，為律，為叢棘，為蒺藜，為狐，為桎梏，為水田，為水中石，為號咷，為棟，為宮。為可以中其陽，故曰棟。☵ 居 ☰ 上，為雲，又為泥，為勞，為夜，為盈，為大川，為孤。

離，麗也，為救世者，為日。無日世人不能得生，故謂之救世者也。為光，為少，為目，為中女。其意曰愛也。為電，為甲胄，為戈兵，為腹。大腹以忍為乾卦，乃乾以美行也。為牝牛，以中陽，故曰「牝牛」。其于木也，為科上稿也。餘言乃惡徒罵主之詞，吾不忍錄之其實。乃天國之麗日照世正道之真光，三界之真主掌管生死禍福之大權永生而永王，乃救我等之恩主也。是故 ☲ 者王也，又為養我世人神命之百穀也。又為年，為失得。火無形倏滅，得失之象。

艮，止也，為祖父，為少男，為手，為山，為石，為路徑，為門闕，為瓜。以其子多，故為之瓜。為閽寺，為宮，為指，為拘守也。為鼯鼠，為黔啄之屬，以其輔翼，故為黔啄。其于木也，乃艮遇 也，為堅多節，為鼻，為虎。以其威嚴謂之虎，為豹，為孤。孤者，疑也。為堂，為屋。鼻者，乃普世之鼻祖也。艮卦云，此者乃祖父之本分盡也。又為原，為成。

兌，悅也，為聖神，為少女，意謂愛而非女也。為口，為舌，為恩澤，為巫，為吏，為毀折，為附決。附決者，乃愛必有向而不虛行也，其于地也。在下為之地，為剛鹵。天主生成曰鹵，世人造成曰鹽，以其加味，故曰鹵。為妾，為羊，為脫，為雨，為五常，為輔頰，為庚辛金，為西郊。兌居西方，故曰西郊。巫者，祝也，乃聖神解疑之義也，為白鶴，為喜，為慶。

卷 一

周易卷之一 河東晉邑呂立本註

周易上經

周，代名也，《易經》名也。其卦畫本自上主默啟伏羲所畫，而為文字之祖。「易」有易變易之義，當用去聲。因易為天下第一《聖經》，是故音一乃用入聲而不用去聲也。因其上下陰陽相交相變，是故稱「易」。「易」從日月象，陰陽易日月也。[1] 日月發光照普世，《易經》存道明人心。由是之，故「易」從日月而日月為「易」。「月」字反正為「勿」，「勿」者乃月彩之散者也，散于日下為「易」也。

夏曰《連山》，商曰《歸藏》，周曰《周易》。其中寓乎大道之本，百姓日用而不知，故君子之道鮮矣。《連山》者艮，《歸藏》者坤，因其記易故繫之名。《連山》者，乃正惡也。《歸藏》者，乃歸善也。其中录辭乃上主默啟文王所繫爻象，係周公所作〈繫辭〉，乃孔子所言。中有錯亂，乃後儒之臆説耳。今依本經之旨刪之以正其本經之皆，故稱其名曰《易經本旨》云爾。

《易經》聖道其証有十。

第一証：此經乃開闢第一古經，必是天地間第一大事。此理之必然者，無可疑惑也。

第二証：此經乃上主默啟古聖所著，非人力所能及者。夫天主之所默啟者，則必屬天主之事而無或疑也。

第三証：天主為養中國人肉身小體，尚且諸物全備无缺，其為養靈魂大體之大道，必更全備無缺。此理之必然者，而無可疑惑也。設其不然造物主豈重人小體而輕其大體乎？乃理之必無者也。

第四証：移卦方位于經旨全合，非天主之安排，其孰能与于此？乃無可或疑也。

1　陰，徐匯本作「月」，今據神院本改。

第五証：變卦次序与真道恰合而无些微或疑，乃無可或疑者也。

第六証：經言義者符合聖道，乃無可或疑者也。

第七証：卦數年月日時確与聖事符合而無可或疑者也。

第八証：事迹之方向乃與聖事符合而無可或疑者也。

第九証：爻象符合聖道而无些微或異，乃無可或疑者也。

第十証：此經乃前知之書，其中所言之道理自開闢以至窮盡之事，即天神亦不能知而況人鬼乎？非天主其孰能与于此？他教邪説原有十証，俱屬无凭之妄言，非異端而何？故不可信者。此註本旨凭據確然，設不信此，遭凶必然永苦无窮，那時悔已不及，本經云「悔，遲有悔」[2]是也。

2　語出《易·豫》六三爻辭。

乾卦

䷀	乾下乾上			
屬	乾卦	初爻變成 ䷫ 姤		
		二爻變成 ䷠ 遯		
		三爻變成 ䷋ 否		
		四爻變成 ䷓ 觀		
		五爻變成 ䷖ 剝		
		六還四爻變成 ䷢ 晉		
		七歸內卦成 ䷍ 大有		
錯	䷁ 坤			
各爻變	初爻變成 ䷫ 姤	錯 ䷗ 復	綜 ䷪ 夬	地位
	二爻變成 ䷌ 同人	錯 ䷆ 師[3]	綜 ䷍ 大有	
	三爻變成 ䷉ 履	錯 ䷎ 謙	綜 ䷈ 小畜	人位
	四爻變成 ䷈ 小畜	錯 ䷏ 豫	綜 ䷉ 履	
	五爻變成 ䷍ 大有	錯 ䷇ 比	綜 ䷌ 同人	天位
	六爻變成 ䷪ 夬	錯 ䷖ 剝	綜 ䷫ 姤	

「乾」者乃一體也，三連者乃三位不分其一體也，景教碑頌云「三一玅身」是也。[4]

3　䷆，徐匯本作「䷁」，今據卦象改。

4　語出〔唐〕景淨《大秦景教流行中國碑頌並序》：「粵若〔若〕常然真寂，先先而无〔無〕元；窅然靈虛，後後而妙有。摠〔總〕玄摳而造化，妙眾〔眾〕聖以元尊者，其唯我**三一妙身**無元真主阿羅訶歟！」（頁8–10）

乾，元亨利貞。

乾乃六畫卦之名也。陽爻剛健，是故曰「乾」。「元亨利貞」者，乃大通利益而正固也。二五為一，故謂之「大通」。[5] 絕陽而無陰，是故「利貞」。陽爻為大，上下皆陽，大通之象。純陽無陰，[6]利貞之象。

本旨乃天主一體含三位，[7]吾主三位合一體，[8]是故用六畫而成卦也。三位不分其一體，一體不悏其三位。二卦合而為一，乃主人性結合而為一，救世真主也。又人魂為一而有生、覺、靈三能，[9]一人之靈而有明、愛、記三司，[10]以上六者合而為一人。又凡宗內有六乃天主，一天神，二世人，三

---

5 〔明〕來知德《周易集註》：「乾，卦名。元亨利貞者，文王所繫之辭，以斷一卦之吉凶，所謂〈彖〉辭也。乾者，健也，陽主於動，動而有常，其動不息，非至健不能。奇者陽之數，天者陽之體，健者陽之性，如火性熱水性寒也。六畫皆奇，則純陽而至健矣，故不言天而言乾也。元大，亨通，利宜，貞正而固也。元亨者，天道之本然，數也。利貞者，人事之當然，理也。」（上冊，頁160）〔宋〕朱熹《周易本義》：「元，大也；亨，通也；利，宜也；貞，正而固也。文王以為乾道大通而至正，故於筮得此卦，而六爻皆不變者，言其占當得大通，而必利在正固，然後可以保其終也。此聖人所以作易教人卜筮，而可以開物成務之精意。餘卦放此。」（頁29–30）
6 「純」後，徐匯本有「純」，今據神院本刪。
7 一體含三位，即「三位一體」（Trinitas / Trinity），為基督宗教重要教義，是說天主具有三個位格，但三個位格卻是同一本質，屬同一本體〔意〕艾儒略《天主降生引義》：「天地真主，雖為至一無二，然大主一體之中，原含三位（所謂位者，非爵位。亦非座位。乃靈明自立之位也）。以西音稱之，一曰罷德肋、一曰費畧、一曰斯彼利多三多。以華言譯之。罷德肋為父、費畧為子、斯彼利多三多為愛，為聖神也。此三位，雖各為靈明自立，然總為一性一體，無二主也。」（卷上，頁348–349）
8 三位合一體，是指基督人性與天主性的結合。所謂「三位」，即肉身、靈魂與天主性。〔意〕艾儒略《彌撒祭義》：「又燭有蠟體、有綿心、有火光，三者成一，試思之，豈非吾主降生之肉體，藏人之靈魂于其體中，又以天主之性合人之性，而加以光瑩，三者成吾主。吾主耶穌三體一位，以照萬世乎？」（頁500）
9 〔意〕利瑪竇《天主實義》：「上品名曰靈魂，即人魂也。此兼生魂覺魂，能扶人長養，及使人知覺物情，而又使之能推論事物，明辨理義。人身雖死，而魂非死，蓋永存不滅者焉。」（卷上，頁242）
10 〔意〕利瑪竇《天主實義》：「無形之神有三司，以接通之：曰司記含、司明悟、司愛欲焉。凡吾視聞啖覺即其像由身之五門竅，以進達于神，而神以司記者受之，如藏之倉庫，不令〔忘〕矣。後吾欲明通一物即以司明悟取其物之在司記者像，而

覺魂，四生魂，五頑物，六〔⋯〕，是故一卦而用六畫，以按六合之義也。夫所謂「元」者，乃言天主其大無對也。「亨」者，乃通而無空也。「利」者，乃益而無窮也。「貞」者，乃正而無邪，固而無終也。其大〔者〕，至尊無對而萬物由之所造也。其通者，乃通透天地神人萬物，而無所不在也。其利者，乃順物之性而吉利人也。其貞者，乃天國無交婚也。

　　乾卦純陽而無陰者，乃至尊無匹也，有爻而無象也，乃無形無象之神體也。彖辭一象者，乃救世之主有形象也。陽爻為君子者，象乃天國無小人也。上九不正而亢者，乃邪神駕于天主之主上，其辜重大，[11] 應受永罰，故動而有悔也。[12]

初九：潛龍勿用。

　　陽九陰六者，〈河圖〉、〈洛書〉五皆居中，則五者乃數之祖也，故聖人起數，正〔止〕于一二三四五。三天兩地而倚數，三天者，天主三位也。天一、天三、天五，一、三、五合之為九，所以陽皆言九也。地數二四合之為六，所以陰皆言六也。一、二、三、四、五者，生數也。六、七、八、

委曲折衷其體，協其性情之真，于理當否？其善也，吾以司愛者愛之欲之；其惡也，吾以司愛者惡之恨之。蓋司明者，達是又達非。司愛者，司善善又司惡惡者也。三司已成，吾無事不成矣。」（卷下，頁92）

11　參閱頁83注4。

12　〔法〕白晉於其《大易原義內篇・乾》同樣以「上九」爻比擬魔鬼：「上九後天道之剛，窮盡六時位始終，明係應于帝天聖子，出乎震，行再造六千年。第六千成功之終日，時乃亢龍悍魔，傲毒盈滿，角亢天帝，窮極厥黑龍，慘之氣盡霸普世，即上主盡失厥至尊之位，于下土萬邦之期，乃大秦國之士民，萬方之中數百千年惟一所知事真主，亦全從悍魔過亢之傲之妬，同心同議，大背逆絕上主，至于親弒降生在下位、至尊厥君父捄世之主，始終六千年。天主聖父震怒人罪，乾乾天道之剛，窮極如此，至于許大秦士民，從亢龍殫盡亢上之心，任親弒厥君父，乃贖罪捄世之主，于四方之萬民統投悍魔王世之下。至貴至高之主，全失其主宰，民心之位，成普世窮極之災。亢龍窮極，知進不知退，知存不知亡，知得不知喪，叛逆欺上之道。物窮必變，此即天主聖父感動捄世主聖子之大德，乃唯一至尊至、至義至仁、知進退存亡、兼天人合一、位二性之大聖，以輔相帝天君父，治普世之亂，甘萬苦，致厥寶命，以保弒己子民之永命。帝天君父，乾乾義怒，至剛之道，天忌盈，不容亢，有悔，天開赦罪、坤坤純仁之道始開之期。」（頁61–62）

九、十者，成數也。然生數者成之端倪，成數者生之結菓，故止以生數起之，而不以成數論也。[13] 陽陽爻每含九義，故將一爻名「九」，非徒以九而明也。初居下卦之下，隱而未現，是故曰「潛龍」。為陽物，故將陽爻名「龍」也。[14]「勿用」者，乃初無可用，故曰「勿用」也。初爻變 ☶ 錯 ☱ 綜 ☶，為止，勿用之象。

本旨陽爻每含九義，直解一義，未造物也。凡作事之先，事必在念。內象曰「念」，因初在內而未現，是故曰「潛」。其稱龍者，奈泰初無世無龍，不犯以龍名之，乃文王繫易之事，因爻無可稱名，而取義以「龍」名之。乃龍為陽物，故稱陽爻為「龍」，意謂世為苦海，而海中之王為龍，是故謂世王為龍者此也。陽爻本尊，故借世王之稱而尊稱之，故曰「潛龍」也。

「勿用」者，乃惟念人不能效，故曰「勿用」也。第二義，第一次生絕頂高天、無數天神、混沌水地。此工人不能效，故曰「勿用」也。第三義，定物之性，此工人不能效，故曰「勿用」也。第四義，造九重諸天並火與氣。第五義，造草木五穀也。第六義，造飛禽走獸，然後將土造成人祖也。第

---

13 語出〔明〕來知德《周易集註》：「此周公所繫之辭，以斷一爻之吉凶，所謂爻辭也。凡畫卦者，自下而上，故謂下爻為初。初九者，卦下陽爻之名也。**陽曰九、陰曰六，**〈河圖〉、〈洛書〉五皆居中，則五者數之祖也，故聖人起數止于一二三四五。**參天兩地而倚數，參天者，**天之位三位也，天一、天三、天五也。兩地者，地之二位也，地二、地四也。倚者，依也，天一依天三，天三依天五，**而為九，所以陽皆言九。地二依地四而為六，所以陰皆言六。一二三四五者，生數也。六七八九十者，成數也。然生數者，成之端倪；成數者，生之結果。故止以生數起之，**過揲之數皆以此九、六之參兩，所以爻言、九六也。」（上冊，頁161–162）

14 〔明〕來知德《周易集註》：「潛，藏也，象初。龍，陽物，變化莫測，亦猶乾道變化，故象九。且此爻變巽錯震，亦有龍象，故六爻即以龍言之，所謂『擬諸形容象其物宜』者，此也。勿用者，未可施用也。象為潛龍，占為勿用，故占得乾而遇此爻之變者，當觀此象而玩此占也。」（上冊，頁162）〔宋〕朱熹《周易本義》：「潛，捷言反。初九者，卦下陽爻之名。〔…〕『潛龍勿用』，周公所繫之辭，以斷一爻之吉凶，所謂爻辭者也。潛，藏也；龍，陽物也。初陽在下，未可施用，故其象為『潛龍』，其占曰『勿用』。凡遇乾而此爻變者，當觀此象，而玩其占也。餘爻放此。」（頁30）

七義，人祖犯命也，犯命不可，故曰「勿用」也。第八義，失去光衣也。第九義，萬苦齊來也。以上數條，非人可效，是故曰「潛龍勿用」也。[15]

九二：見龍在田，利見大人。

見，許見也。田者，乃世人也。上中下三界，世人居中，故曰田為世人也。「大人」者，大德之人也。九二非正，乃因中而得正也。此爻變☲，有同人〔䷌〕之象，故曰「利見大人」也。[16]「見」者，離潛而出見也。田地之有水者，曰「田」。以六畫卦言之，二于三才為地道，是故曰「田」。以三畫卦言之，三于三才為人道，故為「大人」。[17]

本旨「見龍在田」者，乃天主降世現于人也。「利見大人」者，乃人因其所現而利于見造物之真主也。以吾主之人性，故曰「利見大人」也。

九義䚻第一義，上主現人祖于地堂而禁食命菓也。第二義，現允救世也。第三義，現示古聖著古《聖經》也。第四義，真主降世現人也。第五義，行教施恩也。第六義，立萬德之表也。第七義，發明古經之奧旨也。第八義，立天下之大本也。第九義，聖父捨聖子，時人捨吾主也。[18]

15　此爻大概交代了天主的創造直到人類墮落及後身陷痛苦的過程，有關《聖經》章節可參考《創世紀》首三章。

16　曰，徐匯本作「田」，今據神院本改。

17　語出〔明〕來知德《周易集註》：「二謂自下而上第二爻也。**九二非正，然剛健中正，本乾之德，故舊註亦以正言之。**見者，初為潛，二則離潛而出見也。**田者，地之有水者也。以六畫卦言之，二于三才為地道，地上即田也。大人者，大德之人也，**陽大陰小，乾卦六爻皆陽，故為大。**以三畫卦言之，二於三才為人道，大人之象也，故稱大人。**所以應爻九五，亦曰大人。二五得稱大人者，皆以三畫卦言也。利見大人者，利見九五之君，以行其道也。如仕進則利見君，如雜占則即今占卜利見貴人之類。**此爻變離，有同人象，故利見大人。」（上冊，頁162–163）

18　〔法〕白晉於其《大易原義內篇‧乾》同樣以「九二」爻比擬基督的降生及舊約預象：「【自人祖獲罪于天，廢其大人之性變為小人，至于終時，未有一人不染其罪，同為小人。唯一與帝天君父同大之聖子，降生成人，以变易神化人心，復得厥先天大人之元良，始稱為大人。《易》九言大人者，即此惟一無天無人二性、天人合一之大人是也。一人為大，一大為天，尊无二上之號，純人誰敢當之乎？雖聖如孔子，亦不敢當。】內意綱：天主子自出震開後天，當六位時之第二，降來厥神不可測之道，歷代漸明于下，雖成功之期尚遠，其預所發之光已深，足感人心悔過遷善，大利安慰前民之俟望。」（頁42–43）

九三：君子終日乾乾，夕惕若厲，無咎。

三十而立，乃為成功之時，故曰「君子」也。下乾之終，故曰「乾」。乾下乾上，勤于為善，故曰「乾乾」。終日為夕惕，敬也。夕猶敬事若道，而不安其修德也。如此故「無咎」也。此爻變☱，有履虎尾之象。故惕而厲，有亨象，故「無咎」。以六畫卦言之，三于三才為人道，以乾德而居人道，君子之象，故曰「君子惕憂」。變☲錯☵，憂之象也。[19]

本旨《經》云：「斯乃我攸親攸樂我心者子，爾者聽之」[20]是也。乃本為大君之真子，故曰「君子」也。九義矧第一義，人祖出地堂，乾乾順命也。第二義，夕惕若厲者，乃返來復去，悔已幸也。第三義，吾主居世苦勞也。第四義，勤于仁義，以立善德之表也。第五義，勸顧世人之病也。第六義，乾乾行聖事也。第七義，有時有德，與時階行也。第八義，上不在天福，為順聖父之命也。第九義，下不在世福，為救人也，故雖不安而無咎也。

19　語出〔明〕來知德《周易集註》：「君子指占者。以六畫卦言之，三於三才為人道，以乾德而居人道，君子之象也，故三不言龍。三變則中爻為離，離日在下卦之終，終日之象也。**下乾終而上乾繼，乾乾之象，**乃健而不息。終日是晝，夕則將夜。惕，憂也。**變離錯坎，憂之象也。**若，助語辭。夕對終日言。『終日乾乾，夕惕若』者，言終日乾乾，雖至於夕，而兢惕之心猶夫終日也。厲者，危厲不安也。九，陽爻；三，陽位，過則不中，多凶之地也，故言厲。无咎者，以危道處危地，操心危，慮患深，則終于不危矣。此不易之理也，故无咎。」（上冊，頁163–164）

20　此處語出〔葡〕陽瑪諾《天主降生聖經直解》：「言未已，光雲廕彼（即吾主，及古聖，及聖徒）又聲自雲間出（第一位聖父之聲，是也）。曰：『**斯乃我攸親、攸樂我心者子，爾者聽之。**』」（卷四，頁34a）此處即《瑪竇福音》十七章5節：「他還在說話的時候，忽有一片光耀的雲彩遮蔽了他們，並且雲中有聲音說：『這是我的愛子，我所喜悅的，你們要聽從他！』」

九四：或躍在淵，無咎。

四爻變 ☰，為不果，是故言「或」。「或」者，不定之辭，言或上或下也。九四乃乾之初爻躍上者。「躍」指初九，故曰「或躍在淵」也。陽動故躍，[21] 隨時而進，「無咎」也。[22] 四多懼，因懼而慎，故得「無咎」。[23]

本旨九義第一義，人祖量力而行也。第二義，在淵者，乃過海入荒地而居窰洞也。第三義，因己不正不中，一于悔辜聽命，故或如何也。第四義，吾主涉海止浪也。[24] 第五義，游行如得亞傳教淑人也。第六義，因有全知，進，無咎也。第七義，上下無常，乃人子者不常過也。第八義，山園祈禱，惟求聖父之意也。[25] 第九義，革除古教之敝，而興寵教之新也。[26]

21　動，徐匯本無，今據神院本增。

22　語出〔宋〕朱熹《周易本義》：「躍，羊灼反。『或』者，疑而未定之；『躍』者，無所緣而絕於地，特未飛爾；『淵』者，上空下洞，深昧不測之所，龍之在是。若下于田，或躍而起，則向乎天矣。九陽四陰，居上之下，改革之際，進退未定之時也。故其象如此，其占能**隨時進退，則无咎也**。」（頁31）

23　語出〔明〕來知德《周易集註》：「**或者，欲進未定之辭**，非猶豫狐疑也。或躍在淵者，欲躍猶在淵也。九為陽，**陽動故言躍**。四為陰，陰虛故象淵。**此爻變巽**為進退，**為不果，又四多懼**，故或躍在淵。」（上冊，頁164）

24　相關《聖經》章節可參《馬爾谷福音》六章45–52節、《瑪竇福音》十四章22–33節、《若望福音》六章16–21節。

25　相關《聖經》章節可參《馬爾谷福音》十四章32–42節、《瑪竇福音》二十六章36–46節、《路加福音》二十二章40–45節。

26　寵教，*Lex Evangelica* (Evangelical Law)，指基督降世所成之救贖和教誨，按天主教史學觀，屬救贖工程的後期階段。〔意〕艾儒略《口鐸日抄》：「天主之愛人無已也，有性教，有書教，有寵教。性教何也？人類之始生也，天主賦之靈性，俾通明義理。斯時十誡之理，已刻於人心之中，普萬國皆然，是謂性教。迨物欲漸染，錮蔽日深。於是或明示、或默啟諸聖賢著為經典，以醒人心之迷，是為書教。及至三仇迭攻，人性大壞，雖有經典，亦有難挽回者。天主始降生為人，以身立表，教化始大明於四方，是謂寵教。」（卷二，頁108–109）

九五：飛龍在天，利見大人。

升，在天上飛之象。六爻之卦五為天位，三爻之卦五為人位，故曰「在天」、曰「大人」。[27] 五變 ☳，目見之象也。其下為地，其上為天，九五得天界正中之位，故曰「飛龍在天」也。天國無小人，故曰「利見大人」也。凡升天者，皆利于見天國之大人也。[28]

本旨九義斟一義，吾主升天也。第二義，古聖升天也。[29] 第三義，聖母升天也。[30] 第四義，今聖升天也。第五義，煉獄升天也。[31] 第六義，嬰兒升天也。[32] 第七義，大人造樂域而得福冠也。第八義，聖人以天主為本，故親上也。第九義，上治者乃天國永遠太平之域也。

27　語出〔明〕來知德《周易集註》：「五，天位，龍飛于天之象也。占法與九二同者，二、五皆中位，特分上下耳。利見大人，如堯之見舜、高宗之見傅說是也。下此如沛公之見張良，昭烈之見孔明，亦庶幾近之。**六畫之卦五為天，三畫之卦五為人，故曰天、曰人。**」（上冊，頁164）

28　凡升天者，徐匯本作「升凡天者」，今據神院本改。

29　古聖，即在耶穌死亡復活前死去的聖人。雖然他們德行昭彰、但原罪未除，所以要待耶穌難世以後，因為基督救贖的緣故而得從「古聖所」(Limbo)昇天堂。〔意〕羅明堅《天主聖教實錄》：「又次，則古時聖人居之。夫論聖人功德，死後即可升天，但亦因亞當之罪，天門閉而不開。以故凡古聖死，其靈魂姑居此處，以待耶穌受苦之後降臨取出，引導之使升天堂也。」（頁286–287）

30　此為教會相傳的奧蹟，是說聖母死後靈魂和肉身一起升到天堂。有關傳說的敘述，參〔意〕高一志《聖母行實》，卷一，頁342–344。有關敘述的討論請參《聖母行實》，卷二，頁363–366。

31　煉獄(Purgatory)，是善人死後接受煉淨的地方。〔意〕羅明堅《天主聖教實錄》：「其次深者，古今善人煉罪者居之。蓋善人死時，或其罪未及贖竟，則置之此所受苦。迨其罪盡消除，即獲升天堂矣。」（頁286）

32　此處應指「嬰兒所」，即未領洗之嬰孩死後靈魂所在之處。〔意〕羅明堅《天主聖教實錄》：「又次，則未進學之孩童居之。孩童未嘗為善，不宜上天堂受福；亦未嘗為惡，不宜下深獄受苦。第以元祖亞當，遺有原罪，故處之此所。雖無福樂，亦無苦刑。」（頁286）

上九：亢龍有悔。

居九五之上，亢之象也。居上不正，有悔之象。陽過于中而居剛極，故為亢龍。以其欺君傲上，故動而有悔也。以時則極，以勢則窮，安得不悔？[33]

本旨九義辨第一義，惡神自傲也。第二義，傲辜永不能赦也。第三義，其順傲首者，皆受永獄之苦也。第四義，古教之傲人，永悔地下也。第五義，茹達賣主悔，有悔也。第六義，今世亢命之傲子俱有永苦之悔也。第七義，傲子之世樂不能永久也。第八義，天主抑傲使落永無天國之福位也。第九義，傲子之苦與時偕極，乃因在世知存而不知亡，知小而不知大也。

用九：見群龍無首，吉。

用九之義，乃以九稱陽爻也。「見」者，乃人觀之也。乾主知，故言「見」。「群龍」者，乃謂六陽爻群龍之象，指天下之眾王也。「無首」，乃缺首也。上九不正，無首之象。以其陽爻共六，每爻稱九，乃六九五十四也。然天地之數共五十有五，乃缺一首是無首也。群龍無首，無首為怪，求得其首則吉矣。缺上添首，共成五十有五，乃合天地之數而得全美，是故吉也。

本旨首為萬有之真原、吉祥之本，是故求得其首而尊事之，則吉也。

---

33 語出〔明〕來知德《周易集註》：「上者，最上一爻之名。亢以戶唐切，人頸也；以苦浪切，高也。吳幼清以人之喉骨剛而居高，是也。蓋上而不能下，信而不能屈之意。陰陽之理，極處必變，陽極則生陰，陰極則生陽，消長盈虛，此一定之理數也。龍之為物，始而潛，繼而見，中而躍，終而飛。既飛于天，至秋分又蟄而潛于淵。此知進知退、變化莫測之物也。九五飛龍在天，位之極中正者，得時之極，乃在于此。若復過于此，則極而亢矣。**以時則極，以勢則窮，安得不悔。**」（上冊，頁164–165）

〈彖〉：「大哉乾元，萬物資始，乃統天。

象者，材也，乃文王彖卦之言也。[34]後凡言彖者，皆傚此焉。「大哉」，歎詞。「乾元」者，乃乾之元首也。「萬物資始」者，乃萬物咸賴之而得其始有也。乾居資始之象，元居天上統天之象。統天者，指乾元統轄管制天地神人萬物、賞善罰惡、至尊無對之神體也。可思統天下者，非即是天下也。統天者豈即是天乎？分明為二，而迷子混為一。哀哉！乃不思之甚者也。

本旨乾元者，乃造化天地神人萬物之真主也。萬物皆賴造物真主造成，故曰「萬物資始」也。其大無比，故曰「大哉」。因居萬有之先，故曰「乾元」。天主乃統治三界之真主，故曰「乃統天」。意謂至尊無對，乃統豁管制乾坤、神人萬物、賞善罰惡之真主也。設人認天而不認天之主宰，猶之認天下而不認天下之主，豈可乎？

雲行雨施，品物流形

「雲行雨施，品物流形」者，誰乎？豈即聖人之能力乎？抑別有所以行雲施雨而流物之形者乎？既受如此之恩而當謝否。乾爻變化，「雲行雨施，品物流形」之象。

本旨雲行☰入世，雨施主降生。「品物流形」者，乃因造物主無形，人目不能見之，故造萬物形象，流而不斷，令人視之，觀其恰中人用，由此得知造物主全能玅慮，[35]愛惜吾人，全美無缺，而人當因此而愛敬之也。試思人不能以己生己，而物豈能乎？由此可知，有生人造物之真主也。品物

---

34 彖，徐匯本作「象」，今據神院本改。

35 玅，為「妙」的古字。《說文解字》：「玅，急戾也。」〔清〕段玉裁注曰：「陸機賦。弦幺徽急。疑當作弦玅於霄切。二部。按類篇曰。彌笑切。精微也。則為今之妙字。妙或作玅是也。」（頁648）《詠七寶扇》詩：「玅縞貴東夏，巧媛出吳闥。」《歷代名畫記·論畫六法》：「自古善畫者，莫匪衣冠貴胄，逸士高人，振玅一時，傳芳千祀。」

養形體，流形啟神目。因物當窮理，豈可自裝瞽？[36]小體必資養大體，豈獨無固？當求其養，必得自豐裕。

大明終始，六位時成，時乘六龍以御天。

太陽，故「明」。終始皆陽，故曰「終始」。「六位時成」者，乃六爻以寓六合，而六合之中時，時以成萬物而總歸于養育吾人也。「時乘六龍」者，乃乾元為萬王之王，萬萬超出世人之上，是故時乘之也。「以御天」者，乃天猶大輿而有輪而旋者也。其機竅皆由乾元所定，久而不息，故曰「以御天」也。又 ☰ 錯 ☷ 乃大輿之象，乘龍在上，御天之象。

本旨「大明終始」者，乃天主知始知終而無所不知也。乃六爻以寓六合，而六合之中時，時以成萬物而總歸于養育吾人也。「時乘六龍」者，乃乾元為萬王之王，萬萬超出世人之上，是故時乘之也。「以御天」者，乃天主定天所轉之機竅永遠不息，是故曰「以御天」也。夫御車者，非即是車而御天者，豈即是天乎？固知御天者，非天，乃天之主也。設人認天為主，而不認其天之主，猶有人認家庭為父母，而不認其真父母，非怪而何？

乾道變化，各正性命，保合大和，乃利貞。

「乾道」者，乃造物之理也。理也者，乃成物之規矩法則也。「變化」者，乃以此成彼曰「變」，以無為有曰「化」也。「各正性命」者，乃萬物非一其性不齊，因各正其本性之用，是之謂「命」，故曰「各正性命」也。「性命」者，乃乾元以理定之曰「命」，物各得其命而行之曰「性」也。「保合太和」

---

36 瞽，原指瞎而有眼珠的盲人，後引申泛指目瞎之意。《說文解字》：「瞽，目但有朕也。」〔清〕段玉裁注曰：「朕，俗作眹，誤。朕從舟，舟之縫理也。引伸之凡縫皆曰朕。但有朕者，才有縫而已。《釋名》曰：瞽，鼓也。瞑瞑然目平合如鼓皮也。眊者目合而有見。瞽者目合而無見。按鄭司農云：無目朕謂之瞽。韋昭云：無目曰瞽。皆與許異。」（頁136–137）《荀子‧解蔽》「瞽者仰視而不見星。」《莊子‧逍遙遊》：「瞽者無以與乎文章之觀。」

者，乃乾元保合其不和者而使之和也。乃「利貞」者，乃利益吾人而正固也。陽爻剛健，又能錯坤，合之象。

本旨「性命」者，乃天主以理令之曰「命」，物各得其命而行之曰「性」，是在天主發令曰「命」，在各物秉受其命而行之曰「性」也。「保合太和」者，乃大，謂四一大，火、氣、水、土四元行也。[37]四者其性不合，而且相背也，乃天主保合其不和者而使之和者也。火與氣，一燥一潤，不合也。而以熅合之，[38]和也。氣與水，一熅一冷，不合也。而以潤合之，和也。火與土，一濕一燥，不合也。而以冷合之，和也。火與水，一熱一冷，不合也。而以燥合之，和也。以此可見，天主之全能紗慮，用四行變化，以成萬物之形體，其不和者而使之和也，乃利益吾人而正固也。又當近取諸身而思其紗慮恰切，使知造物主至誠無偽也。

首出庶物，萬國咸寧。」

首在上庶，物在下出，庶物之象。「首出庶物」者，乃元超出乎庶物之上，而絕不與物同類也。萬國咸賴元首而得其安寧也。以 ☰ 錯 ☷ 萬國之象，坤居下，其性順，咸寧之象。

本旨天主至尊無對，乃為萬有元首，其本性超出乎庶物之上，與物絕不同類，乃為造物之真主、萬民之大，萬國咸賴天主而得其安寧也。萬國包全地，非只言中國。聖人萬不及固知是出天主之外則非矣。〈繫辭〉曰：「顯諸仁，藏諸用，鼓萬物而不與聖人同憂，盛德大業至矣哉。」此言可証非聖人之能事也。造物主，無憂而成化。聖人者，有憂而無為是也。夫聖

37　〔意〕利瑪竇《天主實義》：「凡天下之物，莫不以火、氣水土四行相結以成。」（卷上，頁245）

38　熅，指鬱煙，即不見火焰的燃燒而產生的煙霧。《說文解字》：「熅，鬱煙也。」〔清〕段玉裁注曰：「鬱當作鬱，鬱與熅聲義皆同。煙熅，猶壹壹也。」（頁489）《漢書・蘇武傳》「置熅火。」顏師古注：「熅謂聚火無焰者也。」

人即德邁人群，究亦人類耳，而總不出乎人類之外，終限于能力不足，而何能拡造物之權哉？[39] 所謂及其至也，雖聖人亦有所不能焉。

〈象〉曰：「天行健，君子以自彊不息。

「天行健」者，乃天運行常健而不衰也。「君子以自彊不息」者，乃君子法天之健，而亦自彊不息也。天運常行，不息之象。

本旨乾爻無象者，乃以表天主無形無象也。〈象辭〉一象者，乃惟一子耶穌有形象也。「天行健」者，乃天主造天運轉常健而不衰。以此可見，天主之健更無衰老終盡而常玅齡也。「君子」者，乃大君之子也。君子因父之健而自彊不息也。「自彊者也」者，乃因立表訓世而成萬德之全息則不成，故不息也。不息則久，久則徵云。

潛龍勿用，陽在下也。

潛而勿用無可取法，故曰「勿用」。初爻居下，故曰「陽在下」也。

本旨與人為子，乃陽在下也，初爻指☳，故曰「陽在下」也。人不能之，故曰「勿用」。

見龍在田，德施普也。

「德施普」者，乃富有而仁慈也。無不受恩，「德施普」之象。

本旨吾主出世敷教，故曰「見龍」。天地三界，九二居中，故曰「在田」。主不虛度以枉生，富有而仁慈，矜憐而無拲，故曰「德施普」也。「德施普」者，乃天下無不受其恩也。

---

39 拲，失去。《說文解字·手部》：「拲，有所失也。」〔清〕段玉裁注曰：「成公二年《左傳》，石稷謂孫良夫曰：『子，國卿也。隕子，辱矣。』許所據作拲，正謂失也。」（頁608）

終日乾乾，反復道也。

下反而上復，故曰「反復」。君子所行不離乎道也，故曰「反復道」也。下往上來，反復之象。

本旨乃言吾主乾乾以行救世之事。「反復道」者，乃返身而歸復天國之路也。

或躍在淵，進無咎也。

九四乃初九之重淵，指初九，是故或上或下，「無咎」也，離不而上進之象也。乃所謂誠者，自成也，而道自道也。

本旨乃天主或降或升，不能有咎，故曰「進無咎」也。

飛龍在天，大人造也。

飛翔而上也。凡卦以下為地，以上為天。九五得上中正，故曰「飛龍在天」也。小人不能造之，故曰「大人造」也。自地升而得天位，造之象也。

本旨「大人造也」者，乃吾主及諸聖人得造天國之上也。

亢龍有悔，盈不可久也。

上九不中不正而居上極，居上不正，是故「有悔」。卦窮爻盡，故曰「盈不可久」也。「盈不可久」者，乃滿招損也。物滿則溢而即殞矣，是故「不可久」也。卦極于六盈之象，陽極當變，「不可久」之象也。

本旨「盈不可久」者，乃惡神及諸傲子殞下永苦之獄，迨久而悔然而晚矣。

用九，天德不可為首也。」

「用九天德」者，乃乾元用九以治世也。「不可為首」〔者〕，乃九為役使，不可自為首也。☵ 為可，上不成 ☷，不可之象。

本旨用九乃天主之恩，世王不可自為首也。設九自為元首，乃傲而罔上矣。乾元至一無二，故曰太乙，是為元首首固為一，非一則非首矣。用爾群龍治世，乃天主所賜之特恩，理當感恩而助上主，是故「不可為首」也。

〈文言〉曰：「元者善之長也，亨者嘉之會也，利者義之和也，貞者事之幹也。

文言者，乃文王之言而孔子解之，故曰「文言」。「元」者，乃首也。元首全善而不能惡，是為善德之本，故曰「元者善之長」也。[40]「亨」者，通也。通天皆為君子，故曰「嘉之會」也。「利」者，順物之性而潤澤之，故曰「義之和」也。「貞」者，正而固也。正則不邪，固則不廢，故曰「事之幹」也。

君子體仁足以長人，嘉會足以合禮，利物足以和義，貞固足以幹事。

君子體仁愛之以理，是故「足以長人」。嘉會為尚，是故「足以合禮」。順物之性而矜濟之，是故「足以和義」。貞固則能為成事，是故「足以幹事」。幹事者，乃立天下大本之事也。大本之事者，乃認真元而救大體之事。

君子行此四德者，故曰『乾，元亨利貞』。

「君子行此四德」者，乃體仁、嘉會、[41]利物、貞固也，故曰「乾元亨利貞」者。君子效乾之元亨利貞也。故曰，古語也。[42]乃孔子藉古語以發 ☰ 之元亨利貞也。[43]

---

40 元，徐匯本作「死」，今據神院本改。
41 會，徐匯本作「曾」，今據神院本改。
42 語出〔明〕來知德《周易集註》：「**故曰，古語也。行此四德，即體仁、嘉會、利物、貞固也。行此四德，則與乾元合其德矣，故曰『乾，元亨利貞』，所以明君子即乾也。**」（上冊，頁174）
43 藉，徐匯本作籍，今據神院本改。

本旨大君之子行此四德者，而凡人不能造之也。若得天主之寵佑，人人皆為君子而俱能行之，故曰「乾，元亨利貞」也。「行此四德」者，乃人行君子之事也。

初九曰『潛龍勿用』，何謂也？子曰：『龍德而隱者也。不易乎世，不成乎名，遯世无悶，[44] 不見是而無悶。樂則行之，憂則違之，確乎其不可拔，潛龍也。』

此首句文章問答之祖也，後儒之問答皆宗此法。[45]

本旨「不易乎世」者，乃未造物也。「不成乎名」者，乃無名可名也。「遯世元無悶」者，乃無物不減其樂也。「不見是而無悶」者，乃不造世而無憂悶也。「樂則行之」者，乃悅造世而造之也。「憂則違之」者，[46] 乃因世惡洪大干犯上主義怒恩離而滅之也，確乎其不可拔。「潛龍」者，乃無神無人能從全無之中拔出人物而使之入世也。惟造物主全能之手而能從全無之中拔出人物而使之入世也，是故稱之「造物者」，乃名稱其實而非空言也。

九二曰『見龍在田，利見大人』，何謂也？子曰：『龍德而正中者也。庸言之信，庸行之謹，閑邪存其誠，善世而不伐，德博而化。〈易〉曰「見龍在田，利見大人」，君德也。』

內念方發乎外，故曰「見龍」。二居三界之中，故曰「在田」。[47] 因兩間有形之諸物，利于見無形之造物主。因其結合吾人之性而為一大人也。閑

44　无，徐匯本作「元」，今據神院本改。

45　語出〔明〕來知德《周易集註》：「『初九曰『潛龍勿用』，何謂也』，**此文章問答之祖也**。後儒如屈原『漁父見而問之』、揚雄《法言》用『或問』，皆祖于此。」（上冊，頁174）

46　違，徐匯本作「危」，今據神院本改。

47　語出〔明〕來知德《周易集註》：「正中者，以下卦言。初居下，三居上，二正當其中也。〔…〕」（上冊，頁176）

者，防也，乃防其邪道之害，保存其誠道之益，善世而不伐也，[48]德廣博而化天下也。

　　本旨九二所指者乃救世主之德，故曰「君德」也。其云正中者，乃正在三界之中，非以九居二之謂也。

九三曰『君子終日乾乾，夕惕若厲，無咎』，何謂也？子曰：『君子進德修業。忠信，所以進德也；修辭立其誠，所以居業也。知至至之，可與幾也；知終終之，可與存義也。是故居上位而不驕，在下位而不憂。故乾乾因其時而惕，雖危無咎矣。』

　　幾與二非二事。幾，心之初動也。當欲忠信、修辭立誠之初心之萌動，必有其幾。幾微之際，乃義之發源處也。發而皆中節，乃謂之「義」，是幾之結果處也。[49]

　　本旨「終日乾乾」者，乃吾主居世之苦勞也。「夕惕若厲」者，乃日終夜繼以興聖功勞而不安也。[50]因為救世之功，故雖不安而無咎也。「修辭立其誠」〔者〕，乃所以居業也。「知至至之」者，乃知受難之期已至，至彼山園等候惡人，可與受難之機會也。[51]「知終終之」者，乃知其臨終之期而自受

48　伐，原指戰功，後引申為自功之意。《說文解字》：「擊也。从人持戈。一曰敗也。」〔清〕段玉裁注曰：「伐人者有功。故《左傳》諸侯言時記功，大夫稱伐。《史記》明其等曰伐。積日曰閥。又引伸之自功曰伐。」（頁385）《論語‧公冶長》：「願無伐善，無施勞。」《尚書‧大禹謨》：「汝惟不矜，天下莫與汝爭能；汝惟不伐，天下莫與汝爭功。」

49　語出〔明〕來知德《周易集註》：「**幾與義非二事。幾者，心之初動也，當欲忠信修辭立誠之初，心之萌動，必有其幾。幾微之際，乃義之發源處也。**義者，事之得宜也，方忠信修辭立誠之後，事之成就必見乎義，允蹈之宜，**乃幾之結果處也。**與者，許也，可與幾者，幾有善惡，許其幾之如此，方不差也。存者守而不失也。三爻變，則中爻為巽，有進象；又為兌，有言辭象；又為離明，有知象。以三畫卦論，三居上，居上位象；以六畫卦論，三居下，在下位象。」（上冊，頁176–177）

50　日終夜繼，徐匯本作「曰乾終夜繼」，今據神院本改。

51　此處請參聖經《瑪竇福音》二十六章36–46節、《馬爾谷福音》十四章32–42節、《路加福音》二十二章40–46節、《若望福音》十八章1–4節。

命也。〈經〉云：「父吾神付于爾手」[52]，此謂萬民之表，以示萬世取法，是故曰「可與存義」也。是故居天主之位而不驕，在庶民無位而不憂，故「乾乾因其時而惕，雖危無咎矣」。繼曰：終日乾乾立德表，夕惕若厲運神功。此經原來為大體迷子不信獄路通自古天下無文字元本伏羲早著中，至今四千四百載，其中大道認真宗，古聖存之為信據，望愛順命是其工修德本然，各為己不修永遠苦無窮。

九四曰『或躍在淵，無咎』，何謂也？子曰：『上下無常，非為邪也。進退無恒，非離羣也。君子進德修業，欲及時也，故無咎。』

九四、初九本為一，故或上或下，無咎也。「上下無常」者，乃或在天、或在世。一于剛正，非為邪也。進退故雖無恒，非離君子之羣也。時當降則下降，時當升天則上升，是故曰「欲及時」也。不失其升降之時，故無咎也。

本旨子降上升乃其時也，以九居四，設執常理，恐人咎之，故醒之曰「無咎」。「無咎」者，乃無可咎也。自有正意，深微奧妙，人不易測，不可咎也。

九五曰『飛龍在天，利見大人』，何謂也？子曰：『同聲相應，同氣相求，水流濕，火就燥，[53]雲從龍，風從虎，聖人作而萬物覩。本乎天者親上，本乎地者親下，則各從其類也。』

九五為天上正中之位，乃至尊之位也。「飛」字之內含「升」，乃升在天國也。下乾為地，上乾為天，故曰「飛龍在天」也。凡升天者，皆利于見天

---

52 語出〔葡〕陽瑪諾《天主降生聖經直解‧吾主耶穌受難主日之經》：「擎之高竿，送厥口，耶穌吮醯後曰：『終。』即大聲曰：『父我神付於爾手。』言畢俯首，斷息而崩。」（頁20b）此處出處應是《路加福音》二十三章46節：「耶穌大聲呼喊說：『父啊！我把我的靈魂交托在你手中。』說完這話，便斷了氣。」

53 火，徐匯本作「大」，今據神院本改。

國之大人也。二五相同，乃同之象，亦各從其類之象。四六變九五，[54] 卦主不變，乃成 ☵ 體，水流濕之象。錯 ☲，火就燥之象。☵，為雲從龍之象。☲，為風從虎之象。三、四變五成 ☲，虎之象。五為天位，乃天從之聖，聖人作之象。☲ 為目，覩之象。☰ 父 ☷ 母，親之象。各爻變，各從其類之象。「從」用去聲，用平聲非。[55]

本旨以吾主之性分而論之。主性為內言，乃同聲相應也。吾主之人性，乃神形相合，與人同類，代人贖辜，代人求赦，乃同氣相求也。[56] 惡者趨下，乃水流濕也。善者趨上，乃火就燥也。恩澤祜起，[57] 君子乃雲從龍也。主保佑起勇者，乃風從虎也。聖人降世之時所行之聖迹，乃萬民共見之故，故曰「聖人作而萬物覩」也。「本乎天」者，以天國為本家，故親上也。「本乎地」者，以地下為本家，故親下也。吉人佑人為善，惟日不足；凶神助人作惡，亦惟日不足，則各從其類也。祜者，起也。聖人不虛生，經不空傳。君子究心事闗永年，不可輕忽，戀地妄天不升，則降永受黃泉。

上九曰『亢龍有悔』，何謂也？子曰：『貴而無位，高而無民。賢人在下位而無輔。是以動而有悔也。』

六龍之首，故曰「高貴」。非君非臣，故曰「無位」。純陽無陰，故曰「無民」。賢從九五，是故「無輔」。如此而動，故「有悔」也。[58]

54　四六，應為「六四」。

55　用平聲非，應為「非用平聲」。

56　此處討論耶穌基督的人性。據教會訓導所說，耶穌的人性與人一樣包含着靈魂與肉身。詳參〔意〕艾儒略《口鐸日抄》的比喻：「譬之劍焉，有鋒有鞘，鋒鞘合而成劍。彼帶劍者，左手握鞘，右手抽鋒，似乎鋒與鞘離矣，然不可謂離於其人之手也；夫鞘猶肉軀也，鋒猶靈魂也；帶劍之人，則譬之天主性也。鋒鞘雖離，總不出一人之手，則知耶穌救贖，魂與身雖離，總不離天主之性矣。」（卷三，頁227–228）

57　祜，石室本、神院本、文院本及會院本作「祐」。祜，原指上諱，後引申為「福分」之意，與「祐」意近。《說文解字》：「祜，上諱。」〔清〕段玉裁注曰：「祜訓福。則當與祿禠等為類。而列於首者，尊君也。古音第五部。」（頁2）《詩經 · 小雅 · 信南山》：「曾孫壽考，受天之祜。」〔漢〕蔡琰〈悲憤詩〉二首之二：「嗟薄祜兮遭世患，宗族殄兮門戶單。」

58　語出〔明〕來知德《周易集註》：「六龍之首，故曰高貴；非君非臣，故曰無位；純陽無陰，故曰無民。五居九五之位，又有快覩之民。九四以下，龍德之賢，皆相從

本旨此言惡神本有天神之位，乃其貴也。因傲失之，乃貴而無位也。自尊自大，乃高而無民也。賢者尊謙而不輔傲，是故「賢人在下位而無輔之者，是以動而有悔也」。上九為神，乃失真正，動不以正，是故有悔也。居卦之上，故謂之「高」。民歸九五，故「高而無民」也。居下為謙，故曰「賢人在下位而無輔」也。

潛龍勿用，下也。

以九居下，故曰「下」也。在下者，固宜聽命而勿用，自主施令，故曰「下也」，可用中正之上。勿用下者，乃因其理不順也。

本旨乃天主下結人性而未聖誕。

見龍在田，時舍也。

九二變，中爻 ☳，時之象也。既變為陰，乃捨陽之家，故曰「時捨」。以九居二，不得其正，故謂「時捨」也。

本旨乃聖父捨聖子，而時人捨吾主，是故曰「時捨」也。因為未得正位，乃為暫時之捨也。時捨聖子者，乃因不捨我等辜人也。《經》云「父何捨去我？」[59]是也。二五為一，時居田中，故謂之捨。

終日乾乾，行事也。

乾乾必有事，故曰行事也。三變 ☶ 足，行事之象。

本旨「行事」者，乃吾主自行救世之事也。

九五以輔相矣。是以上九非不貴也，貴宜乎有位，而無位；非不高也，高宜乎有民，而無民；非不有賢人也，賢人宜輔而，莫為之輔。無位、無民、無輔，則離群孤立，**如是而動**，其誰我與？**有悔必矣**。此第二節申《象傳》之意。」（上冊，頁177–170）

59　語出《瑪竇福音》二十七章46節：「約莫第九時辰，耶穌大聲喊說：『厄里、厄里，肋瑪撒巴黑塔尼！』就是說：『我的天主，我的天主！你為什麼捨棄了我？』」〔意〕利類思《彌撒經典．耶穌契利斯督我等主依瑪竇受難之經》：「自正午初刻，普地暗冥，幾及申初，耶穌大聲曰：『厄理！厄理！蠟瑪撒巴達尼？』即：『吾天主！吾天主！何捨去我？』」」（頁284）

或躍在淵，自試也。

試，嘗也。四變，中爻☱，為口舌，嘗之象也。初躍為四，乃為出試，故曰「自試」也。

本旨立表訓世，不可冒昧，固當自試而後定之，以免其悞。吾主山園祈禱，求合聖父之意。吾輩瞽人前路不明，故當求示，乃為「自試」也。「自試」也者，乃自用神工而求示也。

飛龍在天，上治也。

九五居上中正，故曰「上治」也。☰為君父，上治之象。

本旨吾主升天掌管萬有之權，統治三界之事，惟天國無反亂，乃為永遠太平之域，是故「上治」也。「上治也」者，乃所謂止于至善也。至善也者，乃無微惡之處也。天國之上治，豈塵世之亂道可比乎？

亢龍有悔，窮之災也。

陽爻本為君子，而上九居陽之極，不正而亢，乃因德起傲，傲喪其德，卦窮德窮，而災不窮，是故窮之災也。☷為災，上九變☵，災之象也。窮之災者，乃窮盡而無所可逃，其窮是之為永遠之災也。

本旨乃惡徒窮計，脫災而竟不能也。

乾元用九，天下治也。

乾元用九者，乃用六九以治天下。當順元首之命，賴聖祐而天下治也。上☰下☰，天下治之象也。

本旨天下治者，乃天主下降以治世也。

潛龍勿用，陽氣潛藏。

時值冬至，陽氣收斂。初陽在下，潛藏之象。

本旨聖子未誕，故曰「潛藏」。

見龍在田，天下文明。

因此爻變☲，故曰「文明」。陽現在世，故曰「天下文明」。[60]

本旨吾主降見人間，發明天下古經之文義，以開人心，以明正道，以留新經，是故「天下文明」也。「文明也」者，以照人心之暗也。

終日乾乾，與時偕行。

九二既變，中爻為☲，時之象也。䷤家人，偕行之象。動不間斷，故曰「與時偕行」。

本旨吾主聖教有時有行，故曰「與時偕行」也。《經》云「漸加上智于人之前」是也。[61]

或躍在淵，乾道乃革。

下乾以已，上乾復興，故曰「乾道乃革」也。[62]去舊復新，乃革之象也。

本旨乃革除古教之獘，[63]而興寵教之時，故用秦火焚書坑儒，乃所以革之也。只因今人不明古經之義，不知書教以革，故常言曰「吾儒乃正教也」。嗚呼！原其初本為正教，殊不知時降末流而亂其正，乃外君子而內小人也。故《顏氏家訓》曰：「史之闕文，為日久矣；復加秦人滅學，董卓焚書」。所有典籍皆由後人所羼，非本文也。[64]惜乎今儒自以為正而不知古

60　〔明〕來知德《周易集註》：「雖在下位，然天下已被其德化，而成文明之俗矣。因此爻變離，故以文明言之。」（上冊，頁181）

61　語出《路加福音》二章52節之意：「耶穌在智慧和身量上，並在天主和人前的恩愛上，漸漸地增長。」〔葡〕陽瑪諾《天主降生聖經直解》：「維孩漸長，日加神力〔…〕上知超識滿盈，天主聖寵與偕。」（卷二，頁2b）

62　語出〔宋〕朱熹《周易本義》：「離下而上，變革之時。」（頁39）

63　獘，原指仆倒，後引申為弊病之意。《說文解字》：「獘，頓仆也。」〔清〕段玉裁注曰：「僖四年《左傳》文，引此證从犬之意也。獘，本因犬仆製字，叚借為凡仆之偁。俗又引伸爲利弊字，遂改其字作弊，訓困也、惡也。此與改獎爲獎正同。」（頁480）《孝經注疏》：「欲移易風俗之獘敗者，莫善於聽樂而正之。」

64　《顏氏家訓·書証》：「史之闕文，為日久矣；加復秦人滅學，董卓焚書，典籍錯亂，非止於此。」

教已革，乃當尊寵教之時也。有革卦吾証，乃兌二離三，合之為五，闢開
關以後五千年之時，乃革除古教之時也。今人不知赴之年限，故皆信口妄
談，如之何其可也。改朝換帝自古至今乃常有之事，何必定在五千年耶？
劉恕任意記開闢數千萬年，[65]豈可信乎？

飛龍在天，乃位乎天德。

九五居位，故曰「乃位乎天德」。德者，福也。九五天位，天德之象。[66]

本旨指今寵教之時，乃能得天上之位，而享永遠之福，[67]是故曰「乃位
乎天德」也。夫世間之福，皆自天主降來，固之天上，更有真福以報聖人
之大德，乃仁、乃義也。迷子曰「天位者，即世尊之位也」。云此者皆因不
明經旨，不知下乾為世，而上乾為天，乃天世不醒，故任意狂言，非欺人
乃欺己也。設天位即是世位，何以屢代兇惡之輩而居乎世尊之位，尚有壽
位雙全，而聖人反不如之者，其義何耶？設無天上之真福以報聖人之大

65　恕，徐匯本作「怒」，今據神院本改。劉恕(1032–1078)，字道原，北宋史學家，
　　著有《資治通鑑外紀》，記述了上古伏犧以來至周威烈王二十二年(前404年)的歷
　　史。依他的考證推算，盤古氏至帝堯時代約有數千萬年。艾儒略曾於其著《萬物
　　真原》對劉恕的編年進行反駁：「或曰：『中國載籍，記盤古氏至帝堯，約有數千萬
　　年。豈自開闢來，未滿一萬乎？』曰：『不以《外紀》所載為據，以經典所傳為憑，
　　則此疑可立破矣。蓋孔子刪述《六經》，諸如此無稽之談，悉削不道。獨《易》大傳
　　稱說伏羲、神農、黃帝、堯舜。《尚書》亦粵稽古堯舜。而上古荒唐之言，俱未之
　　及。蓋經不傳疑而傳信如此。南軒氏論堯舜以前之事，亦曰其中多有不經，又曰
　　作史者當自伏羲造端無疑也。太史公曰：夫神農以前，吾不知矣。《綱鑑》亦曰：
　　不信傳而信經，其論始定。今吾據經載，自帝堯迄今，未滿四千年。顧說堯前又
　　有一三千年，似亦多矣。此與《六經》之義不相遠。而實有大據劉氏任臆載數千
　　萬年，未足為信也。若欲盡信之，則女媧煉五色石補天，共工氏觸不周山，天柱
　　絕，地維缺。伏羲人首蛇身等語亦將信之乎？既不信，則數千萬年亦不可信矣。
　　且史書稱燧人氏始教民烹飪、有巢氏始教居室、神農始教民稼穡，可驗如此以
　　前，人類稀少，而天地之始，亦不遠此矣。』」(頁283–285)
66　語出〔明〕來知德《周易集註》：「天德即天位，有是天德而居是天位，故曰『乃位乎
　　天德』。若無德以居之者，可謂之天位，不可謂之天德之位也，惟聖人在天子之
　　位，斯可言『乃為乎天德』也。」(上冊，頁182)
67　享，徐匯本作「亨」，今據神院本改。

德，豈不枉聖人之德而僥倖于惡人乎？[68]乃積善之餘慶，何在不善之餘殃，何存這世間之福位如同兒戲？故不分善惡俱得之。惟天位、天福不然，乃中正有德之君子方能得之。彼小人者決乎不能得之也。是真福者，以報聖人之真德也。故天位與世位迥乎不同而且無可比也。設無天上之真福以報聖賢。這殺身成仁之聖賢，何以報之乎？設言報于子孫。這無子若孫者，又將何以報之乎？設言報以後世之聲名，這身居深山窮谷岩穴者而世人俱不知之，何有聲名以報之乎？又人心中之隱善、隱惡而人俱不能知之，又將何以報之乎？又世間之人有聲者，其多無數。[69]以此可見，以後世聲名為執者，[70]乃不明真道之人求之不得其故而強為之辭也。

亢龍有悔，與時偕極。

上九變 ☳ 綜 ☶ 為時，與時偕極之象。上九居卦之極，故曰「與時偕極」也。

本旨時無窮而悔無窮，乃無窮之苦而因有無窮之悔，故曰「與時偕極」也。極，至也。時無所至，乃苦無終窮。迷子不信永苦，是以作惡而不改。設死後滅絕而無罰，不善之餘殃何在，何以與時偕極？而禍滛之旨又何在乎？[71]乾爻有始有終，故曰「與時偕極」也。夫世間之善惡不同而辜之輕重有異。設死後同歸于盡，乃上主之公義何存耶？以義論之，則必無滅絕之理，而子豈不信理者乎？

乾元用九，乃見天則。

運用一爻為九者，乃為乾之元首也。變 ☲ 為日，乃見之象。☲ 錯 ☵，為律則之象也。乾之本原為首而愚者迷之，是故曰先迷也。乾元用九繫乎真道，以開人之心，目得明聖規，是故「乃見天則」也。

68　僥倖，同僥幸，指意外獲取成功或幸免於災。〔漢〕趙充國〈條上屯田便宜十二事狀〉：「兵出，乘危僥倖；不出，令反畔之虜，竄于風寒之地。」

69　「又世間之人有聲者，其多無數」，徐匯本作「又世間之人其多無數乃有聲名者」，今據神院本改。

70　「以此可見，以後世聲名為執者」，神院本作「可見以此為報于後世者」。

71　「而禍滛滛之旨」，神院本作「而所謂禍滛者」。

本旨天則者，乃天主所定之規則而命人遵守者是也。

乾元者，始而亨者也。

乾元能始而必能亨，故曰「始有亨者」也。[72]

本旨天主始造萬物，而通透天地神人萬物之體，無所不在，無所不知，無所不能。推之于前，無始而始萬物；引之于後，無終而終萬物，是故曰「始有亨者」也。

利貞者，性情也。

利物而正固，乃其本性之情也。性剛健，情剛健，故能以永久。

本旨「利貞」者，乃言天主利物而正固，乃其本性之情也。

乾始能以美利利天下，不言所利，大矣哉。

蓋百物之生于春，非亨利貞之所能也，惟元為生物之始。以美利利天下者，則乾元之能也。夫以美利利天下，其所能之德業亦咸大矣！☰為言，乃有不言之言，時行物生，皆其言也，乃其所利大矣哉！[73]

本旨乾始者，乃天主始造萬物也。因有全能，[74] 能以美利利天下之人也。「不言所利」者，乃不聲言其所利而萬物皆為口舌，以揚其全能眇慮，皆徵其美利無窮，其為恩也至矣！故歎曰「大矣哉」。

大哉乾乎！剛健中正，純粹精也。

大哉，歎辭。凡物愈大愈不易成。今觀乾之剛健中正，純粹精美，不似他物柔而不剛，衰而不健，偏而不中，邪而不正，雜而不純，澤而不

72　語出〔宋〕朱熹《周易本義》：「**始則必亨，理勢然也。**」（頁39）

73　語出〔明〕來知德《周易集註》：「始而亨者，言物方資始之時已亨通矣。蓋出乎震，則必齊乎巽、見乎離，勢之必然也。若不亨通，則生意必息，品物不能流形矣。是始者元也，亨之者亦元也。性者百物具足之理，情者百物出入之機，春作夏長，百物皆有性情，非必利貞而後見。〔…〕**大哉，贊乾元也。**」（上冊，頁183）

74　因，徐匯本作「固」，今據神院本改。

粹，粗而不精。形物之類，其大無比也。二、五，中之象。一、三、五，
正之象。三非四行所成，純粹精之象也。[75]

　　本旨以天觀之，愈可見造物主其純粹精美，神妙無窮，超出乎萬有之
上，愈不可以言語形容其萬一也。是故以萬有皆為口舌而不能盡揚其奇也。

六爻發揮，旁通情也。

　　發揮者，每一爻有一爻辭發揮之也。綜為發揮之象，錯為旁通之象。
情者，事物至雜至動之情也。[76]

　　本旨「六爻發揮」者，乃天主用六爻發明真道，以示人知旁通曲盡，示
人以仁慈之情，乃吾人當守之要道也。知其情者，則必盡其心也。

時乘六龍，以御天也。雲行雨施，天下平也。

　　六龍，乃六爻以寓六合也。天下平，因雲行雨施而得，[77]豈人之能力可
得而及乎？

　　本旨造物主超出乎六龍之上，故曰「時乘之」也。天賴上主全能而運旋
以時，故曰「御天」也。雲行雨施、天下平，是皆天主之恩。迷子不謝天主
而反拜邪神，[78]干犯天主之禁命，良心之謂何也？即聖人亦不能行雲雨施，
而況非聖人乎？

君子以成德為行，日可見之行也。潛之為言也，隱而未見，行而
未成，是以君子弗用也。

　　☲為日為目，日可見之象也。初未成☳，未見未成之象也。君子以成
德為事，可見則可效。潛隱而未成，則無可效，「是以君子弗用」也。

75　「象」後，徐匯本有「者」，今據神院本刪。
76　語出〔明〕來知德《周易集註》：「剛以體言，健以性言，中者無過不及也，正者不偏
　　也。此四者，乾之德也。〔…〕**發揮者，每一畫有一爻辭以發揮之也。**旁通者，曲
　　盡也，如初之潛以至上之亢，凡事有萬殊，物有萬類，時有萬變，皆該括曲盡其
　　情而無遺也。」（上冊，頁184）
77　因，徐匯本作「因」，今據神院本改。
78　謝，神院本作「信」。

本旨「潛之為言也」者，乃言天主未降以前無德可效，是君子弗用也。今時成德已見，不用感而效者何也？

君子學以聚之。問以辨之。寬以居之。仁以行之。〈易〉曰『見龍在田。利見大人』，君德也。

「之」者，中正之德。龍德正中，雖以爻言，然聖德純粹，人當效之，故學問全在此也。[79]

本旨「之」指吾主降世之德，故曰「君德」也。君子之學問全在乎知德之本，而仁以行之也。今人不聚、不辨、不居、不行者，豈非小人乎？

九三重剛而不中，上不在天，下不在田，故乾乾因其時而惕，雖危無咎矣。

上乾為天，☰不在上，故曰「上不在天」。下中為田，☰不在中，故曰「下不在田」，是以勤勤，因其時而敬，雖不安而無咎矣。

本旨「重剛而不中」者，乃言吾主降世之時未得其中正之位也。「上不在天」者，乃上不在天福，為聽聖父之命也。「下不在田」者，乃下不在世福，為救世人之辜也。是故乾乾因其時而惕，雖受苦難，乃于本身無咎也。

九四重剛而不中，上不在天，下不在田，中不在人，故或之。或之者，疑之也，故無咎。

乾卦為剛，九四重乾，故曰「重剛」。其上不在九五，乃上不在天也。下不在九二，乃「下不在田」也。六二為人之中正，又無中正之應，乃「中不在人」也。「或之」者，因人不明九四之義而疑之也。不明而疑，故無咎也。咎在不求明之，乃缺為人之本分，是為辜也。明之而後方知無可疑而無可咎也。以☰錯☷為迷，疑之象。

79 語出〔明〕來知德《周易集註》：「之者，正中之理也。龍德正中，雖以爻言，然聖人之德，不過此至正大中而已。〔…〕」（上冊，頁185–186）

　　本旨「上不在天，下不在田」者，見前九三辭。「中不在人」者，乃中不在世人之位也。「故或之或之」者，乃因此理深奧而疑之也。不明而疑，故無咎也。乃人既含靈當求明也。設不然者，乃失其所以為人也，安得無咎。

夫大人者，與天地合其德，與日月合其明，與四時合其序，與鬼神合其吉凶。先天而天弗違，後天而奉天時。天且弗違，而況人乎？況於鬼神乎？

　　九五變☰錯☷，日月合明之象。九四變☲，四時合序之象。☷為隱伏，鬼神吉凶之象。前卦先天之象，後卦後天之象。下☰上☰，不違之象。以下奉上，奉天時之象。大人者，乃九五也。上卦為天，下卦為地，二卦合而為一，是「與天地合其德」也。易為日月，《易》中所載之道乃為☷王降世，明証是「與日月合其明」矣。《易》有四季之道，是「與四時合其序」矣。賞神罰鬼，是「與鬼神合其吉凶」矣。欲造天而天順成，是「先天而天弗違」也。☷王降世，乃居後天而奉先天所定之時，是「後天而奉天時」也。天且弗違其聖意，而況于神人鬼乎？夫違之者而後受永死之苦也。試問迷子神聖二者，其孰尊乎？嘗聞「聖而不可知之謂之神」，[80]本經云天地鬼神弗違其命，果係誰乎？

　　本旨「夫大人」者，乃救世主也。「與天地合其德」者，乃天主結合人性而施救世之恩也。「與日月合其明」者，乃易為日月。《易經》所載之道為真主降世之明証。設無古經作証，後世何以為憑而信救世之真主乎？是吾主之行與易符合，無稍或異，是「與日月合其明」矣。夫一吾主合其一年，四位聖史以合四季，[81]十二宗徒合十二月，[82]二十四位古聖史以合二十四氣。

80　語出《孟子・盡心下》：「浩生不害問曰：『樂正子，何人也？』孟子曰：『善人也，信人也。』『何謂善？何謂信？』曰：『可欲之謂善，有諸己之謂信。充實之謂美，充實而有光輝之謂大，大而化之之謂聖，**聖而不可知之之謂神**。樂正子，二之中，四之下也。』」

81　此處可參〔意〕艾儒略《天主降生言行紀略》：「又古賢瑟都略云：『萬日畧之經，如太陽溥照宇宙。紀錄四聖，則如四季，皆繇聖訓之陽和、醞釀，發育於人心也。』」（卷一，頁197）

82　「十二宗徒」即西滿伯多祿、載伯德的兒子雅各伯、若望、安德肋、斐理伯、巴爾多祿茂、瑪竇、多默、阿耳斐的兒子雅各伯、達陡、熱誠者西滿、猶達斯依斯加

三百六十位教宗以合週歲三百六十五日，乃「與四時合其序」矣。賞善神在天享福，[83] 罰惡鬼入地受苦，是「與鬼神合其吉凶」矣。聖父不違其聖子，聖子恪奉聖父命，以時翕之。父且不違，而況神人鬼乎？意謂世人理當聽聖子之命而不可違也。《經》記聖父之言曰「茲乃我攸親樂我心者子，爾者聽之」是也。[84] 古聖達味聖詩第九十篇預言吾主之事有云「上主命其天神尊崇呵護，而欽事之」，茲吾主降誕復活升天之日云云。[85]

亢之為言也，知進而不知退，知存而不知亡，知得而不知喪，

☱為進退，上不知☰，乃不知退之象。陽存陰亡，上九知陽不知陰，乃不知亡之象。陽得陰喪，上為陽爻，乃不喪之象。「不知退」者，不知悔也。傲子知地而不知天，知暫而不知永，知形而不知神，知得世樂而不知喪永樂。哀哉！乃知其小而不知喪其大，是以養小而失大也。迷子不信身後之永爵，乃其所喪者何耶？此等之人由辨之不早辨而不知其喪者大也。傷哉！

其惟聖人乎？知進退存亡而不失其正者，其唯聖人乎？」

初詞，歎問也。末詞，贊答也。聖人固知之，乃因知本並知其末，是故不失其正也。上九失正固知其非聖人也。

略（《馬爾谷福音》三章16–19節）。後來猶達斯依斯加略出賣耶穌並自殺，其他宗徒則選出瑪弟亞替補宗徒之位（《宗徒大事錄》一章15–26節）。

83　享，徐匯本作「亨」，今據神院本改。

84　參閱頁114注20。

85　語出〔意〕艾儒略《天主降生引義》：「古聖達味聖詩，第九十篇，預言吾主之事，有云：『上主命其天神，尊崇呵護而欽事之。』茲吾主降誕復活升天之日，與夫在山中嚴齋時，天神顯像群候焉（見《紀畧》一卷八。又二卷二。又八卷一。及十二），此其六也。」（卷上，頁355–356）此處《聖經》引文應取《聖詠》九十一（90）篇11–12節之意：「因為他必為你委派自己的天使，在你行走的每條道路上保護你。他們把你托在自己的手掌，不使你的腳在石頭上碰傷。」

坤卦

䷁	坤下坤上			
屬	坤卦	初爻變成 ䷗ 復		
		二爻變成 ䷒ 臨		
		三爻變成 ䷊ 泰[86]		
		四爻變成 ䷡ 大壯		
		五爻變成 ䷪ 夬		
		六還四爻變成 ䷄ 需		
		七歸內卦成 ䷇ 比		
錯	䷀ 乾			
各爻變[87]	初爻變成 ䷗ 復	錯 ䷫ 姤	綜 ䷖ 剝	地位
	二爻變成 ䷆ 師	錯 ䷌ 同人	綜 ䷇ 比	
	三爻變成 ䷎ 謙	錯 ䷉ 履	綜 ䷏ 豫	人位
	四爻變成 ䷏ 豫	錯 ䷈ 小畜	綜 ䷎ 謙	
	五爻變成 ䷇ 比	錯 ䷍ 大有	綜 ䷆ 師	天位
	六爻變成 ䷖ 剝	錯 ䷪ 夬	綜 ䷗ 復	

坤：元亨，利牝馬之貞。君子有攸往，先迷，後得主利。西南得朋，東北喪朋，安貞吉。

「坤」者，乃六斷卦之名也。二五為一，故曰「元亨」也。☰為馬，以☰錯☷，故曰「牝馬」，乃順而健之者也。「利牝馬之貞」者，乃利益柔順擔負之正固人也。初爻變☷，君子有攸往之象。「君子」者，乃柔和順理而修德者也。「有攸往」者，乃往後也。☷為迷，☲為明，☷居離先未得☲明，是故「先迷」也。「先迷」者，乃因☷卦無先而不能進，故曰「先迷」也。

86　「泰」前，徐匯本有「三」，今據刪神院本刪。

87　各爻變，徐匯本、石室本、會院本、文院本及神院本無，今據諸本增。

「後得主利」者，乃☳卦為主，☷居☳後。後得☷卦，乃「後得主」之象也。夫☷為☳雷，雷乃田上得雨，是為利也。「西南得朋」者，乃☷居西南，以☷遇☷，是「得朋」也。「東北喪朋」者，乃東北為☶，☶與☷不同，不同必喪，故曰「東北喪朋」也。諸爻無應，安守不往，正固則吉，故曰「安貞吉」也。☶為剝，乃喪之象。☷之正位在二，安貞吉之象也。

　　本旨坤地指世人兩之神形。全人行可效地，應命得大原。坤元指聖母主保人世間欽事，貴傚效蒙恩引升天。[88]坤爻兩斷者，乃古人字也。坤元者，乃人類首聖也。牝為母，本來子呼母曰「媽」，母順子性而養育之曰「利」。坤次於乾曰「亞」。[89]以上五字合成一句曰「聖母瑪利亞」，是為天地之母皇、[90]普世之主保也。[91]因其尊貴，易「媽」為「瑪」，[92]以示其尊貴之義，而非凡人可比也。云坤為母者，乃指坤元而言也。因其諸德全備，故曰「君子」。「有攸往」者，乃有所往之域、永安之所，而非徒往也。世人未得吾主之光，心暗不明，是故「先迷」。後因窮理乃明真明而信真主，得受真主之神恩，故曰「後得主」也。「後得主利」者，乃後得天主之恩也。迷子以後得為句，試問後得者何耶？「安貞吉」者，乃安順天主之正固則吉也。

---

88 傚，徐匯本作「放」，今據神院本改。

89 坤次於乾，徐匯本作「坤次乾于」，今據神院本改。

90 「瑪利亞」一名在敘利亞及猶大的語境中有「母皇」之意。〔意〕傅汎際、〔德〕湯若望、〔意〕龍華民訂《聖母經解》，「瑪利亞，乃如德亞、及西利亞，二國之音，譯言母皇也、海星也〔…〕何謂母皇？曰：『聖母為吾主耶穌之母，即天主匠降生之母，亦即天地萬物主之母。其子為主至尊無對，則其母，亦居母位之至尊，故曰「母皇」。』」（頁9a–9b）

91 主保，*Patronus* (Patron)，字義為「保護者」。在天主教信理中，人們尊崇主保聖人不單單只是為祈求代禱，更是作為一個在信仰上的榜樣。〔意〕高一志《聖母行實》：「蓋天主于聖母，愛之至，而尊至極，委以天上地下之權，為萬民之主保，遂其拯世之心，無求不得」（頁344），又見〔法〕馬若瑟《儒交信》：「耶穌以下，有瑪利亞為主保，有聖人聖女無數。我們效法他的德行，他肯求天主為我們，各人有護守天神，奉了聖教，又有本名聖人，有好聖像、聖珠、聖牌、聖水、經本都有，早晚祈求天主，恭敬聖母，省察言行，痛悔罪過，年年幾次作神功。姐姐，聖教的妙事，愚妹實說不盡。」（頁108–109）。

92 「易」後，徐匯本有「易」，今據神院本刪。

〈彖〉曰：「至哉坤元，萬物資生，乃順承天。

「至哉」者，乃歎其大也。「坤元」者，乃人類之元首也。「萬物資生」者，乃萬民賴之得生命也。「乃順承天」者，乃奉順天上之命也。☷ 為順，居于 ☰ 之下，順奉天之象也。[93]

本旨至聖哉！坤之元乃救世主之母，真主資之降生也。普世慈母，萬民賴之得神生也，猶萬物賴地而生乃順承天主之命。

坤厚載物，德合無疆，含弘光大，品物咸亨。

「坤厚載物」者，乃言坤上重坤，所以為厚而載物也。「德合無疆」者，乃德合天上而無疆界也。初三變，下卦成 ☲ 居內，為含之象。陽為大之象，乃「含弦光大」之象。錯 ☵ 為通，「品物咸亨」之象。「含弘光大」者，乃坤能承接乾之大光而含弘之，[94]故曰「含弘光大」也。因其轉施恩澤，諸物皆受，故曰「品物咸亨」也。

本旨「坤厚載物」者，乃喻聖母之德而擔員主保萬物之重任也。「德合無疆」者，乃德合上主而無疆界也。「合弘光大」者，乃孕懷聖孕也。聖母能承接天主之光而含弘之，故曰「含弘光大」也。[95]因主轉達之恩，[96]天路得通，故曰「品物咸亨」也。

93　語出〔明〕來知德《周易集註》：「至者，極也。天包乎地，故以『大』贊其大；而地止以『至』贊之。蓋言地之，則與天同，而大則不及乎天也。元者，四德之元，非乾有元，坤復又有一元也。乾以施之，坤則受之，交接之間，一氣而已。始者氣之始，生者形之始。萬物之形，皆生于地，然非地之自能為也。天所施之氣至則生矣，故曰『乃順承天』。乾健，故一而施；坤順，故兩而承。此釋卦辭之『元』。」（上冊，頁190）

94　「之」後，徐匯本有「故之大光而含弘之」，今據神院本刪。

95　此處「天主之光」，即是耶穌基督。教會在耶穌聖誕的禮儀經文常以「光」說明耶穌基督，此處可參〔意〕利類思譯《彌撒經典‧主聖誕‧子時第一彌撒》：「【祝文】天主，爾以真光耀，俾此至聖之夜朗朗。懇祈爾，我等在地識榮光奧義，在天亨諸樂。其偕爾云云。」（頁151）。以上引文即今聖誕節子夜彌撒的《集禱經》：「天主，你以真光的照耀，使這至聖之夜發放光芒。願我們在現世認識真光的奧蹟，將來也能在天上，分享這真光的喜樂。他和你及聖神，是唯一天主，永生永王。亞孟。」

96　因，徐匯本作「固」，今據神院本改。

牝馬地類，行地無疆，柔順利貞。君子攸行，

地屬陰，牝亦屬陰，故曰「地類」。又，牝馬為行地之物，非即是地也。行地無疆，則順而不息矣。此則柔順所利之貞者，乃君子之所行也。初爻變 ☷，足行之象也。

本旨「牝馬地類」者，乃言母皇與人同類也。世人皆屬其權下，無一能外，故曰「行地無疆」也。坤以柔順，純無陰陽，故利貞也。六二中正乃為女中之君子，其行必正，故曰「君子攸行」也。又，聖母生救世之主，乃為吾輩之王，故坤卦之內有王有主而明，則無咎也。

先迷失道，後順得常。西南得朋，乃與類行，東北喪朋，乃終有慶。

無陽而不能進，是先迷失道也。後因窮理而明真道、得真主。常者，主也，乃常生之真主，故曰「後順得常」也。以坤得坤為朋而同行，乃與類行也。☷ 卦既終陽必復之，故曰「乃終有慶」也。初爻變 ☷，為主之象。二爻變 ☷，為常之象，又為慶之象，陽得陰喪之象。

本旨乃言中人先迷真主而失真道，後順真主而得常生。柔順之人得主寵愛，是西南得朋而同行也。喪其傲行而遵謙者，「乃終有慶」也。

安貞之吉，應地無疆。

安正則吉而應報無疆也。地居下，下不復墜，安之象也。以上應下，無疆之象也。

本旨安而正固之吉，乃天堂真福也。「應地無疆」者，乃應報世人而無疆界也。設其不然，而世人之吉福，豈能無疆乎？世有終窮，人有死亡，豈可言無疆乎？《經》曰「無疆」，非天堂何？

〈象〉曰：「地勢坤，君子以厚德載物。」

「地勢坤」者，乃坤居乾下也。下以承載因其厚也。坤上重坤，乃「厚而載物」也，君子效坤之勢而以謙順諸厚德担貧眾人也。「以厚載物」者，則無後悔也。

本旨「地勢坤」者，乃言聖母之謙德也。君子以厚德載物者，乃聖母為女中之君子，以諸厚德而擔負眾人主保之重也。

初六：履霜，堅冰至。

陰之初凝始結為霜，居下為履，故曰「履霜」。其初為霜，其後必至堅冰，☰ 為堅冰，以 ☷ 錯 ☰ 堅冰之象，故曰「履霜，堅冰至」。[97]

本旨始胎無元辜卒世，[98] 又童貞善功極其至潔，[99] 愈霜冰真。履霜以表行之潔，堅冰以示德之清。霜潔冰清無邪火，正愛炎炎上九重。其德神聖不能比，滿被聖寵自然中。初居內卦之內，是故曰中。中也者，乃言聖母之德無過不及之失也。

〈象〉曰：「履霜堅冰，陰始凝也。馴致其道，至堅冰也。」

陰之初凝始結為霜，故曰「陰始凝」也。[100] 坤為順。馴之象。初變，成 ☷，道之象。三變，成 ☷，堅多節，堅之象也。「馴至致其道」者，乃順行其寒道而至堅冰也。「至堅冰」者，謂至六二也。

---

97 語出〔明〕來知德《周易集註》：「六，詳見乾卦初九。霜，一陰之象。冰，六陰之象。方履霜而知堅冰至者，見占者防微杜漸，圖之不可不早也。《易》為君子謀，乾言『勿用』，即復卦『閉關』之義，欲君子之難進也；坤言『堅冰』，即姤卦『女壯』之戒，防小人之易長也。」（上冊，頁192）

98 辜，呂註本作「皋」，同為「罪」的古字。參閱頁83注4。

99 此處指聖母始孕無玷（*Immaculata Conceptio* / Immaculate Conception），以無染原罪之軀誕下耶穌基督。相關學說源自十五世紀，由方濟會會士主力提倡，直到1854年12月8日方獲教廷正式確立為信理。參〔意〕艾儒略《口鐸日抄》：「乃聖母之孕耶穌也，只聖母自有之淨血，聚而成胎，特藉斯彼利多三多之神功耳，是豈分斯彼利多三多之有哉？故不可以謂之父。」（卷四，頁295）另參〔意〕高一志《聖母行實》：「凡受生者，當神形交合時，皆染始祖之病，所謂元罪也。一染此罪，則性稟劣弱，易就諸惡，難修諸德。獨瑪利亞，豫蒙天主佑寵，免其凤染，始胎即含聖德，是以形神之潔，特超眾聖〔⋯〕咸謂聖母與日爭光，與玉比潔，絕不受染原罪，諒矣。」（頁333）

100 語出〔明〕來知德《周易集註》：「《易舉正》：『履霜』之下無『堅冰』二字。陰始凝而為霜，漸盛必至于堅冰。小人雖微，長則漸至于盛。馴者，擾也，順習也。道者，『小人道長』之『道』也，即上六『其道窮也』之『道』。馴習因循，漸至其陰道之盛，理勢之必然也。」（上冊，頁192）

本旨始孕母胎[101]，乃陰始凝也。「馴致其道」者，乃素日行也，諸德全備至堅冰也。

六二：直方大，不習無不利。

六二中正，餘俱不及，鎮定不移，直方大也。陽爻為大，以其含弘，是故大也。自然合道不煩習也，如此之行無不利也。以直曰「正」，不移曰「方」。同五曰「大」，自然中正，是故不習而無不利也。坤為方，六二得坤之正位，中正之至，無所可習，自無不利。

〈象〉曰：「六二之動，直以方也。『不習無不利』，地道光也。」

六二之動因初爻變☳，為動之象、為道之象。六三變，六二成☵，為道光之象。六二之動者，乃靜中有動也。地者，世也。因其中正之德輝，是故光也。

本旨「六二之動」者，乃聖母之行也。「地道光」者，乃言世道因聖母生聖子，其照世之真光，是故曰「地道光」也。☷中暗純陽王者，乃正吾主也。

六三：含章可貞，或從王事，無成，有終。

坤為吝嗇，又為文章，以其陰居陽位，剛柔相雜曰「文」[102]。文之成者曰「章」。☷為可。六三變，中爻☵，可貞之象。或，迷也。坤為迷之象，又為順之象。以下奉上，事之象也。陰終得陽，有終之象。六三變則成☶謙，乃「勞謙君子，有終吉」也。以三應謙，乃終吉也。六三全坤，故曰「含章」。純陰無陽，故曰「可貞」。其無應遇而上有王，故曰「或從王事」也。王指六五，五為君位，是故曰「王」。三得六之半，故曰「無成」。其居下卦之終，故曰「有終」也。

---

101 此處指聖母受孕於其母之胎。「始孕母胎」這個字眼亦見於教會的禮儀經文，見〔意〕利類思《彌撒經典》：「【祝文】望主，賜爾僕天寵之恩，既聖母之產為伊等蒙真福之原始。其始孕母胎瞻禮，幸為和平之益。為爾子云云。」（頁511）

102 語出〔明〕來知德《周易集註》：「坤為吝嗇，含之象也。剛柔相雜曰文，文之成者曰章。陽位而以陰居之，又坤為文章之象也。三居下卦之終，終之象也。或者，不敢自決之辭。從者，不敢造始之意。」（上冊，頁193）

本旨乃言聖母懷孕吾主，仍可童貞，故曰「含章可貞」也。[103]「或從王事，無成」者，乃其自謙之詞也。卒全成之，是「有終」也。古聖依撒意亞在天主降生前七百八十年，其經第七篇論天主降生先兆，向其國王曰：「上天下地，隨請一驗以為証可驗。」依撒意亞曰：「噫！童女將懷孕而產一子，稱為『瑪孥厄爾』。」（譯言天主與我輩偕也，即耶穌別號。）是為明驗。至耶穌降世，實不因人道而因聖神之工孕生于瑪利亞之童身。見〈紀畧〉一卷二。[104]

〈象〉曰：「『含章可貞』，以時發也。『或從王事』，智光大也。」

六四變，中爻 ☲，為時發之象。以其含光，故曰「智光」。「以時發者」，乃因其時而發生也。六三全 ☷，能從王事而終成全，故曰「智光大」也。

本旨以六合三為九，乃九月生子而以時發也。無智不能從王事，故曰「智光大」也。智光大者，乃聖子也。

---

103 參閱頁146注112。

104 語出〔意〕艾儒略《天主降生引義》：「**古聖依撒意亞（在天主降生前，七百八十年。凡記古聖之年，多以著經年為准，下仿此。）蒙大主啓牗，先知降生事實甚詳，且紀錄至明，猶記載已往事，豈獨預言未來者哉？其本經第七篇，論天主降生先兆，向其國王曰：『上天下地，敢請一驗，以為證可也。』亞嘉斯國主曰：『恐獲輕試大主之罪，曷敢請驗。』依撒意亞曰：『噫！童女將懷孕而產一子，稱謂「瑪孥厄爾」。』**（譯言天主與我輩偕也。即耶穌別號。）**是為明驗。至耶穌降世，實不因人道而因聖神之功孕生於瑪利來之童身（見紀略一卷二）。此其二也。**」（卷上，頁253–254）引文出自《依撒意亞先知書》七章10–14節：「上主又對阿哈次說：『你向上主你的天主要求一個徵兆罷！或求諸陰府深處，或求諸上天高處。』阿哈次回答說：『我不要求，我不願試探上主。』依撒意亞說：『達味的家族，你們聽著罷！你們使人厭惡還不夠，還要使我的天主厭惡嗎？因此，吾主要親自給你們一個徵兆：看，有位貞女要懷孕生子，給他起名叫厄瑪奴耳。』」

六四：括囊，無咎無譽。

四變，中爻 ☶ 手，[105] 為括之象。☱ 為口舌，咎譽之象。今無 ☱ 舌，[106] 無咎譽之象。六四重坤義為艮手，下坤為囊，以手捪囊口，[107] 故曰「括囊」也。捪舌不語，[108] 故無咎譽，乃無咎譽于人而為慎言之工也。

本旨乃言聖母慎言之德，而無咎譽于人也。

〈象〉曰：「括囊無咎，慎不害也。」

謹慎言行而不害德。古語云「病從口入，禍從口出」[109]，是故曰「慎不害」也。然而罪從心生，慎為心工，能慎則無害矣。四多懼，慎之象。[110] 慎為得正，故「不害」也。

本旨「慎不害」者，乃言聖母謹慎而不害德也。

---

105 「四變，中爻 ☶ 手」，徐匯本作「中變四爻 ☶ 手」，今據神院本改。

106 ☱，徐匯本作 ☲，今據神院本改。

107 捪，意指掩藏、遮蓋，亦通「掩」。《説文解字》：「自關以東謂取曰捪。一曰覆也。」〔清〕段玉裁注曰：「弇，蓋也。故从弇之捪爲覆。凡《大學》捪其不善，《中庸》誠之不可捪皆是。」（頁606）《禮記‧聘義》：「瑕不捪瑜，瑜不捪瑕。」〔唐〕魏徵〈理獄聽諫疏〉：「此猶捕雀捪目，盜鐘而捪耳者，祇以取誚，將何益乎？」

108 捪舌，即按住舌頭不說話。《説文解字》：「捪，撫持也。从手。門聲。《詩》曰：『莫捪朕舌。』」〔清〕段玉裁注曰：「撫，安也。一曰揗也。謂安揗而持之也。《大雅》：『莫捪朕舌』《傳》曰：『捪，持也』。渾言不分析也。若王猛捪蝨之類，又專謂摩挲。」（頁603）〔明〕劉榮嗣〈有感〉詩：「捪舌藏身消永日，隨日曝背倚前簷。」

109 語出〔北宋〕《太平御覽‧人事部‧口》：「情莫多妄，口莫多言。蟻孔潰河，溜穴傾山。**病從口入，禍從口出。**」

110 語出〔明〕來知德《周易集註》：「**四近乎君，居多懼之地**，不可妄咎妄譽，戒其作威福也。蓋譽則有逼上之嫌，咎則有敗事之累，惟晦藏其智，如結囊口，則不害矣。」（上冊，頁194）

六五：黃裳，元吉。

以中為黃，乃土之本色也。坤為黃裳，裳為下飾。[111]六二中正在下，乃六五之黃裳也。六五居尊而得中正之黃裳為輔，故得元吉也。[112]

本旨黃裳表童身元吉生聖子，義謂拆身者必去其裳。有裳者，身必不拆，乃卒世童貞而生聖子也。[113]

〈象〉曰：「黃裳元吉，文在中也。」

☷為文，居五之中，故曰「文在中」也。[114]六五以至于六二中含純陽王，然陰內含陽義，仍陰陽王也。乃為六五之子，故曰「文在中」也。

本旨「文在中」者，乃☷在聖母之中也。言坤為子，母牛者乃因聖母生聖子，而聖子身代犧牛祭上聖父故也。[115]

---

111 語出〔宋〕朱熹《周易本義》：「黃，中色。裳，下飾。六五，以陰居尊，中順之德，充諸內而見於外，故其象如此。而其占為大善之吉也。占者德必如是，則其占亦如是矣。」（頁46）

112 語出〔明〕來知德《周易集註》：「坤為黃，為裳，黃裳之象也。黃，中色，言其中也。裳，下飾，言其順也。『黃』字從『五』字來，『裳』字從『六』字來。」（上冊，頁160）

113 卒年童貞（Perpetual Virginity of Mary），聖母四大信理之一，是指瑪利亞產前（ante partum）、產時（in partu）、產後（et post partum）均是童貞之身。〔意〕高一志《聖母行實》：「譬之日光進出于玻璃瓶，而玻璃如故也。是則聖母雖產，猶然處子，豈非終古絕無僅有一大聖事哉！」（卷一，頁337–338）

114 語出〔明〕來知德《周易集註》：「坤為文，文也；居五之中，在中也。文在中，言居坤之中也，所以『黃裳，元吉』。」（上冊，頁160）

115 犧牛，即古時天子祭祀時犧牲的祭品。《禮記·曲禮（下）》有云：「凡祭，有其廢之莫敢舉也，有其舉之莫敢廢也。非其所祭而祭之，名曰淫祀。淫祀無福。天子以犧牛，諸侯以肥牛，大夫以索牛，士以羊豕。支子不祭，祭必告于宗子。」此處將耶穌比作犧牛。在教會傳統中，耶穌的犧牲常被視為「贖罪祭」，可參〔法〕沙守信《真道自證》：「然而耶穌之於萬民，猶不止於是，何則？其任其功其愛，非人事可比，任非一國之事，乃萬邦萬民萬世之事也。災非七年之旱，乃從古多年之神旱；拯非一國之人飢而死，乃萬民之罹永殃而永死也；其所求者，非一時之膏雨，乃欲復天主原所施之隆恩也；其所以熄天主之義怒者，非剪髮斷爪而已，乃躬代犧牲，釘於十字架而死。〔昔西國最重之刑，以木造架如十字架，釘其手足而懸之。耶穌特甘心選之，以釘於其上，故曰『釘十架』，後因設十字架，以表聖教

上六：龍戰于野，其血玄黃。

　　☷ 能錯 ☰，又乾下為地，坤上為天，故以上六為龍。龍，陽物也，乃陰中之陽也。純陰之中而有微陽，陰感陽剛，不合則戰。上六居坤之極，故謂之「野」。乾卦五變成剝，陰陽相剝，戰之象也。還四成 ☳，戈兵之象。☳ 錯 ☴，成血之象。因其戰鬥殺塲，故必有血。天玄而地黃，故曰「玄黃」也。[116]

　　本旨乃一聖子戰世，傾耶穌之血，故曰「其血玄黃」也。血在肉身，因其兩性結合，故曰「其血玄黃」也。其義耶穌者，乃天主而人者也。[117]

〈象〉曰：「龍戰于野，其道窮也。」

　　居卦之終而無所之，故曰「其道窮」也。☷ 為道，上六乏 ☷，道窮之象。

　　本旨「道窮」者，乃吾主致命而終也。痛矣哉！乃因替我世人補辜也。此理淵微。求明者，另有詳解，[118] 今不暇及也。故有當然之理，乃智者不惑也。

之號焉。〕然此贖罪之大祭，為耶穌降來之原義，為救世者之宏勳，故降生以前古聖所定之禮，降生以後耶穌所行之事，悉歸此意焉。」（卷二，頁274）

116 〔明〕來知德《周易集註》：「六陽為龍，坤之錯也，故陰陽皆可以言龍。且變艮綜震，亦龍之象也。變艮為剝，陰陽相剝，戰之象也。戰于卦外，野之象也。血者，龍之血也。堅冰至者，所以防龍戰之禍于其始。龍戰野者，所以著堅冰之至于其終。」（上冊，頁195）

117 此處指耶穌基督既是完全的天主，又是完全的人。〔法〕沙守信《真道自證》：「異哉！《聖經》所載救世耶穌，即此也。夫耶穌，非徒為天主、亦非徒為人，乃天主聖子，甘心結合一人性於已位，而誠為一真人而真天主者也。真人以有靈魂、有肉軀，與人無異；真天主以聖三中第二位聖子，實與聖父聖神本一體一性一天主。真人而天主者，因耶穌一位，有天主性與人性，實締合而成一救世者。略譬人之靈魂與肉身，雖無變化參雜，然實締合而成一人。故以其原性而言之，天主也；以其所取之性而言之，人也。以其兩性結合，屬聖子之原位而言之，乃二其性而不二其位也。誠為一位天主而人，人而天主者（以其位而稱，曰『天主而人者』；以其救世之功而稱，恆曰『人而天主者』。因救世之功，雖天主性為帥，而顯其行者，實在乎人性也。）。耶穌結合兩性之內美如此，其外用又美不勝述焉。」（卷二，頁267–268）

118 詳，徐匯本作「祥」，今據神院本改。

用六：利永貞。

　　地之生數以二合四為六，是故以六呼之。乃六六三十六，是 ䷁ 卦也。含三十六欵聖道，故曰「用六」。用六者，乃每卦以六呼之，而每爻含六義，[119] 非徒六而已也。「利永貞」者，乃 ䷁ 卦純陰而無一陽間，故利永遠之貞也。

　　本旨初六六義䚻第一義，乃豫簡于天主為救世者之母也；第二義乃始胎無元辜也；第三義乃滿被聖寵也；[120] 第四義乃天下第一人也；第五義翕合聖意也；[121] 第六義始胎矢志童身也。[122] 凡茲諸義皆言聖母之德而証救世之旨也。

　　六二第一義諸德全美也；第二義非煩學習漸成也；第三義人類之光也；第四義曉明之星也[123]；第五義其德無可比擬也；第六義其為萬世善德之表也。

　　六三第一義領天神之報也；[124] 第二義九月懷孕也；第三義净胎生子也；第四義仍可童貞也；第五義包含章美也；第六義純心從事上主也。

119　含，徐匯本作「舍」，今據神院本改。

120　滿被聖寵者，譯自拉丁文 *gratia*，又譯作「額辣濟亞」。此語出自《路加福音》一章 38 節，獲收錄至禱文《聖母經》，見《天主聖教日課》（頁 6a）、《彌撒經典》（頁 536）、《聖母經解》（頁 7a）等。〔意〕傅汎際、湯若望、龍華民訂《聖母經解》：「額辣濟亞，西音譯云可愛之物，亦謂平白自至之事。又凡淂彼之親愛、彼之福寵，亦謂之淂彼額辣濟亞。」（頁 16b）

121　翕，意指協調一致，亦與「合」互訓。《說文解字》：「翕，起也。」〔清〕段玉裁注曰：「《釋詁》、《毛傳》皆云：『翕，合也。』許云起也者，但言合則不見起。言起而合在其中矣。翕从合者，鳥將起必斂翼也。」（頁 140）〔宋〕文天祥《集杜詩・贛州》序：「上下翕合，氣勢甚盛。」〔明〕黃綰《明道編》卷五：「蓋人情之難翕合者，至此而皆翕合。」

122　〔意〕高一志《聖母行實》：「瑪利亞聞之，急辭曰：『昔父母獻我于斯，終身奉事上主。吾承二親之意，誓守永潔，以謝主恩，豈敢婚配焉？』」（頁 334）

123　「曉明之星」為聖母尊號之一，可參《天主聖教日課・聖母德敍禱文》：「曉明之星，為我等祈。」（頁 74a）

124　此處之聖經敍述請參《路加福音》一章 26–38 節、〔意〕利類思譯《彌撒經典》頁 535–536。

六四第一義無自居成德，歸諸美好于上主也；第二義智光無可比也；第三義謹慎言行也；第四義無可名譽也；第五義因滿聖寵全無辜影也；第六義示人避辜也。

六五第一義乃功上倍功，愛上加愛也；第二義得生聖子也；第三義聖子之母也；第四義聖人母皇也；第五義天神主母也；第六義普世主保也。主保也者，乃轉達天主赦辜賜寵也。

上六第一義以耶穌之人性，故在坤上六也；第二義古教惡徒因受主責老羞成怒也；第三義謀欲殺之也；第四義古教惡徒害主也；[125]第五義道窮致命也；第六義聖血不存于聖躬也。以上六六，故曰「用六」。

坤卦純陰而無陽，乃守童貞之義也。本無邪辜之誘，故利永遠之貞也，是故曰「用六，利永貞」也。

〈象〉曰：「用六永貞，以大終也。」

陽大陰小，陰極則變陽，故曰「以大」。用六以成萬事永遠正氣固堅，以至天地大終，故曰以「大終」也。

〈文言〉曰：「坤至柔而動也剛，至靜而德方，

坤變初爻，為 ☳ 震動，故剛。坤之德本方，性至柔而舉動則剛，情至靜而無妄動，善德方正而為法于天下後世也。其稱名也小，其取類也大。是故稱坤者，非言地也。坤寓世人，此處言坤者乃坤之母而為天下之第一人也。

本旨坤至柔者，乃指世人之元，而為人類之首聖，而聖主之母也。設其不然，何以柔而剛、動而靜也？

後得主而有常，

後變初爻為震，震為主，「後得主」之象。兌為常，又變二爻，為 ☱ 有常之象。後得主而有常者，乃後得主而有大剛常也。

---

125 古教惡徒害主，徐匯本作「古惡害主」，今據神院本改。

本旨為 ☷ 陰陽之主，而居坤卦之後，故曰「後得主」也。天地之形象有毀而其性體常存，乃吾人之形軀有毀，而靈性常存。是後得主而有常生道，又身後得主而有常生之樂，故曰「後得主而有常」也。繼曰幸古經而不泯，慶真道之猶存。惜今世之迷子惡天主，棄大君悖道夫也。可思毋作迷子之群，常求後得之主，吾輩乃為其民。設不信認真主，乃為無常之人也。

含萬物而化光。

乾坤變化而得 ☷，故曰含萬物而化光也。乾坤含萬物，以乾變坤，六還四爻上卦成 ☷，「化光」之象也。

本旨以身雖小，與天地合道，故曰含萬物而德化光也。天地含光，光從何來？乃造物主所化之光也。因光而目得視，因視而覩萬物，覩萬物而窮物理，窮物理之固然而當究其所以然之妙，則知物不能自有而必有所以造之者，乃吾所謂天主是也。是因窮物理而得大元，因得大元而明，明德而親民，乃所以化暗成光也。〈繫辭〉曰「窮理盡性以至于命」，[126] 乃所謂「遠取諸物，近取諸身」[127]，細思其安排恰切，而道可明也。「化光」者，乃後因得 ☷ 而德化光也。

坤道其順乎，承天而時行。

「坤道其順乎」者，乃人理當柔順，奉其上命而時行也。乾初爻變，下卦成 ☴ 為時。坤初爻變，下卦成 ☳ 為行，「時行」之象。

本旨天尊地卑者，乃天主至尊無以上，吾人至卑無以下，理宜順奉天主之命而時行也。時行也者，乃得復命歸根也。

---

126 〈說卦傳〉一章：「昔者聖人之作〈易〉也，幽贊於神明而生著，參天兩地而倚數，觀變於陰陽而立卦，發揮於剛柔而生爻，和順於道德而理於義，窮理盡性以至於命。」

127 〈繫辭下傳〉二章。

積善之家，必有餘慶；積不善之家，必有餘殃。臣弒其君，子弒其父，非一朝一夕之故，其所由來者漸矣，由辨之不早辨也。易曰『履霜堅冰至』蓋言順也。

坤為吝嗇，為積之象。坤二變 ☳，為慶之象。坤為迷，為殃之象。☰ 為君、為父，坤象為臣子。以乾變坤，二爻變成離 ☲，為戈兵，為弒之象。坤為八，非一朝一夕之象。乾六變成坤，為漸之象。☲ 明 ☵ 口在後，不早辨之象。乾為言，坤為順，言順之象。順命者，乃為積善。逆命者，為積不善。賞善者必有餘慶，罰惡者必有餘殃。臣弒其君，子弒其父，非一朝一夕之故，其所由迷者漸矣，因辨之不早辨。「易曰『履霜堅冰至』蓋言順也」者，乃因惡情而習染成風也。

本旨順奉天主之命者，乃為積善；違逆天主之命者，為積不善。命有節度規矩，非漫然之虛命了事而已也。餘字可見，今世之賞罰不足，餘非身後而何？世人弒害吾主，是「臣弒其君，子弒其父也，非一朝一夕之故，其所由迷者漸矣，因辨之不早辨」。哀哉！由淺以及深，故曰「履霜堅冰至」也。履霜堅冰本為積善之寓，奈迷子作惡猶之乎。君子為善，是故曰「蓋言順」也。「蓋言順」者，乃順其時勢而行兇也。[128]

直，其正也；方，其義也。君子敬以直內，義以方外，敬義立而德不孤。直方大，不習无不利，則不疑其所行也。

〈傳〉曰：「直，言其正也；方，言其義也。君子主敬以直其內，守義以方其外。敬立而內直，義形而外方。義形於外，非在外也。」[129]謙則能

---

128 〔法〕白晉《大易原義內篇・坤》：「世人之惡終至于弒其君父，乃捄世天地萬有之真主，非一朝一夕之故。原由自太古萬世萬方元祖母，不敬不慎上主所禁一果之微，失防叛神之首一元惡巨憝黑龍老陰之誘，後引元祖父同方命，自絕于上主萬神萬靈太陽之神照，萬惡陰道之門始開。因而連累萬世萬方子孫，同馴其道，漸積重惡不善，至于人心陰惡凝結，如純冬不可鮮之堅冰，敗天國家不可救之洪殃。元祖積不善之家，其殃雖危如此，蒙帝天君父无始之元子、萬光萬善之原，順命出乎震誕世，如日出來，為天家積善之大聖。因而萬善純陽之道復開，代代在在有大德賢士，同積善，終獲普世有餘不可加之慶。」（頁75–76）

129 語出〔宋〕朱熹《周易本義》：「此以學而言之也。正，謂本體。義，謂裁制。敬，

敬，六三變地山謙，謙為德之柄。坤為柄，敬之象也。六二居下，內之象也。義從方外，指六五。敬義既立，其德盛矣！不期大而大矣，德不孤也。[130]無取用而不周，無取施而不利，孰為疑乎？坤為眾，不孤之象。未成 ☶，不疑之象也。

　　本旨不煩學習，能通萬國方言，見道分明，故「不疑其所行」也。有聖神七恩超聖上智，無有可疑之處也，故不疑。[131]以上皆指聖母之德表之，以示聖人當敬、當愛，而當效之死時，必蒙其救祐而携升天矣。敬則不敢慢，義則必以理，是故無不利也。

陰雖有美，含之以從王事，弗敢成也。地道也，妻道也，臣道也。地道無成，而代有終也，

　　六三全 ☷，諸物全 ☷，乃陰雖有美也。「含之以從王事也」者，乃居內為含。六五為王，故曰「含之以從王事也」。「弗敢成」者，乃謙詞也。三變 ☷ 止，「弗敢成」之像。六三位居在下，故曰地、妻、臣道也。「地道無成」

　　則本體之守也。直內方外，程《傳》備矣。不孤，言大也。疑故習而後利，不疑則何假於習。《傳》曰：『直』言其正也；『方』言其義也。君子主敬以直其內，守義以方其外，敬立而內直，義形而外方。義形於外，非在外也，敬義既立，其德盛矣。不期大而大矣。德不孤也。无所用而不周，无所施而不利，孰為疑乎？」（頁48）

130 〔明〕來知德《周易集註》：「義之至者內必直，內不直不足謂之義，不足謂義是德之孤也。今既有敬以涵義之體，又有義以達敬之用，則內外夾持，表裏互養，日用之間，莫非天理之流行，德自充滿盛大而不孤矣。何大如之？」（上冊，頁160）

131 聖神七恩，即敬畏、孝愛、聰敏、剛毅、超見、明達及上智。〔意〕艾儒略《口鐸日抄》：「而聖神七恩，又當朝夕切祈者也。何謂七恩？一敬畏、二忻順、三智識、四剛毅、五計策、六明達、七上智。〔⋯〕聖神之恩反是矣。若受聖神之恩者，卑以自牧，夙夜只慎。上則敬主，下則敬人，其視驕傲為何如哉？夫敬畏之恩未受，則於性命之事，尚強勉承之。有敬畏，則無強勉，舉所施為，靡不踊躍擔當，即為忻順之德矣。既有忻順，使無智識，猶慮見解未眞，而生疑阻。迨智之明識之定，則必剛毅為之，以成厥功，剛毅矣。然天下事，亦有不能任意者，故必求善策至計，而後可百舉而百當者也。有剛毅，復有計策，則九上天下地之理，皆其所通達。明悟者。智識又不足言矣，求之愈切，則恩之降愈深，上智之妙，曷可言哉？故聖母禱文有曰：『上智之座』，正以明聖母之德精行粹，而為聖神所托基者也。」（卷七，頁482–484）

者，乃三得六之半而未成全也。六三居下卦之終，上六得正，為有三代其六，故曰「代有終」也。

本旨乃表聖母之謙，雖有諸德之美，含之以從王事，弗敢自居成德，歸諸美好于上主也。以婢自居，故曰地、臣道也。吾主升天之後，宗徒四散傳教，獨居本國，代吾主樹表護教，以至升天。惟天主為真，有吾主為有，其教為有教，聖母代有至死，故曰「代有終」也。

天地變化，草木蕃，天地閉，賢人隱。易曰『括囊，无咎无譽』，蓋言謹也。

乾四變 ☳ 為草木，坤四變 ☷ 為蕃鮮。不變則閉，乾二變成 ☶ 為遯，「賢人隱」之象。上坤為天，下坤為地，故曰「天地」。下卦變而為上，故曰「變化」。六四居下卦之上，故曰「草木」。得正，故「蕃」。上下不應，故曰「天地閉」。以上掩下而不能進，乃「賢人隱」也。以 ☷ 錯為 ☰，言之象，四變 ☶ 止，言謹之象。

本旨「天地變化」者，乃聖神奇工變化也。「草木蕃」者，乃 ☷ 女之德茂咸也。「天地閉」者，乃言聖母遭惡人之暴而隱他國也。「無咎」，人辜乃傷入。「無譽，人德乃無可譽，「蓋言謹」也。

君子黃中通理，

☷ 為通，☷ 為文理，五變 ☵ 為通理之象，以五居尊，下通六二之中正，故曰「君子黃中」也。生知安行，不煩學習，故自通理也。通理者，乃通天徹地而無窒也。

本旨乃言聖母諸理俱明，人事諸物情超性精奧而無不知者，故曰「通理」。「通理也」者，乃融通三位一體，極深極奧之密事也。[132]

---

132 密，徐匯本作「蜜」，今據神院本改。

正位居體，

六五居中，乃正君位，而居君體也。五為上身，居體之象也。

本旨正母皇之位，居童身之體，故曰「正位居體」。「居體也」者，乃聖子居于童身之體也。

美在其中，而暢于四支，發于事業，美之至也。

「美在其中」者，乃位得中也。「暢于四支」者，乃超下四支也。「發于事業」者，[133] 乃皆全美，故曰「美之至」也。五變為陽，得其中正，下應六二，亦柔順中正乃「美之至」者也。

本旨「美在其中」者，乃得懷聖子，女中爾為讚美也。[134]「暢于四支」者，乃舒于四夷也。下四爻為四支，因生聖子發于四業。童身生子乃「美之至」也。《經》「爾胎子並為讚美」是也。[135]「美之至」者，乃天下無美可比其美也。

陰疑于陽必戰，為其嫌于無陽也，故稱龍焉；猶未離其類也，故稱血焉。夫玄黃者，天地之雜也，天玄而地黃。

☷為疑，為血。☳為戈兵。以☷錯☳，中爻☶綜☳，戈兵震動，必戰之象。陰多嫌，嫌之象。上變為亢龍，故稱龍之象。上六，陰也。因

---

133 事，徐匯本作「四」，今據神院本改。

134 語出〔葡〕陽瑪諾 譯《天主降生聖經直解》：「巨聲曰：『**女中爾為讚美**，爾胎實並為讚美。』」（卷十，頁13b）；又語出天主教禱文《聖母經》：「亞物瑪利亞，滿被額辣濟亞者，主與爾偕焉。**女中爾為讚美**，爾胎子耶穌，併為讚美。天主聖母瑪利亞，為我等罪人，今祈天主，及我等死候。亞孟。」（《天主聖教日課》，卷一，頁6a–6b）此處即《路加福音》一章41–42節：「依撒伯爾一聽到瑪利亞請安，胎兒就在她的腹中歡躍。依撒伯爾遂充滿了聖神，大聲呼喊說：『在女人中你是蒙祝福的，你的胎兒也是蒙祝福的。』」

135 此處應取天主教禱文《聖母經》之意：「亞物瑪利亞，滿被額辣濟亞者，主與爾偕焉。女中爾為讚美，**爾胎子耶穌，併為讚美**。天主聖母瑪利亞，為我等罪人，今祈天主，及我等死候。亞孟。」（《天主聖教日課》，卷一，頁6a–6b）

在地上,其義天也,是故曰「陰疑于陽」也。[136]因疑而不信,故戰。卦屬純陰,為嫌于無陽也,故稱「龍」也。雖有上下天地之義而總屬坤卦,是「猶未離其類」也,故稱「血」焉。「夫玄黃」者,乃天地也。「天地之雜」者,乃兩姓結合也。「天玄而地黃」也者,乃天非變地,而地非變天者也。

本旨「陰疑于陽必戰」者,[137]乃古教惡黨疑主,[138]故必戰也。其「嫌于無陽」者,[139]乃古教惡黨為主與彼不相似也。[140]故稱「龍」者,乃惡徒假稱吾主為王也。「猶未離其類」者,乃以耶穌人性論之,而屬人類是猶未離其人之類也。乃為人祖之後,故稱「血」焉。夫耶穌者,乃天主而人也,故曰「天地之雜」也。[141]雜者,乃五綵相合。義謂受難者,[142]乃天主而人也,是故曰「天玄而地黃」也。五綵相合者,乃吾主之五傷合于一身也。[143]

---

136 于,徐匯本作「為」,今據神院本改。

137 戰,徐匯本作「變」,今據神院本改。

138 古教惡黨,徐匯本作「古惡」,今據神院本改。

139 「陽」後,徐匯本有「陽」,今據神院本刪。

140 同注137。

141 參閱頁147注116。

142 義謂受難者,徐匯本作「又謂受難難者」,今據神院本改。

143 五傷,指耶穌基督在釘十字架所受的五個主要傷口 —— 左手、右手、左腳、右腳及肋旁。敬禮「五傷」為教會傳統,詳參《天主聖教日課・卷一》中的〈五傷經〉(頁11b–13a)

屯卦

䷂	震下坎上		
屬	䷜ 坎[144]	二變成 ䷂ 屯[145]	
錯	䷱ 鼎[146]		
綜	䷃ 蒙[147]		
參伍	下互 ䷗ 復	中互 ䷖ 剝	上互 ䷦ 蹇 上互暗 ䷏
五爻互	下互 ䷚ 頤[148]	上互 ䷇ 比	

此上、中、下及五爻互共五，乃參五以支也。夫互卦者，乃輔相本卦而成，全其真道也。猶人之有五官三司[149]，而成全其所以為人也。設人無五官三司而不成為人，卦無互卦輔相而不成其真道之全焉！故互卦者，乃本來所有義而未演出，今特補之而發明真道也。

各爻變	初爻變 ䷇ 比	錯 ䷍ 大有	綜 ䷆ 師	地位
	二爻變 ䷻ 節	錯 ䷲ 旅	綜 ䷺ 渙	
	三爻變 ䷾ 既濟	錯綜 ䷿ 未濟		人位
	四爻變 ䷐ 隨	錯綜 ䷑ 蠱		
	五爻變 ䷗ 復	錯 ䷫ 姤	綜 ䷖ 剝	天位
	六爻變 ䷩ 益	錯 ䷟ 恒	綜 ䷨ 損	

---

144 坎，徐匯本、石室本、會院本、文院本及神院本無，今據卦象增。
145 屯，徐匯本、石室本、會院本、文院本及神院本無，今據卦象增。
146 鼎，徐匯本、石室本、會院本、文院本及神院本無，今據卦象增。
147 蒙，徐匯本、石室本、會院本、文院本及神院本無，今據卦象增。
148 頤，徐匯本、石室本、會院本、文院本及神院本無，今據卦象增。
149 〔意〕利瑪竇《天主實義》：「無形之神有三司，以接通之：曰司記含、司明悟、司愛欲焉。凡吾視聞啖覺即其像由身之五門竅，以進達于神，而神以司記者受之，如藏之倉庫，不令忘矣。後吾欲明通一物即以司明者取其物之在司記者像，而委曲折衷其體，協其性情之真，于理當否？其善也，吾以司愛者愛之欲之；其惡也，吾以司愛者惡之恨之。蓋司明者，達是又達非。司愛者，司善善又司惡惡者也。三司已成，吾無事不成矣。」（卷下，頁92）

屯：元亨，利貞。勿用有攸往，利建侯。[150]

屯，物之始生，屯然屈也。雷居水內，進上而不出，乃屯遭難行不進之貌，是故曰「水雷屯」。屯者，難也。「元亨，利貞」者，乃二五相應也。「勿用有攸往」者，☳足動行，中爻☶止，故曰「勿用有攸往」也。☳一君二民，居下位，有建侯之象。[151]「利建侯」者，[152]乃下中二互無九五，故曰「利建侯」也。

本旨屯難者，是遭洪水滅世之難也。[153]「元亨」者，乃雷聲大水勢通也。雷水滅世，以顯罰惡之公義，以示皆宜正固，故曰「利貞」也。內互為剝，往則剝矣，[154]故曰「勿用有攸往」也。剝無九五，故曰「利建侯」也。迷子不想屯難之初，何以云「元亨，利貞」？既曰「元亨，利貞」，復曰「勿用有攸往」何也？今以年數考之，以為真道之証。本卦正身二陽，乃為二千年也。二互二陽，乃二百年也。上互暗☵，[155]因居六四，乃四十年也。中互五陰，乃五千年也。以☵為年，年因☵成，故以☵為年是開闢以後二千二百四十五年。世忘性教，人多作惡，無行善心，干犯主怒，[156]主欲滅之，乃命諾厄預製一櫃上下三層，置爾及妻三子三婦並諸物種，乃發洪水，殄滅人物。解曰「雷」者，聲也。聲言在水內則「諾」。屯難而未伸則

---

150 侯，徐匯本作「俟」，今據神院本改。

151 侯，徐匯本作「俟」，今據神院本改。〔明〕來知德《周易集註》：「乾坤始交而遇險陷，故名為屯。所以氣始交未暢曰屯，物勾萌未舒曰屯，世多難未泰曰屯，造化人事皆相同。震動在下，坎陷在上，險中能動，是有撥亂興衰之才者，故占者元亨，然猶在險中，則宜守正而未可遽進，故『勿用，有攸往』。勿用者，以震性多動，故戒之也。然大難方殷，無君則亂，故當立君以統治。初九陽在陰下，而為成卦之主，是能以賢下人，得民而可君者也。占者必從人心之所屬望，立之為主，斯利矣，故利建侯。建侯者，立君也。險難在前，中爻艮止，勿用攸往之象。震一君二民，建侯之象。」（上冊，頁201–202）

152 「侯」前，徐匯本有「候」，今據神院本刪。

153 此處即《聖經》所載，天主因人類的墮落而引發的大洪水。相關《聖經》章節請參《創世紀》第六章至第九章。

154 「剝」後，徐匯本有「剝」，今據神院本刪。

155 「☵」後，徐匯本有「困」，今據神院本刪。

156 主，徐匯本作「上」，今據神院本改。

「厄」，二字合句，名曰「諾厄」。卦之正身，乃一櫝之象也。上、中、下三互乃櫝之三層也。[157]卦有順逆，此處逆數，因 ☵ 為逆，故當逆數也。極上一雙乃諾厄夫婦也，下一輩三雙乃三子三婦也，一舟八口為船，乃其遺義也。上互 ䷃〔蹇〕乃洪水漫過高山也，暗互 ䷇〔比〕乃洪水滅世也，中互 ䷖ 剝乃水落也，下互 ䷗ 復乃諾厄父子復居陸地也。今世之人皆諾厄之後，諾厄三子，長子名生。☳ 長子，生之象也。次子名岡。☵ 次子，岡之象也。其第三子名亞弗德。☵ 為三子，亞弗德之象也。[158]居中國者乃子之後，是故中人得嗣者，乃曰「生子」也。[159]又𨳲曰「元亨利貞」者，乃諾厄之船，大通天下，利涉而正固也。本卦五變成 ䷟〔恒〕，乃舟居氣上之象也。「勿用有攸往」者，乃主命諾厄不可游性，宜建侯立法而治世也。蓋因性教之時，無有君長治世，以致世風大壞，故以洪水滅之。自此而後，方立主君治之，乃 ☵ 者主也。洪水以前，乃為性教，[160]並無文字教訓之條，故致世道大敗。自洪水而後，主命制字立法，以教世人乃建侯也。夫建侯者，乃由天主之命也。

〈象〉[161]曰：「屯，剛柔始交而難生，

「剛柔始交」者，乃陰陽初交也。「難生」者，乃上坎也。☵ 初陰為「初交」，☵ 一陽居中于二陰之中，為「難」，☵ 為「生」之象，故曰「難生」也。[162]

---

157 《創世紀》六章16節：「方舟上層四面做上窗戶，高一肘；門要安在側面；方舟要分為上中下三層。」

158 據《創世紀》九章18節所載，諾厄（Noah）三子，即閃（Sham）、含（Ham）、耶斐特（Japheth）。

159 〔西〕龐迪我《龐子遺詮‧詮人類起源》：「凡此天下萬國之人，悉皆生、岡、雅拂德三弟兄之苗裔。」（卷四，頁23a）

160 性教，*Lex Naturalis*（Natural Law），指人心本性存有的道德規範。〔葡〕孟儒望（João Monteiro，1603–1648）《天學略義》：「《中庸》首言『天命謂性，修道謂教。』蓋欲人盡其性中固有之善，以不負天帝之錫予，則儒教殆即天主之性教也。」（頁198）〔意〕艾儒略（Giulio Alenio，1582–1649）《口鐸日抄》：「性教何也？人類之始生也，天主賦之靈性，俾通明義理。斯時十誡之理，已刻於人心之中，普萬國皆然，是謂性教。」（卷二，頁108）

161 象，徐匯本作「象」，今據神院本改。

162 〔宋〕朱熹《周易本義》：「屯，張倫反。震、坎，皆三畫卦之名。震，一陽動於二陰之下，故其德為動，其象為雷。坎，一陽陷於二陰之間，故其德為陷、為險，其

本旨「剛」者，乃人祖父也。「柔」者，乃人祖母也。「始交」者，乃男女始交也。人祖初居地堂，即犯元辜，[163]因其元辜罰流苦世而難生矣！奈性因元辜染污，[164]而世人愈流而愈下，辜惡彌天，上干天主義怒，致招洪水之罰。惜哉！乃普世之公難也。是故曰「剛柔始交而難生」也。因世多迷不明卦旨，故失真道之傳。吁嗟！惜乎！永難生矣！

動乎險中，大亨，貞。

☵ 為險，☳ 為動，雷動水中，乃「動乎險中」也。「大亨，貞」者，乃二及五也。險中能動，則其險可出，故大亨而貞也。☳ 為雷之象。因 ☵ 居上，為雨之象者也。[165]

本旨「動乎險中」者，乃諾厄之舟動乎水中，大通而正固也。上互水漫高山四十日為証，☵ 四者乃此之謂也。[166]

雷雨之動，滿盈。天造草昧，宜建侯而不寧。」

「雷雨之動，滿盈」者，乃水上于雷，故曰「滿盈」也。☵ 中滿，滿盈之象。[167]「天造草昧」者，乃時遭水雷之難，而因世惡草褙荒亂，有天而無

象為雲、為雨、為水。」（頁49）〔明〕來知德《周易集註》：「以二體釋卦名，又以卦德、卦象釋卦辭。剛柔者，乾坤也，始交者，震也。一索得震，故為乾坤始交。難生者，坎也，言萬物始生，即遇坎難，故名為屯。」（上冊，頁202）

163 辜，呂註本作「皋」，同為「罪」的古字。參閱頁83注4。

164 〔意〕艾儒略《口鐸日抄》：「原罪者，罪之根也。自造諸罪者，罪之枝葉柯乾也。故原罪一赦，而諸罪並可悉宥。譬之樹焉，一拔其根，而枝葉柯干，有頹然畢起者矣。〔……〕今人原罪雖除，然一自受染之後，其性不能無偏，此亦原罪之餘跡也。故必猛力克治。始可無愆，故克之正未易易耳。書不云乎：『克明俊德。』可見德必克而始明，克之其明始俊，俊者美好之謂也。」（頁290–291）

165 〔明〕來知德《周易集註》：「動乎險中者，言震動之才，足以奮發有為，時當大難，能動則其險可出，故大亨。然猶在險中，時猶未易為，必從容以謀，其出險方可，故利貞。雷，震象。雨，坎象。」（上冊，頁202）〔宋〕朱熹《周易本義》：「以二體之象釋卦辭。雷，震象；雨，坎象。」（頁50）

166 據《聖經》所載，當時大雨持續了四十天四十夜，直至所有高山被滅頂。詳參《創世紀》七章12–23節。

167 滿，徐匯本作「海」，今據神院本改。

日，故曰「草昧」也。「不寧」者，乃當建侯而不可安寧也。☳ 為蕃，為草之象，錯 ☶ 亦草之象。☵ 為月，天尚未明昧之象也。雷雨交作，雜亂晦冥，充塞盈滿于兩間，大亂之象也。[168] [169]

本旨水上雷而滿高山，故曰「雷雨之動，滿盈」也。[170] ☵ 乃天地陰陽之主，故曰「天造」也。因世之惡，如茂草之荒，遮蔽日光，故曰「草昧」也。是故天主罰之，以陰雲雷雨淹滅人物而使之，永不能見光，故曰「天造草昧」也。因其前無君王，故「宜建侯而不寧」，無君也。

〈象〉曰：「雲雷，屯。君子以經綸。」

「雲雷，屯」者，☵ 乃為雲，☳ 為雷也。陽為「君子」。「經綸」者，乃料理也。「君子以經綸」者，乃君子因荒亂而料理以治世也。下 ☳ 錯 ☴，為繩直，又為長，經綸之象。

本旨為大君之子，故曰「君子」。因前荒亂而遭屯亂，是以君子當立法度而治之也。自此而後，乃立書教，伏羲為首而畫卦矣。[171] 卦畫者，乃古字也。是故其中含隱真道，而作後世信德之據也。

168　語出〔明〕來知德《周易集註》：「天造者，天時使之然，如天所造作也。草者，如草不齊。震為蕃，草之象也。昧者，如天未明。坎為月，天尚未明，昧之象也。坎水內景，不明于外，亦昧之象也。雷雨交作，雜亂晦冥，充塞盈滿于兩間，天下大亂之象也。當此之時，以天下則未定，以名分則未明，正宜立君以統治。〔…〕」（上冊，頁202–203）

169　語出〔宋〕朱熹《周易本義》：「天造，猶言天運。草，雜亂；昧，晦冥也。陰陽交而雷雨作，雜亂晦冥，塞乎兩間。天下未定，名分未明，宜立君以統治，而未可遽謂安寧之時也。不取初九爻義者，取義多端，姑舉其一也。」（頁50）

170　滿，徐匯本作「海」，今據神院本改。

171　書教，Lex Mosaica（Mosaic Law），原特指《舊約》梅瑟律法，按天主教史學觀，屬救贖工程的中期階段。孟儒望釋書教為「十誡等禮儀」，其《天學略義》曰：「天下之人，率忘真主，棄廢性教。惟如德亞國，純一敬事天主，不為異端所染。天主乃示梅瑟聖人以十誡，俾錄以教民其大旨總歸二端：愛天主萬有之上，與愛人如己。此謂書教，亦謂之古教。」（頁105）；艾儒略則用以泛指所有宗教文化典籍，其《口鐸日抄》記曰：「迨物欲漸染，錮蔽日深。於是或明示、或默啟諸聖賢著為經典，以醒人心之迷，是為書教。」（卷二，頁108）此處呂立本將伏羲歸入書教之列。

初九：磐桓，利居貞，利建侯。

磐，大石也。中爻 ☶，石之象也。桓，大柱也。☳陽木，桓之象也。「磐桓」者，柱石也。八卦正位，☳在初，乃爻之極善者。屯難之初，一陽在下，乃居動體而欲上應，乃中 ☶ 止之有柱石，欲動不動之象。所以「利居貞，利建侯」。[172]

本旨磐石者，聖諾厄也。洪水之時，其如柱礙而人類之根底也。「利居貞」者，乃天主告誡世人宜居正也。「利建侯」者，乃宜建主而奉其命也。洪水滅世因人辜[173]，聖子降世因救人。此卦之爻真乃主降世之豫象也。

〈象〉曰：「雖磐桓，志行正也。以貴下賤，大得民也。」

以陽居初，為得其正，乃志行正也。陽居陰下，乃以貴下賤也。本為成卦之主，故曰「大得民」也。中爻 ☶ 為衆，得民之象也。[174]

本旨「志行正」者，乃志行救世之正事也。「以貴下賤」者，乃豫言吾主降世之時，[175]屬人權下，乃「以貴下賤」也。後得聖故大興，乃「大得民」也。天主默啟古教聖記此者，以為救世之其証也。

---

172 語出〔明〕來知德《周易集註》：「**磐，大石也**，『鴻漸于磐』之『磐』也。**中爻艮，石之象也。桓，大柱也**，〈檀弓〉所謂『桓楹』也。**震陽木，桓之象也**。張橫渠以『磐桓』猶言『柱石』是也。自馬融以磐旋釋『磐桓』，後來儒者皆如馬融之釋，其實非也。**八卦正位震在初，乃爻之極善者**。國家屯難，得此剛正之才，乃倚之以為柱石者也，故曰『磐桓』，唐之郭子儀是也。震為大塗，柱石在于大塗之上，**震本欲動而艮止不動，有柱石欲動不動之象**，所以利居貞，而又利建侯，非難進之貌也。故〈小象〉曰『雖磐桓，志行正也』。曰心志在于行，則欲動不動可知矣。」（上冊，頁204）

173 辜，呂註本作「皋」，同為「罪」的古字。參閱頁83注4。

174 語出〔明〕來知德《周易集註》：「當屯難之時，大才雖磐桓不動，然拳拳有濟屯之志，行一不義，殺一不辜，而得天下不為。既有救人之心，而又有守己之節，所以占者利居貞而守己也。蓋居而不貞則無德，行而不正則無功。周公言『居貞』，孔子言『行正』，然後濟屯之功德備矣。**陽貴陰賤，以貴下賤者**，一陽在二陰之下也。當屯難之時，得一大才，眾所歸附，更能自處卑下，大得民矣，此占者所以又利建侯而救民也。」（上冊，頁204）

175 豫，本意為大象，俗字作「預」，引申指預先、提前。《説文解字》：「象之大者。賈侍中説：不害於物。从象予聲。」〔清〕段玉裁注曰：「《周禮》司市注云：『防誆豫』。皆謂賣物者大其價以愚人也。大必寬裕，故先事而備謂之豫，寬裕之意也。寬大則樂。」（頁464）〈繫辭下傳〉：「重門擊柝，以待暴客，蓋取諸豫。」

六二：屯如邅如，乘馬班如，匪寇婚媾，女子貞不字，十年乃字。

☳錯☴為進退，邅班之象。邅者，乃回不進也。班者，乃分不進之貌。☳為蹄足。馬者，乃此邅班之謂之。☵為盜寇之象。「匪寇」指初，「婚媾」指五字者，乃許嫁也。《禮》曰「女子笄而字」[176]，不字者，不字于初也。六二中正有應于上而乘初剛，故為所難，是以邅回不進也。然初非為寇，乃求與己為婚媾耳。但己守正，故不之許。中爻艮止，不字之象。中爻坤土，土數咸于十，十年之象。至于十年耳。數窮理盡則妄求者去正應者，合而可許矣！[177]十年指六三，乃為陰陽十字。過十年者，乃過六三也。過六三乃六四，應初九已去，九五為己之正應，乃合，故曰「十年乃字」也。[178]

本旨邅班者，乃聖子不速降而結合人之性也。「匪寇婚媾」者，乃結合人之性也。[179]「女子貞不字」者，乃不速結。「十年乃字」者，乃將釘十

---

176 語出〈禮記・曲禮上〉：「女子許嫁，笄而字。」

177 語出〔宋〕朱熹《周易本義》：「邅，張連反。乘，繩澄反，又音繩。班，分佈不進之貌。字，許嫁也。《禮》曰：『女子許嫁，笄而字。』六二，陰柔中正，有應於上，而乘初剛，故為所難而邅回不進。然初非為寇也，乃求與己為婚媾耳。但己守正，故不之許，至於十年。數窮理極，則妄求者去，正應者合，而可許矣。爻有此象，故因以戒占者。」（頁51）

178 語出〔明〕來知德《周易集註》：「屯、邅皆不能前進之意。班，與《書》『班師』並，『岳飛班師』『班』字同，回還不進之意。震於馬為蹄足，為作足，班如之象也。應爻為坎，坎為盜，寇之象也，指初也。婦嫁曰婚，再嫁曰媾，婚媾指五也。變兌為少女，女子之象也。字者，許嫁也。禮，女子許嫁，笄而字。此女子則指六二也。貞者，正也，不字者，不字於初也。乃字者，乃字于五也。中爻艮止，不字之象也。中爻坤土，土數成于十，十之象也。若以人事論，光武當屯難之時，竇融割據，志在光武，為隗囂所隔，『乘馬班如』也；久之終歸于漢，『十年乃字』也。六二柔順中正，當屯難之時，上與五應，但乘初之剛，故為所難，有屯邅班如之象，不得進與五合，使非初之寇難，即與五成其婚媾，不至十年之久矣。惟因初之難，六二守其中正，不肯與之苟合，所以不字，至于十年之久。難久必通，乃反其常而字，正應矣，故又有此象也。占者當如是則可。」（上冊，頁205）

179 此處論及天主聖子降生為人的奧蹟，據教會奧蹟耶穌基督是完全的天主、又是完全的人。這種的關係可參〔法〕沙守信《真道自證》：「異哉！《聖經》所載救世耶穌，即此也。夫耶穌，非徒為天主，亦非徒為人，乃天主聖子，甘心結合一人性於己位，而誠為一真人而真天主者也。真人以有靈魂，有肉軀，與人無異；真天主以

字之年也。過三四而應五者，乃過三四千年而應五千也。應五千者，乃謂五千年之時，天主降世者，所以救世人也。

〈象〉曰：「六二之難，乘剛也。『十年乃字』，反常也。」

「反常」者，及反其常而得其正也。☳為常，以☷錯☶綜☴，反常之象也。

本旨「乘剛」者，乃受難也。「反常」者，乃返人于常生正道也。[180]聖子結合人性，取譬婚媾，《經》云「國王為國嗣娶親戚設大宴」是也。[181]

六三，即鹿無虞，惟入于林中。君子幾不如舍。往吝。

六三不中不正，即于中互乃為山地，山林有鹿，故曰「即鹿」。虞，掌山澤之官也。「無虞」者，乃無指示之人也　是因即鹿而入于林中也。「無虞」者，無正應也。☷錯☰為八，艮木為堅多節。虞，為竹林之象。六三變☲為明，見機之象也。捨，乃☶止之象。震為君子，故曰「君子機不如捨」也。往之則遇上六，以陰遇陰，乃為吝也。不如捨中互而歸上互得，乃其正也。不往應六者，乃免吝也。[182]

聖三中第二位聖子，實與聖父、聖神本一體、一性、一天主，真人而天主者。因耶穌一位，有天主性與人性，實締合而成一救世者。略譬人之靈魂與肉身，雖無變化參雜，然實締合而成一人。故以其原性而言之，天主也；以其所取之性而言之，人也。以其兩性結合，屬聖子之原位而言之，乃二其性而不二其位。誠為一位天主而人，人而天主者，（以其位而稱，曰天主而人者；以其救世之功而稱，恆曰人而天主者。因救世之功，雖天主性為帥，而顯其行者，實在乎人性也。）耶穌結合兩性之內美如此，其外用又美不勝述焉。」（卷二，頁267–268）

180 乃，徐匯本作「及」，今據神院本改。

181 此處應取《瑪竇福音》二十二章2節：「天國好比一個國王，為自己的兒子辦婚宴。」〔葡〕陽瑪諾《天主降生聖經直解》：「天國（指聖而公教會）象王，為國嗣婚娶備筵。」（卷八，頁25a）以此聖經解釋為天主聖子的降生可參《天主降生聖經直解》：「解曰：『國王，天主聖父也；國嗣，天主聖子也；娶親，其降生而取人性也。』」（卷八，頁25b）

182 語出〔明〕來知德《周易集註》：「即者，就也，鹿，當作『麓』為是，舊註亦有作『麓』者。蓋此卦有麓之象，故當作『麓』，非無據也。中爻艮為山，山足曰麓，三居中爻艮之足，麓之象也。虞者，虞人也。三四為人位，虞人之象也。入山逐獸，必

本旨「即鹿無虞」者，乃因無人指示而迷失其真道也。「惟入于林中」者，乃人貪禽獸之事也。君子知幾希之理，不如捨世樂之為愈也。世樂終隨苦，苦于無窮，設不捨而往求之，終迷而吝也。

〈象〉曰：「『即鹿无虞』，以從禽也。君子舍之，往吝窮也。」

中爻 ☷ 為黔啄，☷ 為從，從禽之象。往之則遇上六，乃陰窮之象，故曰「往吝窮」也。

本旨「以從禽」者，乃人順從禽獸之行也。「往吝窮」者，乃言往貪世榮者，終必吝而窮也。

六四：乘馬班如，求婚媾，往，吉无不利。

震為篡足。馬篡者，馬懸蹄也，故曰「乘馬班如」也。六四應初九，故曰「求婚媾」也。其應得正，故曰「往吉」。應初而遇主，故曰「無不利」也。

本旨乃言古聖每瑟本有聖人之志而不得其本向，故曰「乘馬班如」也。主命求婚媾，求古教也，往之則吉而無不利也。

〈象〉曰：「求而往，明也。」

往，得雷電之光，是故「明」也。六四下應震足，求往之象也。往應太陽者，明之象也。

本旨求而得其真，向往而明真主之真道，故曰「明」。

九五：屯其膏，小貞吉，大貞凶。

九五雖以陽剛中互而居尊位，然當屯難之時，曲而伸現在險中，雖有六二正應，陰柔無濟。初九得民于下眾，皆歸之九五。坎體有膏澤而未能

有虞人發縱指示，無虞者，無正應之象也。震錯巽，巽為入，入之象也。上艮為木堅多節，下震為竹，林中之象也。言就山足逐獸，無虞人指示，乃陷入于林中也。坎錯離明，見幾之象也。舍者，舍而不逐也，亦艮止之象也。六三陰柔，不中不正，又無應與，當屯難之時，故有『即鹿無虞，入于林中』之象。君子見幾，不如舍去，若往逐而不舍，必致羞吝，其象如此，戒占者當如是也。」（上冊，頁206）

施，故曰「屯其膏」也。[183]因應六二得正，故「小貞吉」也。因屯而未伸，故「大貞凶」也。小貞指六二未進☷體，故吉。大貞指本爻也，現在險中，故凶。[184]

本旨「屯其膏」者，乃救世之恩尚未施也。人非天主之恩，小貞可吉，若守大貞則凶矣。又「小貞吉」者，乃藐小其貞而自謙者，[185]主必降福，是故吉也。「大貞凶」者，乃因貞而自大，主必抑之，是故凶也。又「小貞」者，乃守夫婦之正也。「大貞」者，乃守童身之貞也。童身之貞設無天主聖祐則凶也。☷，中滿也。自滿驕傲者，「大貞凶」之象，惟謙則吉。

〈象〉曰：「『屯其膏』，施未光也。」

因屯而未伸正，不如互未得正互之光，[186]故曰「施未光」也。

本旨施未光者，乃天主未降深恩，未施光臨世，乃恩施之未光也。

上六：乘馬班如，泣血漣如。

☵、☷俱有馬象，故以馬言之。六居馬上，乘馬之象。上六為坎之極，故為「泣血漣」，泣下流貌。上六無應，是故「班如」。居屯之極，無所可之，是故「泣血」也。[187]

---

183 語出〔宋〕朱熹《周易本義》：「**九五雖以陽剛中正居尊位**，然當屯之時，陷於險中，**雖有六二正應，而陰柔才弱，不足以濟。初九得民於下，眾皆歸之。九五坎體，有膏潤而不得施**，為屯其膏之象。占者以處小事，則守正猶可獲也；以處大事，則雖正而不免於凶。」（頁52）

184 語出〔明〕來知德《周易集註》：「**九五以陽剛中正居尊**，亦有德有位者。**但當屯之時，陷于險中，為陰所掩，雖有六二正應**，而陰柔不足以濟事，且初九得民于下，民皆歸之，無臣無民，所以有屯其膏，不得施為之象。故占者所居之位，如六二為臣，小貞則吉，如九五為君，大貞則凶也。」（上冊，頁208）。

185 藐，意為指幼小、弱小，後引申為輕視。《說文解字》：「茈艸也。从艸須聲。」〔清〕段玉裁注曰：「莫覺切。古音在二部。古多借用爲眇字。如說大人則藐之及凡言藐藐者皆是。」（頁31）《孟子·盡心下》：「說大人，則藐之。」《左傳·僖公九年》：「曰：『以是藐諸孤辱在大夫，其若之何？』」

186 得，徐匯本無，今據神院本增。

187 語出〔明〕來知德《周易集註》：「**六爻皆言『馬』者，震、坎皆為馬也**。皆言『班如』者，當屯難之時也。坎為加憂，為血卦，為水，泣血漣如之象也。才柔不足以濟屯，去初最遠，又無應與，故有此象。」（上冊，頁208）

本旨其端之國傲惡，自以為正大而不求明真道，不向真主歸恩，其終受罰乃永苦，是故泣血而漣如也。惜乎！悔之遲矣。

〈象〉曰：「『泣血漣如』，何可長也。」

居卦之終，以表臨終。迷子貪世，世終不久，何可長也？屯難之極而滅之矣。「何可長」者，乃言泣血不久而至也。☵為長，上六非☵，☷為可居。可之終者，「何可長」之象也？水流以長，上居水窮山盡，故不可長。

蒙卦

䷃	坎下艮上			
屬	䷝ 離[188]	四變成 ䷃ 蒙[189]		
錯	䷵ 革			
綜	䷂ 屯			
參伍	下互 ䷧ 解	中互 ䷗ 復	上互 ䷖ 剝 下互暗 ☰ 為乾	
五爻互	下互 ䷆ 師	中互 ䷚ 頤		
各爻變[190]	初爻變 ䷨ 損	錯 ䷞ 咸	綜 ䷩ 益	地位
	二爻變 ䷖ 剝	錯 ䷪ 夬	綜 ䷗ 復	
	三爻變 ䷑ 蠱[191]	錯綜 ䷐ 隨		人位
	四爻變 ䷿ 未濟	錯綜 ䷾ 既濟		
	五爻變 ䷺ 渙	錯 ䷶ 豐	綜 ䷮ 節	天位
	六爻變 ䷇ 師	錯 ䷌ 同人	綜 ䷇ 比	

蒙，亨。匪我求童蒙，童蒙求我。初筮告，再三瀆，瀆則不告。
利貞。

　　蒙，昧也。[192]中、少二男不得其正，乃蒙之意也。少上中下，乃蒙之象
也。止于險上而不知避，乃蒙之甚也，故其卦之名曰「蒙」也。蒙于通無知
識，故曰「蒙亨」也。非我者，乃九二未得正位，故曰「非我求」者應也。「童
蒙」者，五也。「童蒙求我」者，五求二也。「初」，初六也。「告」者，陽答陰

---

188 離，徐匯本、石室本、會院本、文院本及神院本無，今據卦象增。

189 蒙，徐匯本、石室本、會院本、文院本及神院本無，今據卦象增。

190 各爻變，徐匯本、石室本、會院本、文院本及神院本無，今據諸表增。

191 蠱，徐匯本、石室本、會院本及文院本無，今據神院本增。

192 語出〔明〕來知德《周易集註》：「蒙，昧也。其卦以坎遇艮，山下有險，艮山在外，
　　坎水在內，水乃必行之物，遇山而止，內既險陷不安，外又行之不去，莫知所
　　往，昏蒙之象也。〈序卦〉：『屯者，物之始生也。物生必蒙，故受之以蒙。』所以次
　　屯。」（上冊，頁209）

也。再指四陽一陰，二二再則四矣。三指三三不中正，是故曰「瀆」。「告」
者，二告乎五也。「不告」者，二不告乎三、四也。凡陽則明，陰則暗，所
以九二發六五之蒙，三四不應，是故「不告」。告之無益，故不告之。六五
為童蒙，父母無求童蒙之理，故曰「非我求童蒙」也。幼子不明道理，自當
求明，故曰「童蒙求我」。童蒙初問主君，告之，故曰「相筮告」也。若蒙
子再三瀆問，乃童蒙瀆恩，不能進于深道，則不告之矣，故曰「瀆則不告」
矣。但當教之守正，故曰「利貞」。「利貞」者，乃宜歸中，順主則正也。[193]

　　本旨蒙者，乃因古無文字，缺少教訓之條，諸事事不明，故曰「蒙」
也。「亨」者，乃通行無知也。「非我求童蒙，童蒙求我」：「我」者，乃天主
自我也；「童蒙」者，乃世人也。「初筮告」者，乃世人以卦問主，天主告之
也。「再三瀆，瀆則不告」者，設人再三瀆問，乃人褻主，故曰「瀆則不告」
之矣。「利貞」者，乃當以正求主也。

　　辭義：下暗互 ☷，以暗藏為「伏」，以案上獻主，乃目為「義」。義者，
乃義牛也。二字合自名曰「伏義」。是故謂伏義為有角者，[194]以示其義，乃兩
額微有其角之形而非長也。上互上 ☷，乃為天主默啟伏義在案畫卦。卦之
正身二陽，乃二千年也，四陰乃四百也，中互五陽乃五十也。遡自開闢以
至伏義之時，共記有二千四百五十年間。伏義來至中國都，于古陽畫卦記
《易》，乃為萬世真道之統，以教後世童蒙之迷而指示真道也。下互二陽，
乃二百也。上互五陽，乃五年也。是洪水以後二百零五年乃記《易》也。復
至二千五百五十年間，乃違書教皆相從惡。[195]時當天風姤，乃自開闢五千
年也。從此以後，是為後天以至天地終窮，不復他教云爾。繼曰：世人姤
童蒙，無辜[196]致多險；上主親指示，密而歸于簡；迷子不明義，永苦不能

---

193 語出〔明〕來知德《周易集註》：「蒙亨者，言蒙者亨也，不終于蒙也。『匪我求童
　　蒙』二句，正理也。**再指四，陽一陰二，二再則四矣。三指三。**瀆者，煩瀆也。初
　　筮者，初筮下卦，得剛中也。比卦坎之剛中在上卦，故曰再筮。**告者，二告乎五**
　　也。不告者，二不告乎三、四也。凡陽則明，陰則暗，所以九二發六五之蒙。利
　　貞者，教之以正也。」（上冊，頁209–210）
194 角，徐匯本作「用」，今據神院本改。
195 書教，參閱頁160注170。
196 辜，呂註本作「皋」，同為「罪」的古字。參閱頁83注4。

免；專心求道吉，[197]方知其義粲。下互暗 ☷ 為三，又居第三位，是伏羲者乃為諾厄之三輩孫也。

〈象〉曰：蒙，山下有險，險而止，蒙。

「山下有險」者，乃艮下有坎也。「險而止，蒙」者，蒙有神形之諸險。神險為至險，陷至多當。發明其險而正之者，以免陷于險中，故曰「險而止，蒙」也。

本旨天主設世諸險，使人懼險而免永陷，其為恩也，大矣！世無險而人不知懼，乃其永陷難免，故曰其為思也。大矣！「險而止」：止者，乃退則困于其險，進則阻其山兩無所適，所以名「蒙」也。[198]

蒙，亨，以亨行，時中也。匪我求童蒙，童蒙求我，志應也。初筮告，以剛中也。再三瀆，瀆則不告，瀆蒙也。蒙以養正，聖功也。」

「蒙，亨」者，以我之亨亨之也。「時中」者，當其可之謂也。中爻 ☷，為行之象，五爻變為 ☳，為時中之象。自古至今旨以中庸為真道，故曰「以亨行，時中」也。「志應」、「剛中」指九二乃應六五，六五當求九二，故曰「童蒙求我，志應」也。當童之時，必教之以守正道而不入于邪妄之中，乃作聖之基也，故曰「蒙以養正，聖功」也。六五求九二者，乃陰當求陽也。[199]

本旨人之所以為人者，在于作聖之功也。不然者，則人而禽也。

---

197 旨，徐匯本作「子」，今據神院本改。

198 語出〔明〕來知德《周易集註》：「以卦象、卦德釋卦名，又以卦體釋卦辭。**險而止，退則困于其險，進則阻于其山，兩無所適，所以名蒙也。**」（上冊，頁210）

199 語出〔明〕來知德《周易集註》：「**以者，用也。以亨者，以我之亨通也。時中者，當其可之謂。**憤悱啟發，即志應也。言我先知先覺，先以亨通矣，而後以我之亨，行時中之教，此蒙者所以亨也。『匪我求童蒙，童蒙求我』，乃教人之正道也。何也？〔…〕『發蒙』即『養蒙』。聖功，乃『功夫』之『功』，非『功效』之『功』。」（上冊，頁210–211）

〈象〉曰：「山下出泉，蒙。君子以果行育德。」

艮下有坎，乃山下出泉也，果實也。九二以實行，育養其德，乃行貴乎言也。果行者，體坎之剛中，以果決其行，見善必迁，聞義必徙，不畏難而苟安也。育德者，體艮之靜止，以養育其德，不欲速，寬以居之，優游以俟其成也。☵為果之象，中爻☳足，為行之象。上☶中☳為䷚〔頤〕，養育之象也。[200]

本旨「山下出泉」者，乃人染元辜[201]也。蒙者，乃人因元辜染污，是故蒙也。[202]君子者，乃聖子也。「以果行育德」者，以實行養育世人之德也。

初六：發蒙。利用刑人，用説桎梏，[203]以往吝。

初起，謂之「發蒙」。初六不中不正，乃發之甚者也。蒙之甚者，乃小人之類也。小人不以理縛，當以法制，故曰「利用刑人」，乃所以正法也。正法之意，乃因教之守正，而免罹永殃桎梏之阱，故曰「用脱桎梏」也。初六無應，故不可往。往之則吝，故曰以「往吝」也。設以蒙昧而行不教之守正，是可吝也。坎為桎梏，脱坎則脱桎梏矣。歸中得正，則脱坎而有應矣。中爻☳為足，外卦☶為手，「用桎梏」之象。變兑為毀，折脱桎梏

---

200 語出〔明〕來知德《周易集註》：「泉乃必行之物，始出而未通達，猶物始生而未明，蒙之象也。**果行者，體坎之剛中，以果決其行，見善必遷，聞義必徙，不畏難而苟安也。育德者，體艮之靜止，以養育其德，不欲速，寬以居之，優游以俟其成也。**要之，果之育之者，不過蒙養之正而已。是故楊墨之行非不果也，而非吾之所謂行；佛老之德非不育也，而非吾之所謂德，所以蒙養以正為聖功。」（上冊，頁211）

201 辜，呂註本作「皋」，同為「罪」的古字。參閱頁83注4。

202 此處暗示原罪令人具犯罪的傾向，請參〔意〕艾儒略《口鐸日抄》：「原罪者，罪之根也。自造諸罪者，罪之枝葉柯乾也。故原罪一赦，而諸罪並可悉宥。譬之樹焉，一拔其根，而枝葉柯干，有頹然畢起者矣。〔…〕今人原罪雖除，然一自受染之後，其性不能無偏，此亦原罪之餘跡也。故必猛力克治。始可無愆，故克之正未易易耳。書不云乎：『克明俊德。』可見德必克而始明，克之而其明始俊，俊者美好之謂也。」（卷四，頁290–291）

203 用，徐匯本作「周」，今據神院本改。

之象也。徃者，徃發其蒙也。吝者變☳，則和悦矣，和悦安能發蒙，故「吝」。又以徃吝者，乃刑之過暴亦可吝也。[204]

〈象〉曰：「『利用刑人』，以正法也。」

小人不以理，義當用刑，所以「正法」也。教之法，不可不正，故用刑懲戒之，使其有嚴憚也。[205]變☳錯綜☴為繩直，正法之象也。

九二：包蒙，吉。納婦吉，子克家。

包，裹也。婦人懷姙，[206]包裹其子。包，即胞字也。凡《易》中言「包」者，[207]皆外包乎內也。「包蒙」者，包容其初之蒙也。曰「包」則有含弘之量，敷教在寬矣，[208]故吉。九二得中于初曰「包」，于三、四、五曰「納」，于五曰「克家」。「納婦吉」者，新納之婦，有諧和之吉也。中爻☷順在上，一陽在下，納受☷順之陰，納婦之象也。子克家者，能任父之事也。☵為中男，有剛中之德，子克家之象也。[209]

---

204 語出〔明〕來知德《周易集註》：「蒙者，下民之蒙也，非又指童蒙也。發蒙者，啟發其初之蒙也。刑人者，以人刑之也。刑罰立而後教化行，治蒙之初，故利用刑人，以正其法。桎梏者，刑之具也。**坎為桎梏**，桎梏之象也。在足曰桎，在手曰梏。**中爻震為足，外卦艮為手，用桎梏之象也。**因坎有桎梏，故用刑之具，即以桎梏言之，非必主于桎梏也。朴作教刑，不過夏、楚而已。本卦坎錯離，艮綜震，有噬嗑折獄用刑之象，故豐、旅、賁三卦有此象，皆言獄。説者，脱也，用脱桎梏，即不用刑人也。**變兑為毀折，脱之象也。徃者，徃發其蒙也。吝者，利之反。變兑，則和悦矣，和悦安能發蒙？故吝。**」（上冊，頁211–212）

205 語出〔明〕來知德《周易集註》：「**教之法，不可不正，故用刑懲戒之，使其有嚴憚也。**」（上冊，頁212）

206 懷，徐匯本作「恆」，今據神院本改。

207 言「包」者，徐匯本作「包言者」，今據神院本改。

208 敷，本義為施予、給予，後通「布」，引申布施、宣述之意。《説文解字》：「𢿳也。从攴尃聲。《周書》曰：『用敷遺後人。』」（頁124）《書·舜典》：「帝曰：『契，百姓不親，五品不遜，汝作司徒，敬敷五教，在寬。』」〔唐〕褚琇《奉和聖制送張説上集賢學士賜宴》：「惟師恢帝則，敷教葉天工。」

209 語出〔明〕來知德《周易集註》：「**包者，裹也。婦人懷姙，包裹其子，即『胞』字也。凡《易》中言『包』者，皆外包乎內也。**泰曰『包荒』，否曰『包承』、『包羞』，姤曰『包

九二以陽剛為內卦之主，統治羣陰，當發蒙之任者也。[210]然所治既廣，物性不齊，不可一概取必。然爻之德剛而不過，為能有所包容之象。又以陽受陰，為納婦之象。又居下位而能任其上事，為子克家之象。[211]蒙無包容必喪，故曰「包蒙吉」也。蒙恩不知克己，食色由于本性，是故「納婦吉」也。蒙恩不能任家事，得子可任蒙家，故曰「子克家」也。「包蒙」、「納婦」、「克家」，俱指九二應眾陽而言也。

本旨「包蒙，吉」者乃天主包容我等，而我等得吉也。「納婦吉」者，乃因洪水滅世之後，天下人稀納婦生子，是故吉也。「子克家」者，乃有子接任而能治家。夫治家者，乃救世之主而治天下萬國之家者也。[212]故吾主降世之時，每自稱為人子者，此也。[213]

〈象〉曰：「『子克家』，剛柔接也。」

九二接眾陰，乃「剛柔接」也。

魚』，皆外包乎內。**包蒙者，包容其初之蒙也。曰包，則有含弘之量，敷教在寬矣。初曰『刑』者，不中不正也。上曰『擊』者，上過剛也。此爻剛中，統治群陰，極善之爻，故于初曰『包』，于三、四、五曰『納』，于五曰『克家』。納婦吉者，新納之婦有諧和之吉也。中爻坤順在上，一陽在下，納受坤順之陰，納婦之象也。子克家者，能任父之事也。**坎為中男，有剛中之賢，能幹五母之蠱，子克家之象也。『納婦吉』字，與上『吉』字不同，上『吉』字，占者之吉也；下『吉』字，夫婦和諧之吉也。坤順故吉。」（上冊，頁212–213）

210 語出〔明〕來知德《周易集註》：「**九二以陽剛為內卦之主，統治群陰，當發蒙之任者**，其德剛而得中，故有包蒙之象。占者得此固吉矣，然所謂吉者，非止于包容其初之蒙也。凡三、四、五之為蒙者，二皆能以剛中之德化之，如新納之婦有諧和之吉，承考之子有克家之賢，其吉其賢皆自然而然，不待勉強諄諄訓誨于其間，如此而謂之吉也。故其占中之象又如此。」（上冊，頁213）

211 語出〔宋〕朱熹《周易本義》：「**九二以陽剛為內卦之主，統治群陰，當發蒙之任者。然所治既廣，物性不齊，不可一概取必。而爻之德剛而不過，為能有所包容之象。又以陽受陰，為納婦之象。又居下位而能任上事，為子克家之象。故占者，有其德而當其事，則如是而吉也。**」（頁54）

212 而治天下，徐匯本作「而天治下」，今據神院本改。

213 「人子」（Son of Man）為耶穌在聖經中的自稱。〔意〕艾儒略《天主降生言行紀畧》：「凡篇中稱人子者，皆吾主耶穌自謂也，意謂降世為人，實生於童貞之聖母者。」（卷一，頁201）

本旨乃預言聖子降世，以接人祖之任以補萬民之辜而為再祖維皇，[214] 故曰「剛柔接」也。因降曰「子」，因補曰「祖」，故雙言之，以免人疑而得接救世之恩也。

六三：勿用取女，見金夫，不有躬，無攸利。

上 ☶ 止，「勿用取」之象。陽爻為金，二為金夫。[215] 此卦屬 ☷，三變，女亡之象，故不有躬也。以其陰爻，故曰「女」。六三不中不正，當歸中互而中互無應，故曰「勿用取」也。本身六三應上九，上九亦不中正，應之不以其正，是貪金也，故曰「見金夫，不有躬」也。娶女如是，何利之有？故曰「無攸利」也。山水出金，故曰「金夫」。山止水流，不娶之象。六三乘九二，乃非其應，與上九應之而不正，是為淫婦，故曰「勿用娶女」也。

本旨此指淫城野合，天主禁曰「勿用娶」也。自此而後方定婚禮，乃上主之命也。[216]

〈象〉曰：「『勿用取女』，行不順也。」

中爻 ☵ 足為行，行不中正，故不順也。中爻 ☷，為順之象。六三不正，不順之象。蒙不知理，只知愛金，乃女行不順理也。言女行不順理者，乃禁非理之婚者也。

---

214 語出《尚書‧湯誥》：「**維皇上帝降衷於下民。若有恒性，克綏厥猷惟後。**」〔明〕徐光啟《大讚詩》同樣採取此為天主的稱號：「維皇大哉，萬匯原本；巍巍尊高，造厥胚渾。」

215 語出〔明〕來知德《周易集註》：「變巽，女之象也。**九二陽剛，乾爻也，乾為金，金夫之象，故稱金夫。**金夫者，以金略己者也。六三正應在上，然性本陰柔，坎體順流趨下，應爻艮體常止，不相應于下。九二為群蒙之主，得時之盛，蓋近而相比，在納婦之中者，故捨其正應而從之。此『見夫金，不有躬』之象也。且中爻順體震動，三居順動之中，比于其陽，亦不有躬之象也。若以蒙論，乃自暴自棄，昏迷人欲，終不可教者。因三變長女，故即以女象之，曰『勿用取』、『无攸利』，皆其象也。」(上冊，頁213–214)

216 「婚姻」為天主教七件聖事之一，由耶穌親自訂立。〔意〕利類思譯《聖事禮典》：「在聖教婚配，乃七聖事之、由吾主耶穌建定。夫婦本有因性之愛，今依聖教婚配，蒙天主聖寵，更成就堅固、不可離之配合，而為祝聖之夫婦也。」(頁457)

六四：困蒙，吝。

六四遠陽，又為艮止而無正應，乃止于蒙而不能進，是為困蒙，醉生夢死，自困于蒙而不求明，是可吝也。[217]

本旨「困蒙」者，乃不求明真道之人也。

〈象〉曰：「困蒙之吝，獨遠實也。」

陽爻為實，六四遠陽，乃為遠。實其無實向而向于虛，是乃今世迷子向于虛世而不向于道德之本，是為可吝。六四獨無應，故曰「獨遠實」也。六四歸中，互應初九而得實，乃困蒙而不知變，故曰「獨遠實」也。別陽皆近陽，六四獨遠，乃「獨遠實」之象也。[218]

本旨「遠實」者，乃遠真主也。

六五：童蒙，吉。

「童蒙」者，純一未散專心資于大人者也。艮為少男，故曰「童蒙」。中爻 ☷ 為順，五變為 ☴，有此巽順之德，故吉。六五無互可歸，柔中有應，乃正合其童蒙之象，是故吉也。[219]

本旨居中應天主降福，自然吉也。中爻為 ☷，是故曰主。

---

217 語出〔明〕來知德《周易集註》：「困蒙者，困于蒙昧而不能開明也。**六四上下既遠隔于陽**，不得賢明之人以近之，又無正應賢明者以為之輔助，則蒙無自而發，而困于蒙矣，故有困蒙之象。占者如是，終于下愚，故可羞。」（上冊，頁214）

218 語出〔明〕來知德《周易集註》：「**陽實陰虛**，實謂陽也。六四上下皆陰，蒙之甚者也。欲從九二則隔三，欲從上九則隔五，遠隔于實者也，故曰『獨遠實』。獨者，言本卦之陰皆近乎陽，而四獨遠也。」（上冊，頁214–215）

219 語出〔明〕來知德《周易集註》：「**童蒙者，純一未散，專心資于人者也。艮為少男，故曰童**。匪我求童蒙，言童之蒙昧也。此則就其純一未散，專聽于人而言。蓋中**爻為坤順，五變為巽，有此順巽之德，所以專心資剛明之賢也。**」（上冊，頁215）

〈象〉曰：「童蒙之吉，順以巽也。」

六五柔中居尊，八應九二，乃得其實，故吉。[220]中爻 ☷ 順之象，五變為 ☴，為入之象，乃自外而入內之象，故曰「順以巽」也。[221]

本旨乃言伏羲以柔居尊，不失其赤子之心，故曰「童蒙吉」也。順命而居中，畫卦是順天主之而入居中國著《易》垂訓，以為後世信真道之確據，免陷邪途故也。

上九：擊蒙，[222] 不利為寇，利禦寇。

☶ 綜 ☳，手動持木擊之象。又應爻坎為盜，錯 ☲ 為戈兵。艮為手，手持戈兵擊殺之象也。[223]「不利為寇」者，教三爻在下，蒙昧之人不宜于上結讎〔仇〕。「利禦寇」者，教上九在上，治蒙之人也。六三在本爻為滛亂，在上九為寇讐，蒙昧之極也。以剛居上，治蒙過剛，故為擊蒙之象。然取必太過，攻治太深，則必反為之讐而不祥矣，故曰「不利為寇」也。惟捍其外誘以全其真純，則雖過于嚴密，乃為得宜，故曰「利禦寇」也。[224]「利禦寇」者，乃免其寇之害也。

---

220 語出〔宋〕朱熹《周易本義》：「**柔中居尊，下應九二，純一未發，以聽於人，故其象為童蒙，而其占為如是，則吉也。**」（頁55）

221 語出〔明〕來知德《周易集註》：「**中爻為順，變爻為巽。仰承親比上九者，順也；俯應聽從九二者，巽也。親比聽從乎陽，正遠實之反，所以吉。**」（上冊，頁215）

222 擊，徐匯本作「繫」，今據神院本改。

223 語出〔明〕來知德《周易集註》：「**擊蒙者，擊殺之也。應爻坎為盜，錯離為戈兵，艮為手，手持戈兵，擊殺之象也。**三與上九為正應，故擊殺之也。寇者，即坎之寇盜也。二『寇』字相同。**不利為寇者，教三爻在下，蒙昧之人也；利禦寇者，教上九在上，治蒙之人也。**六三在本爻為淫亂，在上九為寇亂，蒙昧之極可知矣。」（上冊，頁215）

224 語出〔宋〕朱熹《周易本義》：「**以剛居上，治蒙過剛，故為擊蒙之象。然取必太過，攻治太深，則必反為之害。惟捍其外誘以全其真純，則雖過於嚴密，乃為得宜。**故戒占者如此。凡事皆然，不止為誨人也。」（頁56）

〈象〉曰：「利用禦寇，上下順也。」

上順理以教，下順理以聽。因互上下有坤，故曰「上下順」也。

本旨此言祖父教子之意，乃因其愛，非因其讐。惜乃蒙子不明其愛意，而反以讐視之。此等愚子終不能成而已矣。

卷 二

需卦

䷄	坎上乾下		
屬	䷁ 坤[1]	六還四爻變成 ䷄ 需	
錯	䷢ 晉		
綜	䷅ 訟		
参伍	下互 ䷪ 夬	中互 ䷥ 睽	上互 ䷿ 未濟
五爻互	下互[2] ䷍ 大有	上互[3] ䷻ 節	中互暗 ䷿ 未濟
各爻變[4]	初爻變 ䷯ 井	錯 ䷔ 噬嗑	綜 ䷮ 困	地位
	二爻變 ䷾ 既濟	錯綜 ䷿ 未濟		
	三爻變 ䷻ 節	錯 ䷷ 旅	綜 ䷺ 渙	人位
	四爻變 ䷪ 夬	錯 ䷖ 剝	綜 ䷫ 姤	
	五爻變 ䷊ 泰	錯綜 ䷋ 否		天位
	六爻變 ䷈ 小畜	錯 ䷏ 豫	綜 ䷉ 履[5]	

需：有孚，光亨，貞吉，利涉大川。

　　需，待也。以乾遇坎，乾健坎險，以剛遇險而不遽進，以陷於險，待
之義。以九在中，是為「有孚」。本身並上中二互有光，故曰「光亨」。坎，
為通象。八卦正位，☵ 在五，乃貞之象。得正者，乃自天祐之吉也。九五
剛健中正，自然吉祥，故曰「貞吉」。中爻 ☱ 綜 ☴ 為木，以木遇水，又上
互既濟，是故「利涉大川」也。[6]

1　坤，徐匯本及呂註本無，今據卦象增。
2　互，徐匯本及呂註本無，今據諸表增。
3　同上。
4　各爻變，徐匯本及呂註本無，今據諸表增。
5　☷，徐匯本作「☰」，今據呂註本改。
6　語出〔宋〕朱熹《周易本義》：「需，待也。**以乾遇坎，乾健坎險，以剛遇險，而不遽
　　進以陷於險，待之義也。**孚，信之在中者也。其卦九五以坎體中實，陽剛中正而
　　居尊位，為有孚得正之象。坎水在前，乾健臨之，將涉水而不輕進之象。故占者

本旨需者，乃四五千年之古聖待主降生救世也，是故需之。有 ䷄ 為救世主，乃其証也。「有孚」者，乃有信德之人也。「光亨」者，乃得通沾救世之恩光也。「貞吉」者，[7]乃正固望之則吉也。[8]「利涉大川」者，乃宜傳于世人共待之也。是故需人為儒。[9]《中庸》云：「待其人而後行。」[10]以此三証，可為信德之據。

〈彖〉曰：「需，須也，險在前也。剛健而不陷，其義不困窮矣。

「險在前」者，乃坎在前也。剛健而不陷者，乃乾不陷坎也。「其義不困窮」者，乃聖人守義而不困窮也。䷮ 為困，今中爻為 ䷻ 節，所以「其義不困窮」也。又五爻互下為 ䷍ 大有，「其義不困窮」之象也。

本旨需者，乃必須待以吾主之救也。有天無日，人何以得生？乃必須待日以救命也。往進則遇險。險者，乃地獄之苦，故曰「險在前」也。「剛健而不陷」，乃古聖人也。古聖守義，終得主救，故曰「其義不困窮」也。繼曰：[11]古聖待主降，信望欲裂天，傳與世人知，著經萬代先；惜今之迷

為有所待，而能有信，則『光亨』矣。若又得正，則吉，而『利涉大川』。正固无所不利，而涉川尤貴於能待，則不欲速而犯難也。」（頁56）

7　貞吉，呂註本作「貞潔」。

8　「『貞吉』者，乃正固望之則吉也」，呂註本作「『貞潔』者，乃貞固望之則吉也」。

9　白晉和馬若瑟同釋「儒」為「需救主之人」。〔法〕白晉《易稿‧需》：「至誠捄世之主未降生為人君師，前百世之人凡需其人〔者〕皆為儒者，故需人為『儒』字；捄世主已降生為人君師，後百世之人凡聽〔聽〕其言而信之皆為信者，故人言為『信』字。」（頁138）〔法〕馬若瑟《儒交信》：「儒也是，信也是。儒未信無用，儒交信纔是。需望聖人為儒，從聖人言為信。」（頁119）

10　語出《禮記‧中庸》：「大哉，聖人之道！洋洋乎發育萬物，峻極于天。優優大哉！禮儀三百，威儀三千，待其人而後行。故曰：苟不至德，至道不凝焉。故君子尊德性而道問學，致廣大而盡精微，極高明而中庸。溫故而知新，敦厚以崇禮。是故居上不驕，為下不倍；國有道，其言足以興，國無道，其默足以容。《詩》曰：『既明且哲，以保其身。』其此之謂與！」白晉同引此句為古儒待主降生之據，〈大易原義內篇‧坤〉：「天下當周道衰微〔微〕之時，上天生孔子為木鐸，遍遊四方，親傳仁義之教。門人十哲，弟子七十二，相〔繼〕欲行道于天下，其即數〔數〕百年後，天所降捄〔救〕世大聖之象乎。嘆道不行，未得成功，待其人而後行，百世以俟聖人而不惑，正謂此也。」（頁73–74）

11　繼，呂註本作「維」。

子，無心顧望瞻，不明需待旨，枉居世人間；豈知良心喪，辜惡真彌天，[12]
永苦不能免，難逃毒火堅。

『需，有孚，光亨，貞吉』，位乎天位，以正中也。『利涉大川』，往有功也。」

「有孚」者，乃二信五也。中上互☲，乃「光亨」也。諸爻得正，乃「貞吉」也。九五位乎天上正中之位，故曰「以正中」也。☵為大川之象，利涉大川以救世人，故曰「往有功」也。中爻☳綜☶，「往有功」之象也。

本旨「有孚」者，乃古聖有信德也。「光亨」者，乃吾主通救古今人辜之傷也。「貞吉」者，乃信主正固則吉也，吾主居乎天上正中之位。「利涉大川」者，天下大海為大川，故曰「利涉大川」也。中互有☵，往施恩澤以救世人，[13] 故曰「往有功」也。涉大海，往有功，非傳教救人而何？[14] 迷子醒之，免生後悔。

〈象〉曰：「雲上於天，需；君子以飲食宴樂。」

「雲上於天」者，乃☵上於☰也。[15]「君子」者，乃修德之人也。☵為飲，☶為食，故曰「君子以飲食宴樂」也。六四為☲，九五宴于天上，所以樂也。中爻☳口，飲食宴樂之象。[16]

---

12 辜，呂註本作「辠」，同為「罪」的古字。參閱頁83注4。

13 往，徐匯本無，今據呂註本增。

14 救人，呂註本作「教人」。

15 ☰，徐匯本作「☷」，今據呂註本改。需上坎☵為雲雨，下乾☰為天，乃積雲含雨待降之象。〔清〕李道平《周易集解纂疏》引宋衷曰：「『雲上于天』，須時而降也。」（頁114）

16 〔清〕李道平《周易集解纂疏》引虞翻曰：「『君子』謂乾。坎水兌口，水流入口為『飲』，二失位變，體噬嗑為『食』，故以『飲食』。陽在內稱『宴』。大壯震為『樂』，故『宴樂』也。」（頁114）

本旨「雲上於天」者，[17]乃恩在天上也。☰為君子之飲食宴樂，而在天上未降也。待其降來之時，[18]則眾君子得其神之飲食宴樂也。[19]猶雨降以時，而世人得其飲食宴樂也。[20]待主來時，乃為吾主，而聖徒得同吾主飲食宴樂也。

初九：需於郊，[21]利用恒，無咎。

乾為郊，初遠于五，是故曰「郊」，曠遠之地也，未近于險之象也。初遠于險，故曰「需于郊」也。初九陽剛得正，宜久居本位。初九上應則遇☵險，恒居本位則不犯難，故曰「利用恒，無咎」也。[22]

本旨初九以正，恒心望主降救，故「無咎」也。「無咎也」者，乃因信望之德，得沾救世之恩，以補其辜，故「無咎」也。

〈象〉曰：「『需於郊』，不犯難行也。『利用恒，無咎』，未失常也。」

初九應六四，乃為☵體，是為難行，恒居本位，不往應四，乃「不犯難行」也。既得九正，故「無咎」也。恒需不進，「未失常」也。「未失常」者，

---

17 「天」後，徐匯本有「上」，今據呂註本刪。

18 降來，呂註本作「將來」。

19 〔明〕來知德《周易集註》：「雲氣蒸而上升，必待陰陽和洽，然後成雨，故為需，待之義。君子事之當需者，亦不容更有所為，惟內有孚，外守正，飲食以養其氣體而已，宴樂以娛其心志而已，此外別無所作為也。曰飲食宴樂者，乃居易俟命，涵養待時之象也，非真必飲食宴樂也。若伯夷太公，需待天下之清，窮困如此，豈能飲食宴樂哉。」（上冊，頁218）

20 白晉同釋需☵為待主降世之象，〈易稿・需〉：「蓋〔蓋〕自原罪之凶，流〔流〕于普世，先天上主下人相絕。天地不交，人心之田，如天久不雨之旱地，致百世前民之心，凶荒饑餒，莫大之憂。然初生萬民之大父，自〈泰〔泰〕誓〉許厥子臨下，降〔降〕生為人，以潤澤而化世人之心。普世歷〔歷〕代前儒，九〔凡〕仰觀〔觀〕下乾上坎、雲上于天、將〔將〕雨需待之吉象，即追思天主大父，所許降生潤下之恩。因而感動迫切，需待豫樂，如農夫日久憂心天不雨大旱之地，將獲甘霖之沛，大得養身不可勝用之需，以飲食晏〔宴〕樂然。」（頁137–138）

21 乾為正北，坎為西北，兩者之際為郊。〔清〕李道平《周易集解纂疏》引于寶曰：「郊，乾坎之際也。既已受命進道，北郊未可以進，故曰『需于郊』。」（頁114）

22 〔明〕來知德《周易集註》：「郊者，曠遠之地，未近于險之象也。乾為郊，郊之象也，故同人、小畜皆言郊。需于郊者，不冒險以前進也。恒者，常也，安常守靜以待時，不變所守之操也。利用恒，无咎者，戒之也。言若无恒，猶有咎也。初九陽剛得正，未近于險，乃不冒險以前進者，故有需郊之象。然需于始者，或不能需于終，故必義命自安，恒于郊而不變，乃其所利也。」（上冊，頁218）

乃不失需之常道也。需之常道，乃以義命自安也。[23]☵為常，中爻☵體，不分乎☰，故曰「未失常」也。初不進應，終必四來應初，此所以「未失常」也。

本旨此言古聖離主降世時遠，不遇吾主受難之時，宜用恒心之望以待主降，乃無咎而未失常也。此指性教之聖。性教雖無古經，[24]乃因祖父口傳而知上主降世之旨，是故待之以救世也。[25]終得吾主救世之恩，[26]而未失聖神之寵愛也。

九二：需于沙，小有言，終吉。

近水為沙，下互☵，為「小有言」。乾本為言，今因☵之陰爻，故曰「小有言」。九二不得其正，當歸上互，變為六二，乃得其正，上應九五，乃得終吉也。[27]六二為☲明，明哲保身，終不陷險，是故「終吉」。[28]

23　語出〔明〕來知德《周易集註》：「不犯難行者，超然遠去，不冒犯險難以前進也。未失常者，不失需之常道也。需之常道不過以義命自安，不冒險以前進而已。」（上冊，頁218）

24　性教，呂註本作「世教」。

25　性教，*Lex Naturalis*（Natural Law），指人心本性存有的道德規範。中世紀經院派神學家阿奎那（Thomas Aquinas，1225–1274）主張天主創造之時早已賦予世人理性，以作出基本的倫理判斷；即使沒有得到天主直接啟示的人，亦可具備符合真道的認知。此說為來華耶穌會士的合儒策略提供了神學依據，他們引進天主教史學觀，提倡古儒學說乃性教的體現，屬救贖工程的前期階段。〔葡〕孟儒望《天學略義》：「《中庸》首言『天命謂性，修道謂教。』蓋欲人盡其性中固有之善，以不負天帝之錫予，則儒教殆即天主之性教也。」（頁198）〔意〕艾儒略《口鐸日抄》：「性教何也？人類之始生也，天主賦之靈性，俾通明義理。斯時十誡之理，已刻於人心之中，普萬國皆然，是謂性教。」（卷二，頁108）

26　終得，呂註本作「終待」。

27　九二失正變正，上應九五，九五處上體坎中，水中之剛為沙，有於沙地上等候、終吉之象。〔清〕李道平《周易集解纂疏》引虞翻曰：「『沙』謂五，水中之陽稱『沙』也。二變之陰稱『小』，大壯震為『言』，兌為口，四之五，震象半見，故『小有言』。二變應之，故『終吉』。」（頁115）

28　語出〔明〕來知德《周易集註》：「坎為水，水近則有沙，沙則近于險矣。漸近于險，雖未至于患害，已小有言矣。小言者，眾人見譏之言也。避世之士，知前有坎陷之險，責之以潔身，用世之士，知九二剛中之才，責之以拯溺也。中爻為兌口舌，小言之象也。終吉者，變爻離明，明哲保身，終不陷于險矣。」（上冊，頁219）

本旨「需于沙」者，乃中古有信德之聖，[29]而未遇救世之主也。「小有言」者，乃書教[30]遭謗之聖也。因古教之聖人著書垂訓，而反被小人謗毀，故謂之「小有言」。「終吉」者，乃言得天主之恩，是故吉也。

〈象〉曰：「『需于沙』，衍在中也。『雖小有言』，以吉終也。」

衍，寬也。以寬忍居中，不往應獻也。[31]雖小有言，乃是恩也。其終得恩，故曰「以吉終」也。

本旨有教訓他人之言，[32]則必來毀謗之語，是故君子當備忍耐，以成己德可也。《經》云「尔以忍耐結實」是也。[33]

九三：需于泥，致寇至。

九三過沙入泥，連于水也。[34] ☵ 為寇仇，[35]三近于寇而「致寇至」也。九三應上六，乃「致寇至」之象也。[36]

本旨九三所指者，乃近主降世之聖也。「致寇至」者，乃讐者來矣。

29　徐匯本無「德」，今據呂註本增。

30　書教，參閱頁160注170。

31　不往應獻，呂註本作「不生應敵」。

32　他人，呂註本作「德人」。

33　《路加福音》八章15節：「那在好地裡的，是指那些以善良和誠實的心傾聽的人，他們把這話保存起來，以堅忍結出果實。」〔意〕利類思譯《彌撒經典・聖路加萬日畧經》：「下膏腴地，為來聽，蓄聖詞于良至善心，且以含忍結實。」（頁221）〔意〕艾儒畧《天主降生言行紀畧》：「惟播於沃壤者，聞天主之言，而蓄於至善之心，力行之，即以含忍之德而結寔也。」（頁244）。

34　過沙，呂註本作「〔邊〕沙」。

35　仇，呂註本作「讐」，同義。《說文解字》：「仇，讎也。」〔清〕段玉裁注：「讎，猶應也。《左傳》曰：『嘉偶曰妃。怨偶曰仇。』」（頁376）

36　九三為乾上，接坎下六四，坎為水，水旁有泥之象。且坎為寇，九三雖近，但上應上六，有寇至、敬慎則不敗之象。〔明〕來知德《周易集註》：「泥逼于水，將陷于險矣，寇之地也。坎為盜在前，寇之象也。」（上冊，頁219）

〈象〉曰：「『需于泥』，災在外也。『自我致寇』，敬慎不敗也。」

　　坎在外卦，是「災在外」也。三自近寇，乃「自我致寇」也。敬慎不往
應六，則不遇災而不敗也。九三陽剛，理不往應。上六陰柔，理當來應，
故曰「敬慎不敗」也。「敬慎不敗」者，三得其正，乾乾惕若，敬而且慎，所
以不敗于寇也。[37]以 ☷ 臨 ☵，「敬慎不敗」之象也。

　　本旨乃言中古遘難之聖，自近于難，故曰「自我致寇」，以敬慎而靈不
敗也。三居人位，聖人之象。聖人敬以直內，慎以方外，[38]如臨深淵，如履
薄冰，[39]如此而終，故「不敗」也。

六四：需于血，出自穴。

　　六四 ☵ 体為血，[40]故曰「需于血」也。☵ 為隱伏，穴之象也。[41]本應初九，
以下為穴。六四以中互與五為一，上合九五而不應初，故曰「出自穴」也。[42]

37　語出〔明〕來知德《周易集註》：「外謂外卦。災在外者，言災已切身而在目前也。災
　　在外而我近之，是致寇自我也。**敬慎不敗者，三得其正，乾乾惕若，敬而且慎，
　　所以不敗于寇也**，故占者不言凶。」（上冊，頁219）所謂「乾乾惕若」，對應乾 ☰
　　九三爻辭「君子終日乾乾，夕惕若厲」之象。
38　語出《易·坤·文言》：「直其正也，方其義也，君子**敬以直內，義以方外**，敬義立
　　而德不孤。『直方大，不習无不利』，則不疑其所行也。」
39　語出《詩經·小雅·小旻》：「不敢暴虎，不敢馮河。人知其一，莫知其他。戰戰兢
　　兢，**如臨深淵，如履薄冰**。」《毛詩正義》：「馮，陵也。徒涉曰馮河，徒博曰暴虎。
　　一，非也。他，不敬小人之危殆也。箋云：人皆知暴虎、馮河立至之害，而無知
　　當畏慎小人能危亡也〔…〕小人惡直醜正，故不敬則危。」（頁868）
40　体，徐匯本作「本」，今據呂註本改。
41　語出〔明〕來知德《周易集註》：「**坎為血，血之象也，又為隱伏，穴之象也**。偶居
　　左右上下皆陽，亦穴之象也。血即坎字，非見傷。出自穴者，觀上六『入于穴』
　　『入』字，此言『出』字，即出、入二字自明矣。言雖『需于血』，然猶出自穴外，未
　　入于穴之深也。需卦近于坎，致寇至；及入于坎，三爻皆吉者，何也？蓋六四順于
　　初之陽，上六陽來救援，皆應與有力；九五中正，所以皆吉也。」（上冊，頁220）
42　六四處坎始，坎為血卦，又為坎窞為穴，有滯留於血泊、後出穴脫險之象。且
　　六四承九五，有順命而得免咎之吉象。〔清〕李道平《周易集解纂疏》引王弼曰：「穴
　　者，陰之路也。四處坎始，居穴者也。九三剛進，四不能距，見侵則避，順以聽
　　命也。」（頁117）

六四暗☷，結合九五，亦「出自穴」之象也。六四陰虛，自穴之象。上合九五，出穴之象。

　　本旨六四得正，乃指聖母待生以血，故曰「需于血」也。[43]「出自穴」者，乃超出乎辜人之穴，而獨無元辜之染，又無人道之合，故曰「出自穴」也。

〈象〉曰：「『需于血』，順以聽也。」

　　☷為耳，聽之象也。以柔為順，順以九五之命，而無絲毫之悖。[44]

　　本旨「順以聽」者，乃順以聽天主之命，而無些微[45]或悖也。[46]

九五：需于酒食，貞吉。

　　☵之正位在五，九五☵體，乃為互☲，是為酒食，陽剛中正，是故吉也。[47]

43　待生以血，指聖母淨血成胎。〔意〕艾儒略《口鐸日抄》：「乃聖母之孕耶穌也，只聖母自有之淨血，聚而成胎，特藉斯彼利多三多之神功耳，是豈分斯彼利多三多之有哉？故不可以謂之父。」(卷四，頁295) 彼利多三多，譯自拉丁語 *Spiritus Sanctus*，即聖神的名號。

44　語出〔明〕來知德《周易集註》：「**坎為耳，聽之象也**。聽者，聽乎初也。六四柔得其正，順也。順聽乎初，故入險不險。」(上冊，頁220)

45　些微，呂註本作「絲毫」。

46　有關聖母順承天主之命的闡述，可另參坤☷解義。

47　九五處互體離及上體坎間，離為火，坎為水，水在火上體鼎象，有酒食之象。且九五居中得正，故稱「貞吉」。〔清〕李道平《周易集解纂疏》引荀爽曰：「五互離坎，水在火上，酒食之象，『需者，飲食之道』，故坎在需家為『酒食』也。雲須時欲降，乾須時當升，五有剛德，處中居正，故能帥群陰，舉坎以降，陽能正居其所則吉，故曰『需于酒食』也。」(頁117)

本旨九五陽剛中正，乃所待之主也。聖徒久待真主降救，乃得同吾主酒食也。[48]信德正固則吉，故曰「貞吉」。吉在遇吾主，[49]而得救贖之恩也。

〈象〉曰：「『酒食，貞吉』，以中正也。」

「酒食，貞吉」者，乃因其中正之德也。[50]

本旨九五為酒食之原，乃聖體聖血也，是為貞吉之本。[51]人以中正領之則吉，故曰「貞吉，以中正」也。神得其養，是故吉也。[52] [53]

48　酒食，指聖餐禮（Eucharist），又名聖體聖事。據《聖經》所載，聖餐禮乃耶穌親自為門徒設立，為紀念祂的受難與復活，並等候祂的再來。《格林多前書》十一章23–26節：「這是我從主所領受的，我也傳授給你們了：主耶穌在他被交付的那一夜，拿起餅來，祝謝了，擘開說：『這是我的身體、為你們而捨的，你們應這樣行，為記念我。』晚餐後，又同樣拿起杯來說：『這杯是用我的血所立的新約，你們每次喝，應這樣行，為記念我。』的確，直到主再來，你們每次吃這餅，喝這杯，你們就是宣告主的死亡。」〔意〕利類思譯《彌撒經典‧聖葆璆宗徒與歌林多府教友第一經書》：「予受于主，而授爾輩，乃吾主耶穌被負之晚，取餅謝而剖曰：『爾領而食此，即吾體也，為爾輩將付，爾等行此，憶我可也。』又晚食畢，取爵曰：『此即新遺詔于予血也，凡飲，憶我可也。』爾等凡食此餅，飲此爵，即示主死。」（頁415）

49　徐匯本無「吾」，今據呂註本增。

50　吉，徐匯本作「德」，今據呂註本改。

51　聖體聖血，指餐中信徒領受的麵餅和葡萄酒。按天主教信理，兩者經祝聖後便會成為基督的體血，神學術語中稱之為「變體」（Transubstantiation），詳參《神學大全》（第十五冊）〈第七十三題：論聖體聖事〉，頁237–249。〔意〕艾儒略《彌撒祭義》：「天主之心者，但用酒麵二色為其聖體寶血以當世間萬品。蓋緣吾主耶穌降生受難，自用已之本體為祭品，奉獻罷德勒于十字架之臺，以贖萬民之罪。」（頁487–488）〔意〕利類思譯《聖事禮典》（Manuale ad Sacramenta）：「自鐸德發祝聖之語以後，諸信者，皆認麭餅及酒兩形之內，具有耶穌真體真血，及其靈魂，並天主性在焉。」（頁444）

52　白晉同釋「酒食」為聖餐禮，〈易稿‧需‧九五〉：「後定酒餅二味大祭之礼，化之為其體血之實，以為後世萬方新民，所需望為保養厥永命飲食之須，特預定而儉之，以厥復活升天得厥至尊之位，位乎天位德位焄〔兼〕隆之時，自恭己而成神化。世人大幸，閒暇安恬，无係无營，惟需于酒食，乃天下賴惟一捄世者養无為之度，享厥美〔美〕羊羔體血珍味之休〔饈〕，幸獲養厥德中正寧謐而貞莫大之吉。」（頁146）

53　神得其養，指聖體為靈魂的食糧。〔意〕艾儒略《口鐸日抄》：「一曰養。養者，五穀以養肉軀，耶穌聖體以養吾之靈魂。但五穀之養人也，必化為人之精血，始稱為養。而聖體之降臨也，必與吾之靈魂渾合而為一，何養如之？」（卷四，頁282）。

上六：入于穴，有不速之客三人來，敬之，終吉。

以陰居于需極，無復有待，變☲為入，下應九三，乃入于穴也。陽主上進，不召請而自來之象。我為主，應為客，九三與下二陽需極而並進，為「不速之客三人」之象。三居人位，故曰「三人」。久需必敬，故曰「來敬之」也。上六為終，終得見☲，故「終吉」也。☲臨☵極，敬之象也。終得出險，是故吉也。[54]

本旨以吾主之肉身論之，故為上六，乃終後之聖屍也。葬于石墓，乃入于穴也。三聖來敬聖屍，乃「不速之客三人來，敬之」也。終得見主，是以「終吉」。下互☲一☵二，合之為三，乃吾主死後第三日復活也。復活而後，乃三位聖女方來敬聖屍也。[55]因其為聖，故係之乾。

〈象〉曰：「『不速之客來，敬之，終吉』，雖不當位，未大失也。」

「雖不當位」者，乃雖不當君位而近之，故曰「未大失」也。大指九五。

本旨三聖來敬聖屍，乃吾主已復活而去，不在墓中，是不當位也。有天神告明吾主所在，乃終得見，[56][57]是「未大失」也。「未大失」者，大指吾

---

54 語出〔明〕來知德《周易集註》：「**陰居險陷之極，入于穴之象也。變巽為入，亦入之象也。下應九三，陽合乎陰，陽主上進，不召請而自來之象也。我為主，應為客，三陽同體，客三人之象也。**入穴窮困，望人救援之心甚切，喜其來而敬之之象也。終吉者，以陽至健，知險可以拯溺也。」（上冊，頁221）

55 三位聖女，指瑪利亞瑪達肋納（Mary Magdalene）、雅各伯的母親瑪利亞（Mary, the mother of James）和撒羅默（Salome）。《馬爾谷福音》第十六章1節：「安息日一過，瑪利亞瑪達肋納、雅各伯的母親瑪利亞和撒羅默買了香料，要去傅抹耶穌。」〔意〕利類思譯《彌撒經典・聖瑪爾谞萬日畧經》：「維時瑪利亞瑪達勒納、及他瑪利亞雅各伯、及撒落默，市香料，欲往抹傅耶穌。時瞻禮日間一日，天色微明，往墓日出纔至。」（頁374）〔意〕艾儒略《天主降生言行紀略》：「瑪大肋納既同聖母葬耶穌還，仍貿多香，欲再往傅聖軀，偕諸聖女而行」（頁316）。

56 終得見，呂註本作「終見主」。

57 《馬爾谷福音》十六章6–7節：「那少年人向他們說：『不要驚惶！你們尋找那被釘在十字架上的納匝肋人耶穌，他已經復活了，不在這裡；請看安放過他的地方！但是你們去，告訴他的門徒和伯多祿說：他在你們以先往加里肋亞去，在那裡你們要看見他，就如他所告訴你們的。』」〔意〕利類思譯《彌撒經典・聖瑪爾谞萬日

主，乃未失吾主也。古聖阿瑟亞在天主降生前八百零八年，曰「踰二日而復活，第三日復活」。達味又云「吾身安置」云云。[58]

畧經》：「神曰：『勿驚！爾覓被釘耶穌納匹肋諾，已復活不在茲；此乃攸置之所！爾今往告厥徒，偕告伯多羅曰：主前爾迨加理勒亞，在彼便得見，主若彼先說于爾。』」（頁375）

58 語出〔意〕艾儒略《天主降生引義》：「古聖複云：『其必復活，其身不容朽也。』**阿瑟亞在天主降生前八百零八年，曰：『逾二日而復活。第三日復蘇。』達味又云：『吾身安置』」**（上卷，頁363–364）相關經文參見《歐瑟亞先知書》六章2節：「兩天後他必使我們復生，第三天他必使我們興起，生活在他的慈顏下。」；《聖詠》十六篇9節：「因此我心高興，我靈喜歡，連我的肉軀也無憂安眠。」

訟卦

䷅	乾上坎下			
屬	䷝離[59]	五變六還四爻變成 ䷅ 訟		
錯	䷣明夷			
綜	䷄需			
參伍	下互 ䷿ 未濟	中互 ䷤ 家人	上互 ䷫ 姤中暗互 ䷿ 未濟	
五爻互	下互 ䷺ 渙	上互 ䷌ 同人		
各爻變[60]	初爻變成 ䷉ 履	錯 ䷎ 謙	綜 ䷈ 小畜	地位
	二爻變成 ䷋ 否	錯綜 ䷊ 泰		
	三爻變成 ䷫ 姤	錯 ䷗ 復	綜 ䷪ 夬	人位
	四爻變成 ䷺ 渙	錯 ䷶ 豐	綜 ䷻ 節	
	五爻變成 ䷿ 未濟	錯綜 ䷾ 既濟		天位
	六爻變成 ䷮ 困	錯 ䷕ 賁	綜 ䷯ 井	

訟：有孚，窒，惕中吉，終凶。利見大人，不利涉大川。

　　訟，爭辨也。天下小人害君子，而多爭辯，故曰「天水訟」也。上剛
以制其下，下險以伺其上，是故以成其訟也。九二中實，是為「有孚」。上
無應與，乃為之「窒」。[61]一陽居于二陰之中，是為「惕中」。惕敬而居中，
是以吉也。上九過剛不正，是為過訟，故得「終凶」。九五剛健中正，以居
正位，[62]乃為「大人」之象。見大人奉命則是，故曰「利見大人」也。以剛乘
險，[63]以實履虛，是故「不利涉大川」也。[64]中爻 ☴ 木下 ☵ 水，本可涉大川，

59　坤，徐匯本及呂註本無，今據卦象增。

60　各爻變，徐匯本及呂註本無，今據諸表增。

61　窒，閉塞。《說文解字》：「窒，窔也。」〔清〕段玉裁注曰：「窔，各本譌作塞。」（頁
　　349）

62　正，呂註本作「尊」。

63　乘，徐匯本無，今據呂註本增。

64　語出〔宋〕朱熹《周易本義》：「**訟，爭辯也**。上乾下坎，乾剛坎險，**上剛以制其下，**

但三剛在上，陽實陰虛。遇 ☴ 風，舟重遇風則舟危矣，是故「不利涉大川」也。[65]

本旨訟者，乃自訟而告己辜也。「有孚」者，乃有信德之人也。「窒」者，乃因辜塞天國之路也。「惕中吉」者，乃敬守中道則吉矣。「終凶」者，乃終不改過則凶矣。「利見天人」者，乃宜見大人求解辜也。「不利涉大川」者，乃不宜傳人之辜于他人也。[66]

〈彖〉曰：「訟，上剛下險，險而健，訟。

上剛者，乾也。下險者，坎也。險而健，故有訟也。若健而不險，必不生訟；險而不健，必不能訟。今二者皆全，故成訟也。[67]

本旨險者，辜也。乃因辜健，而立自訟之道也。

下險以伺其上。又為內險而外健，又為己險而彼健，皆訟之道也。**九二中實，上无應與**，又為加憂，且卦變自遯而來，為剛來居二，而當下卦之中，有『有孚』而見窒，能懼而得中之象。**上九過剛，居訟之極**，有終極其訟之象。**九五剛健中正，以居尊位**，有『大人』之象。以剛乘險，以實履陷，有不利涉大川之象。」（頁59）

65 語出〔明〕來知德《周易集註》：「有孚者，心誠實而不詐偽也；窒者，窒塞而能含忍也；惕者，戒懼而畏刑罰也；中者，中和而不狠愎也。人有此四者，必不與人爭訟，所以吉。若可已不已，必求其勝而終其訟，則凶。利見大人者，見九五以決其訟也。不利涉大川者，不論事之淺深，冒險入淵以興訟也。九二中實，有孚之象。一陽沉溺于二陰之間，窒之象。坎為加憂，惕之象。陽剛來居二，中之象。上九過剛，終之象。九五中正以居尊位，大人之象。中爻巽木下坎水，本可涉大川，值三剛在上，陽實陰虛，遇巽風，舟重遇風則舟危矣，舟危豈不入淵？故〈彖〉辭曰『入淵』，不利涉之象也，與『棟撓』同。文王卦辭其精妙至絕。」（頁222–223）

66 宜，徐匯本無，今據呂註本增。

67 語出〔明〕來知德《周易集註》：「以卦德、卦綜、卦體、卦象釋卦名、卦辭，險、健詳見前卦下。**若健而不險，必不生訟；險而不健，必不能訟，惟兩者俱全，所以名訟。**」（頁223）

『訟有孚，窒惕，中吉』，剛來而得中也。『終凶』，訟不可成也。
『利見大人』，尚中正也。『不利涉大川』，入於淵也。」

「剛來而得中」者，乃因乾坎自 ䷠〔遯〕而變，[68] 九三來居二，[69] 乃「剛來而
得中」也。上九不正，當歸上互，乃為天風姤，是「訟不可成」也。「尚中正」
者，乃九五居上而得中正也。以上應下，是「入于淵」也。「入于淵」者，乃
君應臣也。終指上九「亢龍有悔」，是故終凶。[70] ䷀ 為可，六三變不可，成
「不可成」之象也。

本旨「剛來而得中」者，乃吾主來而居中也。「訟不可成」者，乃因告辜
而不改過也。訟而不改，乃訟不可成也。「入于淵」者，乃其辜愈深，終歸
九泉之下也。淵落水，故「不利涉」。[71]

〈象〉曰：「天與水違行，訟；君子以作事謀始。」

宗動天西運，而水向東流，是天與水違行也。[72] 中爻 ䷀ 為君子之象，
中爻 ䷀ 為工作事之象。䷜ 為加憂，居初，謀始之象。謀之于始，則訟端
絕。工夫不在訟之時，在于未訟之先。與其病後能服藥，不若病前能自
調，故常謀始也。[73] 君子知其小人逆理而行，[74] 當預為之徧忍，以免其訟，
是故「君子作事當謀其始」，而免後悔也。

---

68 此處採用漢儒卦變說，主張訟 ䷅ 乃遯 ䷠ 九三降至二位而成，九三為陽為剛，二
　　為中位，故〈象〉辭曰「剛來而得中」。來知德反對此說，批評這種解易體例脫離伏
　　羲、文王作易的原則，即陰陽左右對待、上下顛倒之理，他稱之為錯綜。他認為
　　需 ䷄ 上下顛倒便成訟 ䷅。〔明〕來知德《周易集註》：「剛來得中者，需、訟相綜，
　　需上卦之坎，來居訟之下卦，九二得中也。前儒不知序卦雜卦，所以依虞翻以為
　　卦變，剛來居柔地得中，故能有孚，能窒，能惕，能中。」（頁223）
69 「九」後，徐匯本有「九」，今據呂註本及上下文刪。
70 所謂「亢龍有悔」，對應乾 ䷀ 上九爻辭之象。
71 不利涉，徐匯本作「不涉利」，今據呂註本及易文改。
72 語出〔明〕來知德《周易集註》：「天上蟠，水下潤，**天西轉，水東注，故其行相違**。」
　　（頁224）
73 語出〔明〕來知德《周易集註》：「**謀之于始，則訟端絕矣。作事謀始，工夫不在訟之
　　時，而在于未訟之時也。與其病後能服藥，不若病前能自調之意。**天下之事莫不
　　皆然。故曰：曹、劉共飯，地分于匕筯之間。蘇、史滅宗，忿起于談笑之頃。蘇
　　逢吉、史弘文俱為令，見五代史。」（頁224）
74 逆，徐匯本作「道」，今據呂註本改。

本旨「天與水違行」者，乃小人逆天主之命而行，是故有訟也。「君子以作事謀始」者，乃君子因此而謀始，以省察其辜也。作事謀始，免犯罪端，乃除辜之根也。

初六：不永所事，小有言，終吉。

居初不正，急變成九，「不永」之象。初六應九四，不極其訟，乃「不永所事」也。陰柔居訟之初，而不得其正，乃「小有言」也。初爻成 ☱，乃「小有言」之象。既變成陽，乃得其正，是「終吉」也。[75]

本旨「不永所事」者，乃後改過也。「小有言」者，乃自訟也。「終吉」者，乃終得赦，是故吉也。

〈象〉曰：「『不永所事』，訟不可長也。雖『小有言』，其辯明也。」

既辨非訟，[76] 乃「訟不可長」也。因得其互光，是故其變辨明也。以 ☱ 互 ☲，辨明之象。[77]

本旨人明真道，遵之而行，可使無訟，故曰「訟不可長」也。雖小人有言，君子辨之甚明，故曰「其辨明」也。[78]

---

75 〔清〕李道平《周易集解纂疏》引虞翻曰：「永，長也。坤為『事』，初失位而為訟始，故『不永所事』也。『小有言』謂初四易位成震『言』，三『食舊德』，震象半見，故『小有言』。初變得正，故『終吉』也。」（頁122）

76 辨，呂註本作「變」。

77 初六上應六四，但比九二，小有訟之象。初六失位變正，下體成兌，兌為口能辯，互體離為明，有終必辯明之吉象。〔清〕李道平《周易集解纂疏》引盧氏曰：「初欲應四，而二據之，暫爭，事不至永。雖有小訟，訟必辯明，故『終吉』。」疏曰：「初欲應四，而二據之，與四暫爭，事不至永，故曰『訟不可長也』。坤初曰『由辯之不早辯也』，雖小有訟，初變兌口能辯，四互離為『明』，故曰『其辯明也』。辯之早且明，故『終吉』矣。」（頁122）

78 「辨」後，徐匯本有「辨」，今據呂註本刪。

九二：不克訟，歸而逋，其邑人三百戶，無眚。[79]

九二陽剛，為險之主，本欲訟者也。然以剛居柔，得下之中而上遇九五，陽剛居尊，勢不可敵，故曰「不克訟」也。[80] 逋，逃避也。[81] 逃歸中互，乃為家人。[82] 歸家以補其辜，故曰「歸而逋」也。中互家人居邑，☷ 為邑之象，☷ 為三百，「其邑人三百戶」也。歸家改過補贖，賴 ☷ 之功而得其赦，故「無眚」也。☵ 為眚，變 ☷ 則無眚矣。[83]

本旨克者，勝也。[84]「不克訟」者，乃因不勝三仇而以自訟也。「歸而逋」者，乃歸而補其辜也。「其邑人三百戶，無眚」者，乃辜人賴聖母主保之功，[85] 而得其赦辜之恩，故「無眚」也。

79　眚，眼疾，後引申為過失或災難。《說文解字》：「目病生翳也。」〔清〕段玉裁注：「元應曰：『《翳韵集》作』。眚，引伸爲過誤，如『眚災肆赦』、『不以一眚掩大德』是也。又爲災眚。」（頁135）《書經·舜典》：「眚災肆赦，怙終賊刑。」《左傳·僖公三十年》：「大夫何罪？且吾不以一眚掩大德。」

80　語出《周易本義》：「**九二陽剛，為險之主，本欲訟者也。然以剛居柔，得下之中而上應九五，陽剛居尊，勢不可敵**，故其象占如此。『邑人三百戶』，邑之小者，言自處卑約以免災患，占者如是，則『无眚』矣。」（頁60）

81　逋，逃亡。《說文解字》：「逋，亡也。」〔清〕段玉裁注：「亡部曰。亡、逃也。訟九二曰。歸而逋。」（頁74）〔清〕李道平《周易集解纂疏》引荀爽曰：「逋，逃也，謂逃失邑中之陽人。」（頁123）

82　按呂立本「參互」體例，中互乃取訟 ䷅ 二三四爻為下卦，三四五爻為上卦，兩者合而成家人 ䷤。

83　九二失位變正，坎毀坤成，坎為險，坤為戶為邑，有脫險之吉象；且上應乾中九五，乾為百，三爻同體，故稱「三百戶」。〔清〕李道平《周易集解纂疏》引虞翻曰：「眚，災也，坎為『眚』。謂二變應五，乾為『百』，坤為『戶』，三爻，故『三百戶』。坎化為坤，故『无眚』。」（頁123）

84　語出〔明〕來知德《周易集註》：「**克，勝也。**自下訟上，不克而還，故曰歸。**逋，逃避也。**坎為隱伏，逋之象也。邑人，詳見謙卦。**中爻為離，坎錯離，離居三 ䷌ 三百之象也。**二變，下卦為坤，坤則闔戶之象也。三百，言其邑之小也。言以下訟上，歸而逋竄，是矣。然使所逋竄之邑為大邑，則猶有據邑之意，跡尚可疑，必如此小邑藏避，不敢與五為敵，方可免眚。需、訟相綜，訟之九二即需之九五，曰『剛來而得中』，曰『歸而逋』，皆因自上而下，故曰『來』、曰『歸』，其字皆有所本，如此玄妙，豈粗浮者所能解。**坎為眚，變坤則无眚矣。**」（頁235）

85　主保，譯自拉丁語 *Patronus*，意為「保護者」。按天主教理，主保聖人不單單只是為信徒代禱，更是他們效法的榜樣。〔意〕高一志《聖母行實》：「蓋天主于聖母，

〈象〉曰：「『不克訟』，歸逋竄也。自下訟上，患至掇也。」

竄，流也，乃所以罰其辜也。以二敵五，乃自下訟上也。[86]勢不可敵，[87]是故「患至掇」也。掇者，乃自取患也。[88] ☵ 為桎梏，為患之象。變 ☳ 之中爻，☳ 手為掇之象。

本旨「歸逋竄」者，乃所以補其辜也。自下訟上者，乃辜人自下而告上也。「患至掇」者，乃取補辜之苦也。九二之患，非人能強，是乃甘心自取，以補人辜故也。此預寵教之事其效如此，[89]以其後驗，[90]以為信德之則也。[91]

六三：食舊德，貞厲，終吉。或成王事，無成。

中爻 ☳ 綜 ☶，口食之象也。「舊德」者，舊日之事也。「食舊德」者，吞聲不言也。六三不中不正，當歸中互，乃舊為九三，是訟自避變也。九三得正為德，故曰「食舊德」也。乘承皆剛，故曰「貞厲」也。以中互不訟，而以六二應九五，乃皆得其正，故曰「終吉」。中互 ☴ 為王，中爻 ☳

愛之至，而尊至極，委以天上地下之權，為萬民之主保，遂其捄世之心，無求不得。」（頁344）〔法〕馬若瑟《儒交信》：「耶穌以下，有瑪利亞為主保，有聖人聖女無數。我們效法他的德行，他肯求天主為我們，各人有護守天神，奉了聖教，又有本名聖人，有好聖像、聖珠、聖牌、聖水、經本都有，早晚祈求天主，恭敬聖母，省察言行，痛悔罪過，年年幾次作神功。姐姐，聖教的妙事，愚妹實說不盡。」（頁108–109）

86　自，徐匯本無，今據呂註本增。

87　勢不可敵，呂註本作「勢不可敵而敵」。

88　語出〔宋〕朱熹《周易本義》：「竄，七亂反。掇，都活反。**掇，自取也。**」（頁60）

89　參閱頁115注26。

90　其，呂註本作「期」。

91　信德，超性三德（supernatural virtues）之一。按天主教信理，德行分為本德和超德兩大類。前者由後天習成，以智（prudence）、勇（justice）、義（fortitude）、節（temperance）四樞德為綱領；後者則由天主所賦，源自聖三的本性，即信（faith）、望（hope）、愛（charity）三超德，亦是一切本德的基礎和動力，詳參《神學大全》六十二題3節。〔法〕沙守信《真道自證》：「〔……〕斯時也，屬耶穌之人，天主因耶穌之功，而即赦其人之罪，還其原恩，復其義子之隆位，賜其永福之據，加其作善之資，賦其信望愛之德，開其神心，治其神病，增其神力，而為一自新之人也」（頁377）

為不果，乃「或從王事」也。而今現應上九，而終不應，乃「或從王事而無成」也。[92]

本旨「食舊德」者，乃改過也。「貞厲」者，乃守正雖無安逸而終得吉也。[93]「或從王事無成」者，乃或以臯而從主事，則必無成功之日也。或，疑也。乃以疑心從天主之事，亦必無成功之日也。

〈象〉曰：「『食舊德』，從上吉也。」

舊為六二，應九五，今仍依舊應五。[94]得正則吉，故曰「從上吉」也。

本旨「從上吉」者，乃順從上主之命，則得吉也。

九四：不克訟。復即命，渝安貞，吉。

九四居陰，而不中正，是故「不克訟」也。復四變☲為命，中互下應☷王，乃「復即命」也。渝，變也。[95]四變中爻為☳，變動之象也。得正而有應，故安。變卦以王為家人，[96]得正而吉，故曰「渝安貞，吉」也。[97]

92　語出〔明〕來知德《周易集註》：「德，與『穢德彰聞』、『閨門瀆德』之德同，乃惡德也。德乃行而有得，往日之事也，故以『舊』字言之。凡人與人爭訟，必舊日有懷恨不平之事。有此懷恨其人之惡德藏畜于胸中，必欲報復，所以訟也。食者，吞聲不言之意。**中爻巽綜兑，口食之象也。**王事者，王家敵國忿爭之事，如宋之與虜是也。變巽不果，或之象也。中爻離日，王之象也。應爻乾君，亦王之象也。無成者，不能成功也。下民之爭訟主于怯，王家之爭訟主于才。以此食舊德之柔，處下民之剛強敵國則可，若以此處王家之剛強敵國，是即宋之于虜，柔弱極矣。南朝無人，稽首稱臣，安得有成？」（頁226）

93　守正，呂註本作「守貞」。

94　〔清〕李道平《周易集解纂疏》引侯果曰：「雖失其位，專心應上，故能保全舊恩，『食舊德』者也。」（頁124）

95　〔清〕李道平《周易集解纂疏》引虞翻曰：「失位，故不失位，故『不克訟』。渝，變也。不克訟，故復位，變而成巽，巽為命令，故『復即命渝』。動而得位，故『安貞吉』，謂二已變，坤安也。』」（頁125）

96　家，呂註本作「象」。

97　語出〔明〕來知德《周易集註》：「即，就也。命者，天命之正理也。不曰理而曰命者，有此象也。**中爻巽，四變亦為巽，命之象也。**渝，變也。四變，中爻為震，**變動之象也。**故隨卦初爻曰『渝安貞』者，安處于正也。復即于命者，外而去其忿爭之事也。變而安貞者，內而變其忿爭之心也。心變則事正矣，吉者雖不能作事

本旨「不克訟」者，乃因其不正，不勝訟也。「復即命」者，乃復順上主之命，變安而貞吉也。

〈象〉曰：「『復即命，渝安貞』，不失也。」

四雖應初，而本身皆不得正。歸入中互，皆得其正，[98] 故曰「渝安貞」，不失也。

本旨聽命改過則吉，而不失其正也。

九五：訟，元吉。

九五居尊，陽剛中正，乃為自訟，故得元吉。下無應遇，守正自責，孔子嘆其未見。[99] 蓋因古經預言事必有驗，[100] 惜今迷子不察，是可慨也。

本旨乃言吾主定自訟之道，使人得元吉也。

〈象〉曰：「『訟，元吉』，以中正也。」

自訟之道，因其中正，故得元吉也。中則聽不偏，[101] 正則斷合理，所以利見大人而得元吉也。

本旨「訟，元吉」者，乃因自訟而得元吉也。「以中正」者，乃因其中正而得吾主也。得吾主者，乃得其受難之功，以補吾辜，是故訟得大利，因其中而得正也。[102]

于謀始之先，亦能改圖于有訟之後也。九二、九四皆不克訟，既不克矣，何以訟哉？蓋二之訟者，險之使然也，其不克者，勢也。知勢之不可敵，故歸而逋逃。曰歸者，識時勢也。四之訟者，剛之使然也。其不克者，理也。知理之不可違，故復即于命。曰復者，明理義也。九四之『復』，即九二之『歸』，皆以剛居柔，故能如此。人能明理義，識時勢，處天下之事無難矣。學者宜細玩之。」（頁227）

98　四為陰位，九四為陽，故為失正；但按呂立本「參互」體例，中互家人 ☲ 九三和九五取自訟 ☵ 九四，三和五皆為陽位，是為得正。

99　《論語‧公冶長》：「已矣乎！吾未見能見其過而內自訟者也。」

100　驗，同驗。

101　聽，徐匯本作「所」，今據呂註本改。

102　得，徐匯本無，今據呂註本增。

上九：或錫之鞶帶，[103]終朝三褫之。

或，迷也。☰為衣，又為圜，乃為鞶帶之象。☰為君在上，變☱為口，中爻為☴，命令錫服之象。中爻☲日，朝日之象。☲日居下卦，終朝之象。又為三褫之象。褫，奪也。☵為盜，褫奪之象。[104]上九居訟之極，乃叩閽而得勝者也，[105]是故「或錫之鞶帶」也。居乾之終，是「終朝」也。現互共四，上出三戶之外，而三戶棄之，[106]是終三褫之象。[107]因其不正，是故「三褫之」也。三、六皆不得正，是故當褫。六三本為互☲，被三褫之，乃「三褫之」也。[108]鞶帶以錫有德，上九不正，豈可賞乎？故知乃迷者賜之耳。[109]

本旨上九不正，而為過訟。過訟而受鞶帶，乃為僥倖之榮，終被吾主褫之，乃得永辱，而受永罰矣。不正之訟，乃異端之訟也。

〈象〉曰：「以訟受服，亦不足敬也。」

爭訟而受服，乃非其德，是故「不足敬」也。總受亦不足敬，況終朝三褫，其愈不可敬也，明矣。[110]

---

103 鞶，皮帶，天子所賜官服之飾。〔宋〕朱熹《周易本義》：「鞶帶，命服之飾。」（頁61）

104 語出〔明〕來知德《周易集註》：「**或者，設或也，未必然之辭。鞶帶，大帶，命服之飾；又紳也。男鞶革，女鞶絲。乾為衣，又為圜，帶之象也。乾君在上，變為兌口，中爻為巽，命令錫服之象也。故九四曰『復即命』。中爻離日，朝日之象也。離日居下卦，終之象也。又居三，三之象也。褫，奪也。坎為盜，褫奪之象也。命服以錫有德，豈有賞訟之理，乃設言以極言訟不可終之意。**」（頁228）

105 閽，徐匯本作「閥」，今據呂註本改。

106 戶，呂註本作「互」。

107 象，徐匯本無，今據呂註本增。

108 「三、六皆不得正，是故當褫。六三本為互☲，被三褫之，乃『三褫之』也」，徐匯本無，今據呂註本增。

109 迷者賜之，徐匯本作「述者錫之」，今據呂註本改。

110 語出〔明〕來知德《周易集註》：「**縱受亦不足敬，況褫奪隨至，其不可終訟也明矣。**」（頁228）

本旨上九所指者，乃先朝所卦之邪神也，[111]而愚民駕之上主之上。[112]其辜之大，莫過于此。是故總不足敬也。上九亢而不中，其應不正，豈可敬之乎？敬之者，同之受永遠之罰，乃沉舟莫挽矣。

111 邪神，指佛老(佛教和道家)之道。〔法〕溫古子(馬若瑟)《儒教實義》：「古人事神，非為求福。然正神既受上帝明命而來，則必能轉祈上帝，必保佑人。故求真福於正神，可也。若夫佛鬼邪神者，人祀之為淫。古云『淫祀無福』，不信然哉〔…〕及夫子沒，真道愈衰。《禮》、《樂》廢於戰國，《詩》、《書》焚棄於秦。漢興而經學復貴，傳注如山。《禮記》、《家語》、《世本》等書雜篡而行，三子出而《春秋》無據；《小序》作而《雅》、《頌》壞；讖緯著而六經亂。馬融、鄭玄、王肅之徒，各自名家，諸說紛紜，乖戾不已。先王之道不習，則異端乘其隙而蜂起。佛法流入，而播其毒於中國；道巫假老子之學，而媚於邪神，妄調不死之樂而害生。」(頁1357、1400–1401) 有關邪教異端的闡述，可另參卷首〈繫辭傳〉(頁97)、觀〈象〉辭(頁329)、無妄〈象〉辭(頁372–373)解義。

112 愚，徐匯本作「遇」，今據呂註本改。

師卦

䷆	坎下坤上			
大象	䷁			
屬	坎[113]	七歸內卦成 ䷆ 師		
錯	䷌同人			
綜	䷇比			
參伍	下互 ䷻ 解	中互 ䷗ 復	上互 ䷁坤 下互暗 ☵ 為王	
五爻互	下互[114] ䷆ 師	上互 ䷗ 復		
各爻變[115]	初爻變 ䷒ 臨	錯 ䷠ 遯	綜 ䷓ 觀	地位
	二爻變 ䷁ 坤	錯 ䷀ 乾		
	三爻變 ䷭ 升	錯 ䷘ 無妄	綜 ䷬ 萃	人位
	四爻變 ䷭ 解	錯 ䷤ 家人	綜 ䷦ 蹇	
	五爻變 ䷜ 坎	錯 ䷝ 離[116]		天位
	六爻變[117] ䷃ 蒙	錯 ䷰ 革	綜 ䷂ 屯	

師：貞，丈人吉，無咎。

　　地下小人害君子，而多爭戰，故曰「地水師」。內互有主，故戒以貞。九二以一陽居下卦之中，[118]為將之象。上下五陰順而從之，為眾之象。九二以剛居下而用事，六五以柔居上而任之，為人君命將出師之象，故其卦之名曰「師」。六五丈九陽剛領眾，得正則吉，而無咎矣。用兵之道，利于得

---

113 坤，徐匯本及呂註本無，今據卦象增。
114 互，徐匯本及呂註本無，今據諸表增。
115 各爻變，徐匯本及呂註本無，今據諸表增。
116 ䷝，徐匯本作 ☲，今據呂註本改。
117 「六」後，徐匯本有「☲」，今據呂註本刪。
118 一，徐匯本作「以」，今據呂註本改。

正，又任老成之人，則以事言，有戰勝攻取之吉；以理言之，有無窮兵黷之咎。[119]

〈彖〉[120]曰：「師，衆也，貞正也。能以衆正，可以王矣。

　　「師衆」者，乃 ☷ 也。「貞正」者，乃正其不正，而使之正也。「能以衆正」者，乃歸入下互，諸爻皆得其正也。[121]「可以王」者，乃可以為九五也。衆，即周官五人為伍，二千五百人為師。正即王者之兵，行一不義，殺一不辜，[122]得天下不為。以，為左右之也。暗互 ☳ 為王，王之象也。[123]

　　本旨「師衆」者，乃世人也。「貞正」者，乃當改邪歸正也。「能以衆正」者，乃能使衆民改邪歸正也。如此之德，乃可以王矣。此言吾主領世人以戰三仇。[124]「貞正」者，惟吾主能使衆人得正，故「可王矣」。「可王」指聖而

119　語出〔宋〕朱熹《周易本義》：「師，兵衆也。下坎上坤，坎險坤順，坎水坤地。古者寓兵於農，伏至險於大順，藏不測於至靜之中。又卦唯九二一陽，居下卦之中，為將之象。上下五陰順而從之，為衆之象。九二以剛居下而用事，六五以柔居上而任之，為人君命將出師之象，故其卦之名曰師。丈人，長老之稱。用師之道，利於得正，而任老成之人，乃得吉而无咎。戒占者亦必如是也。」（頁62）

120　彖，徐匯本作「象」，今據易文改。

121　爻，徐匯本無，今據呂註本增。

122　辜，呂註本作「辠」，同為「罪」的古字。參閱頁83注4。

123　語出〔明〕來知德《周易集註》：「以卦體、卦德釋卦辭。衆者，即周官自五人為伍，積而至于二千五百人為師也。正者，即王者之兵，行一不義，殺一不辜，而得天下不為，如此之正也。以者，謂能左右之也，一陽在中而五陰皆所左右也。左右之，使衆人皆正，樵蘇无犯之意，則足以宣布人君之威德，即王者仁義之師矣。故可以王以衆正，言為將者可以王，言命將者能正即可以王，故師貴貞也。」（頁230）

124　三仇，_tres inimici_ (three enemies)，指魔鬼（_diabolus_ / the devil）、肉身（_caro_ / the flesh）及世俗（_mundus_ / the world）。按天主教教理，三仇乃誘惑人陷入罪惡之源，與聖三敵對。〔意〕艾儒略《口鐸日抄》：「人只有一心，天神護之，而三仇誘之。之裸形者，肉軀也；持刀兵而爭獰者，邪魔也；盛飾而張大者，世俗也。半墮網中者，人日罹三仇之網，畢世而不得脫也。嗟夫！人心若此，吾主之啟佑，又安能已乎？」（卷一，頁85）白晉同釋師 ䷆ 為耶穌基督率萬民戰勝三仇之象，〈易稿‧師〉：「從此歷〔歷〕代前後萬民之中，凢〔凡〕前者逆知，後者旵〔明〕聽〔聽〕，敬思如此。順命克己，行險天剛中正後天大師之聖德，一出于正，而凢不正者，无不輸誠向化，深慟後悔，相爭〔爭〕體法，樂從之，而為大師攻上主三仇之兵，獲赦罪无咎之〔恩〕，復得先天之元吉。」（頁169）

公教會及天堂上國，[125]即《經》云「永王雅各伯家」是也，[126][127]乃先知聖人依撒意亞預言，天下萬民將欽仰吾主耶穌而信從聖教，[128]曰「俾爾為萬民之照光」云云。[129]

剛中而應，行險而順，以此毒天下而民從之，吉又何咎矣？」

九二剛中，而應六五，乃剛中有應也。[130]坎險坤順，中爻☳足為行，乃行險而順也。毒，育也。[131]上六變，上☶中☳，合之成䷚〔頤〕，養育之象。[132]以此育天下，而民樂從之，故吉，又何咎矣？育而教之痛養，曰「毒」。本卦六變成䷙蒙，乃「君子以果行育德」也。[133]坤為順從之象也。

本旨「剛中而應」者，乃吾主應世人也。「行險而順」者，乃吾主受難而順聖父之命也。吾主以此育天下，而民樂從之，乃得其吉，而又何咎矣？

---

125 及，徐匯本作「乃」，今據呂註本改。

126 雅，徐匯本作「亞」，今據呂註本改。

127 〔意〕利類思《彌撒經典・聖路加萬日畧經》：「適將懷孕生子，立名時，稱之耶穌。厥位大位，厥稱至高者之子，天主將賜以達未厥受御座。**永王雅各伯家**，厥國永無疆之國。」（頁536）《路加福音》一章31–33節：「看，妳將懷孕生子，並要給祂起名叫耶穌。祂將是偉大的，並被稱為至高者的兒子，上主天主要把祂祖先達味的御座賜給祂。祂要為王統治雅各伯家，直到永遠；祂的王權沒有終結。」

128 徐匯本無「穌」，今據呂註本增。

129 語出〔意〕艾儒略《天主降生引義》：「古先知預言，天下萬民將欽仰吾主耶穌而信從聖教。依撒意亞曰：**俾爾為萬民之照光。而救我眾於大地之八極也。**」（上卷，頁364）《依撒意亞先知書》四十九章6節：「我更要使你作萬民的光明，使我的救恩達於地極。」

130 有，呂註本作「而」。

131 〔清〕李道平《周易集解纂疏》引崔覲曰：「『剛』能進義，『中』能正眾，既『順』且『應』，『行險』戡暴。亨毒天下，人皆歸往而以為王，『吉又何咎矣』？」疏「亨毒天下」曰：「外坤，故云『亨毒天下』。老子《道德經》『亭之毒之』，注『亭以品其形，毒以成其質』。毒，徒篤反，今作育。亭毒者，侔育之意也。蓋以坤有『萬物致養』之義，故以『亨毒』言之。」（頁130–131）

132 此處採用了虞翻爻變說以取頤䷚象，然而有別虞翻以六五變正，呂立本以上六變。〔清〕李道平《周易集解纂疏》引虞翻曰：「『君子』謂二。『容，寬也。』坤為『民眾』，又畜養也。陽在二，『寬以居之』，五變『執言』時，有頤養象，故『以容民畜眾』矣。」（頁131）

133 〈大象傳・蒙卦〉：「山下出泉，蒙。君子以果行育德。」

〈象〉曰：「地中有水，師；君子以容民畜衆。」

「地中有水」者，乃 ☷ 中有 ☵ 也。下互 ☳ 為君子， ☷ 為國之衆民。暗互 ☶ 為王，中互 ䷗ 復，乃容民畜衆也。暗王何義？乃小人不認王也。中互有主而無王，乃小人甚而棄王也。棄王之辜，理宜罸滅之，乃今不滅絕而養育之。洪哉，恩哉！故曰「君子以容民畜衆」也。正以此育天下，而民從之之象也。

本旨「地中有水」者，乃人類之中而有吾主也。師者，乃吾主為帥而領衆也。「君子以容民畜衆」者，乃小人背棄吾主。吾主不滅小人而尚養育之，乃所以「容民畜衆」也。[134] 吾主以容民畜衆者，乃教我等以寬忍之德，而容民畜衆也。

初六：師出以律，否臧，[135] 凶。

☵ ，為律之象，又為多眚，[136] 否臧之象，又為桎梏，凶之象。「師出以律」者，乃行師必當以律法也。「否臧」者，乃因初六不正，不善守律，是故凶也。[137]

---

134 〔意〕艾儒略《口鐸日抄》：「初五日，瞻禮甫畢。盧先生詔於衆曰：『今日經中有云：爾等祈求，毋徒為愛我及加恩我者，亦當為薄我及仇我之人求也。爾不觀天主罷德肋乎？天無私覆也，地無私載也，日月無私照臨也，初不以善人、惡人而有異也。而且譬之田焉，有善人之田，有惡人之田。雨露滋之，善惡何擇焉？蓋天主愛善人亦並愛惡人。其不即加罰者，夫亦徐徐焉冀有去惡返善之日耳。故子等祈求，亦當為諸罪惡之人。庶幾返善有路，或不受天主之永罰也。是即以天主之心為心矣。』」（卷一，頁74–75）《口鐸日抄》引文中「罷德肋」即拉丁文 Pater 之音譯，指天主聖父。

135 臧，美善。《說文解字》：「臧，善也。」〔清〕段玉裁注曰：「《釋詁》、《毛傳》同。按子郎，才郎二反，本無二字。凡物善者必隱於內也。以從艸之『藏』爲『臧匿』字，始於漢末，改易經典，不可從也。又臧私字。古亦用『臧』。」（頁119）

136 眚，眼疾，後引申為過失或災難。《說文解字》：「目病生翳也。」〔清〕段玉裁注：「元應曰：『《醫韵集》作瞖』。眚，引伸爲過誤，如『眚災肆赦』、『不以一眚掩大德』是也。又爲災眚。」（頁135）《書經·舜典》：「眚災肆赦，怙終賊刑。」《左傳·僖公三十年》：「大夫何罪？且吾不以一眚掩大德。」

137 〔宋〕朱熹《周易本義》：「律，法也。否臧，謂不善也。晁氏曰：『否字先儒多作不。』是也。在卦之初，為師之始，出師之道，當謹其始，以律則吉，不臧則凶。戒占者當謹始而守法也。」（頁63）

本旨有王則必有律，世人皆為師。世間者，乃戰塲也。十誡者，乃天主之聖律也，而世人皆當遵守也。「否臧」者，乃不善守也。惜乎！今人不求知律而焉能守之乎？初六不正，乃「否臧」也，[138] 是故曰凶。因其不正，而不守律，乃終有大敗，是故凶也。下互 ☷ 四 ☷ 六，合之成十，乃十誡之証也。

〈象〉曰：「『師出以律』，失律，凶也。」

初六不正，其上無應，不能上進，乃失律而凶也。初六陰柔，又不中正，「失律」之象也。[139]

本旨「失律」者，乃失守十誡也。其凶者，乃地內九泉之下之永凶也。坎為水，九二中實，為九泉。初六居九二之下，固知其為地內，九泉之下之永凶也。[140] 投之者，永不能出也。

九二：在師中吉，無咎，王三錫命。

九二得中，故曰「在師中吉」，無咎也。下互有 ☳，乃「王三錫命」也。六三變 ☷，命之象也。以 ☷ 錯 ☰ 為全玉、為言，錫命之象也。

本旨「在師中吉」者，乃吾主在世人之中，而人得吉也。「無咎」者，乃因其補救人咎。「王三錫命」者，乃性、書、寵三教之命也。[141] 然錫命有三，乃有三命之爵賞也，故曰「王三錫命」也。

---

138 「乃不善守也。惜乎！今人不求知律而焉能守之乎？初六不正，乃『否臧』也」，徐匯本無，今據呂註本增。

139 〔清〕李道平《周易集解纂疏》：「初六以陰居陽，履失其位，位既匪正，雖令不從，以斯行師，失律者也。凡首率師，出必以律，若不以律，雖臧亦凶，故曰『師出以律，失律凶也』。九家易曰：『坎為法律也。』」（頁132）

140 永，徐匯本無，今據呂註本增。

141 三教，指性教（*Lex Naturalis* / Natural Law）、書教（*Lex Mosaica* / Mosaic Law）及寵教（*Lex Evangelica* / Evangelical Law）。按天主教史學觀，三者依次為救贖工程的三個階段。〔意〕艾儒略《口鐸日抄》：「天主之愛人無已也，有性教，有書教，有寵教。性教何也？人類之始生也，天主賦之靈性，俾通明義理。斯時十誡之理，已刻於人心之中，普萬國皆然，是謂性教。迨物欲漸染，錮蔽日深。於是或明示、或默啟諸聖賢著為經典，以醒人心之迷，是為書教。及至三仇迭攻，人性大壞，雖有經典，亦有難挽回者。天主始降生為人，以身立表，教化始大明於四方，是謂寵教。」（卷二，頁108–109）

〈象〉曰：「『在師中吉』，承天寵也；『王三錫命』，懷萬邦也。」

「承天寵」者，☷錯乾，天之象。中爻☳綜☶，寵之象。以下應上，承之象，乃承上五之寵也。懷萬邦者，乃以內為懷，而應眾陰也。一陽懷五陰共六，乃六合之象，[142] 是懷萬邦之象也。

本旨「在師中吉」者，乃非我能中而得吉也。因奉天主之寵教，而有聖中之規，故得中而吉，乃承上主之寵也。「王三錫命」者，乃天主三教之命也。[143] 三命包全地也，非只言中國，故曰「懷萬邦」也。[144]

六三：師或輿尸，凶。

或，迷也，因迷而輿尸。[145] ☷為迷，輿之象。陰柔不正，尸之象也。☷為凶之象。輿尸，乃無功可紀，與屍何異？三不中正，本身並二互，皆無應與。陰柔不正，故或此或彼，皆為輿尸，是以凶也。師而輿尸，理宜誅殺之，豈不凶乎？[146]

本旨無功受祿，寢食不安，人受天主生養救贖之大恩而不知報，是迷惑輿尸而凶也。哀哉！而尸豈可輿之乎？

---

142 乃六，徐匯本無，今據呂註本增。

143 「聖中之規，故得中而吉，乃承上主之寵也，王三錫命者，乃天主三」，徐匯本無，今據呂註本增。

144 白晉《古今敬天鑒》之序章：「且南北東西四方之人，同為上天一大父母君師所生養，治教皆原屬一家，惟一天學之人。中華經書所載，本天學之旨，奈失其傳之真。西土諸國存天學本義，天主《聖經》之真傳，今據之以解中華之經書，深足發明天學之微旨。故於所輯經書內，亦引天主《聖經》真傳一二條以証之，為《敬天鑒》上卷。」(頁33)

145 因，徐匯本作「囹」，今據呂註本改。

146 輿尸，有兩解。一是以輿為車，尸為屍，載屍戰敗之象。〔宋〕朱熹《周易本義》：「輿尸謂師徒撓敗，輿尸而歸也。」(頁63)〔清〕李道平《周易集解纂疏》引虞翻曰：「坤為『尸』，坎為車多眚。同人離為戈兵、為折首，失位乘剛无應，尸在車上，故『輿尸凶』矣。」(頁133–134)二是以輿為眾，尸為主，軍隊無首之象。〔宋〕程頤《周易程氏傳》：「輿尸，眾主也。蓋指三也。以三居下之上，故發此義。軍旅之事，任不專一，覆敗必矣。」(頁43–44)〔明〕來知德《周易集註》：「輿者，多也，眾人之意，即今『輿論』之『輿』。以坤坎二卦，皆有輿象，故言輿也。尸者，主也。言為將者不主，而眾人主之也。」(頁233) 按上下文，呂立本的解義較為貼近後者。

〈象〉曰：「『師或輿尸』，大無功也。」

六三以中互為 ☶，故曰「大無功」也。

本旨六三乃不中不正之小人，而頁吾主救世之大功。不能救大體，故曰「大無功」也。

六四：師左次，無咎。

次者，舍也，乃安于正也。師三宿為次。右前左後，今人言左遷是也。☰ 先 ☷ 後，乾右坤左，六四為坤，又居九二之左，故曰「左次」。「左次」者，乃舍居九二之後，以聽用也。隨主帥以聽其用，故曰「無咎」也。中爻六四為 ☷，故曰隨主。[147]

本旨得正而隨吾主者，乃無咎也。

〈象〉曰：「『左次無咎』，未失常也。」

六四本正，又居中爻 ☷ 體，☷ 本為主，常隨其主，故曰「未失常」也。

本旨常者，主也。[148]「未失常」者，乃永久不失吾主，則無咎也。

六五：田有禽，利執言，無咎。長子帥師，弟子輿尸，貞凶。

難坤中九二，為田、為禽。九二居下之中，義為坤田，乃田為禽也。六五應九二，故曰「田有禽」也。九二上下皆陰，乃有禽象。又 ☷ 錯 ☰，乃

---

147 語出〔明〕來知德《周易集註》：「師三宿為次。右為前，左為後，今人言『左遷』是也。蓋乾先坤後，乾右坤左，故明夷六四陰也，曰『左腹』；豐卦九三陽也，曰『右肱』。左次，謂退舍也。」（頁233）

148 常，佛道常用字，指事物永恆不並真實存在，與無常相對。景教援佛入耶，以「常」來形容天主和救恩真道，如《大秦景教流行中國碑頌并序》云：「真常之道，妙而難明」；《大秦景教三威蒙度讚》亦有云：「難尋無及正真常，慈父明子淨風王」。來華耶穌會士後承襲了有關的說法，如陽瑪諾（Emmanuel Diaz, S. J.，1574–1659）在《唐景教碑頌正詮》謂：「既詳聖教七益之粲，茲約其妙，蓋言聖教為真主攸建之教，惟真主聖教之道為真道，為永嘗〔常〕不息之道。」詳見吳昶興：《大秦景教流行中國碑：大秦景教文獻釋義》（臺北：橄欖出版社，2015），頁19、203、319。

為禽象。禽害禾稼，[149]冦盜之象，乃 ☷ 之象也。執者，興師以執之也。坤為衆，中爻 ☳ 綜 ☶ 為手。衆手俱動，執獲之象也。言者，聲辠致討也。 ☷ 錯 ☰ 為言。[150]「無咎」者，師出有名也。長子， ☳ 也。弟子，六三也，乃為 ☳ 弟。執言則得剛而有帥，故曰「利執言」而「無咎」也。「長子帥師」者，乃九二領衆也。「弟子輿尸」者，乃不正之六三也。不正輿尸，豈不凶乎？[151]

本旨「田有禽」者，乃世人有吾主也。經云「子屢如欲鳩茹子，[152]而覆翼之如鳥」[153]是也。「利執言」者，乃執言則得主，得主則無咎矣。中互「長子帥師」，六三「弟子輿尸」。夫既輿尸，乃正乎凶，故曰「貞凶」也。

〈象〉曰：「『長子帥師』，以中行也。『弟子輿尸』，使不當也。」

「以中行」者，乃六五應九二也。六三一爻應九二，其餘皆陰柔而無應，不能以成其功，故曰「使不當」也。以六居五，乃使不當也。言所以「長子帥師」者，以其有剛中之德，使之帥師，以行使之當也，若弟子則使之不當也。「以中行」，推原其二。「使不當」，歸咎于五也。[154]

---

149 稼，本指種植五穀，後引伸為穀物及莊稼。《說文解字》：「禾之秀實為稼，莖節為禾。從禾家聲。一曰稼，家事也。一曰在野曰稼。」（頁323–324）《呂立本春秋》：「稼生於野，而藏於倉。」《詩‧豳風‧七月》：「九月築城圃，十月納禾稼。」

150 言，呂註本作「吉」。

151 語出〔明〕來知德《周易集註》：「田乃地之有水者，應爻為地道，居于初之上，田之象也。故乾二爻曰『在田』。禽者，上下皆陰，與小過同，禽之象也。坎為豕，錯離為雉，皆禽象也。禽害禾稼，冦盜之象也。坎為盜，亦有此象。執者，興師以執獲也。坤為衆，中爻震綜艮為手，衆手俱動，執獲之象也。言者，聲罪以致討也。坤錯乾為言，言之象也。无咎者，師出有名也。長子，九二也。中爻震，長子之象也。長子即丈人，自衆尊之曰丈人，自爻象之曰長子。弟子，六三也，坎為中男，震之弟也，弟子之象也。」（頁234）

152 子，徐匯本作「予」，

153 《路加福音》十三章34節：「耶路撒冷啊，耶路撒冷！這城殺害先知們，又用石頭砸死被差到她這裡的人！我多次想聚集你的兒女，像母雞把自己的小雞聚集在翅膀下，可是你們不願意！」《古新聖經‧聖史路加萬日畧》：「日露撒冷！日露撒冷！爾好殺先知，向爾差的使者，爾亂石打死之。我屢要聚爾諸子，如母雞翅下覆其雛，而總不肯。」（第八冊，頁2866）

154 語出〔明〕來知德《周易集註》：「言所以用長子帥師者，以其有剛中之德，使之帥師以行，使之當矣。若弟子，則使之不當也。『以中行』，推原其二之辭。『使不當』，歸咎于五之辭。」（頁235）

本旨「以中行」者，乃吾主帥衆以中正之道也。[155]「弟子輿尸」者，乃衆不從吾主戰三仇也。「使不當」者，乃五使小人亂聖教也。

上六，大君有命，開國承家，小人勿用。

☷ 錯 ☰，大君之象也。地上為天，六居極上，故曰「大君」。錯 ☰ 為言，中爻 ☳ 為命之象，故曰「有命」。命者，命之以開國承家。開封也，乃封功臣也。「承家」者，乃受家也。☷ 為國之象，變 ☶ 為家之象。☷ 為開之象。承者，受也。功之大者開國，功之小者承家。「小人」者，陰也。變艮為止，「勿用」之象也。[156]

上六，師終功成、正論功行賞之時也。故有「大君有命」、「開國承家」之象。然師旅之興，效勞之人其才不一，不必皆正人君子。故「開國承家」，惟計其一時得功之大小，不論其往日為人之邪正，此正王者封建之公心也。至于封建之後，董治百官，則惟賢是用，不可用小人董理國事。[157]

本旨夫開國之教，承接家道，勿用小人，乃為國家之害，故曰「小人勿用」也。六三不正，乃為小人。

---

155 帥，徐匯本作「師」，今據呂註本改。

156 語出〔明〕來知德《周易集註》：「**坤錯乾，大君之象也。乾為言，有命之象也。命者，命之以開國承家也。**坤為地，為方國之象也，故曰『開國』。變艮為門闕，家之象也，故曰『承家』。損卦艮變坤，故曰『無家』。師卦坤變艮，故曰『承家』。周公爻象，其精至此。**開者，封也。承者，受也。功之大者開國，功之小者承家也。**小人，開承中之小人也。陽大陰小，陰土重疊，小人之象也。勿用者，不因其功勞，而遂任用以政事也。**變艮為止，勿用之象也。**如光武雲臺之將，得與公卿參議大事者，惟鄧禹、賈復數人而已，可謂得此爻之義者矣。」（頁235）

157 語出〔明〕來知德《周易集註》：「**上六，師終功成，正論功行賞之時矣，故有大君有命開國承家之象。然師旅之興，效勞之人其才不一，**販繒屠狗之徒亦能樹其奇功，**不必皆正人君子。故開國承家，惟計其一時得功之大小，不論其往日為人之邪正，此正王者封建之公心也。至于封建之後，董治百官，**或上而參預廟廊之機謀，或下而委任百司之庶政，**則惟賢是用，**而前日諸將功臣中之小人，惟享其封建之爵土，再不得干預乎此矣。故又戒之以小人勿用也。『弟子輿尸』，戒之于師始；『小人勿用』，戒之于師終，聖人之情見矣。」（頁235）

〈象〉曰：「『大君有命』，以正功也。『小人勿用』，必亂邦也。」

「大君有命」，有功者受賞，無功者受罰，乃所以正功也。六不應三，乃「小人勿用」也。夫不用小人者，乃因小人必亂其邦也。正功者，正功之大小賞封也。亂邦者，小人挾功倚勢，[158]暴虐其民，必亂其邦。「王三錫命」，命于行師之始，惟懷于邦。懷邦者，懷其邦之民也。「大君有命」，命于行師之終，惟恐其亂邦。亂邦者，亂其邦之民也。[159]

本旨「大君有命」者，[160]乃天主有十誡也，賞善罰惡以正功也。小人倍道，[161]必亂邦也。天主之命在于愛人，[162]小人悖道在于惡人，是故「必亂其邦」也。

---

158 「小人挾功倚勢」，徐匯本作「小挾功依勢」，今據呂註本改。

159 語出〔明〕來知德《周易集註》：「正功者，正功之大小也。亂邦者，小人挾功倚勢，暴虐其民，必亂其邦。王三錫命，命于行師之始，惟在于懷邦。懷邦者，懷其邦之民也。大君有命，命于行師之終，惟恐其亂邦。亂邦者，亂其邦之民也。聖人行師，惟救其民而已，豈得已哉？」（頁235）

160 者，徐匯本無，今據呂註本增。

161 倍，通「背」，意為背叛。《説文解字》：「此倍之本義。《中庸》『爲下不倍』、《緇衣》『信以結之。則民不倍』、《論語》『斯遠鄙倍』皆是也。引伸之爲倍文之倍。《大司樂》注曰：『倍，文曰諷』，不面其文而讀之也。又引伸之爲加倍之倍，以反者覆也。覆之則有二面，故二之曰倍。俗人鈹析，乃謂此專爲加倍字。而倍上、倍文則皆用背。餘義行而本義廢矣。倍之或體作偝。見《坊記》、《投 》、《荀卿子》。」（頁382）《漢書‧賈誼傳》：「無倍畔之心。」《荀子‧大略》：「教而不稱師謂之倍。」

162 《瑪竇福音》第二十二章35–40節：「他們中有一個法學士試探他，發問説：『師傅，法律中那條誡命是最大的？』耶穌對他説：『「你應全心，全靈，全意，愛上主你的天主。」這是最大也是第一條誡命。二條與此相似：「你應當愛近人，如你自己。」全部法律和先知，都繫於這兩條誡命。』」；〔意〕利類思譯《彌撒經典‧聖瑪竇萬日畧經》：「明經一士試之曰：『師！經內誡孰最大？』答曰：『最大最先：以含記、以明達、以願欲三司者，愛爾主天主；是厥次並列愛邇巳者。猶巳者，是《聖經》攸著，先知者攸録，僉繫斯二者。』」（頁466）

比卦

䷇	坤下坎上			
屬	䷁坤[163]	七歸內卦成 ䷇ 比		
錯	䷍大有			
綜	䷆師			
參伍	下互 ䷁ 坤	中互 ䷖ 剝	上互 ䷦ 蹇	上互暗 ☵ 為王
五爻互	下互[164] ䷖ 剝	上互[165] ䷇ 比		
各爻變[166]	初爻變 ䷂ 屯	錯 ䷱ 鼎	綜 ䷃ 蒙	地位
	二爻變 ䷜ 坎	錯 ䷝ 離		
	三爻變 ䷦ 蹇	錯 ䷥ 睽	綜 ䷧ 解	人位
	四爻變 ䷬ 萃	錯 ䷙ 大畜	綜 ䷭ 升	
	五爻變 ䷁ 坤	錯 ䷀ 乾		天位
	六爻變[167] ䷓ 觀	錯 ䷡ 大壯	綜 ䷒ 臨	

比：吉。原筮，元永貞，無咎。不寧方來，後夫凶。

　　水在地上，最相親切，比之象也。以水潤世，故曰「比吉」。比必有原，中爻 ☶ 為原，☶ 綜 ☳ 為竹，錯 ☴ 為巫，二卦合為筮，故當「原筮」。九五為元，永遠正固，故「無咎」也。陽爻中正，得其天位，下有正應，乃寧之象。陽爻不得正應九五，[168] 乃不寧之象。下 ☷，方之象。就五，來之象。方者，☷ 也。下畫為前，上畫為後。凡卦以陽為夫，此夫指九五也。[169] 上六後五，故曰「後夫」。以其未應，是為未比。未得其比而有不安

---

163 坤，徐匯本及呂註本無，今據卦象增。
164 互，徐匯本及呂註本無，今據諸本增。
165 同上。
166 各爻變，徐匯本及呂註本無，今據諸表增。
167 「六」後，徐匯本有「☷」，今據呂註本刪。
168 陽，徐匯本作「陰」，今據呂註本改。
169 此，徐匯本作「比」，今據呂註本改。

者，[170]亦将皆來而歸之。若又遲而後之則晚矣，是故曰「後夫凶」也。上六六五，乃為「後夫」。九五以陽剛居上之中而得其正，[171]上下眾陰，比而從之。以一人而撫萬邦，以四海而仰一人也。[172]

本旨一人者，乃救世之主也。洪水滅辜人，[173]聖洗滅人罪，[174][175]立為主義子，親尊子並貴。[176]以水洗世，世順從之，故曰「比，親輔」也。原筮查根本，元永順元吉，正固則無咎。「不寧方來」者，乃有心中不安方來進

---

170 比，呂註本作「坎」。

171 五，徐匯本無，今據呂註本增。

172 語出〔宋〕朱熹《周易本義》：「比，毗意反。**比，親輔也。九五以陽剛居上之中而得其正，上下五陰，比而從之，以一人而撫萬邦，以四海而仰一人之象。**故筮者得之，則當為人所親輔。然必再筮以自審，有元善長永正固之德，然後可以當眾之歸而无咎。**其未比而有所不安者，亦將皆來歸之。若又遲而後至，則此交已固，彼來已晚，而得凶矣。**若欲比人，則亦以是而反觀之耳。」（頁65）

173 辜，呂註本作「罪」。參閱頁83注4。

174 〔法〕馬若瑟《儒交信》：「聖洗者，入聖教之禮也，用水灑頭上，以寓洗心赦罪之大恩」（頁23）；亦見〔意〕艾儒略《天主降生言行紀畧》：「噫！吾主至潔之躬，何洗之受？政以訓我各當滌心，且欲定入教之規，必須先受聖洗，以洗一生之罪垢，故先自受此禮也。然而吾主彌自謙抑，以受人洗，則聖父彌顯其為真主，以示人尊也。」（卷二，頁220）。

175 此處視洪水滅世為聖洗聖事的預象。《聖伯多祿前書》第三章20–21節：「這些靈魂從前在諾厄建造方舟的時日，天主耐心期待之時，原是不信的人；當時賴方舟經過水而得救的不多，只有八個生靈。這水所預表的聖洗，如今賴耶穌基督的復活拯救了你們，並不是滌除肉體的污穢，而是向天主要求一純潔的良心。」《古新聖經·聖伯多祿之札〔經〕·第一札》：「諾厄造船時說的話，妄盼天主久耐不罰，船內從水單救了八人。如你們領的水洗救你們，不因洗了你們的神垢，單因你們在天主前許懷實良心。」（第九冊，頁3332）

176 〔法〕馬若瑟《儒交信》：「凡在聖會者，皆為天主之義子，皆結合於耶穌，皆作聖神之徒，日悔其過，日積其善，全信天主之道，堅守天主之誡。」（頁62）；亦見〔法〕沙守信《真道自證》：「誦耶穌所定之經文，而以水注其額，所謂聖洗。以示水能去垢，而神垢於斯去矣。〔…〕救世之功，於斯而通於其人；救世無形之號，於斯而銘於其心。斯時也，屬耶穌之人，天主因耶穌之功，而即赦其人之罪，還其原恩，復其義子之隆位，賜其永福之據，加其作善之資，賦其信望愛之德，開其神心，治其神病，增其神力，而為一自新之人也，故曰：『再生之禮』。」（卷四，頁376–377）

聖教者，亦得同受天主之恩也。「後夫凶」者，乃不接恩之人，其死忽至而受永罰，是故凶也。哀哉！悔之晚矣！九五一陽者，乃救世之主也。眾陰者，乃普世萬民也。凡卦以上為天，以下為地。聖洗之恩如天包地，世人俱可受之。今世迷子不接上恩，而為後天自招其凶，[177]悲哉！吾主升天之時，托權于聖教宗主以代吾主之位，只一而不容有二，[178]是故乃一人而撫萬邦也。[179]惜今世之迷子以四海而仰一人者，乃解為救世之**帝**王也。夫四海之人而共仰者，是何帝王也？是可見不明經旨而妄~~觧~~也。

〈象〉[180]曰：「比，吉也。

比，親輔也。[181]親輔，故吉也。

本旨乃上主比下民，而下民得吉也。

比，輔也，下順從也。

☷ 為順而在下，乃下順從之象也。

本旨乃吾主親比世人，而世人順從吾主也。

---

177 而為後天，呂註本作「乃為後夫」。

178 不，徐匯本無，今據呂註本增。

179 聖教宗主，指十二宗徒之首聖伯多祿（*Simon Petrus* / Simon Peter），獲耶穌委任為教會的領袖、為基督在世的代表（*Vicarius Christi* / Vicar of Christ），天主教傳統視之為首任教宗。《瑪竇福音》十六章 18–19 節：「我再給你說：你是伯多祿（*Tu es Petrus* / Thou art Peter），在這磐石上，我要建立我的教會，陰間的門決不能戰勝她。我要將天國的鑰匙交給你；凡你在地上所束縛的，在天上也要被束縛；凡你在地上所釋放的，在天上也要被釋放。」〔意〕利類思譯《彌撒經典・聖瑪竇萬日畧經》：「予亦語汝：汝稱伯多羅，斯石上將立予聖教聖宮，地獄之門雖力攻不致頹圮。又將界付汝天門鑰匙：爾在地擬人罪，或繫或釋，予同在天繫釋。」（頁 550）

180 彖，徐匯本作「象」，今據易文改。

181 同注 172。

『原筮，元永貞，無咎』，以剛中也。『不寧方來』，上下應也。
『後夫凶』，其道窮也。」

剛中則私欲無所留，所以為元善者此也；[182]剛健而不息，所以為永者
此也；正固而不偏，所以為貞者此也。☵之正位在五，所以有此三德而無
咎。中爻☳綜☶，為道之象也。[183]

本旨「原筮」者，乃窮原探本也。「元永貞」者，乃歸順永貞之元本，則
無咎矣。[184]「以剛中」者，乃九五為聖恩之原也。「不寧方來」接其恩者，乃
得其上主之應下民也。「後夫凶」者，乃不接恩之人也。「其道窮」者，乃死
之後而無悔改之路也。

〈象〉曰：「地上有水，比；先王以建萬國，親諸候〔侯〕。」

物相親比而無間者，莫如水在地上，是故曰「比」。[185]「地上有水」者，
乃☷上有☵也。前卦有王，居比卦之先，故曰「先王」。九五為建之象，
☷為萬國之象。[186]王之臣為諸候〔侯〕，☷為諸候〔侯〕之象。因其親比，
故曰「親諸候〔侯〕」也。

---

182 元，徐匯本作「原」，今據呂註本改。
183 語出〔明〕來知德《周易集註》：「**剛中則私欲無所留，所以為元善者此也；剛中則
健而不息，所以為永者此也；剛中則正固而不偏，所以為貞者此也。蓋八卦正位
坎在五，所以有此三德而無咎。九五居上，群陰應于下，上下相應，所以不寧方
來。**道窮者，理勢窮蹙，无所歸附也。」（頁237–238）
184 同注183。
185 語出〔明〕來知德《周易集註》：「**物相親比而無間者，莫如水在地上。**先王觀比之象，
建公侯伯子男之國，上而巡狩，下而述職，朝聘往來，以親諸侯，諸侯承流宣化，
以親其民，則視天下猶一家，視萬民猶一身，而天下比于一矣。〈象〉則人來比我，
〈象〉與諸爻我去比人。師之畜眾，井田法也。比之親侯，封建法也。秦惟不知
此義，故二世即亡。善乎〈六代論〉曰：『譬如芟刈股肱，獨任胸腹，浮舟江海，捐
弃楫櫂，觀者為之寒心，而始皇自以為帝王萬世之業，豈不悖哉？』」（頁238）
186 九五為主爻，居尊位為王，下卦坤☷為萬國、為腹，上卦坎為心，有君臣腹心相
照之象。〔清〕李道平《周易集解纂疏》引虞翻曰：「『先王』謂五。初陽已復，震為
『建』、為『諸侯』，坤為『萬國』、為『腹』，坎為心，腹心親比，故『以建萬國，親諸
侯』。《詩》曰『公侯腹心』，是其義也。」（頁142）

本旨「地上有水」者,乃人上有聖洗之恩泉也。「先王」者,乃吾主也。吾主立萬國之人為主義子,是「建萬國」也[187]。親之如子,是「親諸候〔侯〕」也。主之義子皆為候〔侯〕王,故曰「親諸候〔侯〕」也。所謂人人有貴于己者此也。[188]

初六:有孚比之,無咎。有孚盈缶,終來有他吉。

九五為「有孚」,有九五比之則無咎矣。「有孚盈缶」者,乃 ☷ 為缶。初六未得其正,初六變為 ䷂ 屯。屯,盈也,乃水流盈缶之象也。[189]得正而有應,乃「終來」之「他吉」也。[190]

本旨初六為嬰兒,有吾主比之,得元辜之赦,故無咎也。若後長成,自有滿全之信,能比上主而順其命,終得永福之冠,乃「終來」之「他吉」也。[191]

---

187 參注172。

188 見《聖伯多祿前書》第二章9節:「〔…〕至於你們,你們卻是特選的種族,王家的司祭,聖潔的國民,屬於主的民族,為叫你們宣揚那由黑暗中召叫你們,進入他奇妙之光者的榮耀。」《古新聖經‧聖伯多祿之札〔經〕‧第一札》:「論你們,是簡的,也是萬王之王天主的鐸德,亦聖者,被特救贖的,為讚天主慈德,是他從黑移你們於奇明。」(第九冊,頁3329)

189 語出〔明〕來知德《周易集註》:「有孚者,誠信也。比之者,比于人也。誠信比人,則无咎矣。缶,瓦器也,以土為之而中虛。坤土,陰虛之象也。盈者,充滿也;缶,坤土之器;坎,下流之物;**初變成屯,屯者,盈也,水流盈缶之象也。**若以人事論,乃自一念而念念皆誠,自一事而事事皆誠,即『盈缶』也。有孚即《孟子》所謂『信人』;盈缶,則『充實之謂美』矣。來者,自外而來也。他對我言,終對始言。」(頁238)

190 初為陽位,六居之是為失位,變陽則得正。〔清〕李道平《周易集解纂疏》引虞翻曰:「坤器為『缶』,坎水流坤,初動成屯。『屯者盈也』,故『盈屯』。終變得正,故『終來有它吉』,在內稱『來』也。」(頁143)

191 呂立本筆下的比卦大旨與聖洗聖事有關,此處又嬰兒為主要論述對象,故此處應是指嬰孩洗禮與其效果。參〔意〕艾儒略《口鐸日抄》:「若傳染原罪,只不得升天國,非有地獄之永苦也。試觀孩童未領聖水,只不得升天。至長成為惡,始墜冥獄耳。若肯翻然遵誠,則夙愆頓洗。天堂之樂,吾主曷靳焉?」(卷三,頁230–231)、「孩童之領聖水也,無俟痛悔。蓋一經洗滌,而原罪已悉赦矣。」(卷四,頁289–290)

〈象〉曰：「比之初六，『有他吉』也。」

因其順命，而得報功之吉，故曰「有他吉」也。

本旨夫「他吉」者，乃天國永福之吉，而非今世之吉也。

六二：比之自內，貞吉。

柔順中正，上應九五，自內比外而得其正，是故曰「貞吉」。[192]

本旨以下民而比上主，得其中正，自然吉也。

《象》曰：「『比之自內』，不自失也。」

以臣比君，乃盡其忠，正固之吉也。君必報忠，故「不自失」也。[193] 應陽為得，[194] 得己正應，[195] 故「不自失」也。

本旨以下比上者，乃以聖母及諸聖人比吾主也。以聖比主，乃為上等，故不自失己也。以人比主，主必降福，故「不自失」也。[196]

六三：比之匪人。

三不忠正，乃居人位，故曰「匪人」。[197] 匪人不可比，比之愈作惡，辜大彌天地，其終受罰多。

---

192 語出〔宋〕朱熹《周易本義》：「**柔順中正，上應九五**。自內比外而得其貞，吉之道也。占者如是，則正而吉矣。」（頁66）

193 「失」後，徐匯本有「已」，今據呂註本及上下文刪。

194 陽，呂註本作「陰」，今據呂註本改。

195 六二陰爻處陰位，是為得正居中；又上應陽爻九五，是為正應。〔清〕李道平《周易集解纂疏》引干寶曰：「二在坤中，坤，國之象也，得位應五而體寬大，君樂民自得之象也，故曰『比之內，貞吉』矣。」（頁144）

196 關於天主與聖人的密切關係，參〔意〕高一志《天主聖教聖人行實》：「所謂闡明聖人者，聖人生時，切務隱身晦跡，韜功埋名。惟天主大道是宣，人世頹俗是正，以至竭力劇神，德雖冠絕群眾之上，謙退自處群眾之下。是故至公天主，於其生前或死後，多端揚其芳蹟，著其功能，播其美譽，又令明史紀錄行實，為萬世表法也。」（自序，頁8）

197 六三失位，上无正應；且初至五爻體剝 ☷ 象，有弒父弒君之凶象。〔清〕李道平《周易集解纂疏》引虞翻曰：「匪，非也。失位无應，三又多凶，體剝傷象，弒父弒君，故曰『匪人』。」（頁144）

〈象〉曰：「『比之匪人』，不亦傷乎。」

中爻 ☳ 為虎，三居虎下，受傷之象。匪人負上恩，是故受傷也。

本旨其傷在大體，那時如夢覺，方知先效獸，到此救無藥。惜乎！不亦傷乎！

六四：外比之，貞吉。

以柔居柔，為得其正，外比九五，是故「貞吉」。[198]

本旨上比真主，乃為上品，是故「貞吉」，乃臣事主也。

〈象〉曰：「外比於賢，以從上也。」

六四得正，其下無應，上比九五，[199]陽剛為謂「賢」，故曰「以從上」也。中爻 ☷，「從上」之象也。

本旨四下無應，乃為童身，上從吾主，乃效聖賢，棄捨下世，「以從上」也。「外比于賢」者，乃以表吾主為聖賢之師也。

九五：顯比。王用三驅，失前禽。邑人不誠，吉。

顯者，顯然光明正大無私也。言比我者無私，而我亦非違道于譽，[200]求比於我也。下三句，顯比之象。「三驅」者，設三面之網也。上互有 ☷ 為王，☳ 馬駕 ☷ 車，三驅之象。九五陽剛中正，以居尊位，乃顯然比群陰。群陰以愛還愛，亦顯然而比九五，故曰「顯比」也。九五為王，乃暗互之 ☷ 也。☷ 為三，故曰「王用三驅」也。六三變 ☶ 錯 ☱，為禽之象。初居 ☳ 前，為前禽之象。初在應爻之外，「失前禽」之象。下 ☷ 為邑人，不需

---

198 語出〔宋〕朱熹《周易本義》：「**以柔居柔，外比九五，為得其正**，吉之道也。占者如是，則正而吉矣。」(頁67)

199 比，徐匯本作「此」，今據呂註本改。

200 譽，本指稱讚，後引伸為聲譽。《說文解字》：「稱也。從言與聲。」〔清〕段玉裁注曰：「稱當作偁。轉寫失之也。偁，舉也。譽，偁美也。」(頁95)《韓非子》：「譽輔其賞，毀隨其罰。」

世法告誡，乃世至上使之中正而得吉也。「不誡」者，禽之去者聽其去，來者不拒，去者不追，故有此象。[201]

本旨吾顯比我等，顯三仇之害，[202][203] 改惡遷善而失前禽也。世人不需邑官告誡，自守良心，吉也。

〈象〉曰：「顯比之吉，位正中也。舍逆取順，『失前禽』也。『邑人不誡』，上使中也。」

因位正中，能得顯比之吉。捨棄六三悖逆子，[204] 取納其中順命人。[205] 中爻 ☶ 手，取捨之象。因前不正，其行非人，有如禽獸，故曰「失前禽」也。陰爻不正，為失之象。中爻 ☶ 為黔啄，前禽之象。☶ 為律，誡之象。中爻 ☶ 止，不誡之象。九五居尊，上使之象。不需邑司告誡，乃至上聖律，使之得中而吉也。☷ 為順，六三不正為逆，上使六二得中而吉也。

本旨「顯比之吉」者，乃因吾主居于天上正中之位也。「舍逆取順」者，乃賞善罰惡也。「失前禽」者，乃變而為人也。「邑人不誡」者，乃因人事天主，為善有真向，故不需世法告誡，而自不取為非，是故曰「上使中」也。

---

201 語出〔明〕來知德《周易集註》：「顯者，顯然光明正大無私也。言比我者無私，而我亦非違道干求比乎我也。下三句，顯比之象也。三驅者，設三面之綱，即『天子不合圍』也。坎錯離為日，王之象也；又居三，三之象也。坎馬駕坤車，驅之象也；綜師用兵，驅逐禽獸之象也。前後坤土兩開，開一面之象也。故同人初九前坤土兩開，曰『同人于門』。一陽在眾陰之中，與小過同，禽之象也，故師卦亦曰『禽』。前禽指初。下卦在前，初在應爻之外，失前禽之象也。坤為邑，又為眾，又三、四為人位，居應爻二之上，五之下，邑人之象也。**不誡者，禽之去者聽其自去**，邑人不相警誡，以求必得也。不誡者，在下之無无私；不合圍者，在上之无私，所以為顯。○九五剛健中正，以居尊位，群陰求比于己，顯其比而無私，其比而無私，其不比者亦聽其自去，**來者不拒，去者不追，故有此象**。占者比人無无私，則吉矣。」（頁240–241）
202 三仇，參閱頁201注124。
203 顯，呂註本作「驅」。
204 捨棄，徐匯本作「棄捨」，今據呂註本改。
205 其中順命人，徐匯本作「其順中命仇人」，今據呂註本改。

上六：比之無首，凶。

☰為首，九五乾剛之居君，乃首也。九五已與四陰相為顯比，至上六則不能與君相比，是「比之無首」，其道窮矣，故陷「後夫凶」。[206]居上為首，陽有陰無，「無首」之象。無首為怪，是故得凶。居上缺斷，是為「無首」。其下無應，陰柔無濟，而居九五之上，乃為逆傲之子，是故凶也。夫當比者，首也。上六以傲棄其元首，而「比之無首」，是以凶也。

本旨「無首」者，乃無上主之人也。親輔無首之人者，乃終得無窮之凶也。

〈象〉曰：「比之無首」，無所終也。

「無所終」者，乃樂盡苦必來，而無所逃也。哀哉！無所終，即後夫之凶也。卦盡，為終之象。九五恩泉下潤，上六不能得恩，為「無所終」之象。

本旨「比之無首」者，乃必棄吾主也。《經》云「一人不能兼事二主，蓋必就一離一」是也。[207]此等愚子只求現世之樂，然而命終，[208]樂亦終其樂，終散而無影踪，是故「無所終」也。世無結菓為小事，永苦臨身不能逃，那時纔將心悔爛，無路可出時難鏖。[209]苦哉！苦哉！何不早改？

---

206 語出〔明〕來知德《周易集註》：「**乾為首，九五乾剛之君，乃首也。九五已與四陰相為顯比，至上六則不能與君比，是比之無首，其道窮矣，故蹈後夫之凶。**」（頁 241–242）

207 《瑪竇福音》第六章 24 節：「沒有人能事奉兩個主人：他或是要恨這一個而愛那一個，或是依附這一個而輕忽那一個。你們不能事奉天主而又事奉錢財。」〔意〕利類思譯《彌撒經典·聖瑪竇萬日畧經》：「維時，耶穌謂門徒曰：『一人弗克兼役兩主，蓋必惡一愛一、就一離一。爾等弗克事天主，兼事瑪滿。』」（頁 457）引文中之「瑪滿」即是拉丁文 *Mamonae* 之音譯，意指「不義之財」。

208 「終」後，徐匯本有「樂」，今據上下文刪。

209 鏖，苦戰，又假借為「熬」。〔宋〕釋居簡《送黃郡博之官高郵其二》：「貴作橫金客，才如切玉刀。長城堅未下，大敵勇難鏖。老兔明千里，垂虹綠半篙。何時醉醹醁，伴我讀離騷。」

小畜卦

䷈	乾下巽上			
大象[210]	☲ 離[211]			
屬	☴ 巽[212]	初爻變成 ䷈ 小畜		
錯	䷏ 預〔豫〕			
綜	䷉ 履			
參伍	下互 ䷪ 夬	中互 ䷥ 睽	上互 ䷤ 家人	
五爻互	下互 ䷍ 大有	上互 ䷼ 中孚		
各爻變[213]	初爻變 ䷸ 巽	錯 ䷲ 震	綜 ䷹ 兌	地位
	二爻變 ䷤ 家人	錯 ䷃ 蒙	綜 ䷥ 睽	
	三爻變 ䷼ 中孚	錯 ䷽ 小過		人位
	四爻變 ䷀ 乾	錯 ䷁ 坤		
	五爻變 ䷙ 大畜	錯 ䷬ 萃	綜 ䷭ 升	天位
	六爻變[214] ䷄ 需	錯 ䷢ 晉	綜 ䷅ 訟	

---

210 大，徐匯本作「太」，今據呂註本及前文改。
211 離，徐匯本及呂註本無，今據卦象增。
212 巽，徐匯本及呂註本無，今據卦象增。
213 各爻變，徐匯本及呂註本無，今據諸表增。
214 「六」後，徐匯本有「☰」，今據呂註本刪。

小畜：亨，密雲不雨，[215]自我西郊。[216]

　　以小畜大，故曰「小畜」。[217]風行天上，是故「亨」也。暗互☲為亨之象，暗互有雨而明則無也。☴〔巽〕六變☵〔需〕，為密雲而在天上未下，故曰「密雲不雨」也。中下二互有☱，居西方，故曰「自我西郊」也。[218]下卦☰為郊之象。

　　本旨「小畜亨」者，乃聖母懷孕吾主而天路通也。「密雲不雨」者，乃懷孕而未聖誕也。「自我西郊」者，乃因聖神之功降孕也。是故曰「密雲不雨，自我西郊」也。言不雨者，乃雨未降也。以☰生☲，乃有☲大有也。[219]本卦中互☲三☱二，合之為五，乃自開闢以後五千年也。中上二互暗☵為月，中爻☲三☱六，合之為九，乃聖母懷孕吾主九月之証也。[220]古經屢言降生真主，必人性與天主性合于一位，[221]真為人，真為天主，[222]蓋依撒意亞其論人性曰云云。[223][224]

215　密，徐匯本作「蜜」，今據呂註本及易文改。

216　小畜☴下體乾☰為天，三四五爻互得坎☵，坎☵為雲為雨，上體巽☴為不果，有密雲不雨之義。二三四爻互得兌☱，按十二消息卦，兌☱為西，有積雲於西郊之象。〔清〕李道平《周易集解纂疏》疏崔註曰：「小畜與豫旁通，四體坎，坎為雲為雨。今陰雖得位，坎象不見而互離為日，在乾天之上，又巽為不果，故有『密雲不雨』之象。互兌，故稱『西邑』，西邑，西岐也。言密雲積我西邑之郊，雨澤鬱而未通，小畜之義也。」（頁148）

217　語出〔明〕來知德《周易集註》：「小者，陰也。畜者，止也。乾下巽上，以陰畜陽，又一陰居四，上下五陽皆其所畜，**以小畜大，故為小畜**。」（上冊，頁242）

218　郊，徐匯本作「效」，今據呂註本及易文改。

219　據呂立本注，《易經》一共有十六卦由巽☴變離☲而成，是為巽☴女（聖母）生離☲（耶穌）之證，包括有井☵變既濟☵（頁82）、恆☳變豐☳（頁82）、觀☴變晉☲（頁83）、家人☴變離☲（頁83）、小畜☴變大有☲（頁129）、蠱☴生賁☲（頁310）、大過☱變革☱（頁400）、益☴生噬嗑☲（頁229）、姤☴變同人☲（頁259、444）、旅☲生家人☴（頁456）、巽☴變鼎☲（頁494）、渙☴變未濟☵（頁509）、中孚☴變睽☲（頁523）等。

220　聖母懷孕九月之説，參自教會禮儀年曆。據利類思所翻譯之《彌撒經典》，「聖母領報瞻禮」為西曆三月二十五日（頁534）、而「主聖誕」（耶穌聖誕節）則為十二月二十五日，兩者剛好相隔九個月。

221　天主，呂註本作「與天主牲」。

222　天主，徐匯本作「天子」，今據呂註本改。

223　依撒意亞，徐匯本作「意撒依亞」，今據呂註本改。

224　語出〔意〕艾儒略《天主降生引義》：「**古經屢言降生真主，必人性與天主性，合於**

〈象〉[225]曰：「小畜，柔得位而上下應之，曰『小畜』。」[226]

柔得位者，乃六四得其相君之正位也。[227] ☰ 之正位在四，故曰「柔得位」也。「上下應之」者，乃上下五陽應之也。[228][229]「曰小畜」者，乃以小畜大也。

本旨六四得正而懷 ☰ 王，乃柔得母皇之位也。上下五陽應之者，乃聖父應之為長女，聖子應之為貞母，聖神應之為潔婦，聖三應之為寶殿。[230]吾主人性應之為生母，若瑟應之為淨配，乃五陽應之也。淨胎育養救世之真主，故曰「小畜」，乃以小畜大也。

健而巽，剛中而志行，乃『亨』。

「健而巽」者，乃 ☰ 健而 ☴ 順也。「剛中而志行」者，乃二五剛中而志行，歸上互得應，乃通也。☴ 為風，自有志之象。

本旨剛中而孕聖子志行守童貞，[231]天神告曰「惟至上之能，[232]保爾童貞」，[233]乃童貞之志行而上下通，故曰「乃亨」也。行歸上互，六二應九五，乃志行而通也。志行而通者，乃上主通於世人也。

一位。真為人，真為天主，蓋依撒意亞，論其人性曰：『為我生一孩兒而以此子賜我。』又論其主性、真為天主曰：『其名稱為極奇，真天地主、大能力者。』」（卷上，頁359）

225 象，徐匯本作「象」，今據易文改。

226 六四為小畜 ☰ 主爻，陰為小，互體兌 ☱ 為少女亦為小；一陰畜五陽，以小畜大，故稱「小畜」。六四柔順得位，上承九五，下應初九，有「上下應」之吉象。〔清〕李道平《周易集解纂疏》疏：「小畜體无二陰，則其應專，故云『上下應之』也。陰既得位，而上下皆應，四雖乘剛，而剛亦得位，三自不至陵四，所以能畜也。」（頁148）

227 正，徐匯本無，今據呂註本增。

228 五陽應之，徐匯本作「五應陽之」，今據呂註本改。

229 〔宋〕朱熹《周易本義》：「『柔得位』，指六居四；『上下』，謂五陽。」（頁68）

230 〔墨〕石鐸琭《聖母花冠經》：「獻啞，無原罪極有真福聖母瑪利亞、天主聖父之長女、天主聖子之貞母、天主聖神之潔婦、天主皇皇聖三之寶殿。我獻此經，虔恭賀于爾升天在諸神、諸聖之上，爾心不勝懼喜。」（頁7b）

231 剛中而孕聖子，徐匯本作「剛中應聖子」，今據呂註本改。

232 惟，徐匯本作「性」，今據呂註本改。

233 關於天主保聖母童貞之說，參〔意〕高一志《聖母行實》：「天主乃默授厥旨（旨），令瑪利亞同族公議所配之人，又遣天神示瑪利亞無懼，主必保守爾貞，不致妨礙。」（卷一，頁334–335）

『密雲不雨』，尚往也。『自我西郊』，施未行也。

雲行上天而未下，故曰「密雲不雨」也。風乃地氣之上行者，故曰「尚往」也。[234]中互 ☱ 居西方，故曰「自我西郊」也。雨澤未降，故曰「施未行」也。☴ 為施之象，☱ 為待時未行之象。言未行者，乃終必行而降雨也。

本旨雨未落者，乃吾主未降而救世之恩未行也。古聖望主救，正如大旱之望霄霖時尚未至，是故曰「施未行」也。[235]待至六四下應初九，乃為家人，則主降而恩施行也。

〈象〉曰：「風行天上，小畜；君子以懿文德。」

「風行天上」者，乃 ☴ 上 ☰ 下也。☴ 為女中君子。懿者，專久而美也。文以載道，中互有 ☲ 為文德，故曰「君子以懿文德」。☴ 為順，[236]懿美之象。陽爻為德，本從 ☰ 來，☲ 中一陰爻，故曰「文德」。[237]

本旨「文德」者，乃吾主也。是聖母全專久以養吾主，[238]而為道德之原，故曰「君子以懿文德」也。以道而現諸躬行曰「道德」，現諸威儀文辭，曰「文德」。[239]

初九：復自道，何其咎？吉。

「復自道」者，乃 ☰ 之初爻，為道之大原。進往應四，乃「復自道」也。應之以正，「何其咎」也。以陽應陰，而陰得吉也。自下升上曰復，歸還之意。「復自道」者，乃復己之前言而行踐言也。行踐其言，乃正信德，何

---

234 〔宋〕朱熹《周易本義》：「尚往，言畜之未極，其氣猶上進也。」（頁68）

235 有關古聖待主降救如人望雨降旱地的説法，可另參需 ☵ 解義。

236 為，徐匯本無，今據呂註本增。

237 〔清〕李道平《周易集解纂疏》引虞翻曰：「君子，謂乾。懿，美也。豫坤為文，乾為『德』，離為明，初至四體《夬》為書契，乾離照坤，故『懿文德』也。」（頁150）

238 聖母，徐匯本無，今據呂註本增。

239 語出〔明〕來知德《周易集註》：「懿，美也。巽順，懿美之象。三乾陽，德之象。中爻離，文之象。**以道而見諸躬行曰道德，見諸威儀文辭曰文德。**」（上冊，頁243）

其咎？故吉。初九 ☰ 體，[240] 居下得正，雖與四為正應而能守正，不為四所畜，故有「復自道」之象。[241] 所謂誠者，自誠也，而道自道也。

本旨天主前許降世救人而今踐前言，[242] 道之大原出自天主，是故曰「復自道」也，乃復加救世之深恩。[243] 大德難名，「何其咎」也。初九得正而有應，乃世之正人得天主應世之恩，是故吉也。其吉在大體，而非世間福。世間如長夢，天國真又真。[244] 初爻指聖父不為四所畜，故曰「復自道」，無咎而吉也。

〈象〉曰：「『復自道』，其義吉也。」

以初應四，正位仁義，是故曰「其義吉」也。在下而畜于上者，勢也。不為陰所畜而復于上者，理也。陽不為陰畜，乃理之自吉者，故曰「其義吉」也。[245]

本旨救人以仁，「其義吉」也。其吉何在？乃天國永福之慶也。「復自道」者，仁也。賞罰至公者，義也。其義可畏，畏義遷善者，吉也，是故曰「其義吉」也。

九二：牽復，吉。

「牽復」者，乃牽復而歸上互，得正而有應，是故吉也。九二漸進於四，若不能復矣。然九二剛中則不過剛，而能守己相時，故而與初並復，[246] 有牽連而復之象。三陽同體，是故曰「牽」。[247]

---

240 體 ☰，徐匯本作「☰ 體」，今據上下文改。
241 語出〔宋〕朱熹《周易本義》：「復，芳六反，二爻同。下卦乾體，本皆在上之物，志欲上進而為陰所畜。**然初九體乾，居下得正，前遠於陰，雖與四為正應，而能自守以正，不為所畜，故有進『復自道』之象**。占者如是，則无咎而吉也。」（頁69）
242 前，徐匯本作「所」，今據呂註本改。
243 深，徐匯本作「救」，今據呂註本改。
244 真又真，徐匯本作「貞又貞」，今據呂註本改。
245 語出〔明〕來知德《周易集註》：「**在下而畜于上之陰者，勢也。不為陰所畜而復于上者，理也。陽不為陰畜，乃理之自吉者，故曰『其義吉』**。」（上冊，頁244）
246 而，徐匯本無，今據呂註本增。
247 語出〔明〕來知德《周易集註》：「**九二漸近于陰，若不能復矣，然九二剛中，則不過剛，而能守己相時，故亦復。與初二爻並復，有牽連而復之象**，占者如是，則吉

本旨「牽復」者，乃聖父命聖子降世救人而牽連三位，[248]復前言也。世人得恩，是故吉也。聖父造天地，聖子救萬民，聖神照人心，乃牽復之吉也。[249]

〈象〉曰：「『牽復在中』，亦不自失也。」[250]

「牽復在中」者，乃九二得三位之中也。「亦不自失」者，乃九二總不自失其中位也。言初不自失，九二亦不自失也。[251]

本旨「牽復在中」者，乃牽復人性在三位之中也，亦不自失己位，乃人性得主位而主位不失，[252]故曰「亦不自失」也。此言第二位結合人性之理，[253]乃全智之德，超性之事，非人之聰慧所可及也。[254]

矣。三陽同體，故曰『牽』，故夬卦亦曰『牽』。程傳謂二五牽復，本義謂初，觀〈小象〉『亦』字，則本義是。」（上冊，頁 244–245）

248 聖，徐匯本無，今據呂註本增。

249 〔法〕馬若瑟《儒交信》：「是故，化成天地之大能，雖實由三位共出，而《聖經》特歸之於第一位天主父者云爾。」（頁 44）；「天主子者，救贖萬民之罪，故稱謂『耶穌』。」（頁 45）；《聖經》紀第一第二位畢，於此，記三位曰：『我信聖神』〔…〕聖教所以行于萬邦，人心所以再陶，異端所以盡滅者，皆其恩也。」（頁 58–59）

250 據〈繫辭下傳〉八章「二與四同功而異位」之說，九二與六四同有得主位之功，且剛健居中，不失其正，是故為吉。〔清〕李道平《周易集解纂疏》疏：「四柔得位，為畜之主，群剛皆應。二不應五而應四者，『二與四同功』。且有中和之德，故雖牽復于初以應四，然能自守其剛，不失于行，故吉也。」（頁 150）

251 〔明〕來知德《周易集註》：「在中者，言陽剛居中也。亦者，承初爻之辭。言初九之『復自道』者，以其剛正，不為陰所畜，不自失也。九二剛中牽復，亦不自失也。言與初九同也。」（上冊，頁 245）

252 而主位，徐匯本無，今據呂註本增。

253 位，徐匯本無，今據呂註本增。

254 關於基督兩性一體之說，參〔意〕艾儒略《天主降生引義》：「吾主耶穌之人性，三位共造之。吾主降孕之功能，三位共施之。其降生為人者，獨費略一位而已。然既費略之位，與罷德肋，及斯彼利多三多，共全一體，則三位未始相離矣。」（卷上，頁 251）

九三：輿説輻，[255]夫妻反目。

三六不應而不能進，乃「輿説輻」也。上☰中☷，乃夫妻反目也。☰錯☷，輿之象。中爻☱為毀折，脱輻之象。脱輻非惡意，彼此相悦，不肯他行也。☰為夫，☷為妻。反目者，乃上五爻互☴〔中孚〕。相反中爻為☲，目之象也，是故曰「夫妻反目」也。[256]

本旨「輿脱輻」者，乃☷女順而聖神悦，不肯他往而同偕也。「夫妻反目」者，乃☷女為聖神之潔婦，[257]而无〔無〕正室之合也。[258]是不因人道配合，乃因天主全能神工變化也。[259]

〈象〉曰：「『夫妻反目』，不能正室也。」

上互家人，九三正身非家人，[260]乃不能正室也。男正位乎外，女正位乎內，乃正室也。今女居外，而男居內，故曰「不能正室」也。室者，閨門也。「不能正室」者，乃無閨內之事也。

---

255 輿説輻，指車輪脱落，沒法前行。輿，車中裝載東西的部分，後泛指車。説，同「脱」。輻，車輪中連接車轂和輪圈的直木。老子《道德經》：「三十輻共一轂，當有無，有車之用。」

256 語出〔明〕來知德《周易集註》：「輿脱去其輻，則不能行。**乾錯坤，輿之象也。變兌為毀折，脱輻之象也。脱輻非惡意，彼此相脱，不肯行也。**乾為夫，長女為妻。反目者，反轉其目，不相對視也。」（上冊，頁245）

257 神，徐匯本無，今據呂註本增。

258 无，徐匯本無，今據呂註本增。

259 關於聖母童貞生子之説，參〔意〕艾儒略《天主降生引義》：「至耶穌降世，實不因人道，而因聖神之功，孕生於瑪利來之童身。」（卷上，頁354）其經文典故，另參〔意〕利類思譯《彌撒經典·聖瑪竇萬日畧經》：「時天神夢見曰：『達味德子若瑟勿懼，受爾耦瑪利亞，蓋生于伊者，即由斯彼利多三多矣。』」（頁533）《瑪竇福音》一章20節：「當他在思慮這事時，看，在夢中上主的天使顯現給他説：『達味之子若瑟，不要怕娶你的妻子瑪利亞，因為那在她內受生的，是出於聖神。』」

260 正身，呂註本作正互。

本旨古有聖人名多必亞，乃有如此之象。天主默喻使知聖母聖神神化之道，乃預書之古經以其後驗，以作聖母童貞生子之証，乃超性信德之據也。[261] [262]

六四：有孚，[263] 血去惕出，無咎。

「有孚」者，乃有九五為君，而有孚也。「血去」者，乃中互暗 ☷ 為血，離去本身，故曰「血去」也。此爻錯 ☷ 為加憂，惕之象也。「惕去無咎」者，乃敬出上而奉九五，故無咎也。[264]

本旨懷孕聖子，乃「有孚」也。以 ☰ 之淨血成胎，生時離身乃血去也。[265] 中互暗血，離去本身，故曰「血去」也。易從心出，故曰「惕出」。不

---

261 德，徐匯本無，今據呂註本增。

262 多必亞，即多俾亞（Tobias）。此處視多俾亞夫妻沒有合房的典故，為聖母童貞生子之預象。據《多俾亞傳》，天使命多俾亞娶撒辣為妻，撒辣曾嫁過七個丈夫，但每每行房以前，惡魔便殺掉她的丈夫，故仍保有處女之身。多俾亞最終按天使的訓示，藉著魚肝和魚心炭燒的氣味，將惡魔驅走，與妻子一同禱告。《多俾亞傳》八章56節：「多俾亞便從床上坐起來，對他說：『妹妹，起來！我們一同祈禱，祈求我們的上主，在我們身上施行仁慈和保佑。』她便起來，於是一起開始祈禱，祈求主保佑他們；他便開始祈禱說：『我們祖宗的天主，你是應受讚美的！你的名號是世世代代應受頌揚的。諸天及你的一切造物，都應讚頌你於無窮之世。是你造了亞當，是你造了厄娃作他的妻子，作他的輔助和依靠，好從他們二人傳生人類。你曾說過：一人獨處不好，我要給他造個相稱的助手。上主，現在我娶我這個妹妹，並不是由於情慾，而是出自純正的意向。求你憐憫我和她，賜我們白頭偕老！』」

263 孚，同「孵」，鳥類伏卵生雛，後引伸為誠信之義。《說文解字》：「卵孚也。从爪从子。一曰信也。」〔清〕段玉裁注：「此即卵即孚引伸之義也。鷄卵之必爲鷄。鼉卵之必爲鼉。人言之認如是矣。」（頁114）《詩·大雅·下武》：「成王之孚，下土之式。」

264 〔清〕李道平《周易集解纂疏》引虞翻曰：「『孚』謂五。豫坎為『血』為『惕』。惕，憂也。震為『出』，變成小畜，坎象不見，故『血去惕出』。得位承五，故『无咎』也。」（頁152）

265 淨血成胎，指聖母始孕無玷（Immaculata Conceptio / Immaculate Conception），以無染原罪之軀誕下耶穌基督。相關學說源自十五世紀，由方濟會會士主力提倡，直到1854年12月8日方獲教廷正式確立為信理。參〔意〕艾儒略《口鐸日抄》：「乃聖母之孕耶穌也，只聖母自有之淨血，聚而成胎，特藉斯彼利多三多之神功耳，是豈分斯彼利多三多之有哉？故不可以謂之父。」（卷四，頁295）另參〔意〕高一志《聖母行實》：「凡受生者，當神形交合時，皆染始祖之病，所謂元罪也。一染此罪，則

折不碍，故無咎也。此言耶穌聖誕之奇，天主全能保護不損聖母之童身，如太陽火過玻璃鏡，而火鏡如故也。[266]

〈象〉曰：「『有孚』、『惕出』，上合志也。」

「上合志」者，乃九五合其六四之正志也。六四近五，當畜其五者也。五居尊位，以陰畜之，[267]未免憂懼。然柔順得正，乃能有孚誠信，以上合九五之志，故有「血去惕出」之象，故曰「上合志」也。[268]

本旨上指上主，合其上正之志，[269]固非人力所能，乃因上主全能合其童身之志。又上九無應，亦是童身，乃合其童身之志。天主造物以無化有、至上之能，無有莫能行之事也。又旨，吾主人性結合天主第二位，乃人性上合天主之性也。[270]

九五：有孚攣如，富以其鄰。

九五之孚係攣其四，乃「富以其鄰」也。大象中虛，九五中正，故有孚誠信。攣，綴也。綴，緝也。緝，續也。皆相連之意，即九二之「牽」也。謂其皆陽之類，[271]所以牽連相從也。☰ 為 ，攣之象也。又為近市利三倍，富之象也。五居尊位，如富者有財，可與鄰共，故曰「富以其鄰」也。以者，左右之也。[272]

性稟劣弱，易就諸惡，難修諸德。獨瑪利亞，豫蒙天主佑寵，免其凤染，始胎即含聖德，是以形神之潔，特超眾聖〔…〕咸謂聖母與日爭光，與玉比潔，絕不受染原罪，諒矣。」（頁333）

266 此處比擬聖母產聖子，如玻璃被光穿過，不改本質，保有童貞。相關説法亦見於〔意〕高一志《聖母行實》：「譬之日光進出于玻璃瓶，而玻璃如故也。是則聖母雖產，猶然處子，豈非終古絕無僅有一大聖事哉！」（卷一，頁337–338）

267 陰，徐匯本作「陽」，今據呂註本改。

268 〔清〕李道平《周易集解纂疏》引荀爽曰：「『血』以喻陰，四陰臣象，有信順五。惕，疾也。四當去初，疾出從五，故『上合志』也。」（頁152）

269 上，徐匯本作聖，今據呂註本改。

270 同注256。

271 謂，徐匯本作「諸」，今據呂註本改。

272 語出〔明〕來知德《周易集註》：「本卦大象中虛，而九五中正，故有孚誠信。攣者，攣綴也。綴者，緝也。緝者，續也。皆相連之意，即九二之『牽』也。謂其皆陽之

本旨乃聖子之富及于聖母以及世人，乃富以其鄰也。[273] 鄰，指上互家
人卦而言也。

〈象〉曰：「『有孚攣如』，不獨富也。」

「不獨富」者，乃以富廣及世人也。有孚，人皆從之，乃「攣如」、「不
獨富」而已矣。[274]

本旨主惟富有，多藏嘉美而不獨富，乃以富廣及人也。[275] 九五中正，
是故以富廣及人也。[276]

類，所以牽連相從也。巽為繩，攣之象也。又為近市利三倍，富之象也，故家人亦
曰 富家大吉 。五居尊位，如富者有財，可與鄰共之也。以者，左右之也。以其
鄰者，援挽同德，與之相濟也。君子為小人所困，正人為邪黨所厄，則在下者必攣
挽于上，期于同進；在上者必援引于下，與之協力，故二牽而五攣。本卦雖以陰畜
陽，初、二皆牽復吉，不為陰所畜。〈象〉曰：『剛中而志行乃亨』，剛中志行正在此
爻，故亨。若舊註以三爻同力畜乾，則助小人以畜君子，陽豈得亨？非聖人作易之
意矣。一陰五陽，君子多于小人，所以初、二、五皆不能畜。」（上冊，頁247）

273　相關說法亦見於〔法〕白晉〈易稿‧小畜‧九五〉：「小畜九五之時，即應富天下救
　　世之主，未臨下而成富其鄰功之前，尚居帝庭，乃厥大有當中正至尊、天上至富
　　之位。惟懷自不獨富，臨下親立窮盡神貧之聖表，甘居至貧之位，合天地上下，
　　大有至富至貧之神力。厥前雖實未盡厥聖父所信孚以富天下之重任，既厥孚誠之
　　德，配天地合上下之力如此，深足以感動天下一周之人。九仰觀默思全有自富之
　　主，懷絕其富、以富其鄰衆大德之象，因而使之悔己妄嗜世富之過，望富後天之
　　主，預沾厥富其鄰之洪 。」（頁216）

274　〔明〕來知德《周易集註》：「言有孚，則人皆牽攣而從之矣，不必有其富也。今五居
　　尊位，既富矣，而又有孚，故曰『不獨富』。」（上冊，頁247）

275　《求天主賜祐誦》：「吾主天主，昔有言曰。人求我與，人求見我見。人呼我，我
　　啟納。此主自招我，我如何不信。世人雖富，多施必乏。惟主海洪，永長充滿，
　　恆與不竭。主惟富有，多藏佳美；眾求不厭，惟樂與人。人若求主，讚美稱頌，
　　主賜恩佑；凡人遇難，專心呼主，主輒申救。我今求主，寬赦我罪；賜我真切哀
　　悔。俾神魂清潔，可受主寵。專心事主、尊敬讚頌。并賜我能謙忍順命，愛人如
　　己。吾主天主，聽我微僕籲禱乞垂矜憫。佑我在世，屏絕愆尤，凡思言行，皆遵
　　主旨。日後援我升天，見主聖容，受樂無窮。亞孟。」

276　故，徐匯本無，今據呂註本增。

上九：既雨既處，尚德載婦，貞厲。月幾望，君子征凶。

上九變☵，雨之象。☴為進退，[277]風吹雪散、雨處之象。雨既止，可尚往矣。「尚德載」者，下三陽為德，☴為輿，變☴成䷄〔需〕即需「不速之客三陷人來」也。載者，積三陽而載之也，故曰「尚德載」。此言陽尚往也。☴婦畜☰，以順為正。☴本順正者也，今變☵，失☴順而為險陷，危厲之道也，故始貞而今厲也。☵為月，[278]中爻☲為日。[279]☴錯☳，中爻☱，震東兌西，日月相望之象，言陰盛也。三陽乾德，故曰「君子」。今變☵為陷，乃為之疑也。畜止而陷之，故曰「征凶」。上九未得正位，當依上互論之，乃暗互之雨降，而☴為☵之母，☵降而為之子，乃雨下降也。「尚德載婦」者，乃下☰屬陽，為尚德而載☴女，始名婦也。「貞厲」者，乃因其無應而貞烈也。中上二互☲，乃貞烈之象。「月幾望」者，乃互☵為月，幾十五也。「君子征凶」者，乃☵為凶。上九無應，往歸中互，下應六三，乃入于九泉之下，是故凶也。[280]

本旨蓋因古聖望主救，正如久旱之望雲霓而遇霅霖也，故曰「既雨既處」也。[281]高上全德童貞之聖，至此始名為婦，故曰「尚德載婦」也。因其滿被上

---

277 為，徐匯本作「惟」，今據呂註本改。

278 為，徐匯本無，今據呂註本增。

279 為，徐匯本無，今據呂註本增。

280 語出〔明〕來知德《周易集註》：「**上九變坎為雨，雨之象也。**處者，止也。巽性既進而退，巽風吹散其雨，既雨既止之象也。雨既止，可尚往矣。**尚德載者，下三陽為德，坎為輿，成需即需上六『不速之客三人來』也，**載者積三陽而載之也，故曰『積德載』。**此言陽尚往也。**水火乃相錯之卦，火天大有曰『大車以載』，象曰『積中不敗』，則坎車積三陽載之，上往也明矣。**巽婦畜乾之夫，以順為正。**巽本順而正者也，今變坎，失巽順而為險陷，危厲之道也，故始貞而今厲矣。**坎為月，中爻離為日，日月之象也。巽錯震，中爻兌，震東兌西，日月相望之象也。言陰盛也。**《易》中言『月幾望』者三，皆對陽而言；中孚言從乎陽，歸妹言應乎陽，此則抗乎陽也。**三陽有乾德，故曰『君子』。**巽性進退不果，本疑惑之人，今變坎陷，終必疑君子之進，**畜止而陷之，故征凶。**」（上冊，頁247–248）

281 此處比擬耶穌降世如天降甘霖，潤澤眾生。相關說法亦見於〔法〕白晉〈易稿・小畜・上九〉：「天主聖子，後天之太陽，順聖父好謙之命，從太陰地道之正，降生為人，居畜之極，養成下贖普世萬方罪，上息聖父義怒之犧牲，遭大秦厥邑國子民厲虐之害，在西郊月望之日致命。維時乃上主下人復合，陰陽不相遇〔違〕，天地再交，百世所望捄世主，如甘霖潤澤普世人心旱之雨。」（頁217）

主之聖寵，特恩保護，乃貞烈也，非危也。上互四而暗九月，幾乎十五，故曰「月幾望」也。此理本屬超性，非人之本性所可及也。是故當擄經而不可擄慧，當擄理而不可擄目。捨此並無正道，故曰「君子征凶」。征者，乃疑此而他求也。疑此者，則德凶也。他教皆屬魔網，故曰「君子征凶」。暗互 ☷ 六 ☶ 三，合之為九，乃九月而聖誕也。[282]以節論之，乃二百七十五日。以破月論之，乃為十月，故俗人常曰十月懷胎是也。風天小畜者，乃聖母懷孕吾主之象也。上 ☴ 者，乃入大白冷郡之象。☴ 為入，陽為大，又為白，風性冷，又為郡。以上五字者，乃「入大白冷郡」之証也。吾主降世，雖周流諸方，然古經預言其降生之地明指白冷之郡云云。[283]

〈象〉曰：「『既雨既處』，德積載也。『君子征凶』，有所疑也。」

「德積載」者，乃上九居小畜之極，德積而始成就也。「有所疑」者，乃 ☵ 為疑，往之遇 ☵ ，是故「有所疑也」。夫君子之征凶，[284]乃因其有所疑而遭凶也。

本旨 ☴ 女孕子，乃為德積。今既聖誕，乃「德積載」也。求善者為君子，乃此道為至聖至善之道。捨此不信而往他求，[285]則得凶矣。☲〔火雷噬嗑〕六五本☶〔風雷益〕生，乃 ☴ 生 ☳ 也。[286]經言明証，如日當天。設若不信，乃惑之甚。[287]上九無應，又未得正，故曰「征凶」。以其陽爻為君子，以其不正有征凶。疑經而不信者，乃必入地獄而受永苦，乃永遠之凶也。

---

282 同注220。

283 語出〔意〕艾儒略《天主降生引義》：「吾主降世，雖周流諸方，然古經預言其降生之地，明指白稜之郡。」（卷上，頁354）

284 征，徐匯本無，今據呂註本增。

285 他求，徐匯本作「求他」，今據呂註本改。

286 參閱頁220注219。

287 惑，徐匯本作「感」，今據呂註本改。

履卦

☰	兌下乾上			
大象	☲ 離[288]			
屬	☶ 艮[289]	五爻變成 ☱ 履		
錯	䷎ 謙			
綜	䷈ 小畜			
參伍	下互 ☲ 睽[290]	中互 ☴ 家人	上互 ☰ 姤	
五爻互	下卦[291] ☲ 中孚	上卦[292] ☰ 同人		
各爻變[293]	初爻變 ䷅ 訟	錯 ䷣ 明夷	綜 ䷄ 需	地位
	二爻變 ䷘ 無妄	錯 ䷭ 升	綜 ䷙ 大畜	
	三爻變 ䷀ 乾	錯 ䷁ 坤		人位
	四爻變 ䷼ 中孚	錯 ䷽ 小過		
	五爻變 ䷥ 睽[294]	錯 ䷦ 蹇	綜 ䷤ 家人	天位
	六爻變[295] ☱ 兌	錯 ☶ 艮	綜 ☴ 巽	

履虎尾，不咥人，亨。

中爻 ☴ 錯 ☳ 為足，履之象也。下卦 ☱ 錯 ☶ 為虎。尾者，上曰首，下曰尾也。兌口乃曰，中爻 ☴ 順，虎口和悅，☱ 順不猛，故「不咥人」。[296]

---

288 離，徐匯本及呂註本無，今據卦象增。
289 艮，徐匯本及呂註本無，今據卦象增。
290 睽，徐匯本作「睽」，今據呂註本改。
291 下卦，據上文應為「下互」。
292 上卦，據上文應為「上互」。
293 各爻變，徐匯本及呂註本無，今據諸表增。
294 同注290。
295 「六」後，徐匯本有「☳」，今據呂註本刪。
296 語出〔明〕來知德《周易集註》：「**中爻巽錯震，震為足，有履之象**，乃自上而履下
　　也。咥者，囓也。**下卦兌錯艮，艮為虎，虎之象也**，乃兌為虎，非乾為虎也。先

以悦從 ☱ 之後，是故曰「履」。虎口傷人，虎尾故「不咥人」。夫既「不咥人」，其道得通，故曰「亨」也。履者，禮也，禮人所踐履也。天尊於上，澤卑于下，履之象也。內和悦而外剛健，禮嚴而和之象也。[297]中互 ☲，為通之象也。

　　本旨虎本傷人之物，以喻天主本能罰人，但悦順之者永存，悖逆之者永亡。以悦順主，天路則通，故曰「履虎尾，不咥人，亨」也。履 ☱ 之後，是故曰「尾」。以兑為口，是故曰「咥」。咥，音鐵，齧也。順命而愛人，上下通也。言人不傷人，則天路通矣。賞善罰惡，自有至公之主，審判公嚴，賞罰得當，吾豈可僭之而犯大辜哉？[298]效主良善，天路則通，乃得安土矣。維時開闢五千零三十年，本卦五陽，乃五千年也。乾一兑二，合之為三，乃三十年也。三爻為十，乃為三十之証。中互有 ☲ 有 ☱，乃吾主三十齡受洗，而聖神現頂，互中二水合之為一，名曰若爾當河。[299]先洗而後白鴿現頂，故當先比而後履。[300]履者，乃天主示人當履比而行，乃先領聖洗而後堅振也。[301]

儒不知象，所以以乾為虎。周公因文王取此象，故革卦上體兑，亦取虎象。曰尾者，因下卦錯虎，所履在下，故言尾也。故遯卦下體艮，亦曰尾。**兑口乃悦體，中爻又巽順，虎口和悦，巽順不猛，故不咥人。**」（頁249）

297 語出〔明〕來知德《周易集註》：「**履者，禮也，以禮人所踐履也。其卦兑下乾上，天尊于上，澤卑于下，履之象也。內和悦而外剛健，禮嚴而和之象也。**〈序卦〉：『物畜然後有禮，故受之以履』，因次小畜。」（頁249）

298 辜，呂註本作「罪」。參閱頁83注4。

299 若爾當河，音譯自即 *Iordane*，約旦河的拉丁文名稱。

300 此處談論耶穌在約旦河受洗的受洗的事蹟，見〔意〕艾儒略《天主降生言行紀畧》：「時耶穌亦已三十載矣，自納雜勒往顧之，且欲受其洗焉。若翰悚惕弗安，固謝曰：『余當懇求主洗，何敢反授洗乎？』耶穌曰：『爾洗我，必如是，方滿義德之表也。』若翰乃謹遵命，而授以洗。耶穌既受洗，忽天開炳爍，天主聖神借白鴿之形，見於耶穌之首。又空中聞罷德肋語曰：『茲乃我所愛之子，快我意者。』」（卷二，頁220）相關經文出處可參《路加福音》三章21–23節。

301 堅振（Confirmation），為天主教七件聖事、入門聖事其中一項。堅振的意義在於透過該件聖事領受聖神的力量，更忠實於致力宣揚、維護信仰，並與教會有更完滿的聯繫。〔意〕利類思《司鐸典要》：「堅振乃領洗之後，第二撒格辣孟多，堅定人心于道德，令遇危難不〔改〕其操也。」（上卷，頁91）

〈彖〉[302]曰：「履，柔履剛也。

  ☱柔履☰剛之後，[303]故曰「柔履剛」也。

  本旨聖神從聖父、聖子而發，故曰「柔履剛」也。聖神全善，是故曰「柔」。真實靈活自立之愛，[304]永遠常存，名曰「聖神」。以兌為悅，悅即愛也，故知兌乃聖神也。人效聖神之正愛，乃為「柔履剛」也。[305]

說而應乎乾，是以『履虎尾，不咥人，亨。』

  ☱悅而應乎☰之剛也。[306]

  本旨聖神悅而應乎聖父及聖子，是以「履虎尾，不咥人，亨」也。

剛中正，履帝位而不疚，光明也。」

  剛中正，指九五。帝位者，乃上主在天之位也。不疚者，乃因其中正也。光明者，乃因其中爻為☲也。☲為君，帝之象也。六三錯☶，疚之象也。然既變則三爻得正，[307]九五得應，而為☲家人，乃不疚之象也。[308]

---

302 彖，徐匯本作「象」，今據易文改。

303 ☱，，徐匯本作「☶」，今據呂註本改。

304 自立，呂註本作「自主」。

305 此處闡述了天主教神學中「和子」(*Filioque* / And with the Son) 的概念，指聖神乃聖父、聖子之間共同所發、極為密切的愛。詳參〔意〕艾儒略《天主降生引義》：「蓋天主純一妙體，本不可分，第因自照本性無窮之妙體，內自生一本性無窮之妙像，如內自見而生第二我也，故雖為一體，然有照與受照，生與受生之別。生者為父，受生者為子，故分二位。又父子極相愛慕，共發一愛，即第三位，所謂聖神也，此三位一體之義。」(卷上，頁349)

306 悅，徐匯本作「說」，今據呂註本改。

307 「然既變則三爻得正」前，徐匯本有「本旨吾主之人性」，今據呂註本刪。

308 〔清〕李道平《周易集解纂疏》案：「以陽居五，剛中且正，故為『履帝位』。四體坎，坎為心病，詩小雅『憂心孔疚』，故言『疚』。三體離，離為日，故言『光明』。坎毀故『不疚』，離成故『光明也』。」(頁157)

本旨吾主之人性履天主之位而不疚，固有全能、全知、全善，[309] 故不疚也。[310] 內互 ☲ 日，故光明也，是乃人性得光明也。[311] 是吾主者，乃指明永福真道聖賢師也。

〈象〉曰：「上天下澤，履；君子以辨上下，定民志。」

上天下澤者，乃 ☰ 上 ☱ 下也。互 ☴ 為君子，又為明，又為 ☲ 口，辨之象也。天尊地卑，上下之象也。☴ 為言，中爻 ☲ 為命，定民志之象也。君子辨其上下之位，乃為定民之志也。君子觀履之象，辨其上下之分，上下之分既辨，則民志自定，上自安其上之分，下自安其下之分矣。[312]

本旨「上天下澤，履」者，乃天主聖寵降恩而行也。君子以辨上下定民志者，乃下互 ☲ 在上，何謂也？乃示吾主為萬世萬國、普天神聖之主，至

---

309 全能、全知、全善，天主的三大特質。〔法〕馬若瑟《儒交信》：「據西儒說天主，就是無始無終、自有自足、全能全知全善、至尊無對、至公無私、至一不二、無形無像、純神妙體、造天造地、生人生物、無所不在、無所不見、無所不聞、無善不賞、無惡不罰，這都是極真的道理。」（頁26）詳細理論分析另見〔意〕利瑪竇《天主實義》：「今吾欲擬指天主何物，曰：非天也，非地也，而其高明博厚較天地猶甚也；非鬼神也，而其神靈鬼神不啻也；非人也，而遐邁聖睿也；非所謂道德也，而為道德之源也。彼實無往無來，而吾欲言其以往者，但曰『無始』也；欲言其以來者，但曰『無終』也。又推而意其體也，無處可以容載之，而無所不盈充也。不動而為諸動之宗。無手無口而化生萬森，教誨萬生也。其能也無毀無衰，而可以無之為有者。其知也，無昧無謬，而已往之萬世以前，未來之萬世以後，無事可逃其知，如對目也；其善純備無滓，而為眾善之歸宿，不善者雖微而不能為之累。其恩惠廣大，無壅無塞，無私無類，無所不及，小蟲細介亦被其澤。」（頁206–208）

310 此處論及基督性體的問題，據教會訓導，基督人性內的一切都是以天主性為主體。詳參〔意〕艾儒略《口鐸日抄》的比喻：「譬之劍焉，有鋒有鞘，鋒鞘合而成劍。彼帶劍者，左手握鞘，右手抽鋒，似乎鋒與鞘離矣，然不可謂離於其人之手也；夫鞘猶肉軀也，鋒猶靈魂也；帶劍之人，則譬之天主性也。鋒鞘雖離，總不出一人之手，則知耶穌救贖，魂與身雖離，總不離天主之性矣。」（卷三，頁227–228）

311 此處同樣論述基督性體的議題，據教會訓導，既然基督的人性隸屬於天主性，故基督的人性表達都是顯示著天主性的舉止。參〔意〕艾儒略《彌撒祭義》：「既取人之性而顯天主之性，即全天主之性以尊人之性。」（卷下，頁551）

312 語出〔明〕來知德《周易集註》：「**君子觀履之象，辨上下之分，上下之分既辨，則民志自定，上自安其上之分，下自安其下之分矣。**」（頁250）

尊無對也。[313]中互 ☳ 在下，何謂也？以乃 ☷ 女之子也。暗互 ☶ 在中，何謂也？以示乃吾主作中，[314]代人贖辜也。是之謂辨上下，而各有義也。正所謂「欲民孝，己先孝矣」。苦死難中，為我人類，吾當苦死以報之，此所以「辨上下」也。吾主至一无二，乃為世人之真向，人得真向，[315]則民志定矣。[316]民志既定，則無亂臣賊子矣。

初九：素履，往，無咎。

素，白也，空也，[317]無私欲污濁之意。往，進也。陽主進，故曰「往」。以 ☱ 綜 ☴ 為白，素之象也。☴ 錯 ☳，往之象也。居初無應，[318]故為「素履」。因其得正，故可往也。[319]潔素而往，四猶初也。無染無污，故「無咎」也。[320]

本旨天主示人效法神聖之潔愛，如此而往，則無咎也。

---

313 至尊無對，呂註本作「至尊无外」。

314 作中，指耶穌基督作為中保的角色。《希伯來書》九章十五節：「為此，他作了新約的中保，以他的死亡補贖了在先前的盟約之下所有的罪過，好叫那些蒙召的人，獲得所應許的永遠的產業。」〔意〕利類思譯《彌撒經典‧聖葆琭宗徒與厄伯勒義教友經書》：「故其為新遺詔主保，為彼新遺詔者，方命之補贖。凡蒙召，即賴其死，而得承受見許之永嗣，于契利斯督耶穌我等主。」（頁258）

315 「死以報之，此所以『辨上下』也。吾主至一无二，乃為世人之真向，人」，徐匯本無，今據呂註本增。

316 以「真向」形容基督信仰，亦見於清代天主教士人張星曜所著《天儒同異考‧天教合儒》：「夫亦可以自擇真向，反厥本始，而勿為異端所惑，踵武聖賢同登天國，不亦休乎？」（頁13）

317 空，呂註本作「聖」。

318 初，徐匯本作「九」，今據呂註本改。

319 故，呂註本作「教」。

320 語出〔明〕來知德《周易集註》：「**素者，白也，空也，無私欲污濁之意。素履，即《中庸》『素位而行』，舜飯糗茹草若將終身，顏子陋巷不改其樂是也。往者，進也。陽主于進，故曰往。**」（頁250）

〈象〉曰：「『素履之往』，獨行願也。」

　　獨者，有人所不行，而己獨行之意。願，即素位之意。居初得正，與四為一，以九為願，往上無應，為獨之象。☳為白鶴，「獨行願」之象，故曰「獨行願」也。[321]

　　本旨「獨行願」者，乃獨行仁愛之願也。

九二：履道坦坦，幽人貞吉。

　　二變☷為足，又為大塗，「履道坦坦」之象。三畫卦，二為人位，故曰「幽人」。[322]二居陰爻，又在光下，「幽人」之象。九二中平，故曰「履道坦坦」也。上無應與，而光居下，故曰「幽人」。幽人歸中得正則吉，故曰「貞吉」也。

　　本旨「履道坦坦」者，乃天國之路寬平也。幽而能貞，是故吉也。

---

321 語出〔明〕來知德《周易集註》：「**獨有人所不行，而己獨行之意。願**，即《中庸》『不願乎外』之『願』。**言初九素位而行**，獨行己之所願，而不願乎其外也。中庸『素位』二句，蓋本周公『素履』之爻云。」（頁251）

322 語出〔明〕來知德《周易集註》：「**履道坦坦**，依乎中庸，不索隱行怪也。幽獨之人多是賢者過之。能履道坦平，不過乎高而驚世駭俗，則貞吉矣。**變震為足，履之象也。又為大塗，道坦坦之象**。幽對明言，中爻離明在上，則下爻為幽矣。三畫卦，二為人位，**幽人之象也**。故歸妹中爻離，九二亦以「幽人」言之。「履以和行」，「禮之用和為貴」，所以本卦陽爻處陰位，如上九則元吉者，以嚴而有和也。二與四同，二坦坦而四愬愬者，二得中而四不得中也。二與五皆得中位，二貞吉而五貞厲者，二以剛居柔，五以剛居剛也。」（頁251）

〈象〉曰：「幽人貞吉」，中不自亂也。

☱為常，九二常中，「中不自亂」之象也，是故曰「中不自亂」也。[323]

本旨「幽人」者，乃吾主也。吾主為萬貞之原，至愛貞德。[324]若人幽暗而能貞，則其顯明可知，[325]必得吾主之愛，自然吉也。「中不自亂」者，乃心不自滛也。

六三：眇能視，跛能履，履虎尾，咥人，[326]凶。武人為於大君。

中爻☲為目，中爻☴錯☳為足，☱為毀折，眇、跛之象。三為人位，正居☱口，人在虎口之中，「咥人」之象。三爻變為☰，以悅體而有文明，[327]乃變為剛武勇。[328]三人位，武人之象。曰武者，對為変☲之文而言。陰變為陽，大之象。☰為君，大君之象。[329]三不中正，當歸中互，乃為九三，其上無應，故為眇、跛。中爻☴☲明風，是故「能視」而「能履」也。因其不正，故曰「咥人而凶」也。以☱為口，故曰「咥人」。以中互過剛，故曰「武人」。三居中互，為☰之位，故曰「武人為于大君」也。[330]

---

323 〔明〕來知德《周易集註》：「有此中德，心志不自雜亂，所以依中庸而貞吉。世之富貴外物，又豈得而動之？」（頁251）

324 貞德，是指守童貞之德。呂立本《易經本旨・乾》：「貞者，乃正而無邪，固而無終也〔……〕其貞者，乃天國無交婚也。」（頁26）有關呂立本對貞德的闡釋，詳見〈導論〉，頁42–47。

325 則，徐匯本作「明」，今據呂註本改。

326 咥，徐匯本無，今據呂註本及易文增。

327 明，徐匯本無，今據呂註本增。

328 剛武勇，應作「剛猛武勇」。徐匯本作「剛武勇」，呂立本作「剛明武勇」，皆為筆誤。

329 「曰武者，對為変☲之文而言。陰變為陽，大之象。☰為君，大君之象」，徐匯本無，今據呂註本增。

330 語出〔明〕來知德《周易集註》：「**中爻巽錯震足，下離為目，皆為兌之毀折，眇、跛之象也。六畫卦，三為人位，正居兌口，人在虎口之中，虎咥人之象也。三變，則六畫皆乾矣，以悅體而有文明，乃變為剛猛武勇，武之象也。三人位，武人之象也。曰武者，對前未變離之文而言也。陽大陰小，陰變為陽，大之象也。故坤卦用六，以「大」終。變為乾君，大君之象也。**咥人不咥人之反。為大君，履帝位之反。」（頁252）

本旨「眇能視」者，乃言天主耶穌命瞽者視也。[331] 跛能履者，乃吾主命跛者行也。[332]「履虎尾，咥人，凶」者，乃隨教而傷人者，凶也。「武人為于大君」者，乃耶穌人性得天主之位也。聖依撒意亞云：「吾主天主將來救我曹？，而瞽者能明，聾者能聽，啞者始啟其舌」云云。[333]

〈象〉曰：「『眇能視』，不足以有明也。『跛能履』，不足以與行也。『咥人之凶』，位不當也。『武人為於大君』，志剛也。」

六三陰爻，為不足之象。「不足以有明」者，乃因互有明也。「不足以與行」者，[334] 乃不可上往也。「位不當」者，乃因六居三也。「志剛」者，乃欲應上九也。

---

331 瞽，原指瞎而有眼珠的盲人，後引申泛指目瞎之意。《說文解字》：「瞽，目但有朕也。」〔清〕段玉裁注曰：「朕，俗作眹。誤，朕从舟，舟之縫理也。引伸之凡縫皆曰朕。但有朕者，才有縫而已。《釋名》曰：『瞽，鼓也。』瞑瞑然目，平合如鼓皮也。眄者目合而有見，瞽者目合而無見。按鄭司農云：『無目朕謂之瞽。』韋昭云：『無目曰瞽。皆與許異。』」（頁136–137）《荀子・解蔽》「瞽者仰視而不見星。」《莊子・逍遙遊》：「瞽者無以與乎文章之觀。」

332 〔意〕艾儒略《天主降生言行紀畧》：「時疾者群聚，耶穌皆立愈之。遂謂若翰徒曰：『爾歸，宜述所見以告曰「瞽者視，跛者履，聾者聞，癩者潔，死者活，貧者得受訓誨。不妄疑議我者，有厚幸也。」如是而已矣。』」（卷三，頁241）此段引《路加福音》七章21–23節：「正在那時刻，他治好了許多患有病痛和疾苦的，並附有惡魔的人，又恩賜許多瞎子看見。他便回答說：『你們去！把你們所見所聞的報告給若翰：瞎子看見，瘸子行走，癩病人潔淨，聾子聽見，死人復活，貧窮人聽到喜訊。凡不因我絆倒的，是有福的。』」

333 語出〔意〕艾儒略《天主降生引義》：「聖依撒意亞又云：『吾主天主將來救我曹，而瞽者乃明，聾者乃聽。啞者始啟其舌，跛者踊行如鹿也。』蓋指天主降生，展其全能，顯無數靈異以救世。而吾主耶穌所行神異，如開人聾聵、起人諸痾，難以數計。且不惟自顯其能，即以此權付之門徒，俾能卻病驅魔。故若翰之徒前來詢問果為天主否？吾主亦只以此答之，此其九也。」（卷上，頁356–357）此段引《依撒意亞先知書》三十五章4–6節：「告訴心怯的人說：『鼓起勇氣來，不要畏懼！看，你們的天主，報復已到，天主的報酬已到，他要親自來拯救你們！』那時瞎子的眼睛要明朗，聾子的耳朵要開啟；那時瘸子必要跳躍如鹿，啞吧的舌頭必要歡呼，因為曠野裏將流出大水，沙漠中將湧出江河。」

334 足，徐匯本無，今據呂註本增。

本旨此言古教之人多恕瞽，[335]將不識認真主，[336]乃「不足以有明」也；外君子而內小人，乃「不足以與行」也。咥人故凶，乃「位不當」也。勇于救世，乃「至剛」也。

九四：履虎尾，愬愬，終吉。

以四應初，故「履虎尾」。四多懼，「愬愬」之象。因四近五，是故多懼。九四不中不正，當歸上互，乃為陰爻，承乘皆剛，故有「愬愬」之象。然終得正應初，故曰「終吉」也。

本旨「愬愬」，謹慎貌。[337]謹慎而不敢為非，[338]則終得吉，乃臨終吉之也。終指上九，為終之象。因其謹懼，終必得福，是故吉也。[339]

〈象〉曰：「『愬愬，終吉』，志行也。」

以九為志，行歸中互，故曰「志行」也。[340]

本旨謹懼而志行善者，乃得終吉也。「志行」者，乃志行天國之路也。

335　恕瞽，應作「心瞽」。

336　語出〔意〕艾儒略《天主降生引義》：「古經預云：『**如德亞之民多如心瞽，將不識認真主。**』又云：『**瞽者將開目見明。**』乃指發利塞俄學士，與當時司教輩，日讀古經，時望降生之主，而當前有不識者。惟馴良士民，志於正修，乃篤信而欽崇之。此即吾主初開胎瞽之目，而學士妒之。所云其降生也。俾瞽者見明，而自負明者反為瞽矣。」（卷上，頁361–362）以上引文所提到的「古經」是《依撒意亞先知書》對於以色列子民的批評的綜合，相關經文可參《依撒意亞先知書》二十九章9–10節、四十二章19節等等。

337　謹懼，徐匯本作「謹慎」，今據呂註本改。

338　謹懼，徐匯本作「謹慎」，今據呂註本改。

339　語出〔明〕來知德《周易集註》：「**四應初，故履虎尾。愬愬，畏懼貌。四多懼，愬愬之象也。**三以柔暗之才，而其志剛猛，所以觸禍。四以剛明之才，而其志恐懼，所以免禍。天下之理原是如此，不獨象數然也。**九四亦以不中不正，履其虎尾，然以剛居柔，故能愬愬戒懼**，其初雖不得即吉，而終則吉也。」（頁251）

340　〔明〕來知德《周易集註》：「初曰『獨行』，遠君也。四曰『志行』，近君也。志行者，柔順以事剛決之君，而得行其志也，始雖危而終則不危，所謂『終吉』者此也。蓋危者始平，《易》之道原是如此。故三之志徒剛，而四之志則行。」（頁253）

九五：夬履，貞厲。

　　夬，決〔決〕也。慨然以天下之事為可為，但下無正應，亦自厲而不安。九五陽剛中正，下以 ☱ 悅應之。凡事必行，無所疑碍，故其象為夬決。因其守正，是故有厲而不安也。

　　本旨乃吾主立中正之表，以示萬世之人取法。人能法之，乃得其貞。[341] 道大莫容，世子疾害，終受苦難，乃因正而危也。[342]

〈象〉曰：「『夬履，貞厲』，位正當也。」

　　九五君位，正當夬履貞厲而為天下法也。

　　本旨吾主之位正當降世救人，受難贖人。吾輩之位正當取其法則，亦貞而遭危厲也。

上九：視履，考祥其旋，元吉。

　　視者，回視而詳審也。中爻 ☲，目視之象。祥者，善也。考其履之善，必皆良心之節文，人事之儀則下文「其旋」是也。[343] 旋者，周旋、折旋也。考其周旋、折旋之間，則周旋中規，折旋中矩矣，豈不元吉？上九下應，乃旋之象。下應遇 ☳，乃「元吉」之象，亦「祥」之象，[344] 亦「考」之象也。上九視履之成祥者，乃旋而得元吉也。

---

341 貞，呂註本作「正貞」。
342 語出〔明〕來知德《周易集註》：「**夬者，決也。慨然以天下之事為可為**，主張太過之意。蓋夬與履，皆乾兌上下相易之卦。曰『夬履』者，在履而當夬位也。然〈象〉辭與爻辭不同，何也？蓋〈象〉辭以履之成卦言，六爻皆未動也。見其剛中正，故善之；爻辭則專主九五一爻而言，以變爻而言也，變離則又明，燥而愈夬矣，故不同。在下位者，不患其不憂，患其不能樂，故喜其履坦。在上位者，不患其不樂，患其不能憂，故戒其夬履。二之坦，則正而吉者，喜之也。五之夬，則正而危者，戒之也。」（頁253）
343 「是」前，徐匯本有「星」，今據呂註本及上下文刪。
344 「祥」，徐匯本有「考」，今據呂註本刪。

　　本旨上九乃履之終，必聽審判善惡，故曰「視履考祥」也。其旋歸天上者，乃得元吉也。吾主為祥，上視而考其祥不祥也。祥也者，乃吉祥善德也。其不能旋者，乃得永遠之凶也。哀哉！[345]

〈象〉曰：「『元吉』在上，大有慶也。」

　　大，即元。[346]慶，即吉。[347]☱ 為慶之象。[348]「元吉在上」者，乃元吉在天上也。「大有慶」者，乃大有天上之慶也。上五爻互 ☴ 綜 ☲，有大慶之象也。

　　本旨元吉在天上，大有慶福樂。今人多不信，彼非愚而何？不明在上者，只求現世物；不求明經旨，乃為元靈惡。☱ 為元吉，謂得應主，則得元吉，乃「大有慶」也。☱ 居 ☰ 上，是謂「大有」，有大必慶，故曰「大有慶」也。[349]

---

345 語出〔明〕來知德《周易集註》：「『視履』作一句，與『素履』、『夬履』同例。**視者，回視而詳審也。中爻離目，視之象也。**祥者，善也。三凶五厲，皆非善也。考其履之善，必皆天理之節文，人事之儀則下文『其旋』是也。旋者，周旋、折旋也。凡禮，以義合而截然不可犯者謂之方，猶人之步履折旋也；以天合而怡然不可解者謂之圓，猶人之步履周旋也。禮雖有三千三百之多，不過周旋、折旋而已。**考其善于周旋、折旋之間，則周旋中規、折旋中矩矣，豈不元吉？○上九當履之終，前無所履，可以回視其履矣，故有視履之象。能視其履，則可以考其善矣。**考其善而中規中矩，履之至善者也。占者如是，不惟吉，而且大吉也。」（頁254）

346 即元，呂註本作「元吉」。

347 語出〔明〕來知德《周易集註》：「**大即元，慶即吉，非元吉之外別有大慶。**」（頁254）

348 象，徐匯本作「祥」，今據呂註本改。

349 《瑪竇福音》六章19–21節：「你們不要在地上為自己積蓄財寶，因為在地上有蟲蛀，有銹蝕，在地上也有賊挖洞偷竊；但該在天上為自己積蓄財寶，因為那裏沒有蟲蛀，沒有銹蝕，那裏也沒有賊挖洞偷竊。因為你的財寶在那裏，你的心也必在那裏。」〔意〕利類思譯《彌撒經典·聖瑪竇萬日畧經》：「汝勿藏汝賄，勿窖諸地，在地鏽敗、蠹齰、賊奪。藏窖于天，無鏽、無蠹、無賊處。汝財何在，汝心同在。」（頁233）

泰卦

䷊	乾下坤上			
屬	䷁ 坤[350]	三變成 ䷊ 泰		
錯綜	䷋ 否[351]			
參伍	下互 ䷪ 夬	中互 ䷵ 歸妹	上互 ䷗ 復	
五爻互	下互 ䷡ 大壯	上互 ䷒ 臨		
各爻變[352]	初爻變成 ䷭ 升	錯 ䷘ 無妄	綜 ䷬ 萃	地位
	二爻變 ䷣ 明夷	錯 ䷅ 訟	綜 ䷢ 晉	
	三爻變 ䷒ 臨	錯 ䷠ 遯	綜 ䷓ 觀	人位
	四爻變 ䷡ 大壯	錯 ䷓ 觀	綜 ䷠ 遯	
	五爻變 ䷄ 需	錯 ䷢ 晉	綜 ䷅ 訟[353]	天位
	六爻變[354] ䷙ 大畜	錯 ䷬ 萃	綜 ䷘ 無妄	

泰：小往大來，吉亨。

　　泰，大通也。天來地往，往來相交，大通之象。天地交泰，是故大
通。地往天來，乃小人往、君子來，是故吉而亨也。[355]吉亨，以卦之情理
言。下以卦之上下論，本卦四爻得正，二五得中，中猶正也，可謂俱正，
是故「吉亨」，中互 ☳ ，亨之象也。

---

350 坤，徐匯本及呂註本無，今據諸表增。

351 ䷋，徐匯本及呂註本無，今據卦名增。

352 各爻變，徐匯本及呂註本無，今據諸表增。

353 ䷅，徐匯本及呂註本無，今據卦名增。

354 「六」後，徐匯本有「䷙」，今據呂註本刪。

355 語出〔明〕來知德《周易集註》：「**泰者，通也。天地陰陽，相交而和，萬物生成，故
為泰。**小人在外，君子在內，泰之象也。序卦，『履而泰，然後安，故受之以泰。』
所以次履。此正月之卦。小謂陰，大謂陽。往來以內外之卦言之，**由內而之外曰
往，由外而之內曰來。**否，泰二卦同體，文王相綜為一卦，故雜卦曰『否，泰，反
其類也。』小往大來者，言否內卦之陰往而居泰卦之外，外卦之隔來而居泰卦之內
也。」（上冊，頁255）

本旨天地交泰者，乃天主與世人交相通愛，而小人之行往，君子之行來，是故得吉，而聖教大通也。泰自歸妹而來者，乃因世人歸從聖教，[356] 而得聖教大通也。☰一☷八，合之為九，乃聖教大通九百年，[357] 天地終窮而已矣。此本卦數於我無干，人之辜惡亦自特慇尒能講解我服心甘。[358][359]

〈象〉[360]曰：「『泰，小往大來，吉亨』，則是天地交而萬物通也，上下交而其志同也。內陽而外陰，內健而外順，內君子而外小人。君子道長，小人道消也。」

「上下交」者，乃君民相交，而其志同為善也。「內陽而外陰」者，乃內☰而外☷也。「內健而外順」者，乃☰健而☷順也。「內君子而外小人」者，乃君子尚內德，而小人尚外飾也。「君子道長」者，乃正道日益盛也。「小人道消」者，乃異端日益滅也。大象中爻二☷為道，道之象也。大象君子道也，小象小人道也。陽爻長，「君子道長」之象。陰爻消，「小人道消」之象。

本旨萬物者，乃萬民也。上下陰陽之志皆同，同心為善，故君子之道日長，小人之道日消也。日消也者，乃☲為日，中互暗☷，是吾主消滅邪教也。[361] 何不早滅？乃因前人不接其恩，故待七千年之時而滅之也。[362]

---

356 歸，徐匯本作「歸歸」，今據呂註本刪。

357 聖，徐匯本無，今據呂註本增。

358 人之辜惡亦自特慇尒能講解我服心甘，呂註本作「人之罪我亦自持慇不能講解我服甘心」。

359 慇，本指痛心的事，後引伸為憐恤。《說文解字》：「慇，痛也。」〔清〕段玉裁注曰：「與慇義殊。」（頁517）《文選・李密・陳情表》：「祖母劉慇臣孤弱，躬親撫養。」

360 象，徐匯本作「彖」，今據易文改。

361 邪教，呂註本作「邪道」。

362 據呂立本對〈洛書〉之數的推演，聖教大通於天地開闢七千年之時，距其著書之期（主後1774年）還有二百二十六年。詳見〈導論〉，頁23–29。有關聖教二百二十六年後興的說法，可另參觀☶卦辭（頁329）、剝☶〈彖〉辭（頁354）及豐☲〈象〉辭（頁477）解義。

〈象〉曰：「天地交，泰；后以財成天地之道，輔相天地之宜，以左右民。」

中互主君，乃為之后。「后以財成天地之道」者，乃溥施濟衆也。「輔相天地之宜」者，乃以羨輔不足之義也。「以左右民」者，乃親民也。中爻☵道之象。[363]中爻☳綜☶，財之象。☷，成之象。☶，輔相之象。陰陽相資，宜之象。陽前陰後，左右之象，☷為衆民之象也。

本旨乃天主開君心，而以財濟窮民也。財者，物也。[364]天地含萬物，而萬物俱儲其中。財能易物，是故曰「財者，物也」。非財無以用，而難得所用之物，則無以濟人之用具，[365]而諸事不成，是故「后以財成天地之道」也。以此觀之，無財不宜，是故曰「輔相天地之宜」也。以財濟衆，乃為仁德而不可少者，[366]故用財以左右民也。左右民者，乃用財以成全仁愛之德也。而敗世以貪財害民，乃悖天主之旨。而貪生財之意，其辜甚重，而永罰之苦，不能逃也。

初九，拔茅茹，以其彙，征吉。

中爻☷綜☶手，為拔之象。中爻☳綜☶，茅茹之象。陰陽各別，彙之象。中爻☳足，征行之象。初九得正，其應亦正，乃吉之象。地生茅茹，進往六四，拔除茅塞，以絕其類，乃正教得通，故征吉也。

本旨「拔茅茹，以其彙」者，乃絕滅異端種類，[367]使之咸奉聖教而俱行天國之路則吉也。[368]邪教異端為茅茹，改邪歸正則吉也。

〈象〉曰：「『拔茅征吉』，志在外也。」

「志在外」者，乃志在外卦，應六四也。

---

363 ☵，徐匯本作「☷」，今據呂註本改。
364 也，徐匯本無，今據呂註本增。
365 用具，徐匯本作「其」，今據呂註本改。
366 乃，徐匯本作「以」，今據呂註本改。
367 乃，徐匯本作無，今據呂註本增。
368 俱，徐匯本作無，今據呂註本增。

本旨「志在外」者，乃志在開外教之人心，[369]改邪歸正也。古先知預言天下萬民將欽仰吾主耶穌，[370]而信從聖教。依撒意亞曰「俾爾為萬民之照光」云云。[371]

九二，包荒，用馮（音憑）河，不遐遺，朋亡，得尚于中行。

以二包初，[372]謂之「包荒」。過四應五，「用馮河」也。二爻變則九三成 ☵，為河之象。河水在前，☰ 健，利涉大川，馮河之象。「用馮河」者，用馮河之勇往也。「不遐遺」者，不遺乎五也。內爻近，外爻遠，為遐之象。三陽為朋，二爻變成 ☵，不成朋矣，朋亡之象。[373]以二應五，得尚于中行之象。「不遐遺」者，不遺遠也。「朋亡」者，遺其朋也。「得尚于中行」者，乃二應五也。

---

369 人，徐匯本作無，今據呂註本增。

370 古，呂註本作「故」。

371 語出〔意〕艾儒略《天主降生引義》：「**古先知預言，天下萬民將欽仰吾主耶穌而信從聖教。依撒意亞曰：『俾爾為萬民之照光。**而救我眾於大地之八極也。』」（上卷，頁364）引文中的《聖經》選節為《依撒意亞先知書》四十九章6節：「我更要使你作萬民的光明，使我的救恩達於地極。」

372 以，呂註本作「小」。

373 語出〔明〕來知德《周易集註》：「包字，詳見蒙卦。包荒者，包乎初也。初為草茅，荒穢之象也。因本卦小往大來，陽來乎下，故包初。**馮河者，二變則中爻成坎水矣，河之象也。河水在前，乾健，利涉大川，馮之象也。用馮河者，用馮河之勇往也。**二居柔位，故教之以勇。二變，與五隔河若馮河而往，則能就乎五矣。二與初為通，隔三、四，奧五為遐，**不遐遺者，不遺乎五也。**朋者，初也。三陽同體，牽連而進，二居其中，朋之象也。故咸卦中爻成乾，四居乾之中，亦曰『朋從』。朋亡者，亡乎初而事五也。尚者，尚往而事五也。中行一指六五，六五〈小象〉曰『中以行願』是也。卦以上下交為泰，故以『尚中行』為辭。曰『得尚』者，慶幸之辭也。若惟知包乎荒，則必不能馮河而就五矣，必遐遺乎五矣，必不能亡朋矣。『用馮河』以下，聖人教占者之辭。陽來居內，不向乎外，有惟知包乎內卦之初，遐遺乎外卦君上之象。故聖人于初教之以一『征』，于二教之以『尚』。舊註不識象，所以失此爻之旨。當泰之時，陽來于下，不知有上，故九二有包初之象。然二、五君臣同德，天下太平，賢人君子，正當觀國用賓之時，故聖人教占者用馮河之勇，以衜其必為之志，不可因避而忘遠。若能忘其所通之朋，得尚往于中行之君，以共濟其泰，則上下交而其志同，可以收光大之事業，而泰道成矣，故其象占如此。」（上冊，頁257–258）

本旨「包荒，用馮河」者，乃因開異端之荒而涉海也。「不遐遺」者，乃不棄遠國之人也。以主為父，在天為歸，四海皆兄弟，不遐遺也。[374]「朋亡」者，乃不以私害公也。如此開教救人，乃得尚于中行也。以二應五，皆得其中，是故曰「得尚于中行」也。

〈象〉曰：「『包荒』，得尚于中行，以光大也。」

二變下卦成 ☲，為光之象。未變陽爻，大之象也。中互暗日，因其荒草高茂，遮蔽日光，是故暗日也。以二應五，除去茅塞，因此而得光大也。

本旨乃傳教以除荒，使人見吾主，而知其光之大，乃照普世之人心，是故曰「以光大」也。乃因吾主之大光，而世人得明真道也。[375]

九三，無平不陂，無往不復。艱貞，無咎。勿恤其孚，干食有福。

九三居 ☷ 之中，為平之象。中爻 ☷ 綜 ☶，為陂之象。又為止為山，無平不陂之象，又為「無往不復」、「勿恤」之象。九三正而不中，艱貞之象。陽爻為孚之象，中爻 ☱ 悦，勿恤之象。中爻 ☳ 足，為往之象。[376]上互 ䷗ 為復之象。九三得正，無咎之象。中爻 ☱ 口，干食之象。中爻 ☶ 綜 ☳，有福之像。無平地不顯塞坡，無往傳不復來進，艱以守正，則無咎矣。勿傷其信，求食樂貪，乃有福也。

---

374 〔法〕白晉《古今敬天鑒》：「（三）天下萬民，皆由一元祖父母所出，故天下為一家，四海為兄弟也。《論語第十二》：『四海之內，皆兄弟也。』〔…〕《易‧序卦傳》云：『有天地然後有萬物，有萬物然後有男女。』萬物萬民所生所命之理同，即萬民之生，皆由造物主之命。從一男一女，一父一母同元祖所出，如萬物之生，皆由天地一陰一陽，如一男一女、一父一母所生然，故《禮》云：『萬物本乎天，人本乎祖。』」（頁40–41）

375 以「光」説明基督為帶領世人認識真道者，可參〔意〕艾儒略《天主降生引義》：「一，以言論垂諭，開明正教，經中稱耶穌云：『是乃真光。』凡入乎斯世者，無不蒙其照燭。蓋吾主未降生時，舉世如坐長夜昏黑，悵悵乎莫知所向。雖有古聖垂訓，僅如屏幃之燈燭，雲漢之小星，其光不能遠被。迨吾主一出，真若太陽普照，無幽不燭矣。」（上卷，頁369）

376 往之象，徐匯本作「往之之象」，今據呂註本改。

本旨無平正不顯傾邪，無君子不顯小人，無往傳不復來進。然親近小人，必有不合而艱生矣。既有艱難，必以正固之忍，則無咎矣。「勿恤其孚」者，乃勿傷其信德也。[377]艱至，求食致命，乃有真福之報，是故曰「于食有福」也。

〈象〉曰：「『無往不復』，天地際也。」

「天地際」者，乃三四為天地，交合之際也。[378]

本旨「天地際」者，乃天國臨格人世也。[379][380]天主降生居于下位，而有地天泰也。

六四：翩翩，不富以其鄰，不戒以孚。

中爻 ☴ 為白鶴翩翩之象。中爻 ☳ 為鵠，[381]亦翩翩之象。☷ 為順，不戒之象。翩，音篇，疾飛往來相聯也，乃三陰翩然而下應也。因其陰柔而無補，故曰「不富」。三陽為鄰，乃「不富以其鄰」也。中互暗王，故為不戒。中互九四為陽，故曰「不戒以孚」也。

本旨「翩翩，不富以其鄰」者，乃有世人與天主之富，毫無加增，即或無之，亦與天主之富，毫無減少。不戒以孚者，乃不當世法告戒，而皆信從也。

---

377 勿，徐匯本作「無」，今據呂註本改。

378 〔明〕來知德《周易集註》：「際者，交際也。外卦地，內卦天，天地否泰之交會，正在九三，六之際也。」（上冊，頁259）

379 人世，徐匯本作「世人」，今據呂註本改

380 臨格，臨到。〔意〕利類思《彌撒經典》：「在天我等父者，我等願爾名見聖，爾國臨格，爾旨承行於地，如於天焉。我等望爾，今日與我，我日用糧，而免我債，如我亦免負我債者，又不我許陷於誘感，〔應〕乃救我於凶惡。〔鐸德應〕亞孟。」（頁366–367）

381 鵠，徐匯本作「鴿」，今據呂註本改。

〈象〉曰：「『翩翩不富』，皆失實也。『不戒以孚』，中心願也。」

　　陰爻為失為虛，乃皆知其先日之所為者，失其實也。因互得陽，陰陽相應，乃中心願也。[382]

　　本旨「中心願」者，乃中心願從聖教也。

六五，帝乙歸妹，以祉元吉。

　　中互為☳，故曰「帝乙」。中互雷澤，故曰「歸妹」。互☳為主，乃為萬福之本，故曰「以祉元吉」也。「以祉元吉」者，乃福自元吉而來也。☰全☱玉，以祉之象，下應九二元吉之象。[383]

　　本旨帝乙歸妹者，乃天主開明人心，而歸從聖教也。「以祉元吉」者，乃天主降福中人，而得元吉也。

〈象〉曰：「『以祉元吉』，中以行願也。」

　　五下應二，行歸中互，乃「中以行願」也。所謂上下交，而其志同也。[384]

　　本旨「中以行願」者，乃中人信從聖教，以行其本願也。其所以得此恩者，乃因聖母為中，祈主降福中國，而中人得元吉也，是故「中以行願」也。

上六，城復于隍，勿用師。自邑告命，貞吝。

　　坤為土，變☶。大象☶，中虛外圍，城之象。既變☶，為徑路，為門闕，[385]為菓蓏。城上有徑路，如門闕，又生草木，[386]則城傾圮，不成其

---

382 語出〔明〕來知德《周易集註》：「皆失實者，陰　陽實，陰往于外已久，三陰皆失其陽矣。今來與陽交泰，乃中心之至願也，故不戒而自孚。」（上冊，頁259）

383 〔明〕來知德《周易集註》：「中爻三五為雷，二四爲澤，有歸妹之象，故曰「歸妹」。因本卦陰陽交泰，陰居尊位，而陽反在下，故象以此也。帝乙，即高宗箕子之例。祉者，福也。以祉者，以此得祉也，即泰道成也。」（上冊，頁260）

384 志，徐匯本無，今據呂註本增。

385 闕，徐匯本作「闍」，今據呂註本改。

386 闕，徐匯本作「闍」，今據呂註本改。

城矣，「城復于隍」之象也。師者，興兵動衆以平服之。☷為衆。中爻☳變爻象，☲為戈兵。衆動戈兵，為師之象。中爻☱口，為告之象。☱綜☴，為命之象。自者，自近以及遠也。六下應三，乃「城復于隍」也。上六變☶止，勿用師之象。互中暗師並暗王，故曰「勿用師」也。☷為都邑，故曰「自邑」。君主在下，告命則復隍，是故貞吝，乃正乎吝也。[387]

　　本旨「城復于隍」者，乃魔首入世，而冒真主也。「勿用師」者，乃人力不能勝之也。「自邑」者，乃當自守也。「告命」者，乃告世人知之也。遵魔命者，乃正乎吝也。

〈象〉曰：「城復于隍」，其命亂也。

　　天復于地，地反為天，天反世亂，其命亂矣。☷錯☰，為亂之象。[388]

　　本旨上六為暗之主，故知其為魔之首也。魔首無治命，故曰其命亂也。下互☴二☰一，合之為三，乃魔三亂年，[389]是之謂天地否也。[390]

---

387 語出〔明〕來知德《周易集註》：「坤為土，變艮亦土，但有離象，中虛外圍，城之象也。既變爲艮，則為徑路，為門，爲果蓏。城上有徑路，如門闕，又生草木，則城傾圮，不成其城矣，復于隍之象也。程子言「掘隍土，積累以成城，如治道，積累以成泰，及泰之終，將反于否，如城土傾圮，復于隍」是也。此「復」字，正應「无往不復」「復」字。師者，興兵動衆以平服之也。坤爲衆，中爻爲震，變爻象離爲戈兵，衆動戈兵，師之象也。與復上六同。中爻兌口，告之象也。兌綜巽，命之象也。自者，自近以及遠也。邑字，詳見謙卦。上六當泰之終，承平既久，泰極而否，故有城復于隍之象。然當人心離散之時，若復用師以平服之，則勞民傷財，民益散亂，故戒占者不可用師遠討，惟可自一心親近之民播告之，漸及于遠，以諭其利害可也。此收拾人心之舉，雖亦正固，然不能保邦于未危之先，而罪己下詔于既危之後，亦可羞矣，故其占者如此。」（上冊，頁260–261）

388 語出〔明〕來知德《周易集註》：「命，即『可以寄百里之命』。『命』字，調政令也。蓋泰極而否，雖天運之自然，亦人事之致然，惟其命亂所以復否。聖人于泰終而歸咎于人事，其戒深矣。」

389 乱，徐匯本作無，今據呂註本增。（上冊，頁261）

390《若望默示錄》十三章4–6節：「世人遂都朝拜那龍，因為牠把權柄賜給了那獸；世人朝拜那獸說：『誰可與這獸相比？誰能和牠交戰？』又賜給了那獸一張說大話和褻聖的口，並且賜給了牠可妄為四十二個月的權柄；牠便張開自己的口，向天主說褻瀆的話，褻瀆他的聖名、他的帳幕和那些居住在天上的人。」《古新聖經・聖

否卦

䷋	坤下乾上			
大象	䷸ 巽[391]			
屬	䷀ 乾[392]	三變成 ䷋ 否		
錯綜	䷊ 泰			
參伍	下互 ䷖ 剝	中互 ䷴ 漸	上互 ䷫ 姤	
五爻互	下互 ䷓ 觀	上互 ䷠ 遯		
各爻變[393]	初爻變 ䷘ 無妄	錯 ䷭ 升	綜 ䷙ 大畜	地位
	二爻變 ䷅ 訟	錯 ䷣ 明夷	綜 ䷄ 需	
	三爻變 ䷠ 遯	錯 ䷒ 臨	綜 ䷡ 大壯	人位
	四爻變 ䷓ 觀	錯 ䷡ 大壯	綜 ䷒ 臨	
	伍爻變 ䷢ 晉	錯 ䷄ 需	綜 ䷣ 明夷	天位
	六爻變[394] ䷬ 萃	錯 ䷙ 大畜	綜 ䷭ 升	

否之匪人，不利君子貞，大往小來。

本卦二五中正，餘四不正，乃君子少小人多，故曰之匪人。不利君子貞，大往小來，天上地下，九五、六二各得其中正，乃君子貞之象。一三四六，不得其正，而六三居內為甚，乃匪人不利之象。匪人閉塞君子而君子閉戶匪人，是故曰「否」，乃閉塞也。「之匪人」者，乃六三也。六三

若望默照經》：「那時〔人〕拜蟒，〔他〕付獸如此大能，〔人〕也拜獸說：『誰如獸？誰能戰他？』給他說大話並咒罵的口，給他四十二月任意為之能。他開口就咒主，罵他聖名，罵他堂及天上諸神、〔諸〕聖。」（冊九，頁3439）經文當中的「四十二個月」，正正是三年半。

391 ䷸ 巽，徐匯本和呂註本均錯作「䷜」。

392 乾，徐匯本及呂註本無，今據卦象增。

393 各爻變，徐匯本及呂註本無，今據諸表增。

394 「六」後，徐匯本有「䷾」，今據呂註本刪。

居內卦之上，不中不正，乃匪人也。匪人居眾之上，以虐行暴，[395]是故「不利」。九五、六二得正，故曰「君子貞」也。「大往小來」者，乃 ☰ 往而 ☷ 來也。[396]

本旨此匪人者，乃魔首附匪人，而閉塞君子之正道，是故不宜。[397]君子之所以為君子，乃正乎正而固，故曰「君子貞」也。「大往」者，乃大人居外也。「小來」者，乃小人居內也。☰ 一 ☷ 八，合之為九，乃前後共否九年餘。天大地小，是故「泰」，九百而否九年也。以天比地，大小懸殊，因此定數，乃理當然也。

〈象〉[398]曰：「『否之匪人，不利君子貞，大往小來』，則是天地不交而萬物不通也，上下不交而天下無邦也。內陰而外陽，內柔而外剛，內小人外君子，小人道長，君子道消也。」

天下純陰而無陽，是故曰「天下無邦」也。天下無邦者，[399]乃天下無邦不被匪人之惑也。中爻 ☶ 綜 ☳，道之象。陰爻上行，「小人道長」之象。陽爻退避，「君子道消」之象。

---

395 虐，徐匯本作「雪」，今據呂註本改。

396 〔明〕來知德《周易集註》：「否之匪人，與『履虎尾』『同人于野』『艮其背』同例。卦辭惟此四卦與卦名相連。否之匪人者，言否之者非人也，乃天也，即『大往小來』也。不利者即象『萬物不通』，『天下无邦』，『道長』，『道消』也。君子貞者，即『儉德避難』，『不可榮以祿』也。不言小人者，易為君子謀也。大往小來者，否泰相綜，泰內卦之陽往而居否之外，外卦之陰來而居否之內也。文王當股之末世，親見世道之否，所以發『匪人』之句，後來孔子居春秋之否，乃曰『道之將行也與？命也。道之將廢也與？命也』，孟子居戰國之否，乃曰『莫之為而為者，天也，莫之致而至者，命也』，皆宗文王『否之匪人』之句。否之匪人者，天數也。君子貞者，人事也。所以孔孟進以禮，退以義，惟守君子之貞。程朱以為非人，道也，似無『道』字意。誠齋以為用非其人，似無『用』字意。不如只就『大往小來』。」（上冊，頁261–262）

397 宜，呂註本作「道」。

398 象，徐匯本作「象」，今據易文改。

399 邦，徐匯本作「拜」，今據呂註本改。

本旨天地將窮之先，乃有風山漸，生天地否之匪人也。[400] 澤雷隨為輔，而否聖教也。天下無邦者，乃天下無邦不受匪人之害也。「內小人而外君子」者，乃以假善欺誑世人也。是故小人之道日益長，而「君子之道日益消」也。

〈象〉曰：「天地不交，否；君子以儉德辟難，不可榮以祿。」

天下地上，乃所以交也。天上地下，各居本位，乃不交也。下互山地剝，故君子以儉德避難也。不避則剝，是故君子去奢而從儉也。[401] 以此不可貪匪人之榮，不可食匪人之祿，[402] 故曰「不可榮以祿」也。陽爻為德，天下無陽，是為儉德。陰能害陽，是故當避難也。中互有 ☶，為難之象。因避陰害，故「不可榮以祿」也。☷ 為吝嗇，為儉之象。三陽出居在外，避難之象。中爻 ☶ 止，不可之象。☰ 為金玉良馬，[403] ☷ 為大輿布帛，榮祿之象。[404]

本旨「天地不交」者，乃天主與魔鬼不交愛也。「君子以儉德避難」者，乃君子以其甘窮而避魔害之難也。「不可榮以祿」者，乃不可貪魔鬼之榮，而不可貪魔鬼之祿也。[405][406]

---

400 生，呂註本作「往」。

401 去奢而從儉，徐匯本作「取奢而從約」，今據呂註本改。

402 匪人之祿，徐匯本作「匪人祿」，今據呂註本改。

403 良，徐匯本作「艮」，今據呂註本改。

404 語出〔明〕來知德《周易集註》：「儉者，儉約其德，斂其道德之光也。坤爲吝嗇，儉之象也。辟難者，避小人之禍也。三陽出居在外，避蝴之象也。不可榮以祿者，人不可得而榮之以祿也，非戒辭也。**言若不儉德，則人因德而榮祿，小人忌之，禍即至矣。今既儉德，人不知我，則不榮以祿。故不榮以祿者，正所以避難也**。」（上冊，頁263）

405 貪，呂註本作「食」。

406 相關經文教訓可參考《瑪竇福音》四章8–10節：「魔鬼又把他帶到一座極高的山上，將世上的一切國度及其榮華指給他看，對他說：『你若俯伏朝拜我，我必把這一切交給你。』那時，耶穌就對他說：『去罷！撒殫！因為經上記載：你要朝拜上主，你的天主，惟獨事奉他。』」〔意〕利類思譯《彌撒經典‧聖瑪竇萬日畧經》：「又次攜之高山絕巔，令視四方諸國，暨厥榮光曰：『此皆我與爾，第屈伏地奉我。』耶穌曰：『撥殫去，經書曰：夫可奉何事，惟爾主天主。』」（頁239）

初六，拔茅茹，以其彙，貞吉，亨。

　　中爻 ☳ 為手，為拔之象。初爻變 ☷ 為蕃，茅茹之象。中互暗 ☱，[407] 為亨之象。初六拔己之茅茹，意在進而從九五。「以其彙」者，三陰同類而行也。[408] 初六不正，以絕其不正之類，而求得九五之正，則吉而亨也。

　　本旨初六責己以絕辜根，正固以守聖規，則吉，而天國之路通矣。

〈象〉曰：「『拔茅貞吉』，志在君也。」

　　陽爻為志，☰ 為君象。「志在君」者，乃謂志在九五為之君也。應四不如應五，故曰「志在君」也。[409] 初六幼子，因志在君，故得貞吉。

　　本旨「志在君」者，乃志在天主也。志在天主者，則得貞吉。

六二，包承，小人吉，大人否亨。

　　「包承」者，包乎初也。二乃初之承，故曰「包承」。包，叢生也。居內而叢生，三陰之象，是故曰「包」。以初奉二，是故曰「承」。六二中正，上應九五，陽剛中正之君。然當否之時，包初同上，暗奉九五，而六二雖正，乃居陰爻，是為幼小之人，因受上恩是吉也。變為九二，乃為「大人」。其上不應，是故「否」也。因得志剛而中，是故其道則亨，故曰「否亨」。乃因否而亨，其道也。二變成 ☳，為亨之象。[410]

407　☱，呂註本作「☳」。

408　語出〔明〕來知德《周易集註》：「變震為蕃，茅茹之象也。否綜泰，故初爻辭同。貞者，上有九五剛健中正之君，三陰能牽連，而志在于，君，則貞矣。蓋否之時，能從乎陽，是小人而能從君子，豈不貞？○ **初在下，去陽甚遠，三陰同體，故有『拔茅茹，以其彙』之象。**當否之時，能正而志在于休否之君，吉而且亨之道也，故教占者以此。」（上冊，頁263）

409　〔明〕來知德《周易集註》：「貞者，以其志在于君也，故吉。泰初九曰『志在外』此變外為君者，泰六五之君，不如否之剛健中正得稱君也。」

410　〔明〕來知德《周易集註》：「包承者，包乎初也。二乃初之承，曰包承者，猶言將承包之也。大來乎下，故曰『包荒』。小來乎下，故曰『包承』。既包乎承，則小人與小人為羣矣。小人與小人為羣，大人與大人為羣，不相干涉，不相傷害矣。否則，不榮以祿也。○當否之時，小來乎下，故六二有包承之象。既包乎承，則小

本旨「包承」者，乃叢生而奉天主，故曰「小人吉」也。大人名重而任弘，是故因否而亨其道也。否之而後，天下皆歸聖教，乃因否而亨，故曰「否亨」。否亨者，乃因古聖古經証明真道，是故通也。

〈象〉曰：「『大人否亨』，不亂群也。」

九二、九五，乃為大人。元為一致，不應而同，乃不亂群也。小自為小，大自為大，故「不亂群」也。[411]中爻 ☶ 止，不亂之象。陰聚于下，群之象也。

本旨奉教異端元同敬主，順歸聖道，不亂群也。其先未順之時，嬰兒受洗亦得恩也。[412]

六三：包羞。

包者，包乎二也。三見二包乎初，三即包乎二。[413]然二遠乎陽，包初可也。三則親比乎陽，而不從陽，非正道矣，乃為可羞，故曰「包羞」。三不中正，應亦不正，乃非人也。其羞叢生，故曰「包羞」也。

本旨有假 ☷ 女生魔子，[414]包乎世人，是故落羞。

人為羣，不上害乎大人矣。故占者在小人則有不害正之吉，在大人則身否而道亨也。」（上冊，頁264）

411 〔明〕來知德《周易集註》：「陰來乎下，陽往乎上，兩不相交，故不亂羣。」（上冊，頁264）

412 嬰兒洗禮為天主教教會、正教教會的特有傳統，目的與成人洗禮相同，皆旨在洗脫人的原罪與本罪。〔意〕艾儒略《口鐸日抄》：「若傳染原罪，只不得升天國，非有地獄之永苦也。試觀孩童未領聖水，只不得升天。至長成為惡，始墜冥獄耳。若肯翻然遵誠，則夙愆頓洗。天堂之樂，吾主曷靳焉？」（卷三，頁230–231）

413 語出〔明〕來知德《周易集註》：「**包者，包乎二也。三見二包乎其初，三即包乎二，**殊不知二隔乎陽，故包同類。**若三則親比乎陽矣，從一陽可也，乃不從陽，非正道矣，可羞者也，故曰『包羞』。**○六三不中不正，親比乎陽，當小來于下之時，止知包乎其下矣，而不知上有陽 之大人在也，乃舍四之大人而包二之小人，羞孰甚焉？故有是象，占者之羞可知矣。」（上冊，頁264）

414 「假」後，呂註本有「羞」。

〈象〉曰：「『包羞』，位不當也。」

以六居三，位不當也。

　　本旨乃魔冒主引人尊之，乃位不當也。天主罰魔，魔故包羞，而受永苦也。[415] 此乃《聖經》之預言，事在今後千餘年耳。若非天主短縮厥期，世人難免魔首之盡害也。是故天主只許魔暴三年，乃因世辜所招，故天主許魔行暴，非不能禁止也。[416]

九四：有命無咎，疇離祉。

　　中爻 ☷，有命之象。命者，九五之命也。四近君，居多懼之地，易于獲咎。今變 ☷ 順，則能從乎五矣，故曰「有命無咎」，疇同類之三陽也。離，麗也。離祉者，附麗其福祉也。乾為君父全玉木果，祉之象也。九四暗王，故曰「有命」。連上同來降福，故曰「疇離祉」也。有歸上互之命。而得五陽之中，是故無其咎。[417]

---

415 《若望默示錄》二十章7–10節：「及至一千年滿了，撒殫就要從監牢裏被釋放出來。他一出來便去迷惑地上四極的萬民，就是哥格和瑪哥格；他聚集他們準備作戰，他們的數目有如海濱的沙粒。於是他們上到那廣大的地區，圍困了眾聖徒的營幕和蒙愛的城邑；但是有火自天上，從天主那裏降下，吞滅了他們。迷惑他們的魔鬼，也被投入那烈火與硫磺的坑中，就是那獸和那位假先知所在的地方；他們必要日夜受苦，至於無窮之世。」《古新聖經‧聖若望默照經》：「過了這一千年，放撒旦從他監。他出，誘惑普世人，〔招聚〕戈刻、瑪戈刻〔招聚〕為戰，其数如海邊沙。〔他們〕散於普地，圍聖之营、爱的城。天主忽從天降火，全燒了他們。誘惑他們之魔被拋於火硫磺湖內，獸在彼，同他術人要晝夜受苦到無窮。」（冊九，頁3457）

416 《若望默示錄》十三章4–6節：「世人遂都朝拜那龍，因為牠把權柄賜給了那獸；世人朝拜那獸說：「誰可與這獸相比？誰能和牠交戰？」又賜給了那獸一張說大話和褻聖的口，並且賜給了牠可妄為四十二個月的權柄；牠便張開自己的口，向天主說褻瀆的話，褻瀆他的聖名、他的帳幕和那些居住在天上的人。」《古新聖經‧聖若望默照經》：「那時〔人〕拜蟒，〔他〕付獸如此大能，〔人〕也拜獸說：『誰如獸？誰能戰他？』給他說大話並咒詈的口，給他四十二月任意為之能。他開口就咒主，詈他聖名，罵他堂及天上諸神、〔諸〕聖。」（冊九，頁3439）經文當中的「四十二個月」，正正是三年半。

417 語出〔明〕來知德《周易集註》：「**愛巽為命，命之象也。有命者，受九五之命也。四近君，居多懼之地，易于獲咎。今變巽順，則能從乎五矣，故有命无咎。疇者，同**

本旨天主有痛悔改過之命，人能痛悔其罪得赦，故無咎也。是乃天主罰魔而後人皆改邪歸正，乃得天主降福，故曰「疇麗祉」也。「疇麗祉」者，乃眾得其恩也。[418]

〈象〉曰：「『有命無咎』，志行也。」

九四不正，當歸上互，乃得正陽之中，[419]是故曰「志行」也。志行者，乃濟否之志行也。[420]中爻 ☳ 綜 ☶，志行之象也。

本旨天主有改過之命，順命改過，乃為善之志行也。

九五：休否，大人吉，其亡其亡，繫於苞桑。

人依木息，曰「休」。中爻 ☴ 木，五居木上，休之象也。☴ 為陰木，二居 ☴ 下，陰木柔桑之象。☴ 為繩，繫之象。叢生曰「苞」。叢，聚也，柔條細弱，群聚而成叢者。此爻變 ☲ 合 ☵ 為叢棘，苞之象。桑止可取葉養蠶，不成其木，[421]又況叢聚而生，則至小而至柔者也。以國家之大，不係于磐石之堅固，而係於苞桑之柔，小危之甚也。九五剛健中正，以居尊位，自能止息其否，故曰「大人吉」也。然過五至六，其終不遠，故曰「其亡」，其亡繫于苞桑也。苞桑者，乃桑菓也。桑菓低而眾，用之作記地界者。繫於苞桑者，乃教人慎記，而不可忘終也。上中二互有 ☴，為苞桑，故曰「繫於苞桑」也。[422]

類之三陽也。**離者，麗也。離祉者，附麗其福祉也。**○九四當否過中之一時，剛居乎柔，能從乎休否之君，同濟乎否，則因大君之命，而濟否之志行矣。故不惟在我无咎，獲一身之慶，而同類亦並受其福也，故其象占如此。」（上冊，頁265）

418 其恩，呂註本作「息」。

419 正，呂註本作「五」。

420 語出〔明〕來知德《周易集註》：「濟否之志行。」（上冊，頁265）

421 不，徐匯本作「又」，今據呂註本改。

422 語出〔明〕來知德《周易集註》：「休否者，休息其否也。其亡其亡者，念念不忘＝其亡，惟恐其亡也。人依木息曰休。中爻巽木，五居「木之上，休之像也。巽為陰木，二居巽之下，陰木柔，桑之像也。**巽爲繩，繁之像也。叢生曰苞。薪者，聚也。**柔條細弱，羣聚而成叢者也。此爻變離合坎爲叢棘，苞之像也。桑止可取葉養蠶，不成其「木，已非樟楠松柏之大矣，又況叢聚而生，則至小而至柔者也。

本卣休否者，乃天主止息邪教也。大人吉者，乃中正之人得吉也。然故雖是吉，乃天地窮盡不遠矣。係苞桑者，當脩善終之功，而不可忘死也。[423] [424]

〈象〉曰：「大人之吉」，位正當也。

其得位正，是故吉也。居尊得正，而能体否自然吉也。[425] ☰ 之正位在五，[426] 故曰位正當也。

本卣天主之位，正當休否而興聖教也，故曰「位正當」也。

上九：傾否，先否後喜。

上九不正，為否之象。[427] 傾，坉空也。上九不正，傾而下之，是為傾否。[428] 先因不正而否，後因得正而喜也。變 ☱ 成悅，後喜之象也。[429]

以國家之大，不繫於磐石之堅固，而繫於苞桑之柔小，危之甚也，即危如累卵之意。此二句有音韻，或古語也。○九五陽剛中正，能休時之否，大人之事也，故大人遇之則吉。然下應乎否，惟休否而已，未傾否也，故必勿恃其否之可休，勿安其休之為吉，兢業戒懼，念念惟恐其亡。若國家繫於苞桑之柔小，常畏其亡而不自安之象。如此，則否休而漸傾矣，故教佔者必儆戒如此，繫於苞桑，又其亡其亡之像也。」（上冊，頁266）

423 死，呂註本作「此」。

424 不少天主教文獻常提醒人要常念「四末」，即死亡、審判、天堂永賞以及地獄永罰，以警惕自己切莫行惡。〔意〕艾儒略《三山論學》：「《聖經》云：『時念四末，永無犯罪。』四末者何？此四事乃人生之盡頭，吾人所必不免者也。曰身死、曰審判、曰永賞、曰永罰。蓋人之所以肆惡無忌，不時時念四末故耳。」（頁407）；亦見〔法〕沙守信《真道自證》：「世人徇塵情，貪世福，則又警以四末之義（死候、審判、永賞、永罰）。醒其迷而正其向，時顯其永福之美於彼焉。使知當謀者此也，能足者此也，既得而不能失者此也。至於世福，虛焉微焉暫焉者耳。何容心哉？」（頁370–371）

425 休，徐匯本作「体」，今據呂註本改。

426 夬，呂註本作「之」。

427 否，呂註本作「傾」。

428 否，呂註本作「坉」。

429 〔明〕來知德《周易集註》：「上文言休息其否，則其否猶未盡也。傾者，倒也，與鼎之『顛趾』同，言顛倒也，本在下而今反上也。否，泰乃上下相綜之卦，泰陰上陽

本旨先否道，[430]門閉後通，故有喜。喜至百年時，天地窮盡已。傾否而後，只存 ☰ 一，故曰百年。下 ☷ 為八，乃聖教大通八百年之時，[431]路濟弗爾否聖教也。[432]

〈象〉曰：「否終則傾」，何可長也。

上居否終，[433]故曰「否終則傾」也。閉塞三年，故曰「何可長」也。言無久否之理，[434]故必不長。中爻 ☴ 為長，上九出 ☰ 外而終，[435]為何可長之象。

本旨天主罰魔之暴，謂之傾否。此後聖教大通，故然是喜然而不長，故曰「何可長」也。前卦下互 ☶ 為三，乃自亂三年。本卦上互 ☴，乃為六年。是為本卦閉塞三年，而共六年也。此後治亂三年，三三共九，乃九年而後聖教大通，以至世終而已矣。

下，泰終則復隍，陽反在上而否矣；否陽上陰下，否終則傾倒，陰五）反在上而親矣。此「傾」字之意也。『復隍』『復』字，應『無往不復』『復』字。『傾否』『傾』字，應『無平不陂』『破』字，破者，傾邪也。周公爻辭其精極矣。變兑成悅，喜之像也。上九以陽剛之才居否一之終，傾時之否，乃其優為者，故其占為先否後喜。」（上冊，頁266–267）

430 否道，呂註本作「不通」。

431 據呂立本對〈洛書〉之數的推演，聖教大通於天地開闢七千年之時，大通八百年後便迎來路濟弗爾的崛起。詳見〈導論〉，頁23–24。

432 路濟弗爾，音譯自拉丁文 *Lucifer*，即是《聖經》中的墮落天使、魔鬼。《依撒意亞先知書》十四章12節：「朝霞的兒子——晨星！你怎會從天墜下？傾覆萬邦者！你怎麼也被砍倒在地？」《古新聖經・聖依撒意亞先知經》：「路濟拂耳，怎自天隕了？（"*Quomodo cecidisti de caelo lucifer qui mane oriebaris corruisti in terram qui vulnerabas gentes*"）」（冊七，頁2330）

433 上，呂註本作「止」。

434 語出〔明〕來知德《周易集註》：「言無久否之理。」（上冊，頁267）

435 出，呂註本作「凶」。

同人卦

䷌	離下乾上			
屬	☲離[436]	七歸內卦成 ䷌同人		
錯	䷆師			
綜	䷍大有			
參伍	下互䷤家人	中互䷫姤	上互☰乾	
五爻互	下互䷌同人	上互䷫姤		
各爻變[437]	初爻變䷠遯	錯䷒臨	綜䷡大壯	地位
	二爻變☰乾	錯☷坤		地位
	三爻變䷘無妄	錯䷭升	綜䷙大畜	人位
	四爻變䷤家人	錯䷧解	綜䷥睽	人位
	五爻變☲離	錯☵坎		天位
	六爻變䷰革	錯䷃蒙[438]	綜䷱鼎	天位

同人於野，亨。利涉大川，利君子貞。

　　同人者，與人同也。天在上，火性炎上，上與天同，同人之象。二五皆居正位，以中正相同，同人之義也。[439]天火同包地外，處處相同，人人居內，故曰「天火同人」也。郊外曰「野」，中互天風，乃謂之野，故曰「同人於野」也。☰，野外也，下互☴木。[440]☴水，故「利涉」。☴錯☳為大川，故曰「利涉大川」也。☰為君，☲為子，君子之象。君子三爻皆正，

---

436 離，徐匯本及呂註本無，今據卦象增。

437 各爻變，徐匯本及呂註本無，今據諸表增。

438 蒙，徐匯本無，今據卦象增。

439 語出〔明〕來知德《周易集註》：「同人者，與人同也。天在上，火性炎上，上與天同，同人之像也。二、五皆居正位，以中正相同，同人之義也。又一陰而五陽欲同之，亦同人也。序卦：『物不可以終否，故受之以同人。』所以次否。」（頁269）

440 木，徐匯本作「水」，今據呂據本改。

「利君子貞」之象也。[441]九五應六二，下互暗 ☵，亨之象，是故曰「亨」。下
互 ☶ 暗 ☵，是故「利涉大川」也。君子得正，是故「利君子貞」也。[442]

　　本旨「同人于野，亨」者，乃天主同人結合而居于野世，是與人通也。
「利涉大川」者，乃宜傳于天下之人也。「利君子貞」者，乃利益修德正固
之人也。☶ 乃大君之親子，三爻皆正，故曰「利君子貞」也。讚曰：開天
誕聖，其道真正，觀我人斯，信從大慶。☶ 為吾主，信從吾主者，乃得大
慶。☰ 姤生 ☰ 同人，乃 ☲ 生 ☶ 之証也。[443]

〈象〉[444]曰：「同人，柔得位得中而應乎乾。」

　　六二為柔，得正位得中爻，而應乎乾之九五。三爻之卦，二居人位，
故曰「同人」也。

　　本旨以吾主人性之柔，[445]而得天主之第二位，三位之內乃為中正之
位，[446]二性結合，而為一耶穌，是故曰「應乎乾」也。「曰同人」者，乃天主
同人結合，而降世救人也。不曰剛得位，乃曰柔得位者，何也？正人性得
天主第二位之明証確據也。[447]

441　「利」後，徐匯本有「害」，今據呂註本刪。
442　語出〔明〕來知德《周易集註》：「同人者，與人同也。天在上，火性炎上，上與天
　　同，同人之象也。二、五皆居正位，以中正相同，同人之義也。又一陰而五陽欲
　　同之，亦同人也。序卦：『物不可以終否，故受之以同人』，所以次否。」（頁269）
443　參閱頁220注219。
444　象，徐匯本作「彖」，今據易文改。
445　吾，徐匯本作「五」，今據呂註本改。
446　三位之內，徐匯本作「第三位之內」，今據呂註本改。
447　此處論及基督性體的結合，據教會訓導耶穌基督既是天主又是人。有關之信理
　　可參〔意〕艾儒略《口鐸日抄》：「吾主耶穌一位含有二性，一為人性一為天主性。以
　　天主性接合人性乃始降生救世為真主也。若但論其形軀靈性，果為人類，果為天
　　主所生。若論其內之所存，則人性之上更有天主性，以干運其中者也。故《聖經》
　　有云：『吾主耶穌，真是天主，化成天地萬物，而常為之主宰。又真是人，生于瑪
　　利亞之童身。』可見耶穌真為人，真為天主。二性相合，方能救世，以其人性，
　　可為萬民立表，代人受難；以其天主性，則具有全能，可立無窮功績，以救萬世
　　耳。至論人類，無問釋迦，即古來大聖大賢總不過一人性，故有不知不能，非可
　　比天主耶穌萬一也。」（卷五，頁324–326）

同人曰：

本旨「同人曰」者，乃吾主同人講論真道也。上主憫斯，降于塵凡，同人出代，世有三年。[448]☰三為世，☶三為年。中互五千，本身三十三。遡自開闢五千有零三十三年，乃同人出代之時也。[449]中爻☲為時之象。

『同人于野，亨，利涉大川』，乾行也。文明以健中正而應，君子正也。唯君子為能通天下之志。」

于野而能亨，大川而涉，[450]此非人力之所能及，是故曰「乾行」也。☲為文明，乃以剛健之中正，而應內柔之中正，故曰「而應君子正」也。唯大君之子，無所不知，為能通天下之志也。九五應六二，乃通天下之志也。下互☴，[451]為通之象。

本旨野，野世也。「大川」，大海也。「乾行」者，天主之行也。「文明以健中正」者，乃吾主因天主之中正，故而應君子之正也。唯吾主為能通天下之志，天下之志願受諸恩，故天主同人而施恩，[452]上恩加愛中愛，乃所以隨人之志也，是故曰「唯君子為能通天下之志」也。古聖每瑟生在天主降生前一千五百九十九年，預言降生之主，謂其道能洞人之秘密，[453]及言未來。

---

448 同人出代，早見於景教碑，意指耶穌以人類的形態出生，其中「代」通「世」，是唐人為避諱唐太宗李世民的名號而改。〔唐〕景淨《大秦景教流行中國碑頌并序》：「於是 我三一分身景〔景〕尊弥〔彌〕施訶戩〔戢〕隱〔隱〕真威，同人出代。神天宣慶，室女誔〔誕〕聖於大秦，景宿告祥，波斯覩〔睹〕耀以来〔來〕貢。」（頁13）〔德〕湯若望《進呈書像》：「於是天主大發仁慈，戩隱真威，同人出代，而不着形聲天主之體，降寓形聲人體之中。」（頁1）〔意〕艾儒略《天主降生言行紀畧》：「一曰彌施訶，按唐景教碑，論天主降生日，景尊彌施訶戢隱真威，同人出代，神天宣慶，室女誕聖於大秦云。」（卷一，頁200）

449 據呂立本對〈洛書〉之數的推演，耶穌於天地開闢五千年降世。按《聖經》記載，耶穌三十歲開始傳道，三年後被釘十架，終年三十三歲。

450 「而」後，呂註本有「能」。

451 ☴，徐匯本作「☶」，今據呂註本改。

452 施，呂註本作「賜」。

453 密，徐匯本作「宻」，今據呂註本改。

而吾主耶穌西加爾汲水化民，[454]知其人之秘密及知古教人之惡謀。[455]發露秘密心念者，不一而足，預知都城將毀云云。[456]

〈象〉曰：「天與火，同人；君子以類族辨物。」

天在上，火炎上而合于天。地在下，水流下而合于地。上下各以性類而族之。☲之明目，故能辨物。君子所以為君子者，乃在乎以類族辨物也。

本旨取人性而結合，與人同類同族也。☲為文明，故能辨物。人得吾主之明，[457]則能辨物之性，而不誤矣。

初九：同人於門，無咎。

初變☶為門。「于門」者，謂于門外也。雖非野之可比，然亦在外，則所同者廣而無私昵矣。初九以剛正居下，而上無係應，故有「同人于門」之象。「同人于門」者，以初當迹漸及于遠，故無咎也。[458]

本旨同人于家門之外，[459]弟子聖聖相接，故無咎矣。初九得正，同人以正，何咎之有也？聖依撒意亞曰「其召徒布教，多在加利肋亞之地」，盖吾主本居加利肋亞，而吾主顯聖跡召門徒即在其地也，見〈記畧〉二卷四及十。[460]故曰「同人于門」，故無咎矣。

---

454 西加爾吸水化民，即耶穌基督在息哈爾對撒瑪黎雅婦人講道的事蹟，詳參《若望福音》四章1–43節。

455 知，徐匯本作「如」，今據呂註本改。

456 語出〔意〕艾儒略《天主降生引義》：「**古聖梅瑟〔生在天主降生前。一千五百九十九年〕，預記降生之主，謂其能洞人之秘密，及言未來。而吾主耶穌，預知都城將毀，與夫大審判前兆，無隱不顯於其心目也〔見《紀略》四卷二十〕，此其十有八也。**」（卷上，頁362）

457 得，徐匯本作「能」，今據呂註本改。

458 語出〔明〕來知德《周易集註》：「**變艮爲門，門之象也。于門者，謂於門外也。門外雖非野之可比，然亦在外，則所同者廣，而無私暱矣。○初九以剛正居下，當同人之初，而上無係應，故有同人於門之象。占者如是，則無咎也。**」（上冊，頁271）

459 之外，徐匯本無，今據呂註本增。

460 語出〔意〕艾儒略《天主降生引義》：「**聖依撒意亞又言其召徒布教，多在加里肋亞之地，而吾主顯聖跡，召門徒，果在其地〔見《紀略》二卷四及十〕，此其七也。**」（卷上，頁356）

〈象〉曰：「出門同人，[461]又誰咎也？」

初本同四，故曰「出門同人」也。出門能同于人，而無偏党之私，誰復咎也？[462]

本旨同人之恩，又誰咎也？雖然乃世之員恩者，反咎之，而不知其咎歸己也。

六二：同人于宗，吝。

☷乃陽爻之宗，故所應者，為宗統論一卦，則二五中正相應，所以亨也。中爻☴綜☳，為悦，悦即愛也。然以☲口向下，乃成文口，是故曰「吝」。☳之正位在二，☴之正位亦在二。[463]☷為吝，六二同☷，乃吝之象也。六二中正，而應一卦之祖，故曰「同人于宗」也。[464]吝者，愛也，惜也。

本旨以吾主之人性，合于主性，故曰「同人于宗」也。吾主在本國化人，未至他國行教，是故曰吝。文口為吝，[465]以候聖神降臨也。《經》云：「勿以珍寶置豕前，勿以聖物與犬嘗。置豕前則踐踏之，與犬嘗則噬之矣」[466]，是故「吝而不講」也。彼時迷子不能接恩，有如豕犬，故吝之而不盡道也，[467]設其不然。六二中正，應亦中正，何吝之有，而可疑矣。又「同人

---

461 同，徐匯本無，今據呂註本增。
462 〔明〕來知德《周易集註》：「所同者廣而無偏黨之私，又誰有咎我者？」（上冊，頁271）
463 ☳，呂註本作「☴」。
464 語出〔明〕來知德《周易集註》：「凡離變乾而應乎陽者，皆謂之宗。蓋乾乃六十四卦陽爻之祖，有祖則有宗，故所應者為宗。若原是乾卦則本然之祖，見陽不言宗，惟新變之乾，則新成祖矣，所以見陽言『宗』也。**故睽卦六五亦曰『宗』。統論一卦，則二五中正相應，所以亨。**若論二之一爻，則是陰欲同乎陽矣，所以可羞。」（上冊，頁271）
465 文，徐匯本作「吝」，今據呂註本改。
466 語出〔意〕艾儒略《天主降生言行紀畧》：「又曰：『爾勿以聖物與犬嘗，勿以珍寶置豕前。置豕前則壞〔壞〕于踐踏；與犬嘗，則噬之矣。』」（卷三，頁238）此處經文即《瑪竇福音》七章6節：「你們不要把聖物給狗，也不要把你們的珍寶投在豬前，怕牠們用腳踐踏了珍寶，而又轉過來咬傷你們。」
467 不，徐匯本無，今據呂註本增。

于宗」者，乃言吾主降生在祖宗之國也。古聖預言，降生救世之主皆云必
為亞巴郎古聖及達末國王之後裔，[468] 非他族也。亞巴郎生在天主降生前二千
零一十五年，與中國唐堯時相去不遠。達末生在天主降前一千三十二年，
天主降生實人祖之國，乃同人于宗祖之國也。蓋天主先後明許二聖云云。[469]

〈象〉曰：「同人于宗」，吝道也。

吝道者，乃愛惜真道也。九三變 ☷，道之象也。

本旨吾主為文明之王，六二乃王之正位，因非口舌，是故吝其道也。
待候聖神降臨，乃不吝道，而教化窮之道也。[470]《經》記吾主曰：「予尚多有
攸言與爾，[471] 維爾今弗能載。俟彼來時，[472] 教尔各等誠實」，[473] 是故今不盡言
而吝道也。聖父造萬物，聖子贖人辜，聖神照人心而明真道，是故吝道而
俟，[474] 聖神降臨也。

---

468 必，徐匯本無，今據呂註本增。

469 語出〔意〕艾儒略《天主降生引義》：「**古聖預言降生救世之主，皆云必為亞把郎古聖
〔亞把郎生在天主降生前，二千一十五年，與中國唐堯時，相去不遠。〕及達味國
王〔達味生天主降生前一千三十二年〕之後裔。非他族也，蓋天主先後明許二聖以
其子孫，必降福於萬民〔見《日搦西古經》聖梅瑟所紀第十七及第二十二篇，併《達
味聖詩》十一篇。及一百二十一篇。〕。而吾主耶穌，實其後也，故當時凡認耶穌
為降生真主，皆以『達味之子』稱之〔見《天主降生言行紀略》一卷三，又四卷四，
又六卷四〕，此其一也。**」（卷上，頁252–253）

470 化，呂註本作「无」。

471 攸言與爾，徐匯本作「攸有興爾」，今據呂註本改。

472 來，徐匯本無，今據呂註本增。

473 語出〔意〕利類思《彌撒經典·聖若翰萬日畧經》：「**予尚多有攸言與汝，惟汝今弗
能載，誠實聖神既來，教爾各等誠實。**」（頁391）此處即《若望福音》十六章12–13
節：「我本來還有許多事要告訴你們，然而你們現在不能擔負。當那一位真理之
神來時，他要把你們引入一切真理，因為他不憑自己講論，只把他所聽到的講出
來，並把未來的事傳告給你們。」

474 是故吝道而俟，徐匯本無，今據呂註本增。

九三，伏戎於莽，升其高陵，三歲不興。

☵錯☲為隱伏，☲之戈兵為戎。☲為股，三變為☳足，[475]股足齊動，升之象。中爻☴為高之象，三變中爻成☶，[476]陵之象。☲居三，三歲之象。興，發也。「伏戎于莽」者，[477]俟其五之兵，[478]升其高陵者，窺其二之動。對五言，三在五下曰「伏」。[479]對二言，三在二下曰「升」。☲為兵戈，下互☴為深草，☲伏☴下乃「伏戎于莽」也。歸于上九，乃升其高陵也。☶為三年，乃「三歲不興」也。三不應六，不能上行，故曰「不興」，乃時尚未至，是故「不興」。然雖「三歲不興」，乃後興也。

本旨吾主降世，伏于聖母之下，升天之時，得至尊之位。行教之時，三歲不興也。☴一☲三，合之為四，乃吾主復活後四十日之中也。[480]

〈象〉曰：「『伏戎於莽』，敵剛也。『三歲不興』，安行也。」

九三近☰而不應，乃敵剛也。是所謂戰乎乾也。下互家人，歸家則安，故曰「安行」也。安者，安于理勢而不興也。☴為木，安行之象。

---

475 三變為☳足，呂註本作「☲变為☳足」。
476 ☶，呂註本作「☳」。
477 于，徐匯本作「之」，今據呂註本改。
478 之，徐匯本作「之之」，今據呂註本改。
479 語出〔明〕來知德《周易集註》：「離錯坎為隱伏，伏之象也。中爻巽為入，亦伏之象也。離為戈兵，戎之象也。莽，草也，中爻巽為陰木，草之象也。中爻巽為股，三變爲震足，股足齊動，升之象也。巽為高，高之象也。三變中爻艮，陵之象也。離居三，三之象也。興，發也。伏戎于莽者，俟其五之兵也，升其高陵者，窺其二之動也。對五而言，三在五之下，故曰『伏』。對二而言，三在二之上，故曰『升』。」（上冊，頁272）
480 據教會傳統，耶穌升天的日子在復活節後四十日。見〔意〕利類思譯《彌撒經典·瞻禮說》：「耶穌昇天，自復活日起，在四十日後。」（頁14）相關經文可參考《宗徒大事錄》一章3–9節：「他受難以後，用了許多憑據，向他們顯明自己還活着，四十天之久發現給他們，講論天主國的事。〔…〕耶穌說完這些話，就在他們觀望中，被舉上升，有塊雲彩接了他去，離開他們的眼界。」見〔意〕利類思譯《彌撒經典·宗徒行實經書》：「受難後四旬活，現言天國之事〔…〕言畢，眾見騰空，雲奪厥目焉。」（頁397）

本旨安行者，乃安而行之也。安而行之者，乃聖徒代吾主，行其教也。

九四，乘其墉，[481] 弗克攻，吉。

☲中虛，外圍墉之象。此則九三為六二之墉，九四在上，故曰「乘」。四不中正，當同人之時，無應與亦欲同於六二，三為二之墉，故有乘墉攻二之象。然以剛居柔，[482] 故又有自反而弗自攻之象，[483] 能如是，則能改過矣，故吉。以其不行，故曰「乘墉」。九三乘三，乃乘其庸也。四敵初九而隔九三，故弗克攻也。九四未得其正，是故「弗克」。歸入中互，而得五陽之中，是故吉也。

本旨「乘其墉」者，乃宗徒有騎牆之見也。弗克攻者，乃不能勝其仇也。吉者，乃痛悔改過，則得吉也。

〈象〉曰：「『乘其墉』，義弗克也。其吉，則困而反則也。」

四不中正，義不當克也。其言在困心痛悔，[484] 乃因而反則也。上下皆陽，又無應應與，困之象。[485]☲為則，[486] 及歸下互，得正而應，[487] 乃為☷躰是反則也。[488]

---

481 墉，本指城牆，後引伸為高牆。《說文解字》：「墉，城垣也。」〔清〕段玉裁注曰：「皇矣，以伐崇墉。《傳》曰：『墉，城也。』崧高以作爾庸。《傳》曰：『庸、城也。』庸、墉，古今字也。城者，言其中之盛受。墉者，言其外之牆垣具也。毛統言之、許析言之也。《周易》曰：『　其墉。』又曰：『公用射隼於高墉之上。』」（頁695）《詩經・召南・行露》：「誰謂鼠無牙？何以穿我墉？誰謂女無家？何以速我訟？雖速我訟，亦不女從！」〈登東陽沈隱侯八詠樓〉：「旦登西北樓，樓峻石墉厚。」

482 剛，徐匯本作「中」，今據呂註本改。

483 自攻，呂註本無「自」，根據周易集註卷四明來知德版本：故又有自反而弗克攻之象。

484 言在，呂註本作「吉則」。

485 語出〔明〕來知德《周易集註》：「一義者，理也。則者，理之法則也。義理不可移易，故謂之則。當同而同者，理也，亦法則也。不當同而一不同者，理也，亦法則也。困者，困窮也，即『困而知之』之『困』也。四剛強，本欲攻二，然其志柔，又思二乃五之正應，義不可攻，欲攻不可攻，二者交載，往來于此心，故曰困。」（上冊，頁273）

486 ☲為則，呂註本作「☷為反則」。

487 及，呂註本無。

488 乃為☷躰是反則也，呂註本作「乃為☷体是則反也」。

本旨乃言宗徒先無聖神之恩，[489]而有騎墻之見，義弗克勝其仇，[490]因其困，心痛悔改過而反則，是故吉也，故曰困而反則也。

九五，同人，先號咷而後笑，[491]大師克，相遇。

「先號咷後笑」者，☲錯☵為加憂，故憂而號咷。及九五變，則中爻為☱悅，故後笑。必用大師者，三伏莽，四乘墉，非大師豈能克？此爻變☲，[492]中爻☵，戈兵☵動，師之象。九五陽剛之君，陽大陰小，大師之象。同人指六二，因下互暗遭水困，[493]乃「同人先號咷」也。然下互得☲☲家人，歸家而喜，乃後笑也。九五應六二，乃大師克相遇也。[494]

本旨先哭者，乃因吾主受難而死也。復活歸家而喜，乃後笑也。地水為師，天火為大師，[495]乃二應五，是大師克相遇也。聖神以愛乃為大師，而勝諸仇，能相遇多友，故大師克相遇也。[496]古聖預言耶穌必受苦難，以救億兆。《依撒意亞篇》也曰：「其如綿羊被牽，以至死地，而為我民之罪，受

---

489 「言」後，呂註本有「定」。

490 「克」後，呂註本有「攻」。

491 咷，本指小兒啼哭不停，後引伸為放聲痛哭。《說文解字》：「咷，楚謂兒泣不止曰噭咷。」〔清〕段玉裁注曰：「方言，楚謂之噭咷。按噭字見上。」（頁55）《自京赴奉先縣詠懷五百字》：「入門聞號咷，幼子餓已卒！」

492 ☵，呂註本作「☰」。

493 水困，呂註本作永困。

494 語出〔明〕來知德《周易集註》：「火無定體，曰『鼓缶而歌』而『嗟』，『出涕沱若』。中孚象離曰『或泣或歌』，九五又變離，故有此象。**先號咷後笑者，本卦六爻未變，離錯坎為加憂，九五隔于三四，故憂而號咷，及九五變，則中爻爲兌悅，故後笑**。旅先笑後號咷者，本卦未變，中爻兌悅，故先笑；及上九變，則悅體震動，成小過災皆之凶矣，故後號咷。必用大師者，三伏莽，四乘墉，非大師豈能克？此爻變離，中爻錯震，戈兵震動，師之象也。**九五陽剛之君，陽大陰小，大師之象也。且本卦錯師，亦有師象**。九五，六二，以剛柔中正相應，本同心者也，但為三，四強暴所隔，雖同矣，不得遽與之同，故有未同時不勝號咷，既同後不勝喜笑之象。故聖人教占者曰：君臣，大分也。以臣隔君，大逆也。當此之時，爲君者宜興大師，克乎強暴「後，方遇乎正應而可。若號咷，則失其君之威矣。故教占者占中之象又如此。」（上冊，頁274）

495 天火，呂註本作「人大」。

496 「聖神以愛乃為大師，而勝諸仇，能相遇多友，故大師克相遇也」，徐匯本無，今據呂註本增。

擊撻也。」達未云：「渠釘我手，而相分我衣。」匝加利亞，[497]在天主降生前五百二十二年預云「將仰我被釘者，而哭我，如哭獨子之喪」，此乃「先號咷」也。[498]

〈象〉曰：「同人之先，以中直也。[499]大師相遇，言相克也。」

「以中直」者，[500]乃中正也。乾為言，「言相克」者，乃天上神相克也。乾為天神之象，九五應六二，三四不能阻，相克之象也。[501]

本旨聖神為口為言，☰上☷下，乃吾主上升，而聖神下降也。中下二互有☴，綜之則為☲。[502]☲為聖神，是吾主升天，聖神反降，聖神降臨，乃為大師相遇多友也。[503]聖神為言，聖神克勝而遇友，故曰「言相克」也。「言相克」者，乃以聖神之言，而相克也。

---

497 加，徐匯本作「我」，今據呂註本改。

498 語出〔意〕艾儒略《天主降生引義》：「古聖預言耶穌，必受諸苦難，以救兆民。《依撒意亞書》曰：『彼如綿羊被牽，以至死地；而為我民之罪，受擊撻也。』達味云：『若輩釘我手，分裂我衣。』匝加利亞云：『將仰我被釘者而哭我，如哭獨子之喪。』凡此所言痛苦之事，原非古聖所自受，乃預言吾主受難之事也。迨吾主受難，實受如是異苦以救我〔見《紀略》七卷七至卷末〕，此其二十也。」（卷上，頁363）引文出自《依撒意亞先知書》五十三章7–8節：「他受虐待，仍然謙遜忍受，總不開口，如同被牽去待宰的羔羊；又像母羊在剪毛的人前不出聲，他也同樣不開口。他受了不義的審判而被除掉，有誰懷念他的命運？其實他從活人的地上被剪除，受難至死，是為了我人民的罪過。」《聖詠集》二十二篇17–19節：「惡犬成群地圍困着我，歹徒成夥地環繞着我；他們穿透了我的手腳，我竟能數清我的骨骼；他們卻冷眼觀望我，他們瓜分了我的衣服，為我的長衣，他們拈鬮。」《匝加利亞先知書》十二章10節：「我要對達味家和耶路撒冷的居民傾注憐憫和哀禱的神，他們要瞻望他們所刺透的那一位：哀悼他如哀悼獨生子，痛哭他像痛哭長子。」

499 直，徐匯本作「真」，今據呂註本改。

500 直，徐匯本作「真」，今據呂註本改。

501 〔明〕來知德《周易集註》：「先者，先號咷也。以者，因也。中直與困卦九五『中直』同，即中正也。言九五所以先號咷者以中正相應，必欲同之也。相剋者，九五克三，四也。」（上冊，頁275）

502 ☷，應作「☲」。

503 友，呂註本作「大」。

上九，同人于郊，無悔。

　　乾為郊，郊之象，乃曠野之地。此爻取曠遠，無所與同之象。上九居同人之終，又無應與，則無人可同矣，故有同於郊之象。[504] 既無所同，則亦無悔。同人之極，而至于荒僻，故曰「同人于郊」也。[505] 上九不得其正，[506] 是當悔也。因欲同人，故「無悔」也。「無悔」也者，乃無所可悔也。因無美互可入，故曰「無悔」也。

　　本旨「無悔」者，乃無美地可入，而無可奈何，故「無悔」也。

〈象〉曰：「『同人于郊』，志未得也。」

　　以九為志，未得其正位，「志未得」之象也。三六不應，因無美地可入，而志求入而不得，故曰「志未得」也。

　　本旨乃聖教傳至中八極而八極之人，初不信從，故曰「志未得」也。言「未得」者，乃後必得之也。

---

504 同於，呂註本作「同人與」。
505 語出〔明〕來知德《周易集註》：「乾為郊，郊之像也。詳見需卦。國外曰郊，郊外曰野，皆曠遠之地。但同人於野，以卦之全體而言，言大同則能亨也，故於野取曠遠大同之象，此爻則取曠遠無所與同之象，各有所取也。○上九居同人之一終，又無應與，則無人可同矣，故有同人於郊之象。既無所同，則亦無所悔，故其占如此。」（上冊，頁275）
506 不，徐匯本作「下」，今據呂註本改。

大有卦

䷍	乾下離上			
屬	䷀乾[507]	七歸內卦成 ䷍大有		
錯	䷇比			
綜	䷌同人			
參伍	下互 ䷀乾	中互 ䷪夬	上互 ䷥暌	
五爻互	下互 ䷪夬	上互 ䷍大有		
各爻變[508]	初爻變 ䷱鼎	錯 ䷂屯	綜 ䷰革	地位
	二爻變 ䷝離	錯 ䷜坎		
	三爻變[509] ䷥暌	錯 ䷦蹇	綜 ䷤家人	人位
	四爻變 ䷙大畜	錯 ䷬萃	綜 ䷘無妄	
	五爻變 ䷀乾	錯 ䷁坤		天位
	六爻變 ䷡大	錯 ䷓觀	綜 ䷠遯	

大有，元亨。

　　日在天上，萬物畢照，所照皆其所有，大有之象。又陽大陰小，所有者皆陽，故曰「大有」。日麗天上，大有光明，一陰居尊，而五陽應之，故曰「大有」。[510] 火天並大通全地之外，故曰「元亨」也。一陰應五陽，[511]大通之象。

---

507 乾，徐匯本及呂註本無，今據卦象增。

508 各爻變，徐匯本及呂註本無，今據諸表增。

509 三爻變，徐匯本作「三變爻」，今據呂註本改。

510 語出〔明〕來知德《周易集註》：「**大有者，所有之大也。火在天上，萬物畢照，所照皆其所有，大有之象也。**一居尊，眾陽並從，諸爻皆六五之所有，大有之義也。序卦：『與人同者，物必歸焉，故受之以大有。』所以次同人。」（上冊，頁275）

511 一陰應，徐匯本無，今據呂註本增。

本旨「大有」者，乃有大權管三界，有大能，無所不能；有大知，無所不知；有大善，萬德渾全；有大福，萬福之本，是故曰「大有」也。[512]☰乃耶穌言，耶穌大通三界而無窒，故曰「元亨」也。☲居☰上者，乃耶穌升天，掌管死生吉凶禍福之大權，而無一或能逃之者。☲居☰位者，[513]以示此義也。本卦☰一☲三，合之為四，乃耶穌復活後第四十日升天。有四、有十、有日，乃為四十日之証。[514]惜今世之迷子，不知☲乃再祖維皇而背棄之，乃實棄已于永死之獄，[515]而非棄上主也。此等之人究不知☲謂何，迷哉！哀哉！何不早改？早改得赦，免入火海。

〈彖〉[516]曰：「大有，柔得尊位大中，而上下應之，曰『大有』。」

「柔得尊位大中」者，乃六五得尊位大中也。「上下應之」者，乃五陽應之也。以陽為大，故曰「大有」也。[517]大中以君位言，乃天上之位也。

---

512 此處帶出了天主「全能、全知、全善」的特質。見〔法〕馬若瑟《儒交信》：「據西儒說天主，就是無始無終、自有自足、全能全知全善、至尊無對、至公無私、至一不二、無形無像、純神妙體、造天造地、生人生物、無所不在、無所不見、無所不聞、無善不賞、無惡不罰，這都是極真的道理。」（頁26）；詳細理論分析見〔意〕利瑪竇《天主實義》：「今吾欲擬指天主何物，曰：非天也，非地也，而其高明博厚較天地猶甚也；非鬼神也，而其神靈鬼神不啻也；非人也，而遐邁聖睿也；非所謂道德也，而為道德之源也。彼實無往無來，而吾欲言其以往者，但曰『無始』也；欲言其以來者，但曰『無終』也。又推而意其體也，無處可以容載之，而無所不盈充也。不動而為諸動之宗。無手無口而化生萬森，教諭萬生也。其能也，無毀無衰，而可以無之為有者。其知也，無昧無謬，而已往之萬世以前，未來之萬世以後，無事可逃其知，如對目也；其善純備無滓，而為眾善之歸宿，不善者雖微而不能為之累也。其恩惠廣大，無壅無塞，無私無纇，無所不及，小蟲細介亦被其澤也。」（頁206–208）

513 ☲，呂註本作「☰」。

514 據《聖經》記載，耶穌復活後四十日升天。《宗徒大事錄》一章3–9節：「他受難以後，用了許多憑據，向他們顯明自己還活着，四十天之久發現給他們，講論天主國的事。〔…〕耶穌說完這些話，就在他們觀望中，被舉上升，有塊雲彩接了他去，離開他們的眼界。」見〔意〕利類思譯《彌撒經典・宗徒行實經書》：「受難後四旬活，現言天國之事〔…〕言畢，眾見騰空，雲奪厥目焉。」（頁397）

515 已，應作己。棄，呂註本作「欺」。

516 彖，徐匯本作「象」，今據易文改。

517 語出〔明〕來知德《周易集註》：「以卦綜釋卦名，以卦德，卦體釋卦辭。大有綜同人，柔得尊位而大中者，同人下卦之離往於大有之上卦，得五之尊位，居大有之

本旨柔者，乃吾主之人性也。以人之性，得天主第二位，乃為三位之中，故曰「柔得尊位」，大中。[518] 而上下五陽應之，「五陽」者，乃天主聖三及聖神二品，以及萬有應之，故曰「大有」也。[519] 惜今之迷子，不認天上主，敬拜諸邪魔，真乃發顛狂，提救教不醒，猶自作裝佯，[520] 已死之前人，敢比天上皇，豈不愚乎？[521] [522]

其德剛健而文明，應乎天而時行，是以『元亨』。」

「其德剛健而文明」者，乃乾德剛健，[523] 而 ☲ 文明也。「應乎天而時行」

中，而上下五陽皆從之也。上下從之，則五陽皆其所有矣。**陽大陰小，所有一者皆陽，故曰大有。**」（上冊，頁276）

518 此處論述說明了耶穌基督人性與天主性的結合，並說明了此結合並不影響耶穌作為聖子的位格。見〔意〕艾儒略《口鐸日抄》：「吾主耶穌一位含有二性，一為人性一為天主性。以天主性接合人性乃始降生救世為真主也。若但論其形軀靈性，果為人類，果為天主所生。若論其內之所存，則人性之上更有天主性，以干運其中者也。故《聖經》有云：『吾主耶穌，真是天主，化成天地萬物，而常為之主宰。又真是人，生于瑪利亞之童身。』可見耶穌真為人，真為天主。二性相合，方能救世，以其人性，可為萬民立表，代人受難；以其天主性，則具有全能，可立無窮功績，以救萬世耳。至論人類，無問釋迦，即古來大聖大賢總不過一人性，故有不知不能，非可比天主耶穌萬一也。」（卷五，頁324–326）

519 此處應指耶穌的昇天對於人類的意義，即在於此奧蹟使人分享了耶穌的的天主性。見耶穌升天節頌謝詞 (*Praefatio de Ascensione Domini* / Preface of the Ascension of the Lord) ——〔意〕利類思譯《彌撒經典・序》：「為我等主契利斯督，其復活後，顯見於諸徒，從眾目前升天以此吾等偕通天主性。」("*Qui post resurrectiónem suam omnibus discípulis suis maniféstus appáruit, et ipsis cernéntibus est elevátus in caelum, ut nos divinitátis suae tribúeret esse partícipes.*")（頁352）

520 猶，徐匯本作「獨」，今據呂註本改。

521 愚，徐匯本作「遇」，今據呂註本改。

522 此處表達了天主教反對神化亡者的立場，相關闡述見〔意〕艾儒略《口鐸日抄》：「司鐸曰：『唯唯，否否。神有二等，一為正神，聖教所稱為天神者是；一為偽神，乃已死之人類而人所妄認為神者也。按經典，天神為無形之靈，凡有九品為造物主所生，享天上福，而時，供其使令，且多有遣在人間，以保國護民宰物。此種正神，寔為天學所尊，何嘗不敬。若已死之人類，雖其魂不滅，皆聽天主之嚴判安能主持世界而可過崇之禱之耶。』」（卷八，頁529）

523 典出《周易・文言・乾》：「大哉乾乎！剛健中正，純粹精也。六爻發揮，旁通情也。『時乘六龍』、以『御天』也，『雲行雨施』、天下平也。君子以成德為行，日可見之行也。『潛』之為言也，隱而未見，行而未成，是以君子『弗用』也。」

者，六居五天位，應乎天之象。中爻☱綜☴，時行之象，乃二五相應而時行也。夫既時行，是以大通也。[524]

本旨其指吾主，而吾主之德剛健。而文明應乎天主之性剛而時行，[525] 是以大通而無所阻也。[526]☲為火為目，其性陽剛，故曰「其德剛健而文明」也。

〈象〉曰：「火在天上，大有；君子以遏惡揚善，順天休命。」

「火在天上」者，乃☲居☰上也。「君子以遏惡揚善」者，乃☲為君子，遏惡罰其罪，揚善賞其功也。中爻☱錯☶止，六三、九四不正，☳止之，遏惡之象。[527]六四、九五得高位，得正位，善之象。☱為手，揚善之象。☰錯☷，順天之象。☰為全玉良馬，[528]休美之象。中爻☱綜☴，命之象也。「順天休命」者，乃順乾元之美命，而止息人也。☰為戈兵以罰惡，[529]又為光明以揚善。順者，乃六五也。[530]

---

524 語出〔明〕來知德《周易集註》：「內剛健則克勝其私，自誠而明也。外文明則灼見其理，自明而誠也。上下應之者，眾陽應乎六五也。**應天時行者，六五應乎九二也。時者，當其可之謂。天即理也，天之道不外時而已。應天時行，如天命有德，則應天而時章之，天討有罪，則應天而時用之是也。乾爲天，因應乾，故發此句。時行即應天之實，非時行之外，別有應天也。**剛健文明者，德之體。應天時行者，德之用。有是德之體用，則能享其大有矣，是以元亨。」（上冊，頁276）

525 剛，徐匯本無，今據諸本增。

526 此處說明了耶穌基督的人性與天主性的關係，簡單而言基督的人性是以天主性為主體、人性的行為都是服膺於其天主性。詳參〔意〕艾儒略《口鐸日抄》的比喻：「譬之劍焉，有鋒有鞘，鋒鞘合而成劍。彼帶劍者，左手握鞘，右手抽鋒，似乎鋒與鞘離矣，然不可謂離於其人之手也；夫鞘猶肉軀也，鋒猶靈魂也；帶劍之人，則譬之天主性也。鋒鞘雖離，總不出一人之手，則知耶穌救贖，魂與身雖離，總不離天主之性矣。」（卷三，頁227–228）；又見〔意〕艾儒略《彌撒祭義》：「既取人之性而顯天主之性，即全天主之性以尊人之性。」（卷下，頁551）

527 惡，徐匯本無，今據呂註本增。

528 良，徐匯本作「艮」，今據呂註本改。

529 ☰，呂註本作「☴」；惡，徐匯本無，今據呂註本增。

530 語出〔明〕來知德《周易集註》：「火在天上，無所不照，則善惡畢照矣。遏惡者，五刑，五用是也。揚善者，五服，五章是也。休，美也。**天命之性有薄無惡，故遏揚善者，正所以順天之美命也。**」（上冊，頁276–277）

本旨吾主為大君真子，故曰「君子以遏惡揚善」者，乃賞善罰惡也。
其順聖父之美命，而止息人也。吾人在世，皆受其命，死時止息，各聽審
判。善者受賞，惡者受罰，斯時也。[531] 無人能違，[532] 皆順天主之美命而止息
世務也，是故曰「順天休命」也。

初九：無交害，匪咎，艱則無咎。

初九變☲，錯☷綜☶為止，無交害之象。初九得正，因互有睽，故
命曰「無交害則匪咎」也。初九無應，觀以守己之正，[533] 則無咎也。☲為戈
兵，應爻戈兵在前，[534] 交害之象。初居下位，以九民而大有，家肥室潤，[535]
人豈無害之理？「無交害」者，去☲尚遠，未交☲之境也。「匪咎」者，人
來害來，非我之咎也。設人害我則以艱忍，則無咎矣。[536]

本旨「無交害」者，乃無相害，則非咎也。「艱則無咎」者，乃吾主升
天，聖教初傳不得其應，乃以艱難守正，則無咎也。爻義乃吾主升天之
時，吩咐宗徒之遺命也。

---

531 不少天主教文獻常提醒人要常念「四末」，即死亡、審判、天堂永賞以及地獄永罰，
以警惕自己切莫行惡。見〔意〕艾儒略《三山論學紀》：「《聖經》云：『時念四末，
永無犯罪。』四末者何？此四事乃人生之盡頭，吾人所必不免者也。曰身死、曰審
判、曰永賞、曰永罰。蓋人之所以肆惡無忌，不時時思念四末故耳。」（頁407）；
亦見〔法〕沙守信《真道自證》：「世人徇塵情，貪世福，則又警以四末之義（死候、
審判、永賞、永罰）。醒其迷而正其向，時顯其永福之美於彼焉。使知當謀者此
也，能足者此也，既得而不能失者此也。至於世福，虛焉微焉暫焉者耳。何容心
哉？」（頁370–371）
532 違，徐匯本作「遠」，今據呂註本改。
533 觀，呂註本作「艱」。
534 兵，呂註本作「無」。
535 家肥室潤，呂註本作「家肥屋潤」。
536 語出〔明〕來知德《周易集註》：「害者，害我之大有也。離為戈兵，應爻戈兵在前，
惡人傷害之像也。故睽卦離在前，亦曰『見惡人』夬乃同體之卦，二爻變離，亦
曰『莫夜有戎』。**初居下位，以凡民而大有，家肥屋潤，人豈無害之理？**離火尅乾
金，其受害也必矣。**未交害者，去離尚遠，未交離之境也。**九三交離境，故曰『小
人害』也。九三『害』字從此『害』字來。**匪咎者，人來害我，非我之咎也。艱者，**
艱難以保其大有，如夬之『惕號』也。」（上冊，頁277）

〈象〉曰：「大有初九，無交害也。」

因己得正，愛人如己，故「無交害」。以盡其在我者，而無害人也。彼此相愛，則無害矣。

本旨乃吾主將升天之時，命宗徒傳於世人相愛，而無交害，乃証為我徒也。《依撒意亞》四十二篇，論基利斯督降世，[537] 言其謙順良善，毫無害于人物，即搖葦亦不折也，而吾主耶穌慈善好生云云。[538]

九二：大車以載，有攸往，無咎。

地為大輿，以 ☷ 錯 ☰，故曰「大車」。二變成 ☷ 錯 ☰，坎中滿，以載之**象**。二變中爻，成 ☴ 為股，☴ 錯 ☳ 為足，股足震動，有攸往之**象**。中以應上，是有攸往也。居中應五，則無**咎**也。[539]

本旨大車以載者，以喻忍耐擔員並畜才德者之多，如此而往應吾主者，[540] 則無咎也。

---

537 基利斯督，譯自希臘文 Χριστός (Christós)，為耶穌的別號。〔意〕艾儒略《天主降生言行紀畧》：「天主降生名號，一曰耶穌，譯言『救世者』；一曰契利斯督，譯言『受油傅〔傳〕』也。古禮立王、立司教者，以聖油傅〔傳〕其頂，祈〔祈〕天主祐〔祐〕之。吾主雖未嘗〔嘗〕受此禮，然《古經》借此為號，指耶穌寔〔實〕為諸王之王，主教之宗主，而被滿〔滿〕聖神諸德也。」（頁200）

538 語出〔意〕艾儒略《天主降生引義》：「**依撒意亞四十二篇，論契利斯督**〔即天主降生別號譯言諸王之王。諸司教之宗主也。〕**降世，言其謙順良善，毫無害於人物，即『搖葦亦不折也』，而吾主耶穌慈善好生**，兼良施惠，事事明顯〔見紀略聖跡諸篇〕，此其十也。」（卷上，頁357）引文出自《依撒意亞先知書》四十二章3節：「破傷的蘆葦，他不折斷；將熄的燈心，他不吹滅，他將忠實地傳布真道。」〕

539 語出〔明〕來知德《周易集註》：「**乾錯坤爲大輿，大車之像也。**陽上行之物，車行之像也。以者，用也，用之以載也。變離錯坎，坎中滿，以載之像也。**大車以載之重，九二能任重之像也。二變中爻成巽，巽昌股，巽錯震為足，股足震動，有攸往之像也。**○九二當大有之時，中德蓄積，充育富有，乃感六五之交孚，故有大車以敏之象。有所往而如是，則可以負荷其任，佐六五虛中之君，共濟大有之盛，而無咎矣。故其占如此。」（上冊，頁278）

540 此，呂註本作「毋」。

〈象〉曰：「『大車以載』，積中不敗也。」

　　☰三連，陽多之之，皆曰「積」。積，聚也，言積陽德而居中也。敗字在車字上來，☰全遇☲火，必受尅而敗壞，因其中德，所以不敗壞也。以中應五，☲火不燒☰全，何由而敗也。內積才德，有偹無患，故不敗也。[541][542]

　　本旨往應大君聽其審判，積中有德者，其靈永成而不敗也。

九三：公用亨于天子，小人弗克。

　　六五為天子，公用亨于天子者，乃九三陽剛，為公之象。享者，[543]獻也，乃獻于天子也。以下獻上，享之**象**也。小人指四，因位不正，故曰「小人」。「弗克」者，不能也。小人無德，故「弗克」也。

　　本旨天子者乃聖子也，公為主榮者，乃有品之人也。小人不正而反阻之，是故弗克榮也。此旨以戒吾人，勿阻獻上敬主之人，而自犯大罪也。

〈象〉曰：「『公用亨于天子』，小人害也。」

　　此亨，乃因小人之害也。

　　本旨吾主亨獻聖父者，乃因小人之害也。[544]

---

541 「不」後，呂註本有「患」。

542 語出〔明〕來知德《周易集註》：「**乾三連。陽多之卦皆曰積，積聚**之意。小畜，夬皆五陽一陰同體之卦，**故小畜曰『積德載』，此曰『以載』，而又曰『積中』者，言積陽德而居中也**，則小畜之『積德載』愈明矣。夬九二小像曰『得中道也』，小畜九二〈小象〉曰『牽復在中』，皆此『中』之意。『敗』字在車上來，**乾金遇離火，必受尅而敗壞**故初曰『無交害』，三曰『小人害』，則『敗』字雖從車上來，亦『害』字之意。曰中德，所以不敗壞也。曰『積中不敗』，則離火不燒金。六五『厥孚交如』，與九二共 大有之太平矣。」（上冊，頁278）

543 「乃九三陽剛為公之象。享者」，徐匯本無，今據呂註本增。

544 此處說明耶穌「享獻」天主應指耶穌基督的苦難。有關基督苦難作為贖罪祭，可參〔法〕沙守信《真道自證》：「然而耶穌之於萬民，猶不止於是，何則？其任其功其愛，非人事可比，任非一國之事，乃萬邦萬民萬世之事也。災非七年之旱，乃從古多年之神旱；拯非一國之人飢而死，乃萬民之罹永殃而永死也；其所求者，非

九四：匪其彭，無咎。

四變中爻為☳，足行之**象**，變☶為止，[545] 非其彭之**象**。彭，行也。「非其彭」者，乃改其行也。四不中正當歸上互，乃為火澤睽，睽其不正之行而悔改之，則無咎矣。

本旨因悔得赦，故無咎也。

〈象〉曰：「『匪其彭，無咎』，明辨晢也。」

☲為日光，賴☲之光，「明辨晢」也。辨所居之地，乃別嫌多懼之地。辨其所遇之時，乃盛極將衰之時也。[546]

本旨人賴真主之光，道明而改過，故無咎也。無咎也者，乃因其「明辨晢」也。所當辨者，邪正真假，永暫虛實也。

六五：厥孚交如，威如，吉。

六五應九二，結合而為一，[547] 乃「厥孚交如」也。君得五陽之助，[548] 故「威如」也。信交而德威，是故「吉」也。

本旨言吾主之忠信德威，及至於人，而人得吉也。

一時之膏雨，乃欲復天主原所施之隆恩也；其所以熄天主之義怒者，非剪髮斷爪而已，乃躬代犧牲，釘於十字架而死。（昔西國最重之刑，以木造架如十字架，釘其手足而懸之。耶穌特甘心選之，以釘於其上，故曰『釘十字架』，後因設十字架，以表聖教之號焉。）然此贖罪之大祭，為耶穌降來之原義，為救世者之宏勳，故降生以前古聖所定之禮，降生以後耶穌所行之事，悉歸此意焉。」（卷二，頁274）

545 變☶，呂註本作「变☳」。

546 語出〔明〕來知德《周易集註》：「晢，明貌，晢然其明辨也。離，明之像也。明辨者，辨其所居之地，乃別嫌多懼之地，辨其所遇之時，乃盛極將衰之時也。」（上冊，頁280）

547 結，徐匯本作「給」，今據呂註本改。

548 助，徐匯本作「肋」，今據呂註本改。

〈象〉曰：「『厥孚交如』，信以發志也。

中互為夬，乃信以發志也。誠能動物一人之信，足以發上下相信之志。五居君位，發志之**象**，凡寒冷必不能發。火性熱炎上，乃發之**象**。

本旨「信以發志」者，乃因吾之信，足以發上下之志也。乃正所謂德言實，因信而發善德之志。

威如之吉，易而無備也。」

☲為日，自有德光之威，故有吉也。設無德威人將易而無備矣。☳為武備，中爻☱為常易之**象**。錯☶為止，無備之**象**也。

本旨言吾主設不以公義罰惡，人無所畏，則將易而無備，乃愈流而愈下矣。今世之迷子，不信身後之永罰，故皆易而無備也。凶哉！夫乃自取禍也。上互火澤暌，是乃易而無備也。是故畏威則吉，無備則凶也。

上九：自天祐之，吉，無不利。

居上為天，自天祐之吉者，乃祐自天來者，必善，是故吉而無不利也。神之祐助必自上來，故曰「自天祐之」也。[549]

本旨☲為吾主，[550]吾主從天保祐之吉，乃必無不利也。以其陽剛為祐，以其大有為吉，是故無不利也。

〈象〉曰：「大有上吉，自天祐也。」

夫世之大有上吉，皆從天主之恩祐而來也。云此者，乃欲世人知其恩之自，而知感其恩也。

---

549 語出〔明〕來知德《周易集註》：「上尤以剛明之德，當大有之盛，既有崇高之富貴，而下有六五柔順之君，剛明之羣賢輔之，上九蓋無所作為，**惟享自天祐助之福，吉而無不利者也**。佔者有是德，居是位，斯應是佔矣。」（上冊，頁281）
550 ☲，呂註本作「☳」。

　　本旨吾人之大有上吉，皆從天主之恩祐而賜也。☰居天上，降福世人，乃福自吾主降來，是故曰「大有上吉，自天祐」也。世受上主自天祿祐之吉，而不知謝，反拜己死之前人，干犯天主之大禁，不以為非，良心之謂何也？

謙卦

䷎	艮下坤上			
大象	☵ 坎[551]			
屬	䷹ 兌[552]	五變成 ䷎ 謙		
錯	䷨ 損[553]			
綜	䷏ 豫			
參伍	下互 ䷃ 蹇	中互 ䷧ 解	上互 ䷗ 復	
五爻互	下互 ䷽ 小過	上互 ䷆ 師		
各爻變[554]	初爻變 ䷣ 明夷	錯 ䷅ 訟	綜 ䷢ 晉	地位
	二爻變 ䷭ 升	錯 ䷘ 無妄	綜 ䷬ 萃	
	三爻變 ䷁ 坤	錯 ䷀ 乾		人位
	四爻變 ䷽ 小過	錯 ䷼ 中孚		
	五爻變 ䷃ 蹇	錯 ䷥ 睽	綜 ䷧ 解	天位
	六爻變 ䷳ 艮	錯 ䷹ 兌	綜 ䷲ 震	

謙，亨，君子有終。

謙者，乃有德而不居之義也。止乎內而順乎外，謙之意也。山至高而地至卑，乃屈而止于其下，謙之象也。止內而順外，謙矣。謙，故得亨。中爻☵，亨之**象**也。君子三也，中互☵為大君之子，終為大君，故曰「君子有終」。君子先下而後上，故曰「有終」。上六為終之象，以三應六，乃君子有終之象。六變成 ䷳，而為山上山，亦有終之**象**也。[555]

---

551 坎，徐匯本及呂註本無，今據卦象增。

552 兌，徐匯本及呂註本無，今據卦象增。

553 ䷨，徐匯本作「䷂」，今據呂註本改。

554 各爻變，徐匯本及呂註本無，今據諸表增。

555 語出〔明〕來知德《周易集註》：「謙者，**有而不居之義。山之高，乃屈而居地之下，謙之像也。**止於其內而收斂不伐，順乎其外而卑以下人，謙之義也。序卦：『有大者，不可以盈，故受之以謙。』故次大有。」（上冊，頁282）

本旨暗互之 ☵，乃為耶穌。謙卦者，乃耶穌之謙，以為萬世謙德之準
也。[556]山居地下者，乃以表吾主以至尊，而居至卑之下，以羞吾人之傲也，
故自稱為人子，以示吾人謙德之表也。[557][558]吾主乃大君真子，故曰「君子」。
先受苦難，而後得上國，故曰「有終」。

〈彖〉[559]曰：「謙亨，天道下濟而光明，地道卑而上行；

中爻 ☵ 為天道，卦主在下施恩，[560]是天道下濟也。光明者，生成萬物，
化育昭著，而不可掩也。卑者，地本在下固卑。上行者，地氣上行而變乎
天。暗互 ☲ 為日，是故光明也。☷ 柔在上，是地道卑而上行也。上下相
通，故曰「謙亨」。☷ 為足，動行之象。以 ䷏ 綜 ䷖，地道卑而上行之象。[561]

556　謙德之準，徐匯本作「之謙德準」，今據呂註本改。

557　謙德之表，徐匯本作「謙德表之」，今據呂註本改。

558　「人子」與「謙」的關係可見於〔意〕艾儒略《天主降生言行紀畧》：「人子二字，乃吾
　　　主謙抑自稱之語。」（卷二，頁223）；相關意思可參考上述文本卷一：「凡篇中稱人
　　　子者，皆吾主耶穌自謂也，意謂降世為人，實生於童貞之聖母者。」（頁201）白晉
　　　在其作品中亦有強調並讚揚耶穌基督的謙遜服從。見〔法〕白晉《大易原義內篇·
　　　坤》：「惟一帝天君父，所降己无始之元子，誕世類上主類下人，德配天地，能代贖
　　　代救。然自錐掌補救之全能，終實成其功，而至謙至順，如不敢輕露，弗自居專
　　　成之名，惟承帝天君父之命，時發厥光明廣大，无所不知之才能。」（頁82）

559　彖，徐匯本作「象」，今據易文改。

560　下，徐匯本無，今據呂註本增。

561　語出〔明〕來知德《周易集註》：「濟者，施也。天位乎上，而氣則施於下也。光明
　　　者，生成萬物，化育昭著而不可掩也。卑者，地位乎下也。**上行者，地氣上行而
　　　交乎天也**。天尊而下濟，謙也，而光明則亨矣；地卑，謙也，而上行則亨矣。此
　　　言謙之必亨也。虧盈、益謙以氣言，變盈、流謙以形言，變者傾壞，流者流注卑
　　　下之地而增高也。害盈、福謙以理言，惡盈、好謙以情言。此四句統言天地鬼神
　　　人三才皆好其謙，見謙之所以亨也。瑜者，過也，言不可久也。尊者有功有德，
　　　謙而不居，則功德愈光，亦如天之光明也。卑者有功有一德，謙而不居，愈見其
　　　不可及，亦如地之上行也。夫以尊卑之謙，皆自屈於其始，而光而不可聊，皆自
　　　伸於其終，此君子之所以有終也。」（上冊，頁282）

本旨「天道下濟」者，乃天主降世以濟人也。光明者，乃因吾主之光，而世道得其光明也。[562]「地道卑而上行」者，[563]乃人得上行天國之路也。古聖匝加利亞，在天主降生前云云。[564]

天道虧盈而謙益，地道變盈而流謙；鬼神害盈而福謙，人道惡盈而好謙。謙尊而光，卑而不可踰，君子之終也。」

虧，缺少也，損之也。[565]損盈者，損上益下也。變為傾懷，[566]中爻 ☷ 流之象。流謂聚而歸之。人能謙下，則其居尊者，其德愈光，互 ☲ 為光之象。其居卑者，陽居卑下之象，人亦莫能過之，陰不能踰陽。☷ 為可，☶ 止之，不可踰之象，此君子之所以有終也。[567]傲自上而究歸下，謙自下而實歸上，故曰「君子之終」也。☷ 中滿，為盈之象。䷎ 中爻 ☷，抑而下

---

562 〔意〕艾儒略《天主降生引義》：「一。以言論垂諭。開明正教，經中稱耶穌云：『是乃真光，凡入乎斯世者，無不蒙其照燭。』蓋吾主未降生時舉世地如坐長夜昏黑中，悵悵乎莫知所向。雖有古聖垂訓，僅如屏帷之燈燭、雲漢之小星，其光不能遠被。迨吾主一出，真若太陽普照，無幽不燭矣。」（卷上，頁369）

563 卑，徐匯本作「俾」，今據呂註本改。

564 〔意〕艾儒略《天主降生引義》：「古聖匝加利亞〔在天主降生前五百二十一年〕論吾主降生，雖為天下真主，實甘謙和貧賤，不以財帛為業，乃曰：『吾子西完，〔如德亞，京都內山名，乃以此稱都城云。子者，愛之意也。〕宜大歡喜。吾子協露撒棱〔都城本名〕，宜大踴躍。蓋爾大主至善，降臨救爾。坐驢母及駒，諭萬民以太平。然其威權，從此海以至彼海，統無疆之地。至吾主耶穌受難前，入都城，實符此古經，時宗徒亦記憶至此，乃知是舉非出偶爾。〔見《紀略》六卷八〕。此其十有六也。」（卷上，頁360–361）引文出自《匝加利亞先知書》九章9–10節：「熙雍女子，你應盡量喜樂！耶路撒冷女子，你應該歡呼！看，你的君王到你這裏來，他是正義的，勝利的，謙遜的，騎在驢上，騎在驢駒上。他要由厄弗辣因削除戰車，從耶路撒冷除掉戰馬，作戰的弓箭也要被消除；他要向萬民宣佈和平，他的權柄由這海到那海，從大河直達地極。」

565 虧，本指氣不足，引申泛指缺損。《說文解字》：「虧，氣損也。」〔清〕段玉裁注曰：「引申反損皆曰虧。」（頁206）《韓非子‧揚權》曰：「厚者虧之，薄者靡之。」《詩經‧魯頌‧閟宮曰》：「不不虧不崩，不震不騰。」

566 懷，呂註本作「壞」。

567 語出〔宋〕朱熹《周易本義》：「惡，烏路反。好，呼報反。變，謂傾壞。**流，謂聚而歸之。人能謙，則其居尊者，其德愈光，其居卑者，人亦莫能過。此君子所以有終也。**」（頁85）

之。以益下 ☷，益謙之象。豫四來三，地道變而流謙之象。中爻為隱伏，鬼神之象。又為桎梏，為害之象。陽居內卦，福謙之象。三居人位，人道之象。好惡者，乃人之情也。

《象》曰：「地中有山，謙；君子以裒多益寡，[568]稱物平施。」

地中有山者，乃 ☷ 上 ☶ 下也。☷ 為均，[569]乃裒多益寡、稱物平施之象。[570]「君子以裒多益寡」者，乃君子裒去陰之多，而益其陽之寡，乃所以「稱物平施」也。裒，減也。從虧之來陰多陽少，裒多益寡之象。謙卦反是，陽爻為九，乃為之多。陰爻六，乃為之寡。人當自裁其陽之多，而增益其陰之寡，此何謂也。夫陽爻為德，人當自視無德，是裒其多也。陰爻為戒，人當自認戒多，是益其寡也。是故謙卦一陽而五陰，乃所以示義也。下互水山，並互二水。水為下流之物，水面則平，自己以平心稱必判，能識己，[571]而為下流之下流，是「稱物平施」也。稱物平施，則不起傲，是故謙矣。吾猶人耳，何以傲哉？人上有人，實則不及，是故當謙以自居，乃所以「稱物平施」也。

初六，謙謙君子，用涉大川，吉。

以柔居下，故曰「謙謙」。☶ 為少男，並以謙謙，故曰「君子」。中互 ☴ 木，在 ☵ 水之上，故曰「用涉」。☵ 為大川，海之象也。以謙涉川，是故吉也。自視為下，而又下，乃為謙，而又謙，故曰「謙謙」，謙涉，故吉。

《象》曰：「謙謙君子，卑以自牧也。」

以初居下，卑之象也。牧者，乃守養六畜也。自視如畜，而以此守養之，是乃卑以自牧也。

---

568 裒，意為聚集、眾多。《爾雅》：「裒，聚也。」《詩‧常棣》：「原隰裒矣，兄弟求矣。」《毛傳》：「裒，聚也。」《詩經‧周頌‧般》：「敷天之下，裒時之對，時周之命。」〔漢〕鄭玄箋：「裒，眾也。」

569 均，呂註本作「君」。

570 施，徐匯本作「地」，今據呂註本改。

571 識，呂註本作「誠」。

本旨卑以自牧，牧之何用？[572] 獻上而已。所謂存其心，養其性，乃所以事上主也。

六二：鳴謙，貞吉。

本卦畧象小過，有飛鳥遺音之象，是故曰「鳴」。六二中正柔順，相比于三，三蓋勞謙君子也。三謙而二和之，與之相從，故有鳴謙之象，正而且吉者也。

〈象〉曰：「『鳴謙貞吉』，中心得也。」

因其中正，得奉九三，故曰「中心得」也。以陰奉陽，以小人而奉君子乃中心得其謙也。陰為失，陽為得，以二奉三，為得之象。

本旨乃以辜人而奉耶穌，乃中心得其謙，而謙得其真向之結菓，是故曰「貞吉」也。

九三：勞謙君子，有終吉。

中爻為 ☷ 為勞卦，故曰「勞謙」。☷ 之正位在三，所以此極善終，[573]應上六得正而應，終吉之象。一陽趨于上下衆陰之中，是因謙而遭苦勞之難，故曰「勞謙」。中互有䀹，難得其䀹，是故曰「有終吉」也。

本旨一陽者，乃吾主也。因謙而降世，受苦難而救人，是故曰「勞謙」。終得復活升天，故曰「有終吉」也。人效吾主之謙者，皆得永終之吉也。

---

572 〔清〕陳淳《開天寶鑰》：「有此七罪，不能和於上主，其道在於用『克』。克其傲者用『謙』，『謙謙君子，卑以自牧』也；克其妒者用『愛』，『仁者愛人』、『周而不比』也。」（頁21）
573 此極善終，呂註本作「此爻在善終」。

〈象〉曰：「勞謙君子，萬民服也。」

「勞謙君子」者，乃有功于眾民也。民因恩感，是故無不服也。☷ 為萬民之象，以陰順陽，乃服之象也。[574]

本旨吾主勞謙以至致命，乃為䕃萬民永死之難，故萬民因其良心難昧，乃誠心感恩而服也。九三以下互，乃為九五，本為萬民真主，乃為萬民受難，是故萬民服之而遵教命也。 其良心者，乃不服其教命，而反毀謗之也。嗚呼！哀哉！乃辜歸己，而永罰不能免矣！[575]

六四：無不利，撝謙。

六四得正，無不利之象。中爻 ☳ 鼓，綜 ☶ 為手，指揮之象，撝同揮，[576] 動也。六四乘剛，居上卦之下，乃宜謙于上下，是故曰無不宜動而行謙也。謙乃難能之德，故宜發奮勉而為之也。[577]

〈象〉曰：「『無不利，撝謙』，不違則也。」

☷ 為順，不違之象。中爻 ☳ 為律，則之象也。惟謙無過而不犯法，故曰「不違則」也。六四柔順得正，故「不違則」。「不違則」者，乃不悖于理也。真謙非懦，乃有若無而自視之下也。

---

574 〔明〕來知德《周易集註》：「陰爲民，五陰故曰萬民。眾陰歸之故曰服。」（上冊，頁285）

575 基督謙德與救贖的關係可見〔法〕白晉《古今敬天鑒》：「據天主《聖經》，世人無一不染元罪之塵，而己能免獲罪于天。若然，先後真無一人足以為有德，可以動上主之心，而轉其命。然無以為無奈，因有自天所陰、所降天主之元子，絕無舊罪之染，至尊至謙、至仁至義，真為德侔天地之大聖人，佑助罪人之力。世人若能堅立志、賴望其佑，雖其罪人之卑，于至尊至聖上主之心相絕，比天地更遠，上下自然無不相交。而上主被大聖人之動，親于下人，而轉其命。」（卷上，頁118）

576 撝，原指裂開，後引申為揮動。《說文》：「裂也。从手爲聲。一曰手指也。」《公羊傳‧宣公十二年》：「莊王親自手旌，左右撝軍，退舍七里。」

577 語出〔明〕來知德《周易集註》：「六四當詳之時，柔而得正，能謙者也，故無不利矣。但勞謙之賢在一下，不敢當陽之承，乃避三而去之，故有以揭爲謙之象。佔者能此，可謂不違陰陽之則者矣。」（上冊，頁285–286）

六五：不富以其鄰，利用侵伐，無不利。

　　陽為富，陰皆不富，乃不富之象以用也。中爻 ☳ 為長子，三非正應，故稱鄰。言不用富厚之力，但用長子帥師，而自利用侵伐。☷ 為眾，中爻 ☳，此爻變 ☳ 為戈兵，眾動戈兵，侵伐之象。上六利用行師，亦此象也。互卦為鄰，仍為六五，以其陰爻，是故曰「不富以其鄰」也。以柔居尊，在上而能謙者也。蓋從之者，眾矣。猶有未服者，則利用侵伐之，而于他事亦無不利也。[578]五當君位，乃有治人之權，分所當為，故曰「利用侵伐」，乃所以盡分也。富有四海守之以之，無不利用，雖然乃六五中而不正，當先伐己，乃為之謙。五歸下互，乃得其正，歸下則謙，乃為伐己，是故無不利也。乃因其不正，而得謙矣，乃痛悔改過之上也。[579]

〈象〉曰：「『利用侵伐』，征不服也。」

　　中爻 ☳ 動，征行之象。下卦 ☶ 止，不服之象。上六變 ☳，不成 ☷ 順，亦不服之象。上六陵五，象不服也。[580]然上六乃為本身之首，為得其正，而無可伐。[581]征不服者，乃五為君，而自不正，是故當先伐己而征己之不服，乃為責己，是為謙德，則合本卦，責人非謙，而不合本卦之旨耳。

上六：鳴謙，利用行師，征邑國。

　　中爻 ☳ 為善鳴，鳴之象也。上六居謙之極，因其極謙，而位居上，得其正而應九三，故謂之鳴謙。暗互地水師，故曰「利用行師」也。☷ 為邑國，以互為己，乃用征己而應九三也。下應則謙，而為鳴也。鳴也者，乃鳴鼓而應九三也。蓋以責己為謙，乃合本卦之旨耳。[582]

---

578 語出〔宋〕朱熹《周易本義》：「**以柔居尊，在上而能謙者也。故為不富而能以其鄰之象，蓋從之者眾矣。猶有未服者，則利以征之，而於他事亦無不利。人有是德，則如其占也。**」（頁86）

579 「上」後，呂註本有「工」。

580 象，呂註本作「眾」。

581 語出〔明〕來知德《周易集註》：「侵伐非黷武，以其不服，不得已而徵之也。」（上冊，頁286）

582 旨，徐匯本無，今據呂註本增。

〈象〉曰：「『鳴謙』，志未得也。可用行師，征邑國也。」

九三自止，不來應六，是故曰「志未得」也。三不來應六，六當行師而下應三，是故曰「征邑國」也。

本旨「征邑國」者，乃因謙而自下也。自下也者，乃隨人莫隨己，從人莫從己，從理莫從欲，從主莫從人，乃得心坦而謙矣。

豫卦

䷏	坤下震上		
大象	☵ 坎[583]		
屬	䷲ 震[584]	初爻變成 ䷏ 豫	
錯[585]	䷈ 小畜		
綜	䷎ 謙		
參伍	下互 ䷖ 剝	中互 ䷦ 蹇	上互 ䷧ 解
五爻互	下互 ䷇ 比	上互 ䷽ 小過	
各爻變[586]	初爻變成 ䷲ 震	錯 ䷸ 巽	綜 ䷳ 艮	地位
	二爻變 ䷧ 解	錯 ䷤ 家人	綜 ䷦ 蹇	
	三爻變 ䷽ 小過	錯 ䷼ 中孚		人位
	四爻變 ䷁ 坤	錯 ䷀ 乾		
	五爻變 ䷬ 萃	錯 ䷙ 大畜	綜 ䷭ 升	天位
	六爻變 ䷢ 晉	錯 ䷄ 需	綜 ䷣ 明夷	

豫：利建侯，行師。

　　豫，悅也。動而順，故豫。人心悅而應其上也。九四一陽，上下應之，其志得行。又以 ☷ 遇 ☳，為順以動，故其卦為豫。本卦無九五，而中互有之，是故宜建候也。互有地水為師，而九二為師，利行師也。[587]☳，

583　☵，徐匯本及呂註本無，今據卦名增。

584　震，徐匯本及呂註本無，今據卦象增。

585　「錯」前，徐匯本有「本卦」，今據諸表刪。

586　各爻變，徐匯本及呂註本無，今據諸表增。

587　語出〔宋〕朱熹《周易本義》：「豫，和樂也。人心和樂以應其上也。九四一陽，上下應之。其志得行，又以坤遇震，為順以動，故其卦為豫，而其占利以立君用師也。」（頁87）

長子，主器，震驚百里，建候之象。中爻 ☵ 陷，一陽統衆陰，行師之象。[588]

本旨宜以吾主為師，吾輩為師，而勝三仇也。[589]九四為主，未得其正，故宜建候行師也。利建候者，乃宜立吾主為王也。[590]行師者，乃行神武不殺之師也。

〈彖〉[591]曰：「豫，剛應而志行，順以動，豫豫。

以陽應陰而志行。「志行」者，乃歸中互也。以柔順剛而動豫也，☷ 為足動，志行之象。

本旨剛應而志行者，乃主恩應而人志行也。順以動豫者，乃人順天主而動豫，以得永遠喜悦也。

豫順以動，故天地如之，而況建候行師乎？

和順而動者，乃天動而地順，故豫，故曰「天地如之，而況建候行師之人事乎？」

本旨豫順以動，乃天主與世人如之，而況建候行師之小事乎？乃大體之事為大，而小體之事為小也。

---

588 語出〔明〕來知德《周易集註》：「震，長子，主器。震驚百里，建侯之象。中爻坎陷，一陽統眾陰，行師之象。」（上冊，頁288）

589 三仇，參閱頁201註124。

590 立，徐匯本作「力」，今據呂註本改。

591 彖，徐匯本作「象」，今據易文改。

**天地以順動，故日月不過，而四時不忒。聖人以順動，則刑罰清
而民服。[592]豫之時義大矣哉。」**

天地以順規而動，故日月不過度，而四時不差忒。[593]聖人以順理而行，
則刑罰清而民服矣。豫之合時而有義，故曰大矣哉。中上二互有日月，得
中不過之象。☳四☷八，合之一十二月，四時之象。六二中正，聖人之
象。中爻☶為闇寺，刑罰之象，又為止清之象，☷為順民服之象。六三
變，時義之象。

本旨「天地以順動」者，乃吾主以順聖父之命而行也。其降世受難，乃
有一定日月，故曰「日月不過」也。四聖史所記吾主之事，與古經合符而四
時不差忒也。[594][595]聖人以順天主之命而行，則刑罰清而民服矣。豫悅之時，
莫不尊親上主，故曰「豫之時義大矣哉」。雖然奈此時尚未至大興之時，而
為大興之豫言根本，以期後驗云爾。[596]

〈象〉曰：「雷出地奮，豫；先王以作樂崇德，殷薦之上帝，以配祖考。」

「雷出地奮」者，乃☳居☷上也。坤為牛為眾。眾牛遇雷，發揚其力
之象，奮發揚其力也。同人卦有王，居豫卦之先，[597]故曰先王作樂因豫崇

---

592 則，徐匯本無，今據呂註本增。
593 忒，本指變更，後引伸為失常、誤差。《說文解字》：「忒，更也。」〔清〕段玉裁注
    曰：「《人部》代，更也。弋聲，忒與音義同。《尸鳩傳》曰：『忒，疑也。』《瞻卬傳》
    曰：『忒，差也。』皆一義之區別也。《言部》曰：『〈墨〉者，忒也。』參差，不相值也。
    不相值卽更改之意。凡人有過失改常謂之忒。」（頁513）《老子》：「常德不忒。」
    《詩‧曹風‧鳲鳩》：「淑人君子，其儀不忒。」
594 經，呂註本作「終」；符，呂註本作「待」。
595 四聖史（The four Evangelist），即《聖經》新約中四部福音的作者：瑪竇（Matthew）、
    馬爾谷（Mark）、路加（Luke）及若望（John）。把「四聖史」比擬為「四時」的說法，
    參〔意〕艾儒略《天主降生言行紀畧》中的引述：「又古賢瑟都畧云：『萬日略之
    經，如太陽溥照宇宙。紀錄四聖，則如四季，皆燊聖訓之陽和，醞釀發育于人心
    也。』」（卷一，頁197）
596 云，呂註本作「之」。
597 豫，徐匯本作「預」，今據呂註本改。

德，以事上主。☷ 居上為主，故曰上主也。「以配祖考」者，乃以祖考配上主也。中爻 ☵ 為樂，律樂之象。五陰崇一陽德，崇德之象。帝出乎 ☳，上帝之象。中爻 ☶ 為門闕，☵ 為隱伏，宗廟祖宗之象。[598]☳ 為鼓缶，作樂之象。陰在下，陽在上，殷薦之象。中爻 ☶ 為祖考之象。[599]

　　本旨「雷出地奮」者，乃聖子出世，而世人發奮喜悦。以 天國之路也。先王者，乃古聖王也。作樂因喜敬崇德以事天主，順天主之命為德，故曰崇德以事上主也，殷，盛也。盛設而献祭上主也。吾主乃再祖維皇，事奉上主，乃吾主必在其中，是故曰「以配祖考」也。此卦無九五，而廢其事上主之禮，故曰「先王以作樂崇德，殷薦之上主」也。古經預記如德亞無君之時，乃天主降世救人之時也。[600]是故本卦無九五，乃為天主降世之真據。

初六，鳴豫，凶。

　　☷ 為喜鳴。鳴者，陽唱而陰和也。上雷為鳴，因求應四，是故曰鳴。求樂不正，是故凶也。初六不正，乃為陰柔，小人上有強援，得時事主，故不勝其豫，而以自鳴凶之道也。[601]

---

598 語出〔明〕來知德《周易集註》：「**中爻坎為樂律，樂之象。五陰而崇一陽德，崇德之象。帝出於震，上帝之象。中爻艮為門闕，坎為隱伏，宗廟、祖宗之象。**」（上冊，頁289）

599 考，本指老，後引伸為死去的父親。《説文解字》：「考，老也。」〔清〕段玉裁注曰：「凡言壽考者，此字之本義也。引伸之爲成也。《考槃》、《江漢》、《載芟》、《絲衣・毛傳》是也。凡《禮記》皇考，《春秋》考仲子之 皆是也。又假借爲攷字。《山有樞》：『弗鼓弗考。』《傳》曰：『考，擊也，是也。』凡言考校，考問字皆爲攷之假借也。」（頁402）《楚辭・屈原・離騷》：「帝高陽之苗裔兮，朕皇考曰伯庸。」《新唐書・禮樂志三》：「或兄弟分官，則各祭考妣於正寢。」

600 如德亞，音譯自 Judea，即猶太地，在耶穌的時代為羅馬帝國的行省，而非獨立國家。參《路加福音》二章1至2節的敘述：「那時凱撒奧古斯都出了一道上諭，叫天下的人都要登記：這是在季黎諾作敘利亞總督時，初次行的登記。」〔意〕利類思《彌撒經典・聖路加萬日畧經》：「為時責撒肋奧吾斯多發令，命厥攸屬邦人報名籍上。當時祭利諾，統理西利亞國，而兼掌冊名事。」（頁152）

601 語出〔宋〕朱熹《周易本義》：「**陰柔小人，上有強援，得時主事，故不勝其豫而以自鳴，凶之道也，**故其占如此。卦之得名，本為和樂，然卦辭為眾樂之義，爻辭除九四與卦同外，皆為自樂，所以有吉凶之異。」（頁88）

本旨乃指古教貪求名利之徒，因其鳴豫作惡，而殺耶穌。

〈象〉曰：「初六鳴豫，志窮凶也。」

陰柔不正，志窮之象。初六不正，應四不可失其陽應，故曰「志窮」。「志窮」者，乃窮凶極惡之徒，是故凶也。

本旨乃古教惡徒，鳴官而悅害耶穌也。[602]窮志害主，是故凶也。

六二，介于石，不終日，貞吉。

中爻 ☷ 為石，二變中爻 ☲ 日，居下卦之上，不終日之象。☷ 之正位在二，故貞吉也。三變中爻為 ☵，為繩繫之象。六二中正，上無應與不能上進，自守如石。介，繫也，乃繫于石也。六二居日之中，乃不終日也。中互暗日，因與其正固，故得吉也。中互 ☶ 在山上，乃正繫石之時也。不終一日，因其正固，故得吉也。

〈象〉曰：不終日貞吉，以正中也。

以正中者，乃因六二居于正中之位也。惟其中正，故「不終日貞吉」。

本旨此爻六二，乃指吾主之人性也。[603]介于石者，乃繫于石柱也。吾主之德，無過不及，故曰以正中也。因其正中，故得吉也。六二乃中爻 ☷ 體，是故曰繫于石也。

六三，盱豫，悔，遲有悔。

盱，張目也。中爻錯 ☲，張目之象。[604]六三不正，又為中爻 ☵ 躰，而為加憂，是故有悔。☷ 為吝嗇，悔遲之象。盱，上視也。陰不中正而近于

---

602 穌，徐匯本無，今據呂註本增。
603 性，呂註本作「其」，（斷句改變后則有新的意思：乃指吾主之人其也介于石者）。
604 語出〔明〕來知德《周易集註》：「盱者，張目也。中爻錯離，目之象也。盱目以為豫者，九四當權，三與親比，幸其權勢之足憑，而自縱其所欲也。『盱』與『介』相反，『遲』與『不終日』相反，二中正，三不中正故也。」（上冊，頁291）

四，四為卦主，故六三上視于四而溺于豫，宜有悔矣。若悔之遲，則必有悔矣。[605]

本旨 ☷ 四 ☳ 八，合之一十有二，乃第十二位宗徒茹達斯也。[606]六三為三十，乃貪三十銀錢，而賣吾主，是盱豫也。因不早悔，故有悔也。[607]

〈象〉曰：「盱豫有悔，位不當也。」[608]

以六居三，是位不當也。

本旨以徒賣主，位不當也。主假其手以成救世之之功。主先預告，非不知也。若彼早悔，變為九三，即得其正，惜彼悔遲而有永悔，悲哉！乃自取之耳。中爻九三為止，是故悔遲而有悔也。[609]

九四，由豫，大有得。勿疑，朋盍簪。

陽為大有，得之象。中爻 ☵ 為狐疑。「勿疑」者，中爻 ☶ 止，止而不疑之象。一陽橫于三陰之首，簪之象也。卦屬豫卦，四為卦主，故曰「由

---

605 語出〔宋〕朱熹《周易本義》：「盱，況于反。盱，上視也。**陰不中正而近於四四為卦主，故六三上視於四而下溺於豫，宜有悔者也。**故其象如此，而其占為事當速悔。**若悔之遲，則必有悔也。**」（頁89）

606 茹達斯，即猶達斯依斯加略（Judas Iscariot），以三十銀錢出賣耶穌的門徒。

607 《瑪竇福音》二十七章3–4節：「這時，那出賣耶穌的猶達斯見他已被判決，就後悔了，把那三十塊銀錢，退還給司祭長和長老，說：『我出賣了無辜的血，犯了罪了！』他們卻説：『這與我們何干？是你自己的事！』」〔意〕利類思《彌撒經典‧耶穌契利斯督我等主依瑪竇受難之經》：「時負伊者茹答，見決死案，惡厭已非，將三十銀錢還眾撒賣爾鐸德首，及長老、長者曰：『我犯罪人，無辜負義血。』彼云：『于我等何？與爾宜預籌。』」（頁281）

608 也，徐匯本無，今據呂註本增。

609 〔意〕艾儒略《天主降生言行紀略》：「按：吾主受難之日，一徒背恩而賣主，一徒失志而隱踪。〔…〕箸彼惡徒，亦嘗受聖訓，嘗行靈事，柢為貪根未絕，遂以微價售師，陷於重罪。揣厥私意，或謂吾主全能，必無死地耶？不思耶穌夙訂，借此以救世矣。比其知罪，乃又失望自殺，罪上增罪，以罹永殃」（卷七，頁307）

豫」。暗互有火，以上為天，火天為大有，故曰「大有得」也。暗火不明，因不明恐疑，故戒曰「勿疑」。暗互二火為朋，「朋盍簪」也。[610]

本旨四含二義，一謂古教惡徒夙願樂為謀害吾主而今得之，乃「大有得」也。彼此不疑，合聚而殺之，乃志大行也。二謂吾主，預定救世之旨，而今得成，乃大有得也。勿疑受難之功，其救之人朋合聚也，乃善惡皆無疑而朋合聚也。

〈象〉曰：「『由豫，大有得』，志大行也。」

九四不得其正，當歸中互，而為九五，乃得其正，是「志大行」也。一陽應眾陰，而無他爻以分其，故曰「志大行」也。

本旨「志大行」者，乃吾主救世之志，大行于天下萬國也。

六五，貞疾，恒不死。

中爻 ☵ 為心病，疾之象。曰「貞疾」者，言非假疾，正心中之疾，言貞疾而恒不死也。六三變，中爻 ☳ 上 ☷ 下 ☴，乃為恒卦，變化無窮，乃恒不死之象也。六五乘剛而不正，下又無應，故謂之貞疾，[611]歸入中互，而為九五，乃得其正，以五得正，故謂之恒不死也。[612]

---

610 語出〔明〕來知德《周易集註》：「由豫者，言人心之和豫，由四而致也。本卦一陽為動之主，動而眾陰悅從，故曰『由豫』。大有得者，言得大行其志，以致天下之豫也。四多疑懼，故曰疑。**又中爻坎，亦為狐疑。勿疑者，中爻艮止，止而不疑之象也。**因九四才剛明，故教之以勿疑也。盍者，合也，簪者，首笄也，婦人冠上之飾，所以總聚其髮者也。下坤，婦人之象也。**一陽橫于三陰之首，簪之象也。**勿疑朋盍簪者，勿疑朋合于我者，皆簪冠之婦人也。」（上冊，頁291–292）

611 謂，徐匯本作「為」，今據呂註本改。

612 語出〔明〕來知德《周易集註》：「**中爻為坎，坎為心病，疾之象也。曰『貞疾』者，言非假疾**，疾之在外而可以藥石者也。九四『由豫』，人心通歸于四，危之極矣。下卦坤為腹，九四居卦之中為心，即咸卦『憧憧往來』之爻也，此正腹中心疾，故謂之『貞疾』。恒者，常也，**言貞疾而常不死也。**周室衰微，此爻近之。」（上冊，頁292）

本旨「貞疾」者，乃吾主受難為貞疾。「恒不死」者乃救人靈性，恒不死也。《書》云：「若有恒性」，[613] 故不死也。

〈象〉曰：六五，貞疾，乘剛也；恒不死，中未亡也。

「乘剛」者，乃五乘四也。「中未亡」者，乃常得中也。

本旨六五之貞疾，乃國人所害之疾也，是故曰「乘剛」也。「恒不死」者，乃常生不死也。「中未亡」者，乃主性不離其身也。主性恒存，故曰「中未亡」也。[614]

上六，冥豫，成，有渝，無咎。

以上六變剛成 ☳，則前之冥冥者，今反昭昭矣。上六不得日光，故曰「冥豫」。[615] 居卦之極，故曰「冥豫，成」也。渝者，變也，有變則能無咎。夫變歸中互，乃得應而沾光，故無咎也。

本旨「冥豫」者，乃不明真道而蒙喜也。若能改愚歸智，而求明真道，則無咎矣。

---

613 語出《尚書‧商書‧湯誥》：「王曰：『嗟！爾萬方有眾，明聽予一人誥。惟皇上帝，降衷於下民。**若有恆性**，克綏厥猷惟后……』」

614 此處論及基督性體的問題。據教會訓導，耶穌基督人性的靈魂與肉身均統攝於天主性的位格之內。參〔法〕馬若瑟《儒交信》：「被釘十字架云者，耶穌不但為人，且為天主，故其寶命之際，其聖軀被釘，其聖魂受難。而凡為苦難者，其於天主之性，萬不可得而近也。然因人性結合於天主第二位者，則不獨曰斯肉身受苦，斯靈魂受難，而直曰其人而，天主者耶穌被釘十字架，死而乃瘞云者。耶穌之靈魂離肉身，故曰死。然肉身及靈魂仍舊於天主第二位者締結，而未嘗離之，故其人受死，可謂天主受死；其人之肉身葬，亦可謂天主葬。故《聖經》曰：『死而乃瘞。』」（第三回，頁52–53）

615 語出〔明〕來知德《周易集註》：「冥者，幽也，暗也。上六以陰柔居豫極，為昏冥于豫之象。成者，五陰同豫，至上六已成矣。然以動體**變剛成離，則前之冥冥者，今反昭昭矣**，故又為其事雖成，然樂極哀生，不免有悔心之萌，而能改變之象。占者如是，則能補過矣，故無咎。」（上冊，頁293）

〈象〉曰：「冥豫在上，何可長也。」

豫已極矣，宜當速改，何可長溺于豫而不反也。[616]居卦之盡，豫不能久，其死必至，世樂全無何可長也。

本旨乃指右盜認主，得赦而升天也。右盜之世樂，乃十字架上之苦，為時不久，故曰「何可長」也。[617]

《易經本旨》卷之二終　　　　　河東晋邑呂立本註

天主降生壹阡八百七十一年歲次辛未小春月書

雲間方濟各程小樓謹錄

---

616 語出〔明〕來知德《周易集註》：「**豫已極矣，宜當速改，何可長溺于豫而不返也？**」（上冊，頁293）
617 詳參《路加福音》二十三章33–43節。

卷 三

隨卦

䷐	震下兌上		
屬	䷲ 震[1]	七歸內卦成 ䷐ 隨	
錯綜	䷑ 蠱		
參伍	下互 ䷚ 頤	中互 ䷴ 漸	上互 ䷛ 大過
五爻互	下互 ䷩ 益	上互 ䷞ 咸	
各爻變[2]	初爻變 ䷬ 萃	錯 ䷙ 大畜	綜 ䷭ 升	地位
	二爻變 ䷹ 兌	錯 ䷳ 艮	綜 ䷸ 巽	
	三爻變成 ䷰ 革	錯 ䷃ 蒙	綜 ䷱ 鼎	人位
	四爻變成 ䷂ 屯	錯 ䷱ 鼎	綜 ䷃ 蒙	
	五爻變成 ䷲ 震	錯 ䷸ 巽	綜 ䷳ 艮	天位
	六爻變成 ䷘ 無妄[3]	錯 ䷭ 升	綜 ䷙ 大畜	

隨，元亨利貞，無咎。

此動彼悦，悦動故隨。澤雷二者，其益必大通。利正固，何咎之有
也。彼此相從，故大通。必宜正固，則無咎矣。陽為大，☷ 為通，九五應
六二，大通之象。三四不正，宜正之象。大通利正，故無咎也。[4]

1　震，徐匯本及呂註本無，今據卦象增。
2　各爻變，徐匯本及呂註本無，今據諸表增。
3　䷘，徐匯本作「䷘」，今據諸表改。
4　〔明〕來知德《周易集註》：「隨者，從也。少女隨長男，隨之象也。隨綜蠱，以艮
　　下而為震，以巽上而為兌，隋之義也。此動彼悦，亦隨之義。〔…〕隨，元亨，
　　然動而悦，易至于詭隨，故必利于貞方得無咎。若所隨不貞，則雖大亨，亦有咎
　　矣，不可依穆姜作四德。」（上冊，頁293–294）。〔宋〕朱熹《周易本義》：「以二體言
　　之，為此動而彼説，亦隨之義，故為隨。己能隨物，物來隨己，彼此相從，其通
　　易矣，故其占為『元亨』，然必利於貞，乃得『無咎』。」（頁90）。

本旨乃聖神隨聖子，是以大通利正而無咎矣，☳二☷四，合之為六，乃瞻禮六日，吾主隨惡人之意而受難也。[5]因其受難之功，故得其道大通而利正固也。因其補罪，故無咎矣。

〈彖〉[6]曰：「隨，剛來而下柔，動而悅，隨。

☳☷二者，乃陰爻上而陽爻下隨☶從☷〔否〕來。[7]初六上而居上，[8]乃上九下而居初，是剛來而下柔也。[9]☷動而☱悅，乃動而悅隨也。[10]

本旨乃聖子動而聖神悅隨也。又吾主來而下惡人，惡人動而吾主悅隨也。

大亨，貞，無咎，而天下隨時，

☷上爻來而☳初，而得其正，乃天下隨子時也。中爻☵時之象，初爻陽子時之象。

本旨夫天開于子，子時降誕，乃天下隨時也。早定降世誕生之時，而隨時降誕，初陽為子，互☶為時，[11]乃冬至後四日子時，是吾主降誕之時

5　瞻禮六日，即星期五。由主日起計，星期五剛好是一週的第六日。相關計算方法詳參〔意〕利類思譯《彌撒經典・瞻禮說》：「每七日謂之一瞻禮：第一日，謂之主日；第二日，謂瞻禮二；第三，瞻禮三；第四，瞻禮四；第五，瞻禮五；第六，瞻禮六；第七，瞻禮七。又凡遇曆上房虛星昴之日，即是主日。」（頁14）。有關耶穌於瞻禮六日受難可參同上書「瞻禮六耶穌受難」（頁295）

6　彖，徐匯本作「象」，今據易文改。

7　☶，徐匯本作「☷」，今據呂註本改。〔宋〕朱熹〈上下經卦變歌〉：「訟自遯變泰歸妹，否從漸來隨三位。」見卷首，頁81。

8　上，徐匯本作「下」，今據呂註本改。

9　下，徐匯本無，今據呂註本增

10　悅，呂註本作「說」。

11　「時」後，呂註本有「故曰子時」。

也。[12] ☳為四，乃冬至後四日之証也。中爻☱，馬棧之象，中互☳，吾主之象也。

隨時之義大矣哉。」

古經預言其時，其為義也，大矣哉！

本旨言其義者，以為信德之據，可知其大主之至，而凡事無如其大，是故曰「大矣哉」。惜今世之人不求知其所以大，[13]而終受其蒙昧之凶也。哀哉！

〈象〉曰：「澤中有雷，隨；[14]君子以嚮晦入宴息。」

澤中有雷者，乃☱中有☳也。雷在澤中者，乃嚮晦也。下中二互頤、漸，乃「入宴息」也。入于下互得宴，入于中互得息也。中爻☴為入之象，☶為止，入而止息之象。☳東日出之時，☱西日入之時，乃「嚮晦」也。☳為君子，故曰「君子以嚮晦」也。[15]

12　此説可追溯自利瑪竇《天主實義》，其聲稱耶穌誕於「漢朝哀帝元壽二年冬至後三日」（頁62–63a），以對應西曆十二月二十五日。據《漢書》載，漢哀帝建平二至三年間（公元前五至四年）出現過兩則特殊星象。對傳教士而言，這正好與《福音書》所載耶穌降生時出現的「伯利恆之星」相對應。艾儒略其後在《天主降生言行紀畧》（1635）按不同曆法，將日子修訂為「冬至後四日」（卷一，頁211–212）這個説法後來於康熙年間獲正式編入規範教會禮儀的瞻禮單，把冬至後四日定為耶穌聖誕節（又名「周年不移動瞻禮」）。白晉在《大易原義內篇・坤》採納了相同的説法，並加以詮釋：「天主聖子、後天之神太陽，不忍普世堅永之殃、毫無陽善，順上聖父之命，親降特于冬至臨下誕世，如神火太陽出東，甘履惡黨陰世之霜，行積天家萬德之善，必至于舍厥寶命堅冰之危，融化人心之堅冰，以復先天春和，發生諸善，世有餘慶。」（頁78）

13　世，徐匯本無，今據呂註本增；知，徐匯本無，今據呂註本增。

14　隨，徐滙本無，今據呂註本增。

15　語出〔明〕來知德《周易集註》：「『嚮』與『向』同。晦者日没而昏也。宴息者，宴安休息，即入人而息也。雷二月出地，八月入地。造化之理，有晝必有夜，有明必有晦，故人生天地，有出必有入，有作必有息。其在人心，有感必有寂，有動必

本旨「澤中有雷」者，乃聖子居聖神之中也。君子者，乃吾主也。以嚮晦者，乃吾主居世而嚮晦也，入天而宴息也。乃嚮晦之時暫，而宴息之時永也。

初九，官有渝，貞吉。出門交有功。

初為 ☷ 主，其性變動，渝之象也。以初隨二，二與四同功，二多譽，有功之象。初九一陽居下，[16]為下民主，故曰官，卦之所以為隨者也。既為隨卦，則必有應，乃可隨之。然初九無應，故當變而歸下互，乃得其正應則吉，故曰「官有渝，貞吉」也。中爻 ☶ 為門，出門交有功者，謂出。本身入下互，乃得有應，故有功也。[17]

本旨「官有渝」者，乃天主變古教而作新教也。貞吉者，乃正固守寵教之規，則吉也。[18]「出門交有功」者，乃上主出天門，交給人性而有救世之功也。天主顯現，謂之出門，故曰「出門交有功」也。吾主立表，示我出門以救世人，乃有功也。

〈象〉曰：「『官有渝』，從正吉也。『出門交有功』，不失也。」

交而從正者，乃得吉也。出門交易，故有功而不失己也。己位者仍在，不失之象也。

有靜，此造化之自然，亦人事之當然也，故雷在地上，則作樂薦帝，雷在地中，則閉關不省方，雷在澤下，則向晦宴息，无非所以法天也。震，東方卦也，日出暘谷。兌，西方卦也，日入昧谷。八月正兌之時，雷藏于澤，此向晦之象也。澤亦是地，不可執泥「澤」字。**中爻巽入，艮為止，入而止息之象也。**」（上冊，頁294–295）

16　一，徐匯本作「以」，今據呂註本改。

17　語出〔明〕來知德《周易集註》：「『隨卦**初隨二**，二隨三，三隨四，四隨五，五隨六，不論應與。官者，主也。震，長子主器，官之象也。**渝者，變而隨乎二也。初為震主，性變動，渝之象也。**故訟卦四變，中爻為震，亦曰『渝』。**中爻艮，門之象也。二與四同功，二多譽，功之象也。**故九四〈小象〉亦曰『功』。初九，陽剛得正，當隨之時，變而隨乎其二，二居中得正，不失其所隨矣，從正而吉者也，故占者貞吉。然其所以貞吉者，何哉？蓋方出門，**隨人之始，即交有功之人，**何貞吉如之？故又言所以貞吉之故。」（上冊，頁295）

18　參閱頁115注26。

本旨「從正吉」者，乃初得正為主，順從真主，則吉也。不失者，乃不失其本身之正，而不失其所以為主也。

六二：係小子，失丈夫。

中爻為 ☰ 為繩，係之象。陽大陰小，小子三也，丈夫初也。六二中正，上有正應，宜無不正之係，因卦為隨，乃隨三失初，是故有係小失大之象。[19]

本旨乃設此言以警之耳，設人係小体之事，則失其大體之德矣。

〈象〉曰：『係小子，弗兼與也。』

係陰而失陽，不兼與也。

本旨乃係陰世而失天國，不能並得也。其性柔者，易隨人。六二以柔居隨，是故「係小而失大」也。

六三：係丈夫，失小子。隨有求得，利居貞。

以下係上，求之象也。得者，四近君為大臣求貴，可以得貴。中爻 ☰，近市利三倍，求富可得富。六三係大失小者，乃係四而失二也。三不中正，當不中互，變為九三，乃得其正，是隨有求得也，乃無正應，故「利居貞」也。「利居貞」者，乃宜居守正固也。[20]

本旨「係丈夫」乃係寵教也。「失小子」者，乃失古教也。「隨有求得」者，乃隨有教而求得恩也。宜居聖教之中，[21] 以正己也。

19　語出〔明〕來知德《周易集註》：「**中爻為繩，係之象也**。陰爻稱小子，陽爻稱丈夫，**陽大陰小之意**。**小子者，三也**。**丈夫者，初也**。六二中正，**當隨之時**。義當隨乎其三，然三不正，初得正，教有係小子、失丈夫之象。」（上冊，頁295–296）

20　語出〔明〕來知德《周易集註》：「丈夫者，九四也，小子者，六二也。**得者，四近君為大臣求乎其貴，可以得其貴也**。**中爻巽，近市利三倍，求乎其富，可以得其富也**。六三當隨之時，義當隨乎其四，然四不中正，六二中正，故有係丈夫失小子之象。若有所求，必有所得，但利乎其正耳。三不中正，故又戒占者以此。」（上冊，頁296）

21　宜，徐滙本作「以」，今據呂註本改。

〈象〉曰：「『係丈夫』，志舍下也。」

　　時當從四，故心志捨乎下之二也。[22]中爻 ☳ 手，[23]捨之象也。歸互為九，乃志舍下也。以陰趨陽，乃改惡遷善也，是故曰「志舍下」也。

　　本旨「志舍下」者，乃志舍下世而趨天國也。趨天國者，乃志舍古教而奉聖教也。

九四，隨有獲，貞凶。有孚，在道以明，何咎？

　　有獲者，得天下之心隨于己。不求隨五，而求隨己，危疑之道，故凶。孚以心言，內有孚信之心。道以事言，凡事合乎道理。明者，識保身之幾。「有」、「在」、「以」三字，皆有功夫。變 ☵，有孚之象。☳ 為大塗，道之象。變 ☵ 錯 ☲，明之象。[24]六三不正，來係九四。九四隨之便得，故曰「隨有獲」也。然非正應，乃正乎凶，故曰「貞凶」也。夫既有信，在道以明，當歸中互，乃得其正，而為 ☲ 光，即無可咎，故曰「在道以明，何咎」也。

　　本旨「隨有獲」者，乃隨世而有得于世也。「貞凶」者，乃正乎凶也。「有孚，在道以明，何咎」者，乃九四不正，有信道明，改過何咎也？所謂過則勿憚改者是也。又旨，乃聖保祿歸化之事也。[25]

22　語出〔明〕來知德《周易集註》：「**時當從四，故心志捨乎下之二也。**」（上冊，頁296）

23　☳，徐滙本無，今據呂註本增。

24　語出〔明〕來知德《周易集註》：「**有獲者，得天下之心隨于己也，**四近君為大臣，大臣之道當使恩威一出于上，眾心皆隨于君，若人心隨己，危疑之道也，故凶。**孚以心言，內有孚信之心也。道以事言，凡事合乎道理也。明者，誠保身之幾也。『有』字、『在』字、『以』字，雖字義稍異，然皆有功夫。**若以象論，變坎，有孚之象也；震為大塗，道之象也，變坎錯離，明之象也；又中爻艮有光輝，亦明之象也。」（上冊，頁296–297）

25　此處卦象的闡述呼應了保祿宗徒歸化的情境。據《聖經・宗徒大事錄》的記載，當時名叫掃祿的保祿在前往大馬士革迫害當地基督徒的時候，在路上，天上出現了強光。當時耶穌基督就顯現給他，隨後掃祿就因此眼瞎。隨後在基督的派遣下，在大馬士革的信徒阿納尼雅為掃祿復明，最後掃祿改名保祿，並歸信基督、熱切傳播福音。相關《聖經》敍述請參考《宗徒大事祿》二十二章1–21節。

〈象〉曰：「『隨有獲』，其義凶也。『有孚』，在道明功也。」

不以正而以隨，是故其義凶也。義凶者有凶之理，有孚在道明功者，言有孚在道皆明哲之功也。[26]有孚在道明，必克勝之，故曰「功」也。以中互暗 ☷，乃在道明也。山上自献，故為功也。歸入下互得正而有應，是以功也。

本旨信真道明，而能光榮聖教，不獨無咎，且有功也。

九五，孚于嘉，吉。

兑之正位在六，乃爻之嘉美者，且上六歸山乃嘉遯矣，故曰「孚于嘉，吉」也。九五陽剛中正，當隨之時，義當隨乎其六，故有孚嘉象，故得吉也。[27]

本旨信于善者，乃信于真主也。信于真主者，乃吉可必也。九五乃上主之聖子，信于聖子，乃為嘉美之德，自然吉也。

〈象〉曰：「孚于嘉吉，位正中也。」

以陽剛為信實，以中正為嘉善，是故吉也。以九居五，乃位正中也。

本旨「位正中」者，乃吾主得十字架上正中之位，乃位二盜之中也。[28]

---

26 語出〔明〕來知德《周易集註》：「**義凶者有凶之理也，有孚在道明功者，言有孚在道皆明哲之功也。**蓋明哲則知心不可欺而內竭其誠，知事不可苟，而外合于道，所以无咎也。周公爻辭，三者並言，孔子〈象〉辭，推原而歸功于明，何以驗？人臣明哲為先，昔漢之蕭何韓信，皆高帝功臣，信既求封齊，復求王楚，可謂有獲矣，然無明哲，不知有獲貞凶之義，卒為大禍。何則不然，帝在軍中，遣使勞何，何悉遣子弟從軍，帝大悅，及擊陳豨，遣使拜何相國，封五千戶，何讓不受，悉以家財佐軍用，帝又悅，卒為漢第一功臣。身榮名顯若何者，可謂知明功臣者矣。孔子明功之言，不其驗哉。」（上冊，頁297）

27 語出〔明〕來知德《周易集註》：「**八卦正位兑在六，乃爻之嘉美者。且上六歸山，乃嘉遯矣，故曰『孚于嘉』。九五陽剛中正，當隨之時。義當隨乎其六，故有孚嘉之象，**蓋隨之美者也。占者得此，吉可知矣。」（上冊，頁297）

28 《瑪竇福音》二十七章38節：「當時與他一起被釘在十字架上的，還有兩個強盜：一個在右邊，一個在左邊。」〔意〕利類思《彌撒經典·耶穌契利斯督我等主依瑪竇受難之經》：「左右盜賊二人。」（頁283）

上六，拘係之，乃從維之，王用亨于西山。

維亦係也。係之又維之，言係而又係也係。變 ☰，王之象，指五也。中爻 ☳ 手，拘之象。中爻 ☶ 繩，係之象。卦屬隨從之象。長子主器，享之象。上六乘剛而無應，又為卦盡而無所可之，故曰「拘係之」也。陰柔居隨之極，乃從維也之。中互暗王，在西山之上，以亨于上。兌居西方，☶錯 ☳，西山之象，故曰「王用亨于西山」。以君使臣，用之象也。[29]

本旨「拘係之」者，乃惡徒捕縛吾主也。乃從維之者，是吾主隨惡徒之係牽也。[30] 暗互王在西山之上，乃獻上之象也。是故曰「王用亨于西山」也。「亨于西山」者，乃吾主在噶瓦畧山上用聖體聖血功勞，献于天主聖父也。[31] 西山者，乃西國之山也。噶瓦畧者，譯言「骷髏髑所」也。六居卦頂，[32] 故曰「骷髏所」也。[33]

---

29 語出〔明〕來知德《周易集註》：「係即六二、六三之係，**維亦係也。係之又維之，言係而又係也**。《詩》：『繫之維之，于焉嘉客』是也，言五乎于六，如此係維其相隨之心，固結而不可解也。如七十子之隨孔子，五百人之隨田橫，此爻足以當之。**變乾，王之象也，指五也。兌居西，西之象也。兌錯艮，山之象也**。六不能隨于世人，見九五維係之極，則必歸之山矣。隨蠱相綜，故蠱卦上九不事王侯，亦有歸山之象。**亨者，通也。王用亨于西山者，用通于西山以求之也**。亨西山，與謙卦『用涉大川』同，皆因有此象，正所謂無此事此理而有此象也。」（上冊，頁297）〔宋〕朱熹《周易本義》：「居隨之極，隨之固結而不可解者也。誠意之極，可通神明，故其占為『王用亨于西山』。亨，亦當作祭享之享。自周而言，岐山在西。凡筮祭山川者得之，其誠意如是，則吉也。」（頁92）

30 是，徐滙本無，今據呂註本增。

31 有關基督苦難作為贖罪祭，參〔法〕沙守信《真道自證》：「然而耶穌之於萬民，猶不止於是，何則？其任其功其愛，非人事可比，任非一國之事，乃萬邦萬民萬世之事也。災非七年之旱，乃從古多年之神旱；拯非一國之人飢而死，乃萬民之罹永殃而永死也；其所求者，非一時之膏雨，乃欲復天主原所施之隆恩也；其所以熄天主之義怒者，非剪髮斷爪而已，乃躬代犧牲，釘於十字架而死。〔昔西國最重之刑，以木造架如十字架，釘其手足而懸之。耶穌特甘心〔選〕之，以釘於其上，故曰『釘十架』，後因設十字架，以表聖教之號焉。〕然此贖罪之大祭，為耶穌降來之原義，為救世者之宏勳，故降生以前古聖所定之禮，降生以後耶穌所行之事，悉歸此意焉。」（卷二，頁274）

32 卦頂，徐滙本作「頂上」，今據呂註本改。

33 噶瓦畧，音譯自拉丁文 *Calvariae*，即耶穌十字架豎立的加爾瓦略山。加爾瓦略山在希伯來文中又稱「哥爾哥達」(תלוגלוג / *Golgotha*)，意思是「髑髏地」。

〈象〉曰：「『拘係之』，上窮³⁴也。」

　　居卦之盡，乃上窮也。³⁵

　　本旨吾主救世之功，終于此而已矣。每卦之事，乃有徹始徹終之道，不可執一而論也。

34　窮，指極。《說文解字》：「窮，極也。」（頁350）〔宋〕朱熹《周易本義》：「窮，極也。」《山海經・大荒南經》：「赤水窮焉。」

35　語出〔明〕來知德《周易集註》：「上者，六也。**窮者，居卦之終，無所隨也，非凶也**」（上冊，頁298）

蠱卦

䷑	巽下艮上			
屬	巽[36]	初爻變成 小畜		
		二爻變成 家人		
		三爻變成 益		
		四爻變成 無妄		
		五爻變成 噬嗑		
		六還四爻成 頤		
		七歸內卦成 蠱		
錯綜	隨			
參伍	下互 大過	中互 歸妹	上互 頤	
五爻互	下互 恒[37]	上互 損		
各爻變[38]	初爻變成 大畜	錯 萃	綜 無妄	地位
	二爻變成 艮[39]	錯 兌[40]	綜 震	
	三爻變成 蒙	錯 革	綜 屯	人位
	四爻變成 鼎	錯 屯	綜 革	
	五爻變成 巽	錯 震	綜 兌	天位
	六爻變成 升	錯 無妄	綜 萃	

---

36 巽，徐匯本及呂註本無，今據卦象增。
37 ䷟，徐滙本作「䷟」，今據卦象改。
38 各爻變，徐匯本及呂註本無，今據諸表增。
39 ䷳，徐滙本作「䷳」，今據卦象改。
40 錯 兌，徐匯本及呂註本無，今據卦象增。

蠱[41]，元亨，利涉大川。先甲三日，後甲三日。

　　蠱，敗極也。維時世道敗極，是故曰「蠱」。山中氣活以除世蠱，故曰「山風蠱」也。[42]山風大通天下，故曰「元亨」。互中有水，舟得風，故曰「利涉」。有 ☵ 為大川，故曰「利涉大川」。[43]「先甲三日，後甲三日」者，甲東方 ☳ 木也。☴ 先 ☳ 三爻，☶ 後 ☳ 三爻，[44]☳ 居 ䷑ 之中，故曰「先甲後甲」。言 ☴ 先于甲，☶ 後于甲也。不言爻而言日者，中互 ䷟。日居 ䷟ 之中，乃日出東 ☳，於日沒 ☱ 西原有此象，故曰「三日」也。當蠱之時，亂極必治，然豈靜候以待其治哉？必歷涉艱難險阻，撥亂反正，[45]知其先之三爻，乃 ☴ 之象柔弱，所以成其蠱也。則因其柔弱，而矯之剛果，知其後之三爻，乃 ☶ 之止息，所以成其蠱也，則因其止息。雷風為恒，乃為而矯之以奮發，斯可以元亨而天下治矣。中互 ☳ 王，乃治蠱之主也。

41　蠱，徐滙本作「蟲」，今據諸本改。

42　語出〔明〕來知德《周易集註》：「**蠱者，物久敗壞而蠱生也**。以卦德論，在上者止息而不動作，在下者巽順而無違忤，彼此委靡因循，此其所以蠱也。」（上冊，頁298）

43　語出〔明〕來知德《周易集註》：「利涉大川者，中爻震木在兌澤之上也。先甲、後甲者，本卦艮上巽下，文王圓圖艮巽夾震木于東之中，故曰先甲、後甲，**言巽先于甲，艮後于甲也**。巽卦言先庚、後庚者，伏羲圓圖艮巽夾兌方于西之中，故曰先庚、後庚，言巽先于庚，艮後于庚也。分甲于蠱者，本卦未變，上體中爻震木，下體巽木也。分庚于巽者，本卦未變，上體錯兌金，下體綜兌金也。十干獨言甲、庚者，乾、坤乃六十四卦之祖，甲居于寅，坤在上、乾在下為泰；庚居于申，乾在上坤、在下為否。大往小來，小往大來，天地之道不過如此。物不可以終通，物不可以終否，易之為道亦不過如此，所以獨言甲、庚也。日先三、後三者六爻也，先三者，下三爻也，巽也；後三者，上三爻也，艮也。不曰爻而曰日者，**本卦綜隨，日出震東，日沒兌西**，原有此象。故少不言一日、二日，多不言九日、十日，而獨言先三、後三者，則知其為下三爻、上三爻也明矣。以先甲用辛取自新，後甲用丁取丁寧，此說始于鄭玄，不成其說矣。**當蠱之時，亂極必治**，占者固元亨矣，**然豈靜以俟其治哉？必歷涉艱難險阻，以撥亂反正。知其先之三爻，乃**巽之柔懦，所以**成其蠱也，則因其柔懦**，而矯之以剛果；**知其後之三爻，乃艮之止息，所以成其蠱也，則因其止息**，而矯之以奮發，斯可以元亨而天下治矣。」（上冊，頁299）

44　☶，徐滙本作「☷」，今據呂註本改。

45　語出《公羊傳‧哀公十四年》：「撥亂世，反諸正，莫近諸春秋。」

本旨雷風為恒，[46]乃為治蠱之始，風雷為益，乃正治蠱之始，[47]恒時 ䷽
小過，乃治蠱之末。䷲ 乃養人以正，是故曰「先甲後甲」，今提 ䷿，乃言
其治蠱之始。恒卦者，乃天神來報聖母瑪利亞曰，[48]天主特選為救世者之
母，是主降生，乃所以治世之蠱也。[49]䷲ 為三日，乃涉世治蠱之主也，故
曰「利涉」。維時罪惡大通天下，故曰「蠱元亨」也。「利涉大川」者，乃宜涉
世治蠱也。以 ䷳ 生 ䷸，而有 ䷿ 賁。[50]卦之正身，䷸ 在 ䷳ 下者，乃聖母瑪
利亞始孕母胎，九月而聖誕也。[51]暗 ䷳ 六 ䷸ 三，合之為九，以 ䷸ 為月，
乃九月而聖誕之証也。卦之大象，乃聖母聖誕之象也。

〈彖〉[52]曰：「蠱，剛上而柔下，巽而止，蠱。

艮剛在上，巽柔在下，由巽入世，生聖子而止世蠱，故曰「巽而止世
蠱」也。艮為止之象。

蠱元亨，而天下治也；利涉大川，往有事也；先甲三日，後甲三日，終則有始，天行也。[53]」

初爻變 ䷳ 在下，天下之象。䷸ 為繩直，為工治之象。中爻 ䷁ 足，動
往之象。䷁ 為大塗，天行之象。蠱大通而天下治者，乃亂極而思治也。[54]

---

46 雷風為恒，徐滙本作「雷為恒風」，今據呂註本改。

47 始，呂註本作「時」。

48 聖母，呂註本作「童貞」。

49 據天主教訓導，聖母瑪利亞作為耶穌基督的母親其實是天主在無始時已經預定、
揀選。見〔意〕高一志《聖母行實》：「若天主則自運神工，不借外力，不待時刻，凡
宜造作，是欲造作；凡欲造作，是能造作。初無遏阻，則從無始而預定其母之聖
德尊榮，豈人所能測其萬一哉？」（頁348–349）

50 參閱頁220注219。

51 此處有關教會的禮儀傳統。據當時的教會禮儀年曆（見〔意〕利類思譯《彌撒經典·
周年不移動瞻禮表》，頁15–17），「聖母始孕母胎」瞻禮為西曆12月8日、「聖母聖
誕」瞻禮為9月8日，從當年12月8日至翌年9月8日，當中相差正正是9個月。

52 彖，徐滙本作「象」，今據易文改。

53 天行也，徐滙本作「天下行也」，今據呂註本改。

54 語出〔宋〕朱熹《孟子集注》卷四：「周，謂文武之間。數，謂五百年之期。時，謂
亂極思治可以有為之日。於是而不得一有所為，此孟子所以不能無不豫也。」

涉大川而往有事者，乃所以治蠱之事也。先甲三日，蠱之興也。後甲三日，☷ 治蠱也。終于☷，乃成言乎☶也。始于☴，乃齊乎☴也，故曰「終則有始」也。[55] 乃為天國之正道，故曰「天行」也。

本旨蠱者，乃罪傷也。上互☶頤，乃人祖食命菓而遺原罪也。原罪大通萬民，故曰「元亨」。[56] 人因原罪之染，其性受傷，而本身之罪更萬倍于原罪之重，故曰「蠱大通」也。[57] 中互暗☳，聖子降世以治人罪，[58] 故曰「天下治」也。利涉大川以救人罪，乃「往有事」也。先甲三日，蠱之興也；後甲三日，主治蠱也。終于☷者，乃七言而終也。[59] 始于☴者，乃起救蠱之始也，是衰世之終，而盛世之始也，是故曰「終則有始」也。又「終則有始」者，乃書教之終，則有寵教之始，是為天國之真道，故曰「天行」也。[60] 下互後人之罪，大過于人祖所遺之原罪，其害不啻陷永入火之災難，[61] 乃不思以救己，亦愚甚矣。[62]

55　語出〔明〕來知德《周易集註》：「方天下壞亂，當勇往以濟難。若復巽懦止息，則終于蠱矣，豈能元亨？終始即先後。**成言乎艮者，終也。齊乎巽者，始也。**終則有始者，如晝之終矣，而又有夜之始；夜之終矣，而又有晝之始。」（上冊，頁300）

56　人祖，即亞當（Adam）及厄娃（Eve）。據教會訓導，正因原祖父母服從於魔鬼的引誘而逆天命偷吃禁果，罪惡因此進入了世界、而後世人類亦因此就身染原罪。相關《聖經》根據參《羅馬書》五章12–21節。〔法〕白晉於其〈大易原義內篇〉亦有強調「果」與「原罪」的關係：「皆由人祖亂臣賊子之首，不慎失防于始，上主原所禁一果之微，順從魔誘，辯之不早辯，故至此，萬不能維挽于終，其為害于天國家極矣！危哉！」（頁77）

57　此處帶出了「原罪」（Original Sin）與「本罪」（Actual Sin）的概念，相關解釋請參〔法〕沙守信《真道自證》：「原罪者，原祖傳於子孫之罪；本罪者，人本身自作之罪。」（卷四，頁376）

58　罪，呂註本作「蠱」。

59　七言，即綜合福音書所載耶穌基督在十字架上的七句遺言。有關「架上七言」的解說，詳參〔意〕艾儒略《天主降生言行紀畧》卷七「十字架上七言」（頁312）。

60　參閱頁204注141。

61　其害不，徐滙本無，今據呂註本增。

62　愚，徐滙本作「遇」，今據呂註本改。

〈象〉曰：「山下有風，蠱；君子以振民育德。」

「山有風蠱」者，乃上☶下☴，而屋中氣死，故治蠱也。[63]君子之所以為君子者，乃在乎振民而育德也。振民者，乃鼓舞作興以振起之，使之日趨于善，此親之事育養其德也。中爻☳為鼓，☴為手，陰爻為民，振民之象。陽爻為德之象，振民者乃所以育德也。[64]

本旨☶山者，乃人祖也。山有風蠱者，乃屢代所積之原本二罪也。[65][66]中互有君子，君子以救民止蠱，而養育人德也。中互歸妹，乃救之也。上互頤口，乃養之也。夫救養者，乃救世之主，是救民而育德也。

初六：幹父之蠱。有子，考無咎，厲，終吉。

幹，木之莖幹也。中爻☴木，下體☴木，幹之象也。木有幹，方能附其繁茂之枝葉；人有才能，[67]方能作其既墜之家聲，故曰「幹蠱」。☶止于上，猶父道之父無為，而尊於上也。☴順于下，猶子道之服勞而順于下也，故蠱多言幹父之事，幹如木之根幹，枝葉所附而立者也。「蠱」者，乃前人已壞之緒也。「幹父」者，乃人類之元祖也。蠱之者，乃人祖所遺之元

63　治，呂註本作「致」。

64　語出〔明〕來知德《周易集註》：「山下有風，則物壞而有事更新矣。**振民者，鼓舞作興以振起之，使之日趨于善**，非巽之柔弱也。此新民之事也。育德者，操存省察以涵育之，非艮之止息也。此明德之事也。當蠱之事，風俗頹敗，由于民德之不新。民德不新，由于己德之不明。故救時之急在于振民。振民又在于育德。蓋相因之辭也。」（上冊，頁301）

65　〔法〕白晉《大易原義內篇‧坤》：「世人之惡終至于弒其君父，乃捄世天地萬有之真主，非一朝一夕之故。原由自太古萬世萬方元祖母，不敬不慎上主所禁一果之微，失防叛神之首——元惡巨憝黑龍老陰之誘，後引元祖父同犯命，自絕于上主萬神萬靈太陽之神照，萬惡陰道之門始開。因而連累萬世萬方子孫，同馴其道，漸積重惡不善，至于人心陰惡凝結，如純冬不可解之堅冰，敗天國家不可救之洪殃。」（頁75–76）

66　罪，呂註本作「皋」。參閱頁83注4。

67　財，徐匯本作「財」，今據呂註本改。

罪也。「有子」者，乃中互 ☳ 有聖子，以補人類之罪，而考則無咎也。以陰居初，不得其正，故厲而不安，終得上互，得正而有應，是故「終吉」也。[68]

本旨「幹父之蠱」者，乃人祖之罪也。「有子，考無咎」者，乃有聖子耶穌補其罪惡，是故考得無其咎也。「厲，終吉」者，乃因其罪而不安，終得聖子救世，是故吉也。然欲得其吉，必接其恩可也。

〈象〉曰：「『幹父之蠱』，意承考也。」

有子承接祖考，[69]以補人類之罪，乃意承考也。幹父者，乃治父之蠱也。初陰在下，承考之象也。

本旨「意承考」者，乃聖子降世之意，承接祖考之任，以補萬民之罪，以免永苦之罰也。[70]

九二：幹母之蠱，不可貞。

九二應六五，故曰「幹母」。[71]其餘無應，俱曰「幹父」。☷ 為可，二不成 ☷，不可之象。又上 ☶ 止，亦不可之象，貞下問也。中爻 ☱ 口居下，下問之象。上 ☶ 止之，不可下問之象。☴ 性入下，☶ 止之曰，不可下問而入，當進上而治五母。上互五為 ☷ 母之象，是故曰「不可貞」也。

---

68 語出〔明〕來知德《周易集註》：「艮止于上，猶父道之無為而尊于上也。巽順于下，猶子道之服勞而順于下也，故蠱多言幹父之事。幹者，木之莖幹也。中爻震木，下體巽木，幹之象也。木有幹，方能附其繁茂之枝葉；人有才能，方能振作其既墮之家聲，故曰『幹蠱』。有子者，即《禮記》之『幸哉有子』也。」(上冊，頁301)

69 祖考，即祖先，此處指亞當。《書經‧君牙》：「纘乃舊服，無忝祖考。」《詩經‧小雅‧信南山》：「祭以清酒，從以騂牡，享于祖考。」

70 此處視耶穌基督為「新亞當」，以死洗淨人罪，為世界帶來新開始。《羅馬書》五章14節：「但從亞當起，直到梅瑟，死亡卻作了王，連那些沒有像亞當一樣違法犯罪的人，也屬它權下：這亞當原是那未來亞當的預像。」；《古新聖經‧聖保 諭落瑪教友〔的〕書札》：「這死，從亞當到每瑟，常管轄人，也管轄那些未如亞當背命的——亞當本來的預像。」(卷九，頁3088)

71 語出〔明〕來知德《周易集註》：「九二當蠱之時，上應六五，六五陰柔，故有幹母蠱之象。然九二剛中，以剛承柔，恐其過于直遂也，故戒占者不可貞，委曲巽順以幹之可也。」(上冊，頁302)

本旨「幹母之蠱」者，乃吾主補祖母之罪也。[72]「不可貞」者，不可下問愚民也。此理本屬超性，愚民不能答之，必無全善之法，故不可下問也。世罪陷人入于永獄之地，不啻陷永入火之災難，[73]不救缺仁，故曰「不可貞，而不可下問」也。

〈象〉曰：「『幹母之蠱』，得中道也。」

九二得中，而為暗互之 ☷，乃為六二，上應九五，得正而中，故曰「得中道」也。

本旨此預言治蠱之道得中，而時尚未至，《經》云「予時尚未至也」。[74]「得中道」者，乃白赦缺義，嚴罰缺仁，俱屬不可，補救為中，仁義兩全，故曰「得中道」也。中道也者，乃得仁義之中也。

九三：幹父之蠱，小有悔，無大咎。

不中無應，乃小有悔也。☶ 體得正，無大咎也。

---

72 「祖母」即厄娃(Eve)，此處即指耶穌基督以其苦難賠補了原祖父母的違命，相關《聖經》根據可參考《羅馬書》五章12–21節。〔法〕白晉在《古今敬天鑒》中同樣強調了厄娃為原罪的來源、而耶穌基督則是除去原罪者：「《詩‧大雅》：『亂匪降自天，生自婦人。』【據天主《聖經》，萬民祖父母，男女二人，原生之時，最明天理，自順上主所賦至善之性，初乎不文眾人。原祖母被邪魔之惑，非特自獲罪于，天下平安不亂，嗟罪，因遂連類後族眾人，均染原罪，天並引已之夫。犯，非自上主所降，乃自婦人，所生乃之污。由是萬民患難，宇大亂。真原祖母，真為先後，萬罪亂之根。】」(卷上，頁83–84)；又見「《書‧多方》：『天惟時求民主，乃大降顯休命於成湯。』《日講》：『天厭夏桀之無道，不可作民主矣。於是監觀四方，為民為民求主。乃眷有殷，大降顯明休美之命于成湯，使為生民主。』【據主《聖經》，上主生人祖之初，命之以為萬民之首，天以主之。然已獲罪于天，失已心之靈命，後世蒸民，類其原罪，並壞其心，命猶死者。然由此上主監觀四方，絕元祖為萬民。主之命移之降之，于已從無始所生之元元子，乃特命之降生，同人親民，使為復生民之主，以新道新之治之，而永主宰之。】」(卷上，頁100–101)

73 永，徐滙本作「冰」，今據呂註本改。

74 〔意〕利類思《彌撒經典‧聖若望萬日晷經》：「耶穌應曰：『女者，予與汝何？與予時尚未至。』」(頁194)《若望福音》二章4節：「耶穌回答說：『女人，這於我和你有什麼關係？我的時刻尚未來到。』」

本旨小有悔者，乃無染也。無大咎，乃無本罪也。此言大聖若瑟，乃無本罪之犯也。此皆古經預言，以証救世之道，以作信德之憑也。

〈象〉曰：「『幹父之蠱』，終無咎也。」

終指上九，與三同德，故曰「終無咎」也。

本旨「終無咎」者，乃終因聖子補救，故曰「終無咎」也。

六四，裕父之蠱，往見吝。[75]

陰柔無應，不能有為，寬裕以治蠱之象。如是則蠱將日深，故往之則見吝也。無應而往，乃所以吝也。強以立事為幹，怠而委事為裕，正幹之反也。[76]往者以此而往治其蠱見。吝者，立見其羞吝也。中爻 ☷，為往之象，中互 ☶ 目，為見之象。治而未治，吝之象也。[77]

本旨六四无應者，乃无應主恩也。以人之力，豈能有濟，因此世道日趨日下，而不能返正，是故「往之，則見吝」也。[78]

〈象〉曰：「『裕父之蠱』，往未得也。」

往之未得應遇，乃未得治蠱之道，故曰「往未得」也。陽為得，陰為失，「往未得」者，未得陽應也。

本旨乃言古教為首之人，以柔而治蠱。「往未得」者，乃未得治蠱之道也。以己之意而治蠱者，不惟無益而且有害，遺害萬世之人也。

---

75 吝，徐滙本作「咎」，今據呂註本改。
76 反，徐滙本作「友」，今據呂註本改。
77 語出〔明〕來知德《周易集註》：裕，寬裕也。強以立事為幹，怠而委事為裕，正幹之反也。往者，以此而往治其蠱也，見吝者，立見其羞吝也。治蠱如拯溺救焚，猶恐緩不及事，豈可裕？」（上冊，頁303）
78 「本旨六四无應者，及无應主恩也。以人之力，豈能有濟，因此世道日趨日下，而不能返正，是故『往之，則見吝』也」，徐滙本無，今據呂註本增。

六五：幹父之蠱，用譽。

柔中居尊，下應九二，皆不得其正。用譽者，乃用歸下互也。歸入下互，以謙而為九五，斯則可譽，故曰「用譽」也。以小事大，不能直責，是故用譽以感其力，[79] 乃孝子之行也。二多譽，六五應九二，歸下互，乃用人而得譽也。以五應二，用之象。中爻 ☱ 口，譽之象。[80]

本旨此豫言吾主降世治蠱，自稱人子，乃所以用譽而感化人也。[81]

〈象〉曰：「『幹父用譽』，承以德也。」

奉子以中，乃為奉德，故曰「承以德」也。陽爻為德，以五接二，[82] 承以德之象。

本旨乃以德補父之罪也。言此蕭言舜之所行，[83] 而為吾主之豫象也。

上九：不事王侯，高尚其事。

陽爻為事，中互暗王，上九止而不應，故曰「不事王侯」也。居上屬陽，故曰「高尚其事」也。

本旨不事王侯而事上主，乃聖人之事，故曰「高尚其事」也。今世迷子不事上主，乃「高尚其事」者，是何事也？或以隱為高尚之事，[84] 而隱之高尚何在，而志之可則何存。以隱為尚者，乃求之不得其故，而強為之辭也。

79　力，呂註本作「心」。

80　語出〔明〕來知德《周易集註》：「用者，用人也。用譽者，因用人而得譽也。二多譽，譽之象也。周公曰『用譽』、孔子『二多譽』之言，蓋本于此。九二以五為母，六五又取子道，可見『易不可為典要』。宋仁宗柔之主，得韓、范、富、歐，卒為宋令主，此爻近之。六五以柔居尊，下應九二，二以剛中之才而居巽體，則所以承順乎五者，莫非剛健大中之德矣。以此治蠱可得聞譽，然非自能譽也，**用人而得其譽也**，故其象占如此。」（上冊，頁303）

81　「而感化人也」，徐滙本無，今據呂註本增。

82　五，徐滙本作「正」，今據呂註本改。

83　言，呂註本無。

84　事，徐滙本作「士」，今據呂註本改。

〈象〉曰：「『不事王侯』，志可則也。」[85]

　　本卦屬 ䷸〔巽〕，五爻變成 ䷔噬嗑，☳錯☴ 可之象，[86]又為律，則之象。志可則者，乃可效其高尚之事，而不應下世之事也。乃視富貴如浮雲，[87]棄天下如敝屣，[88]于世無求，自有高尚之事，而世子者不及也。

　　本旨不事王侯者，乃指伏羲並聖每瑟二者，專事上主，而古經由之所記，專志精修以事上主，故曰「其志可則」也。[89]則者，法也，言可效法其事上主之志也。法之者，乃為尚志之人也。

85　可則，徐滙本作「則可」，今據呂註本改。

86　「可」前，呂註本有「為」。

87　典出《論語·述而》：「子曰：『飯疏食飲水，曲肱而枕之，樂亦在其中矣。不義而富且貴，於我如浮雲。』」

88　典出《孟子·盡心上》：「桃應問曰：『舜為天子，皋陶為士，瞽瞍殺人，則如之何？』孟子曰：『執之而已矣。』『然則舜不禁與？』曰：『夫舜惡得而禁之？夫有所受之也。』『然則舜如之何？』曰：『舜視棄天下，猶棄敝蹤也。竊負而逃，遵海濱而處，終身訢然，樂而忘天下。』」

89　白晉同樣視伏羲為受天主啟示的聖人，詳參《大易原義內篇·坤》：「六二乃『直方大，不習无不利』之狀，即相應于乾九二之所，後天成功前六千年，六位時第二位時之內，即先師西之額諾各、東之包犧氏，仰觀俯察，百世所望拯世之天教、大開廣行之期。」(頁81)

臨卦

䷒	兌下坤上			
大象	☳ 震[90]			
屬	䷁ 坤[91]	二變成 ䷒ 臨		
錯	䷠ 遯			
綜	䷓ 觀			
參伍	下互 ䷵ 歸妹	中互 ䷗ 復	上互 ䷁ 坤	
五爻互	下互 ䷒ 臨	上互 ䷗ 復		
各爻變[92]	初爻變成 ䷆ 師	錯 ䷌ 同人	綜 ䷇ 比	地位
	二爻變成 ䷗ 復	錯 ䷫ 姤	綜 ䷖ 剝	
	三爻變成 ䷊ 泰	錯 ䷋ 否		人位
	四爻變成 ䷵ 歸妹	錯 ䷸ 漸		
	五爻變成 ䷻ 節	錯 ䷷ 旅	綜 ䷺ 渙	天位
	六爻變成 ䷨ 損	錯 ䷞ 咸	綜 ䷩ 益	

臨：元亨利貞，至于八月有凶。

☱悅 ☷順，悅順故臨，[93]而大通利益正固也。二五相應，乃大通也。互 ☳ 為通之象，澤臨地內，利益而正固也。上 ☷ 為八，下互暗 ☳ 為月，三居 ☷ 下，是故有凶。是八月，乃陰咸陽消之時而斂生長之氣，是故凶也。☱ 居 ☷ 之正西，秋八月之象。時遇秋殺之氣，乃有凶之象。

---

90 震，徐匯本及呂註本無，今據卦象增。

91 坤，徐匯本及呂註本無，今據卦象增。

92 各爻變，徐匯本及呂註本無，今據諸表增。

93 臨，原指從上往下看，後引伸監視、統治、來到等意。《說文解字》：「監也。」〔清〕段玉裁注：「各本作監臨也。乃複字未刪而又倒之。今正。」（頁392）《詩經‧大雅‧大明》：「上帝臨女，無貳爾心。」《書經‧大禹謨》：「臨下以簡，御眾以寬。」

本旨此卦乃聖神降臨賜恩于人心之內也。[94]人思其恩，[95]固必大通而利正固也。[96]然恩以愛接，必得其恩也。下互☷四☴二，合之為六，乃人心如六月炎熱者，能得其恩也。惜乃小人不以愛接而以冷遇，辜負聖神之恩，是以凶也。上主愛世人，愈母愛其子，降臨堅信德，承接全在此。若今以冷遇，凶禍有永死。[97]正身☴二☷八，[98]合之為十，乃耶穌升天後十日，圣神降臨之証也。[99]中互☷八☴四，合之一百有二，[100]乃一百二十聖徒，得受聖神之恩也。[101]受恩而後能講萬國方言，能明古新二經奧理，能修諸德之全，不學而知，[102]設非聖神之寵照，其熟能與於此？[103]

---

94 據教會訓導，天主聖神具有七種恩賜，即上智、聰敏、超見、剛毅、明達、孝愛及敬畏天主。相關說明，詳參〔意〕艾儒略《口鐸日抄》：「而聖神七恩，又當朝夕切祈者也。何謂七恩？一敬畏、二忻順、三智識、四剛毅、五計策、六明達、七上智。〔…〕聖神之恩反是矣。若受聖神之恩者，卑以自牧、夙夜小慎。上則敬主，下則敬人，其視驕傲為何如哉？夫敬畏之恩未受，則於性命之事，尚強勉承之。有敬畏，則無強勉，舉所施為，靡不踴躍擔當，即為忻順之德矣。既有忻順，使無智識，猶慮見解未眞，而生疑阻。迨智之明識之定，則必剛毅為之，以成厥功，剛毅矣。然天下事，亦有不能任意者，故必求善策至計，而後可百舉而百當者也。有剛毅，復有計策，則凡上天下地之理，皆其所通達。明悟者。智識又不足言矣，求之愈切，則恩之降愈深，上智之妙，曷可言哉？故聖母禱文有曰：『上智之座』，正以明聖母之德精行粹，而為聖神所托基者也。」（卷七，頁482–484）

95 思，呂註本作「得」。

96 固，徐匯本作「因」，今據呂註本改。

97 死，徐匯本作「世」，今據呂註本改。

98 ☴二☷八，徐匯本作「兌二坤八」，今據呂註本改。

99 〔意〕利類思譯《彌撒經典·移動瞻禮》：「耶穌昇天，自復活日起，在四十日後；聖神降臨，在昇天之後十日。」（頁14）

100 「合之為十，乃耶穌升天後十日，圣神降臨之証也。中互☷八☴四，合之」，徐匯本無，今據呂註本增。

101 〔意〕艾儒略《天主降生言行紀畧》有關聖神降臨的敘述：「宗徒如命，乃偕聖母及諸聖徒百二十餘人，聚會於都城初立聖體之堂，期望大恩。」（頁322）。另參《宗徒大事錄》一章12–15節。

102 典出《論衡·實知》：「所謂『神』者，**不學而知**；所謂『聖』者，須學以聖。以聖人學，知非聖。天地之間，含血之類，無性知者。狌狌知往，鳱鵲知來，稟天之性，自然者也。如以聖人為若狌狌狌乎？則夫狌狌之類，鳥獸也。僅諸**不學而知**，可謂神而先知矣。」（頁252）

103 此處即《宗徒大事錄》中對聖神降臨的敘述，相關敘述請見本經二章1–13節。有關說外方話的敘述，請參上述經文二章4–6節：「眾人都充滿了聖神，照聖神賜給他

〈彖〉[104]曰：「臨，剛浸而長，

浸，漸也。剛浸而長者，謂下二陽也。 [105]

本旨剛長則壯，而能勝讎矣。[106]其恩在神，故曰「浸長」，乃堅固靈魂于信德也。陽爻一長，則為泰卦而大通矣。

悦而順，剛中而應，

☱ 悦 ☷ 順，九二剛中而應六五也。[107]

本旨「悦而順」，乃主悦而人順也。「剛中而應」者，乃聖神剛而應世人也。中互九二為 ☱ 主，☷ 為民。主民當順主，乃理乃義。今人不順上主，非怪而何？

們的話，説起外方話來。那時，居住在耶路撒冷的，有從天下各國來的虔誠的猶太人。這聲音一響，就聚來了許多人，都倉皇失措，因為人人都聽見他們説自己的方言。」〔意〕利類思譯《彌撒經典‧宗徒行實經書》：「皆因聖神盛滿，始能講異地之音，各因聖神界之語焉。適日路撒冷府，居如德義、各國修士，聞此聲，眾聚心愕，蓋各聞本國語。」（頁404）

104 彖，徐匯本作「象」，今據呂註本及易文改。

105 語出〔明〕來知德《周易集註》：「以卦體卦德釋卦名卦辭。**浸者漸也**，言自復一陽生至臨則陽漸長矣，此釋卦名。」（上冊，頁306）

106 讎，同「讐」，原指對答，後引申為仇怨等意。《説文解字》：「讎，猶應也。」〔清〕段玉裁注：「心部曰：應，當也。讎者，以言對之。《詩》云『無言不讎』是也。引伸之為物價之讎。詩賈用不讎、高祖飲酒讎數倍是也。又引伸之為讎怨。《詩》：『不我能慉，反以我為讎。』周禮父之讎、兄弟之讎是也。人部曰：仇，讎也。仇讎本皆兼善惡言之，後乃專謂怨為讎矣。」（頁90）《戰國策‧趙策一》：「著之盤盂，屬之讎柞。」《詩‧邶風‧穀風》：「不我能慉，反以我為讎。」

107 語出〔明〕來知德《周易集註》：「以卦體、卦德釋卦名、卦辭。**浸者，漸也**，言自復一陽生，至臨則陽漸長矣。此釋卦名説而順者，**內説而外順**。説則陽之進不逼，順則陰之從也不逆。**剛中而應者，九二剛中，應乎六五之柔中也**。言雖剛浸長，逼迫乎陰，然非倚剛之強暴而逼迫也，乃彼此和順相應也。此言臨有此善也。剛浸長而悦順者，大亨也。剛中而應柔中者，以正也。天之道者，天道之自然也。言天道陽長陰消原是如此，大亨以正也。一誠通復，豈不大亨以正？故文王卦辭曰『元亨利貞』者此也。然陰之消，豈長消哉？至西曰觀，陰復長而凶矣。」（上冊，頁306）

大亨以正，天之道也。

「大亨」者，乃二五得應也。「以正」者，[108]乃因正天下之人也。大通因正，如天包地，乃非人力所能及者，故曰「天之道」也。[109]中互 ☷ 為天道之象，以 ☷ 錯 ☰，天之象也。

本旨大通者，因其教之正也。天之道者，乃天主之道也。古人稱天，而今稱主者，乃本經所云後得主，是故當稱天主，而不可只稱天也。中互有 ☷ 為主，乃為天主之証也。今人反悖天主之道而見惡之，究莫之知天主之道者，是為何也？不明真道，其將焉往，不知何往，豈非迷路之子乎？

至于八月有凶，消不久也。

至于八月，不久陽將消盡，孤陰不生，而其將死，故有凶也。

本旨八月秋風涼，乃是人冷淡不以熱心接，因此有凶患。「消不久」者，乃消其恩，而不久加利也。豈不凶乎？又「消不久」者，乃居世不能久，而消滅其世間之福也。哀哉！

〈象〉曰：「澤上有地，臨；君子以教思無窮，保民無疆。」

「澤上有地」者，乃 ☷ 上 ☱ 下也。中下二互 ☷ 為君子。[110]君子之所以為君子者，乃在乎教思無窮，而容保民無疆也。☱ 為口舌而悅道，教之

---

108 以正，指用正道的方式處事。《孟子·離婁上》：「孟子曰：『勢不行也。教者必以正；以正不行，繼之以怒；繼之以怒，則反夷矣。夫子教我以正，夫子未出於正也。則是父子相夷也。父子相夷，則惡矣。古者易子而教之。父子之間不責善。責善則離，離則不祥莫大焉。』」（頁242–243）《論語·顏淵》：「季康子問政於孔子。孔子對曰：『政者，正也。子帥以正，孰敢不正？』」（頁187）

109 天之道，指自然運行的規律或法則。《孟子·離婁上》：「孟子曰：『居下位而不獲於上，民不可得而治也。獲於上有道：不信於友，弗獲於上矣；信於友有道：事親弗悅，弗信於友矣；悅親有道：反身不誠，不悅於親矣；誠身有道：不明乎善，不誠其身矣。是故誠者，天之道也；思誠者，人之道也。至誠而不動者，未之有也；不誠，未有能動者也。』」（頁236）《禮記·中庸》：「誠者，天之道也；誠之者，人之道也。」（頁1689）

110 下，徐匯本無，今據呂註本增。

象也。口舌在內心為思，思之象也。☷ 順聽，則教之者愈愛教之，故無窮也。陽下陰上，容保民之象。與 ☷ 同其溥大，[111] 故無疆。陰為民之象。

本旨澤臨地內者，乃聖神臨人心內也。中下二互，[112] 大君之子，因其教思無窮，是以容保民間真教而無疆界也。☱ 澤以舌，乃教思無窮也。思臨人內，乃容保民無疆也。人耳無教，乃類乎禽獸矣。是故上主必立真教以教世人，而世人理當奉其聖教，修身以事上主，乃不負上主教思無窮之恩，而不自失其所以為人也。惟天上國可稱無疆，世間豈能無疆乎？以此可知無疆者，非世間之謂，乃天上國之謂也，故云尔矣。古聖曰勒彌亞云云。

初九：咸臨，貞吉。

咸，感也。因愛，故感。乃上以恩感臨下，下以正固則吉，故曰「咸臨，貞吉」也。卦惟二陽，故此二爻，皆曰「咸臨」，乃陽臨陰也。[113]

本旨「咸，感」者，乃聖神以恩感臨人心內，故曰「咸臨」也。人以正固接恩則吉，[114] 故曰「貞吉」也。

〈象〉曰：「『咸臨貞吉』，志行正也。」

初九得正，幼無邪思。咸臨以正，是故吉也。以九為志，居初得正，進為行，故曰「志行正」也。以初九應六四，乃「志行正」也。「志行正」者，乃得吉也。中爻 ☷ 足，故初曰「行」，五亦曰「行」。[115]

本旨人謂得聖神之恩者，乃「志行正」也。

---

111 大，徐匯本作「天」，今據呂註本改。

112 中下二互，徐匯本作「中互下二互」，今據呂註本改。

113 語出〔明〕來知德《周易集註》：「咸，皆也，同也。以大臨小者，初九、九二臨乎四陰也。以上臨下者，上三爻臨乎其下也。彼臨乎此，此臨乎彼，皆同乎此。故曰**『咸臨』。卦惟二陽，故此二爻，皆稱咸臨。**九剛而得正，故占者貞吉。」（上冊，頁306–307）

114 以，徐匯本作「必」，今據呂註本改。

115 語出〔明〕來知德《周易集註》：「初正，應四亦正，故曰正。**中爻震足，故初行，五亦行。**」（上冊，頁307）

九二：咸臨，吉，無不利。

剛得中而上有應，恩感吉而無不利也。[116]

本旨聖神臨人而寵煦之，是故「吉而無不利」也。

〈象〉曰：「咸臨，吉無不利，未順命也。」

☷為順，九二未入☷體，未順之象，以☱綜☴命之象。[117]命者，二之命也。合而言之，乃未順命之象也。[118]「未順命」者，乃二五得中而未得其正。六三不中不正，然順命者必正，今因其未正，是故曰「未順命」也。

本旨中互☷為主，☷為主民，匕〔民〕當順主，乃理乃義，是九二為主，不當順六五之民。六五為☷主之民，理當順九二之命。然六五以迷而未順命，居于外卦，是為外教。彼時寵之命尚未行世，匕〔世〕人不知順命，故曰「未順命」也，言未順命者，乃後必順天主之命而奉聖教也。[119]

六三：甘臨，無攸利。既憂之，無咎。

☷味甘，☱為口，甘之象。三變☰，三惕若，憂之象。甘者，乃言之悅耳者也。三不中正，乘剛而無應，甘悅以臨，然不正而悅臨，故「無攸利」也。固當悔而改之。夫既憂之，乃隱而入下暗，而為九三，乃得其正，則無咎矣。[120]

---

116 語出〔明〕來知德《周易集註》：「咸臨與初同而占不同者，**九二有剛中之德，而又有上進之勢，**所以吉無不利。」（上冊，頁307）

117 語出〔明〕來知德《周易集註》：「未順命者，未順五之命也。五君位，故曰命。**且兌綜巽，亦有命字之象。**本卦彖辭『悅而順』，孔子恐人疑此爻之『吉無不利』者乃悅而順五之命也，故于〈小象〉曰『二之吉利者，乃有剛中之德』，陽勢上進，所以吉利也，未順五之命也。」（上冊，頁307）

118 也，徐匯本無，今據呂註本增。

119「本旨中互☷為主，☷為主民，匕當順主，乃理乃義，是九二為主，不當順六五之民。六五為☷主之民，理當順九二之命，然六五以迷而未順命，居于外卦，是為外教。彼時寵之命，尚未行世，匕人不知順命，故曰『未順命』也，言未順命者，乃後必順天主之命而奉聖教也」，徐匯本無，今據呂註本增。

120 語出〔明〕來知德《周易集註》：「甘臨者，以甘悅人而无實德也。坤土其味甘，兌為口，甘之象也，故節卦九五變臨亦曰『甘』。節无攸利者，不誠不能動物也。變乾，乾三爻『惕若』，憂之象也。」（上冊，頁307）

本旨甘臨者，乃以不正之言，誘人為非也。「無攸利」者，乃有害也。既憂之者，乃自知其非而悔罪也。[121]悔改而得赦，故無咎也。

〈象〉曰：「『甘臨』，位不當也。『既憂之』，咎不長也。」

以六居三，乃位不當也。入于下互，乃「咎不長」也。

本旨痛悔得赦，則「咎不長」也。

六四：至臨，無咎。

六四得正，下應初九，相臨之止，故「無咎」也。

本旨應之以正，而得其恩，無咎之道也。

〈象〉曰：「『至臨，無咎』，位當也。」

順命之至，宜無咎也。以六居四，乃「位當」也。得其正者，則得其恩，故曰「位當」也。

本旨位當者，乃正當奉教之位也。

六五：知臨，大君之宜，吉。

六五變 ☷ 為通，智之象。智臨之智，原生于九二，故曰「大君」。陽爻為大，中爻二為 ☷ 主，故曰大君。宜者，以陰順陽，乃謂之宜，而理之當然，順理故吉。六五不正，智臨中互，而順復大君之宜，則吉也。[122]

本旨「大君」者，乃上主也。大君之宜，總歸仁愛智臨大君之宜，則順其命，是故吉也。無智不能臨大君，故曰「智臨大君之宜」，吉也。

121　罪，呂註本作「皋」。參閱頁83注4。

122　語出〔明〕來知德《周易集註》：「變坎，坎為通，智之象也。知臨者，明四目，達四聰，不自用而任人也。應乾陽，故曰大君。**知臨之知，原生于九二，故即曰大君**。知者，覺也。智即知也。六五非九二不能至此。宜者，得人君之統體也。」（上冊，頁308）

〈象〉曰：「『大君之宜』，行中之謂也。」

　　行稱中正，[123] 一于事初，乃得其宜也。中爻 ☳ 足，為行之象。[124]

　　本旨行中之謂者，乃言人君改邪歸正，而奉行天主十誡之道也。

上六：敦臨，吉，無咎。

　　上互 ☷，乃坤上重坤，是故曰「敦」。上六得正，處臨之極，本身及二互，並為上六，是故曰「敦」。「敦」者，厚也。乃倍厚其臨，是故吉而無咎也。[125]

　　本旨倍得其恩者，乃吉而無咎也。

〈象〉曰：「敦臨之吉，志在內也。」

　　下臨而上倍之，故曰「敦臨」。上六以順臨內卦之陽為志，故曰「志在內」也。

　　本旨以厚愛之志而接主恩，是故吉也。「志以內」者，乃志在內卦之主也。人心向主，主必降福，是以吉也。又「志以內」者，乃不務外也。中爻 ☷，為主之象。

123　行稱中正，呂註本作「行歸中互」。

124　語出〔明〕來知德《周易集註》：「與初行正同。六五中，九二亦中，故曰『行中』。行中即用中。**中爻震足，行之象也。**」（上冊，頁309）

125　語出〔明〕來知德《周易集註》：「**敦，厚也。**爻本坤土，又變艮土，敦厚之象。初與二雖非正應，然志在二陽，尊而應卑，高而從下，蓋敦厚之至者。上六居臨之終，坤土敦厚，有敦臨之象，吉而无咎之道也。故其象占如此。」（上冊，頁309）

觀卦

䷓	坤下巽上			
大象	☶艮[126]			
屬	☰乾[127]	四變成䷓觀		
錯	䷙大			
綜	䷒臨			
參伍	下互☷坤	中互☶剝	上互☶漸	
五爻互	下互☶剝	上互䷓觀		
各爻變[128]	初爻變䷩益	錯䷟恒	綜䷨損	地位
	二爻變䷺渙	錯䷶豐	綜䷻節	
	三爻變䷴漸	錯䷵歸妹		人位
	四爻變䷋否	錯䷊泰		
	五爻變䷖剝	錯䷪夬	綜䷗復	天位
	六爻變䷇比	錯䷍大有	綜䷆師	

觀，盥而不薦，有孚顒若。[129]

　　以風示人，故曰「風地觀」。觀者，乃以上示下而為人所仰也。[130]九五居上，而四陰仰之。又內順外 ☴，而九五以中正示天下，所以為觀也。[131]

126　艮，徐匯本及呂註本無，今據卦象增。

127　乾，徐匯本及呂註本無，今據卦象增。

128　各爻變，徐匯本及呂註本無，今據諸表增。

129　顒，原指大頭，後引申為體貌莊重、肅敬仰慕等意。《說文解字》：「顒，大頭也。」〔清〕段玉裁注：「《傳》曰：『顒、大皃。』《大雅・卷阿》傳曰：『顒顒，溫皃。卬卬，盛皃。』《釋訓》曰：『顒顒卬卬，君之德也。』又其引伸之義也。」（頁422）《詩經・大雅・卷阿》：「顒顒卬卬，如圭如璋，令聞令望。」《淮南子・俶真》：「是故聖人呼吸陰陽之氣，而群生莫不顒顒然。」

130　以上示下，徐匯本作「以示上下」，今據呂註本改。

131　語出〔明〕來知德《周易集註》：「觀者，**有象以示人，而為人所觀仰也**。風行地上，遍觸萬類，周觀之象也。二陽尊上，為下四陰所觀，仰觀之義也。」（上冊，頁309）

盥，將祭而潔手也。上互中有水有手，手入水內，乃所以盥也。薦，奉酒食祭也。「盥而不薦」者，因其下無主祭者，乃不敢當祭也。有孚指九五顒若，君德溫和貌。言九五在上，有孚而顒若，以示天下也。九五 ☷ 順，君德顒若之象。九五在上，四陰在下，薦之象。中爻 ☶ 止，不薦之象也。[132]

本旨觀者，因古經預言異星現示，真主降世也。故今天主以異星現示三王。三王因據古經前知之言，見異星而來朝真主也。「盥而不薦」者，乃三王 手獻禮而非祭也。有孚，乃三王有信古經之言而來朝真主，亦天主踐言而有信也。顒若者，乃言吾主聖容溫和而降福三王也。三王得恩而回本國，[133] 乃後皆成聖人也。依撒意亞本經第六十篇中，[134] 及達味聖王詩七十一篇俱云云。[135]

〈彖〉[136]曰：「大觀在上，順而巽，中正以觀天下。

大觀在上者，乃九五也。順而巽者，乃 ☷ 順而 ☴ 入也。中正以觀天下者，乃九五以中正示天下也。

---

132 語出〔明〕來知德《周易集註》：「**盥者，將祭而潔手也。薦者，奉酒食以薦也**。有孚者，信也。顒者，大頭也，仰也。《爾雅》：『顒顒，君之德也。』大頭在上之意，仰觀君德之意。言祭祀者，方潔手而未薦，人皆信而仰之矣，觀者必當如是也。自上示下曰觀，去聲。自下觀上曰觀，平聲。」（上冊，頁310）
133 回，徐匯本作「迴」。今據呂註本改。
134 依撒意亞本經，徐匯本作「意撒依亞本王經」，今據呂註本改。
135 語出〔意〕艾儒略《天主降生引義》：「又依撒意亞本經第六十篇中，及達味王聖詩第七十一篇，俱云：『其降生時，必有異星顯見。而遐方之君，仰其光耀來觀。且皆從鈒罷諸國，乘駱駝及驥而來，獻黃金乳香，而讚頌大主也。』迨耶穌聖誕，果然如是。（見《紀畧》一卷十），此其三也。」（卷上，頁354）。引文出自《依撒意亞先知書》六十章1–6節：「耶路撒冷啊！起來炫耀罷！因你的光明已經來到，上主的榮耀已經照耀在你身上。看啊！黑暗籠罩著大地，陰雲遮蔽著萬民；但上主卻照耀著你，他的榮耀要彰顯在你的身上。萬民要奔赴你的光明，眾王要投奔你升起的光輝。〔……〕。成群結隊的駱駝，以及米德楊和厄法的獨峰駝要遮蔽你，牠們都是由舍巴滿載黃金和乳香而來，宣揚上主的榮耀。」；以及《聖詠》七十二篇10–11節：「塔爾史士和群島的眾王將獻上禮品，舍巴和色巴的君王，也都要前來進貢。眾王都要崇拜他，萬民都要事奉他。」。
136 彖，徐匯本作「象」，今據呂註本及易文改。

本旨大觀在上者，乃天主以異星在上示世人也。順而巽者，乃三王順星之金指引，而來入如德亞也。中正以觀天下者，乃天主以中正之德，以示天下之人也。☷為聖母，九五為耶穌。☷者，乃聖母抱耶穌之象也，順而巽以中正之表，以示天下也。主保羣倫母，普世共讚揚。罪人托賴爾，望賜聖寵祥。居世示犯罪，[137]勉力歸善堂。依佑能成德，此乃君子强。下☷者，乃三王來朝聖子也。[138]六四者，乃聖母也。九五者，乃耶穌也。上九者，乃大聖若瑟也。巽五坤八，合之共一十有三，乃耶穌聖誕後十有三日，[139]三王來朝也，一名嘿而爵，一名加斯巴，一名巴爾大撒。上互暗日，乃十有三日，三王來朝之証也。

觀盥而不薦，有孚顒若，下觀而化也。

在下四陰，仰觀其在上之聖儀。[140]其心感動，而發真敬之情，是下觀而化也。上互☶目，觀之象。☴為風化之象。

本旨四陰者，乃聖人下三王俯身而拜，是乃下觀而化也。[141]

---

137 罪，呂註本作「辠」。參閱頁83注4。

138 聖子，呂註本作「圣主」。

139 據〔意〕利類思譯《彌撒經典·周年不移動瞻禮表》「耶穌聖誕節」為西曆12月25日（頁14）、「三王來朝」瞻禮為西曆1月6日（頁16），兩個瞻禮之間、連同聖誕節當日，正正是十三日。

140 聖儀，徐匯本作「聖化」，今據呂註本改。

141 《瑪竇福音》二章11節：「他們走進屋內，看見嬰兒和他的母親瑪利亞，遂俯伏朝拜了他，打開自己的寶匣，給他奉獻了禮物，即黃金、乳香和沒藥。」〔意〕利類思譯《彌撒經典·聖瑪竇萬日畧經》：「入室見孩、偕瑪利亞厥母、朏伏地（至此跪），啟笈獻黃金、乳香、沒藥三禮。」（頁187）

觀天之神道，而四時不忒，聖人以神道設教，而天下服矣。[142]」

　　上二陽居天位，天之象。中爻 ☵ 綜 ☵ ，神道之象。又 ☳ 東，春之象。☲ 南，夏之象。☱ 綜 ☱ ，秋之象。上互 ☵ 北，冬之象。當年如此，不忒之象。☳ 之正位在四，聖人之象。☵ 之正位在二，亦聖人之象。以上示下，設教之象。四陰順陽，天下服之象。觀天之神道者，乃人觀天上之神，定天運轉之規，而四時不舛不錯，[143]豈偶然乎？乃有意而如此安排也。☵ 為時之象。「聖人以神道設教」者，乃世人當求是何聖人，而當查是何神道而當究設是何教也，查明而後則天下服矣。今世之迷子，謂以神道設教者，為之邪教，不察是非真假，[144]一概惡之。聖人以神道設教，豈亦邪乎？今不察聖人之神道是為何教，[145]豈非愚而昧于經旨乎？

　　本旨在天曰神，吾主以聖神之道設教，而天下服矣！天主造物定性，而四時不舛不錯，以此可知天主妙慮，[146]恰中其節，然此皆屬小體之事，尚如此恰切永定。教者，乃係大体灵性之事，[147]闗係重大永遠，必更盡善盡美，是故而天下服矣。先知言後事，終必全服之，再候二百年，天下全服矣。乾隆甲午記後至二百二十六年，乃天下全服之時也。[148]

---

142 忒，本指變更，後引伸為失常、誤差。《説文解字》：「忒，更也。」〔清〕段玉裁注曰：「《人部》代，更也。弋聲，忒與音義同。《尸鳩傳》曰：『忒，疑也。』《瞻卬傳》曰：『忒，差也。』皆一義之區別也。《左部》曰：『慝者，忒也。』參差，不相值也。不相值卽更改之意。凡人有過失改常謂之忒。」（頁513）《老子》：「常德不忒。」《詩·曹風·鳲鳩》：「淑人君子，其儀不忒。」

143 舛，原指人背對而臥，後引伸違背、顛倒、失序等意。《説文解字》：「對臥也。」〔清〕段玉裁注：「謂人與人相對而休也。引伸之，足與足相抵而臥亦曰『舛』。」（頁236）《漢書·揚雄傳》：「雄見諸子，各以其知舛馳。」〔西漢〕賈誼《治安策》：「且帝之身自衣皁綈，而富民牆屋被文繡；天子之後以緣其領，庶人孽妾緣其履—此臣所謂舛也。」

144 察，徐匯本作「查」，今據呂註本改。

145 同上。

146 以此可知天主妙慮，呂註本作「以此可見造物之主全能妙慮」。

147 大体灵性之事，徐匯本作「大體之靈性事」，今據呂註本改。

148 參閲頁243注362。

〈象〉曰：「風行地上，觀；先王以省方，觀民設教。」

　　☷ 為方之象，☶ 為王目，省方觀民之象。☴ 以申命，設教之象。[149]「風行地上」者，乃 ☴ 上 ☷ 下也。教化曰「風」，乃聖化行于世也。☶ 為王，前卦有 ☶，故曰「先王」。省方以觀民，設教以成立，全在有孚志，民無信不立。故當從真教，不可受自欺，世主有巡狩，天國豈獨無。[150]世主為其象，天國真又真，聖主來巡狩，救人出火坑。迷子不受救，永悔無更改，身居火海內，永永不能出。悔哉！悔哉！因惡不改，行邪淫也。[151]

初六，童觀，小人無咎，君子咎。

　　卦以觀示為義，據九五為主也。爻以觀瞻為義，皆觀乎九五者也。初六未得其正，陰柔在下，不能遠及九五，故為童觀之象。小子日用而不知，所以無咎。設為君子而應六四，不及九五，是可咎也。中爻 ☶ 為少男，初居下位，皆童之象。初變 ☳，君子之象。[152]

　　本旨小人無知，可以不咎。君子有知，而能窮理，不及知有吾主，是故咎也。

〈象〉曰：「初六童觀，小人道也。」

　　以居初下，不得其正，故曰「小人道」也。初變 ☳，[153]道之象也。

---

149 語出〔明〕來知德《周易集註》：「省方者，巡狩省視四方也。觀民者，觀民俗也，即陳詩以觀民納價以觀好惡也。設教者，因俗以設教也，如齊之末業，教以農桑；衛之淫風，教以有別是也。風行地上，周及庶物，有歷覽周遍之象，故以省方體之。**坤為方，方之象。巽以申命，設教之象。**」（上冊，頁311）

150 豈，徐匯本無，今據呂註本增。

151 行邪淫也，徐匯本無，今據呂註本增。

152 語出〔明〕來知德《周易集註》：「童者，童稚也。觀者，觀乎五也。**中爻艮為少男，童之象也。**故二居陰，取女之象。小人者，下民也。本卦陰取下民，陽取君子。无咎者，**百姓日用而不知，所以无咎也。**君子咎一句，乃足上句之意，故〈小象〉不言君子。」（上冊，頁311）

153 變，徐匯本作「爻」，今據呂註本改。

本旨小子無知，不知真主為何，而不知敬，故曰「小人道」也。觀乎此便知己為何人也。

六二：闚觀，利女貞。

中爻 ☶，門之象，變 ☷ 為隱伏，☷ 錯 ☲ 為目，[154] 門內觀視之象。六二中正，乃女中之聖女也。闚者，乃傾頭門邪視也。二五本正應，但二之前即門，所以「闚觀」也。女子不利出外，故在門內闚視，為利貞也。闚視九五，乃正應也。[155]

本旨婦女不能出外求道，本為利貞，乃正為婦女之道也。

〈象〉曰：「闚觀女貞，亦可醜也。」

「亦可醜」者，婦無公事。所知者蠶織，女無是非。所議者酒食，則闚觀，乃女子之正道也。丈夫志在四方，宇宙內者事，乃吾分內事，乃設不求明真道，是以丈夫而為女子之觀，[156] 是故亦可醜也。六二變丈夫之象。

本旨人不究及萬有真主，乃可羞也。[157]

---

154 目，徐匯本無，今據呂註本增。

155 語出〔明〕來知德《周易集註》：「闚，與窺同，門內窺視也。不出戶庭，僅窺一隙之狹者也。曰利女貞，則丈夫非所利矣。**中爻艮，門之象也。變坎為隱伏，坎錯離為目，目在門內隱伏處，窺視之象也。二本與五相應，但二之前即門，所以窺觀。**」（上冊，頁312）

156 語出〔明〕來知德《周易集註》：「**婦無公事，所知者蠶織；女無是非，所議者酒食。則窺觀乃女子之正道也。丈夫志在四方，宇宙內事乃吾分內事，以丈夫而為女子之觀，亦可醜矣。**」（上冊，頁312）

157 《格林多人前書》十四章34–35節：「猶如在聖徒的眾教內，婦女在集會中應當緘默；她們不准發言，只該服從，正如法律所說的。她們若願意學什麼，可以在家裏問自己的丈夫；因為在集會中發言，為女人不是體面事。」《古新聖經·聖保祿各林多教友·第一札》：「別方眾聖的**會**所，我命如此行：女在**會**所當閉口，按《聖經》〔上的〕話，不許他們說，該**聽**男言。若要學什麼，在家問本夫；女在**會**所講，不雅端。」（第九，頁3171）

六三：觀我生，進退。

我者，三自我也。我生者，我生之應也。上應 ☷ 為進退，故曰「進退」。三不中正，以不正之目視人皆不正也，[158] 是故「不可觀人」。當觀己生進退之不正，當悔當改，而百倍勝觀人也。六三有應，是可進也。因其不正，是可退也，故曰「觀我生，進退」也。

本旨當觀己生進于道耶，抑退于道耶。

〈象〉曰：「『觀我生，進退』，未失道也。」

省察己過，悔之改之，歸入上互，則得其正，故曰「未失道」也。三觀上九，乃其本應，故曰「未失道」也。

本旨當察己果未失道乎。[159]

六四，觀國之光，利用賓于王。

六四得正，近五入光，故曰「觀國之光」也。四得相君之位，而互 ☶ 王，故曰「利用賓于王」也。上互 ☶，為光為王，下 ☷ 為國土之象。以四承五，賓主之象。[160]

本旨三王來朝真主，故曰「利用賓于王」也。乃三王以臣禮事吾主，吾主降福于三王，三王朝畢而回本國，乃聖母以賓禮而待三王，故曰「利用賓于王」也。

---

158 視人，徐匯本作「視之人」，今據呂註本及上下文改。

159 未失道乎，徐匯本作「未從道也乎」，今據呂註本改。

160 語出〔明〕來知德《周易集註》：「光者，九五陽明在上，被四表，光四方者也。**下坤土，國之象**。中爻艮，輝光之象。**四承五，賓主之象**。九五，王之象。觀國光者，親炙其盛，快覩其休也。賓者，已仕者朝覲于君，君則賓禮之，未仕而仕進于君，君則賓興之也。觀卦利近不利遠，六二中正，又乃正應，乃曰闚觀，則不利于遠可知矣。」（上冊，頁313）

〈象〉曰：「『觀國之光』，尚賓也。」

「尚賓」者，乃九五之賓也。所以為賓者，乃賓服之九五也。

本旨三王同覩異星之光，徵驗古經不約同朝，[161]故曰「觀國之光」也。賓者，尊服恭敬，而尚臣服吾主也。[162]

九五，觀我生，君子無咎。

「觀我生」者，乃觀視乎我生者所生之四陰也。即「中正以觀天下」也。君子無咎，對初爻小人無咎。言下四陰小人，上二陽皆君子。小人當仰觀乎上，故無咎。君子當觀乎下，故無咎。九五為觀之主，陽剛中正，以居尊位，下之四陰，皆其所觀視者也，故有觀我生之象。大觀在上，君子無咎之道也。[163]

本旨「觀我生」者，乃吾主自我而觀己生之人，以慈父顧子，故無咎也。君子者，乃吾主。迷子不明而多疑，不知吾主之行，無可疑而無可咎，故醒之曰「君子無咎」也。

〈象〉曰：「『觀我生』，觀民也。」

「觀民」者，乃所以親民也。賓與我親，而我輩不知也。哀哉！下 ☷ 為民之象。

---

161 不，徐匯本作「而」，今據呂註本改。

162 《瑪竇福音》二章11節：「他們走進屋內，看見嬰兒和他的母親瑪利亞，遂俯伏朝拜了他，打開自己的寶匣，給他奉獻了禮物，即黃金、乳香和沒藥。」〔意〕利類思譯《彌撒經典‧聖瑪竇萬日畧經》：「入室見孩、偕瑪利亞厥母，晜伏地（至此跪），啟笈獻黃金、乳香、沒藥嗎三禮。」（頁187）

163 語出〔明〕來知德《周易集註》：「觀我生者，觀示乎我所生之四陰也，即『中正以觀天下』也。君子无咎，對初爻『小人无咎』言。下四陰爻皆小人，上二陽爻皆君子，小人當仰觀乎上，故无咎；君子當觀示乎下，故无咎。九五為觀之主，陽剛中正，以居尊位，下之四陰，皆其所觀示者也，故有觀我生之象。大觀在上，君子无咎之道也，故其象占如此。」（上冊，頁313）

本旨觀我生之民，守教如何，其行善否，民以為己任，其任重矣！大父因親而觀民，愚民不認大親，其為愚也至矣。以臣子之位，而不敬其大君共父，非怪而何？

上九，觀其生，君子無咎。

上九陽剛而居尊位之上，雖不當事之任，而亦為下所觀，故其言辭畧與五同，但以我為其小，有賓主之異耳。其指九五，是觀九五之生民，而九五無咎也。[164] 觀其恩施，無有不盡，而無可咎，是故曰「君子無咎」也。[165]

本旨乃聖人觀吾主無咎也。

〈象〉曰：「『觀其生』，志未平也。」

上九不得其正，志未平也之象。下觀九五之民，六三之不正，而己不能正之，是故曰「志未平」也。

本旨乃言大聖若瑟，未得救世正位，不能救人之罪，[166] 是以「志未平」也。

---

164 也，徐匯本無，今據呂註本增。
165 「子」後，徐匯本有「之」，今據呂註本刪。
166 罪，呂註本作「辠」。參閱頁83注4。

噬嗑卦

䷔	震下離上			
屬	䷸ 巽[167]	五爻變成[168] ䷔ 噬嗑		
錯	䷯ 井			
綜	䷕ 賁			
參伍	下互䷚ 頤	中互䷦ 蹇	上互䷿ 未濟	
五爻互	下互[169]䷂ 屯	上互䷷ 旅		
各爻變[170]	初爻變䷢ 晉	錯䷄ 需	綜䷣ 明夷	地位
	二爻變䷿ 睽	錯䷦ 蹇	綜䷤ 家人	
	三爻變䷝ 離	錯䷜ 坎		人位
	四爻變䷚ 頤	錯䷛ 大過		
	五爻變䷘ 無妄	錯䷭ 升	綜䷙ 大畜	天位
	六爻變䷲ 震	錯䷸ 巽	綜䷳ 艮	

---

167 巽，徐匯本及呂註本無，今據卦象增。
168 爻，徐匯本及呂註本無，今據呂註本增。
169 下互，徐匯本無，今據諸表增。
170 各爻變，徐匯本及呂註本無，今據諸表增。

噬嗑：亨，利用獄。

　　噬，齧也。嗑，合也。物有間者，齧而合之也。為卦上下二陽而中虛，頤口之象也。九四一陽，間於其中，必先齧而後合，[171]故為「噬嗑」。[172]噬嗑而後得亨，九四不得其正，當歸下互，乃為六四，是噬嗑而亨也。然九四屬上互之 ☵ 體，☵ 為亨，又為獄。欲其噬嗑而亨，先當折陽而為陰，無罪而受刑，[173]故曰「利用獄」也。中爻 ☵ 為閽寺，[174]用獄之象也。

　　本旨「利用獄」者，乃宜吾主致命也。〈變卦歌〉曰「噬嗑六五本 ䷤〔益〕生」，不曰九四本益生，必曰六五本益者，何也？當知六五，乃吾主之人性，是聖母所生者，是故曰「六五本益生」也。[175]☵ 三 ☵ 四，合之為七，乃吾主定聖事七蹟之時也。[176]此所云者，乃建定聖體大禮也。

171　先，徐匯本無，今據呂註本增。

172　語出〔明〕來知德《周易集註》：「**噬，齧也。嗑，合也。頤中有物間之，齧而後合也。上下兩陽而中虛，頤之象也。四一陽間于其中，頤中有物之象也。頤中有物，必齧而後合，噬嗑之象也。**」（上冊，頁315）

173　罪，呂註本作「辠」。參閱頁83注4。

174　☵，徐匯本作「☲」，今據呂註本改。

175　此處指基督的人性來自於聖母。參〔法〕沙守信《真道自證》：「或曰：『天主乃無始無終，生生而不生，何謂有母而生於漢時？』曰：『耶穌有兩性：一為天主、一為人性。生於漢時者，乃人性也。天主性，原無始而自有。惟天主聖子，當日結合一人性，而有降生之事也。』」（卷三，頁297）

176　聖事七蹟，即天主教的「七件聖事」（The Seven sacraments），據教會訓導這些聖事都是耶穌所建定的，以作為天主聖化世人、世人恭敬天主的標記。〔意〕利類思譯《聖事禮典》：「聖教聖寵之泉者有七，所謂七『撒格拉孟多』，聖事之迹是也 —— 一曰洗滌、二曰堅振、三曰聖體、四曰痛解、五曰終傅、六月聖品、七曰婚配。」（頁359）「撒格辣孟多」音譯自拉丁文 Sacramentum，意即聖事。又見〔意〕利類思《司鐸典要》：「天主耶穌，不但救贖世罪，為救世者，又教誨世人以升天堂之梯。為世師者，就其為救世則宜傳示治罪之方。就其為世師，則建定禮節，使人知所以恭敬天主。此兩意包涵於撒格辣孟多內，故不但為治罪之方，又為諸信者所以敬天主之禮節焉。」（卷上，頁69–70）

〈彖〉[177]曰：「頤中有物，曰噬嗑。

「頤中有物」者，乃九四也。[178]物在頤中，故曰「噬嗑」。

本旨一子落地，萬子歸倉，一子受死，萬子得生。「頤中有物」者，乃聖父惟一子耶穌建定聖體也。「噬嗑而亨」者，乃人領聖體，得通于吾主也。噬嗑而頤，乃神得其養也。[179]

噬嗑而亨，剛柔分，動而明，雷電合而章，柔得中而上行，雖不當位，利用獄也。」

三陰三陽，陽剛柔均分，下動而上明，下雷而上電，[180]乃雷電合而章也。☳ ☲ 相合，而有文章，有真道。「噬嗑六五本益生」者，乃柔得中而上行也。以六合居五，乃雖位不當也。利用獄者，乃宜君行用獄之權也。[181]

本旨「剛柔分」者，[182]乃吾主體血兩分也。「動而明」者，乃主動人心而人明也。「雷電合而章」者，乃主人相合，而章程天國之路也。「柔得中正而上行」者，乃吾主人性，得聖三之中，而人得上行天國之道也。[183]「雖不當位」者，乃吾主一身擔負萬世萬民之罪而受致命之苦，乃不當位也。雖不當位，[184]乃因替人受補罪之罰，以明聖父之公義，是故「利用獄」也。「宜用獄」

---

177 彖，徐匯本作「象」，今據呂註本及易文改。

178 四，徐匯本作「五」，今據呂註本改。

179 有關耶穌基督建立聖體聖事及聖體「神得其養」的效用，參〔意〕利類思譯《聖事禮典》：「吾主將謝世歸天，臨終，尤特愛世人，建定聖體，為愛人實証、諸奧妙之約義、受苦難之暨、為養育吾神之糧、諸罪惡之赦、得永福之券，而以信望愛三德，結合于耶穌之記號云。」（頁443–444）

180 雷，徐匯本作「電」，今據呂註本改。

181 語出〔明〕來知德《周易集註》：「惟雷電合，則雷震電耀，威明相濟，所謂動而明者，愈昭彰矣，此已前言『噬嗑，亨』。**柔得中而上行者**，本卦綜賁，二卦同體，文王綜為一卦，故〈雜卦〉曰：『噬嗑食也，賁无色也。』言以賁下卦離之柔**得中上行**，而居于噬嗑之上卦也。蓋不柔則失之暴，柔不中則失之縱，柔得中則寬猛得宜，有哀矜之念而又不流于姑息，此其所以利用獄也。若依舊注，自益卦來，則非柔得中而上行，乃上行而柔得中矣。不當位者，以陰居陽也。」（上冊，頁316）

182 「剛柔分」者，徐匯本作「『剛柔者』分」，今據呂註本改。

183 之道，徐匯本無，今據呂註本增。

184 位，徐匯本作「行」，今據呂註本改。

者，示不白赦也。迷子疑天主受難，乃因不知結合人性之理。受難者，乃
耶穌之人性也，非天主之性受難也。結合之意，以天主之性高其功而足補
人罪。以人性受罰，乃因得罪于天主，而人受難，乃理乃義，有何不可而
當疑也？當知盡罰傷仁，白赦傷義，是故受難而補罪，以全其仁義兩端，
而有何疑之處也？[185] 以吾主之人性論之，乃為人祖後代，以補人祖之罪，
乃父債子還，理所宜也。[186]

〈象〉曰：「雷電，噬嗑；先王以明罰勅法。」

王在天上，故曰「先王」。先王因明賞罰之公義，是故勅法也。中爻 ☷
為罰，為法之象。

本旨天主因明賞善罰惡之公義，故正法也。正法者，示不白赦。白赦
不義而人無畏懼，[187] 作亂愈無底止，[188] 是故不可白赦而當罰其罪也。[189]

---

185 仁義兩端，典出《孟子・公孫丑章句上》：「孟子曰：『人皆有不忍人之心。先王有
不忍人之心，斯有不忍人之政矣。以不忍人之心，行不忍人之政，治天下可運之
掌上。所以謂人皆有不忍人之心者，今人乍見孺子將入於井，皆有怵惕惻隱之心。
非所以內交於孺子之父母也，非所以要譽於鄉黨朋友也，非惡其聲而然也。由是
觀之，無惻隱之心，非人也；無羞惡之心，非人也；無辭讓之心，非人也；無是
非之心，非人也。惻隱之心，仁之端也；羞惡之心，義之端也；辭讓之心，禮之
端也；是非之心，智之端也。人之有是四端也，猶其有四體也。有是四端而自謂
不能者，自賊者也；謂其君不能者，賊其君者也。凡有四端於我者，知皆擴而充
之矣，若火之始然，泉之始達。苟能充之，足以保四海；苟不充之，不足以事父
母。』」(頁112–113)
186 有關耶穌「人性受難」，參〔法〕沙守信《真道自證》：「補罪者，乃耶穌。耶穌一位，
兼天主性與人性，其所用行補罪之功、受難而死者，人性也。與犯罪者同類，屬
亞當之苗裔，胡不可者？論其天主聖子之尊位，則以之弘人性之分，而使其功至
於無限焉。則方與所犯之天主，尊大相稱，而補之始足。於其天主性，仍無傷
也。」(卷三，頁303)；又見〔法〕馬若瑟《儒交信》：「被釘十字架云者，耶穌不但為
人、且為天主，故其寶命之際，其聖軀被釘、其聖魂受難，而凡為苦難者，其於
天主之性，萬不可得而近也。然因人性結合於天主第二位者，則不獨曰『斯肉身受
苦、斯靈魂受難』。然直曰其人而天主者耶穌被釘十字架。(頁52)
187 人，徐匯本作「又」，今據呂註本改。
188 亂，呂註本作「惡」。
189 可，徐匯本無，今據呂註本增。

初九：履校滅趾，無咎。

校，足械也。中爻 ☵ 為桎梏，校之象。☳ 為足，趾之象。變 ☷ 不見 ☳ 足，滅趾之象。初九居下，故為履校。因其得正，故為滅趾而無咎也。乃克除惡念于初起，故無咎也。[190]

本吉履趾以滅趾，受難以滅罪，故無咎也。

〈象〉曰：「『履校滅趾』，不行也。」

初九无應，以剛而欲進，乃為屨校，以得其正，滅趾而不行也。校，桎梏也。屨校者，乃止而不進也。☳ 為足，為動。中爻 ☶ 止，滅足之象。既滅其趾，則不得動而行惡也。止而不進，故无咎也。[191]

六二：噬膚，滅鼻，無咎。

此爻變 ☱，為口，噬之象。六二中正，上無應與，下乘初九，為膚之象。中爻 ☶ 鼻之象。二變中爻為 ☵，不見其 ☶ 之鼻，滅其鼻之象。卦屬噬嗑，噬膚而絕初。滅鼻而絕四，[192] 則無咎也。除罪絕根，可無罪也。[193]

---

190 語出〔明〕來知德《周易集註》：「校，足械也。履者，以械加于足，如納履于足也。中爻坎，坎為桎梏，校之象也，故上九亦言校。趾，者足趾也，震為足，趾之象也。滅者，沒也，遮沒其趾也。**變坤不見其震之足，滅其趾之象也。** 滅者，沒也，遮沒其趾也。變坤不見其震之足，滅其趾之象也。无咎者，因其刑而懲創以為善也。履校不懲，必至荷校；滅趾不懲，必至滅耳。不因其刑而懲創，必至上九之惡積罪大矣，安得无咎？初九、上九，受刑之人；中四爻，則用刑者。」（上冊，頁317）

191 「〈象〉曰：履校滅趾，不行也。初九无應，以剛而欲進，乃為屨校，以得其正，滅趾而不行也。校，桎梏也。屨校者，乃止而不進也。☳ 為足，為動。中爻 ☶ 止，滅足之象。既滅其趾，則不得動而行惡也。止而不進，故无咎也」，徐匯本無，今據呂註本增。

192 滅鼻，呂註本作「滅罪」。

193 語出〔明〕來知德《周易集註》：「膚者，肉外皮也。凡卦中次序相近者言膚。剝卦言膚者，艮七坤八也；睽卦言膚者，兌二離三也。此卦言膚者，離三震四也。六爻二言膚者，皮也；三言肉者，皮中之肉也；四言胏者，肉中連骨也，以陽剛也；五陰柔，又言肉矣。爻位以次漸深，噬肉以次漸難。祭有膚鼎，蓋柔脆而無骨，噬而

本旨吾主受難，乃因感動人心，而除罪根也。膚鼻者，乃世人之元本二罪也。元祖遺元罪，本身有本罪。二者絕滅，乃可無罪也。[194]

〈象〉曰：「『噬膚，滅鼻』，乘剛也。」

二乘初剛，其皆無應，故為罪根，棄而絕之，則無咎也。

六三：噬腊肉，遇毒。小吝，無咎。

腊肉，即乾肉，監靳之物也。[195]☲火在前，三變又成☲，上火下火，乾其肉之象。毒者，陳久太肥，久則成毒。中爻☲，所以曰「毒」。六三應上九，上九全卦，[196]故為腊肉，乃遇九四，俱不中正，是噬腊肉遇毒，故有小吝也。佴為小之象，然三不中正，當歸中互，乃為九三，而淂其正，故无咎也。[197]因悔得赦，乃無罪也。[198]

易嗑者也。中四爻有上下齒噬齧之象，故四爻皆言噬。此爻變兌，兌為口，噬之象也。二乃治獄之人，居其中，初在下，外為膚，噬其膚之象也。故〈雜卦〉曰：『噬嗑，食也』，正言此四爻之噬也。**中爻艮，艮為鼻，鼻之象也。二變，則中爻為離，不見其艮之鼻，滅其鼻之象也。**『滅字』，與『滅趾』、『滅耳』同例，即朱子語錄所謂『噬膚而沒其鼻于器中』是也，言噬易嗑，而深噬之也。」（上冊，頁318）

194 此處帶出了「原罪」（Original Sin）與「本罪」（Actual Sin）的概念，相關解釋請參〔法〕沙守信《真道自證》：「原罪者，原祖傳於子孫之罪；本罪者，人本身自作之罪。」（卷四，頁376）

195 靳，呂註本作「勒」。監靳，應為「堅韌」，是為筆誤。〔宋〕朱熹《周易本義》：「腊，音昔。腊肉，謂獸腊。全體骨而為之者，**堅韌之物也**。陰柔不中正，治人而人不服，為噬腊遇毒之象。占雖小吝，然時當噬嗑，於義為无咎也。」（頁102）

196 上九全卦，徐匯本作「上卦全」，今據呂註本改。

197 「佴為小之象，然三不中正，當歸中互，乃為九三，而淂其正，故无咎也」。徐匯本無，今據呂註本增。

198 語出〔明〕來知德《周易集註》：「**腊肉者，即六五之乾肉也**，今人以鹽火乾之肉也。**離火在前，三變又成離，上火下火，乾其肉之象也。**九四、六五，離有乾象，故二爻皆言乾，而此言腊也。遇者，逢也。凡易中言遇者，皆雷與火也。睽九二變震，曰『遇主于巷』、『遇元夫』者，亦變震也。豐『遇配主』、『遇彝主』，小過大象坎錯離，『遇其妣』、『遇其臣』，此『雷火』，故言『遇毒』。**毒者，腊肉之陳久太肥者也**。《說文》云：『毒者厚也。』《五行志》云：『厚味實腊毒。』師古云：『腊，久也。味厚者為毒久。』文選張景陽七命云：『甘腊毒之味是也。』噬腊遇毒者，言噬

本旨「噬腊肉」者，乃晚餐也。[199]「遇毒」者，乃遇惡人之毒害也。「小吝」者，乃因宗徒走散也。「無咎」者，乃因痛悔得赦也。

〈象〉曰：「『遇毒』，位不當也。」

以六居三，乃位不當也。

本旨乃徒走散，[200]位不當也。

九四：噬乾胏，得全矢，利艱貞，吉。

胏肉之帶骨者，乃自噬己也。全矢指初九。[201]九四不正，當歸中互，而為六四，乃得其正，而應初九，是得全矢也。工在苦己，[202]宜艱難以歸中互，則得其正而吉也。九四火體，火能乾肉，故曰「乾胏」也。陽爻乾全，故曰「全矢」。中爻☵，矢之象，亦難之象。[203]

本旨「噬乾胏」者，乃吾主自苦己而血水流乾也。「得全矢」者，乃得十字架上之功也。「利艱」者，乃人宜以艱難效主之正，則得吉也。

〈象〉曰：「利艱貞吉，未光也。」

以陽居陰，而在水中，未出其險，故曰「未光」也。☲火遇☵水，未光之象也。[204]

乾肉而遇陳久太肥厚味之肉也。中爻坎，所以曰『毒』，故師卦有此『毒』字。」（上冊，頁318–319）

199 餐，徐匯本作「食」，今據呂註本改。
200 走，徐匯本無，今據呂註本增。
201 初九，徐匯本作「九五」，今據呂註本改。
202 工，徐匯本作「上」，今據呂註本改。
203 語出〔明〕來知德《周易集註》：「胏，乾肉之有骨者。離為乾，乾之象也。六五亦同此象。三四居卦之中，乃獄情之難服者，故皆以堅物象之。金者，剛也，此爻正頤中之物。陽金居二陰之間，金之象也。變坤錯乾，亦金之象也。矢者，直也。**中爻坎，矢之象也。**」（上冊，頁319–320）
204 也，徐匯本無，今據呂註本增。

本旨吾主受難之時，群惡辱之盜賊之下，榮光盡滅，乃尚未至榮光之時，故曰「未光」也。以己噬己，故曰「肺肉」，[205] 是乃甘心受難之也。

六五：噬乾肉，得黃金，貞厲，無咎。

乾肉亦指九四，[206] 六五不得其正，當歸中互，而為九五，乃得其正，是得黃金也。以中為黃，以 ☰ 為金。六五變 ☰，故曰「得黃金」也。因其卦變，雖正不安，故曰「貞厲」。正而得應，故無咎也。

本旨「噬乾肉」者，乃吾主受難之時，聖躬無血也。「得黃金」者，乃吾主因其受難之功，而得審判世人之權也。「貞厲」者，乃吾主之德貞烈也。「無咎」者，乃吾主之行，無可咎也。

〈象〉曰：「『貞厲，無咎』，得當也。」

六五歸中互，變為九五，乃得其正，是故曰「得當」也。

本旨乃吾主歸之舟中，[207] 以訓衆徒。[208] 舟乃聖而公教會之象也。[209] 歸中者，乃歸聖教人之中也，是故得當而無咎也。

上九：何校滅耳，凶。

何，負也。刑在頸也。中爻 ☵ 為桎梏，又為耳痛。☲ 為戈兵，中爻 ☶ 為手，手持戈兵，加于耳，滅耳之象。居上為耳，因其不正，故為「何校」。卦以滅罪為義，上九下應六三，不得其正，乃為滅耳，滅耳則不能聽命，[210] 是故凶也。[211]

---

205 肺，徐匯本作「肺」，今據呂註本改。
206 九四，徐匯本作「九五」，今據呂註本改。
207 歸之，徐匯本作「之歸」，今據呂註本改。
208 衆，徐匯本作「象」，今據呂註本改。
209 教，徐匯本無，今據呂註本增。
210 滅耳，徐匯本無，今據呂註本增。
211 語出〔明〕來知德《周易集註》：「何者，負也，謂在頸也。中爻坎為桎梏，初則曰履，上則曰負，以人身分上下而言也。滅者，遮滅其耳也。坎為耳痛，滅耳之象

本旨此言罪大之人，惡聞真道，貪求世樂，居上而應下，不以其正，乃歸入九泉之下，是故凶也。

〈象〉曰：「『何校滅耳』，聰不明也。」

聰，聞也，聽也。上九未變，☲明在上，☵耳在下，故聰之明。今上九既變，則不成☵明，[212]所以聰之不明。既聽之不明，[213]則不信人之吉言，所以犯大罪而不能改正，豈不凶乎？應下失光，故曰「聰不明」也。[214]

本旨因貪不正之樂而迷其心，[215]懈來求真道，乃「聰不明」也。「聰不明」者，則不能明真道，不明真道，必不能由之而行，是故曰「何校滅耳，聰不明」也。

也。又離為戈兵，**中爻艮為手，手持戈兵加于耳之上，亦滅耳之象也。**」（上冊，頁321）

212 則，徐匯本作「明」，今據呂註本改。

213 既聽之不明，徐匯本作無，今據呂註本增。

214 語出〔明〕來知德《周易集註》：「**聰者，聞也，聽也。上九未變，離明在上，坎耳在下，故聰之明。今上九既變，則不成離明矣，**所以聰之不明也。困卦坎『有言不信』，夬四變坎『聞言不信』，**今既聽之不明，則不信人言矣。**坎既心險，又不信好言，所以犯大罪。」（上冊，頁321）

215 因，徐匯本作無，今據呂註本增。樂，徐匯本作「榮」，今據呂註本改。

賁卦

☲☶	離下艮上			
屬	☶艮[216]	初爻變成☲☶賁		
錯	䷮困			
綜	䷔噬嗑			
參伍	下互☲☵既濟	中互☳☵解	上互☶☳頤	
五爻互	下互☳☲豐	上互☶☵蒙		
各爻變[217]	初爻變成☶艮	錯☱兌	綜☳震	地位
	二爻變成☶大畜	錯☵萃	綜☳無妄	
	三爻變☶頤	錯☱大過		人位
	四爻變☲離	錯☵坎		
	五爻變☴家人	錯☳解	綜☲睽	天位
	六爻變☷明夷	錯☰訟	綜☶晋	

賁：亨，小利有攸往。

賁，文飾也。宮中有光，是故曰「賁」。火性炎上，上下相交，是故曰亨。中爻☵，亨之象，初九有應，是故曰「小利有攸往」也。中爻☳足動，利有攸往之象。[218]上☶止之，不能大往，是故「小利有攸往」也。

本旨賁者，乃吾主居家之時也。亨者，乃吾主聖意通文世人也。「小利有攸往」者，乃吾主一十二齡，往上京都，大殿瞻禮也。[219]☶七☲三，合

---

216 艮，徐匯本及呂註本無，今據卦象增。
217 各爻變，徐匯本及呂註本無，今據諸表增。
218 攸，徐匯本無，今據呂註本增。
219 《路加福音》二章41–42節：「他的父母每年逾越節往耶路撒冷去。他到了十二歲時，他們又照節日的慣例上去了。」〔意〕利類思譯《彌撒經典‧聖路加萬日畧經》：「耶穌一紀，伊等上日路撒冷，如瞻禮規禮。」（頁190）又見〔意〕艾儒略《天主降生言行紀畧》：「如德亞古教規：凡士民稍長，每年徃都城宗殿瞻禮。耶穌同聖母、聖若瑟居納雜勒郡，歲輒往。爾時年十二，欲少彰其聖光。」（卷一，頁217）

之成十。☶之初二兩爻，[220] 乃為一十二歲。其上有☶為大殿，以下應上，乃往上聖堂瞻禮也。城往高山，往之必上，故曰「往上」也。☶為本山為殿，乃城坐高山之証也。所謂「極其數，遂定天下之象」者，乃天主降生之象也。

〈象〉[221] 曰：「賁亨。

有文有通，故曰「賁亨」。中爻☳亨☱通，故曰「賁亨」也。[222]

本旨家居三十，以事父母，立表誨世，不可逆忤，本身並下中二互，俱有☳王，☳本為三十，乃為三十之証也。[223]

柔來而文剛，故亨。分剛上而文柔，故『小利有攸往』，天文也。

上☶一柔下，而文☰剛，故「亨」。下☰分一剛上，而文☶柔，故「小利有攸往」也。然此乃以☰文☶，故曰「天文」也。☰為天之象，陰陽相比，文之象。言☶為文者，乃能文☰也。

本旨「柔來而文剛」者，乃人性結合主性也。[224]「故亨」者，乃天主通于人也。「分剛上而文柔」者，[225] 乃天主文飾吾人之性也。「小利有攸往」者，乃吾主祐謙人，利行天國之路，而人性得其嘉美，故曰「天文」也。[226]

---

220 爻，徐匯本作「交」，今據呂註本改。

221 象，徐匯本作「象」，今據呂註本及易文改。

222 也，徐匯本無，今據呂註本增。

223 據《路加福音》三章23節的記載，耶穌公開生活在其三十歲始：「耶穌開始傳教的時候，大約三十歲。」《古新聖經 · 聖史路加萬日畧》：「耶穌從此期講道，大約有三十歲」（第八冊，頁2833）；又見〔意〕艾儒略《天主降生言行紀畧》：「時耶 　亦已三十載矣，自納雜勒 　顧之，且欲受其洗焉。」（卷二，頁220）

224 結，徐匯本作「給」，今據呂註本改。〔法〕沙守信《真道自證》：「或曰：『天主乃無始無終，生生而不生，何謂有母而生於漢時？』曰：『耶穌有兩性：一為天主、一為人性。生於漢時者，乃人性也。天主性，原無始而自有。惟天主聖子，當日結合一人性，而有降生之事也。』」（卷三，頁297）

225 上而，徐匯本作「而上」，今據呂註本改。

226 據教會的訓導，基督的降生為人類的人性帶來了生命。見〔意〕利類思譯《彌撒經典 · 彌撒次序》：「盖爾惟一子，顯見於吾儕，衣吾屬死之體，乃以不屬死之光拯救我等。」（頁346–347）上述引文即現今彌撒中之〈主顯節頌謝詞〉。

文明以止，人文也。

☲，為文為明，☶，為山為止，故曰「文明以止」也。以柔文明，故曰「人文」也。陰爻為人文之象。

本旨「文明以止」者，乃吾主止于堂中也。「人文」者，乃以吾主人性受難之功，[227]補人之原本二罪，[228]加美靈德，而得超性之光，是故曰「人文」也。

觀乎天文，以察時變，觀乎人文，以化成天下。」

☲為目為明，觀察之象。錯 ䷰〔革〕，中爻 ☱ 為時，變之象，又為風化，乃化成天下之象。「觀乎天文」者，乃仰觀而求其故也。以察時變者，乃究察其時變之故也。觀乎人文者，乃當求是何人也。以化成天下者，乃 ☶ 王也。化者，變而為新。成者，久而成俗。[229]

本旨觀乎天主，以文示人而著之經，度之必有大故。詳細以察時變，則知與古經符合，觀乎人文，乃有《聖經》作証，捨命以成天下，豈細故乎？乃吾主以人性，文飾吾人之性，乃所以化成天下也。人順吾主之命，則天下化矣。

〈象〉曰：「山下有火，賁；君子以明庶政，無敢折獄。」

山下有火者，乃 ☲ 居 ☶ 位下也。☲ 為君子，因其明而明庶政也。無敢折獄者，乃因其居位在下也。無敢 ☶，止之象。本卦三陰，庶政之象。中爻 ☵，獄之象，☲ 明居下，無敢折獄之象。

本旨「山下有火」者，乃人祖之後裔有吾主也。君子以明庶政者，乃吾主為三界大君之真子，故曰「君子」。乃大通三界之事，以明庶政者也。

---

227 人性，徐匯本無，今據呂註本增。

228 罪，呂註本作「辜」。參閱頁83注4。

229 語出〔明〕來知德《周易集註》：「蓋人之所謂文者，不過文之明也，而燦然有禮以相接，文之止也，而截然有分以相守，今本卦內而離明，外而艮止，是賁之文即人之文也。觀天文以察時變，觀人文以化成天下，賁之文不其大哉？變者，四時寒暑代謝之變也。**化者，變而為新，成者，久而成俗。**」（上冊，頁323）

聖子降世之時，乃為補贖人罪，非為罰人之罪，故曰「無敢折獄」也，《經》
云：「我來以贖人罪，非為定人之罪也」。[230] 古新二經，相合而無稍殊矣。
惜乎迷子，不明八卦本義，云「吾強貼，無足深怪」。可怪者，何不究心易
旨而講論之，[231] 使眾共知而共行之，豈不美哉？嗚呼，正所謂「百姓百用而
不知，故君子之道鮮矣」[232]。

初九：賁其趾，舍車而徒。

初九在下，故曰「賁趾」。☷ 為車，乃在前卦。今上為 ☶ 止而舍棄 ☷
車。易中言乘者，皆在上。言承者，皆在下。初九在下，無乘之理，故有
「舍車而徒」。從 ☷ 爻，趾之象，故曰「舍車而徒」也。

本旨「賁其趾」者，乃吾主自行顯迹之初也。「舍車而徒」者，乃吾主舍
其聖母之提抱，而徒行以上京都大殿瞻禮。[233] 上 ☶，乃為大殿之象也。

〈象〉曰：「『舍車而徒』，義弗乘也。」

初九陽剛得正，上應六四，乃義不需乘也。初下無乘之理，[234] 故曰「義
弗乘」也。

本旨吾主年庚一十有二，己力能行，義當不需提抱，故曰「義弗乘」
也。[235]

---

230 《若望福音》十二章47節：「無論誰，若聽我的話而不遵行，我不審判他，因為我不
　　是為審判世界而來，乃是為拯救世界。」《古新聖經．聖若望聖經》：「若有聽我話
　　不遵的，我今不審罰他。我來，本不為審罰世界，　為救。」（第八冊，頁2949）
231 講論，呂註本作「講解」。
232 語出《繫辭上傳》「一陰一陽之謂道，繼之者善也，成之者性也。仁者見之謂之仁，
　　知者見之謂之知，**百姓日用而不知，故君子之道鮮矣**。顯諸仁，藏諸用，鼓萬物
　　而不與聖人同憂，盛德大業，至矣哉！富有之謂大業，日新之謂盛德。生生之
　　謂易，成象之謂乾，效法之為坤，極數知來之謂占，通變之謂事，陰陽不測之謂
　　神。」（頁315–319）
233 徒，徐匯本無，今據呂註本增。
234 語出〔明〕來知德《周易集註》：「**初在下，無可乘之理。**」（上冊，頁324）
235 乘，徐匯本作「行」，今據呂註本改。

六二：賁其須。

六二無應，火性炎上，以文九三，乃為「賁其須」也。在頤曰須，上互 ䷚〔頤〕口。口旁曰須，故曰「賁須」。[236]二附三而動，猶須附頤而動也。[237]

本旨六二中正，以人性結合天主第二位，故用陰爻以示人也。九三陽剛得正，為二之須。須者，乃面毛也，義謂首面。故二附三而動，乃賁其須之象。是以吾主之人性，而發明天主之旨也。[238]

〈象〉曰：「『賁其須』，與上興也。」

與，相從也。興，興起也。二陰柔，從三陽興起者也。與上興者，乃炎上以文九三之義也。[239]

本旨上興以至大殿，乃因瞻禮上主，發明古經奧旨，是故曰「與上興」也。乃吾主之人性，從聖神以興起也。

九三：賁如濡如，永貞吉。

如，語助辭。濡，沾濡也。☲文明自飾，賁如之象。中爻☵水自潤，[240]濡如之象。永貞者，長永其貞也。九三本貞，言之以表其貞也。吉者，陰終不能陵也。一陽居于二陰之間，得其賁而潤澤者也。[241]九三得正，其上無應，故曰永守正固，則得吉也。[242]

---

236 語出〔明〕來知德《周易集註》：「本卦綜噬嗑，原有頤象，**今變陽則中爻為兌口矣，口旁之文，莫如須，故以須象之。**」（上冊，頁324）

237 猶，徐匯本作「獨」，今據呂註本改。語出〔明〕來知德《周易集註》：「六二以陰柔居中正，三以陽剛得正，皆無應與，**故二附三而動，猶須附頤而動也**，故有賁其須之象，占者附其君子，斯無愧于賁矣。」（上冊，頁324）

238 參見〔意〕艾儒略《彌撒祭義》：「既取人之性而顯天主之性，即全天主之性以尊人之性。」（卷下，頁551）

239 語出〔明〕來知德《周易集註》：「**與者相從也，興者興起也。二陰柔從三陽興起者也。**」（上冊，頁324）

240 潤，徐匯本作「潤」，今據呂註本改。

241 潤，徐匯本作「潤」，今據呂註本改。

242 語出〔明〕來知德《周易集註》：「**如，助語辭。濡，沾濡也。離文自飾，賁如之象也。中爻坎水自潤，濡水之象也。永貞者，長永其貞也，九三本貞，教之以永其貞也，吉者陰終不能陵也。九三以一陽居二陰之間，當賁之時，陰本比己，為之**

本旨「賁如」者，乃得其文也。「濡如」者，乃沾其恩也。「永貞吉」者，[243]乃永守吾主之真道，以至永福之域，是故「吉」也。

〈象〉曰：「永貞之吉，終莫之陵也。」

上九為終，終莫陵九三之高也。陵，悔也。能永其貞，則不溺于陰柔之中，有所嚴憚終莫之陵。上 ☷，陵之象，又為終止，[244]「終莫之陵」之象。[245]

本旨終指大聖若瑟及人祖二者，言吾主為永貞之吉，而人類槩不能及其高，故曰「終莫之陵」也。

六四：賁如皤如，白馬翰如，匪寇婚媾。

四變中爻為 ☲，白之象。言未成其賁而成其皤也。中爻 ☷ 為馵足，[246]為的顙。[247]馵白足，顙白顛，[248]白馬之象。「翰如」者，馬如翰之飛也。

左右先後，蓋得其賁而潤澤者也，故有賁如濡如之象，然不可溺于所安也。占者能守永貞之戒，斯吉矣。」（上冊，頁 324）

243 吉，徐匯本無，今據呂註本增。

244 止，徐匯本作「正」，今據呂註本改。

245 語出〔明〕來知德《周易集註》：「**陵者悔也，能永其貞，則不陷溺于陰柔之中，有所嚴憚，終莫之陵悔矣。**」（上冊，頁 325）

246 馵，指左後腳白色的馬。《說文解字》：「馵，馬後左足白也。」〔清〕段玉裁注曰：「左當作ナ。《釋 》、《毛傳》皆曰：『後左足白曰馵。』《說卦傳》曰：『震為馵足。』」（頁 467）《詩經·秦風·小戎》：「小戎俴收，五楘梁輈。游環脅驅，陰靷鋈續。文茵暢轂，駕我騏馵。言念君子，溫其如玉。在其板屋，亂我心曲。」（頁 485–486）《玉篇·馬部》：「馵，馬後左足白。」

247 顙，指額頭、前額。《說文解字》：「顙，額也。」〔清〕段玉裁注曰：「方言，中夏謂之額。東齊謂之顙。九拜中之頓首必重用其顙。故凡言稽顙者，皆謂頓首，非稽首也。《公羊傳》曰：『再拜顙者，即拜而後稽顙。』何曰：『顙者猶今叩頭。』按叩頭者，經之頓首也。」（頁 421）《孟子·滕文公上》：「徐子以告孟子。孟子曰：『夫夷子，信以為人之親其兄之子為若親其鄰之赤子乎？彼有取爾也。赤子匍匐將入井，非赤子之罪也。且天之生物也，使之一本，而夷子二本故也。蓋上世嘗有不葬其親者。其親死，則舉而委之於壑。他日過之，狐狸食之，蠅蚋姑嘬之。其顙有泚，睨而不視。夫泚也，非為人泚，中心達於面目。蓋歸反虆梩而掩之。掩之誠是也，則孝子仁人之掩其親，亦必有道矣。』」（頁 186）《史記·孔子世家》：「東門有人，其顙類堯。」

248 顛，本指物體頂部，後引伸為額頭。《說文解字》：「顛，頂也。」〔清〕段玉裁注曰：「見《釋言》：『《國語》「班序顛」』毛注同。引伸為凡物之頂，如秦風有馬白顛。《傳》

中爻 ☵，為亟心之馬，翰如之象。寇指三，婚媾初也。非三之寇隔之，則與初成婚媾而相為賁矣。皤，音婆，白色也。六四得正而乘光，故「賁如皤如」也。☵居四下，以乘為馬，故曰「白馬翰如」也。六四飛翰應初，乃為正應，「匪寇則婚媾」也。四下應初，直過日中，故曰「白馬翰如」也。[249]

本旨「賁如皤如」者，乃吾主之光文聖母也。[250]「白馬翰如」者，乃聖母乘吾主恩光，而飛行天國之路也。「匪寇婚媾」者，乃情屬母子之親也。

〈象〉曰：「六四當位，疑也；匪寇婚媾，終無尤也。」

中爻 ☵ 為疑，故曰「疑也」。又為寇，因為其得正，故曰「匪寇」。陰陽相應為婚媾。終指上九，而上九無尤也。應之以正，乃理之當然，故「無尤」也。六四乘九三，因近故有疑。然三四各得其正，而匪寇婚媾之人，故得「終無尤」也。疑，疑懼其三之親比也。六四守正，三不能求，是故「終無尤」也。

本旨乃言聖母生育吾主，人雖有疑，其實終無尤，而聖不似凡也。

六五：賁于丘園，束帛戔戔。吝，終吉。

☶ 為山，丘之象，[251]又為果蓏，又居中爻 ☴ 木之上，果蓏林木園之象。此丘園指上九，上九白賁，貧賤肆志，乃山林高蹈之賢。蠱乃同體之

曰：『白顛，旳顙也。』馬以顙為頂也，唐風首陽之顛。山頂亦曰顛也。顛為取上，倒之則為取下，故大雅顛沛之揭。《傳》曰：『顛，仆也。』《論語》『顛沛』，馬注曰：『僵，仆也。』《離騷》注曰：『自上下曰顛』。《廣雅》曰：『顛，末也。』」（頁420）《詩經．秦風．車鄰》：「有車鄰鄰，有馬白顛。未見君子，寺人之令。」《史記．孝武本紀》：「東上泰山，山之草木葉未生，乃令人上石立之泰山顛。」

249 語出〔明〕來知德《周易集註》：「皤，白也。四變中爻為巽，白之象也。賁如皤如者，言未成其賁而成其皤也，非賁如而又皤如也。中爻震為馵足，為的顙，馵白足，顙白顛，白馬之象也。舊注不知象，故言人白，則馬亦白，無是理矣。翰如者，馬如翰之飛也。中爻坎，坎為亟心之馬，翰如之象也。寇指三，婚媾指初。」（上冊，頁325）

250 〔意〕高一志《聖母行實》：「瑪利亞聆此譽頌，益起謙恭，口約成章，告謝天主曰：『吾神稱揚吾主，極悅喜于救我者，緣主俯憫婢之卑賤，將畀〔界〕萬世讚頌我為眞福。賜我奇恩，用彰聖榮，并厥聖名。』」（頁337）

251 ☶，徐匯本作「☴」，今據呂註本改。

卦，上九不事王侯，則上九乃山林之賢，無疑矣。兩乏為束，陰爻兩折，束之象。[252]☷為帛，中☷土，帛之象。戔，同殘，傷也。☶錯☱，[253]為毀折，戔之象。束帛傷殘，即今之禮 也。本卦上下體，皆外陽中虛，有禮之象。上戔下戔，故曰「戔戔」。陰為吝嗇，故曰「吝」。六五柔中，為賁之主。敦本尚實，以居尊位，故有丘園之象。然陰柔無力，其下無應，故有「束帛戔戔」之吝。束帛，薄物。戔戔，小也。終歸下互，而為九五，乃得其正，故終吉也。

本旨「賁于丘園」者，乃聖子文聖母之高位也。「束帛戔戔」者，乃因聖母神貧之德而無厚禮，故有戔戔之吝也。 終因德全，是故吉也。

〈象〉曰：「六五之吉，有喜也。」

以☷錯☴，有喜之象。[254]歸入下互，以陰得陽，乃得其濟，故有喜也。

本旨因得聖子之恩，乃有天國之慶，故曰「有喜」也。以母得子，是故喜也。

上九：白賁，無咎。

上卦錯☷綜☴，巽為白，白之象也。上九無應而失其文，故曰「白賁」。潔以自守，故得「無咎」。賁，文也。白，質也。[255]故曰「白受采」。[256]

---

252 語出〔明〕來知德《周易集註》：「**艮為山，丘之象也。故頤卦指上九為丘**，渙卦中爻艮，故六四『渙其丘』。艮為果蓏，又居中爻震木之上，**果蓏林木，園之象也。此丘園指上九。上九賁白，貧賤肆志，乃山林高蹈之賢。蠱乃同體之卦，上九『不事王侯』**，隨卦上六錯艮，亦曰『西山』，則上九乃山林之賢無疑矣。**兩乏為束，陰爻兩坼，束之象也。坤為帛，此坤土帛之象也。戔與殘同，傷也。艮錯兌為毀折，戔之象也。束帛傷戔，即今人之禮緞也。本卦上體、下體皆外陽，中虛，有禮緞之象。上戔下戔，故曰戔戔。陰吝嗇，故吝。**」（上冊，頁326）

253 ☷，徐匯本作「☶」，今據呂註本改。

254 語出〔明〕來知德《周易集註》：「**艮錯兌為悅，故曰有喜。得上九高賢而文之，豈不喜？**」（上冊，頁326）

255 質，徐匯本作「盾」，今據呂註本改。

256 白，徐匯本無，今據呂註本增。

上九居賁之極，物極則反，有色復于無色，所以有白賁之象。文勝而反于質，無咎之道也。[257]

本旨光上加陽，乃為增光，聖約瑟也。

〈象〉曰：「『白賁，無咎』，上得志也。」

文勝反質，退居山地。六五以束帛聘之，豈不得志？居卦之上，乃得其陽剛之志也。歸入上互為頤，乃得其養，故曰「上得志」也。[258]

本旨乃指大聖若瑟，而無世福之文，其行統粹而無咎，上得其童身之志也，真福哉聖人也。

---

257 語出〔明〕來知德《周易集註》：「賁，文也：白，質也，故曰『白受采』。上九居賁之極，物極則反，有色復于無色，所以有白賁之象。文勝而反于質，无咎之道也，故其象占如此。」（上冊，頁326）

258 語出〔明〕來知德《周易集註》：「文勝而反于質，退居山林之地，六五之君以束帛聘之，豈不得志？此以人事言者也。若以卦綜論之，此文原是噬嗑初爻剛上文柔，以下居上，所以得志。」（上冊，頁3274）

剝卦

䷖	坤下艮上		
屬	䷀乾[259]	五爻變成䷖剝[260]	
錯	䷪夬		
綜	䷗復		
參伍	下互☷坤	中互亦☷坤	上互同身[261]
五爻互	下互☷坤	上互䷖剝	
各爻變[262]	初爻變成䷚頤	錯䷛大過	地位
	二爻變成䷃蒙	錯䷰革 綜䷂屯	
	三爻變成䷳艮	錯䷹兌 綜䷲震	人位
	四爻變成䷢晉	錯䷄需 綜䷣明夷	
	五爻變成䷓觀	錯䷡大 綜䷒臨	天位
	六爻變成䷁坤	錯䷀乾	

剝，不利有攸往。

　　一陽在上，五陰在下，陰盛長，陽消將盡，以陰剝陽，是故曰「剝」。初、三、五、六，[263]皆屬不正，應之不以其正，是故「不利有攸往」也。往之則剝。剝者，落也。落則下而不能上矣。下無☷足，上者止之，「不利有攸往」之象也。[264]

---

259 乾，徐匯本及呂註本無，今據卦象增。
260 爻，徐匯本無，今據呂註本增。
261 同身，即䷖剝。
262 各爻變，徐匯本及呂註本無，今據諸表增。
263 「五、六」，徐匯本作「六五」，今據呂註本改。
264 語出〔明〕來知德《周易集註》：「剝者，落也。九月之卦也。五陰在下，一陽在上，陰盛陽孤，勢將剝落而盡，剝之義也。至高之山，附著于地，有傾頹之勢，剝之象也。〈序卦〉：『賁者，飾也。致飾，然後亨則盡矣，故受之以剝。』所以次賁。」（上冊，頁327）

本旨「不利有攸往」者，乃第六誡毋行邪淫是也。[265]

〈象〉[266]曰：「剝，剝也，柔變剛也。

剝，如剝皮之剝，故曰「剝剝」也，乃陰剝陽也。柔能變剛為柔故曰「柔變剛」也。盐從水生，遇水則化，男從女生，遇女則迷。貪淫之人而無為善之剛志，[267]乃柔軟如婦女，是故曰「柔變剛」也。

本旨「柔變剛」者，乃外教剝削奉教之人也。乾隆甲午記，剝至今後二百二十六年，乃剝至而震興也。[268]

『不利有攸往』，小人長也。順而止之，觀象也。君子尚消息盈虛，天行也。」

往之則遇小人，是故「不利有攸往」也。☷ 順 ☶ 止，乃順而止之也。下陰仰其上陽，上陽觀其下陰，乃所以觀象也。初爻變大象，☲ 目，觀象之象，觀其陰盛則陽危矣。初變 ☳，[269]君子之象，陽一消之象。☶，止息之象。六三變 ☷，盈之象。錯 ☱ 中虛，虛之象。君子尚德消食節飲，息滅邪念，盈益虛灵，[270]乃為天國之路，是天行也。陽消 ☷ 息，盈 ☷，☷ 虛，六還四爻成 ䷢〔晉〕。上之 ☲ 目為觀，☷ 為大塗，一陽在上，初爻變 ☷，天行之象。

本旨小人既長，乃能剝陽，是故「不利有攸往」也。「順而止之」者，乃順其本性之欲，而止之以觀其象也。「君子尚消息盈虛」者，乃君子尚德

---

265 毋行邪淫，十誡的第六誡。有關第六誡的罪行見〔意〕利類思《司鐸典要》：「邪淫等類有七：男女無偶行邪一、破童女二、有偶行邪三、親戚私通四、強女跟隨五、與修道男女行邪六、拂性邪色七。」（下卷，頁212）

266 象，徐匯本作「象」，今據呂註本及易文改。

267 淫，徐匯本作「迷」，今據呂註本改。

268 參閱頁243注362。

269 變，徐匯本作「爻」，今據呂註本改。

270 虛灵，徐匯本作「虛虛」，今據呂註本改。

克己復禮，[271]消其飲食，息止其邪念，[272]而盈益其虛靈之德，[273]是為天國之正路，是故曰「天行」也。[274]

〈象〉曰：「山附于地，剝；上以厚下安宅。」

「山附于地」者，乃 ☶ 上 ☷ 下也。一陽居上，上之象。地上倍山，厚之象。「上以厚下安宅」者，乃 ☷ 居下而上加 ☶ 也。☶ 為宅，而居乎 ☷ 之上，乃所以厚下安宅也。[275]

本旨「山附于地」者，乃人居舍下也。父母以其厚愛，愛其在下之子女，故安之以宅也。有宅則有男女，內外之別，以免其男女滛亂之風，是故宅而有隔也。設有其宅而無隔，乃類乎禽獸，而非為人之禮，[276]乃失其永安之所矣，是故曰「上以厚下安宅」也。

---

271 語出《論語 · 顏淵》：「顏淵問仁。子曰：『**克己復禮**為仁。一日克己復禮，天下歸仁焉。為仁由己，而由人乎哉？』顏淵曰：『請問其目。』子曰：『非禮勿視，非禮勿聽，非禮勿言，非禮勿動。』顏淵曰：『回雖不敏，請事斯語矣。』」

272 息，徐匯本無，今據呂註本增。

273 盈益其虛靈，徐匯本作「盈盈其虛虛」，今據呂註本改。

274 〔西〕龐迪我《七克》：「身形不從理，則宜視如蹇驢，鞭策之，痛自克責、減疏其食飲，增其勞苦拂其願欲，用以抑強坊邪矣。」（卷三，頁670）

275 語出〔明〕來知德《周易集註》：「上謂居民之上，**一陽在上之象也**。厚下者，厚民之生，省刑罰、薄稅斂之類也。宅者上所居之位，非宅舍也＊。因艮體一陽覆幬于上，有宅舍之象，故以宅言之。所以上九亦以廬言者，以有廬之象也。厚下安宅者，言厚下而不剝下者，正所以自安其宅也。民惟邦本，本固邦寧之意。卦以下剝上取義，乃小人剝君子，成剝之義。象以上厚下取義，乃人君厚生民，則治剝之道也。」（上冊，頁328）

276 典出《孟子 · 離婁下》：「孟子曰：『人之所以異於禽於獸者幾希，庶民去之，君子存之。舜明於庶物，察於人倫，由仁義行，非行仁義也。』（頁246）……孟子曰：『君子所以異於人者，以其存心也。君子以仁存心，以禮存心。仁者愛人，有禮者敬人。愛人者人恆愛之，敬人者人恆敬之。有人於此，其待我以橫逆，則君子必自反也：我必不仁也，必無禮也，此物奚宜至哉？其自反而仁矣，自反而有禮矣，其橫逆由是也，君子必自反也：我必不忠。自反而忠矣，其橫逆由是也，君子曰：『此亦妄人也已矣。如此則與禽獸奚擇哉？於禽獸又何難焉？』是故君子有終身之憂，無一朝之患也。乃若所憂則有之：舜人也，我亦人也。舜為法於天下，可傳於後世，我由未免為鄉人也，是則可憂也。憂之如何？如舜而已矣。若夫君子所患則亡矣。非仁無為也，非禮無行也。如有一朝之患，則君子不患矣。』」（頁275）

初六：剝牀以足，蔑貞，凶。

一陽在上，五陰列下，牀之象。蔑，無也。剝自下起，以下為足，故曰「剝牀以足」也。牀以安身，乃為逸樂之意，故曰「剝牀」也。初六不正，又無正應，故蔑貞之凶。六二變☶，凶之象也。蔑滅通用，[277]滅貞則失正，是故凶也。[278]

本旨幼小不知防滛，是故滅貞而凶也。

〈象〉曰：「『剝牀以足』，以滅下也。」

宅內必有牀，乃安人之義也。然小人安逸則生滛，故曰「以滅下」也。[279]世風大敗，是故曰「以滅下」也。

本旨「以滅下」者，乃因滅下品之人也。

六二：剝牀以辨，蔑貞，凶。

二為辨之象，二變☶，為滅正之凶象。不變則本正，而不凶。六二中正，因其無應，故有滅貞之險也。辨，牀幹也，進而上己。

本旨工在克除其邪念也。[280]

---

277 蔑滅通用，徐匯本作「蔑通滅用」，今據呂註本改。

278 語出〔明〕來知德《周易集註》：「剝牀以足者，剝落其牀之足也。變震，足之象也。剝自下起，故以足言之。一陽在上，五陰列下，有宅象廬象、牀象。蔑者，滅也。蔑貞者，蔑其正道也，指上九也。方剝足，而即言『蔑貞』，如履霜而知堅冰至也。初六陰剝在下，有剝牀以足之象。剝牀以足，猶未見其凶，然其剝足之勢，不至蔑貞而不已，故戒占者如此。此聖人為君子危，而欲其自防于始也。」（上冊，頁328）

279 類似「安逸則生滛」的說法亦見於〔西〕龐迪我《七克》：「百爾納曰：『邪魔攻道念，其車孔多。淫車為一——豐食飲、華衣裳、閑而多寐、念擾易熾四輪也；事順物裕，兩馬也；怠憛苟安，二僕也。』」（卷三，頁647）

280 工，徐匯本作「上」，今據呂註本改。

〈象〉曰：「『剝牀以辨』，未有與也。」

「未有與」者，乃未應與也。

本旨因其中正，乃克念作聖以滅凶也。

六三：剝之無咎。

此卦六三，異常之六三也，乃居乎五陰之中，而獨應乎上九，去其黨而獨應之，是故「剝之而無咎」也。三無別路可行，是故無其咎也。[281]

〈象〉曰：「『剝之無咎』，失上下也。」

上下，謂上下四陰，却〔退〕而失之也。六三之應，雖不得正，乃無別互可歸，而無可奈何之際，故無咎也。[282]

本旨失上下者為中人也，雖非經理乃罪也。

六四：剝牀以膚，凶。

初足二辨，三牀上，四上體，居牀之上，乃牀上人之膚也。剝牀而及肌膚，乃陰禍切身也。六四變☷，乃凶之象。六四無應而近上九，乃為膚肉，故有切身之害，是以凶也。[283]

---

281 語出〔明〕來知德《周易集註》：「三雖與上九為正應，不可言剝。然在剝卦之中，猶不能離乎剝之名。之，語助辭。眾陰方剝陽，而三獨與之為應，是小人中之君子也。**去其黨而從正**，雖得罪于私黨，而見取于公論，其義无咎矣。占者如此，故无咎。剝以近陽者為善，應陽者次之。近陽者，六五是也，故无不利。應陽者此爻是也，故無咎。」（上冊，頁329-330）

282 語出〔明〕來知德《周易集註》：「**上下謂四陰**。三居四陰之中，不與之同黨，而獨與一陽為應與，是所失者上下之陰，而所得者上九之陽也。惟其失四小人，所以得一君子。」（上冊，頁330）

283 語出〔明〕來知德《周易集註》：「初足，二辨，三牀之上，四乃上體，居牀之上，**乃牀上人之膚也。剝牀而及其肌膚**，禍切身矣，故不言蔑貞而直曰凶。」（上冊，頁330）

本旨剝卦得正則凶，其故何也？以其正對剝削，[284] 是故凶也。

〈象〉曰：「『剝牀以膚』，切近災也。」

六四陰柔而不得中，因近于陽，故有切近之災也，是故遠避可得吉也。四多懼，切近災之象也。

本旨滛宜遠避近之，則災而免害难。[285] [286]

六五：貫魚，以宮人寵，無不利。

「貫魚」者，五陰列兩傍之象。五變 ☶，[287] 為繩貫之象。魚陰物，☷ 為宮，☷ 為宮中之人。宮人，乃陰之美者而受制于陽者也。六五為眾陰之長，而率其類受制于陽，則無不利也。☷ 錯 ☰，為寵愛之象。

本旨「貫魚」者，乃人祖生萬代之子孫也。以宮人寵者，皆以一家親人親愛之也。「無不利」者，乃其本性愛人之宜也。

〈象〉曰：「『以宮人寵』，終無尤也。」

陰受陽制，尊而德中，是故「終無尤」也。上九為終，乃近上九而无尤也。[288] 以尊而居體，是以「終無尤」。六五互可歸，雖事上九，乃「終無尤」也。以陰比陽，為尤之象。☶ 止之終，無尤之象。

本旨六五者，乃人祖母之象，終因聖子補罪，故曰「終無尤」也。[289]

---

284 正對，徐匯本無，今據呂註本增。

285 而免害难，徐匯本作「而難害」，今據呂註本改。

286 有關邪淫之嚴重性可參〔西〕龐迪我《七克》：「淫慾，心火也。此火一發，善念德願義行悉皆燬焉。」（卷三，頁648）。

287 ☶，徐匯本作 ☷，今據呂註本改。

288 「上九為終，乃近上九而无尤也」，徐匯本無，今據呂註本增。

289 人祖母，指厄娃（Eve），被視為原罪的源頭。〔法〕白晉在《古今敬天鑒》：「《詩·大雅》：『亂匪降自天，生自婦人。』〔據天主《聖經》，萬民祖父母，男女二人，原生之時，最明天理，自順上主所賦至善之性，初乎不文眾人。原祖母被邪魔之感，非特自獲罪于，天下平安不亂，嗟罪，因遂連類後族眾人，均染原罪，天並

上九：碩果不食，君子得輿，[290] 小人剝廬。[291]

　　碩大而美也，碩果者，乃上九為碩。而☷為果，☷錯☰為口。此爻一變，則為☷而無口矣，不食之象。☷為輿之象，☶為廬之象。一陽在上，不食碩果，乃為碩君子，而為眾陰所載，是故「君子得輿」也。小人居之，因其不正，不能不食也，[292] 則剝極于上，而自失其所覆，是故曰「小人剝廬」也。[293]

引已之夫。犯，非自上主所降，乃自婦人，所生乃之污。由是萬民患難，宇大亂。真原祖母，真為先後，萬罪亂之根。〕（卷上，頁83–84）

290　輿，本指車廂，後引伸為車輛，尤指馬車。《説文解字》：「輿，車輿也。」〔清〕段玉裁注曰：「車輿謂車之輿也。《攷工記》：『輿人爲車。』注曰：『車，輿也。』按不言爲輿而言爲車者，輿爲人所居，可獨得車名也。軾較軫軹皆輿事也。」（頁728）《孟子・梁惠王下》：「魯平公將出，嬖人臧倉者請曰：『他日君出，則必命有司所之。今乘輿已駕矣，有司未知所之，敢請！』」（頁77）《老子・第八十章》：「雖有舟輿，無所乘之。」

291　廬，本指房舍，後引伸為簡陋居室。《説文解字》：「廬，寄也。」〔清〕段玉裁注曰：「《大雅》『于時廬旅』，《毛傳》曰：『廬，寄也。』《小雅》「中田有廬」，《箋》云：『中田，田中也。』農人作廬焉，以便其田事。《春秋・宣十五年・公羊傳》注曰：『一夫受田百畝，公田十畝，廬舍二畝半。凡爲田一頃十二畝半，八家而九頃，共爲一井。在田曰廬，在邑曰里。春夏出田，秋冬入城郭。』《漢食貨志》曰：『一井，八家共之。各受私田百畝，公田十畝，是爲八百八十畝。餘二十畝，以爲廬舍。在野曰廬，在邑曰里。春令民畢出在壄，冬則畢入。』其詩曰：『四之日舉止，同我婦子，饁彼南畝。』又曰：『十月蟋蟀，入我牀下，嗟我婦子。聿爲改歲，入此室處。所以順陰陽，備寇賊，習禮文也。』孟子曰：『五畝之宅。趙注：廬井、邑居各二畝半以爲宅。冬入城二畝半，故爲五畝也。按許意，廬與下文壄義互相足。在野曰廬，在邑曰壄。皆二畝半也。』引伸之：凡寄居之處皆曰廬。《周禮》『十里有廬，廬有飲食』、《左傳》『立戴公以廬於曹，吾儕小人。皆有閭廬，以避燥溼寒暑』皆是。」（頁447）《《詩・小雅・信南山》：「中田有廬，疆場有瓜。是剝是菹，獻之皇祖。曾孫壽考，受天之祜。」（頁968）《漢書・食貨志》：「餘二十畝，以爲廬舍。」

292　不食，徐匯本作「食」，今據呂註本改。

293　語出〔明〕來知德《周易集註》：「碩果者，碩大之果。陽大陰小，碩之象也。艮為果，果之象也。不食者，在枝間未食也。諸陽皆消，一陽在上，碩果獨在枝上之象也。此爻未變，**艮錯兌為口，猶有可食之象**。**此爻一變，則為坤而無口矣，不食之象也**。果碩大不食，必剝落朽爛矣。故孔子曰：『剝者，爛也。』果剝落朽爛于外，其中之核又復生仁，猶陽無可盡之理，窮上反下，又復生于下也。輿者，物賴之以載，猶地之能載物也。**變坤，坤為大輿，輿之象也**。一陽復生于地之

　　本旨上九者，乃人祖之象也。主命碩果不食，則為君子，而得眾人之福也。若食碩果，則為小人而剝廬矣。惜乃人祖食之，而後世小人多矣，[294] 是故剝去其光衣，而出地堂[295]，流于苦世，是小人剝廬矣。[296]

〈象〉曰：「『君子得輿』，民所載也。『小人剝廬』，終不可用也。」

　　君子得輿，民所載也。小人剝廬，終不可用也。以其陽爻為君子，居于眾陰之上，乃民所載也。以其不正為小人，小人貪食而好色，敗身而傷靈，終不可于正也。居卦之終，是故曰「終不可用」也。廬所賴以安身者，今既剝矣，終何用哉？陰為用之象，☷ 為止，不可用之象也。

　　本旨乃人祖及萬代子孫，終不可歸地堂，而用光衣也。苦哉！苦哉！因其元罪，[297] 而剝去地堂之福，乃終不可用也。

下，則萬物皆賴之以生，此得輿之象也。廬者，人賴之以覆，猶天之能覆物也。五陰為廬，一陽蓋上，為廬之椽瓦。今一陽既剝，于上則國破家亡，人無所覆庇以安其身，此剝廬之象也。上一畫變，此窮上也，故曰剝。剝則陰矣，故曰小人；下一畫新生，此反下也，故曰得，得則陽矣，故曰君子。蓋陽剝于上，則必生于下，生之既終，則必剝于上。未剝之先，陽一畫在上，故其象似廬。既剝之後，陽生于下，則上一畫又在下矣。故其象似輿。」（上冊，頁331–332）

294　〔意〕艾儒略《天主降生引義》：「人性初畀，極為純善。備有原義諸德、規誡之條，銘在人心，不待人教，自明趨避，謂之性教。奈人類原祖，受魔誘感，不克遵守主命，而性之原善失矣。宗首既損其性，則慾根頓發，至遞生子孫，皆負原祖之染，經謂之原罪，即私欲與諸罪之根苗也。」（卷上，頁336）有關「禁果」與「原罪」的關聯，則見〔法〕白晉《大易原義內篇・坤》：「夫莫大之惡，人心堅冰有餘之殃，推原其故，非始于弒逆之一日也。皆由人祖亂臣賊子之首，不慎失防于始，上主原所禁一果之微，順從魔誘，辯之不早辯，故至此，萬不能維挽于終，其為害于天國家極矣！危哉！」（頁77）

295　地堂，即《聖經》記載的伊甸園。見〔意〕羅明堅《天主聖教實錄》：「第六日，則先成其百般走獸，次成一男，名曰亞當、後成一女，名曰阨襪，使之配偶。此二人者，乃普世之祖。使居樂土，是謂『地堂』，無寒無暑，百果俱備。且天主令之曰：『爾若尊順乎我，則萬物亦順乎爾；爾若背我，則萬物安肯順爾哉？』」（頁264–265）

296　〔意〕羅明堅《天主聖教實錄》：「或曰：『原祖亞當，也似世人否？』答曰：『亞當靈形兩全，與我等一般。但他聰明美貌，故為普世之祖。彼時若不違誡，天主當使亞當常生不死。及其年久，則靈形俱升天堂受福。雖後世子孫，亦得如是。彼時既違其誡，則天主逐之出地堂而罰之，得有勞辛死亡諸苦。』」（頁269）

297　元，徐匯本作「無」，今據呂註本改。

復卦

䷗	震下坤上		
大象	☳ 震[298]		
屬	☷ 坤[299]	初爻變成 ䷗ 復	
錯	䷫ 姤		
綜	䷖ 剝		
參伍	下互同身[300]	中上二互 ☷ 坤	
五爻互	下互 ䷗ 復	上互 ☷ 坤	
各爻變[301]	初爻變成 ䷁ 坤	錯 ䷀ 乾		地位
	二爻變成 ䷒ 臨	錯 ䷠ 遯	綜 ䷓ 觀	
	三爻變成 ䷣ 明夷	錯 ䷅ 訟	綜 ䷢ 晉	人位
	四爻變成 ䷲ 震	錯 ䷸ 巽	綜 ䷳ 艮	
	五爻變成 ䷂ 屯	錯 ䷱ 鼎	綜 ䷃ 蒙	天位
	六爻變成 ䷚ 頤	錯 ䷛ 大過		

復：亨。出入無疾，朋來無咎。反復其道，七日來復，利有攸往。

　　剝盡為坤，今一陽復生于下，是故曰「復」。陽往而復來，是故曰
「亨」。六三變☳，乃亨之象。以一陽出入內外，故「無疾」也。一陽得正，
無疾之象。中互☷為地，☷與☷為朋，乃以柔與柔，故曰「朋來無咎」
也。以上應下，來之象。上反下復，故曰「反復」。反來復去，不離復道，
故曰「反復其道」也。☳為大塗，道之象，又為足，往之象。自外而入內曰
「來」，䷀卦六變為☷，至此復卦為七，故曰「七日來復」。太陽為日，太陽

298　震，徐匯本及呂註本無，今據卦象增。
299　坤，徐匯本及呂註本無，今據卦象增。
300　同身，即 ䷗ 復。
301　各爻變，徐匯本及呂註本無，今據諸表增。

七變，乃七日之象也。陽宜上進，利有攸往之象也。道固當行，故曰「利有
攸往」。

本旨「復卦」者，乃復瞻禮也。「亨」者，乃人道于主也。「出入無疾」
者，乃入堂中無疾妒也。「朋來無咎」者者，乃得赦也。「反復其道」者，乃
常遵其道也。「七日來復」者，乃七日來復瞻禮也。[302]「利有攸往」者，乃宜
往復瞻禮也。復道得通天國路，[303]是故「宜有攸往」也。往至天國之本家，
乃得復命歸根也。復卦者，乃第三誡守瞻禮之日也。[304]

〈象〉曰：「復，亨。剛反，

復則得通，故曰「復，亨」。陽往而復來，故謂剛復也。

本旨乃君子復禮而通于主，天主降福而剛反也。以柔去而得剛來，是
故曰「剛反」也。

動而以順行，是以出入無疾，朋來無咎，

「動而順行」者，乃 ☳ 動而 ☷ 順行也，「是以得出入無疾，而朋來無咎」
也。☷ 為疾，無 ☷，故無疾。一陽得正，☳ 之正位在初，故「無咎」也。

本旨「動而以順行」者，乃主動人心，而順人以順命行也，是以得出入
無疾，而朋來無咎也。出入堂中以和順，故無疾妒。朋來以消咎，故「無
咎」也。

---

302 據教會禮儀年曆的編排，七日（一星期）為一瞻禮。〔意〕利類思譯《彌撒經典・瞻
禮說》：「每七日謂之一瞻禮。」（頁14）

303 得通，徐匯本無，今據呂註本增。

304 〔意〕羅明堅《天主聖教實錄》：「或曰：『第三誡者，何謂也？』答曰：『第三誡者，
當守瞻禮之日。禁止百工，詣天主堂、誦經瞻禮天主。其餘時日，各作本業，固
皆正理矣。譬如每月朔望之日，人皆作揖上官。況天主尊大，於每七日之間，其
可不拜之乎？此三者，俱是奉敬天主，甚為至要也。』」（頁308）

反復其道，七日來復，天行也。

天行者，乃天國之路也。☳為大塗，天行之象也。

本旨來復而去，去而又復，是為「反復其道」者，乃十誡也。七日瞻禮，週而復始，乃「七日來復」也。六日務身，以第七日修靈，乃天主親定之規，命人遵行，乃為天國之正路，是故曰「天行」也。[305]迷子論天行，無于人事，乃感之甚也。設其無干人事，言之何意？[306]有之何多，無之何少，豈非多事乎哉？

利有攸往，剛長也。

陽來而上進，是故曰「剛長」也。

本旨宜有所往，乃宜往復瞻禮也。「剛長」者，乃恩德並長也。

復，其見天地之心乎。

一陽居內卦之內，是故曰「天地之心」也。復之者，乃得見天地之心也。六三變☲為目，乃見之象也。

本旨心為百肢之主，復之者，乃為見天地之主，而復謝其洪恩也。☷之正位在初，是為天地之主之証，[307]《經》云：「得見」。迷子悖《經》而曰「不見」，其為心瞽，[308]可勝憫哉。

---

305 有關「守瞻禮之日」為天主所定，幫助人在靈性上培養，詳參〔意〕利類思《司鐸典要》：「守瞻禮之命，具有二義：一謝天主造天地萬物之恩——天主於六日之內造成萬有，第七日止息，故每七日，令人謝恩瞻禮；二顧肉身之力本弱——日日苦勞，每七日歇罷其工，以守瞻禮。守瞻禮，一在行、一在戒。行即與彌撒等、戒即作役工人。工分三，一係靈魂——如知識、祈禱、默想、讀書、教誨、念書、寫字，此等有利於行，不在戒內。」（卷下，頁192–193）

306 意，徐匯本作「此」，今據呂註本改。

307 之主，徐匯本無，今據呂註本增。

308 瞽，原指瞎而有眼珠的盲人，後引申泛指目瞎之意。《說文解字》：「瞽，目但有朕也。」〔清〕段玉裁注曰：「朕，俗作联，誤。朕从舟，舟之縫理也。引伸之凡縫皆曰朕。但有朕者，才有縫而已。《釋名》曰：瞽，鼓也。瞑瞑然目平合如鼓皮也。

〈象〉曰：「雷在地中，復；先王以至日閉關，商旅不行，后不省方。」

「雷在地中」者，乃 ☳ 上 ☷ 下也。前卦有王，乃居復卦之先，故曰「先王」。先王以禮止之日，閉關門戶，商旅不行買賣，后王不省察方民之事，專靖以欽事于一也。至日者，初日也。陰爻貫魚，商旅之象。陽爻橫亙于下，[309] 閉關之象。陽君不居五位而居初，潛居深宮，不省方之象。以卦象論，☳ 為大塗，中開大路，旅之象。坤為眾，商務之象。☳ 綜 ☶，止不行之象。闔戶為坤，閉關之象。☷ 為方，方之象也。[310]

本旨「雷在地中」者，乃主臨人心也。主既至心固當閉關心戶，以靖事之，是故曰「商務不行」，乃罷百工也。「后不省方」者，乃不理國事，而專心敬主也。「至日」者，主日也。[311] 今迷子不信其然，試問這商旅不行者，所作何事也？設無所答，可見其理曲而詞窮矣。以初日至，一陽復始。始者，初也。主日者，第一日也。[312] 至日者，乃主日之証也。[313]

眣者目合而有見。瞽者目合而無見。按鄭司農云：無目朕謂之瞽。韋昭云：無目曰瞽。皆與許異。」（頁136–137）《荀子‧解蔽》「瞽者仰視而不見星。」《莊子‧逍遙遊》：「瞽者無以與乎文章之觀。」

309 亙，徐匯本作「豆」，今據呂註本改。

310 語出〔明〕來知德《周易集註》：「先王者，古之先王。后者，今之時王。一陽初復，萬物將發生之時，當上下安靜，以養微陽。商旅不行者，下之安靜也。后不省方者，上之安靜也。人身亦然，《月令》齋戒掩身是也。以卦體論，**陰爻貫魚，商旅之象。陽爻橫亙于下，閉關之象。陽君不居五而居初，潛居深宮，不省方之象。以卦象論，震為大塗，中開大路，旅之象。坤為眾，商旅之象。震綜艮，艮止不行之象。闔戶為坤，閉關之象。坤為方，方之象。**」（上冊，頁334–335）

311 有關主日戒律，見〔意〕《司鐸典要》：「守瞻禮，一在行、一在戒。行即與彌撒等、戒即作役工人。工分三：一係靈魂 —— 如知識、祈禱、默想、讀書、教誨、念書、寫字，此等有利於行，不在戒內。二係肉身 —— 不論富貴貧賤主僕上下大小，如起程、田獵、跳舞、奏樂，此等亦不在戒內。三係役事，如縫衣蓋房等百工，瞻禮日不行。」（卷下，頁193）

312 見〔意〕利類思譯《彌撒經典‧瞻禮說》：「第一日，謂之主日。」（頁14）

313 証，呂註本作「象」。

初九：不遠復，無祇悔，元吉。

☳ 為足，初居足下，不遠之象。初九為神道得正，無祇悔之象。大而正，元吉之象。初九得正，而為卦主，不遠即復，乃不失其復，故「無祇悔」。「無祇悔」者，乃無敬神之悔，而且得元吉也。

本旨「不遠復」者，乃七日即復也。「無祇悔」者，[314] 乃既勤瞻禮，而無至悔且得元吉也。「元吉」者，乃吾主也。夫既勤事主，是故乃得主也。不遠即復，乃不至于大過，故無祇悔，[315] 而能得元吉也。

〈象〉曰：「不遠之復，以修身也。」

不遠之復，為修身也。陽爻得正，修之象也。

本旨「不遠之復」者，乃七日即復也。「以修身」者，乃所以事上主也。今迷子不知不遠之復，乃修身而事上主，乃反毀謗事主之人，非怪而何？

六二：休復，吉。

六二中正，乃依乎初之正而得仁，休之象也。順從欽事于一，乃美善之復，是故吉也。[316]

本旨以中正復禮而事天主者，乃自然得吉也。

〈象〉曰：「休復之吉，以下仁也。」

六二以謙而下仁，故得善復之吉。中正之愛，乃以下仁也。初九為善之長，乃仁之象。

本旨中正之道在乎仁愛，六二順從初九，乃謙而愛主，故曰「以下仁」也。

---

314 祇悔，徐匯本作「悔祇」，今據呂註本改。

315 祇，徐匯本作「至」，今據呂註本改。

316 語出〔明〕來知德《周易集註》：「休者，休而有容也。人之有善，若已有之者也。以其才位皆柔，又變悅體，所以能下其初之賢而復。**六二柔順中正，近于初九**，見初九之復而能下之，**故有休復之象**，吉之道也，故其占如此也。」（上冊，頁335）

六三：頻復，厲，無咎。

三居兩卦之間，一復既盡，一復又來，有頻之象。位不中正，厲之象也。以三復為頻，頻故不安。頻故不安，然頻復之勤，故無咎也。[317]

本旨因位不正，[318]屢得而屢失，是故曰「不安」也。因勤贍禮，而得觧罪之赦，故「無咎」也。

〈象〉曰：「頻復之厲，義無咎也。」

既頻復之，乃勤于聖事以消其咎，是故于義，則無咎也。

本旨既勤于天主之事，理當無咎，故曰「義無咎」也。

六四：中行獨復。

六四居乎五陰之中，故曰中行。四應 ☳ 足，行之象，獨與初九為應，故曰「獨復」。[319]

本旨「獨復」者，乃不隨衆而專心以修德事主之人也。

---

317 語出〔明〕來知德《周易集註》：「頻者，數也。**三居兩卦之間，一復既盡，一復又來，有頻之象**，與『頻巽』同。頻復者，頻失而頻復也。厲者，人心之危也。无咎者，能改過也。不遠之復者，顏子也。頻復，則日月一至，諸子也。六三以陰居陽，不中不正，又處動極，復之不固，故有頻失頻復之象。然當復之時既失，而能知其復，較之迷復者遠矣。故當頻失之時，雖免危厲，而至于復，則无咎也。故其占如此。」（上冊，頁336）。

318 位，徐匯本作「為」，今據呂註本改。

319 〔明〕來知德《周易集註》：「中行者，在中行也。五陰而四居其中，中之象也。凡卦三、四皆可言中，益卦三、四，皆言中行是也。此爻變震，應爻亦震，震為足，行之象也。獨復者，不從其類而從陽也，故孔子以『從道』象之。六四柔而得正，在群陰之中，而獨能下應于陽剛，故有中行獨復之象。曰『獨復』，則與休者等矣，蓋二比而四應也。」（上冊，頁336–337）

〈象〉曰：「中行獨復，以從道也。」

　　六四得正而應初九，初九為大道之原，故曰「以從道」也。初曰修身，二曰下仁，四曰從道，修身以道，修道以仁。[320]

　　本旨「以從道」者，乃順從天主之命也。

六五：敦復，無悔。

　　☷ 厚，敦之象，下有六二為中五，又倍厚其中，故曰「敦復」。以六五居位不正，是為可悔。以其得中而敦厚其復，故無悔也。[321]

　　本旨以中厚之德，而復事主，是故乃能無其悔也。

〈象〉曰：「『敦復，無悔』，中以自考也。」

　　自，從也。考，初也。☷ 順從之象，初陽，考之象。居中以從初考，故無所悔。

---

320 語出〔明〕來知德《周易集註》：「初之〈象〉曰『以修身也』，二曰『仁』，四曰『道』，**修身以道，修道以仁**，仁與道皆修身之事。二比而近，故曰『仁』。四應而遠，故曰『道』。〈小象〉之精極矣。」（上冊，頁337）《禮記・中庸》：「哀公問政。子曰：『文、武之政，布在方策，其人存，則其政舉；其人亡，則其政息。人道敏政，地道敏樹。夫政也者，蒲盧也。故為政在人，取人以身，**修身以道，修道以仁**。仁者人也，親親為大；義者宜也，尊賢為大。親親之殺，尊賢之等，禮所生也。在下位不獲乎上，民不可得而治矣！故君子不可以不修身；思修身，不可以不事親；思事親，不可以不知人；思知人，不可以不知天。天下之達道五，所以行之者三，曰：君臣也，父子也，夫婦也，昆弟也，朋友之交也，五者天下之達道也。知仁勇三者，天下之達德也，所以行之者一也。或生而知之，或學而知之，或困而知之，及其知之，一也；或安而行之，或利而行之，或勉強而行之，及其成功，一也。』」
321 語出〔明〕來知德《周易集註》：「**敦者，厚也**。有一毫人欲之雜，非復。有一毫人欲之間，非復。敦復者，信道之篤，執道之堅，不以久暫而或變者也。不遠復者，善心之萌。敦復者，善行之固。无悔者，反身而誠也。敦臨、敦復，皆因坤土。六五以中德居尊位，當復之時，故有敦厚其復之象。如是則心與理一，無可悔之事矣，故占者无悔」（上冊，頁337）

本旨居中以從天主者，為之自考，乃反身而誠，[322]樂莫大焉！

上六：迷復，凶，有災眚，用行師，終有大敗。以其國君，凶。至于十年不克征。

☷，為迷之象，用迷復，故凶而有災眚。六五變☵，凶之象，亦災眚之象。下☷足，行之象。☷為眾，師之象。上變☶，[323]大象☲為戈兵，[324]眾人以戈兵而震動，行師之象。☷為國之象，十土之成數，陽為大，終有陽進，而敗陰以與也，並其國君而得凶。六變大象☲，為年，故曰「十年」。上變☶止，故不克征。上六離于初遠，而無正應，不知何往，故為「迷復」。迷其路而大敗也，陰不復道，是故凶也。居卦之外，不能得中，故有災眚也。用行師而無帥領，是故「終有大敗」也。陰迷之至，大敗之象。君外不復之反君，是故凶也。本卦有五十，言十年，乃省文也，而至艾年不克征也。自二至上，乃有五十，故以五十解之。[325]

本旨「迷復」者，乃外教人也。迷復失道，是故凶也。有災眚者，乃有永苦之災病也。同行師終有大敗者，乃以用之以戰三仇，而終敗于三仇

---

322 語出《孟子・盡心上》：「孟子曰：『萬物皆備於我矣，**反身而誠**，樂莫大焉。強恕而行，求仁莫近焉。』」（頁414–415）《禮記・中庸》：「在下位，不獲乎上，民不可得而治矣。獲乎上有道，不信乎朋友，不獲乎上矣。信乎朋友有道，不順乎親，不信乎朋友矣。順乎親有道，反諸身不誠，不順乎親矣。誠身有道，不明乎善，不誠乎身矣。」（頁1689）

323 上變☶，徐匯本作「上☶變」，今據呂註本改。

324 「大」後，徐匯本有「之」，今據呂註本刪。

325 語出〔明〕來知德《周易集註》：「坤為迷，迷之象也。迷復者，迷其復而不知復也。坤本先迷，今居其極，則迷之甚矣。以者，與也，並及之意。因師敗而並及其君，有傾危之憂也。**坤為眾，師之象也。變艮，大象離，離為戈兵，眾人以戈兵而震動，行師之象也。**國者，坤之象也。詳見謙卦。十者，土數成于十也。不克征者，不能雪其恥也。災眚者，凶也。用師以下，則災眚之甚，又凶之大者也。復卦何以言行師？以其敵陽也。剝復相綜，陽初復，陰極盛，正龍戰于野之時，曰終有大敗者，陽上進，知其終之時，必至于夬之『无號』也。上六陰柔，居復之終，故有迷復之象，占者得此，凶可知矣。是以天災人眚，雜然並至。天下之事無一可為者，若行師，則喪師辱君，至于十年之久，猶不能雪其恥，其凶如此。」（上冊，頁338）。

也，以其國君凶。[326] 至于十年不克征者，乃因其國君不奉聖教，而衆民偕之而得凶也。至于永遠而不能脫其凶，苦矣。

〈象〉曰：「迷復之凶，反君道也。」

迷復遭凶者，乃因其反悖大君之道也。「反君道」者，反其五之君道也。六五有中德，敦復無悔。六居 ☷ 土之極，又無中，順之德，所以反君道而凶也。[327]

本旨「反君道」者，乃悖反天地大君之道也。夫君師者，乃所以事上主也。[328] 今不助而反悖之，乃迷之甚者，是故凶也。

---

326 三仇，參閱頁201注124。

327 語出〔明〕來知德《周易集註》：「**反君道者，反其五之君道也。六五有中德，敦復，无悔，六居坤土之極，又無中順之德，所以反君道而凶。**」（上冊，頁338）。

328 事，呂註本作「助」。

無妄卦

䷘	震下乾上			
大象	☲ 離[329]			
屬	☴ 巽[330]	四變成 ䷘ 無妄		
錯	䷭ 升			
綜	䷙ 大畜			
參伍	下互 ䷚ 頤	中互 ䷴ 漸	上互 ䷫ 姤	
五爻互	下互 ䷩ 益	上互 ䷠ 遯		
各爻變[331]	初爻變成 ䷋ 否	錯綜 ䷊ 泰		地位
	二爻變成 ䷉ 履	錯 ䷎ 謙	綜 ䷈ 小畜	
	三爻變成 ䷌ 同人	錯 ䷆ 師	綜 ䷍ 大有	人位
	四爻變成 ䷩ 益	錯 ䷟ 恒	綜 ䷅ 損	
	五爻變成 ䷔ 噬嗑	錯 ䷯ 井	綜 ䷲ 賁	天位
	六爻變成 ䷐ 隨	錯綜[332] ䷑ 蠱		

無妄：元亨利貞。其匪正有眚，[333]不利有攸往。

　　天雷誠有，故曰「無妄」。「無妄」者，至誠無虛假也。然有正不正之
分，蓋震動也。動以天者，為無妄。動以人者，則妄矣。中互 ☶ 為有眚之

---

329 離，徐匯本及呂註本無，今據卦象增。

330 巽，徐匯本及呂註本無，今據卦象增。

331 各爻變，徐匯本及呂註本無，今據諸表增。

332 綜，徐匯本無，今據呂註本增。

333 眚，眼疾，後引申為過失或災難。《說文解字》：「目病生翳也。」〔清〕段玉裁注：
「元應曰：『《翳韵集》作 』。眚，引伸爲過誤，如『眚災肆赦』、『不以一眚掩大德』
是也。又爲災眚。」（頁135）《書經・舜典》：「眚災肆赦，怙終賊刑。」《左傳・僖
公三十年》：「大夫何罪？且吾不以一眚掩大德。」

象，☷為有攸往之象，中爻☶止，不利有攸往之象。[334]「元亨利貞」者，乃大通利益而正固也。二五得應，乃大通也。中互☶，為大通之象。大通利正，故利貞也。其匪正者，乃三四六不正為眚，故曰有眚也。夫既有眚，是故「不利有攸往」也。

　　本旨☰為天，☷為主，二字合句乃曰「天主」。[335]天雷無妄者，乃天主無妄也。又☷為聲，☰為言，乃天主之言無妄。天主本自「無妄」。其教故必「無妄」。天主為誠有，至惡邪妄。故其教誡嚴禁諸種邪妄之罪。是故曰「天雷無妄」。九五、六二以尊貴中正而相應，是故曰「元亨利貞」也。六三、九四、上九，其匪正也。因其不正，是故有眚也。不正而應，是為不宜，故曰「不利有攸往」也。九五應六二，二合五為七，乃七千年之時，中人信應真主，而咸奉聖教也。「其匪正」者，乃邪教也。邪固有病于人，是故不宜有所行也。☰一☷四，合之為五，乃開闢五千之後，天主寵教始傳於世也。下互頤養，乃以道養人之神也。中互☶漸，乃聖教漸開也。上互☴姤，乃遇喜慶年也。天國福音報世人，接恩奉守乃有慶也。

334　語出〔明〕來知德《周易集註》：「**无妄者，至誠無虛妄也。**《史記》作『無所期望』。蓋惟本无妄，所以凡事盡其在我，而于吉凶禍福皆委之自然，未嘗有所期望，所以无妄也。以天道言，實理之自然也；以聖人言，實心之自然也，**故有正不正之分。蓋震者動也，動以天為无妄，動以人則妄矣**。〈序卦〉：『復則不妄，故受之以无妄。』所以次復。」（上冊，頁339–340）

335　以伏羲八卦之震卦說明天主，亦見於〔法〕白晉《古今敬天鑒》：「宇宙之內，必自有一無形無像、造天地萬物之主。〔……〕《易說卦傳》：『帝出乎震』。《日講》：『帝為生成之宰，其出入不可見。即物之出入，以可見者，明其不可見也。當其出而生物，令方行而氣方動，化育發端，則出乎震焉。』據天主《聖經》，造物主至神至靈無可見，諸德之美明顯於所造有形而可見萬物之妙。其所造者，依己全能之命令。乃上主之命，為生生造化發育之大機。上主初造之之時，明聖經之士，概歸之於震。」（上卷，頁35–36）

〈象〉[336]曰:「無妄,剛自外來而為主于內,動而健,剛中而應,大亨以正,天之命也,其匪正有眚,不利有攸往。無妄之往,何之矣。天命不祐,行矣哉。」

「剛自外來」者,乃 ☰ 剛自外而來也。大畜綜無妄,乃從大畜來也。「為主于內」者,乃 ☳ 為主于內卦也。[337]「動而健」者,乃 ☳ 動而 ☰ 健也。「剛中而應」者,乃九五應六二也。[338]大通因正,乃 ☳ 主之命也。☰ 為天,中爻 ☴ 為命,天命之象也。「天命」者,主命也。「其匪正有眚」者,乃邪教也。夫邪教故不宜有所往也,邪教之往,何所往也耶。上命不祐,乃不能遠行以傳其教,是故邪教之人而無萬國去傳其教者。以此可知,其邪而非正也。以 ☰ 錯 ☷,不祐之象,乃人無上祐,不能行之象。☷ 綜 ☶ 無足,止行之象也。

本旨無妄自大畜來者,乃因大畜養賢儉用,傳來無妄之教也。「剛自外來」者,乃 ☰ 剛自外國而來也。「為主于內」者,乃 ☷ 為主于內也。「動而健」者,乃傳教之 ☷ 聲動,而天主之道健也。「剛中而應」者,乃天主應世人也。「剛自外來」者,乃聖教自外國傳來也。「為主于內」者,乃自古稱天而視之外,今稱主而視之內,故曰「為主于內」也。「動而健」者,乃聖教動行,永遠不能衰滅也。「剛中而應」者,乃天主開君心,而君奉聖教也。「大亨以正」者,乃因聖教以正而大通也,是皆由天主之命,故曰「天之命」也。欲知光明正大之教,乃天主之命也。「天主」者,乃天地三界,十方萬靈之真主也。其來自古,非今新有之稱也。[339]迷子異視而疾之,非為怪而何?

---

336 彖,徐匯本作「象」,今據呂註本改。

337 「者,乃 ☳ 為主于內」,徐匯本無,今據呂註本增。

338 語出〔明〕來知德《周易集註》:「**本卦綜大畜**,二卦同體。文王綜為一卦,故〈雜卦〉曰『大畜時也,无妄災也』。剛自外來者,大畜上卦之艮來居无妄之下卦而為震也。剛自外來,作主于內,又性震動,又自外來,則動以人不動以天,非至誠无虛妄矣。所以有人之眚而不利有攸往也。內動而外健,故大亨。剛中而應,故正天命者,至誠乃天命之實理,反身而誠者也。若自外來,豈得為天命。」(上冊,頁340)

339 「天地三界,十方萬靈之真主」為清代民間敬天牌位上之稱呼。〔法〕白晉亦將其整合為中華人民敬禮天主的一個證據。見〔法〕白晉《古今敬天鑒》:「敬主牌位。民

外此者，皆非正道，[340]而為害人之妖術也，是故曰「不利有攸往」也。邪教不能萬國去傳，因非天主之命而無聖佑，人力不能萬國行教，是故曰「天命不祐行矣」哉。可惜愚民不省而終不能改邪歸正。何不思日月所照、霜露所墜？凡有血氣者，莫不尊親，[341]豈他邪教之謂乎？思之思之，理自通矣。假若不明，爾未窮之。

〈象〉曰：「天下雷行，物與無妄；先王以茂對，時育萬物。」

「天下雷行」者，乃 ☰ 上 ☳ 下也。「物與無妄」者，乃因當而得雨，物與之以無妄也。中互暗王，故曰「先王」。「先王以茂」者，乃先王因世道荒茂，是故對時而育萬物也。中爻 ☳，為茂草茂之象。中互 ☰ 為天時，上互仍為天時，[342]乃對時育萬物之象。下互 ☶ 口，乃育之象。天含萬物，乃萬物之象也。

本旨聲教行天下，天主救世人，與眾以無妄。物者，乃指人，吾主已升天，故曰「先王」也。茂，草豐盛貌。世人如豐草之荒，故天主對時而育萬民。今時世荒極，天主立對時之教，以養天下人德，而其承恩看世人矣。《經》云：「水火並設尔前，伸手自取可也」。[343]

間：『天地三界，十方萬靈真宰』。士人：『天地君親師。』《論語》：『畏天命，畏大人，畏聖人之言。』《直解》云：『三畏雖有三事，總之只事敬天而已。』天子：『皇天上帝。』」（卷下，頁156）

340 非，呂註本作「犯」。

341 語出〔明〕朱熹《四書章句集注・中庸章句》：「唯天下至聖，為能聰明睿知，足以有臨也；寬裕溫柔，足以有容也；發強剛毅，足以有執也；齊莊中正，足以有敬也；文理密察，足以有別也。溥博淵泉，而時出之。溥博如天，淵泉如淵。見而民莫不敬，言而民莫不信，行而民莫不説。是以聲名洋溢乎中國，施及蠻貊；舟車所至，人力所通；天之所覆，地之所載，**日月所照，霜露所隊；凡有血氣者，莫不尊親**，故曰配天。右第三十一章。」

342 「上互仍為天時」，徐匯本無，今據呂註本增。

343 語出《德訓篇》十五章17節：「他在你面前安放了火與水，你可任意伸手選取。」《古新聖經・厄格肋西亞斯第箇》(Ecclesiastes)：「主擲水火在你前，任你伸手，或取水，或取火。」（冊六，頁2131）

初九：無妄往，吉。

初九得正，乃誠之主也。往歸下互得應，故吉。☳足，往之象。足動故往，而得吉也。

本旨乃往傳其至誠之教，得人應命，而奉聖教，是故吉也。

〈象〉曰：「無妄之往，得志也。」

以九得正為志，故曰「得志」也。

本旨「得志」者，得其救人之志也。

六二：不耕穫，不菑畬，則利有攸往。

九二為田，陽實陰虛。田虛，[344]乃不耕穫之象。陰爻不富，乃不菑畬之象。震為足動，利有攸往之象。菑，音支。畬，音余。初開荒一歲曰「菑」，二歲曰「畬」。[345][346]六二柔順中正，動必以理，上應九五大君之命，而無私意期望之心，故有「不耕穫，不菑畬」之象。既無私情之牽，則「利有攸往」也。九二為田，六二為言，而無田，是故「不耕穫」也。有言者，則「利有攸往」也。

本旨乃言修道者，不務農事，則利有攸往而傳聖教，以救天下迷子登海岸而得明宮也，豈暇耕乎？

〈象〉曰：「『不耕穫』，未富也。」

「不耕穫」者，乃因其不暇耕也。「不菑畬」者，乃食上俸也。勤于上命，未富已也。中爻☳，為近市利三倍。未者，未入☷之位也。

本旨未富者，意在救人非求富也。[347]

---

344 田虛，徐匯本無，今據呂註本增。
345 歲，呂註本作「年」。
346 語出《爾雅・釋地》：「田一歲曰菑，二歲曰新田，三歲曰畬。」（頁219）
347 意在，呂註本作「乃主」。

六三：無妄之災，或繫之牛，行人之得，邑人之災。

　　三不中正，中互暗 ☳，故謂之災。中爻 ☴ 為繩，☶ 為鼻，繩繫牛鼻之象。☳ 為足，三為人位，人在 ☳ 之大塗，行人之象。中互 ☶，邑人之象。三，人位，[348]邑人之象。邑人不改過，是故得災。中互暗 ☳，乃或繫之牛也。六三不正，當歸中互，乃為九三，是行人得牛也。下互暗 ☶，仍為六三，是「邑人之災」也。[349]

　　本旨或者，迷也，乃迷者繫其名于聖教之中，乃「或繫之牛」也。[350]「行人之得」者，乃奉行聖規者則得吾主也。「邑人之災」者，乃不奉行之人，終受永苦之災也。[351]因其不中不正，而為聖教之賊，故有災也。

〈象〉曰：「行人得牛，邑人災也。」

　　「行人得牛」者，乃行道之人得牛也。「邑人之災」者，乃怠惰之人受災也。[352]

　　本旨改邪歸正者，得 ☶ 為牛，乃得獻上之品，故無災也。居然不改者，乃失其獻上之禮，是故災也。災者，乃巛下之火，是九泉之下之火也。夫巛下之火，非地獄而何？

348　人，徐匯本無，今據呂註本增。

349　語出〔明〕來知德《周易集註》：「本卦大象離，此爻又變為離，離為牛，牛之象也。**中爻巽為繩，又艮為鼻，繩繫牛鼻之象也。震為足，行之象也。三為人位，人在震之大塗，行人之象也。三居坤土，得稱邑，又居人位，邑人之象也。**此爻居震動之極，牛失之象也。又變離錯坎，坎為盜，亦牛失之象也。或者，設或也。即『假如』二字。假牛以明无妄之災乃六三也。即邑人也。六三陰柔不正，故有此象。言或繫牛于此，乃邑人之牛也。牛有所繫，本不期望其走失，偶脱所繫而為行人所得。邑人有失牛之災，亦適然不幸耳，非自己有以致之，故為无妄之災，即象而占可知矣。」（上冊，頁343）

350　之，徐匯本無，今據上下文增。

351　永苦，呂註本作「永遠」。

352　惰，徐匯本作「隨」，今據呂註本改。

九四：可貞，無咎。

☷ 為可，歸中成 ☳，可貞之象。九四不正，可歸中互，則得其正，乃無咎也，是故曰「可貞，無咎」。

本旨改邪歸正，則無咎矣。可貞者，乃改邪歸正也。

〈象〉曰：「『可貞，無咎』，固有之也。」

「固有之」者，乃 ☰ 固有貞而無咎也。☷ 包萬物，是故曰「固有之」也。

本旨改邪歸正者，乃自古固有之命也。

九五：無妄之疾，勿藥有喜。

九五 ☰ 體，陽剛中正，以居尊位，下應六二之柔順中正，乃無妄之至也。然有不正之小人，必疾之而欲害之者，是為無妄之疾也。中互 ☶ 疾之象。中爻 ☴ 木 ☶ 石，藥之象。☶ 為止，「勿藥」之象。[353]中爻 ☴ 綜 ☱，喜之象。「勿藥有喜」者，乃既中正，無妄之至，而有何石藥之處耶？是乃因疾而有喜，故曰「勿藥有喜」也。[354]

本旨《經》云「必有欲殺爾者，以為立功于天主前也。」[355]《經》又云「為義而被窘難者，乃真福，為其已得天上國也」[356]，又曰「倘為予而被咒辱，可

---

353 「☶ 為止，勿藥之象」，徐匯本無，今據呂註本增。

354 語出〔明〕來知德《周易集註》：「**五變則中爻成坎**，坎為心病，**疾之象也**。中爻巽木艮石，**藥之象也**。中爻巽綜兌悅，**喜之象也**。意外之變，雖聖人亦不能無，但聖人廓然大公，物來順應，來則照而去不留，無意必固我之私，是以意外之來，猶无妄之疾耳。如舜之有苗，周公之流言，皆无妄之疾也。『誕敷文教而有苗格』，『公孫碩膚，德音不瑕』，大舜、周公之疾，不藥而自愈矣。」（上冊，頁344）

355 語出《若望福音》十六章2節：「人要把你們逐出會堂；並且時候必到，凡殺害你們的，還以為是盡恭敬天主的義務。」〔意〕利類思譯《彌撒經典‧聖若望萬日畧經》：「人絕爾，而不許入殿。又有人殺爾，**以為立功于天主前**。」（頁401）

356 語出《瑪竇福音》五章10節：「為義而受迫害的人是有福的，因為天國是他們的。」〔意〕利類思譯《彌撒經典‧聖瑪竇萬日畧經》：「**為義而被窘難者乃真福，為其已得天上國**。」（頁590）。

喜悦，既迨天國，必承隆報」357，是故「無妄之疾，勿藥有喜」也。不正之陰
爻，乃為小人。小人多疾妒，君子當忍之，不可求免疾，乃疾有益而無損
也。《經》云「爾以忍德結實」358，是故乃有喜也。惜今世之愚子貪求暫世之
生，背棄真主而免患難者，豈非背經之旨而自取永死之禍乎？此等作為，
非愚而何？

〈象〉曰：「無妄之藥，不可試也。」

中爻 ☲ 綜 ☲ 口，試嘗之象。中爻 ☶ 止，不可試之象。試為少嘗之
意，已既無妄，而復藥之，則反為妄而生疾矣。359

本旨為義被難，不可求免難，求免則妄而愈甚，且得永死之苦，豈非
愚甚之人，而何堪至此乎？是故曰「不可試」也。

上九：無妄行，有眚，無攸利。

下應 ☷，足行之象。應之不正，而有 ☷ 眚，是故「无攸利」也。上九
不正，乃不可行。往之則遇六三，亦不中正，360是故曰「無妄行」。行則有眚
而無利也。361

---

357 語出《瑪竇福音》五章11–12節：「幾時人為了我而辱罵迫害你們，捏造一切壞話毀
謗你們，你們是有福的。你們歡喜踴躍罷！因為你們在天上的賞報是豐厚的，因
為在你們以前的先知，人也曾這樣迫害過他們。」〔意〕利類思譯《彌撒經典·聖瑪
竇萬日畧經》：「倘為**予被呪辱、殘害妄誣，乃眞福者，受苦時可喜悦，既迨天國，
必承隆報。**」（頁590）

358 〔意〕艾儒略《天主降生言行紀略》：「惟播于沃壤者，聞天主之言，而蓄於至善之
心，力行之，即以含忍之德而結寔也。」（頁244）引文出自《路加福音》八章15節：
「那在好地裏的，是指那些以善良和誠實的心傾聽的人，他們把這話保存起來，以
堅忍結出果實。」

359 語出〔明〕來知德《周易集註》：「**試者，少嘗之也。**无妄之疾勿藥者，以无妄之藥，
不可嘗也。若嘗而攻治，則**反為妄而生疾矣。**故不可輕試其藥，止可聽其自愈。」
（上冊，頁344）

360 「是故『无攸利』也。上九不正，乃不可行。往之則遇六三，亦不中正」，徐滙本
無，今據呂註本增。

361 語出〔明〕來知德《周易集註》：「**下應震，足行之象也。**九非有妄，但時位窮極，不
可行耳。故其象占如此。」（上冊，頁344）

本旨天主聖規，無妄之至，可定守不可他求也，他求則有眚而無利也。

〈象〉曰：「無妄之行，窮之災也。」

上九居卦之終，無所可行歸互無益，故曰「窮之災」也。

本旨「窮之災」者，乃言天地窮盡之時，邪正並止，而其妄行者受罰，故曰「窮之災」也。[362]

---

362 此處帶出了「公審判」的概念，大意是在世界窮盡的時候，所有的生者、死者都會在天主台前接受審判。〔意〕羅明堅《天主聖教實錄》：「七者，當信天地終窮之日，則耶穌從天降來，將往古來今人之生死者，公審判，從而賞罰之。」（頁299）

大畜卦

䷙	乾下艮上		
大象	☲離[363]		
屬	☶艮[364]	二爻變成䷙大畜	
錯	䷬萃		
綜	䷘無妄		
參伍	下互☱夬	中互䷵歸妹	上互☶頤
五爻互	下互☱大	上互☶損	
各爻變[365]	初爻變成䷑蠱	錯綜䷐隨		地位
	二爻變成䷕賁	錯䷮困	綜䷔噬嗑	
	三爻變成䷨損	錯䷞咸	綜䷩益	人位
	四爻變成䷍大有	錯䷇比	綜䷌同人	
	五爻變成䷈小畜	錯䷏豫	綜䷐履	天位
	六爻變成䷊泰	錯綜䷋否		

大畜，利貞，不家食，吉，利涉大川。

家下畜天，故曰「大畜」。「利貞」者，宜正也。「不家食」者，宜歸互也。歸互得正，是故吉也。中爻 ☱ 口在外，四近五之君當食祿于朝，「不家食」之象。又中互 ☵ 舟，居 ☵ 水之上。[366]中爻 ☳ 綜 ☴，為風，「利涉大川」之象。中爻 ☵，為大川之象。[367]又中互暗 ䷾ 既濟，是故「利涉大川」也。[368]

---

363 離，徐匯本及呂註本無，今據卦象增。

364 艮，徐匯本及呂註本無，今據卦象增。

365 各爻變，徐匯本及呂註本無，今據諸表增。

366 「又中互 ☵ 舟，居 ☵ 水之上」，徐匯本作「又中互 ☵ 舟，居 ☶ 水之上」，今據呂註本改。

367 中爻，呂註本作「中互」。

368 語出〔明〕來知德《周易集註》：「**中爻兌口在外，四近於五之君，當食祿于朝，不家食之象也。**何以言食？本卦大象離，故〈彖〉辭曰『輝光日新』者，因大象離也。」

本旨大畜者，乃聖教會養賢才也。利貞者，乃宜守童貞也。「不家食」者，乃入仁會食俸祿也。[369]吉者，乃能得福冠之榮也。「利涉大川」者，乃宜入海以至外國，以傳天主之聖旨而救世人也。中互暗 ☳ 為大川，乃涉世海以救人之靈性，而免永苦之災也。艮七乾一合為八，乃傳聖教于八極也。[370]中互 ☷ 四 ☶ 三，合之為六，乃六神品也。[371]夫儲品者，[372]乃以儲傳教之用。[373]

〈象〉[374]曰：「大畜，剛健篤實，輝光日新其德。

乾剛健，艮篤實，☲ 輝光，乃日新其德也。本卦大象 ☲，故曰「輝光日新」。上互 ☶ 口，有飲食自養之象。[375][376]

離錯坎，又象頤，有飲食自養之象。因錯坎水，中爻震木，所以有涉大川之象。又本卦錯萃，萃大象坎。若以卦體論，四五中空，有舟象。乾健，應四五上進，有舟行而前之象。應乎天者，以卦德論其理也。〈象〉辭、〈爻〉辭皆各取義不同。貞者，正也，利於正道，如『多識前言往行，以畜其德』是也。吉者，吾道之大行也。言所蘊畜者皆正，則畜極而通，當食祿于朝，大有作為，以濟天下之險也。」（上冊，頁345–346）

369 仁會，明代天主教士人王徵所設立的民間慈善機構，旨在實踐天主教「愛人」教義，救濟社會有需要的人士。〔明〕王徵《仁會約》：「仁會者，衰〔哀〕矜行之 名也。衰矜之〔德〕有二：一形衰矜，一神衰矜〔…〕形衰矜之行七端：一、食饑〔饑〕者；二、飲渴〔渴〕者；三、衣裸者；四、顧病者；五、舍〔舍〕旅者；六、贖虜者；七、葬死者。神衰矜之行七端：一、啟誨愚蒙；二、以善〔善〕勸〔勸〕人；三、責有過失者；四、慰憂者；五、赦侮我者；六、恕人之弱行；七、爲〔為〕生死者祇天主。以上衰矜之行，〔專〕為愛人而起〔起〕念〔念〕，愛人又專為愛天主而起念，故此仁會之立，獨以形衰矜七端為急務。」（頁67–69）

370 〔意〕艾儒略《天主降生引義》：「古先知預言，天下萬民將欽仰吾主耶穌而信從聖教。依撒意亞曰：『俾爾為萬民之照光。而救我眾於大地之八極也。』」（上卷，頁364）

371 六，徐匯本無，今據呂註本增。

372 據教會傳統，聖品分為七級 (Order of Precedence)：一品‧司門 (Ostiarius / Porter)、二品‧讀經 (Lector / Reader)、三品‧驅魔 (Exorcista / Exorcist)、四品‧輔祭 (Acolythus / Acolyte)、五品‧副執事 (Subdiaconus / Subdeacon)、六品‧執事 (Diaconus / Deacon)、七品‧司鐸 (Presbyter / Priest)、完滿七品‧主教 (Episcopus / Episcopate)。有關聖品階位的闡述詳參〔意〕艾儒略《彌撒祭義》，頁504–507。

373 傳，徐匯本無，今據呂註本增。

374 象，徐匯本作「象」，今據呂註本改。

375 飲食自養，徐匯本作「食自有」，今據呂註本改。

376 語出〔明〕來知德《周易集註》：「以卦德、卦綜、卦體釋卦名、卦辭。剛健者，內而存主也。篤實者，外而踐履也。剛健無一毫人欲之陰私，篤實無一毫人欲之虛

本旨剛健篤實者，乃代吾主行教之人品也。輝光者，乃因其理明而德輝光也。日新其德者，乃惟吾主能新人之德也。中互暗 ☰，乃吾主也。

剛上而尚賢，能止，健大正也。

「剛上」指上九也。「尚賢」者，乃尚 ☰ 也。☰ 為賢之象。能止者，乃「健大正」也。天本人而無不正，故曰「健大正」也。艮能止，乃止而畜之也。

本旨「剛上」者，乃聖教宗主也。[377]「尚賢」者，乃尚天下之賢人也。能止者，乃止于至善之基，[378] 而舉傳教之大正業，[379] 以救普世之人靈也。[380]

不家食吉，養賢也；

「不家食吉」者，乃歸互得正，則吉也。下 ☰ 為賢人，乃上養下也，上互 ☷，養之象也。

假，則闇然日章，光輝宣著，其德自日新又新，所以積小高大，以成其畜也。名大畜者以此。**剛健，乾象；篤實，艮象，二體相合離象，故又言『輝光日新』**。剛上者，大畜綜无妄，无妄下卦之震上而為大畜之艮也。上而為艮，則陽剛之賢在上矣，是尚其賢也。止健者，止居上而健居下，禁民之強暴也。此二者，皆大正之事，所以利貞。若以止健為止陽剛君子，則又非大正矣。養賢者，食祿以養賢也。應天者，下應乎乾也。天者，時而已矣。既負蘊畜之才，又有乾健之力，所以當乘時而出，以濟天下之險難也。惟剛上，則賢人在上，故能尚賢，故能成艮而止健，故能兌口在外卦而食祿于外。故能六五得中而應乎乾。此四者，皆卦綜剛上之功也。」（上冊，頁346）

377 聖教宗主，指十二宗徒之首聖伯多祿（*Simon Petrus* / Simon Peter），獲耶穌委任為教會的領袖、為基督在世的代表（*Vicarius Christi* / Vicar of Christ），天主教傳統視之為首任教宗。《瑪竇福音》十六章18–19節：「我再給你說：你是伯多祿（*Tu es Petrus* / Thou art Peter），在這磐石上，我要建立我的教我要建立我的教會，陰間的門決不能戰勝她。我要將天國的鑰匙交給你；凡你在地上所束縛的，在天上也要被束縛；凡你在地上所釋放的，在天上也要被釋放。」〔意〕利類思譯《彌撒經典・聖瑪竇萬日畧經》：「予亦語汝：汝稱伯多羅，斯石上將立予聖教里宮，地獄之門雖力攻不致頹圮。又將畀付汝天門鑰匙：爾在地擬人罪，或繫或釋，予同在天繫釋。」（頁550）

378 語出《禮記・大學》：「大學之道，在明明德，在親民，在**止於至善**。知止而后有定，定而后能靜，靜而后能安，安而后能慮，慮而后能得。物有本末，事有終始，知所先後，則近道矣。」（頁1859）

379 傳教之大正業，呂註本作「傳教大正之業」。

380 普，徐匯本作「晉」，今據呂註本改。

本旨上養下者，乃聖教皇養士子，以俻傳教之用，而救人之靈也。

利涉大川，應乎天也。」

中互暗水火既濟，☲ 為大川，故曰「利涉大川」。以下應上，[381]乃應乎天也。

本旨以下應上者，乃應乎天主之命也。以傳聖教，故曰「應乎天」也。「應乎天」者，乃應乎天主之命，以救人脫苦，而得天上永遠之真福。

〈象〉曰：「天在山中，大畜；君子以多識前言往行，以畜其德。」

「天在山中」者，乃 ☰ 在 ☶ 中也。君子之所以君子者，乃在乎「多識前言往行，以畜其德」也。[382]陽為多，中爻 ☳ 為識，[383] ☰ 為言在前，☶ 為行已往。中爻 ☳ 足，乃行之象也。

本旨「天在山中」者，乃君子殿下食俸也。以大養小，故曰「大畜」。陽爻為君子，陽爻居多，乃君子以多識前知之言，往聖之事，以養其德，乃先養己，而後養人也。且問迷子，涉大川而應乎天者，以何事耶？不知其事，尚可謂之儒乎。上中下三互，[384]有前言、有往事，君子識之則明真道而無疑矣。本經已往在前者，乃為前言往行，君子多識，用養己德以及人可也。

初九：有厲，利已。

以 ☰ 往 ☶ 止，初九潛隱之時，乃有厲而行，[385]「利已」之象也。[386]初九因幼，其上止之，往則有厲而宜止之，[387]是故「利已」也。利已也者，乃不應陰也。

---

381 上，徐匯本作「土」，今據呂註本改。
382 在乎，徐匯本無，今據呂註本增。
383 中爻，呂註本作中互。
384 「上」前，徐匯本有中，今據呂註本刪。
385 行，徐匯本作無，今據呂註本增。
386 之，徐匯本作無，今據呂註本增。
387 往，徐匯本作「利」，今據呂註本改。

本旨初九有厲者，乃因其年幼無知，諸事不明，是故不安也。利已者，乃上止之。不可應陰，而宜守童身也。

〈象〉曰：「『有厲，利已』，不犯災也。」

「不犯災」者，中爻 ☵ 為災，不往應四，乃不成 ☵，「不犯災」也。因己不冒，是故「不犯災」也。[388]

本旨所謂少之時，血氣未定，戒之在色。色乃害人之災，往則有危，故宜止之不犯災也。受其害者多，故謂色為之災也。

九二：輿脫輻。

☰ 錯 ☷，輿之象。中爻 ☱ 為毀折，脫輻之象。九二亦為六三所畜，以其處中，故能自止而不進。輿脫輻，則不能進，故曰「輿脫輻」也。[389]

本旨當以陽中自守，而不可應陰也。以喪其童身之德，故「輿脫輻」也。

〈象〉曰：「輿說輹，中无尤也。」

以下載上為輿，以其不正為尤，以其得中則无尤也。

本旨位居第二，以效吾主而代其位，以救萬民之靈性，故无尤也。[390]

九三：良馬逐，利艱貞。曰閑輿衛，利有攸往。

中互 ☳ 為作足馬，☰ 馬在後，追逐 ☳ 馬之象。兩馬因 ☳ 動而追逐，遇 ☶ 止不馳上，「利艱貞」之象。中爻 ☱ 口，☰ 為言，曰之象。☰ 錯 ☷，輿之象。陰爻在前兩列，衛之象。曰者，自念之詞，乃自勸之象。九三當

---

388 是故「不犯災」也，徐匯本作「故不犯」，今據呂註本增。

389 語出〔明〕來知德《周易集註》：「乾錯坤為輿，輿之象也。中爻兌為毀折，脫輹之象也。輿賴輹以行，脫則止而不行矣。九二亦為六五所畜，以有中德，能自止而不進，故有輿說輹之象。占者凡事不冒進，斯無尤也。」（上冊，頁347–348）

390 「〈象〉曰：『輿說輹，中无尤也。』以下載上為輿，以其不正為尤，以其得中則无尤也。本旨位居第二，以效吾主而代其位，以救萬民之靈性，故无尤也。」，徐匯本無，今據呂註本增。

成立之時，☰為良馬。良馬者，言其身健，故當隨時而逐机也。因上無應，故宜艱難以守貞也。守之不易，是故宜艱而守之也。自勸曰：習眾理而以自衛。[391]尚宜歸下互，乃得正應曰「利有攸往」也。中爻☲，「利有攸往」之象也。[392]

　　本旨「良馬逐」者，乃以良善而逐傳聖教之机也。「利艱貞」者，乃宜艱難以守正也。「曰閑輿衛」者，乃自勉以習眾理而衛己護人也。「利有攸往」者，乃宜有攸往以傳聖教也。內畜才德，是故「利有攸往」也。

〈象〉曰：「『利有攸往』，上合志也。」

　　「上合志」者，乃上九之志應合其九三之志也。二體情雖不孚，然其志皆欲畜極而通，乃志相合也。[393]

391　眾，徐匯本無，今據呂註本增。

392　語出〔明〕來知德《周易集註》：「此爻取蘊蓄之義。乾為良馬，良馬之象也。**中爻震為作足之馬，乾馬在後追逐，震馬之象也。兩馬因震動而追逐，遇艮止不得馳上，利艱貞之象也。中爻兌口，乾為言，曰之象也。乾錯坤，輿之象也。陰爻兩列在前，衛之象也。**《考工記》車有六等，戈也、人也、殳也、戟也、矛也、軫也，皆衛名。良馬逐者，用功如良馬追逐之速也，即九三『終日乾乾，夕惕若』之意。艱者，艱難其思慮，恐其失于太易也。貞者，貞固其作為，恐其失于助長也。曰者，自嘆之辭。閑者，習也，習其車輿與其防衛也。閑習有優游自得之意。曰閑輿衛者，自嘆其當閑與衛也，言當此大畜之時，為人所畜止摧抑，果何所事哉？亦惟自閑輿衛，以求往乎天衢耳。輿者，任重之物。衛者，應變之物。以人事論，君子不當家食，以一身而任天下之重者，輿也；當涉大川，以一身而應天下之變者，衛也。必多識前言往行之理，畜其剛健篤實之德，以德為車，以樂為御，忠信以為甲胄，仁義以為干櫓，涵養于未用之時，以待時而動，此閑輿衛之意也。閑輿衛，又利艱貞之象也。舊註以不相畜而俱進，殊不知卦名大畜，下體非自止則蘊畜也，無進之意。蓋觀『童牛之牿』，則知當『有厲，利已』矣；觀『豶豕之牙』，則知『當輿說輹』矣，觀『何天之衢』，則知用功，當『良馬逐』矣。所以〈小象〉言『上合志』，所以當取蘊畜之義。惟蘊畜，方能畜極而通，何天之衢。」（上冊，頁348–349）

393　語出〔明〕來知德《周易集註》：「上合志者，謂上九之志與之相合也。三與上九情雖不相孚，然皆居二體之上，**其志皆欲畜極而通，應與之志相合，所以利有攸往。**」（上冊，頁349）

本旨「上合志」者，乃天主開人心應合其傳教之志，而奉聖教也。又聖品者，仰合其教宗教人之志也。

六四：童牛之牿，元吉。

艮本少男，童之象。變☷錯☰，牿之象。中爻☳木☶手，手持木而施之牛項之象。中互暗☵，[394]六四為☳，故謂「童牛」。童者，乃未角之稱也。牛以柔順牿施橫木于項下，用繩繫之以防其跳，乃今之絆木是也。[395]中爻☳綜☶，繩繫木之象也。[396]止之于未角之時，為力則易也。六四得正而應初九，是故得元吉也。[397]

本旨「童牛之牿」者，乃指童身之修士也。為主行教克去肉情，故得元吉也。得元吉者，乃得吾主也。為主得行教者，乃得天上元吉也。《經》云「救己兼救人，升天高位也。」[398]

〈象〉曰：「六四元吉，有喜也。」

上不勞于禁制，下不傷于刑誅，故可喜也。六四正當中爻☱口，喜之象也。六四得正而有應，又得暗互之☵，是故「有喜也」。[399]

本旨乃為聖師而有福冠之喜也。聖師勝邪魔，故有福冠之喜也。[400]

---

394 暗，徐匯本無，今據呂註本增。

395 今，徐匯本作「令」，今據呂註本改。

396 「木」前，徐匯本有「之」，今據呂註本增。

397 語出〔明〕來知德《周易集註》：「童者，未角之稱。牿者，施橫木于牛角以防其觸，即《詩》所謂『福衡』者也。此爻變離，離為牛，牛之象也。艮本少，又應初，童牛之象也。變離錯坎，牿之象也。艮手，**中爻震木，手持木而施之角，亦牿之象也。**六四艮體居上，當畜乾之時，與初相應，畜初者也。初以陽剛居卦之下，其勢甚微，于此止之，為力甚易，故有牿童牛之象。占者如此，則止惡于未形，用力少而成功多，大善而吉之道也，故元吉。」（上冊，頁350）

398 也，呂註本作「焉」。

399 語出〔明〕來知德《周易集註》：「上不勞于禁制，下不傷于刑誅，故可喜。四正當兌口之悅，喜之象也。」（上冊，頁350）

400 聖師（Doctor of the Church），是指對教會教義及神學有特殊貢獻的聖人，此稱號是由宗座冊封。對於聖師品行的總結，可參《向司教聖師誦》：「聖教棟梁聖師，從耶穌升天後，代訓萬民，俾聞正道，使不迷惑異端、躬行教法、討論精確、解疑

六五：豶豕之牙，吉。

☷ 為豕，中互暗☵，故曰「豶豕」。豶，[401] 犗也，[402] 犍牛也。[403] 豶，騰
也，走豕也。中爻☳足性動，豶之象也。六五居中而當尊位，是得其用
力之机而可制，是故吉也。六五不正，當入暗互而為☵體，乃得其正，故
曰「豶豕之牙，吉」也。以上互為 ䷚〔頤〕，六五為牙，故謂之牙。頤牙為
養，得養故吉。[404]

本旨「豶豕之牙」者，乃童身傳教之事，故吉。

〈象〉曰：「六五之吉，有慶也。」

六五歸☳，得其可行之机，而並得其應，是故吉而有慶也。慶，即
喜，以☳錯☴而為九五，乃一人有慶，萬人得福也。☴，為慶之象。

指眞、持義體仁、先行後言。有違理者，雖尊為、王侯，直言切責，不畏其怒；
有抱德者，雖卑為窮獨，懷以親愛、不棄其賤。」(卷二，頁147a)

401 豶，指閹割過的豬。《說文解字》：「豶，羠豕也。」〔清〕段玉裁注曰：「羠，
騬羊也。騬，犗馬也。犗，騬牛也。皆去勢之謂也。或謂之劇，亦謂之犍。許書無此
二字。《周易》大畜六五「豶豕之牙」，虞翻曰：『劇豕稱豶。』今俗本劇譌作劇。」(頁
459)《北史·陸通傳》：「郡界有豕生數子，經旬而死。其家又有豶，遂乳養之。」
402 犗，本指閹割去勢的牛，後引伸為閹割。《說文解字》：「犗，騬牛也。」〔清〕段玉
裁注曰：「馬部曰。騬、犗馬也。謂今之騸馬。」(頁51)《一切經音義·餓鬼報應
經》：「犗，騬牛也，以刀去陰也。」
403 牛，徐匯本無，今據呂註本增。犍，指閹割過的牛。《說文解字》：「犍，犗牛也。」
〈稻飯〉：「買得烏犍遇歲穰，此身永免屬官倉。」
404 語出〔明〕來知德《周易集註》：「本卦大象離，離錯坎，豕之象也。五變，中爻又成
離矣。**豶者，犗也，騰也，乃走豕也**，與『童牛之梏』一句同例。『童』字與『豶』字
同，『梏』字與『牙』字同。**中爻震足性動，豶之象也**。牙者，《埤雅》云『以杙繫豕
也』，乃杙牙，非齒牙也。杜詩『鳧雛入槳牙』，坡詩『置酒看君中戟牙』，荊公『槎
牙死樹鳴老烏』，《阿房賦》「篸牙高啄」。又將軍之旗曰牙，立于帳前謂之牙帳，《考
工記·輪人》『牙也者，所以為固抱也』，所以蜀人呼棹牙、櫈牙、床牙，則牙字古
今通用，非齒牙也。《詩》『椓之丁丁』，丁丁，杙聲也。以木入土，所以有聲也。
今船家繫纜樁謂之纍，亦曰杙牙者，樁上 牙也。蓋以絲繫矢曰弋，故從弋，所以
繩繫木曰杙。變巽為繩，繫之象也。巽木，杙之象也。言以繩繫走豕于杙牙也。
舊注因宮刑，或曰犗刑，遂以為去其勢，但天下無齧人之豕，所以此豶字止有騰字
意，無犗字意。牛、馬、豕，皆人之畜者，故大畜並言之。」(上冊，頁350–351)

本旨此言傳教者，猶貓豕之牙，[405]乃男子之貞也。功成之日，乃得福冠之榮，是故吉而有慶也。[406]

上九：荷天之衢，亨。

荷，擔也。上陽一畫，象擔二陰。垂撣于兩旁，有擔挑之象。言一擔挑起天衢也。上九天位，天之象也。四達為衢，☷ 綜 ☳ 為大塗，衢之象。中互 ☵，亨之象。以九居上，乃以山員天，故曰「荷天」。「荷天之衢，亨」者，乃依山而登上，得通于天也，是故曰「亨」。[407]

本旨衢，大道也，乃十誡也。以十誡為己任，故曰「荷天之衢」也。人俱守誡，天路則通，故曰「荷天之衢，亨」也。聖教宗主以大通為己任。而使人荷之。上下俱荷。是故大亨矣。此在聖教大通之時，如此亨也。

〈象〉曰：「荷天之衢，道大行也。」

陰為小，陽為大。一陽在上，故曰「道大行」也。道，即是衢，乃往天國之衢也。中爻 ☵ 為道，陽為大道，大行之象。[408]

本旨 ☶ 為止，乃止息邪教之非而興聖教之是也。中互暗 ☵ 六 ☳ 三，合之為九，乃中國聖教大通九百年，則天地窮盡而已矣。然天地窮盡，《聖經》未定年期，但卦數如此，時驗則信，今不敢執。正身 ☷ 七 ☰ 一，合之

---

405 猶，徐匯本作「獨」，今據呂註本改。

406 語出〔明〕來知德《周易集註》：「**慶即喜，但五君位所畜者大，故曰慶，即『一人有慶』也。**」（上冊，頁351）

407 語出〔明〕來知德《周易集註》：「**此畜極而通之義。何，胡可切，音荷，儋也，負也。儋即擔字，楊子『儋石』是也。《詩》『何蓑何笠』，皆音荷，《靈光賦》『荷天衢以元亨』，《莊子》『背負青天』，皆此意。鄭康成亦言『肩荷』是也。上陽一畫，象擔；二陰垂撣于兩邊，有擔挑之象，言一擔挑起天衢也，即陳白沙所謂『明月清風作兩頭，一挑挑到魯尼丘』也。因卦體取此象，無此實事，金車、玉鉉之類是也。上為天位，天之象也。四達謂之衢。艮綜震為大塗，衢之象也。以人事論，天衢乃朝廷政事之大道也，觀〈小象〉曰『道大行』可知矣。**」（上冊，頁351–352）

408 語出〔明〕來知德《周易集註》：「**道大行者，不家食，涉大川，無往而莫非亨也。『道』字即『衢』字。**」（上冊，頁352）

為八，乃八百年之時，路祭弗尔否聖教也。[409][410][411] 下互 ☰ 一 ☷ 二，合之
為三，[412] 乃魔亂三年，天主罰而後，聖教復興，以至天地窮盡而已矣。[413]

---

409 據呂立本對〈洛書〉之數的推演，聖教大通於天地開闢七千年之時，大通八百年後
便迎來路濟弗爾的崛起。詳見〈導論〉，頁23–24。

410 祭，呂註本作「濟」。

411 路祭弗尔，音譯自拉丁文 *Lucifer*，即是《聖經》中的墮落天使、魔鬼。《依撒意亞
先知書》十四章12節：「朝霞的兒子──晨星！你怎會從天墜下？傾覆萬邦者！
你怎麼也被砍倒在地？」《古新聖經‧聖依撒意亞先知經》：「路濟拂耳，怎自天隕
了？（*"Quomodo cecidisti de caelo lucifer qui mane oriebaris corruisti in terram qui
vulnerabas gentes"*）」（冊七，頁2330）

412 合之為三，徐匯本無，今據呂註本增。

413 《若望默示錄》十三章4–6節：「世人遂都朝拜那龍，因為牠把權柄賜給了那獸；世
人朝拜那獸說：『誰可與這獸相比？誰能和牠交戰？』又賜給了那獸一張說大話和
褻聖的口，並且賜給了牠可妄為四十二個月的權柄；牠便張開自己的口，向天主
說褻瀆的話，褻瀆他的聖名、他的帳幕和那些居住在天上的人。」《古新聖經‧聖
若望默照經》：「那時〔人〕拜蟒，〔他〕付獸如此大能，〔人〕也拜說：『誰如獸？
誰能戰他？』給他說大話並咒詈的口，給他四十二月任意為之能。他開口就咒主，
詈他聖名，罵他堂及天上諸神、〔諸〕聖。」（冊九，頁3439）經文當中的「四十二個
月」，正正是三年半。

頤卦

䷚	震下艮上			
大象	☲離[414]			
屬	☴巽[415]	六還四成䷚頤		
錯	䷛大過			
參伍	下互䷗復	中互䷁坤為齒	上互䷖剝	
五爻互	下互䷗復	上互䷖剝		
各爻變[416]	初爻變成䷖剝	錯䷪夬	綜䷗復	地位
	二爻變成䷨損	錯䷞咸[417]	綜䷩益	
	三爻變成䷕賁	錯䷮困	綜䷔噬嗑	人位
	四爻變成䷔噬嗑	錯䷕賁		
	五爻變成䷩益	錯䷟恒	綜䷨損	天位
	六爻變成䷗復	錯䷫姤	綜䷖剝	

頤，貞吉，觀頤，自求口實。

頤，口也，養也。卦爻象口，是故曰「頤」。[418] 上止下動，頤之用也。[419] 家內長子，養之義也。[420] 養之以正則吉，故曰「頤，貞吉」也。人遇食物必觀，父母養子必觀，故曰「觀頤」。本卦大象☲為目，為觀之象。陽實

---

414 離，徐匯本及呂註本無，今據卦象增。

415 巽，徐匯本及呂註本無，今據卦象增。

416 各爻變，徐匯本及呂註本無，今據諸表增。

417 咸，徐匯本作「成」，今據呂註本改。

418 是故曰「頤」，徐匯本無，今據呂註本增。

419 語出〔明〕來知德《周易集註》：「頤，口旁也。食物以自養，故取養義。為卦上下二陽，內含四陰，外實內虛，**上止下動**，故名為頤。〈序卦〉『物畜然後可養，故受之以頤』，所以次大畜。」（上冊，頁352）

420 家內長子，徐匯本作「家子」，今據呂註本改。

陰虛，實者養人，虛者求人之養。「自求」者，[421]自求養于陽之實。☶艮不相求，惟自求同體之陽，故曰「自求」。「自求」者，乃當自盡其分也，爻辭可見。[422]

　　本旨觀人之口，較小于諸牲，此何意也？乃造物主欲人慎言語而節飲食也。[423]是故當自求口之實而不負造物主生人之本意可也。☳為主，☷為人，根之祖。䷚〔頤〕為艮主，乃人祖之主也。☷為世人，下互䷗〔復〕者，乃世人之主也。中爻☷錯☰，乃天神之主也。如此者，乃以証天主實為萬有之真主也。云爾惜今世之迷子，不知天主之尊高，本非聖神可比，恒以先朝古人擬天主之尊榮，是何異螢光比日月微塵，比天地殊失比倫之義矣，何也？天主為造物之主，神聖為受造之物，大小懸絕，天主無可比之義故也。又，天主掌死生禍福、賞善罰惡之大權，其神聖俱在天主之掌握賞善罰惡中，絲毫不能違之者，豈可與天主之尊威等量而齊觀乎？[424]

〈象〉[425]曰：「頤，貞吉，養正則吉也。觀頤，觀其所養也；自求口實，觀其自養也。

　　「頤貞吉」者，乃養正則吉也。小體為副，大體為正，乃養大體則吉也。「觀其所養」者，觀人所養者正否。「觀其自養」者，觀我養身之意為大體乎，抑為小體乎？[426]

---

421 自求者，徐匯本無，今據呂註本增。

422 語出〔明〕來知德《周易集註》：「**本卦大象離目，觀之象也。陽實陰虛，實者養人，虛者求人之養。自求口實者，自求養于陽之實也。**震不求艮，艮不求震，惟自求同體之陽，故曰『自求』。爻辭見之。」（上冊，頁353）

423 人，呂註本作「吾」。

424 威，徐匯本無，今據呂註本增。

425 象，徐匯本作「象」，今據呂註本改。

426 語出〔明〕來知德《周易集註》：「釋卦辭。極言養道而贊之。**觀其所養者，觀其所以養人之道正不正也**，指上下二陽也。觀其自養者，觀其求口實以自養之正不正也，指中間四陰也。本卦頤原從口，無養德之意，惟頤養得正，則養德即在其中矣。不但養人自養，以至天地、聖人養萬物、養萬民，無非養之所在，故曰『頤之時大矣哉』。與大過、解、革同。」（上冊，頁353）

本旨犯罪而養小體，[427]不如不養之愈也。惜今人養小而失大，豈非小人乎？靈性者，乃我之真我，故曰「觀其自養」也。

天地養萬物，聖人養賢以及萬民，頤之時大矣哉。」

上卦為天，下卦為地，是「天地養萬物」也。聖人之所養者，乃人之所大體也。養大體猶貴及時，[428]失今之時，則嗟無及矣，是故曰「頤之時大矣哉」。初爻得正，聖之象。上九，賢之象。[429]中爻 ☷，眾民之象。此卦屬 ☶，為時之象。

本旨天主定天地之性以養萬物，而萬物之養皆為養世人也。然養之有用，非徒而養己也。譬如世人養僕，養之必然有用，豈有徒養之理乎？今人思不及此者，何也？「聖人養賢以及萬民」者，乃以道養德，而聖體養人之靈性，是故曰「大矣哉」。[430]然貴在道明理修而有誠心如此者，乃得其養之正也。如其不然，有何可大？而曰「大矣哉」。

〈象〉曰：「山下有雷，頤；君子以慎言語，節飲食。」

「山下有雷」者，乃 ☳ 居 ☶ 下也。☶ 為君子，☳ 為言語。中爻 ☷ 錯 ☰，言語之象。☶ 為止，慎言之象。大象 ☲ 錯 ☵，[431]飲食之象。止，節飲食之象。上互為剝，為碩果飲食也。☶ 止，乃為慎言節食，是故君子以慎言語，節飲食也。此二者乃养德养身之功務，固當謹記力行而毋失之可也，設不禁戒乃後受害而悔之晚矣。[432]

---

427 罪，呂註本作「皋」。參閱頁83注4。
428 猶，徐匯本作「獨」，今據呂註本改。
429 「之」後，徐匯本有「時」，今據呂註本刪。
430 〔意〕艾儒略《口鐸日抄》：「一曰養。養者，五穀以養肉軀，耶穌聖體以養吾之靈魂。但五穀之養人也，必化為人之精血，始稱為養。而聖體之降臨也，必與吾之靈魂渾合而為一，何養如之？」（卷四，頁282）。
431 ☲，徐匯本作「☷」，今據呂註本改。
432 「乃养德养身之功務，顧當謹記力行而毋失之可也，設不禁戒」，徐匯本無，今據呂註本增。

本旨君子者，乃天主之子也。慎言語以免口過，節飲食以免貪饕。[433]

初九：舍爾靈龜，觀我朵頤，凶。

下動上止，艮手，捨之象。尔，指四。大象☲，靈龜之象。☲為明目，觀之象。我，初九也。朵，垂頤也。☲為反生，朵之象。垂下其頤以垂涎，乃欲食之貌。靈龜以靜止為養，朵頤以☲動為養，乃風馬牛不相及，故凶。初九陽剛得正，上應六四，亦朵順得正，[434]但其本性，當止而不下。今欲捨本位而貪初九，乃非本性，是故初九戒曰「舍爾靈龜，觀我朵頤，凶」。[435]

本旨靈龜不食而不死者，乃寓靈魂不死不滅，永遠常在也。[436]「朵頤」者，乃欲貪食之貌。初九陽剛在內，足以不食，乃上有三四陰柔而動于欲，乃貪食之，是故凶也。此凶者乃捨內靈之德，而貪外身之事，是以凶也。惜今人盡舍靈性而不避凶。哀哉！

〈象〉曰：「『觀我朵頤』，亦不足貴也。」

三四陰柔，貪食而不修德。飲食之人，則人賤之，是故終不足貴也。[437]

本旨貪形味不顧靈魂者，亦不足貴也。

433　貪饕，為七罪宗之一。參〔意〕艾儒略《口鐸日抄》：「聖葆琭有云：『九人有舊人，有新人。』夫所謂舊者，平日習慣罪宗，傲、忿、淫、妒、饕、吝、怠，七罪是也。」（卷八，頁538–539）

434　朵，徐匯本作「朵」，今據呂註本改。

435　語出〔明〕來知德《周易集註》：「**大象離，龜之象也**。應爻艮止，中空，靈龜止而不食，服氣空腹之象也。**朵者，垂朵也**。**震反生，朵之象也**。**垂下其頤以垂涎，乃欲食之貌也**。**爾者，四也**。我者，初也。**靈龜以靜止為養，朵頤以震動為養，故爾四而我初**。大象離目，又觀之象也。」（上冊，頁353–354）

436　〔意〕利瑪竇《天主實義》：「上品名曰『靈魂』，即人魂也。此兼生魂、覺魂，能扶人長養及使人知覺物情，而又使之能推論事物、明辨理義。人身雖死，而魂非死，蓋永存不滅者焉。」（卷上，頁549）

437　語出〔明〕來知德《周易集註》：「**飲食之人，則人賤之，故不足貴**。」（上冊，頁354）

六二：顛頤，拂經，于丘頤，征凶。

䷐ 為丘之象，䷁ 為征之象。六二陰柔，不能自養，[438] 必待養于陽剛。然靈性妄動，不求養于內，而求養于外，則違養道之常理，而行失其類矣。求養于初，則顛倒而拂于常理，求養于上，則非其應，故曰「于丘頤，征凶」也。六二中正而無應與，故當自守而不往，往之則凶。不義之養，往而求之，是故凶也。

本旨不求本性以養神，外求世人以養形，如此而往，則凶也。

〈象〉曰：「六二征凶，行失類也。」

初上皆非其類，行則失其中正之類也。止而不行，乃不失其中正之道也。六二無應，行歸諸互，並無其應，是故曰「行失類」也。

本旨六二無剛志，因此有征凶，守死善道，不失本主可也。[439]

六三：拂頤，貞凶。十年勿用，無攸利。

三不中正，不正而往，乃為「拂頤」，正乎凶也。欲歸中互，中互無變，而又無應，乃為不救之凶。「十年」者，中爻 ䷁ 土之成數。「勿用」者，不得用其養也。口欲止，[440] 所以下三爻養于動者皆凶，上三爻養于止者皆吉。大象 ䷚，年之象。䷁ 為止，勿用之象。「十年勿用」者，乃艾年勿用也。不言五十者，乃湊文也。上至六五，乃為五十，故曰艾年勿用，乃永年勿用也。用之則凶而「無攸利」也。[441]

---

438 「自」後，徐匯本有「象」，今據呂註本刪。
439 不失，呂註本作「不捨」。
440 欲，徐匯本作「容」，今據呂註本改。
441 用之，徐匯本作「勿用」，今據呂註本改。語出〔明〕來知德《周易集註》：「拂頤者，違拂所養之道，不求養于初而求養于上之正應也。貞者，正也。上乃正應，亦非不正也。十年者，中爻坤土之成數也。勿用者，不得用其養也。口容止，所以下三爻養于動者皆凶，上三爻養于止者皆吉。六三陰柔，不中正，本乃動體，至三則動極而妄動矣，故有拂頤之象。占者得此，雖正亦凶。至於十年之久。理極數窮，亦不可往，其凶至此。」（上冊，頁355）

本旨不正之養，乃正乎凶。至死勿用，乃無攸利也。蓋多食多色穢言
之輩，乃正乎凶，而終無攸利也。

〈象〉曰：「『十年勿用』，道大悖也。」

☷ 為大塗，道之象。大悖，即「拂頤」。[442]

本旨「拂頤」乃為萬罪之根，故曰「道大悖」也。原由人祖悖之，以至今
世蓋悖言食之道，而終受其害也。哀哉！[443]

六四：顛頤，吉，虎視耽耽，[444]其欲逐逐，無咎。

顛，頂也，指上九。六四應初九，乃正應也。艮止不應，是故「顛
頤」。得其容止，是故吉也。☶ 為虎之象，四變 ☲ 目，視之象。「虎視耽
耽」者，[445]乃視近而志遠也。視近者，視上九也。志遠者，應初九也。「其欲
逐逐」者，乃求而得繼也。初來應四，乃求而繼也。陰為欲之象，人欲重
疊追逐而復來，故曰「逐逐」。耽者，[446]四求養于上。「逐」者，上施養于四。
顛倒言之，兩說皆是，道明則知，求養得正，故無咎也。[447]

---

442 語出〔明〕來知德《周易集註》：「震為大塗，道之象也，大悖，即拂頤。」（上冊，
　　頁355）

443 呂立本此處將「節飲食」之道與原祖父母受誘惑吃禁果的聖經記述作出類比，正正
　　是因為原祖背名叛逆偷吃禁果、因而原罪進入了世界。

444 徐匯本及呂註本均作「耽」，應為「眈」。

445 同注444。

446 同注444。

447 語出〔明〕來知德《周易集註》：「**顛者，頂也**，與六二同。顛頤者，求養于上也。
　　吉者，得養道之常經也。**艮為虎，虎之象也**。天下之物，自養于內者莫如龜，求
　　養于外者莫如虎。龜自養于內，內卦初舍之，故凶。虎求養于外，外卦上施之，
　　故吉。爻辭之精至此。**耽者，視近而志遠也**。變離目，視之象也。應爻初為地位，
　　虎行垂首，下視于地，視近也；而心志乃求養于天位之上，志遠也，故以『耽』字
　　言之。視下卦，『耽』也；志，上卦『耽』也。故曰『耽耽』。**陰者，人欲之象也**。下
　　卦二陰，欲也；上卦二陰，欲也，人欲重疊，追逐而來，故曰『逐逐』。耽者，四
　　求養于上也。逐者，上施養于四也。」（上冊，頁355–356）

本旨「顛頤，吉」者，[448]乃求養得正，則得吉也。「虎視耽耽」者，[449]乃視世眾親近，愛人如己，上體天主愛人之心，而志遠以救人也。「其欲逐逐」者，乃求俸祿而得其繼續也。養人以正，故無咎也。以下獻上，以上養下，故有顛倒之說而兩說皆是也。[450]

〈象〉曰：「顛頤之吉，上施光也。」

上九因六三不正，止而不應。六四得正，上九以恩加之六四，其恩為光，[451]故曰「上施光」也。六四變☲，為光之象。大象☲，亦光之象。上九天位，施光之象。[452]

本旨乃言聖教宗主，命下十裡抽一而養鐸德，故曰「上施光」也。此乃聖教會第五規，而今中國暫免者也。[453]

六五：拂經，居貞吉，不可涉大川。

「拂經」者，乃不順常理也。[454]六五陰柔而無應與，[455]不能養人，反賴上九之養，故曰「拂經」也。因其居尊而得中而無勝可歸，不如居守本位，乃為清高居貞者，乃居守童身之正也，是故「居貞吉」也。因無舟楫風水，是

---

448 吉，徐匯本無，今據呂註本增。
449 同注444。
450 兩，徐匯本無，今據呂註本增。
451 其恩為光，徐匯本無，今據呂註本增。
452 語出〔明〕來知德《周易集註》：「施者，及也，布散惠與之義。詳見乾卦『雲行雨施』，言上養及于四也。光者，艮『篤實光輝，其道光明也。』變離日，亦光之象也。」（上冊，頁356）
453 據〔意〕利類思《司鐸典要》下卷中所記述的〈聖教要誡〉中，只有四項規戒——遵守教會齋期、在主日及大瞻禮望彌撒、最少每年告解一次及每年只少在復活節前後領聖體一次（頁260–261），未見十一奉獻的規定。但從現今《天主教教理》第2042–2043條，除了上述表示四項的規定外，附有「應支援教會的需要」一條。
454 理，徐匯本無，今據呂註本增。
455 應，徐匯本無，今據呂註本增。

故「不可涉大川」也。大象 ☷ 錯 ☰，大川之象，亦可之象。上 ☶ 止之，不可涉大川之象。[456]

本旨乃言童貞少男，故雖清高，不可外國傳教。而童身之德不可傳人俱守，因非小可之事，人力不能及，待主親選而後可也。[457] 諸惡淫為首，而萬善貞不為先乎。因其能勝肉情，故以君位言之，而表其君治肉身之德也。

〈象〉曰：「居貞之吉，順以從上也。」

中爻坤順，故曰順，言順上九而養德也。「順以從上」者，乃順便專心，以從上九之命，是故得吉也。[458]

本旨「順以從上」者，乃順便專心以從上主之命，是以得吉也。其無世間之暫樂，而有天上之永樂，乃永遠之吉也。以君位言童身者，乃表其能治五官百肢，順聽心主命，而不妄動故也。

上九：由頤，厲吉，利涉大川。

六五賴上九之養，以養己德，[459] 是眾由上九之養也。乃位高任重，以九居上，是故厲而不安。因其養民濟眾，[460] 故得吉也。陽剛在上，而能博施，[461] 是故「利涉大川」。乃身不動而義行也。不用舟楫而利涉。因大畜上

---

456 語出〔明〕來知德《周易集註》：「拂經者，五與內卦為正應，亦如二之求養于上，違悖養于同體之常道也，故二、五皆言『拂經』。**居者，靜以守之也。貞者，求養于同體之陽**，乃任賢養民之正道也。吉者，恩不自出而又能養人也。不可涉大川者，言不可自用以濟人也。涉川必乾剛，五柔故不可涉。」（上冊，頁356–357）

457 此處應指天主教之聖職人員。有關聖職人員是由天主所揀選，可參〔意〕利類思《司鐸典要》：「由天主命者，自不能晉鐸德之位，世人亦不能選舉推戴，必由天主命乃可。」（卷上，頁15）

458 語出〔明〕來知德《周易集註》：「**中爻坤順，故曰順。言順從上而養人也。**」（上冊，頁357）

459 德，徐匯本作「聽」，今據呂註本改。

460 民，徐匯本無，今據呂註本增。

461 博，呂註本作「普」。

互頤卦，利涉乃從大畜來，故曰「利涉大川」也。大象 ☳ 錯 ☴ 為大川，四
變為 ☵ 水，五變為 ☴ 木，是故「利涉大川」也。

本旨聖教宗因養人靈雖厲而吉，宜命人涉大川而救人也。

〈象〉曰：「『由頤厲吉』，大有慶也。」

「大有慶」者，[462] 乃天國為大有，以上為天，是大有天上之慶也。以陽為
大，以實為有，上錯 ☷ 為慶，故曰「大有慶」也。

本旨因養眾民，故雖不安，而終得吉也。「大有慶也」者，乃大有天上
之慶也。上九因不得正，是故厲而不安。厲而不安者，乃言聖教宗主，因
其養眾之靈，厲而得吉，乃有天國之大慶也。上九為宗，乃為教宗之証，
故曰教宗。

---

462 慶，徐匯本無，今據呂註本增。

大過卦

䷛	巽下兌上			
大象	☵ 坎[463]			
屬	☳ 震[464]	六遷四成 ䷛ 大過		
錯	䷚ 頤			
參伍	下互 ䷫ 姤	中互 ䷀ 乾	上互 ䷪ 夬	
五爻互	下互 ䷫ 姤	上互 ䷪ 夬		
各爻變[465]	初爻變 ䷪ 夬	錯 ䷖ 剝	綜 ䷫ 姤	地位
	二爻變成 ䷞ 咸	錯 ䷨ 損	綜 ䷟ 恒	
	三爻變成 ䷮ 困	錯 ䷕ 賁	綜 ䷯ 井	人位
	四爻變成 ䷯ 井	錯 ䷔ 噬嗑	綜 ䷮ 困	
	五爻變成 ䷟ 恒	錯 ䷩ 益	綜 ䷞ 咸	天位
	六爻變成 ䷫ 姤	錯 ䷗ 復	綜 ䷪ 夬	

大過：棟橈。利有攸往，亨。

大，陽也。四陽居中過盛，故曰「大過」也。☵ 為棟之象，此卦大象 ☵ ，是故曰「棟」。九三居下卦之上，[466] 而承其上卦之爻，乃不勝其重，故曰「棟橈」也。九三變 ☵ 為險陷，又為矯輮，[467] 為橈之象。往應上六，乃得

---

463 坎，徐匯本及呂註本無，今據卦象增。

464 震，徐匯本及呂註本無，今據卦象增。

465 各爻變，徐匯本及呂註本無，今據諸表增。

466 居，徐匯本無，今據呂註本增。

467 輮，本指車輪的外框。《說文解字》：「輮，車网也。」〔清〕段玉裁注曰：「今本作車
輞。篇、韻皆作車輞。輞譌爲輮，見爾雅釋文。輞從車旁，蓋俗。古衹作輮耳。或
曰許本有篆，解曰車也，在輮篆之上，今輮篆即之誤。然許有輮篆，諸家引之。疑
未能明也。車輮者，輪邊圍繞如网然。」（頁731）〈僮約〉：「持斧入山，斷輮裁轅。」

其正道而通，故曰「利有攸往，亨」也。☴木得水遇風，⁴⁶⁸利有攸往之象。又☳為通，乃亨之象也。⁴⁶⁹

　　本旨棟橈因任重，往應聖神通。主母為重，而聖母任之，乃其恩也，大矣哉！☴二☳五，合之為七，乃聖母始孕母胎無染原罪⁴⁷⁰ ⁴⁷¹，得受聖神之七恩也。⁴⁷²

---

468 ☴，徐匯本作☴，今據呂註本改。

469 〔明〕來知德《周易集註》：「梁上屋脊之木曰棟，所以乘椽瓦者也。木曲曰橈。本末弱而棟不正，有如木之曲也。椽垂彈，以漸而下曰宇，此卦大象坎，坎為棟，坎主險陷，橈之象也。又為矯輮，亦橈曲之象也。若以理論，本弱則無所承，末弱則無所寄附。此卦上缺下短，亦有橈之象。既棟橈矣，而又利有攸往，何也？蓋橈以成卦之象言，利有攸往亨則以卦體、卦德之占言。」（上冊，頁358）

470 罪，呂註本作「辠」。參閱頁83注4。

471 此處指聖母始孕無玷（*Immaculata Conceptio* / Immaculate Conception），以無染原罪之軀誕下耶穌基督。相關學說源自十五世紀，由方濟會會士主力提倡，直到1854年12月8日方獲教廷正式確立為信理。參〔意〕艾儒略《口鐸日抄》：「乃聖母之孕耶穌也，只聖母自有之淨血，聚而成胎，特藉斯彼利多三多之神功耳，是豈分斯彼利多三多之有哉？故不可以謂之父。」（卷四，頁295）另參〔意〕高一志《聖母行實》：「凡受生者，當神形交合時，皆染始祖之病，所謂元罪也。一染此罪，則性稟劣弱，易就諸惡，難修諸德。獨瑪利亞，豫蒙天主佑寵，免其凤染，始胎即含聖德，是以形神之潔，特超眾聖〔…〕咸謂聖母與日爭光，與玉比潔，絕不受染原罪，諒矣。」（頁333）

472 聖神七恩，現代翻譯為——上智、聰敏、超見、剛毅、明達、孝愛、敬畏天主。對於相關說明及解釋，請參〔意〕艾儒略《口鐸日抄》：「而聖神七恩，又當朝夕切祈者也。何謂七恩？一敬畏、二忻順、三智識、四剛毅、五計策、六明達、七上智。〔…〕聖神之恩反是矣。若受聖神之恩者，卑以自牧、夙夜只慎。上則敬主，下則敬人，其視驕傲為何如哉？夫敬畏之恩未受，則於性命之事，尚強勉承之。有敬畏，則無強勉，舉所施為，靡不踊躍擔當，即為忻順之德矣。既有忻順，使無智識，猶慮見解未真，而生疑阻。迨智之明識之定，則必剛毅為之，以成厥功，剛毅矣。然天下事，亦有不能任意者，故必求善策至計，而後可百舉而百當者也。有剛毅，復有計策，則凣上天下地之理，皆其所通達。明悟者。智識又不足言矣，求之愈切，則恩之降愈深，上智之妙，曷可言哉？故聖母禱文有曰：『上智之座』，正以明聖母之德精行粹，而為聖神所托基者也。」（卷七，頁482–484）

〈彖〉[473]曰：「大過，大者過也。

大者，指四陽過于陰也。陰爻為小，陽爻為大，故曰大者過也。[474]

本旨乃聖若瑟之年四十，大過聖母之年。[475]四陽乃為四十，而聖母受聖神之聖寵，大過諸天神、聖人之合寵，位超神聖之上，無可比擬，而為神聖之母皇，乃其主保世人之恩，亦大過諸凡之主保，是故曰「大者過」也。☴為廣顙者，乃言聖母之主保權大過諸神聖之權也。[476]由☴生☲，而有䷰革，乃☴生☲之証也。[477]

棟橈，本末弱也。

本末指初上二陰，弱指其柔順也。本末皆從木，木下加一畫陽，取其根株回煖，故為本。木上加一畫陽，取其枝葉向榮，故為末。然本末雖弱，乃正固本榮末之道也。[478]

本旨乃聖神全善，而聖母軟弱，是故曰「本末弱」也。因其固本榮末之軟弱，故天主降生以救人也。

---

473 彖，徐匯本作「象」，今據呂註本改。

474 語出〔明〕來知德《周易集註》：「以卦體、卦德釋卦名、卦辭而嘆其大。**陽大陰小，本卦大者過，故名大過。本謂初，末謂上。弱者，陰柔也。**」（上冊，頁359）

475 此處說法應來自經外傳統。詳細說明可參〔葡〕陽瑪諾《聖若瑟行實》（法藏chinois 6748）：「司教為之祝福，因令與聖母結為淨配。二聖知天主之意，罔敢不遵。時聖母齡十四、聖人已四旬有奇。」（頁2b）

476 聖母位超諸天使、聖人之上，參《聖母德敘禱文》中幾個聖母的稱號—「諸天神之后」、「諸聖祖之后」、「諸先知之后」、「諸宗徒之后」、「諸為義致命之后」、「諸精修之后」、「諸童身之后」、「諸聖人之后」（載《天主聖教日課》，頁75a–75b）。

477 參閱頁220注219。

478 語出〔明〕來知德《周易集註》：「古人作字，**本末皆從木來，木下加一畫陽，取根株回煖，故為本；木上加一畫陽，取枝葉向榮，故為末。**」（上冊，頁359）

剛過而中，巽而說行，利有攸往，乃亨，

「剛過而中」者，乃二、五也。「☴ 而說行」者，乃 ☴ 內而 ☱ 外行也。「利有攸往，乃亨」者，乃宜歸互得正，則亨也。☴ 本能行，「利有攸往」之象。悅行，故通。大象 ☵，通之象也。[479]

本旨剛雖過而德居中，☵ 順神悅與同行，乃遠路得其聖伴侶，故「利有攸往，乃亨」。無伴不能遠行走，有伴遠路則得通，體質本是剛毅，足以奮發有為，而又用之以中，不過于剛。德性本是 ☵ 順，足以深入乎義理，而又行之以和，不拂乎人情，所以「利有攸往，乃亨」。

大過之時大矣哉。

☵ 為時之象。大過之時者，乃下互 ☴ 姤。開闢五千年之時，而古經預記以証其大，故嘆曰「大矣哉」。

本旨大過之時，古經預記正當天主降世救人之時，故嘆曰「大矣哉」。其大故非人力所能為，是以預嘆其大，惜乎迷子反視為小，置若罔聞而庭相倍也。此其倍經之時，亦甚大矣。下互天風姤，開闢五千年大過之時至，[480] 主恩不踰閑，[481] 時恩大矣哉！全在信德堅，信堅必定守。豈肯鬧俗烟？俗烟昏神目，悞入永苦堅。哀哉！

---

479 語出〔明〕來知德《周易集註》：「剛過者，四陽也；而中者，二五也。雖三、四，亦可言中，故復卦四曰『中行』。益卦三、四皆曰『中行』也。**巽而悅行者，內巽而外行之以悅也。**若以人事論，體質本是剛毅，足以奮發有為，而又用之以中，不遇于剛；德性本是巽順，足以深入乎義理，而又行之以和，不拂乎人情，所以利有攸往，乃亨。大過之時者，言人于大過之時，行大過之事，適其時，當其事也。如堯、舜禪受，湯、武放伐，雖過其事而不過乎理是也。蓋無其時不可過，有其時無其才亦不可過。故嘆其大同頤、解、革同。」（上冊，頁359）

480 開，徐匯本作「闢」，今據呂註本改。據呂立本對〈洛書〉之數的推演，天地開闢五千年乃耶穌降世之年。詳見〈導論〉，頁25–27。

481 踰，通「逾」，意為越過。《說文解字》：「踰，越也。」〔清〕段玉裁注曰：「越，度也。踰與逾音義略同。」（頁82）《詩經·鄭風·將仲子》：「將仲子兮，無踰我里，無折我樹杞。豈敢愛之？畏我父母。仲可懷也，父母之言，亦可畏也！」（頁329）《三國志·魏書·徐晃傳》：「將軍之功，踰孫武、穰苴。」

〈象〉曰：「澤滅木，大過；君子以獨立不懼，遯世無悶。」

　　☱居木上，滅木之象。「澤滅木」者，乃☱上☴下也。「君子以獨立不懼」者，乃下互☰姤，而為天下第一人，乃獨立之象。陽剛大過，不懼之象。「遯世無悶」者，二變☰〔姤〕，遯世之象。☵為加憂，悶之象也。上☱悅，無悶之象。首一句大過之象毫，下二句大過之行。「不懼」者，不求同俗而求同理，天下非之而不顧。「無悶」者，不求人知而求神知，與世不見知而不悔。[482]此必有大過人之學問，義理見得明者，有大過人之操守，腳根立得定，方有如此之行。[483]

　　本旨「澤滅木」者，乃聖寵滅聖母人性之下情，毫無私欲之偏而被聖寵也。「獨立」者，[484]乃無第二人也。「不懼」者，乃諸為義致命之母。[485]「遯世」者，乃避于厄日多國也。[486]「無悶」者，乃無憂悶而不求名譽，隨遇而安也。隨遇而安者，乃因聽天主之命而無憂悶也。[487]

初六：藉用白茅，無咎。

　　✎　初四俱非正位，故以應爻謂之藉。[488]又非卦主，故謂之藉。「藉用白茅」者，乃四藉初也。☴為白茅，以澤潤木，何咎之有？故曰「無咎」也。初未得正，乃咎之象。以木得澤，無咎之象。[489]

482　語出《禮記‧中庸》：「子曰：『素隱行怪，後世有述焉，吾弗為之矣。君子遵道而行，半途而廢，吾弗能已矣。君子依乎中庸，**遯世不見，知而不悔**，唯聖者能之。』」（頁1668）

483　語出〔明〕來知德《周易集註》：「上一句大過之象，下二句大過之行，非達則不懼、窮則无悶也。窮亦有獨立不懼之時。**不懼者不求同俗而求同理，天下非之而不顧也。无悶者不求人知而求天知，舉世不見知而不悔也。此必有大過人學問，義理見得明；有大過人操守，腳根立得定，方幹得此事。**」（上冊，頁359）

484　立，徐匯本作「位」，今據呂註本改。

485　「諸為義致命之母」之稱號出自《聖母德敍禱文》中：「諸為義致命之后，為我等祈。」一句（載《天主聖教日課》，頁75b）

486　厄日多國，音譯自拉丁文 *Ægypto*（埃及）。此處指聖家為避開黑落德王的追殺，從而出逃埃及。詳參《瑪竇福音》二章13–23節。

487　悶，徐匯本無，今據呂註本增。

488　爻，徐匯本無，今據呂註本增。

489　語出〔明〕來知德《周易集註》：「藉者，薦也，承薦其物也。因上承四剛，故曰藉。

本旨以四藉初，故曰「藉用」。☴為白茅，為木為棟。以初在下，為地，藉用白茅。藉，[490]茇地。[491]以安其身者，乃赤貧之德也。白茅也者，乃以表其赤潔之德也。以柔在下，乃赤謙之德也。以上三者，乃聖母之三赤心也。夫大人者，不失其赤子之心者也。[492]以柔居初，似乎咎矣。以其全德，大過神聖，故無咎也。四藉初者，乃聖神藉聖母神工變化也。髮為血餘，☴為寡髮者，聖母無餘血之証也。[493]

〈象〉曰：「『藉用白茅』，柔在下也。」

以陰居初，故曰「柔在下」也。

本旨「柔在下」者，乃聖母在世之時也。

九二：枯楊生稊，老夫得其女妻，無不利。

「枯楊生稊」者，乃二比初也。稊者，根也。☴為枯楊，居下曰根，故曰「枯楊生稊」也。二得陰在下，故言「生稊」。五得陰在上，故言生華。根生則生生不息，枝生則無生意矣。下卦☴錯☳，長男老夫之象。應爻☱少女，女妻之象。九五☶錯☱，少男士夫之象。應爻☴為長女，老婦之象。夫雖老而得女妻，猶能生成育之功，[494]是故無不利也。[495][496]

茅者，草也。巽陰木，為茅，故泰卦變巽曰茅，否卦大象巽亦曰茅。**巽為白，白茅之象也。**无咎者，敬慎不敗也。」（上冊，頁360）

490 茅、藉，徐匯本無，今據呂註本增。

491 茇，亂草。《説文解字》：「茇，亂艸。」〔清〕段玉裁注曰：「《玉篇》曰：牛馬艸。亂稾也。」（頁44）〔宋〕《廣韻・曷》：「茇攄收亂草也。」

492 語出《孟子・離婁下》：「孟子曰：『大人者，不失其赤子之心者也。』」（頁260）

493 餘，徐匯本作𫗴，今據呂註本改。

494 猶，徐匯本作「獨」，今據呂註本改。

495 故，徐匯本作「是」，今據呂註本改。

496 語出〔明〕來知德《周易集註》：「巽為楊，楊之象也。木生于澤下者，楊獨多，故取此象。楊乃木之弱者，四陽之剛皆同為木，但二五近本末之弱，故以『楊』言。曰『枯』者，取大過乎時之義，故二、五皆言『枯』也。至三、四則成乾之堅剛，故言『棟』。稊，木稚也。二得陰在下，故言『生稊』。稊者，下之根也。五得陰在上，故言『生華』。生華者，上之枝生也。根生則生生不息，枝生則無生意矣。下卦巽錯震，長男也，老夫之象，故稱老夫。老夫者，再娶女之夫也。應爻兑，兑乃少

本旨 ☱ 為枯楊者，乃 ☱ 無生育之血也。稊者，根也。☰ 生九二，乃為世人神命之根，故曰「枯楊生稊」也。九二以陽居陰者，乃 ☱ 女懷孕生聖子。卦屬大過，乃聖神無始，寓言老夫得其女妻也。[497] 聖聖相接，是故無不利也。無不利者，乃無不宜也。天主之行，固必合理，是故無不宜也。天主者乃理所從出之大原也。迷子疑其不宜，乃屬管闚之見，[498] 多見其不知量也。[499] 是故醒之曰「無不利」也。

〈象〉曰：「老夫女妻，過以相與也。」

過以相與者，乃過凡人之相與也。

本旨凡人相與以肉情，聖神相與以潔愛，而非肉情之欲也。是故宜知神性無肉情，而非凡人可比也。[500]

九三：棟橈，凶。

三變 ☵ 則橈，棟橈故凶。☵ 為弓，橈之象。九三居下卦之上，乃橈之象也。因不得其中，乃不勝其重，是故象橈，而得凶也。

女也。女妻之象，故稱女妻。女妻者，未嫁而幼者也。九五兌錯艮，少男也，士夫之象，故稱士夫。士夫乃未娶者。應爻巽為長女，老婦之象也，故稱老婦。老婦者，已嫁而老者也。周公爻辭其精至此，舊注不知象，以二、五皆比于陰，殊不知九二下卦反稱老夫，九五上卦反稱士夫，近初者言老，近上者言少，說不通矣。九二陽剛得中，當大過之時，而應于少女，故取諸物有枯楊生稊、取諸身有老夫得其女妻之象。可以成生育之功矣。故占者無不利。」（上冊，頁360–361）

497 得，徐匯本無，今據呂註本增。有關天主聖三的「無始」，可參〔意〕艾儒略《天主降生引義》：「天主者何？天地萬有之眞主也。蓋未有天地之先，獨此一大主宰。本無始終、本無窮盡，全知全能、至善至美、自滿自足、慶福無際，其體至神、絕無聲臭，又極純一、不容分變。」（卷上，頁331）

498 管，徐匯本作「當」，今據呂註本改。闚，通「窺」，意為偷看。《說文解字》：「闚，閃也。」〔清〕段玉裁注曰：「此與窺義別。窺，小視也。」（頁596）《史記·管晏傳》：「晏子為齊相，出，其御之妻從門閒而闚其夫。」《公羊傳·宣公六年》：「俯而闚其戶，方食魚飧。」

499 語出《論語·子張》：「叔孫武叔毀仲尼。子貢曰：『無以為也，仲尼不可毀也。他人之賢者，丘陵也，猶可踰也；仲尼，日月也，無得而踰焉。人雖欲自絕，其何傷於日月乎？多見其不知量也！』」

500 凡，徐匯本無，今據呂註本增。

本旨乃指大聖若瑟，勢屈于惡王之暴，故曰「棟橈」也。其凶在于聖終，而魂降古聖之寄所也。[501]

〈象〉曰：「棟橈之凶，不可以有輔也。」

大象☷，為可之象。下☴錯☱綜☶，不可之象。☶為有輔之象。「不可以有輔」者，乃無第二人以輔也。又乃形為神之輔，[502]形身既死，不可有輔也。

本旨不可有輔者，乃不可以有輔相之人也。此乃遯世無悶，而不求名譽也。☴二☴五，合之為七，乃聖母及聖若瑟之七苦也。[503]苦以成德，非無因而至也。所謂德生于困衡是也。此爻乃聖若瑟七十而聖終之象也。[504]

九四：棟隆，吉，有它吝。

變☵亦有棟之象。九四乃棟上之重棟，故曰「棟隆」。以其在上不橈，是故吉也。然因其下應，未得正位，乃有它吝也。[505]

---

501 〔葡〕陽瑪諾《聖若瑟行實》：「聖人感恩，怡然安逝，時春分前一日也。主命萬神，送靈置之古聖候所。」（頁4b）

502 形為神之輔，呂註本作「神為形之輔」

503 聖母七苦，即 (一) 西默盎的預言、(二) 聖家埃及逃難、(三) 十二歲的小耶穌失蹤三日、(四) 耶穌背負苦架前往刑場、(五) 耶穌被釘苦架、(六) 耶穌的聖屍由苦架卸下、(七) 耶穌聖屍埋葬。
   聖若瑟七苦，則參《聖若瑟七苦七樂文》：「聖母有孕，天神未報，不知其由，聖人一苦。〔…〕。主誕隆冬，臥於馬槽，破衣裸體，聖人二苦。〔…〕。聖嬰割損，聖血廣流，呱聲哀切，聖人三苦。〔…〕。聞西默盎，預言吾主，受難之壯，聖人四苦。〔…〕。王黑落德，心生惡計，謀殺吾主，聖人五苦。〔…〕新王更厲，心生惡計，謀殺吾主，聖人六苦。〔…〕京都瞻禮，行歸在路，不見吾主，聖人七苦。」（載於《聖教啟蒙指要》，卷5，頁61b–63a）

504 〔葡〕陽瑪諾《聖若瑟行實》：「聖人春秋七十有奇，追隨不便，主欲以永福報功，命之謝世。」（頁4b）

505 語出〔明〕來知德《周易集註》：「**變坎，亦有棟象**。隆者，隆然而高起也。它者，初也。三、四皆棟，四居外卦，陰虛在上，非如三之陰虛在下也。上虛下實，則有所承載。故有棟隆之象。占者固吉下矣。然下應乎初，若以柔濟之，則過于柔矣。其棟決不能隆，吝之道也。故又戒占者以此。」（上冊，頁362）

本旨四入 ☷ 體，乃為聖神，聖神無下情，必然無它吝。有它吝者，乃有他疑，而得之吝也。

〈象〉曰：「棟隆之吉，不橈乎下也。」

棟隆之吉，全在乎不橈下也。神也者，妙萬物而為言也，故不橈下。☷ 為常，不橈下之象也。

本旨聖神不交婚，是故「不橈乎下」也。[506]

九五：枯楊生華，老婦得其士夫，無咎無譽。

☴ 綜 ☱，楊之象。華指上六，陰陽相交，乃成文華。在下曰根，在上曰華。九五 ☴ 錯 ☳，少男也，士夫之象。應爻為長女，老婦之象。☱ 為口舌，咎譽之象。綜 ☱ 無 ☳，無咎譽之象。二五不應，☱ 反為 ☴，故為枯楊生華而無根。九五比上六，故謂老婦得其士夫，因卦屬大過，是故「無咎無譽」也。

本旨九五乃天主第二位，結合人性，[507]猶枯楊生華而老婦得其士夫矣。[508]「無咎」者，乃無可咎也。「無譽」者，[509]乃大德難名也。主性無始，[510]是故曰「老」。[511]人性有始，故曰「士」。

---

506 乎，徐匯本無，今據呂註本增。

507 結，徐匯本作「給」，今據呂註本改。

508 猶，徐匯本作「獨」，今據呂註本改。

509 譽，徐匯本作「與」，今據呂註本改。

510 性，徐匯本作「惟」，今據呂註本改。此處可參參〔法〕沙守信《真道自證》：「或曰：『天主乃無始無終，生生而不生，何謂有母而生於漢時？』曰：『耶穌有兩性：一為天主、一為人性。生於漢時者，乃人性也。天主性，原無始而自有。惟天主聖子，當日結合一人性，而有降生之事也。』」（卷三，頁 297）

511 「老」後，徐匯本有「婦」，今據呂註本刪。

〈象〉曰:「『枯楊生華』,何可久也。老婦士夫,亦可醜也。」

　　枯楊無根,何可久也?老婦、士夫以其大過,老婦、士夫亦可醜也。醜者,配也,言亦相配也。大象 ☵,為可之象。九五陽剛中正,行事必可,亦可醜之象。

　　本旨「枯楊生華」者,乃因聖神降孕生于聖母也。[512]「何可久」者,乃不可久致其命也。「亦可醜」者,乃不明真道之人,見其醜也。以 ☵ 綜 ☵,故名女,故曰老婦,其言曲而中者也。[513]

上六:過涉滅頂,凶,無咎。

　　頂,首也。變 ☰ 為首,頂之象。當過之時,遇 ☱ 澤之水,[514]過涉之象。澤水在首,滅沒其頂之象。水滅其頂,故凶。大過之極而終,故謂涉滅頂凶也。以其乘剛,是故凶也。以其得正,故無咎也。六下應三,乃滅頂也。[515]

---

512 降孕,徐滙本無,今據呂註本增。

513 語出〈繫辭下傳〉:「子曰:『乾坤,其易之門邪?』乾,陽物也。坤,陰物也。陰陽合德而剛柔有體,以體天地之撰,以通神明之德。其稱名也,雜而不越。于稽其類,其衰世之意邪?夫易彰往而察來,而微顯闡幽。開而當名,辨物正言,**斷辭則備矣**。其稱名也小,其取類也大。其旨遠,其辭文,**其言曲而中**。其事肆而隱。因貳以濟民行,以明失得之報。」(頁367–368)

514 水,徐滙本作「時」,今據呂註本改。

515 〔明〕來知德《周易集註》:「頂者,首也。變乾為首,頂之象也。當過之時,遇兌澤之水,過涉之象也。澤水在首,滅沒其頂之象也。以二陰爻論之,初『藉用白茅』,大過于慎者也,以其居卦之初,故不凶而无咎。上『過涉滅頂』,大過于濟者也。以其居卦之終,故有凶而无咎。」(上冊,頁362–363)

本旨「過涉滅頂」者，乃吾主因降而致命也。凶者，乃吾主之聖魂，降于古聖之靈薄所也。[516]「無咎」者，乃因救贖世人之罪而己，[517]無咎也。

〈象〉曰：「過涉之凶，不可咎也。」

上六得正而有應，乃無可咎之處，故曰「不可咎」也。☷ 為可，以 ☶ 錯 ☱ 為止，不可之象也。

本旨乃言聖子過于義勇，因贖世人之罪而致其命，[518]乃殺身成仁之事，是故「不可咎」也。惜愚人不明其義，而恐咎之，故醒之曰「不可咎」也。

同治拾壹年歲次壬申仲春

雲間玻爾日亞謹錄

〈易經本旨〉卷之三終

---

516 靈薄所，音譯自Limbo，今譯之「古聖所」或「陰府」，據教會訓導，乃安置耶穌救世前義人死後靈魂之所。〔意〕艾儒略《天主降生引義》：「達味又云：『吾身安置（指在墓中）以望，蓋必不遺我神魂於靈薄（古聖暫候之所）。不容爾聖者（指吾主聖體）見朽也。此即吾主耶穌死後。三日復活也（見《紀略》八卷）此其二十有一也。」（卷上，頁364）有關「耶穌下降陰府」的描述及解說，參〔意〕艾儒略《天主降生言行紀畧》：「維時耶穌既葬，其聖魂已降臨靈薄地獄，超拔古聖（按經典地獄有四重〔…〕第四重為靈薄，即生人以來有德靈魂所憩，候耶穌降生，仰其無窮功德，方可上升。）」（卷八，頁315）

517 同注470。

518 同注470

損卦

䷨[1]	兌下艮上			
屬	☶艮	三爻變䷨損		
錯	䷞咸			
綜	䷩益			
參伍	下互䷵歸妹	中互䷗復	上互䷖剝	
五爻互	下互䷒臨	上互䷚頤		
各爻變[2]	初爻變成䷃蒙	錯䷰革	綜䷂屯	地位
	二爻變䷚頤	錯䷛大過		
	三爻變䷙大畜	錯䷬萃	綜䷘无妄	人位
	四爻變䷥睽	錯䷦蹇	綜䷤家人	
	五爻變䷼中孚	錯䷽小過		天位
	六爻變䷒臨	錯䷠遯	綜䷓觀	

損：有孚元吉。无咎，可貞。利有攸往。

損，減省也，為卦損 ☰ 卦上畫之阳，益 ☷ 卦上卦之阴。損下益上，所以為損也。「有孚」，謂九二，因有信德，故得元吉而无咎也。[3]「可貞」者，乃可正固而不變也。「利有攸往」者，乃可往而應上也。☷ 為可之象。大象 ☶ 錯 ☱，「可貞」之象。中爻 ☳ 居 ☷ 上，「利有攸往」之象。以 ☴ 木得 ☵ 水，是故利往。

本旨損者，乃損聖子之體，而益世人之靈性也。九二者，乃天主第二位也。下互暗 ䷾ 既濟，乃為耶穌聖體聖血，有信而領之，乃得元吉而无

1　䷨，伯祿本作 ䷨，今據卦象改。

2　各爻變，伯祿本無，今據諸表增。

3　語出〔宋〕朱熹《周易本義》：「**損，減省也。為卦損下卦上畫之陽，益上卦上畫之陰**；損兌澤之深，益艮山之高；損下益上，損內益外。剝民奉君之象，所以為損也。損所當損，而有孚信，則其占當有此下四者之應矣。」（頁155）

咎也，是以可正固而領之，乃得其恩，易行天国之路，是故曰「利有攸往」
也。有古経〔經〕為憑，乃為當信之據。非他邪教无凴妄為，皆屬前人之私
欲而立者，豈可比此也？

曷之用，二簋可用享。

☱為口舌，問曷匕之象。六三變☳為言，答之之象。中爻☳為竹，
互☴，「二簋」之象。下互☶，「可用享」之象。「曷之」者，乃問何變也？
因☷變為☴。[4] 問變為何事也？答曰：用二，故曰「二簋」。酒食二品，此
乃可用之祭也。儒卦二阳，乃二品祭物也。又☱為二，故曰二品。

本旨☲為殿堂，乃在堂中享献〔獻〕也。享献也者，乃用聖体聖血二
品，祭上天主聖父也。[5] 聖王達味聖詩第一百九篇，謂吾主曰「尔為永永主
祭者，炤默基瑟得之品級也。」蓋預言耶穌為世世大教宗，而立新教之祭禮
云云。[6]

〈象〉曰：「損，損下益上，其道上行，

「損下益上」者，乃□損地而益天也，依此而行則世道日上矣。中爻☷
為道，居☱之上，其道上行之象。

本旨「損下益上」者，乃損其古祭下賤之世物，而益其今祭上貴之聖
子，其道乃上行天國之路也。

4　☷〔否〕，應為☷〔泰〕。損☶由泰☷損下卦陽爻（九三），與上卦陰爻（上六）互
　調而變成，即所謂「損下益上」。
5　〔意〕艾儒略《彌撒祭義》：「天主之心者，但用酒麺二色為其聖體寶血以當世間萬
　品，蓋緣吾主耶穌降生受難，自用已之本體為祭品，奉獻罷德肋于十字架之臺，
　以贖萬民之罪。」（卷上，頁487–488）
6　語出〔意〕艾儒略《天主降生引義》：「聖王達味聖詩，第一百九篇，謂吾主曰：『爾
　為永世主祭者，炤默基瑟得之品級者。』蓋預言耶穌為世世大教宗，建立新教之祭
　禮，猶上古司教，默基瑟得，以餅酒二色而獻上尊也。」（卷上，頁362）以上聖經
　引文即聖詠第一百一十（109）篇4節：「上主一發了誓，他決不再反悔：你照默基
　瑟德品位，永做司祭！」

『損而有孚，元吉，无咎，可貞，利有攸往。曷之用，二簋可用享』，二簋應有時，損剛益柔有時。損益盈虛，與時偕行。」

「二簋應有時」者，乃應有一定之時也。本卦為應之象，損剛益柔，亦有一定之時。下互☳，為盈之象。大象☶，為虛之象。「損益盈虛，與時偕行」者，乃損下而益上，損實而益虛，乃與時而同行也。中爻☳為足，「利有攸往」之象。又為竹，互有二☳，「二簋」之象。下互☳，「可用」之象。☳為主祭，乃享之象。☶綜☳，為時之象。☰同体，偕用之象。

本旨「二簋應有時」者，乃指酒食之祭，是圣体圣血之祭也。今已早應，幾乎一千八百年矣，乃迷子不信，不知其可也。賞善罰惡乃有一定之時，除傲陟謙，與時偕行也。內卦☶綜☳，為五為時，乃開闢五千年之時，古經見應之時也。[7]

〈象〉曰：「山下有澤，損；君子以懲忿窒欲。」

下互雷澤，乃忿因震動，欲因兌悅，當用坤順以懲忿，[8]而艮止以窒欲，[9]忿怒滅忍德，而不能成善果，私欲敗靖德而成諸罪，是故「君子以懲忿窒欲」也。☶為閽寺，懲忿窒欲之象也。[10]

本旨慎行懲忿窒欲之功，能結諸德之菓，能樂天主之心，設不然者乃犯皋易而立功难。

7　據呂立本對〈洛書〉之數的推演，天地開闢五千年乃耶穌降世之年。詳見〈導論〉，頁25–27。

8　懲，戒止。《玉篇》：「懲，戒也。」《詩·小雅·節南山》：「不懲其心，覆怨其正」《毛傳》：「女不懲止女之邪心而反怨憎其正。」

9　窒，閉塞。《說文解字》：「窒，塞也。」〔清〕段玉裁注：「窴也。各本窴譌塞。今正。窴、窒也。見穴部。此二字互訓也。窴之隸體爲寘。土部曰。塞、隔也。𨹧部曰。隔、塞也。塞於義不爲窒。邊塞其本義也。自用塞爲填寘字。而寘廢矣。且有讀寘爲竁者。則寘愈失其本音本義矣。說詳穴部。釋言、幽傳皆曰。窒、塞也。」（頁349）

10　〔明〕來知德《周易集註》：「澤深山高，損下以增高，損之象也。懲者戒也，窒者塞也。忿多生于怒心，剛惡也，突兀而出，其高如山，況多忿如少男乎，故當戒。欲多生于喜心，柔惡也，浸淫而流，其深如水，況多欲如少女乎，故當塞。忿不懲必遷怒，欲不窒必貳過，君子修身，所當損者，莫切于此。」（下冊，頁446）

初九：己事遄往，无咎，酌損之。

己者，我也。上卦為外，下卦為內，初九居下已分內，乃我之象也，故曰「己事」。本卦損下益上者，乃我之事也。[11] ☷ 綜 ☴ 為風，速往之象。初九得正，无咎之象，又為進退斟酌之象。正當損下益上之時，上應六四之阴，輒所為之事，而速往以益之，應之以正，「无咎」之道也。[12] 取善而行曰「酌」。初九既得其正，乃為善行，而當損其不善者，故曰「酌損之」。「酌損之」者，乃酌損其輕重，存其貴重者，損其輕賤者可也。

本旨「己事」者，我之事也。敬事天主乃我分內之事，故曰「己事」也。「己事速往」者，惟恐遲也。既速一正，故无咎也。「酌損之」者，乃圣體之事為重，世物之事為輕，乃損益可知矣。

〈象〉曰：「『己事遄往』，尚合志也。」

尚上通用，乃上合其己事之正志也。上九、六四俱合其初九之志也。損下益上，故「志相合」。[13]

本旨初九得正，乃上主合其剛正之志也。追隨恐後者，乃上主喜而合之，故曰「尚合志」也。

九二：利貞，征凶，弗損，益之。

九二歸互，口如本身，故宜正固守本身，往則凶矣。中爻 ☳，征行之象。九二為內卦之中，乃不可損而可益，是故曰「弗損，益之」也。上 ☶ 止，「弗損」之象。綜 ☴，為「益」之象。

---

11 語出〔明〕來知德《周易集註》：「己者我也，本卦損剛益柔，**損下益上，乃我之事也**，即韓子『莫憂世事兼身事』之意。遄者，速也。酌，即『損剛益柔有時』『時』字之意。本卦初剛四柔，當損初以益四，故有己事遄往之象。占者得此，固無咎矣。然『損剛益柔有時』不可以驟損，必斟酌而後損也，故許其无咎，而又戒之以此。」

12 語出〔宋〕朱熹《周易本義》：「**初九，當損下益上之時，上應六四之陰，輒所為之事，而速往以益之，无咎之道也**。故其象占如此。然居下而益上，亦當斟酌其淺深也。」（頁155–156）

13 〔明〕來知德《周易集註》：「尚與上通，指四也。陰陽正應，故合志。四之志，欲損其疾，而初遄往，合其志也。」（下冊，頁447）

本卦九二「利貞」者，乃宜以此為祭祀之正品也。「往凶」者，乃損之則凶也。「弗損，益之」者，乃九二為耶穌之圣體，是為祭天主圣父之正品，乃必不可少者，是故曰不可損，可益也。

〈象〉曰：「九二利貞，中以為志也。」

九二利貞者，乃不可往也。往則損中而无益也。宜正固以守中志，乃所以益上也。是為不損之益，故曰「中以為志」也。[14]

本卦圣躰居心，乃所以為人之志也。有志中道，乃可以无遏也。經曰「以主聖意，為我心志」是也。[15]

六三：三人行，則損一人；一人行，則得其友。

「三人行」者，乃☰三連也。損一人者，乃損一而益☷也。「一人行」者，乃一人上行也。一阳上而一阴下，乃一人行得其友也。[16]友者，愛也。☰去一阳而來一阴，乃為☱矣。☱為愛友，是故曰「得其友」也。三為人位，故曰「三人」。中爻☷為足，又為大塗，人行之象也。[17]

---

14 〔明〕來知德《周易集註》：「九二剛中當損剛之時，志在自守弗損，貞之道也，故占者利于此貞。若失此貞而有所往，則凶矣。蓋不變其所守，正以益上，故貞則利，而征則凶也。」（頁447–448）

15 《巳領聖體誦》：「至仁至慈天主，我受主無極恩惠，無可稱謝。我重罪多惡，思言行為，無不得罪、身神污穢。主不但不罰我，更寬裕待我，切動我，悔恨前愆，遷無怠，更忘我罪，容我近主，領主聖體，令我神內，得懷上天下地無比珍美。主在世時，凡誠心近主，無不取益。適願有罪者被化，惡遷善，病者獲愈，憂者獲慰，苦者獲安，愚者獲明，今蒙主仁慈，得我罪之赦、我病之愈、我憂之慰、我苦之安、我愚之明。主在我心，為我心主，求主常居，勿棄我**以主聖意，為我心志**，庶恆懷主，須臾不離，善生安死，偕主享主，至於無窮。亞孟。」禱文出處見康熙五十四年《天主聖教日課》，卷上，頁53a–53b。

16 語出〔宋〕朱熹《周易本義》：「下卦本乾，而損上爻以益坤，三人行而損一人也。一**陽上而一陰下，一人行而得其友也**。兩相與則專，三則雜而亂，卦有此象，故戒占者當致一也。」（頁156）

17 〔明〕來知德《周易集註》：「本卦綜益，二卦原是陰陽相配之卦，因損下益上，正在此爻，所以發此爻辭也。益卦下震，三為人位，人之象也。**震為足，行之象也**。**又為大塗，行人之象也**。中爻坤為眾，友之象也。三人行者，益下卦三爻，居于

本卦損者，減也。☰三減一為二，乃天主第二位也。第二位結合人性，為一耶穌，乃一耶穌傳行聖教，得人奉教，乃「一人行而滑其友」也。

〈象〉曰：「『一人行』，三則疑也。」

六三乘剛爻位，未得其正，兩相遇則專，三則遂而疑也。下互暗☷，為疑之象。合乎六三，故曰「三則疑」也。

本卦言天主三位各有分別，各位有本位之事，是故三位各有本號，以示人知而感其恩也。設三位无分號，則人不知其何位而疑之，難明其深道也。[18] 此卦六三无變者，乃為定號，則人不知其何位者也。以上互三，居五陰之中，而獨應上九，故无咎，吝之敝也。

六四：損其疾，使遄有喜，无咎。

六四變☵，為心病，有疾之象。[19] 以初九之陽剛益四，而損其陰柔之疾，使初九之來則善，[20] 而有☱為之喜矣，乃各爻皆得其正，而无咎矣。

損之上三爻也，即〈彖〉辭其道上行也。損一人者，損六三也。一人行，即六三也，六三行上而居四也。三行上而居四，即損下之三而益上之四也。」（頁448）

18　有關天主聖三的位格問題，參〔意〕艾儒略《天主降生引義》：「或問曰：『天主三位，既為一體一主，何謂降生獨系係費畧、而罷德肋、與斯彼利多三多，未嘗云降生乎？』曰：「此理蘊奧，詳載聖教經解中。姑請以喻言之，夫太陽有輪、有光、有熱，三者共成一日也。今所云普照萬方者，人必言為光，而不言輪與熱也。實則光未嘗離輪，而熱氣未始離光也。是以言費畧降生救世，不云罷德肋與斯彼利多三多者，蓋體雖同，而位則異。故獨費畧之位，特接吾人性以降生耳。」（卷上，頁350）

19　語出〔明〕來知德《周易集註》：「四變中爻為坎，坎為心病，疾之象也。遄，即初遄往之遄。初與四陰陽相合，當損下之時，初即以為己之事，而遄往矣。」（下冊，頁449）

20　語出〔宋〕朱熹《周易本義》：「以初九之陽剛益己，而損其陰柔之疾，唯速則善。戒占者如是，則无咎矣。」（頁156）

本爻乃天主減人之疾使速行善，則有喜而旡咎矣。此言圣体養人靈魂之事也。[21]損疾者，乃絕其神病也。[22]「使遄」者，乃易天行国之路也。「有喜」者，乃熱其爱德也。「旡咎」者，乃免犯辠也。

〈象〉曰：「『損其疾』，亦可喜也。」

四下應☷，以☱悦益己，是故「亦可喜」也。下互中爻☳，為可之象，下☱為喜，「亦可喜」之象也。[23]

本爻疾者，乃害灵性之辠也。損其陰柔懈慢之罪，是故「亦可喜」也。

六五：或益之十朋之龜，弗克違，元吉。

或，迷也。迷者，益之也。十，土之成數。中爻☷，為十之象，☷土兩兩相比，為朋之象。陰爻為龜之象。[24]上☶止，弗克之象。中爻☳東，下卦☱西，為違之象。下應九二，元吉之象。下互暗☴，中上二互有☷，為迷人。以☴於☶為之龜，兩龜為朋，十朋之龜，大寶也。以六五

21　〔意〕艾儒略《口鐸日抄》：「一曰養。養者，五穀以養肉軀，耶穌聖體以養吾之靈魂。但五穀之養人也，必化為人之精血，始稱為養。而聖體之降臨也，必與吾之靈魂渾合而為一，何養如之？」（卷四，頁282）。

22　神病，靈魂之病，比喻未歸信天主的心靈狀態。〔意〕艾儒略《口鐸日抄》：「顧療形病不用言，療靈魂之病，不得不待餘言也。茲餘來有日矣，其療己神病者，未數數也。即知療己神病，至家中親戚大小，未聞道、未受洗，靈魂之病亦已久矣，而獨不一置念。豈神病輕於形病乎？豈非濟人藥，而不濟家人、親戚乎？」（頁201）

23　〔明〕來知德《周易集註》：「兌悦在下，喜之象也。六四陰柔得正，與初九為正應，賴其陽剛益己，而損其疾，故有損其疾之象，使初能遄往，則四得損其疾，而有喜矣，旡咎之道也，故其象占如此。」（頁449）

24　語出〔明〕來知德《周易集註》：「**兩龜為一朋，十朋之龜，大寶也**。大象，離龜之象也。**十者土之成數，中爻坤，十之象也。坤土兩兩相比，朋之象也**。本卦錯咸，故咸九四亦曰朋從。綜益，益之六二，即損之六五，特顛倒耳，故亦曰十朋，兩象相同。或者，不期而至，不知所從來也。弗克違者，雖欲違之，而不可得也。六五當損之時，柔順虛中以應九二，蓋有下賢之實心，受天下之益者也，故有此象。占者得此，元吉可知。然必有是德，方有是應也。」（下冊，頁449–450）

互，乃有十朋之龜，或以此宝益之，總不能比元吉，[25] 是故揔不能離元吉。下互 ☳ 為元吉。

本旨十朋為世物，元吉乃聖体，是故有十朋，不加其多，无十朋，不減其少，是以不能比元吉也。

〈象〉曰：「六五元吉，自上祐也。」

六五以上，乃上九也，故曰「元吉，自上祐」也。上為天位，乃自天祐之吉也。

本旨「自上祐」者，乃自上離恩祐，而人得元吉也。**淂**元吉者，乃人**淂**吾主也。吾主降福我等，故曰「元吉，自上祐」也。

上九：弗損，益之，无咎，貞吉，利有攸往，得臣无家。

上 ☶ 止，弗損之象，上九正當損上益下之時，居卦之上，受益之極，而欲自損以益人也。然居上而益下，有所謂惠而不費者，不得損己，然後可以益人也。[26] 如是而行，乃无咎也。然必以正則吉，恩被天下，是故「利有攸往」也。上互為剝，天下皆臣，「得臣无家」也。「得臣」者，阳為君，阴為臣，三為正應，「得臣」之象。「无家」者，此爻变 ☷，為有国无家之象。

本旨上九乃圣教宗主也。「弗損，益之，无咎」者，乃不損己而得益人，故「无咎」也。「貞吉」者，乃恒持仁義則吉也。「利有攸往」者，乃宜往而博施濟衆也。「得臣无家」者，乃童身之臣，天下皆臣也。上用童身者，乃為事主心專，而並引入脱離世俗内情之網也，乃理之不可少也。設无童身傳教之吉，以救世人脱免永苦，而世人盡入乎魔網，而永受地下之苦

25　語出〔宋〕朱熹《周易本義》：「柔順虛中，以居尊位，當損之時，受天下之益者也。**兩龜為朋，十朋之龜，大寶也。或以此益之而不能辭**，其吉可知。占者有是德，則獲其應也。」（頁157）

26　語出〔宋〕朱熹《周易本義》：「**上九當損下益上之時，居卦之上，受益之極，而欲自損以益人也。然居上而益下，有所謂惠而不費者，不待損己，然後可以益人也。**能如是，則无咎，然亦必以正則吉，而利有所往。惠而不費，其惠廣矣，故又曰，得臣无家。」（頁157）

矣。以此 之，這童身救人之士，乃為人神生復活之由來，其為也大矣。童身之論備載《天主實義》，求明者詳之可也。[27]

〈象〉曰：「『弗損，益之』，大得志也。」

以阳居上為大能，益而弗損為得，以九為志，故曰「大得志」也。

本旨吾主託權于圣教宗主，[28] 乃弗損己而得益人，其益易行而易廣，易久而不息，故曰「大得志」也。其志在除異端以崇正道，而非小可之事也。

---

27 有關守童身的論述，見〔意〕利瑪竇《天主實義》下卷，頁117–137。

28 聖教宗主，指十二宗徒之首聖伯多祿 (Simon Petrus / Simon Peter)，獲耶穌委任為教會的領袖、為基督在世的代表 (Vicarius Christi / Vicar of Christ)，天主教傳統視之為首任教宗。《瑪竇福音》十六章18–19節：「我再給你說：你是伯多祿 (Tu es Petrus / Thou art Peter)，在這磐石上，我要建立我的教會，陰間的門決不能戰勝她。我要將天國的鑰匙交給你；凡你在地上所束縛的，在天上也要被束縛；凡你在地上所釋放的，在天上也要被釋放。」〔意〕利類思譯《彌撒經典 · 聖瑪竇萬日畧經》：「予亦語汝：汝稱伯多羅，斯石上將立予聖教聖宮，地獄之門雖力攻不致頹坦。又將畀付汝天門鑰匙：爾在地擬人罪，或繫或釋，予同在天繫釋。」（頁550）；又見〔法〕馬若瑟《儒交信》：「天主耶穌復活而將升天，命伯多祿代其位、命宗徒及弟子往訓萬民，至今不絕。聖教皇者，居伯多祿之位，而為宗牧。」（頁60）

益卦

䷩	震下巽上			
大象	☲ 離			
屬	䷸ 巽[29]	三爻變成 ䷩ 益		
錯	䷟ 恆			
綜	䷨ 損			
參伍	下互 ䷗ 復	中互 ䷖ 剝	上互 ䷴ 漸	
五爻互	下互 ䷚ 頤	上互 ䷓ 觀		
各爻變[30]	初爻變成 ䷓ 觀	錯 ䷡ 大壯	綜 ䷒ 臨	地位
	二爻變成 ䷼ 中孚	錯 ䷽ 小過		
	三爻變成 ䷤ 家人	錯 ䷧ 解	綜 ䷥ 睽	人位
	四爻變成 ䷘ 无妄	錯 ䷭ 升	綜 ䷙ 大畜[31]	
	五爻變成 ䷚ 頤	錯 ䷛ 大過		天位
	六爻變成 ䷂ 屯	錯 ䷱ 鼎	綜 ䷃ 蒙	

益：利有攸往，利涉大川。

益，增益也。風雷皆益人，故曰「風雷益」也。九五、六二皆得中正，
故「利有攸往」也。☴ 風 ☳ 足，「利有攸往」之象。上互中爻 ☵ 為大川，以
☳ 為舟，乃 ☴ 為風木，是故「利涉大川」也。[32]

29　巽，伯祿本無，今據卦象增。

30　各爻變，伯祿本無，今據諸表增。

31　䷙，伯祿本作 ䷘，今據卦象改。

32　語出〔宋〕朱熹《周易本義》：「益，增益也。為卦損上卦初畫之陽，益下卦初畫之
　　陰，自上卦而下於下卦之下，故為益。卦之九五、六二，皆得中正。下震上巽，
　　皆木之象，故其占利有所往，而利涉大川也。」（頁157）

本卦益卦者，乃天主以恩增益世人也。「利有攸往」者，乃宜往而代天主以益世人也。「利涉大川」者，乃宜涉大海，遠傳聖教，公而不私也。聖母升天後，聲教萬國，傳益在世人受，全要滅皋緣。☴為聖風作主保，[33]☳為聲，教人代傳吾輩含靈。當窮理，不明《易經》自裝憨明之，方知道迩，豈可他求致兩担？是故曰「易之為書也，不可遠」。遠之則迷，而无真道矣。以☳生☴，乃為☲噬嗑，亦☴生☳之証也。[34]

〈彖〉曰：「益，損上益下，民悦无疆，自上下下，其道大光。

損上卦初爻之阳，益下卦初爻之阴，所以為益也。[35]阴爻為民，下民受益，是故「悦而无疆」也。本卦綜下得☱，「悦」之象也。卦變无窮，「无疆」之象。☷為大塗，「其道」之象。大象☲，「大光」之象。「自上下下」者，乃九四降而為初九也。「其道大光」者，乃因大阳降世。上互暗☲為明文，是故其道光也。

本卦「損上益下」者，乃損聖子之体，以益世人也。天主益人无盡，故民之喜悦无疆。「自上下下」者，乃從天降世也。與人為子，以謙行教，「其道大光」也。[36]上互☲日，乃為吾主，其為照世之真光，故曰「其道大光」。[37]益在天国永遠，故曰「民悦无疆」。今世之悦，不能无疆。世有終窮，人有死期，豈能永久无疆乎？云「无疆」者，非天國之永樂而何？迷子醒之可也。☴居東南，乃益道從東南而入中國，是傳益道者，自東南而傳來，乃其道之証也。[38]

33　〔意〕高一志《聖母行實》：「至于世間，凡感聖母神風，或修童貞，或委命義難，或宣聖教，其登天域受福，必歸功聖母。」（卷二，頁370）

34　參閱頁220注219。

35　同注32。

36　有關耶穌的謙德，可另參謙☶解義。

37　〔意〕利類思譯《彌撒經典·聖若望萬日畧經首篇》：「眞光普照入世諸人。」《若望福音》一章9節：「那普照每人的真光，正在進入這世界。」

38　東南，應指澳門一帶，為早期耶穌會士——如利瑪竇、湯若望、南懷仁、艾儒略等人——入華傳教的首站。有關聖教由外國傳教士傳入的説法，可另參无妄☳〈彖〉辭（頁371–373）、大畜☰卦辭（頁379–380）、巽☴卦辭、彖辭、象辭（頁494–496）、渙☴（頁508–514）解義。

『利有攸往』，中正有慶。『利涉大川』，木道乃行。

「中正有慶」者，乃二五中得應，故曰「慶」也。以 ☴ 綜 ☳，為慶之象。「木道乃行」者，是木鐸傳教之事乃行也。[39] ☴ 為木，☳ 為大道，又為足，「木道乃行」之象也。

本卣宜有所往傳圣教，中正福音，故「有慶」。利涉萬國救迷子，木道化興，乃為行木道者，乃 ☴ 道也。☴ 者，主也，乃天主之道也。☴ 為木，木上增木，是故曰益，乃益人之大体也。

益動而巽，日進无疆，天施地生，其益无方，凡益之道，與時偕行。」

「益動而巽」者，乃下動而上巽也。「日進无疆」者，乃動行永遠也。大象 ☲ 為日，居 ☴ 體，為「日進无疆」之象。「天施地生」者，乃上施下生也。「其益无方」者，乃益施之普也。中 ☷ 爻為方之象。无方者，言無利方其益也。九益之道，與時偕行者，乃益道與時同行，而有時則有益道也。☷ 之正位在初，☴ 之正位在四，陽為天，阴為地，☴ 為天，☷ 為地，為時，☷ 足與時同行之象也。

本卣以 ☴ 生 ☷，日進无疆，天主施恩，世人生德，其益无方，凡益之道，與時偕行，乃有時有道，而永不息也。惟天國无疆，可言无方而與時偕行焉。他教未嘗无方，未嘗萬國行教，可見其為私而不公，為邪非正。迷子當省當改，免入幽獄火海，設不尊奉聖教，投之方悔□，真哉！

〈象〉曰：「風雷，益；君子以見善則遷，有過則改。」

☷ 為君子，互光為見，六二應九五，是「見善則遷」也。六三、上九不正為「過」，當歸中互，有過則改。

本卣君子所以為君子者，乃在乎改惡遷善也。然必先明其何者為善而可遷，何者為惡而可改。設不知其何為善、何為惡，而豈能遷善改惡乎？

39　木鐸，金口木舌的銅鈴，古代施政教振召集群眾所用，後比喻宣揚教化的人。《論語・八佾》：「天下之無道也久矣，天將以夫子為木鐸。」

知恩報本是真善，捨本求末是真惡。可憐今世之迷子，捨去恩主敬邪魔，身後永罰不能免，久居火海怎奈何？真哉！

初九：利用為大作，元吉，无咎。

「大作」者，乃大体之作也，乃為天地第一大事，是故曰「利用為大作」也。初九為內卦之主，故曰「大作」。以九居初，乃得其正，受上之益，故為「元吉」。其應得正，故「无咎」也。先本後末，初為先，阳為卦之初起，故曰「大作」。[40]

本旨「大作」者，乃代天主救人灵之作也。如此之行，乃大吉而无咎也。

〈象〉曰：「『元吉，无咎』，下不厚事也。」

在下幼小，不任重事，而其受恩則易也。下者，下位也。初當損上益下之時，自然受益，不需己任厚事。[41]

本旨小子无本皋，得天主益下之恩，洗除元染之皋，故得元吉而无咎也。且不下任豐厚之事也。「不厚事」者，乃不任誡規也。又「不下厚事」者，乃有益而无損也。

六二：或益之十朋之龜，弗克違，永貞吉。王用享于帝，吉。

或，迷也，乃迷者益之也。中爻 ☷ 為迷子之象。天九地十，十龜之象。中爻 ☷ 止，弗克之象。上互水火相違之象。九五、六二為永貞吉之象。大象 ☳ 為王之象，☷ 為主，乃帝之象。六二應九五，享帝之象。應之以正，是故得吉。卦之本身无十朋，互卦有之，故曰「或益之」也。九五為永貞吉，六二乃九五之正應，是六二所應者，乃永貞之吉也，是故「或益

---

40 〔明〕來知德《周易集註》：「初剛在下，為動之主，當益之時，受上之益者也。」（下冊，頁453）〔宋〕朱熹《周易本義》：「初雖居下，然當益下之時，受上之益者也，不可徒然无所報效。故利用為大作，必元吉，然後得无咎。」（頁158）

41 〔明〕來知德《周易集註》：「下者，下位也。厚事者，大作也。初位卑，本不可以任厚事，豈能无咎，故必大善而後无咎也。」（下冊，頁453）

之十朋之龜」，不能違離永順之吉也。「王用享于帝，吉」者，乃 ☶ 為王，□□王在山上，自獻永貞之吉于上主，是故得吉也。

本旨六二為□□之人性結合于天主之第二位。上應九五，乃吾主天主之性，以人性而應主性，[42] 故曰「王用享于帝，吉」也。乃吾主獻全德体血功勞于天主聖父，以息聖父之聖怒，以補萬民之皋愆，而得永福之生命，是故吉也。[43] 先天称上帝，後天称主，乃所謂後得主是也。

〈象〉曰：「『或益之』，自外來也。」

「自外來」者，乃自本身之外，下中二互來也。下中二互，有 ☷ 為迷，乃益之自外來也。以外益內，乃自外來之象也。

本旨「自外來」者，乃為浮外之身，而非獻主之正品，有之不多，即或亦不少也。十朋為宝玩，豈足比元吉？元吉得永命，十朋有毀期，是故曰「自外來」也。

六三：益之，用凶事，无咎。有孚，中行，告公，用圭。

六三不正，應亦不正，故謂「凶事」。六三變 ☳ ，用凶之象，乃不當得益者也。然當益之下時，居上之下，故當益之以凶事。[44] 盖驚戒震動，乃

---

42 據教會訓導，耶穌基督的人性是服膺於其天主之性。見〔意〕艾儒略《彌撒祭義》：「既取人之性而顯天主之性，即全天主之性以尊人之性。」（卷下，頁551）

43 有關基督受難獻體血作為贖罪祭，參〔法〕沙守信《真道自證》：「然而耶穌之於萬民，猶不止於是，何則？其任其功其愛，非人事可比，任非一國之事，乃萬邦萬民萬世之事也。災非七年之旱，乃從古多年之神旱；拯非一國之人飢而死，乃萬民之罹永殃而永死也；其所求者，非一時之膏雨，乃欲復天主原所施之隆恩也；其所以熄天主之義怒者，非剪髮斷爪而已，乃躬代犧牲，釘於十字架而死。〔昔西國最重之刑，以木造架如十字架，釘其手足而懸之。耶穌特甘心〔選〕之，以釘於其上，故曰『釘十架』，後因設十字架，以表聖教之號焉。〕然此贖罪之大祭，為耶穌降來之原義，為救世者之宏勳，故降生以前古聖所定之禮，降生以後耶穌所行之事，悉歸此意焉。」（卷二，頁274）

44 語出〔宋〕朱熹《周易本義》：「**六三陰柔，不中不正，不當得益者也。然當益下之時，居下之上，故有益之以凶事者。蓋警戒震動，乃所以益之也。占者如此，然後可以无咎。又戒以有孚中行，而告公用圭也。用圭，所以通信。**」（頁159）

所以益之也。以凶事作補贖，以補前辜，則无咎也。六三應上九，乃為「有孚」，位居三陰之中，是為「中行」。「用圭」者，乃所以通信也。六四為公，以三告四，乃為「告公，用圭」也。☰綜☰為口，乃「告」之象。☷為玉，為「圭」之象。用圭，乃「有孚」之象也。[45]

本旨「益用凶事」者，乃天主驚教我也。「无咎」者，乃不可推咎也。「有孚，中行」者，乃有中道也。□□□者，乃悔辜改過之道也。「告公，用圭」者，乃辜人求聖母，轉求天主，赦辜賜寵，其為辜人之託，[46]是故告之而求捄也。[47]

〈象〉曰：「益用凶事，固有之也。」

「益用凶事」者，乃因六三不正，无所逃避，故為「凶事」。欲其困心衡慮，而堅忍其所有之苦，以成其德，是故曰「固有之」也。[48]

本旨固有之者，乃本有之也。言六三之爻位多凶，則凶事乃六三之本有也。是世苦者，乃天主益人之恩也。

六四：中行，告公從，利用為依遷國。

中行指六三，六四為公，以三告四，而四從之。六三宜用六四為依，遷國者乃改过也。六三本應上九，因其不正，今當依四而益初，乃合其益

---

45 語出〔明〕來知德《周易集註》：「凶事乃太過之事，故以中言之。告公者，告于四也。故六四曰『中行告公從』。圭乃通信之物，祭祀、朝聘用之，所以達誠信也。六爻中虛，有孚之象也。巽綜兌，兌為口，告之象也。故夬外卦兌亦曰『告自邑』；泰卦中爻兌亦曰『自邑告命』。震為玉，圭之象也，用圭乃有孚之象，又占中之象也。有孚以下，乃聖人教占者開凶事之路也。」（頁454–455）
46 辜〔罪〕人之託，譯自 *Refugium Peccatorum* (Refuge of Sinners)，為天主教傳統對聖母的稱號之一。《天主聖教日課・聖母德敘禱文》：「罪人之托，為我等祈。」（卷一，頁75a）
47 〔意〕高一志《聖母行實》：「古聖有云，天主凡將降僇，討人之罪，聖母必為祈禱，或息主怒，或減主刑，或寬罰限，或勸改圖，或去誘倪，或破魔計，或杜異端，卒以保其命，全其德，致其福也。」（卷二，頁371）
48 語出〔宋〕朱熹《周易本義》：「益用凶事，欲其困心衡慮而固有之也。」（頁159）

下之道也。☷性順，為從之象。中爻☷為国之象，☴動風移，迁国之象。六三不正，比四之正，為依之象。

　本旨乃罪人依圣母主保，而得恩也。**蒙**恩而後，乃能改惡迁善也。迁國者，自世而迁居天上國也。

〈象〉曰：「『告公從』，以益志也。」

　四下益初，乃或以益志也。

　本旨有志向主，則能為善，是故「以益志」也。

九五：有孚惠心，勿問，元吉。有孚，惠我德。

　☷綜☷，為惠之象。內為心，五□□。下于上曰「告」，上于下曰「問」，五不必問四。中爻☶止，勿問之象。☴為□，綜☱為口，中爻☷錯☰為言，皆告問之象。我者，五自我也，以阳為德之象。以九居中而得其正，故為有孚而惠心也。勿問為何，乃元吉也。「有孚，惠我德」者，乃有信者，能惠我之明德也。[49]

　本旨九五為吾主，有信吾主之誠者，則能惠我之心也。勿問為誰，乃耶穌為元吉也。有信耶穌之誠心，則惠然之明德也。惠我德，而後乃能為善立功，而犯辠惡也。

49　語出〔明〕來知德《周易集註》：「惠者，即益下之惠也。心者，益下之心也。德者，益下之政也。二、三皆受上之益者也，則益之權在四矣。三比四，有孚于四，以中行告四，四從之。**五比四，有孚于四，四不必告五，五亦不必問四矣。下于上曰告，上于下曰問**。蓋正位在四，知其必能惠下也，所以勿問也，故〈小象〉曰：『勿問之矣。』**巽為命，綜兌為口，中爻坤，錯乾為言，皆告問之象也**，故三爻、四爻、五爻，曰告曰問，**五爻變成艮矣，艮止，勿問之象也。我者，五自謂也。**元吉，即有孚惠德也。言四之惠者，皆五之德也。九五陽德中正，為益下之主，當益之時，以益下之惠心，有孚于四，不必問而知其元吉矣，何也？蓋五孚于四五之心，知四必能惠我之德也，故有勿問之象，而占者元吉。（下冊，頁457）

〈象〉曰：「『有孚惠心』，勿問之矣。『惠我德』，大得志也。」

大得志者，乃大体得志，得其益下救民之志，故曰「大得志」也。

本爻以五為大，是為大主，乃人得主，故曰「大得志」也。

上九：莫益之，或擊之，立心勿恒，凶。

中爻☳為手，大象☲為戈兵，手持戈兵擊殺之象。䷟為恒，此卦反恒。☴為進退不果，勿恒之象。上九變成☷，為凶之象。上九當益下之時，故曰莫益之，因其不正，當歸上互。上互不應，乃「或擊之」也。下互折阳，阳為阴，而又擊之，是故當恒心守之。若立心勿恒則凶矣。[50]

本爻上九居上以亢，故莫益之，或擊之也，設不恒心忍受則凶矣。「或擊之」者，亦是恩也。因此改恶迁善，而得真福，豈非益乎？上九恒心忍受，不变則不迁而可吉也。

〈象〉曰：「『莫益之』，偏辭也。『或擊之』，自外來也。」

辞，爻辞也。上不中正，偏辞之象。言且莫言其能益，而上有擊之者，此必正辞也。六三不正，而己知之。己之不正而不知之，是乃偏情之辞也，因其不正之偏辞。而「或擊之」者，乃自外互而來也。[51]

---

50 〔明〕來知德《周易集註》：「莫益者，莫能益也。此爻與恒卦九三同，亦『不恒其德者』也。所以下句言『勿恒』，蓋巽為進退不果，勿恒之象也，所以莫益也。又變坎為盜，中爻艮為手，大象離為戈兵，坎錯離亦為戈兵，盜賊手持戈兵，擊之象也。此與蒙卦上九擊字相同，通是有此象，前儒不識象，止以理度之，就説求益不已，放于利而行多怨，不奪不饜，往往似此失易之旨，殊不知益卦不比損卦，『損剛益柔有時』，非恒常之道也，若益而不已，則『日進無疆，其益無方』，所以立心當恒，若不恒，不能益而不已，則凶矣。上九以陽剛居益之極，極則變而不益矣，故有莫益或擊之象，所以然者，以其立心不恒也，若益民之心，恒久不變，則民説無疆矣，安有擊之之凶哉，惟其立心不恒，所以占者凶。」（下冊，頁457）〔宋〕朱熹《周易本義》：「以陽居益之極，求益不已，故莫益而或擊之。立心勿恒，戒之也。」（頁160）

51 語出〔明〕來知德《周易集註》：「辭者，爻辭也。偏對正言，言非爻辭之正意也。正意在下句，言且莫言莫能益也，此非到底之辭，猶有擊之之者，此是正辭也。自外來，與六二同，但分吉凶耳。」（下冊，頁458）

本卦因其不正之偏辞，而自招其外來之禍矣。此指居上者，因其傲亢之偏，乃自招其外來之禍也。中爻一阳，乃為一千，正身為九，事在後天一千年之時也。

夬卦

䷪	乾下兌上		
屬	䷁ 坤[52]	五爻變成 ䷪ 夬	
錯	䷖ 剝		
綜	䷫ 姤		
參伍	下互 ䷀ 乾	中互 ䷀ 乾	上互 ䷪ 夬
五爻互	下互[53] ䷀ 乾[54]	上互[55] ䷪ 夬[56]	

各爻變[57]				
	初爻變成 ䷛ 大過	錯 ䷚ 頤		地位
	二爻變成 ䷰ 革	錯 ䷃ 蒙	綜 ䷱ 鼎	
	三爻變成 ䷹ 兌	錯 ䷳ 艮	綜 ䷸ 巽	人位
	四爻變成 ䷄ 需	錯 ䷢ 晉	綜 ䷅ 訟	
	五爻變成 ䷡ 大壯	錯 ䷓ 觀	綜 ䷠ 遯	天位
	六爻變成 ䷀ 乾	錯 ䷁ 坤		

夬：揚于王庭，孚號有厲。告自邑，不利即戎，利有攸往。

　　夬，決也，陽決陰也。[58]五爻決一陰，是故曰「夬」。一陰居于天上，乃揚于王庭也。☱為口舌而中實，乃孚號也。🈬乘五剛，是以有也。中互

52　坤，伯祿本無，今據卦象增。

53　互，伯祿本無，今據諸表增。

54　同上。

55　䷪，伯祿本無，今據卦象增。

56　䷪，伯祿本無，今據卦象增。

57　各爻變，伯祿本無，今據諸表增。

58　〔宋〕朱熹《周易本義》：「**夬，決也，陽決陰也**，三月之卦也。以五陽去一陰，決之而已。然其決之也，必正名其罪，而盡誠以呼號其眾，相與合力。然亦尚有危厲，不可安肆。又當先治其私，而不可專尚威武，則利有所往也。皆戒之之辭。」（頁160）〔明〕來知德《周易集註》：「**夬者，決也，陽決陰也**，三月之卦也。其卦乾下兌上，以二體論，水在天上，勢必及下，決之象也。以爻論，五陽長盛，一陰將消，亦決之象也。〈序卦〉：『益而不已必決，故受之以夬。』所以次益。」（下冊，頁459）

為 ☰，以 ☰ 錯 ☷，乃「告自邑」之象也。皆為君子，又無戈兵，不宜即戎之象也。☰行必宜自有，「利有攸往」之象也，故曰「利有攸往」也。夬、揚二字，皆指上六，小人居上為揚，五為君王之象也。「于王庭」者，在君側也。☱錯 ☶，為門闕之象。上六應九三為孚，六号呼其三，與之孚契，三在眾君子之中，不敢與之相交，則三亦危矣，故曰「有厲」。「告自邑」者，☰為言，告之象也。[59]

本自「揚于王庭」者，乃登主堂也。「孚號有厲」者，乃信悔而不安也。「告自邑」者，乃自認辠也。「不利即戎」者，乃不宜復仇也。「利有攸往」者，乃宜行善也。夬卦者，乃以辠自悔而決定改过也。☰一☱二，合之為三，乃上中下等痛悔也。天主所定之規，必合正理，故「利有攸往」也。本卦之旨〔旨〕，乃上等痛悔而自訟己辠也。以一陰居于卦上者，乃人欺主，是故當悔。[60]

59　〔明〕來知德《周易集註》：「『揚于王庭，孚號有厲』，皆指上六小人。揚者，得志放肆之意。**于王庭，在君側也**。五為君王之象也。**兌錯艮，為門闕，庭之象也**。故節卦中爻艮，亦曰『庭』。六與三為正應，故曰孚。兌為口舌，號之象也，故上六陰消曰无號。六號呼其三，與之孚契，三在眾君子之中，不敢與之相交，則三亦危矣，故有厲也。此見小人難決也。蓋容悅小人，在君之側，聽信不疑，孚者且危厲，則不孚者可知矣，此所以難決也。告自邑者，告同類之陽也，如言告于本家之人也。**乾錯坤，邑之象也。坤為眾，又眾人之象也。乾為言，告之象也。**不即戎，不尚武勇也。言雖告于眾人，亦不合力以尚武勇也。方利有攸往，而小人可決矣。此正所謂決而和也。非舊註『正名其罪，相與合力』也，若如此，乃是即戎矣。」（下冊，頁459–460）

60　據天主教傳統，痛悔分為「上等」與「下等」兩個層次。〔意〕利類思《司鐸典要》：「有『上痛悔』，有『下痛悔』。『上者』，心中惡罪愆，為因冒犯天主，進當愛之於萬有之上，不敢再犯，立志告解。寧受萬死萬苦，不犯主命，此情全向天主而發，是為『上痛悔』之本義。『下痛悔』有四段：下悔，惡罪惡，非因犯天主命，乃或因玷污靈魂，為邪魔之奴，或已懼墜地獄而受永刑，或因世上之逆境凶事，一也；又雖，惡罪惡，因犯天主命，但非愛於萬有之上，二也；又雖，惡罪惡，因犯天主命，宜愛於萬有之上，但再不敢犯之心不堅定，三也；又或并無，惡罪惡，而愛天主在萬有之上，但存悔解之意，四也。」（卷上，頁112–113）

〈象〉曰：「夬，決也，剛決柔也。健而悦，決而利。

「剛決柔」者，乃阳決阴也。健而悦者，乃 ☰ 健而 ☱ 悦也。「決而和」者，乃六應三也，兑為和之象。

本旨決者，乃判断也。「剛決柔」者，乃司教以皋定補贖之罰也。[61] 健者，乃主祭者也，健定補贖之工，而民悦行也。決而赦之，則和乃天主悦而和于我也。

『揚于王庭』，柔乘五剛也。『孚號有厲』，其危乃光也。『告自邑，不利即戎』，所尚乃窮也。『利有攸往』，剛長乃終也。」

以悦得 ☰，雖曰不安，乃得光也。上 ☱ 綜中爻 ☱，其危乃光也。一阴居極，所尚乃窮也。宜有所往而不可進，一進而為純阳，故曰「剛長乃終」也。

本旨「柔乘五剛」者，乃皋人藉吾主之五傷也。與主对語，雖曰不安，其危乃光也。「所尚乃窮」者，乃向所尚者罪惡之事，而今改过不行也。「剛長乃終」者，乃老不能行也。老者，力衰，故不能行。該當及時改過遷善也，恐老不能行，而悔之晚矣。

〈象〉曰：「澤上於天，夬；君子以施禄及下，居德則忌。」

「澤上于天」者，乃 ☱ 居 ☰ 上也。九五為君子，以上澤下，乃施禄及下之象也。☰ 為金玉良馬，居德之象。又為君為父，為用，忌吝之象。禄者，澤之物。德者，澤之善。居者，施之反。言當施其澤，不可居其澤。居澤乃人君之所深忌者也。[62]

---

61 補贖，指在修和聖事（又稱告解）中，司鐸為告明者所定的賠補善工。〔意〕利類思《司鐸典要》：「補贖，即前罪所應刑罰者之償補也。告解雖赦罪犯，而應犯何罪之刑罰〔…〕蓋鐸德所命罪罰，屬撒格辣孟多支分，而因撒格辣孟多德能，則依賴吾主耶穌之德，更和合于功行。若遵奉鐸德所命之功既畢，而復能勤敏奮勇、自行補功，較鐸德命補之功，益倍有力也。」（頁122–124）

62 語出〔明〕來知德《周易集註》：「此象諸家泥滯程朱『潰決』二字，所以皆說不通，殊不知孔子此二句乃生于『澤』字，非生于『夬』字也。蓋夬三月之卦，正天子春來

本旨「澤上于天」者，乃恩在天上也。君子以施禄及下者，乃君子以施神糧及下也。然神糧之施，乃上主之恩，非己之德，是故曰居德則忌也。天主示人諸凡不可自居有德，善蓋由主祐，非我能成，是故當忌以免傲罪之傷。居而不施，乃為吝嗇之辜，故當忌之，以免辜惡而成善德也。

初九：壯于前趾，往不勝為咎。

壯，大壯也。四阳為壯，五阳為夬。前者，初也。居下為趾，故曰「壯于前趾」也。往者，往決上六也，乃不量力，不能勝小人，反為小所傷，則為咎也。初九潛龍，乃往不勝之象也。[63]

本旨初九居下无權而欲決人，乃為潛分。又且諸事不知其可否，冒壯而進，往必不勝，是為咎也。以初敵四決六，故不可往，乃不能勝不勝而往，猶不能操力而使之戰，故為咎也。

〈象〉曰：「不勝而往，咎也。」

以幼无知，往不勝任，是故咎也。居下為足，乃往之象。往則变阴，為咎之象。

本旨初居下，乃在下位之人也。在下无權，不可決斷人罪。若往而斷人之罪，乃僭分而犯誡，是為咎也。居下得正，故不可往而決人罪，往則咎也。

布德行惠之時，乃恩澤之澤，非水澤之澤也。天者，君也。禄**者，澤之物也。德者，澤之善也**。**居者，施之反也**。紂鹿臺之財，居德也。周有大賚，施禄也。下句乃足上句之意，言澤在于君，**當施其澤，不可居其澤也，居澤則乃人君之所深忌者**。」（下冊，頁461）

63 語出〔明〕來知德《周易集註》：「震為足，本卦大象震，又變巽錯震，又居下，故以足趾言之。**壯者，大壯也。四陽為壯，五陽為夬**。前者，初居下而欲急進于四陽大壯之位，近九五以決上六，故不曰『趾』而曰『前趾』也。**往者，往決上六也**。既曰前，又曰往，則初九急進而決之之情見矣。凡所謂咎者，皆以其背于理而為咎病也。若君子之決小人，非背于理也，**但不量力，不能勝小人，反為小人所傷，則為咎也**，故曰『不勝為咎』。」（下冊，頁461）

九二：惕號，莫夜有戎，勿恤。

惕、恤，皆憂懼之心。變 ☲ 錯 ☵，為加憂之象。上 ☱ 口向上，乃号之象。☲ 日在下，暮夜之象，又為戈兵，有戎之象。上應 ☱ 悅，勿恤之象。九二不得其正，欲應上而不得，故為「惕号」也。天包晝夜，因旡日光，故曰「暮夜」也。敵應九五，故曰「有戎」也。以其得中，故曰「勿恤」也。[64]

本占「惕号暮夜」者，乃痛悔己辠也。「有戎」者，乃三讐也。勿恤勞苦以防之，以免再犯也。此指圣伯多祿宗徒每夜雞鳴，乃憶己辠而悔之，以目淚常流，而面成槽。[65]《經》記此者以示後人之有罪者，當如圣人之痛悔改过也。

〈象〉曰：「有戎勿恤，得中道也。」

居二為中，中而得正者，上也。中而不正者，中也。不中不正者，下也。九二居中，故曰「得中道」也。得中有备，故曰「勿恤」。二三變 ☶，道之象也。

本占不犯命者，上也。犯而悔者，中也。犯而不悔者，下也。九二乃犯而能悔能改得赦者，故曰「得中道」也。

---

64 語出〔明〕來知德《周易集註》：「**惕、恤，皆憂懼也。剛居柔地，內而憂懼之象也。又變離錯坎，為加憂，亦憂懼之象也。**號，呼眾人也。乾為言，外而呼，號之象也。二為地位，**離日在地下，莫夜之象也。**又離為戈兵，坎為盜，又為夜，又本卦大象震，莫夜盜賊，戈兵震動，莫夜有戎之象也。本卦五陽一連，重剛有戎象，所以卦爻爻辭皆言戎，非真有戎也。決小人之時，喻言小人不測之禍也。（下冊，頁456）

65 據《聖經》所載，耶穌被捕以先預言伯多祿宗徒在雞鳴以前將三次不認袉。耶穌被捕後，伯多祿三次拒認為耶穌的門徒，直到聽到雞鳴以後，方想起耶穌的預言，悲愧交集，痛哭起來。詳見《瑪竇福音》二十六章69–75節、《馬爾谷福音》十四章66–72節、《路加福音》二十二章54–65節、《若望福音》十八章12–27節。

九三：壯于頄，有凶。君子夬夬，獨行遇雨。若濡有慍，无咎。

乾為首，頄之象也。頄，音魁，顴也。[66]九三當決之時，以剛而遇乎中，是三決小人，而剛壯見面目也，如是則傲而有凶也。然三居五陽之中，獨與上六為應，若能果決其決，不係愛，則雖合于上六，如獨行遇雨。至于若濡。☱為雨澤，是故「遇之而濡」也。眾皆无應，而九三独應之，是故有眾慍也。然應之以正，故无咎也。四不正中，慍之象也。[67]

本旨「壯于頄」者，乃傲形也。人有傲罪，故有凶也。「君子決匕獨行」者，乃不隨眾人之怠慢怠也。「遇雨若濡」者，乃接恩而得領洗之人也。「有慍无咎」者，乃教外之人，不接天主之恩，而反慍奉教之人，然有慍在彼，乃己无咎也。

〈象〉曰：「『君子夬夬』，終无咎也。」

「終无咎」者，乃終得正應，故无咎也。夬而得和，故「終无咎」。上六為終之象，三六正應，故「終无咎」。

本旨君子決而又決，終得大赦，故无咎也。君子決定悔辠改過，而領聖洗得其赦辠之恩，是故「終无咎」也。[68]

66　頄，意為顴骨，泛指面頰。《靈樞・經筋》曰：「足太陽之筋……其支者，為目上網，下結於頄。」張景岳註：「目下曰頄，即顴也。」

67　〔明〕來知德《周易集註》：「頄音逵，面顴也。乾為首，頄之象也。夬夬者，以心言也，言去小人之心，決而又決也。獨行者，陽性上行，五陽獨此爻與上六為正應，獨行之象也。上六陰爻，又兌為雨澤，雨之象也。濡者，濕濡也，言九三合上六之小人，而若為污也。慍者，見恨同類之君子，而嗔其與小人合也。」（下冊，頁463）〔宋〕朱熹《周易本義》：「頄，求龜反。頄，顴也。九三，當決之時，以剛而過乎中，是欲決小人，而剛壯見于面目也，如是則有凶道矣。然在眾陽之中，獨與上六為應，若能果決其決，不係私愛，則雖合於上六，**如獨行遇雨**。至**于若濡而為君子所慍**，然終必能決去小人而无所咎也。溫嶠之於王敦，其事類此。」（頁161–162）

68　據天主教訓導，聖洗聖事的效用乃赦免人的原罪與本罪。〔意〕利類思譯《聖事禮典》：「洗滌之效，即赦原罪本罪。」（頁360）

九四：臀无膚，其行次且，牽羊悔亡，聞言不信。

　　四變☵，為溝瀆，臀之象也。☰一☱二為膚，此爻變☵，不成一二，故曰「无膚」。惟其无膚，故行不進。「牽羊」者，牽連三陽而同進也。☱綜☴為繩，牽連之象。☵為耳痛，「聞言不信」之象。四不中正，志欲趨六，居不能安，乃「臀无膚」也。因位不當，不能前進，其行趑〔趄〕趄也。[69]☱為羊之象，隨人行走，是牽羊也。四屬悅体，悔亡之象。不趨上六，則悔亡矣。☱為羊，☰為言，中實為信，不中則无信，是故聞言不信也。四居☱前，故曰「牽羊」也。无互可歸，其悔乃亡也。因不中正，聞言不信也。[70]

　　本旨「臀膚」者，乃宗徒為吾主耶穌之臀膚，因其離散，是臀无膚也。[71]「其行次且」者，乃宗徒之行不進也。「牽羊悔亡」者，乃惡人牽吾主至死地，而終而不悔也。聞言不信者，乃惡徒不信吾主之言也。古聖豫言，耶穌必受諸苦难，以救億兆。《依撒意篇》曰「其如綿羊被牽，以至死地，而為我民之罪受擊撻也。」[72]

69　趑趄，欲進又退，停滯不前之狀。《説文解字》：「趑趄，行不進也。」（頁66）《文選·張載》：「一人荷戟，萬夫趑趄。」李善注：「一夫揮戟，萬人不得進。《廣雅》曰：『趑趄，難行也。』」

70　語出〔明〕來知德《周易集註》：「人身出腹中之物，皆在于臀，臀字從殿，殿者，後也。凡《易》中言『臀』者，皆坎也，坎為溝瀆，臀之象也。故姤九三變坎曰『臀』，困下卦坎，初六曰『臀』。此爻變坎亦曰『臀』。乾一兌二為膚，詳見噬嗑。**此爻變坎，則不成一二矣，故无膚也。**兌為毁折，亦无膚之象也。次且，即『趑趄』二字，行不進也。惟其臀无膚，所以行不進也。**兌為羊，羊之象也。牽羊者，牽連三陽而同進也。**兌綜巽為繩，牽連之象也。觀大壯六五，乾陽在下曰『喪羊』，則此牽羊可知其牽三陽矣。乾為言。下三陽之言也，乃前『告自邑』之言也。**變坎為耳痛，聞言不信之象也。**所以困卦亦『有言不信』之句。蓋變坎則情險性健，乃傲物也，故聞言不信。」（下冊，464）

71　據《聖經》所載，耶穌被捕後，他的門徒都四散而逃。《瑪寶福音》二十六章56節：「這一切都發生了，是為應驗先知所記載的。於是門徒都撇下他逃跑了。」〔意〕利類思譯《彌撒經典·耶穌契利斯督我等主依瑪寶受難之經》：「斯乃行，以符先知者已書，時從徒皆奔。」（頁279）

72　語出〔意〕艾儒略《天主降生引義》：「**古聖預言耶穌，必受諸苦難，以救兆民。《依撒意亞書》曰：『彼如綿羊被牽，以至死地；而為我民之罪，受擊撻也。』**」（卷上，

〈象〉曰：「『其行次且』，位不當也。『聞言不信』，聰不明也。」

以九居四，位不當也。六非本應，不當進也。「聞言不信」，乃下愚也。四變 ☲ 為耳痛，故「聰不明」。☲ 為明，☵ 居水內，是故「不明」。

本旨「位不當」者，乃以宗徒之位，不當背吾主也。古教之人，聞吾主之言而不信，必无吾主，乃無光也。無光則暗，乃「聰不明」也。

九五：莧陸夬夬，中行无咎。

莧三月種之，夬三月之卦，故取象于莧。陸地之高平曰「陸」。莧乃**柔**物，上六之象。陸地所以生莧者，六乃陰之居，高陸之象也。「莧陸夬夬」者，即俗言斬草除根，言欲決去其莧，並其所種之地亦決之，无復潛滋暗長矣。[73] 莧陸者，乃今之馬齒也。莧，感陰氣之多者。九五當決之時，為決之主，而切近上六之陰，如莧陸然。因得其正，決而決之，不為過暴，合於中行，則无咎也。[74]

本旨乃言聖伯多祿宗徒，多受吾主之恩，而落于中行，因悔得赦，故无咎也。因代吾主之權，是故居九五之位也。[75]

頁363）此處引譯《依撒意亞先知書》五十三章7–8節：「他受虐待，仍然謙遜忍受，總不開口，如同被牽去待宰的羔羊；又像母羊在剪毛的人前不出聲，他也同樣不開口。他受了不義的審判而被除掉，有誰懷念他的命運？其實他從活人的地上被剪除，受難至死，是為了我人民的罪過。」

73 語出〔明〕來知德《周易集註》：「**莧者，莧菜也。諸菜秋冬皆可種，獨莧三月種之。夬三月之卦，故取象于莧。**亦如瓜五月生，故姤取瓜象。**陸者，地也，地之高平曰陸。莧乃柔物，上六之象也。陸地所以生莧者，六乃陰土，陸之象也。莧陸夬夬者，即俗言斬草除根之意。**言欲決去其莧，並其所種之地亦決之。上夬者，夬莧也。下夬者，夬陸也。亦如『王臣蹇蹇』，上蹇，王之蹇；下蹇，臣之蹇也。決而又決，則根本枝葉，皆以決去，**無復潛滋暗長矣。**」（下冊，頁465）

74 語出〔宋〕朱熹《周易本義》：「莧，閑辨反。**莧陸，今馬齒。莧，感陰氣之多者。九五當決之時，為決之主，而切近上六之陰，如『莧陸』然。**若決而決之，而又不**為過暴，合於『中行』，則『无咎』**矣。戒占者當如是也。」（頁162）

75 此處是指伯多祿獲耶穌赦三不認之罪，並得代主管理教會之權。《若望福音》二十一章15–17節：「吃完了早飯，耶穌對西滿伯多祿說：『若望的兒子西滿，你比他們更愛我嗎？』伯多祿回答說：『主，是的，你知道我愛你。』耶穌就對他說：『你

〈象〉曰：「『中行无咎』，中未光也。」

　　以澤在外，□□□心，是故曰「中未光」也。「中未光」者，乃上六暗之也。☷ 未得明，乃未光之象也。

　　本旨維時聖神未降臨，中心未明，故曰「中未光」也。聖神在天上，故曰未降臨，因此之情由，是故「未光」也。

上六：无號，終有凶。

　　上六為悅之主，是故「无号」。不合卦義，故終有凶。上六當權之時，号呼其正應之三。今三正應夬匕，則正應不可号矣。欲号于五，今五亦夬夬，則五不可号矣，故曰无号。終有凶者，上為終之象。終有變 ☷ 之時，乃終有凶之象也。[76]

　　本旨乃茹達斯得宗徒之位而賣吾主，其正在外，居內則否，以陰居外，是為外正，因其无悔，故終有凶。匕也者，乃自縊而死，魂歸永苦之獄也。[77]

　　餵養我的羔羊。』耶穌第二次又問他說：『若望的兒子西滿，你愛我嗎？』伯多祿回答說：『主，是的，你知道我愛你。』耶穌就對他說：『你牧放我的羊群。』耶穌第三次問他說：『若望的兒子西滿，你愛我嗎？』伯多祿因耶穌第三次問他說：『你愛我嗎？』便憂愁起來，遂向他說『主啊！一切你都知道，你曉得我愛你。』耶穌對他說：『你餵養我的羊群。』」

76　語出〔明〕來知德《周易集註》：「**上六當權之時，號呼其正應之三，今三正應夬夬，則正應不可號矣**。當權之時，揚于王庭，亦可以號呼而哀求于五，今五相親比，亦夬夬，則五不可號矣，故曰『无號』，『終有凶』，即〈小象〉『終不可長』，占者之凶可知矣。」（下冊，頁466）

77　〔意〕艾儒略《天主降生言行紀畧》：「按：吾主受難之日，一徒背恩而賣主，一徒失志而隱踪。〔…〕箬彼惡徒，亦嘗受聖訓，嘗行靈事，抵為貪根未絕，遂以微價售師，陷於重罪。揣厥私意，或謂吾主全能，必無死地耶？不思耶穌鳳訂，借此以救世矣。比其知罪，乃又失望自殺，罪上罪，以罹永殃」（卷七，頁307）

〈象〉曰：「无號之凶，終不可長也。」

居卦之盡，故曰「終不可長」也。夬卦者，乃決定悔改之卦也。上六陰柔而无悔，乘剛而傲上，是以凶也。變 ☵ 為可之象，☷ 錯 ☰ 止，不可之象。☵ 綜 ☶ 為長，☶ 止之不可長之象也。

本旨居上為懸，下應為吊乃終縊而死，故曰「終不可長」也。嗚呼！本日即喪厥命，而入永苦之獄矣。哀哉！

姤卦

䷫	乾下兌上			
屬	䷀乾[78]	初爻變成䷫姤		
錯	䷗復			
綜	䷪夬			
參伍	下互同身[79]	中上二互☰乾		
五爻互	下互䷫姤	上互☰乾		
各爻變[80]	初爻變成☰乾	錯☷坤		地位
	二爻變成䷠遯	錯䷒臨	綜䷡大壯	
	三爻變成䷅訟	錯䷣明夷	綜䷄需	人位
	四爻變成䷸巽	錯䷲震	綜䷹兌	
	五爻變成䷱鼎	錯䷂屯	綜䷰革	天位
	六爻變成䷛大過	錯䷚頤		

姤：女壯，勿用取女。

　　姤，遇也。以☰遇☴，故曰「姤」也。「女壯」者，乃☴為壯，而☴為乾父之長女。[81] 壯者，大也，乃天下之第一女也。「勿用」者，因乃姤為女后，是三界之母皇也。夫既為母皇，而當以母皇奉敬之，孰敢妄思而娶之乎？是故曰「勿用娶」也。二變止，勿用取之象。「勿用娶」者，乃因戒人之淫念，而勿妄思也。

78　乾，伯祿本無，今據卦象增。
79　同身，即☰姤。
80　各爻變，伯祿本無，今據諸表增。
81　語出〔清〕李道平《周易集解纂疏》引虞翻曰：「消卦也，與復旁通。巽長女，女壯，傷也。」（頁401）

本卦「姤遇」者，乃正遇天主前許救世之年，而先生 ☴ 女以為救世主之母也。「女壯」者，乃為天下第一女，是聖父之長女也。「勿用取」者，乃因聖母為救世主之母，為我等之母皇，是故曰「勿用娶」也。讚曰：開闢天地五千年，時遇時許救世言，未有天地預簡定為主母保人間，[82]欽矣！聖哉！宜放效，恩深愈海救无，我等罪人何以報，避惡尊德功尚謙。

〈彖〉曰：「姤，遇也，柔遇剛也。

「柔遇剛」者，乃 ☴ 柔 ☰ 剛也。

本卦「柔遇剛」者，乃聖母遇聖三，而得其寵恩也。

『勿用取女』，不可與長也。

二变 ☶ 止，不可之象。☴ 本為長之象，長者，大也，乃无可比其大也。

本卦天神聖人 不能及，故曰「不可與長」也。惟天主在其上，其餘俱在其下，天下一人，是故大也。[83]

天地相遇，品物咸章也。

☰ 為天，☴ 為地，乃天地相遇也。「品物咸章」者，乃因天地相和而品物咸得章美也。三变成 ☷ ，天地之象。天地生萬物，品物咸章之象。

本卦天主與世人相遇，品物咸章美也。□□□者，乃得其恩者也。

---

82 此處指聖母在無始時已被天主所揀選，參〔意〕高一志《聖母行實》：「若天主則自運神工，不借外力，不待時刻，凡宜造作，是欲造作；凡欲造作，是能造作。初無遏阻，則從無始而預定其母之聖德尊榮，豈人所能測其萬一哉？」（卷一，頁349）

83 有關聖母位超諸聖人之上，可參《聖母德敘禱文》中幾個聖母的稱號—「諸天神之后」、「諸聖祖之后」、「諸先知之后」、「諸宗徒之后」、「諸為義致命之后」、「諸精修之后」、「諸童身之后」、「諸聖人之后」（見《天主聖教日課》，頁75a–75b）。

剛遇中正，天下大行也，

二变 ☷，九五應六二，剛遇中正之象。九五剛遇中正也，圣風天下大行也。☷ 本能行，錯 ☳ 為足動，亦能行之象，故曰「天下大行」也。[84]

本旨「剛遇中正」者，乃聖子遇母也。「天下大行」者，乃圣教天下大行也。今天下已十之六七，然未至其時，中國亦必大行也。[85]

姤之時義大矣哉。」

☰ 為時之象，純阳宜阴，為義之象。☰ 大，☴ 亦大，豈不為大乎？「姤之時義」者，乃在天時之正午，其義之大，萬无可比，故歎曰「大矣哉」。

本旨「姤之時義」深微奧妙，本超乎人慧之上，而人不鮮。然良心不昧之人，以理細究，乃 合于義，故曰「姤之時義」也。事關性命永遠，非屬小可，故圣人歎曰「大矣哉」。古聖因智預讚其大，迷子因愚，反視為小。此是誰之愚怪，悔改當愳而早，遲則晚矣。

〈象〉曰：「天下有風，姤；后以施命誥四方。」

風行天下，物无不遇，姤之象也。「施命」者，施命令于天下也。「誥四方」者，曉喻世人改邪歸正，以趣天國之真道也。☰ 為君，后之象，又為言，為誥之象。錯 ☷ 為方之象。☴ 為命之象。「天下有風」者，乃 ☰ 下有 ☴ 也。遇「后以施命誥四方」者，四從方來，乃天國之后，以施恩救人之命，誥於四方萬国之人，而使知之，而尊其命也。迷子不思「后以施命誥四方」者，是何命也？[86]

84　〔明〕來知德《周易集註》：「剛指九二，剛遇中正者，九二之陽德，遇乎九五之中正也。遇乎中正，則明良會而庶事康，其道可大行于天下矣。」（下冊，頁467）

85　參閱頁243注362。

86　語出〔明〕來知德《周易集註》：「**風行天下，物無不遇，姤之象也。施命者，施命令于天下也**。興利除害，皆其命令之事也。誥者，告也，曉諭警戒之意。君門深于九重，堂陛遠于萬里，豈能與民相遇？惟施命誥四方，則與民相遇，亦猶天之風與物相遇也。**乾為君，后之象。又為言，誥之象。又錯坤，方之象。巽乃命之象。**」（下冊，頁468）

本旨聖風行天下，姤遇喜慶年，五后降命旨，通誥人世間，恩保如慈母，尊奉理當然，含灵求知命，免受審判嚴。欽哉，乃命人改邪歸正而奉圣教也。

初六：繫于金柅，貞吉。有攸往，見凶，羸豕孚蹢躅。

☷為繩繫之象也。又為木柅之象也。[87]變☰，金之象也。[88]三變☵，為豕之象。☷有瘠之象，因從三變，故為羸豕之象。初往見四，中隔二三，乃有跳躍之象。九四一阳，居五阳之中，故曰「孚」。柅，所以止車，以金為之，則其貴重可知。☰為金，繫于☷下，故曰「繫于金柅」。匕，所以止而不進也。一陰始生，靜正守之，則吉也。[89]「有攸往」者，乃往應九四也。九四不正，往而應之，則見凶，羸豕孚蹢躅也。蹢躅者，音擲逐，跳躍也。乾含萬有，因四不正，故為凶，羸豕也。因居五阳之中，而獨應初六，故為信意而蹢躅也。羸，瘦病也，言穢而旡德也。[90]

87　柅，今爲欄字。《説文解字》：「柅，木也。實如梨。」〔清〕段玉裁注：「柅木也。實如梨。今字以爲欄字。從木。尼聲。女履切。十五部。」（頁247）〔唐〕劉禹錫〈絶編生墓表〉曰：「制動也有柅，變道也亡方。」

88　語出〔明〕來知德《周易集註》：「柅者，收絲之具也。金者，籆上孔用金也，今人多以銅錢為之。**巽為木，柅之象也；又為繩，繫之象也。變乾，金之象也。貞吉者**，言繫于金柅，前旡所往，則得其正而吉也。若無所繫，有所攸往，往而相遇，相比之二，正應之四，則立見其凶也。羸豕者，小豕也。孚者，誠也。蹢躅者，跳躑纏緜也。言小豕相遇乎豕，即孚契蹢躅不肯前進。此立見其凶，可醜之象也。凡陰爻居下卦者，不可皆以為小人害君子。如姤有相遇之義，觀有觀示之義。此卦因以為小人害君子，所以將九五極好之爻交通說壞了。」（下冊，頁468）

89　語出〔宋〕朱熹《周易本義》：「柅，乃李反，又女紀反。**柅，所以止車，以金為之，其剛可知。一陰始生，靜正則吉，往進則凶**，故以二義戒小人，使不害於君子，則有吉而無凶。然其勢不可止也，故以『羸豕』『蹢躅』曉君子，使深為之備云。」（頁164）

90　羸，本義為瘦弱。《説文解字》：「羸，瘦也。本訓當為瘦羊，轉而言人耳。」（頁148）〔漢〕賈誼〈論積貯疏〉曰：「羸老易子。」

本卦「繫于金柅」者，乃 ☲ 女為金枝玉葉，而圣王之苗裔也。[91]「貞吉」者，乃童身生子之吉也。「有攸往」者，乃往上白冷報名上册也。[92]「見凶，羸豕孚蹢躅」者，乃見黑落德王，如瘦病之豕，信意而跳躍也。

〈象〉曰：「『繫于金柅』，柔道牽也。」

繫于金柅，定不應也。因其初幼，理不可也。以柔居下，☲ 道牽也。牽，即係也，乃 ☲ 之行上以勢位有所關也。因此之故，乃「見凶，羸豕孚蹢躅」也。

本卦因聖母屬黑落德之權下，而黑落德暴虐無德，殺无罪諸嬰，正如羸豕信億而跳躍也。[93] 以初應四，乃「柔道牽」也。「柔道牽」者，乃因君民之分而有所關係也。

九二：包有魚，无咎，不利賓。

包，裹也。魚為阴之美者，初之象也。以大繕小，包之象也。「包有魚」者，乃二包初也。「无咎」者，乃屬 ☲ 女之本身，故无咎也。「不利賓」

91　此處指聖母出身顯赫，見〔意〕高一志《聖母行實》：「茲復舉聖母始胎，詳其隱義，內含奇妙七端。一曰世族之奇：自古如德亞國，顯族有二：一治國者之世族；一司教者之世族。二族原係天主寵異所立，均為達尊，分位相埒，彼此婚媾，世相繼也。以故天主欲顯其母生誕之榮福，乃令從二族胎之，此一奇也。」（卷二，頁351）

92　《路加福音》二章1–5節：「那時凱撒奧古斯都出了一道上諭，叫天下的人都要登記：這是在季黎諾作敘利亞總督時，初次行的登記。於是，眾人各去本城登記。若瑟因為是達味家族的人，也從加里肋亞納匝肋城，上猶大名叫白冷的達味城去，好同自己已懷孕的聘妻瑪利亞去登記。」〔意〕利類思譯《彌撒經典·聖路加萬日畧經》：「維時責撒肋奧吾斯多發令，命厥攸屬邦人報名籍上。當時祭利諾，統理西利亞國，爾兼掌册名事，國人俱歸故土以報。乃若瑟達未支派人，欲往報名，攜瑪利亞新婦，自納匝肋加理肋亞府，偕詣白冷。」（頁152）

93　據《聖經》所載，黑落德王從三王得知「猶太人的君王」將誕生，欲除之而後快。耶穌父若瑟得天使報夢，帶領聖家偷惶逃亡埃及。後來，黑落德王不見三王回來報告聖嬰行蹤，故下令屠殺白冷一帶所有兩歲或以下的嬰兒以絕後患。詳見《瑪竇福音》二章13至18節。

者，乃九二未分其 ☰ 之本体也。[94]九二與初六為一体，是故「不利賓」。包魚不祥，「不利賓」之象。[95]

本旨圣母懷孕，故謂之「包」。魚為鱗物，鱗者，甲也。☰ 為甲冑，乃包其 ☷ 也。☷ 懷圣子，[96]不因人道，乃因圣神之工，故无咎也。[97]下互仍為天風姤，乃圣子未離 ☰ 体，故「不利賓」也。記此者，乃示人確信降孕之旨也。其理至奧，因人难信，故以古经早示之，而為信德之據也。[98]

〈象〉曰：「『包有魚』，義不及賓也。」

九二未離 ☰ 体，是故「義不及賓」也。

本旨□屬母子，「義不及賓」也。☰ 体二下初上，乃即為 ☷，待至圣誕，乃 ☷ 生 ☳，所謂 ☰ 同人是也。[99]同人者，乃吾主同人居世也。

94　語出〔宋〕朱熹《周易本義》：「魚，陰物。二與初遇，為包有魚之象。然制之在己，故猶可以『無咎』。若不制而使遇於眾，則其為害廣矣。故其象占如此。」（頁165）

95　語出〔明〕來知德《周易集註》：「包者包裹也，詳見蒙卦九二。魚陰物，又美，初之象也。剝變巽曰貫魚，井曰射鮒，姤曰包魚，皆以巽為少女，取象于陰物之美也。言二包裹纏縣乎初，猶包魚也。无咎者，本卦主于相遇，故无咎也。不利賓者，理不當奉及于賓也。蓋五月包裹之魚，必餒而臭矣，所以不利于賓也。巽為臭，魚臭不及賓之象也。五陽纏縣一陰，故于四爻、五爻皆取包裹之象。无咎，以卦名取義，不及賓，以魚取義。若以正意論，初與四為正應，二既先包乎初，則二為主，而四為賓矣，所以不利賓。而四包無魚，但易以象為主，故只就魚上說。九二與初，本非正應，彼此皆欲相遇，乃不正之遇也，故有五月包魚之象。占者得此，僅得无咎，然不正之遇，已不可達及于賓矣，故不利賓。」（下冊，頁469）

96　☷，伯祿本作 ☰，應為誤抄，今據上下文改。

97　此處的《聖經》根據可參《瑪竇福音》一章20節：「達味之子若瑟，不要怕娶你的妻子瑪利亞，因為那在她內受生的，是出於聖神。」〔意〕利類思譯《彌撒經典‧聖瑪竇萬日畧經》：「達未德子若瑟勿懼，受爾耦瑪利亞，蓋生于伊者，即由于斯彼利多三多矣。」（頁533）

98　此處意思是《聖經》的舊約經文是作為耶穌基督的預像，大旨可參〔意〕艾儒略《天主降生引義》：「或問古經所預載天主降生之事，可詳聞乎？曰：『瑪竇聖史。因欲明徵吾主耶穌，即古經所許降生救世之主，不爽也，乃引古經二十二端。」（卷上，頁351–352）

99　參閱頁220注219。

九三：臀无膚，其行次且，厲，无大咎。

☷為溝瀆，臀之象也。此爻變☷，乃有臀象。☰一☱二為膚，此爻變☷，不成一二，是故无膚。惟其无膚，所以行不進也。☵為險阻，次且之象。其行次且，是故不安而厲也。九三得正，故「无大咎」。「次且」者，乃趑〔趄〕趄也，趑趄行不進貌。[100]九三过剛欲進，是故居不能安，乃「臀无膚」也。上无應遇，行不能進，乃其行次且也。☰為進退，乃「次且」之象。然既无所遇，亦无陰邪之傷，故雖危厲，「无大咎」也。乃指大圣若瑟而言之也。因其未□降孕之旨，是故居不能安而行不能進，故亦危厲，「无大咎」也。[101]

〈象〉曰：「『其行次且』，行未牽也。」

行木牽者，乃事未連也。☷為繩，乃牽之象。未牽者，乃事未連初也。

本旨乃圣母有孕，天神未報，而聖若瑟不知其由，乃有憂疑不解，故曰「臀无膚，其行次且而厲」也。因其事未發明，乃疑所难免，故无大咎也。[102]

---

100 語出〔明〕來知德《周易集註》：「人身出腹中之物，皆在于臀，臀字從殿，殿者後也。凡易中言臀者，皆坎也，**坎為溝瀆，臀之象也**。故姤九三變坎曰『臀』，困下卦坎，初六曰『臀』，此爻變坎亦曰『臀』。乾一兌二為膚，詳見噬嗑。**此爻變坎，則不成一二矣，故无膚也**。兌為毀折，亦无膚之象也。**次且即『趑趄』二字，行不進也。惟其臀无膚，所以行不進也**。兌為羊，羊之象也。牽羊者，牽連三陽而同進也。兌綜巽為繩，牽連之象也。觀大壯六五，乾陽在下曰喪羊，則此牽羊，可知其牽三陽矣。乾為言，下三陽之言也，乃前告自邑之言也。變坎為耳痛，聞言不信之象也。所以困卦亦有言不信之句，蓋變坎則情險性健，乃傲物也，故聞言不信。」（下冊，頁464）

101 語出〔宋〕朱熹《周易本義》：「九三過剛不中，下不遇於初，上無應於上，**居則不安，行則不進**，故其象占如此。然既無所遇，則無陰邪之傷。**故雖危厲，而『无大咎』也**。」（頁165）

102 據《聖經》所載，聖若瑟在天神報夢說明聖母懷孕的原委時，曾經希望休妻。相關《聖經》敘述見《瑪竇福音》一章18–21節。清代《聖經》譯本則見〔意〕利類思譯《彌撒經典》「聖若瑟瞻禮」當日的福音（頁532–533）。

九四：包无魚，起凶。

九四不中不正，初六正應，己遇于二，而不及于四，是故乃為「包无魚」之象也。[103] 因其不正，故起凶也。居下之上，起之象也。居位不正，凶之象也。

本旨「包无魚」者，乃因惡王不正，而无愛民之德也。「起凶」也者，乃因犯皐而凶在後也。

〈象〉曰：「无魚之凶，遠民也。」

☴為木，果杞之象。☷為瓜之象。下二爻變☲，蓏瓜之象。此爻变☲，有文明章美之象。隕者，從高而下也。☴為命，☰為君，言大君之命，自天而降下也。杞，高大堅實之木也。瓜，陰物之在下者，甘美而善潰者也。九五陽剛中正，主卦于上，猶高大堅實之木。以下遇☷，乃包瓜含章也。以外裹內，包含之象。九五仁欲降世，乃有隕自天，從天下降，有隕自天之象也。[104]

本旨以杞包瓜含章者，乃☴女懷☷，包含章美之德也。有隕自天者，乃聖子從天降世也。以主性下結人性，是故曰降。非從上降下之謂，乃以貴合賤之謂也。

〔九五，以杞包瓜，含章，有隕自天。〕
〈象〉曰：「九五『含章』，中正也。『有隕自天』，志不舍命也。」

「含章中正」者，乃以九居五之謂也。「志不舍命」者，乃不捨下☷之命也。以☴為命，故知其不捨下☷也。☷，入也，乃不捨入世之命也。

---

103 語出〔宋〕朱熹《周易本義》：「初六正應，己遇于二而不及於己，故其象占如此。」（頁165）

104 語出〔宋〕朱熹《周易本義》：「瓜，陰物之在下者，甘美而善潰。杞。高大堅實之木也。五以陽剛中正，主卦於上，而下防始生必潰之陰，其象如此。然陰陽迭勝，時運之常，若能含晦章美，靜以制之，則可以回造化矣。『有隕自天』，本無而倏有之象也。」（頁165–166）

本爻包含章美，☰ 剛中正也。「有隕自天」者，乃從天降世也。「志不舍命」者，乃因聖父聖子降世救人，聖子听命即降，萬死不辞，何故？乃志不捨聖父之命也。[105]

上九：姤其角，吝，无咎。

居姤之極，故謂之角。以阳居阴而无應遇，乃為吝也。然幸遇姤卦，得姤其角，則无咎也。居上為角之象，乃義人尚父也。

本爻「姤其角」者，乃圣若瑟高年遇主也。吝者，乃自漸為耶穌之尚父也。无咎者，乃本為吾主之養父也。

〈象〉曰：「『姤其角』，上窮吝也。」

角，剛乎上者也。上九以剛居上，而无所可往，乃為上窮，是故吝也。[106]

本爻乃言大聖若瑟高年晚遇，時窮力竭，仰之而猶自愧也。□□□者，乃因其自謙也。

---

105 〔意〕艾儒略《天主降生引義》：「其後降生救世，係第二位費略。故常自稱為子、稱罷德肋為父，又自稱為父所遣者。蓋指原從罷德肋而生，且以罷德肋之旨而降世也。」（卷上，頁349–350）

106 語出〔明〕來知德《周易集註》：「居上卦之極，故窮，惟窮所以吝。」（下冊，頁472）

萃卦

䷬	坤下兑上		
大象	☵ 坎		
屬	䷹ 兑[107]	二爻變成 ䷬ 萃	
錯	大畜		
綜	升		
参伍	下互 ䷖ 剝	中互 ䷴ 漸	上互 ䷛ 大過
五爻互	下互 ䷓ 觀	上互 ䷞ 咸	
各爻變[108]	初爻变成 ䷐ 隨	錯綜 ䷑ 蠱	地位
	二爻變成 ䷮ 困	錯 ䷩ 賁 / 綜 ䷯ 井	地位
	三爻變成 ䷞ 咸	錯 ䷨ 損 / 綜 ䷟ 恆	人位
	四爻變成 ䷇ 比	錯 ䷍ 大有 / 綜 ䷆ 師	人位
	五爻變成 ䷏ 豫	錯 ䷈ 小畜 / 綜 ䷎ 謙	天位
	六爻變成 ䷋ 否	錯綜 ䷊ 泰	天位

萃：亨，王假有廟，利見大人，亨，利貞。用大牲，吉。利有攸往。

　　萃，聚也。☷順☱悅，九五剛中而應六二，乃為澤臨地上，萬物萃聚之象，故曰「萃」也。九五為王，中互☴為廟堂。萃聚，故亨。大象☵為亨之象。「王格有廟」者，乃九五格六二也。九五為大人，王乃格之，故利見也。大象錯☲，為見之象，中互暗牲則吉也。三四不正，宜歸中互，

---

107 兑，伯祿本無，今據卦象增。
108 各爻變，伯祿本無，今據諸表增。

是故曰「利有攸往」也。[109]中爻 ☴ 風，利有攸往之象。中爻 ☶ 綜 ☳ 足，亦利往之象也。

本卦萃者，乃一百二十人，共聚一堂也。亨者，乃哀求之聲通于主也。「王格有庙」者，乃求聖神來格也。「利見大人，享」者，乃宜見吾主享献也。「利貞」者，乃以貞身也。「用大牲，吉」者，乃用吾主体血献上則吉也。「利有攸往」者，乃得恩而後，則利有所往也。此豫言人得圣神之恩，是故「利有攸往」也。往而救世人，是故「宜」也。☷ 二 ☱ 八，合之為十，乃耶穌升天後十日，[110]宗徒教衆一百二十人共聚一堂，誦经祈望聖神降臨也。中互 ☶ 五 ☳ 七，合之共一百二十，乃一百二十聖徒之証也。[111]

〈象〉曰：「萃，聚也。順以説，剛中而應，故聚也。

「順以悦」者，乃 ☷ 順而 ☱ 悦也。「剛中而應」者，乃二五相應也，悦順中應，是故聚也。

本卦恩臨地上者，乃宗徒衆聖共聚一堂，頌經祈求聖神降臨也。聖徒順主命，聖神因喜悦。「剛中而應」者，乃聖神應聖徒之祈也。

---

109 語出〔宋〕朱熹《周易本義》：「假，更白反。萃，聚也。坤順兑説，九五剛中，而二應之。又為澤上於地，萬物萃聚之象，故為萃。亨字衍文。『王假有廟』，言王者可以至于宗廟之中，王者卜祭之吉占也。《祭義》曰『公假于太廟』是也。廟所以聚祖考之精神，又人必能聚己之精神，則可以至于廟而承祖考也。物既聚，則必見大人而後可以得亨。然又必利於正，所聚不正，則亦不能亨也。大牲必聚而後有，聚則可以有所往，皆占吉而有戒之辭。」(頁166)

110 〔意〕利類思譯《彌撒經典・移動瞻禮》：「耶穌昇天，自復活日起，在四十日後；聖神降臨，在昇天之後十日。」(頁14)

111 〔意〕艾儒略《天主降生言行紀畧》：「吾主將升天時，預命宗徒曰：『若翰以水受洗，爾輩不數日，必受聖神之洗也〔…〕』宗徒如命，乃偕聖母及諸聖徒百二十餘人，聚會於都城初立聖體之堂，期望大恩。」(頁321–322)詳見《宗徒大事錄》一章12–14節。

『王假有廟』，致孝享也。『利見大人，享』，聚以正也。『用大牲，吉，利有攸往』，順天命也。

「王假有廟」者，乃九五格六二也。「致孝享」者，乃子獻父也。中爻☶，少男，綜☳長子。☳錯☴為父之象，以子獻父，致孝享之象。「利見大人，享」者，乃聚以正也。「用大牲，吉」者，乃因孝心敬重，故得吉也。「利有攸往」者，乃宜有所行也。何以行之？乃順上主之命也。☷為順之象，以☷錯☰為天之象，中爻☶為命之象。

本旨「王格有廟」者，乃登聖堂也。「致孝享」者，乃聖子獻聖父也。利見大人享獻之，乃「聚以正」也。「用大牲，吉」者，乃用聖子以作犧牲獻於聖父，則獲吉也。[112]九五六二並得中正，是以三四，利有攸往而歸正也。然非私意而往，乃順天主之命也。兌為口舌，以其在上為天，故曰「順天命」也。下☷為世人，乃世人順聽天主之命也。

觀其所聚，而天地萬物之情可見矣。」

中互☶目，為观之象。观其所聚，乃以澤加于世上，施恩而下爱也。上天下地，萬物之象。天地萬物之情，乃在乎爱而可見矣。中互☶目，為見之象。中互☴為可之象，故曰「可見」。上悦而下順，乃上爱下，而施之以恩。在下者當順其上，而還之以爱，此乃所聚之義，恩情並著而可見矣。

本旨观其所聚，聖神在上而未降臨，聖徒在下而求臨也。是故天主與世人相爱之情可見矣。

〈象〉曰：「澤上於地，萃；君子以除戎器，戒不虞。」

澤上于地者，乃☱上☷下也。得正者，為君子除階也。謂儲于階前，以備用也。☱為武，☷為口舌，用戰三仇，[113]神武不殺，「戒不虞」

---

112 〔意〕艾儒略《彌撒祭義》：「天主之心者，但用酒麵二色為其聖體寶血以當世間萬品，蓋緣吾主耶穌降生受難，自用已之本體為祭品，奉獻罷德肋于十字架之臺，以贖萬民之罪。」（卷上，頁487–488）

113 三仇，參閱頁201注124。

也。中互暗 ☷，「除戎器」之象。中爻 ☷ 為除階之象，中爻 ☷ 為命，「戒不虞」之象。中互暗 ☷，為盜，為加憂，不虞之象。

本旨「澤上于地」者，乃聖神在上臨人心之內也。[114]君子者，乃大君之子也。「以除戎器」者，乃因除脩神恩，語言禁戒，不意之誘也。有其脩者，則无其患也。

初六：有孚不終，乃亂乃萃。若號，一握為笑，勿恤，往无咎。

中互 ☶ 為進退，「有孚不終」之象。☷ 為迷，為乱之象。又為眾，萃聚之象。☱ 為口舌，為号之象。☷ 錯 ☰，為一之象。中爻 ☶ 手，為握之象。初六應九四，是為有孚。然九四不正，當 中互而為六四，乃「有孚不終」也。中互為漸，而非萃，乃乱乃萃也。[115]握，持也。若号一握者，乃往遇九四也。☱ 為悦，為笑之象。大象 ☵ 為加憂，為恤之象。今此爻變不成 ☵，不憂矣，「勿恤」之象。中爻 ☶ 綜 ☳，為往之象。然本卦屬萃，不得不萃，故曰「勿恤，往无咎」也。本卦初六无互可歸，故无咎也。[116]

本旨「有孚不終」者，因其不正而生疑也。「乃亂乃萃」者，因其年幼无知而犯罪也。若後痛悔改过，往得赦罪之恩，乃為可喜也。勿恤其往往之得赦，故无咎也。

---

114 以「臨」說明「聖神降臨」可參呂立本在臨卦的説明。
115 語出〔宋〕朱熹《周易本義》：「號，平聲。**初六，上應九四**，而隔於二陰，當萃之時，不能自守，**是有孚而不終，志亂而妄聚也。**若呼號正應，則眾以為笑；但勿恤而往從正應，則无咎矣。戒占者當如是也。」（頁167）
116 語出〔明〕來知德《周易集註》：「孚者與四正應，相孚信也。有孚不終者，陰柔之物，不能固守，所以孚不長久也。欲萃之急，不擇正應，而與同類羣小相萃也。號者呼也，握者持也，言呼九四近前，而以手握持之也。若者如也，言當如此象也。言有孚之心，能若孚于前，而以手握之不釋，則有孚之心至矣。雖為眾人所笑，勿恤此笑，方得无咎也。**中爻巽為進退，有孚不終之象也。坤為迷亂之象也。**坤為眾，萃之象也。兌為口舌，號之象也。坤錯乾，乾居一，一之象也。**中爻艮手，握持之象也。**兌為悦，笑之象也。大象坎，為加憂，恤之象也。今此爻變，不成坎，不憂矣，勿恤之象也。初六陰柔與九四為正應，當萃之時，比于同類之陰，有有孚不終，**乃亂乃萃之象**，故教占者，有孚堅固，如將九四呼于前，而以手握之，以陰握陽，雖不免為人所笑，然必勿恤此笑，方得往而與九四為聚也，故无咎。」（下冊，頁474–475）

卷 六

漸卦

䷴	艮下巽上			
屬	䷳艮[1]	七歸內卦成 ䷴漸		
錯綜	䷵歸妹			
參伍	下互 ䷺蹇	中互 ䷿未濟	上互 ䷤家人	
五爻互	下互[2] ䷷旅	上互[3] ䷺渙		
各爻變[4]	初爻變成 ䷤家人	錯䷧解	綜䷥睽	地位
	二爻變成 ䷸巽	錯䷲震	綜䷹兌	
	三爻變成 ䷓觀	錯䷡大壯	綜䷠臨	人位
	四爻變成 ䷠遯	錯䷒臨	綜䷡大壯	
	五爻變成 ䷳艮	錯䷹兌	綜䷲震	天位
	六爻變成 ䷺蹇	錯䷥睽	綜䷧解	

漸：女歸吉，利貞。

漸，稍也，進之緩也。為卦止于下而巽于上，為不能速進之義，故曰「漸」也。女本家內之人，山上非其安所，故曰「女歸吉而利貞」也。☴進☶止，歸之象也。又☴為進退，亦為女歸之象。二三四五俱得其正，吉而利貞之象也。

本旨乃☴女上山不能速行，故曰「漸」也。吾主路遇聖母，乃吾主聖意曰「何為蹟此污穢之塲，以甚吾之苦乎？惟有旅歸而已」，[5]是故歸家則吉

1　艮，徐匯本、伯祿本及呂註本無，今據卦象增。
2　互，徐匯本、伯祿本及呂註本無，今據諸表增。
3　同上。
4　各爻變，徐匯本、伯祿本及呂註本無，今據諸表增。
5　旅歸，徐匯本作「旋歸」，今據伯祿本及呂註本改。

而利貞矣。進上瓦略山，重苦在眼前。五內如刀攪，崩裂母心肝。[6]若非主恩佑，其命不保全。皆因世人罪，主母受多艱。☶〔旅〕生 ☲〔家人〕，亦 ☶ 生 ☲ 之証。[7]

又旨，世人本家在天國，因罪竄流苦世中。迷夫不知還家路，故勸醒悟女歸吉。

〈象〉[8]曰：「漸之進也，女歸吉也。

漸之進者，乃風行山止也。「女歸吉」者，乃歸家則吉也。歸家則得主，得主自然吉。

本旨山上有陰陽十字，由二木相合而成，是故謂之陰陽十字也。[9]又有陰陽王在十字架上也。九五為証，乃為 ☵ 女之子，普天真主吾輩之王。迷子不敬而反害之，哀哉！是乃害己非害人也。「女歸吉」者，乃歸順真主則得吉也。因主受難乃有漸卦，是故曰自旅而來也。

進得位，往有功也。進以正，可以正邦也。

此卦之變自旅而來。九進居五乃「進得位」也。得位中正，以應其下，故曰「往有功」也。「進以正」者，乃以九居二，是得其正也。其行既正，乃可以正邦也。六四乃 ☵ 之正位，九正乃 ☵ 之正位，故曰「進以正，可以正邦」也。中爻 ☵ 為可之象，二三四五皆正，可以正邦之象。

6　有關耶穌在上山受釘途中路遇聖母及聖母見耶穌受難心如刀割的敘述，見〔意〕高一志《聖母行實》：「時惟聖母堅持心志，跟隨相從，毅然卓立于繩子苦難之前，哀痛慘裂。向所謂刀刺爾心，茲驗之矣。」（卷一，頁340）

7　參閱頁220注219。

8　彖，徐匯本作「象」，今據伯祿本及呂註本改。

9　「由二木相合而成，是故謂之陰陽十字也」，徐匯本無，今據伯祿本及呂註本增。

本旨「進得位」者，乃吾主得十字架上之位也。往渙以救萬民，[10]故「有功」也。「進以正」者，乃吾主之行本自正也。「可以正邦」者，乃可以正天萬拜也。

其位，剛得中也。

「剛得中」指九五。

本旨「剛得中」者，乃吾主得聖母之中心，受難得二盜之中，故曰「其位，剛得中」也。[11]

止而巽，動不窮也。」

下止上巽，進之漸也。陰陽爻數均平，錯綜變化無損無傷，乃動不窮也。☲綜☵，動之象也。☵為近市利三位，為不窮之象。

本旨言吾主之道動行，永遠無有終窮，乃世窮而道不窮，故曰「動不窮」也。迷子不求明《易經》作何用，豈為術士占卜之異端乎？思之可也。究明而後方知，《易》為修德之本。吾人之真向，欲罷不能矣。

〈象〉曰：「山上有木，漸；君子以居賢德善俗。」

山上有木之長惟慢，是故曰「漸」。上互為家人，故曰「君子以居賢德善俗」也。君子居心好其德，是故「漸」。漸善其俗，☷綜☶，「賢德」之象，☷綜☴，「善俗」之象。巽為風俗之象也。

10　渙，原指離散、分散，後引申為水的盛貌、消除、消散、光明等意。《說文解字》：「散流也。」〔清〕段玉裁注：「各本作流散。今正，分散之流也。《毛詩》曰：『渙渙，春水盛也。』《周易》曰：『風行水上渙。』又曰：『說而後散之，故受之以渙。』渙者，離也。」（頁552）《隋書‧儒林列傳》：「博士罄懸河之辯，侍中竭重席之奧，考正亡逸，研覈異同，積滯羣疑，渙然冰釋。」《道德經‧第十五章》：「渙兮若冰之將釋。」

11　據聖經所載，耶穌被釘於兩個強盜的中間。詳見《瑪竇福音》二十七章38節：「當時與他一起被釘在十字架上的，還有兩個強盜：一個在右邊，一個在左邊。」〔意〕利類思譯《彌撒經典‧耶穌契利斯督我等主依瑪竇受難之經》：「左右盜賊二人。」（頁283）

本卦「山上有木」者，吾主暨聖母及十字聖架在山上也。君子者，乃吾主也。吾主居則好其德，而行則善其俗也。又「山上有木」者，乃言聖母為常生之樹，而結吾主常生之菓也。[12]言巽為木者，乃此之謂也。

初六：鴻漸于干，小子厲，有言，無咎。

中爻 ䷿〔未濟〕，離為飛鳥，居 ☵ 之上，鴻之象也。且其為物，木落南翔，水洋北歸，其至有時，其群有序，[13]不失其時與序，于漸之義為切。內卦錯綜，皆有 ☱ 之口舌，有言之象。干，水旁也，中爻小水流于山，干之象也。我之危厲，乃因人之謗言。「無咎」者，在漸之時，非獵等強進，于義則無咎。[14]鴻之飛有序，而進有漸，乃本卦之形似鴻飛之象，故曰「鴻漸」也。干，水涯也。初六不得其正，故曰「鴻漸于干」也。以初為幼，故曰小子其上無應，未得安所，是故曰「厲」。[15]「有言」者，乃人之謗言也。小子之言自不知其顛倒是，故曰「有言，無咎」也。

---

12 〔意〕高一志《聖母行實》：「蓋《古經》中，嘗稱聖母為亦色王室之宗枝，稱耶穌為枝所吐之美花也。」（卷二，頁356）

13 群，徐匯本作「翔」，今據伯祿本及呂註本改。

14 語出〔明〕來知德《周易集註》：「鴻，雁之大者。鴻本水鳥，**中爻離坎，離為飛鳥，居水之上，鴻之象也。且其為物，木落南翔，冰泮北歸，其至有時，其羣有序，不失其時與序，于漸之義為切。**昏禮用鴻，取不再偶，于女歸之義為切。所以六爻皆取鴻象也。小子者，艮為少男，小子之象也。**內卦錯兌，外卦綜兌，兌為口舌，有言之象也。干，水旁也，江干也。中爻小水流于山，故有干象。厲者，危厲也，以在我而言也。言者，謗言也，以在人而言也。无咎者，在漸之時，非躐等以強進，于義則无咎。**」（下冊，頁528）

15 〔宋〕朱熹《周易本義》：「**鴻之行有序，而進有漸。干，水涯也。始進於下，未得所安，而上復无應，故其象如此。而其占則為『小子厲』，雖『有言』而于義則『无咎』也。**」（頁189–190）

〈象〉曰：「小子之厲，義無咎也。」

　　小子雖危乃明悟未開，善惡未分，于義則無咎也。小子之責，乃在父母，是故無本罪也。六以居初，似有咎矣。然既為小子，以義揆之，[16]則無咎也。[17]

六二：鴻漸于磐，飲食衎衎，吉。

　　磐，大石也。六二中二得其安所，故曰「鴻漸于磐」也。中爻互火水，為飲食衎衎和樂也。上應九五剛健中正，是故得其飲食衎衎而吉也。山中為磐，故曰「鴻漸于磐」也。飲食得其中正，是故吉也。☶綜☴，☶錯☱，乃悦而又悦，為和樂衎衎之象。[18]

　　本旨「漸于磐」者，乃學道之人得其美基，並得其俸養，是故吉也。

〈象〉曰：「『飲食衎衎』，不素飽也。」

　　以中正之德而得飲食，得之以道，則不為徒飽而處之也。☶為白，為素之象。☶為止，不素之象，又為虎之象。☶綜☴為羊，虎遇羊，飽之象也。

　　本旨言受品食俸之人，而以食之以功，非徒食也。此乃善用而能開教，盡其分者也。

16　揆，原指揣測，後引申為管理、事務、準則等意。《說文解字》：「揆，葵也。」〔清〕段玉裁注：「各本作葵也。今依六書故所據唐本正。度者，法制也。因以爲揆度之度。今音分去入。古無二也。《小雅》：『天子葵之。』《傳》曰：『葵，揆也。』謂叚葵爲揆也。」（頁610）〈江鄰幾文集序〉：「余竊不自揆，少習為銘章，因得論次當世賢大夫功行。」〈致史可法書〉：「揆諸情理，豈可謂平！」

17　語出〔明〕來知德《周易集註》：「小子之厲似有咎矣，然時當進之時，以漸而進，亦理之所宜，**以義揆之，終无咎也**。」（下冊，頁529）

18　語出〔明〕來知德《周易集註》：「**磐，大石也**。艮為石，磐之象也。自干而磐，則遠于水而漸進矣。**中爻為坎，飲食之象**也。故困卦九二言『酒食』，需卦九五言『酒食』，未濟上九言『酒食』，坎卦六四言『樽酒』。衎，和樂也。**巽綜兌，悦樂之象**。言鴻漸于磐而飲食自適也。吉，即〈小象〉『不素飽』之意。」（下冊，頁529）

九三：鴻漸于陸，夫征不復，婦孕不育，凶，利禦寇。

高平曰陸。三居山頂，故曰「鴻漸于陸」也。上九為夫，上不應三，乃「夫征不復」也。「夫征不復」者，三變則陽死成 ☷，而無夫矣。故有「夫征不復」之象。「婦孕」者，此爻合 ☵ 中滿，為孕之象。「不育」者，三變則陽死成 ☷，不成 ☵，故有婦不育之象。☵ 為盜，☲ 為戈兵，故有禦寇之象。變 ☷ 為順，故〈象〉曰「順相保」也。內三為婦，以其內懷為孕，三不應上，是婦孕不育也。遯而不應遯而不進，難得出險，是故凶也。然以其過剛，故「利禦寇」也。[19]

本旨「漸于陸」者，乃得其高位也。夫征不復者，乃不應歸天國之本家也。婦孕不育者，乃不能生育其神子也。善功不成，是故得凶。因其過剛，故「利禦寇」，乃宜防三仇之陷阱，而恐其難免地獄之永苦也。[20]

〈象〉曰：「『夫征不復』，離羣醜也。『婦孕不育』，失其道也。利用禦寇，順相保也。」

中爻 ☲ 為羣醜，[21] 上九不應九三，「離羣醜」之象。三變 ☷ 為順之象，彼此相應相保之象。夫因本身並其上互，終不得應，故曰「離群醜」。上 ☶ 錯 ☱ 為道，三止而不能上進，故曰「失其道」也。「利用禦寇」者，乃陰陽

---

19 語出〔明〕來知德《周易集註》：「**地之高平曰陸，此爻坤**，陸之象也。夫指三爻，艮為少男，又陽爻，故謂之夫。婦指四，巽為長女，又陰爻，故謂之婦。本卦女歸，故以夫婦言之。征者，往也。不復者，不反也。本卦以漸進為義，三比六四，漸進于上，溺而不知其反也。**婦孕者，此爻合坎，坎中滿，孕之象也。**孕不育者，孕而不敢使人知其育，如孕而不育也。蓋四性主入，無應而奔于三，三陽性上行，又當進時，故有此醜也。**若以變爻論，三變則陽死成坤，離絕夫位，故有夫征不復之象。既成坤，則並坎中之滿通不見矣，故有孕婦不育之象。坎為盜，離為戈兵，故有寇象。變坤，故〈小象〉曰『順相保』。**」（下冊，頁530）

20 三仇，參閱頁201注124。

21 醜，原指可惡，後引申為污穢、衆多、外貌難看、類等意。《説文解字》：「可惡也。」〔清〕段玉裁注：「《鄭風》：『無我魗兮。』鄭云：『魗亦惡也。』是魗卽醜字也。凡云醜類也者，皆謂醜卽疇之假借字。疇者，今俗之儔類字也。《內則》曰：『鼈去醜。』鄭云：『醜謂鼈竅也。』謂即《爾雅》『白州，驠』之州字也。」（頁440）《易·離》：「獲匪其醜。」《禮記·學記》「比物醜類。」

為寇，順其剛勇之性而相保也。九三中正，半途而廢，是故有凶，變而改之順相保也。

本旨此乃不守教規而不能有開教之人也，乃以剛保人而自失其道也。九三止而不行，乃人救萬人自落地獄，何益哉？若能痛悔力戰三仇，得勝成功則「順相保」也。

六四：鴻漸于木，或得其桷，無咎。

☴為木，[22] 四入☶體，故曰「鴻漸于木，或得其桷」也。☴為不果，或得之象。下三爻，一陽橫于上，為椽之象。椽方為桷木，本為樹。鴻不棲或得平桷則可以安矣。六四無乘剛而順巽，因其得正，故無咎也。木雖大而未成器，是故不棲桷。雖小而已成器，是故棲也。[23]

本旨木桷者，乃十字架也。言吾主及聖母不止于家，[24] 而棲十字架，乃無咎也。[25]

〈象〉曰：「『或得其桷』，順以巽也。」

六四柔弱而無應與，故順其時勢而巽入也。變☴錯☷為順，未變為☶。巽之正位在四，故曰「順以巽」也。

本旨「順以巽」者，乃言聖母順理，而入于山上也。

22　☶，徐匯本作「☷」，今據伯祿本及呂註本改。

23　語出〔明〕來知德《周易集註》：「**巽為木，木之象也。下三爻，一畫橫于上，桷之象也。**桷者，椽也，所以乘瓦。巽為繩直，故有此象。又坎為宮，四居坎上，亦有桷象。凡木之枝柯未必橫而寬平如桷，鴻趾連而且長，不能握枝，故不棲木。若木之枝如桷則橫平，而棲之可以安矣。或得者，偶然之辭，未必可得，偶得之也。**巽為不果，或得之象。**无咎者得漸進也。六四以柔弱之資，似不可以漸進矣。然巽順得正，**有鴻漸于木或得其桷之象。**占者如是，則无咎也。」（頁531）

24　及，徐匯本作「乃」，今據伯祿本及呂註本改。

25　據《聖經》所載，當耶穌被釘十字架時，聖母侍立架旁。《若望福音》十九章25節：「在耶穌的十字架傍，站着他的母親和他母親的姊妹，還有克羅帕的妻子瑪利亞和瑪利亞瑪達肋納。」〔意〕利類思譯《彌撒經典・耶穌契利斯督我等主依若望受難之經》：「聖母近立耶穌架旁，及其妹瑪利亞客阿拂及瑪利亞瑪達勒納。」（頁303）

九五：鴻漸于陵，婦三歲不孕，終莫之勝，吉。

　　陵，高阜也。此爻變☶，為山陵之象也。中爻為☷中虛，空腹不孕之象，又為三年之象。三四成☵中滿，為孕之象。三五中虛，不孕之象。爻之取象，精之至矣。凡正應為君子，不正為小人。二比三，三比四比五，皆陰陽相比，故此爻以三歲不孕終莫之勝。言之終莫之勝者，乃相比之人，終不能比九五之勝，是故吉也。九五居尊，故曰「鴻漸于陵」也。婦指六二，互☶為三，漸進于高而不下應，故曰「婦三歲不孕」也。「終莫之勝」者，上九為終，乃終莫之九五之勝吉也。[26]

　　本旨鴻，大也。「鴻漸于陵」者，乃吾主漸進于十字架之上也。「婦三歲不孕」者，乃守童身之貞也。「終莫之勝」者，乃終莫童身之勝，是故吉也。以☷為聖母，以九五為耶穌，其他莫能比，故曰「終莫之勝，吉」也。此時聖母心懷吾主之苦，故來艮山之上也。[27]

〈象〉曰：「『終莫之勝，吉』，得所願也。」

　　九五中正以居尊位，其下不應，柔來中正，乃人心所願之吉祥全備無缺，故曰「得所願」也。

　　本旨「得所願」者，乃得童身之願也，得救世人之願也，得主復活之願也，是故曰「得所願」也。[28]

26　語出〔明〕來知德《周易集註》：「**高阜曰陵。此爻變艮為山，陵之象也**。婦指二，**中爻為離中虛，空腹不孕之象也**。離居三，三歲之象也。三歲不孕者，言婦不遇乎夫，而三歲不孕也。二四為坎，坎中滿，故曰孕。三五中虛，故曰不孕。爻辭取象，精之極矣。凡正應為君子，相比為小人，二比三、三比四、四比五，皆陰陽相比，故此爻以『三歲不孕，終莫之勝，吉』言。終莫之勝者，相比之小人，終不得以間之，而五與二合也。」（下冊，頁532）

27　「以九五為耶穌，其他莫能比，故曰『終莫之勝，吉』也。此時聖母」，徐匯本無，今據伯祿本及呂註本增。

28　「之吉祥全備無缺，故曰『得所願』也。本旨『得所願』」，徐匯本無，今據伯祿本及呂註本增。

上九：鴻漸于陸，其羽可用為儀，吉。

陸，高也，即上之義也。中爻水在山上，故自于而陸。此爻變 ☵ 水，又在山上，故又有漸陸之象。☴ 性入，進退不果，故又退漸于陸。蓋三乃上之三應，雖非陰陽相應，然皆剛明君子，故知進而又知退焉。[29]儀，儀則也。知進知退，唯聖人能之。今上能退于三，其志可則，蓋百世之師也。鴻飛于羽，乃表其行。上九為巽之極高，其德超絕萬世，可為萬世之儀。效其德者，則得其吉也。[30]

本旨乃言聖母為世人之德表，而人效其德者，乃得永遠之吉也。[31]

〈象〉曰：「『其羽可用為儀，吉』，不可亂也。」

言 ☴ 女德超萬世，豈可得而亂乎？故曰「不可亂」也。「不可亂」者，鴻飛于雲漢之間，列陣有序，與凡鳥不同，所以可用為儀而不可亂也。上九不得其正，為亂之象。下 ☶ 止之，「不可亂」之象。[32]

本旨言聖母之德，無可比擬。其餘神聖俱在下，豈可得而亂乎？今世之吉，終亂而亡，天國真福永吉，不可得而亂亡也。

---

29 焉，徐匯本作「也」，今據伯祿本及呂註本改。

30 語出〔明〕來知德《周易集註》：「陸即三爻之陸。**中爻水在山上，故自干而陸。此爻變坎，又水在山上，故又有鴻漸于陸之象。**巽性入，又伏，本卦主于漸進，今進于上，則進之極，無地可進矣。**巽性伏入，進退不果，故又退漸于陸也。**蓋三乃上之正應，雖非陰陽相合，然皆剛明君子，故知進而又知退焉。儀者，儀則也。知進知退，惟聖人能之。今上能退于三，即蠱之『志可則』，蓋百世之師也，故其羽可以為儀。曰『羽』者，就其鴻而言之。曰『羽可儀』，猶言人之言行可法則也。升卦與漸卦同是上進之袿，觀升卦上六曰『利不息之貞』，則此爻可知矣。胡安定公以『陸』作『逵』者，非也。蓋易到六爻極處即反，『亢龍有悔』之類是也。」（下冊，頁532–533）

31 有關效法信友該聖母德行，可參〔意〕高一志《聖母行實》：「聖母之行實，奉教者之鏡也。見之而不知所從，以改其過，崇其德者，無之。人客弗念哉！」（卷一，頁327）

32 語出〔明〕來知德《周易集註》：「**不可亂者，鴻飛于雲漢之間，列陣有序，與凡鳥不同，所以可用為儀。**若以人事論，不可亂者，富貴利達不足以亂其心也。若富貴利達亂其心，惟知其進，不知其退；惟知其高，不知其下，安得可用為儀？今知進又知退，知高又知下，所以可以為人之儀則。」（下冊，頁533）

歸妹卦

䷵	兌下震上			
屬	䷳ 艮[33]	七歸內卦成 ䷵ 歸妹		
錯綜	䷴ 漸			
參伍	下互 ䷥ 睽	中互 ䷾ 既濟	上互 ䷧ 解	
五爻互	下互[34] ䷻ 節	上互[35] ䷶ 豐		
各爻變[36]	初爻變成 ䷧ 解	錯 ䷤ 家人	綜 ䷦ 蹇	地位
	二爻變成 ䷲ 震	錯 ䷸ 巽	綜 ䷳ 艮	
	三爻變成 ䷡ 大壯	錯 ䷠ 遯		人位
	四爻變成 ䷒ 臨	錯 ䷠ 遯	綜 ䷓ 觀	
	五爻變成 ䷹ 兌	錯 ䷳ 艮	綜 ䷸ 巽	天位
	六爻變成 ䷥ 睽	錯 ䷦ 蹇	綜 ䷤ 家人	

歸妹：征凶，無攸利。

女子謂嫁曰歸妹，少女也。☱以少女，而從☳之長男，而其情又為以悅而動，皆非正也，故其卦為歸妹。而卦之諸爻，皆不得其正應，故曰征凶，而無攸利也。☳為足動，為征之象。中爻為☵，為凶之象，不正得凶，無攸利之象。[37]

---

33 艮，徐匯本、伯祿本及呂註本無無，今據卦象增。

34 互，徐匯本、伯祿本及呂註本無無，今據諸表增。

35 同上。

36 各爻變，徐匯本、伯祿本及呂註本無，今據諸表增。

37 攸，原指水流的樣子，後引申為安閒、長遠等意。《説文解字》：「行水也。」〔清〕段玉裁注：「戴侗曰：『唐本作水行攸攸也。』其中從巜，按當作行水攸攸也。行水順其性，則安流攸攸而入於海。《衞風傳》：『浟浟，流兑是也。』作浟者，俗變也。《左傳》説火曰：『鬱攸從之，蒙葺公屋。』火之行如水之行，故曰鬱攸。《大雅》曰：『爲韓姞相攸。』《釋言》：『攸，所也。』水之安行爲攸，故凡可安爲攸。」（頁125）《冀州從事張表碑》：「令德攸兮宣重光。」《司農劉夫人碑》：「極攸遠索。」

本旨婚配以廣生，防滛以免罪。行邪則是凶，終散無攸行，後受罰罪苦，那時悔邪意，是故當歸妹，免陷永苦地。[38]

又旨世人皆少女，固當歸真主，否則行亂道，是故有征凶而無攸利也。

〈象〉[39]曰：「歸妹，天地之大義也。天地不交而萬物不興，歸妹，人之終始也。

上卦為天，下卦為地，天施地生，乃天地之大義也。陰陽不交，而萬物不生也。歸妹者，乃人之終始也。歸者，乃女之終也。生育者，乃人之始也。以 ☷ 綜 ☳ 為終始之象。[40]

本旨歸妹者，乃天主所定為人之大義也。陰陽不交而萬物不生也。「歸妹」者，乃人之終始也。所以「歸妹」者，[41]乃天主親定不許親上結親，乃所以廣愛人也。其不親者，而使之親其愛則廣矣。[42]

---

38 「婚姻」為天主教七件聖事之一，有關聖事的意義可參〔意〕利類思譯《聖事禮典》：「建定婚姻之禮有三：其一夫婦同心協力，一理外、一理內，終身相扶持，勞逸憂樂相共；其二生子以廣厥類，肰務生子。不務教子，急養子身，怠養子心，則失天主之本意；其三以防色慾之誘，鐸德宜勸之，勿為非禮之滛，惟遵夫婦之正道而已。」（頁459）

39 彖，徐匯本作「象」，今據伯祿本及呂註本改。

40 語出〔明〕來知德《周易集註》：「釋卦名，復以卦德釋之，又以卦體釋卦辭。言所謂歸妹者，本天地之大義也。蓋物無獨生、獨成之理，故男有室、女有家，本天地之常經，是乃其大義也。何也？蓋男女不交，則萬物不生，而人道滅息矣。是歸妹者，雖女道之終，而**生育之事，于此造端，實人道之始，所以為天地之大義也**。然歸妹雖天地之正理，但說而動，則女先乎男，所歸在妹，乃妹之自為，非正理而實私情矣，所以名歸妹。位不當者，二、四陰位而居陽，三、五陽位而居陰，自二至五皆不當也。柔乘剛者，三乘二之剛，五乘四之剛也，有夫屈乎婦，婦制其夫之象。位不當，則紊男女內外之正；柔乘剛，則悖夫婦倡隨之理，所以征凶，无攸利。」（下冊，頁534）

41 「乃人之終始也。所以」，徐匯本無，今據伯祿本及呂註本增。

42 天主婚姻嚴禁宗族之間的親族聯姻，特別是牽涉亂倫的婚姻關係。相關規定可參〔意〕利類思《司鐸典要》：「四、宗族之妨阻。如父娶其女，子娶其母、或繼母、或孫女、或姊妹等。玷倫常之婚配，婚配解散。」（卷上，頁139）

又旨，奉教者乃天主與人之大義也。天主與世人之不交，而萬民不能興起天國之道，歸奉真主，乃外教之終而奉教之始，故曰「人之終始」也。

説以動，所歸妹也。

下悦而上動，不得其正應，不正則邪，義屬不可，故當歸妹也。歸妹也者，乃當歸中互則得其正，所以歸妹也。

本旨悦以動者，乃因悦而動也。所以歸妹者，乃因免犯罪也。聽命歸妹則正，違命犯禁則邪，邪則為罪，所以當歸妹也。

征凶，位不當也；無攸利，柔乘剛也。」

「征凶」者，因為位不當往也。[43]「無攸利」者，因其上下柔皆乘其剛也。理當剛乘柔而今柔乘剛，是故「無攸利」也。

本旨「征凶」者，行亂道則凶也。「位不當」者，為人不當行亂道。亂道終無利，乃因人欺主也。

〈象〉曰：「澤上有雷，歸妹；君子以永終知敝。」

澤上有雷者，乃 ☱ 有上 ☳ 也。「君子」者，乃修德之人也。「以永終知敝」者，乃以永終防罪也。兌為毀折，為敝之象。中爻 ☵ 為通，為永之象，☲ 為明，為知之象。雷震澤上，水氣隨之而升，女子從人之象也。故君子見其合之不正，即知其終之有敝也。[44]

43　位不當往，徐匯本作「不當征」，今據伯祿本及呂註本改。

44　語出〔明〕來知德《周易集註》：「永對暫言，終對始言。永終者，久後之意。**兌為毀折，有敝象。中爻坎為通，離為明，有知象。**故知其敝。天下之事凡以仁義道德相交洽者，則久久愈善，如劉孝標所謂『風雨蕭然而不輟其音，霜雪零而不渝其色』，此永終无敝者也。故以勢合者，勢盡則情疏；以色合者，色衰則愛弛。堁垣復關之輩，雖言笑于其初；而桑落黃隕之嗟，終痛悼于其後。至于立身一敗，萬事瓦裂，其敝至此。**雷震澤上，水氣隨之而升，女子從人之象也。故君子觀其合之不正**，而動于一時情欲之私，**即知其終之有敝**，而必至失身敗德，相為睽乖矣。此所以欲善其終，必慎其始。」（下冊，頁535）

本旨雷動澤隨者，乃物之性也。「歸妹」者，乃天主所定為人之理也。[45]君子觀其合之不正，知其永終之有敝也。「永終」者，乃死而後已也。色欲者，乃人之本性所有，故「以永終知敝」而永終謹防之，以免陷之于邪人也。小人不知其害之大，是故不防也，哀哉！

初九：歸妹以娣，跛能履，征吉。

娣，小妹也。兌為少女，故為小妹，故曰「歸妹以娣」也。兌為妾，為娣之象。又為毀折，為跛之象。因其無應，是故曰「跛」。因其陽剛得正，故曰「跛能履」也。以初居下，為履之象。九四歸中，乃得其應而能免罪，故曰貞凶，以上應震征之象也。得正而應，吉之象也。[46]

本旨進教之人力能不等竭己之力能而行者，則得吉也。「歸妹以娣」者，乃奉教之娣也。「跛能履」者，乃弱人能行也，行道故吉。

〈象〉曰：「『歸妹以娣』，以恒也。『跛能履，吉』，相承也。」

初九本身乃中下二互，常為初九不變，故曰「以恒」也。☳為常恒之象，待中互六四來接應則吉，故曰「相承」也。☱為附決，相承之象。初在下位，又無正應，分當宜于娣，是乃常道也。相承者，能承助乎正室也。[47]

<hr>

45 此處帶出了「性教」（Natural Law）的概念，相關理論的闡述可參〔葡〕孟儒望（João Monteiro，1603–1648）《天學略義》：「《中庸》首言『天命謂性，修道謂教。』蓋欲人盡其性中固有之善，以不負天帝之錫予，則儒教殆即天主之性教也。」（頁198）又見於〔意〕艾儒略《口鐸日抄》：「性教何也？人類之始生也，天主賦之靈性，俾通明義理。斯時十誡之理，已刻於人心之中，普萬國皆然，是謂性教。」（卷二，頁108）

46 語出〔明〕來知德《周易集註》：「《爾雅》：『長婦謂稚婦為娣，娣謂長婦為姒。』即今之妯娌相呼也。又《曲禮》『世婦』、『姪娣』，蓋以妻之妹從妻來者為娣也。古者諸侯一娶九女，嫡夫人之左右媵皆以姪娣從。送女從嫁曰媵。以《爾雅》、《曲禮》媵送考之，幼婦曰娣，蓋從嫁以適人者也。兌為妾，娣之象。初在下，亦娣之象。兌為毀折，有跛之象。震為足，足居初，中爻離為目，目與足皆毀折，所以初爻言足之跛，而二爻言目之眇也。若以變坎論，坎為曳，亦跛之象也。跛者，行之不以正，側行者也。以嫡娣論，側行正所尊正室也。若正行則是專正室之事矣，故以跛象之。」（下冊，頁535–536）

47 語出〔明〕來知德《周易集註》：「恒，常也，天地之常道也。有嫡有妾者，人道之常。初在下位，無正應，分當宜于娣矣，是乃常道也，故曰『以恒也』。『恒』字

本旨成德貴在恒心，又必彼此相愛相助，乃相承也。

九二：眇能視，利幽人之貞。

九二不得其正應而得偏光，故曰「眇能視」也。以九居二，幽人之象。人在澤中，亦幽之象。歸互無益本身暗光，故利幽人之貞也。一目無配，故曰「眇」也。中爻 ☲ 目 ☳ 毀折，為眇之象。本以陽，故能「視」。因其得中，故利幽人之貞也。

本旨「眇能視」者，乃用靈恒之目也。「利幽人之貞」者，乃宜獨守本身之貞，而不可他求也。幽而闇者，乃得純心事主，是故宜也。其無世間之暫樂，而有天國之永樂。《經》中天主謂貞者，曰「爾弗言我枯樹矣。我定爾寶座於城中，賜爾名甚美」，[48] 于生子者，即于天堂貞者，乃尊于婚配，貞者之報，亦大于婚配之報矣，是故曰「利幽人之貞」也。

〈象〉曰：「『利幽人之貞』，未變常也。」

未變常者，乃未變歸互而恒居本卦之位也。幽人者，乃抱道懷德而不偶者也。守身而終，乃未變常也。☳ 為常之象，一與之齊終身不改，此乃貞道之常也。[49]

本旨未變常者，乃未常變亂其事主之常工也。

義，又見九二〈小象〉。**相承者，能承助乎正室也。**以其有賢正之德，所以能相承，故曰『相承也』。『以恒』以分言，『相承』以德言。」（下冊，頁536）

48　此處引譯自《依撒意亞先知書》五十六章3–5節：「歸依上主異邦人不應說：『上主必將我由他的民族中分別出來！』閹人也不應說：『看！我是一棵枯樹！』因為上主這樣說：『對那些遵守我安息日，揀選我所悅意的和固守我盟約的閹人，我要在我的屋內，在我的牆垣內，賜給他們比子女還好的記念碑和美名，我要賜給他們一個永久不能泯滅的名字。』」

49　語出〔明〕來知德《周易集註》：「一與之齊，**終身不改，此婦道之常也。**今能守幽人之貞，則未變其常矣。故教占者如幽人之貞，則利也。初爻、二爻〈小象〉，孔子皆以『恒』、『常』二字釋之，何也？蓋兌為常，則『恒』、『常』二字乃兌之情性，故釋之以此。」（下冊，頁537）

六三：歸妹以須，反歸以娣。

須，待也。六三不得其正，待歸中互而為九三，乃應上六皆得其正，乃「反歸以娣」也。☳為反生，是故曰反。[50]須，面毛也。[51]三居☲上，是故曰「須」。須不能自動而隨頤，是故待也。

本旨乃言中國之人歸從聖教，以待君王奉教而後從之，故曰歸妹以待也。「反歸以娣」者，乃反在他國之後，而為少女也。

〈象〉曰：「『歸妹以須』，未當也。」

以六居三，未當位也。☲之正位在六，今居乎三，故曰「未當位」也。

本旨歸本真教而待後者，乃未當中國之位也。以中國反居他國之後，可恥孰甚，不明真道，乃失其所以為中國矣，愧乎哉？中國人也。

九四：歸妹愆期，遲歸有時。

愆，音牽，過也。[52]下卦之限為期，因無下應，是故過限，故曰「歸妹愆期」也。九四不正，遲而歸中互，乃得其正而又有應，此有一定之時，

50　語出〔明〕來知德《周易集註》：「須，賤妾之稱。《天文志》須女四星，賤妾之稱，故古人以婢僕為餘須。反者，顛倒之意。震為反生，故曰反。」（下冊，頁537–538）

51　《説文解字》：「須，面毛也。」〔清〕段玉裁注：「頤，下毛也。各本譌作面毛也三字。今正。《禮記》、《禮運正義》曰：『案説文云耏者，鬚也。』鬚謂頤下之毛，象形字也。今本而篆下云頰毛也，須篆下云面毛也，語皆不通。毛篆下云眉髮之屬，故眉解目上毛，須解頤下毛。須在頰者謂之頿，不謂之而釋須爲面毛，則九無理。須在頤下，髭在口上，頿在頰，其名分別有定。《釋名》亦曰：『口上曰髭，口下曰承漿，頤下曰鬚，在頰耳旁曰 』，與許説合。《易》賁六二「賁其須」，侯果曰：『自三至上，有頤之象。二在頤下，須之象也。』引伸爲凡上林賦之鶹蘇，吳都賦之流蘇，今俗云蘇頭皆卽須字也。俗假須爲需，別製鬒鬚字。」（頁428）

52　愆，原指罪過，後引申為違背、超過、延誤等意。《説文解字》：「愆，過也。」〔清〕段玉裁注：「《邶風》「其心塞淵」，《毛傳》：『塞，瘱也。』崔集注本作實。今以許書繩之，作實爲是矣。詩秉心塞淵、王猷允塞皆同。鄭箋云：『塞，充實也』今文《尚書》『文塞晏晏』，鄭注《考靈耀》云：『道德純備謂之塞。』道德純備，充實之意也。咎繇謨，剛而塞，夏本紀作剛而實。按圭部曰：窒，窒也。穴部曰：窒，窒也。寶，窒也。窒廢而俗多用塞。塞，隔也。非其義也。至若燕燕、定之方中、堯典、咎繇謨諸塞字又皆當作窒。即曰叚借，亦當叚窒，而不當叚窒也。」（頁125）《左傳・昭公四年》：「冬無愆陽。」《左傳・宣公十一年》：「不愆於素。」

故曰「遲歸有時」也。中爻 ☵ 月 ☲ 日，為期之象。九四一變則純 ☷，而不見日月，故曰「愆期」。☳ 春 ☱ 秋 ☵ 冬 ☲ 夏，四時之象。☳ 東 ☱ 西，相隔甚遠，所以「愆期」。四時循環，則有時矣。☳ 綜 ☱，為有時之象。[53]

　　本旨中國遲歸聖教，乃有一定之時。「愆期」者，乃過七千年之限也。下 ☳ 為二，乃天主降生之後二千年之時，中國聖教大通，而聖風一也。[54]

〈象〉曰：「愆期之志，有待而行也。」

　　以九為志，因志不正而愆期有待，中互而行也。☳ 東 ☱ 西，有待之象。☳ 為足行，行嫁之象，待有挨時之意也。

　　本旨因其志向不正，所以愆期有待，歸順聖教之君而後行也。如此之人，乃為隨教，固非窮理之士，不足貴也。盍窮理哉！

六五：帝乙歸妹，其君之袂，不如其娣之袂良。月幾望，吉。

　　☳ 為帝長，為乙。君者，妹也。此爻變 ☱ 為少女，故以妹言之。三變為娣，變 ☰ 為衣，故其衣之袂良。五爻變 ☷ 成缺，故不如三之良。[55]「月幾望」者，[56] ☵ 月 ☲ 日。☳ 東 ☱ 西，日月東西相望也。五陰二陽，言日與月對，而五應乎二陽也。曰幾者，言光未盈滿，柔得居中而謙也。六五居尊，故曰帝乙。六五本身之象，不如中互之象，得其中正，故曰「其君之袂，不如其娣之袂良」也。袂者，挽袖，乃衣飾也。中互六四，為陰陽十

53　語出〔明〕來知德《周易集註》：「**愆，過也，言過期也**。女子過期不嫁人，故曰『愆期』，即《詩》〈摽梅〉之意。因無正應，以陽應陽，則純陽矣，故愆期。有時者，男女之婚姻自有其時也。蓋天下無不嫁之女，愆期者數，有時者理。若以象論，**中爻坎月離日，期之象也。四一變則純坤，而日月不見矣，故愆期。震春兌秋，坎冬離夏，四時之象。震東兌西，相隔甚遠，所以愆期。四時循環，則有時矣**。」（下冊，頁538）

54　參閱頁243注362。

55　三之良，徐匯本作「三之月良」，今據伯祿本及呂註本改。

56　幾望，指即將滿月的月亮。《水滸傳》：「此時正是八月中旬，望前天氣，那輪幾望的明月，照耀的如白晝一般。」《迎潮送潮辭·送潮》：「大幾望兮微將晦翳，睨瀛溶兮斂然而退。」

字以十居四，乃為十四幾乎十五。六五互 ☳ 為月，故曰「月幾望」也。歸
入中互，乃為九五，乃得其正也，是故吉也。惜後儒以帝乙為商殷太丁之
子，若其為居德正，當以九五言之，不當以六五言表之。殷其為君不正不
犯，而其德而獲吉。若以不正而獲吉，其義何居？以此觀之，可見後儒不
明《易經》之旨，信口而妄談也。[57]

本旨「帝乙歸妹」者，乃 ☷ 主歸聖神，而反為 ☴ 長女也。其聖母之衣
飾，不如其賤人之衣飾美也。「月幾望，吉」者，乃聖母幾乎十五，而歸淨
配得聖子，是故吉也。[58]

〈象〉曰：「『帝乙歸妹』，『不如其娣之袂良』也。其位在中，以貴
行也。」

其位在中者，乃其正位在中互也。以貴行者，因此而貴行中互也。

本旨乃聖母為 ☷ 主之妹，其歸之時，不如其娣之袂良也。年幾十五，
乃十四而九月餘得生聖子，是故吉也。其在位中作主保，貴德行而不尚虛
文也。云此者，乃示吾人當效其德，而受其恩也。

57　語出〔明〕來知德《周易集註》：「帝乙，如箕子明夷，高宗伐鬼方之類。**君者，妹
也。此爻變兌，兌為少女，故以妹言之。**諸侯之妻曰小君，其女稱縣君。宋之
臣，其妻皆稱縣君是也。故不曰『妹』而曰『君』焉。**袂，衣袖也，**所以為禮容者
也。人之著衣，其禮容全在于袂，故以『袂』言之。良者，美好也。三爻為娣，乾
為衣，三爻變乾，故其衣之袂良。五爻變兌成缺，故不如三之良。若以理論，三
不中正，尚容餙，五柔中，不尚容餙，所以不若其娣之袂良也。**月幾望者，坎月
離日，震東兌西，日月東西相望也。五陰二陽，言月與日對，而應乎二之陽也。**
曰幾者，言光未盈滿，柔德居中而謙也，月幾望而應乎陽，又下嫁，占中之象
也。」（下冊，頁540）

58　此處指聖母十五歲懷孕耶穌，參〔意〕高一志《聖母行實》：「居二載，時瑪利亞年十
有五。天主降生屆期，先遣一天神朝報之。」（卷一，頁335）

上六：女承筐無實，士刲羊無血，[59]無攸利。

刲，[60]音魁，刺也。上六居歸妹之終，而無其應，故謂「女承筐無實而士刲羊無血」也。以 ☱ 為女，以 ☳ 為士，故雙言之，以盡其上六之義也。以 ☳ 為筐，以 ☱ 為羊，乃有其外而無其內，陰柔而無應，是故「無攸利」也。☳ 仰盂，空虛無實之象。中爻 ☵ 為血，☳ 綜 ☶ 為手，為承之象。☲ 為戈兵，為刲之象。[61]羊在下，血在上，為無血之象。百無一成，何利之有？[62]

本旨乃言小儒尚外飾而無內德也。然此等之人，虛度一生而無攸利也。「無攸利」者，乃言與大體無益而有害也。

〈象〉曰：「上六無實，承虛筐也。」

承，載也。上六純柔而無剛應其上，百無所有，故謂承虛而無實也。

本旨乃務虛文而終不能結善菓，仰上則無有，故謂「承虛筐」也。「士刲羊無血」者，乃為善則無力而懼傷害，故謂「士刲羊而無血」也。[63]總屬務虛去實，捨本求末，而永苦不能免也。

59　刲，徐匯本作「卦」，今據易文、伯祿本及呂註本改。

60　同上。

61　同上。

62　語出〔明〕來知德《周易集註》：「兌為女，震為士，筐乃竹所成；震為竹，又仰盂，空虛无實之象也。又變離，亦中虛无實之象也。中爻坎為血卦，血之象也。兌為羊，羊之象也。震綜艮，艮為手，承之象也。離為戈兵，刲之象也。羊在下，血在上，无血之象也。凡夫婦祭祀，承筐而採蘋蘩者，女之事也；刲羊而實鼎者，男之事也。今上與三皆陰爻，不成夫婦，則不能供祭祀矣。无攸利者，人倫以廢，後嗣以絕，有何攸利。刲者，屠也。」（下冊，頁540–541）

63　同上。

豐卦

䷶	離下震上			
屬	䷜ 坎[64]	五爻變成 ䷶ 豐		
錯	䷺ 渙			
綜	䷷ 旅			
參伍	下互 ䷤ 家人	中互 ䷛ 大過	上互 ䷵ 歸妹	
五爻互	下互[65] ䷰ 革	上互[66] ䷟ 恒		
各爻變[67]	初爻變成 ䷽ 小過	錯 ䷼ 中孚		地位
	二爻變成 ䷡ 大壯	錯 ䷓ 觀	綜 ䷠ 遯	
	三爻變成 ䷲ 震	錯 ䷸ 巽	綜 ䷳ 艮	人位
	四爻變成 ䷣ 明夷	錯 ䷅ 訟	綜 ䷢ 晉	
	五爻變成 ䷰ 革	錯[68] ䷃ 蒙	綜 ䷱ 鼎	天位
	六爻變成 ䷝ 離	錯綜 ䷜ 坎		

豐：亨，王假之。勿憂宜日中。

豐，大也。雷聲、日光並大，是故曰「雷火豐」也。[69]雷日通天下，是故曰「亨」。互☵為通之象。「王格之」者，乃☲臨內也。「勿憂」者，乃中上二互內外皆喜也。「宜日中」者，乃☲居中而得正也。☲為日象，又為王象。錯☵為憂象。[70]☳綜☶止，勿憂之象。上下互為日中之象。

---

64 坎，徐匯本、伯祿本及呂註本無，今據卦象增。

65 互，徐匯本、伯祿本及呂註本無，今據諸表增。

66 同上。

67 各爻變，徐匯本、伯祿本及呂註本無，今據諸表增。

68 徐匯本有「山」字，今據伯祿本及呂註本刪。

69 火，徐匯本作「大」，今據伯祿本及呂註本改。

70 語出〔明〕來知德《周易集註》：「亨者，豐自有亨道也，非豐後方亨也。假，至也。必以王言者，蓋王者車書一統，而後可以至此也。此卦離日在下，日已昃矣，所以周公爻辭言『見斗』、『見沬』者，皆此意。『勿憂宜日中』一句讀，言王者至此，

本旨「豐亨」者，乃聖教大通也。「王假之」者，乃 ☲ 為陰陽王，以陰陽云者義謂，乃為生前死後、善惡隱顯、[71] 天神魔鬼、[72] 陰陽萬有之王之主也。吾主格之以解人憂，故曰「勿憂」。上下互有暗憂，中上互有明喜，故曰「勿憂」也。「宜日中」者，因 ☲ 在中，故曰「宜日中」也。乃宜守吾主之命也，中道也。草古而後聖教大通，吾主格中降福中國，故曰「勿憂」。「宜日中」者，乃宜以吾主之恩光，以照中國之人心也。

〈彖〉[73]曰：「豐，大也。明以動，故豐。

☲ 明而 ☳ 動，因明而動，故大興也。

本旨吾主開明提動人心，乃因理明人心動，故得聖教大興也。

王假之，尚大也。勿憂宜日中，宜照天下也。

「王格之」者，乃宜格下互也。「尚大」者，乃上為 ☳ 主也。「勿憂」者，乃應下互得其應也。宜藉日中之光，宜以文明以照天下也。☲ 居天下，為照天下之象。

本旨王格人世，尚大體之事也。勿憂者，乃喜也。宜日守吾主之中道，宜以真道之光，以照天下人心也。主語聖徒曰：「爾輩高山之燈，照徹群迷耳。」[74] 此言吾國聖教大通，尚德者，宜照天下萬民。

勿憂宜日中，不宜如是之昃，昃則不能照天下也。孔子乃足之曰：日至中，不免于昃，徒憂而已。文王已有此意，但未發出，孔子乃足之。**離，日象，又王象。錯坎，憂象。**」（下冊，頁541）

71　隱，徐匯本作「陰」，今據伯祿本及呂註本改。

72　天神，徐匯本無，今據伯祿本及呂註本增。

73　彖，徐匯本作「象」，今據伯祿本及呂註本改。

74　此處引譯自《瑪竇福音》五章14–16節：「你們是世界的光；建在山上的城，是不能隱藏的。人點燈，並不是放在斗底下，而是放在燈台上，照耀屋中所有的人。照樣，你們的光也當在人前照耀，好使他們看見你們的善行，光榮你們在天之父。」〔意〕艾儒略《天主降生言行紀畧》：「爾輩如職照臨之光，山巔之城，不能隱也。又如燈燭不受籠罩，必置諸高台，照徹群迷。汝德須光明，令人見而仰之，肖爾善，且歸功上主贊美爾大父焉。」（卷3，頁235–236）

日中則昃，月盈則食，天地盈虛，與時消息，而況於人乎？況於鬼神乎？」

日昃月食者，[75]乃滿則損也。「天地盈虛，與時消息」者，乃天地間諸物皆有盈虛而消息，而況于人乎？況于鬼神乎？下互日昃之象，☳ 為月盈之象。中爻 ☲ 口，為食之象。☷ 中虛，為虛之象。中爻 ☴，為時之象。☳綜 ☶，消息之象。卦位三才，乃天神、世人、地鬼三等之象。上下二互日月正對，交食之象，陰陽相錯，盈虛之象。

本旨「日中則昃」者，謂人不當中年也。其中易失言，當及時修德也。月為倍語，以証其易失之真也。今大限居申時七刻，初至申末酉初，乃與聖教之時也。本卦 ☲ 三 ☳ 四，合之為七。中互 ☴ 二 ☶ 五，仍為七千，[76]乃七千年之時至聖教大通而盈虛也，[77]興盛九百年而消息也。[78]至于息時，乃神人鬼之執事俱止息矣，[79]是故曰「況於鬼神乎」。惟人也壯後即息，死至則息，而永遠無所作為矣。失今不圖則嗟，無及矣。

〈象〉曰：「雷電皆至，豐；君子以折獄致刑。」

上雷而下電，乃雷電皆止也。雷火為君子，互 ☶ 為獄刑，故曰「君子以折獄致刑」也。中爻 ☴ 折獄之象，上 ☳ 綜 ☶，為闇寺致刑之象，☶ 為長男君子之象。

---

75 昃，指太陽向西傾斜。《說文解字》：「日在西方時。側也。」〔清〕段玉裁注：「蒙上日景言之，日在西方則景側也。《易》曰：『日中則昃。』孟氏易作稷，《穀梁春秋經》：『戊午，日下稷。』古文叚借字。」（頁308）《漢書‧董仲舒傳》：「周文王至於日昃不暇食，而宇內亦治。」

76 七千，徐匯本作「七十年」，今據伯祿本及呂註本改。

77 至，徐匯本無，今據伯祿本及呂註本增。

78 據呂立本對〈洛書〉之數的推演，聖教大通於天地開闢七千年之時，大通九百年後便至世界終末。詳見〈導論〉，頁27–28。

79 止息矣，徐匯本作「正息」，今據伯祿本及呂註本改。

本旨雷電皆至者，乃上下皆至聖教之中也。「君子以折獄致刑」者，乃
以罪定補贖也。中互大過，乃大過昔日之盛也。惜吾不遇其盛時也，再待
二百二十六年而後興也，乃君子以折獄致刑之時也。[80]

初九：遇其配主，雖旬無咎，往有尚。

遇，合也。初四不應，是故曰「遇」。初九無應，四為配主，雖與配主
均平，乃無咎也。「往有尚」者，往尚則得配主，[81]故曰「往有尚」也。初四本
平等，以初遇四曰「配主」。以四遇初曰「夷主」，以四遇初曰夷主，故曰「雖
旬無咎」。☳為足，動往之象也。

本旨以吾主人性結合天主之性，故曰「配主」。往與吾主受苦均平，乃
能無咎，且往有尚德也。

〈象〉曰：「『雖旬无咎』，過旬災也。」

過四遇五，則非其應而屬不正，故曰「遇旬災」也。以初遇五，過之象
也。上互遇☵，災之象也。

本旨吾主曰「弟弗克勝師，可與師均斯可矣」。[82]意謂予世受苦，吾弟
過貪世間榮樂，是為過旬而後有災也。生前同主苦，死後偕主宴。過貪世
榮，必有災也。[83]

---

80 參閱頁243注362。
81 配，通「妃」，指配偶、妻子等意。《説文解字》：「配，酒色也。」〔清〕段玉裁注：
「酒色也，本義如是。後人借爲妃字，而本義廢矣。妃者，匹也。從酉己聲。己
非聲也。當本是妃省聲，故叚爲妃字。又別其音妃平，配去。滂佩切。十五部。」
（頁755）《詩・大雅・皇矣》：「天立厥配。」《楚辭・王逸・九思守志》：「配稷契兮
恢唐功。」
82 此處引譯自《路加福音》六章40節：「沒有徒弟勝過師傅的：凡受過完備教育的，
僅相似自己的師傅而已。」〔葡〕陽瑪諾《天主降生聖經直解》：「弟弗克勝師，克竝
師足。」(卷7，頁1b)
83 此處作者以「主宴」比喻天國，詳參《瑪竇福音》二十二章2節：「天國好比一個國
王，為自己的兒子辦婚宴。」〔葡〕陽瑪諾《天主降生聖經直解》：「天國象王，為國
嗣婚娶備宴。」(卷8，頁25a)

六二：豐其蔀，日中見斗，往得疑疾，有孚發若，吉。

蔀，草名。中爻☴，為草之象。斗，量名。應爻☳，量之象也，又為蕃草，蕃盛之象。草在上，蕃日在下，不見其日，而惟見其斗。[84] 六二☲為日，居中，日中之象。為日，明見斗之象。☳為足，往之象也。☵為疑之象，下互六二應九五，有孚之象。以下應上，發若之象。六二居豐之時，是為☲主，至明者也，而上遇六五之柔暗，故為豐蔀，見斗之象。蔀，障蔽也。大者，障蔽，是故日中而昏也。日昏而斗見，故曰「見斗」也。往而從之，則昏暗之君必反，見疑而生疾，故曰「往得疑疾」也。六五歸互而為九五，乃有孚發若而吉也。[85]

本旨「豐其蔀」者，乃上昏也。「日中見斗」者，乃吾主受難之時，日失其光而昏，故「見斗」也。[86]「往得疑疾」者，乃吾主往救世人，而古教之人反得疑疾也。「有孚發若」者，乃有信耶穌為真主。發出善行者，乃得吉也。

84　而，徐匯本無，今據伯祿本及呂註本增。

85　語出〔明〕來知德《周易集註》：「蔀，草名。中爻巽，草之象也。故大過下巽曰白茅，泰卦下變巽曰拔茅，屯卦震錯巽曰草昧，皆以巽為陰柔之木也。因王弼以蔀字為覆暧，後人編《玉篇》即改『蔀，覆』也。斗，量名。應爻震，有量之象，故取諸斗。南斗、北斗皆如量，所以名斗。《易》止有此象，無此事，亦無此理，如金車、玉鉉之類是也。又如刲羊無血，天下豈有殺羊無血之理？所以《易》止有此象。本卦離日在下，雷在上，震為蕃草，蕃盛之象也。言草在上蕃盛，日在下，不見其日，而惟見其斗也。疑者，援其所不及，煩其所不知，必致猜疑也。疾者，持方枘以內圓鑿，反見疾惡也。有孚者，誠信也。離中虛，有孚之象也。發者，感發開導之也。若，助語辭。吉者，至誠足以動人，彼之昏暗可開，而豐亨可保也。貞字、誠字，乃六十四卦之樞紐，聖人于事難行處，不教人以貞，則教人以有孚。六二，居豐之時，為離之主，至明者也，而上應六五之柔暗，故有『豐其蔀，不見其日，惟見其斗』之象。以是昏暗之主，往而從之，彼必見疑疾，有何益哉？惟在積誠信以感發之，則吉。占者當如是也。」（下冊，頁544–545）

86　此處聖經根據可參《瑪竇福音》二十七章46節：「從第六時辰起，直到第九時辰，遍地都黑暗了。」〔意〕利類思譯《彌撒經典·耶穌契利斯督我等主依聖瑪竇受難之經》：「自正午初刻，普地暗冥，幾及申初。」（頁284）

〈象〉曰：「『有孚發若』，信以發志也。」

　　歸下互應九五，乃得真信，有真信必發善志，故曰「信以發志」也。有
善志者，乃必有善行也，是所謂儲美者，必以美出也。

九三：豐其沛，日中見沬。折其右肱，無咎。

　　沛，步昧切，澤也。中爻 ☱ 為澤，沛然下雨之貌，其弊甚于蔀矣。
沬，音昧，小星雨也。雷在上，中爻澤遇風，方取此沛沬小雨之象。☳
綜 ☶ 為手為肱之象。中爻 ☱ 為毀折，折其右肱之象。初爻為三之右，三
為上六之右，折其右肱，則三無所用矣。無咎者，德在我，其用與不用在
人，以義揆之，則無咎也。三處明極而應上六，柔暗而豐極，是故「日中見
沬」也。凡爻以上為君，以下為民。折，音舌。陰斷為折，乃指上六三為
六之右肱。乃六折三，故曰「折其右肱」。以暗滅明，三無咎也。[87]

　　本旨「豐其沛」者，乃邪教也。「日中見沬」者，乃因異端蔽塞聖教
也。[88]「折其右肱」者，乃以外教之暗滅聖教之明，乃為折其右肱，此是外
人之過于我何干，是故乃無咎也。

87　語出〔明〕來知德《周易集註》：「沛，澤也，沛然下雨是也，乃雨貌。沬者，水源
　　也，故曰涎沫、濡沫、跳沫、流沫，乃霡霂細雨不成水之意。此爻未變，中爻兌
　　為澤，沛之象也。既變，中爻成坎水矣，沬之象也。二爻巽木，故以草象之。
　　三爻澤水，故以沬象之。周公爻辭精極至此，王弼不知象，以蔀為覆暖，後儒從
　　之，即以為障蔽。王弼以沛為旆，後儒亦以為旆，殊不知雷在上，**中爻有澤有
　　風，方取此沛、沬之象**，何曾有旆之象哉？相傳之謬有自來矣。**肱者，手臂也。
　　震綜艮，中爻兌錯艮，艮為手，肱之象也。又兌為毀折，折其肱之象也**。曰右
　　者，陽爻為右，陰爻為左，故師之『左次』，明夷之『左股』、『左腹』，皆陰爻也。
　　此陽爻，故以右言之。右肱至便于用，而人不可少者，折右肱，則三無所用矣。
　　无咎者，德在我，其用與不用在人，以義揆之，无咎也。」（下冊，頁545–546）
88　蔽，原指小草，後引申為遮掩、隱藏、堵塞等意。《説文解字》：「蔽蔽，小艸也。」
　　〔清〕段玉裁注：「也當作兒。《召南》『蔽芾甘棠』，毛云：『蔽芾，小兒。』此小艸
　　兒之引伸也。按《爾雅·釋言》：『芾，小也。』《卷阿毛傳》云：『芾、小也。』芾、
　　茀同字。《説文》有茀無芾。甘棠本作茀，或本作市，不可知。」（頁40–41）《楚辭·
　　屈原·卜居》：「竭知盡忠，而蔽鄣於讒。」《戰國策·齊策一》：「宮婦左右，莫不私
　　王，朝廷之臣，莫不畏王，四境之內，莫不有求於王，由此觀之，王之蔽甚矣！」

〈象〉曰：「『豐其沛』，不可大事也。『折其右肱』，終不可用也。」

　　陽爻為大，上☷綜☶為止，上既止之所以不可成大事，人之所賴以作事者，在右肱也。今三為時所廢，是有用之才置于無用之地，如人折其右肱，所以終不可用也。上六為終，乃六終不可用三也。三居上六之右，為右肱之象。[89]

　　本旨外教昏暗不可成大體之事，異端棄絕，終不可用我也。陰柔無補而有害正道，是故終不可用也。

九四：豐其蔀，日中見斗，遇其夷主，吉。

　　夷，等夷也，指初與四同德者也。六二、九四中互澤風，是故曰「蔀」。九三過剛，上應豐極，是故曰「沛」。九四不正而又無應，當歸下互，乃為六四而應初九，乃得其正，是故遇其夷主則吉也。二之豐蔀見斗者，應乎其昏暗也。四之豐蔀見斗，比乎其暗昏也者，[90]所以爻辭相同。[91]

　　本旨☲為先天之主，☵為後天之主，居于下卦，故曰夷主，乃順合☵王則得吉也。

〈象〉曰：「『豐其蔀』，位不當也。『日中見斗』，幽不明也。『遇其夷主』，吉行也。」

　　四豐其蔀者，乃位不當也。「日中見斗」者，乃因其上陰遮蔽，幽不明也。「幽不明」者，初二日中見斗，是明在下，而幽在上，二之身獨明也。

89　語出〔明〕來知德《周易集註》：「不可大事，與遯卦九三同，皆言艮止也。蓋建立大事，以保豐亨之人，必明與動相資。今三爻變，中爻成艮止，雖動而不明矣。動而又止，安能大事哉？其不可濟豐也必矣。周公爻辭以本爻未變言。孔子〈象辭〉以本爻既變言。**人之所賴以作事者在右肱也，今三為時所廢，是有用之才而置無用之地，如人折右肱矣，所以終不可用。**」（下冊，頁546）
90　「四之豐蔀見斗，比乎其暗昏也者」，徐匯本無，今據伯祿本及呂註本增。
91　語出〔明〕來知德《周易集註》：「**夷者，等夷也，指初也，與四同德者也。二之豐蔀見斗者，應乎其昏暗也。四之豐蔀見斗者，比乎其昏暗也。**若以象論，二居中爻巽木之下，四居中爻巽木之上，巽陰木，蔀之類也，所以爻辭同。吉者，明動相資，共濟其豐之事也。」（下冊，頁546）

若四之身原是蔀位則純，是幽而不明矣。行者，動也，動而應乎初也。位遇內主，乃吉行也。☳為行之象。[92]

本旨「位不當」者，乃言外教之人，不當閉塞聖教也。因皆天主所生之人，而不奉主謝恩。今反閉塞聖教之人，仁人之位當如此乎？「幽不明」者，乃言外教之人世務遮蔽其心，因此幽不明也。誠能回心認主，乃吉行也。惜乎！迷子不知夷主乃為耶穌而不認信，請問這夷主確是誰耶？

六五：來章，有慶譽，吉。

來，召來也，謂屈己下賢以召來之章者。六二☲本章明，而又居中得正。本卦明以動，故豐。非明則動，無所之非動，則明無所用。二五居兩卦之中，明動相資，又非豐蔀見斗之說，此易不可為典要也。[93]「慶譽」者，此爻變☱為口，有譽之象。吉者，可以保豐亨之事也。[94]六五質雖柔暗，若能來致天下之明，則有慶譽，而為九五則吉矣。六五不正，當歸中互，而為九五，[95]乃得其正，是故有慶譽而吉也。[96]

本旨六五改邪歸正，則人賓服而外來之章奏，有慶譽則吉也。蓋凡不正，而歸互得正者，乃以小人而變為君子也。

---

92 語出〔明〕來知德《周易集註》：「**幽不明者，初二『日中見斗』，是明在下而幽在上。二之身猶明也。若四之身原是蔀位，則純是幽而不明矣。行者，動也，震性動，動而應乎初也。**」（下冊，頁547）

93 典要，伯祿本及呂註本作「妥要」。

94 事，伯祿本及呂註本作「治」。

95 為，徐匯本作「而」，今據伯祿本及呂註本改。

96 語出〔明〕來知德《周易集註》：「**凡卦自下而上者謂之往，自上而下者謂之來。此來字非各卦之來，乃『召來』之『來』也，謂屈己下賢，以召來之也。章者，六二，離本章明，而又居中得正。本卦『明以動，故豐』，非明則動無所之，非動則明無所用，二五居兩卦之中，明動相資，又非豐蔀見斗之說矣。此《易》不可為典要也。慶者，福慶集于己也。譽者，聲譽聞于人也。此爻變兌，兌為口，有譽象。吉者，可以保豐亨之治也。**」（下冊，頁547）

〈象〉曰：「六五之吉，有慶也。」

六五歸中互，不如歸下互，以謙而得應，是故乃吉而有慶也。中爻☳，為慶之象。

本旨六五歸正，乃得大吉而有天國之慶也。凡得天國之慶者，乃萬世無疆之永樂也。可憐迷子不改過，得地忘天失永樂。悲哉！[97]愚也。

上六：豐其屋，蔀其家，闚其戶，闃其無人，三歲不覿，凶。

以☳綜☶，為屋之象。錯☴，為家之象。☲目，為闚之象。戶，即屋之門。☶止，為闃之象。六不應三，無人之象。☳為三年，又為目，不下應☶，「三歲不覿」之象。以陰柔居豐極，處動終，明極而反暗者也。故為 大其屋，而反自蔽其家。[98]闃，音求，去聲，寂靜也。上六不互家人，故曰「闚其戶，闃其無人」也。☲為三光，上六因豐而自大，不下應三，被三棄絕，是故「三歲不覿」。光明而有幽苦之凶，下互家人，居上為屋。豐極其屋，蔀蔽其家，陰虛不實，是故寂靜而無人，[99]陰蔽而無光，目不能覿，是故凶也。互☵，為凶之象。

本旨「豐其屋，蔀其家」者，乃言中人世務過盛，而遮蔽其家人，不能明正道也。「闚其戶，闃其無人」者，乃察其守程，而有名無實也。[100]「三歲不覿，凶」者，乃永不能見天國之光，常居暗獄之中，是故凶也。

〈象〉曰：「『豐其屋』，天際翔也。『闚其戶，闃其无人』，自藏也。」

上六天位居上之極，故曰「天際翔」也。☷為鵠，為翔之象。暗不應光，故曰「自藏」[101]也。變☷錯☰為隱伏，為藏之象。

本旨乃言居上位者，以蔽自蔽，而不受其正道之光，是故曰「自藏」也。「自藏也」者，乃自避其真道之光也。

---

101 自藏，指自我隱藏。《論衡・謝短》：「各持滿而自藏，非彼而是我，不知所為短，不悟于己未足。」《惜誓》：「彼圣人之神德兮，遠濁世而自藏。」

旅卦

䷷	艮下離上		
屬	䷝離[102]	初爻變成䷷旅	
錯	䷻節		
綜	䷶豐		
參伍	下互䷴漸	中互䷛大過	上互䷥睽
五爻互	下互[103]䷞咸	上互[104]䷱鼎	
各爻變[105]	初爻變成䷝離	錯䷜坎	
	二爻變成䷱鼎	錯䷂屯	綜䷰革
	三爻變成䷢晉	錯䷄需	綜䷣明夷
	四爻變成䷳艮	錯䷹兌	綜䷲震
	五爻變成䷠遯	錯䷒臨	綜䷡大壯
	六爻變成䷽小過	錯䷚中孚	

地位 — 初爻變、二爻變；*人位* — 三爻變、四爻變；*天位* — 五爻變、六爻變

旅：小亨，旅貞吉。

　　旅，羈旅也。[106]山止于火，火炎于上，為去其所止而不處之象，是故

---

102 離，徐匯本、伯祿本及呂註本無，今據卦象增。
103 互，徐匯本、伯祿本及呂註本無，今據諸表增。
104 同上。
105 各爻變，徐匯本、伯祿本及呂註本無，今據諸表增。
106 旅，原指軍隊的編制單位，後引申為軍隊、旅人、旅行等意。《說文解字》：「軍之
　　五百人為旅。从㫃从从。从，俱也。」〔清〕段玉裁注：「《大司徒》：『五人為伍，五
　　伍為兩，四兩為卒，五卒為旅，五旅為師，五師為軍，以起軍旅。』注云：『此皆
　　先王所因農事而定軍令者也。欲其恩足相恤，義足相救，服容相別，音聲相識。』
　　引伸為凡眾之偁。《小雅》『旅力方剛』，《傳》云：『旅，眾也。』又引伸之義為陳。
　　《小雅》『殽核維旅』，《傳》云：『旅，陳也。』又凡言羈旅，義取乎廬。廬，寄也。
　　故《大雅》盧旅猶處處，言言，語語也。又古叚為盧弓之盧。俗乃製舷字。」（頁
　　315）《周禮‧地官‧遺人》：「野鄙之委積，以待羈旅。」《顏氏家訓‧涉務》：「江南
　　朝士，因晉中興，南渡江，卒為羈旅。」

為「旅」也。[107]以 ☷ 之柔，而順 ☶ 之剛，其大者不應，而小者應，是故曰「小亨」也。下互中爻 ☱，為「小亨」之象。[108]六五不得其正，歸中得正則吉，故曰「旅貞吉」也。

本旨乃吾主被釘噶瓦畧山，乃非本處旅盜之間，此所謂「成言乎艮」也。[109]「小亨」者，乃謙人通于主也。「旅貞吉」者，乃旅人得正則吉也。中互 ☷ 二 ☰ 五，合之為七，乃吾主七言而終，救世之功成乎艮山之上。[110]是故曰「成言乎艮」也。☰ 三 ☷ 七，[111]合之為十，乃吾主成救世之功在于十字架上也。[112]上互 ☱ 三 ☶ 二，合之為五，乃吾主受難之五傷。[113]又 ☲ 日當天，其時正午，乃釘架上也。[114]下互十二刻，天昏地震，[115]「極其數，遂定天下

---

107 語出〔明〕來知德《周易集註》：「旅，羈旅也。為卦山內火外，內為主，外為客，山止而不動，猶舍館也；火動而不止，猶行人也，故曰旅。〈序卦〉：『豐，大也。窮大者必失其居，故受之以旅。』所以次豐。」(下冊，頁549)

108 小，徐匯本無，今據伯祿本及呂註本增。

109 語出自〈說卦傳〉五章：「帝出乎震，齊乎巽，相見乎離，致役乎坤，說言乎兌，戰乎乾，勞乎坎，成言乎艮。」呂立本對此章節解義，見頁98–101。

110 吾主七言，即「架上七言」，是指耶穌釘十架臨終前所說的七句話。〔葡〕陽瑪諾《天主降生聖經直解》：「主上聖架，以視世人，猶師上座，以教門弟。吾輩可聽主訓，心納穩守，勿忘而行七言。」(卷五，頁34a) 有關「架上七言」的內容及解說，詳見《天主降生聖經直解》卷八，頁34a–38a。

111 ☷，徐匯本作「☰」，今據伯祿本及呂註本改。

112 有關耶穌基督之苦難為救贖的圓滿，請見陽瑪諾在《天主降生聖經直解》中對聖伯爾納 (St. Bernard) 對「架上七言」中「完成了」（「終」）的說明：「聖伯爾納曰：『吾主救世之工，不丟於半道，未至于中不已。至終乃止，吾輩可法。蓋德不貴于始，惟貴于有終，則有厚報也。』」(卷五，頁37b–38a)

113 五傷，指耶穌基督在釘十字架所受的五個主要傷口—左手、右手、左腳、右腳及肋旁。敬禮「五傷」為教會傳統，詳參《天主聖教日課・卷一》中的〈五傷經〉(頁11b–13a)

114 《若望福音》十九章14–16節：「時值逾越節的預備日，約莫第六時辰，比拉多對猶太人說：『看，你們的君王！』〔……〕於是比拉多把耶穌交給他們去釘死。他們就把耶穌帶去了。」〔意〕利類思《彌撒經典・耶穌基利斯督我等主依若望受難之經》：「時巴斯卦前一日幾午正，對眾人云：『爾王在是。』〔……〕于是付眾釘之，拉耶穌出外。」(頁302–303)

115 《瑪竇福音》二十七章50–52節：「耶穌又大喊一聲，遂交付了靈魂。看聖所的帳幔，從上到下分裂為二，大地震動，巖石崩裂，墳墓自開，許多長眠的聖者的身體復活了。」〔意〕利類思《彌撒經典・耶穌契利斯督我等主依瑪竇受難之經》：「耶

之象」。[116] 中爻 ☲，天昏之象。下 ☶ 綜 ☳ 為動，地震之象。觀卦之象，則知吾主被釘十字架在于艮山之上，乃為確証也。

又吉世人皆為旅，[117] 旅人者，乃流異地非本家也。歸從正道，往至天國之本家，則得永遠之吉矣 。[118]

〈彖〉[119] 曰：「旅，小亨，柔得中乎外而順乎剛，止而麗乎明，是以小亨，旅貞吉也，

六五柔而得中乎外，而順乎艮之剛，下止而麗乎上明。卦象小通，是「旅小亨」也。爻象不正，乃歸旅正則吉也。六五歸中，乃為九五，則得其正，是故吉也。

本旨「旅小亨」者，乃旅小就則能通也。「柔得中乎外而順乎剛」者，乃形居外而順乎神之剛。「止而麗乎明」者，乃止于下情而麗乎上明也，是以小亨而旅貞吉也。居世為旅，乃非正位，歸天得正則吉，故曰「旅貞亨」也。

旅之時義大矣哉。」

中爻 ☴ 為時，二三居位，得宜為義。陽爻為大之象。旅之時義，非屬小可，乃有大道存乎其中，故嘆曰「大矣哉」。

本旨上互 ☴ 三 ☶ 二，合之為五，乃五千年之時。吾主為旅三十三年，古經豫言其時義，乃為天地間第一大事，故嘆曰「大矣哉」。惜乎迷子不知其大，而反視之若無。嗚呼！哀哉！乃失其為人之品，而不知其所失也。

穌又舉大聲，斷息而崩(跪累息)。于是聖殿帷帳，從上至下自裂，大地震動、石自碎，冢墓自闢，已亡多聖人之屍再活出墓。」(頁284)

116 語出〈繫辭上傳〉十章：「參五以變，錯綜其數，通其變，遂成天地之文，極其數，遂定天下之象，非天下之至變，其孰能與于此。」

117 又，徐匯本作「本」，今據伯祿本及呂註本改。

118 矣，徐匯本作「也」，今據伯祿本及呂註本改。

119 彖，徐匯本作「象」，今據伯祿本及呂註本改。

〈象〉曰：「山上有火，旅；君子以明慎用刑而不留獄。」

「山上有火」者，乃 ☶ 上有 ☲ 也。☲ 為君子，因其明慎用刑，而不留獄也。世人皆為旅，乃原祖之罪竄流苦世，故曰「用刑」。☶ 為闇寺，用刑之象。慎如山止，不留如火行，因其為客旅，是故「不留獄」。以公義用刑，不存其罪，乃不留獄也。

本旨「山上有火」者，乃山上有吾主也。「君子」者，乃耶穌也。「以明慎用刑」者，乃言吾主以公義代世人受補罪之刑，而不留人靈于地獄也。聖意不欲留獄，是故補人之罪也。[120]

初六：旅瑣瑣，斯其所取災。

瑣瑣，繁碎猥屑貌。[121]以柔居初，不得其正，是瑣瑣而取災也。

本旨今世之迷子以瑣瑣為德行，乃其所取之災也。[122]初六應大，[123]為取災之象。

---

120 有關基督苦難作為贖罪祭，可參〔法〕沙守信《真道自證》：「然而耶穌之於萬民，猶不止於是，何則？其任其功其愛，非人事可比，任非一國之事，乃萬邦萬民萬世之事也。災非七年之旱，乃從古多年之神旱；拯非一國之人飢而死，乃萬民之罹永殃而永死也；其所求者，非一時之膏雨，乃欲復天主原所施之隆恩也；其所以熄天主之義怒者，非剪髮斷爪而已，乃躬代犧牲，釘於十字架而死。〔昔西國最重之刑，以木造架如十字架，釘其手足而懸之。耶穌特甘心選之，以釘於其上，故曰『釘十架』，後因設十字架，以表聖教之號焉。〕然此贖罪之大祭，為耶穌降來之原義，為救世者之宏勳，故降生以前古聖所定之禮，降生以後耶穌所行之事，悉歸此意焉。」（卷二，頁274）

121 語出〔明〕來知德《周易集註》：「**瑣者，細屑猥鄙貌**。初變則兩離矣，故瑣而又瑣。瑣者，羈旅之間，計財利得失之毫末也。斯者，此也。取災者，自取其災咎也。斯其所以取災者，因此瑣瑣自取災咎，非由外來也。旅最下則瑣瑣取災，旅最上則焚巢致凶，必如象之柔中順剛，止而麗明，方得盡善。」（下冊，頁551）

122 其，徐匯本作「其其」，今據伯祿本及呂註本刪。

123 大，徐匯本作「火」，今據伯祿本及呂註本改。

〈象〉曰：「『旅瑣瑣』，志窮災也。」

初六不正，無互可歸，又無正應，故曰「志窮災」也。「志窮災」者，乃心志窮促淺狹也。九四變中爻 ☳，乃志窮之災也。[124]

本旨此言下品之人，以旅世之事為真正，是故繁碎猥屑，而求之其神恩，盡耗于世俗肉身之事，而為魔鬼之奴，而無歸正之志，終落地獄，是故「志窮災」也。迷子貪旅世閔，[125] 不畏永災大禍臨身，時痛哭悔不該。[126] 惜哉！悔之遲矣。[127]

六二：旅即次，懷其資，得童僕貞。

即，就也。次，舍也。☶ 為門，二居 ☶ 止之中，即次得安之象。中爻 ☴ 為近利，市三倍，懷資之象。少曰「童」，長曰「僕」，旅之奔走服役者。☶ 為少男，綜 ☳ 為長男，童僕之象。貞者，良善不欺也。即此則安以其在內得正，[128] 故為懷資以其在下之中，故為「童僕」。以六居二為貞，故曰「得童僕之貞」也。[129]

本旨六二得旅世之中正，乃以世為旅，而不為家。「懷其資」者，乃懷其德也。是故得童僕之貞矣。[130]

---

124 語出〔明〕來知德《周易集註》：「**志窮者，心志窮促淺狹也**，惟其志窮，所以瑣瑣取災。」（下冊，頁551）

125 閔，原指弔唁，後引申為憐恤、勉、憂慮等意。《說文解字》：「弔者在門也。」〔清〕段玉裁注：「引申爲凡痛惜之辭，俗作憫。《邶風》『覯閔既多』，《豳風》『鬻子之閔斯』，《傳》曰：『閔、病也。』」（頁597）《詩經‧邶風‧柏舟》：「覯閔既多，受侮不少。」《文選‧李密‧陳情表》：「臣以險釁，夙遭閔凶。」

126 該，徐匯本作「及」，今據伯祿本及呂註本改。

127 「悔之遲矣」前，徐匯本有「悔不及」，今據伯祿本及呂註本刪。

128 此，徐匯本作「次」，今據伯祿本及呂註本改。

129 語出〔明〕來知德《周易集註》：「**即者，就也。次者，旅之舍也。艮為門，二居艮止之中，即次得安之象也。**資者，財也，旅之用也。**中爻巽，巽為近市利三倍，懷資之象也。**故家人六四『富家，大吉』。**少曰童，長曰僕，旅之奔走服役者也。艮為少男，綜震為長男，童僕之象也。貞者，良善不欺也**，陰爻中虛，有孚貞信之象也。」（下冊，頁551–552）

130 矣，徐匯本作「也」，今據伯祿本及呂註本改。

〈象〉曰：「『得童僕貞』，終無尤也。」

六二得旅之中正，又為童僕之良。上九為終，終不能尤六二也。

本旨「終無尤」者，乃臨終之時無所尤也。以中正柔順而無其應，此正得童僕之正而無所傷，是以「終無尤」也。

九三：旅焚其次，喪其童僕貞，厲。

九三止而不能上進，而居近乎火，是故遭焚其次也。變 ☷，非 ☶ 之男，喪童僕貞信之象。九三與六二反，六二得安，九三得危，遇剛而無應，是故「喪童僕之貞」也。家敗德亡，故危而不安。九三止于下而不能上，是故「厲」也。[131]

本旨九三者，乃人祖父也。人祖之坟本在此山之上。[132] 是故吾主在此山之上，以補世人之原本二罪，因其原罪喪失地堂之福，[133] 遺害子孫之正性，而得世間之萬苦，是故不安而厲也。

〈象〉曰：「『旅焚其次』，亦以傷矣。以旅與下，其義喪也。」

「以旅與下」者，乃與下陰也。居于火內而不能出，是故「亦以傷矣」。[134] 九三以欲火焚身，而並傷其童僕之貞，乃不趨上而趨下，是故「其義喪」也。

---

131 語出〔明〕來知德《周易集註》：「三近離火，焚次之象也。**三變為坤，則非艮之男矣，喪童僕之象也**。貞者，童僕之貞信者喪之也。『貞』字連『童僕』讀，蓋九三過剛不中，與六二柔順中正全相反，『焚次』與『即次』反，『喪童僕貞』與『得童僕貞』反，『得』字對『喪』字看，故知『貞』字連『童僕』。」（下冊，頁552）

132 據教會傳說，耶穌釘十字架的加爾瓦略山是亞當的埋葬地，亦是亞巴郎獻子之處。參〔意〕艾儒略《天主降生言行紀畧》：「按西史，加瓦略山，即古聖亞罷郎遵天主命，所欲以其子意撒祭獻之山，亦萬民原祖亞黨所葬之處也。」（卷7，頁311）

133 地堂，即《聖經》記載之伊甸園。見〔意〕羅明堅《天主聖教實錄》：「第六日，則先成其百般走獸，次成一男，名曰亞當、後成一女，名曰阨襪，使之配偶。此二人者，乃普世之祖。使居樂土，是謂『地堂』，無寒無暑，百果俱備。且天主令之曰：『爾若尊順乎我，則萬物亦順乎爾；爾若背我，則萬物安肯順爾哉？』」（頁264–265）

134 以，徐匯本作「亦」，今據伯祿本及呂註本改。

本旨乃言人祖自失地堂之樂而流苦世，遺原罪于後世子孫，故曰「其義喪」也。云此者，乃証因世人之罪，以及吾主山上受難而死也。

九四：旅于處，得其資斧，我心不快。

處，所也，暫息之義。九四居上之下，為旅之處也。其下有應，為得資斧也。☱為戈兵，為斧之象。中爻上☱下☴，木貫乎金，亦斧之象。☴錯☳為加憂，為不快之象。[135] 因位不正，當歸下互而失其應，是故曰「我心不快」也。以九為心，故曰「我心」，乃九四是義也。[136]

本旨設得世福而身不正，終無攸利，因其世不能常久，而後受無窮之苦，是故曰「我心不快」。因其本心不快，故得救世之恩也。[137]

〈象〉曰：「『旅于處』，未得位也。『得其資斧』，心未快也。」

「未得位」者，乃九四未得正位，因為位未正，雖得資斧，心未快也。

本旨旅于下世未得天國之正位，雖得世間之暫福，心中總未快也。此乃剛于不正，而柔于正者也，是故悔改而待救也。

六五：射雉，一矢亡，終以譽命。

三矢中爻為☲，離為雉。錯☵，為矢之象。變☳，為一之象。始☲，有雉、矢二象。及變☰，[138] 則不見雉矢矣，故有雉飛矢亡之象。中爻

---

135 「中爻上☱下☴，木貫乎金，亦斧之象。☴錯☳為加憂，為不快之象」，徐匯本作無，今據伯祿本及呂註本增。

136 是義，伯祿本及呂註本作「自我」。

137 語出〔明〕來知德《周易集註》：「處者，居也，息也。旅處，與『即次』不同，即次者，就其旅舍，已得安者也。**旅處者，行而方處，暫棲息者也**。艮土性止，離火性動，故次與處不同。資者，助也，即六二『懷資』之『資』，財貨金銀之類。斧則所以防身者也。得資足以自利，得斧足以自防，皆旅之不可無者。**離為戈兵，斧之象也**。中爻上兌金，下巽木，木貫乎金，亦斧之象也。旅于處，則有棲身之地，非三之焚次矣。得資斧則有禦備之具，非三之喪童僕矣。離錯坎為加憂，不快之象。此爻變，中爻成坎，亦不快之象。」（下冊，頁553）

138 及，徐匯本作「乃」，今據伯祿本及呂註本改。

☱以口悦人，為譽之象。中爻☲，為命之象，[139]故曰「射雉，一矢亡」也。本身故有光明之德，上互仍以光明之德，而為王舌，故曰「終以譽命」也。五居中爻☲終，故曰「終以譽命」也。[140]

本旨「射雉，一矢亡」者，乃因天主結合人性，[141]而以一陽換一陰也。「終以譽命」者，乃終成救世之功而得美譽之命于其天上也。[142]

〈象〉曰：「『終以譽命』，上逮也。」

五居上體之中，是故曰上以四與二在下故也。逮，及也，言順四應二，賴及于四、二，所以得譽命也。五入上互，其下有應，故曰「上逮」也。[143]

本旨乃言吾主終于十字架上而得美譽之命，及至天上，故曰「上逮」也。[144]

上九：鳥焚其巢，旅人先笑後號咷，喪牛于易，凶。

☴，其為木也。[145]科上稿，為巢之象，又為鳥，為火。中爻☴，為木，為風。鳥居風木之上而遇火，火燃風烈，為焚巢之象。旅人，九三

---

139 「為命之象」，徐匯本作「命為之象」，今據伯祿本及呂註本改。

140 語出〔明〕來知德《周易集註》：「離為雉，雉之象也。錯坎，矢之象也。變乾，乾居一，一之象也。始而離，則有雉、矢二象。及變乾，則不見雉與矢矣，故有雉飛矢亡之象。譽者，兑也。兑悦體，又為口，以口悦人，譽之象也。凡《易》中言『譽』者皆兑，如蠱卦『用譽』，中爻兑也；塞卦『來譽』，下體錯兑也；豐卦『慶譽』，中爻兑也。命，命令也。以者，用也。言五用乎四與二也。」（下冊，頁554）

141 人性，伯祿本作「人情」。

142 美譽，伯祿本作「灵譽」。

143 語出〔明〕來知德《周易集註》：「上者，五也，五居上體之中，故曰上，以四與二在下也。逮，及也，言順四應二，賴及于四、二，所以得譽命也。」（下冊，頁554）

144 《若望默示錄》五章11–13節：「我又看見，且聽見在寶座、活物和長老的四周，有許多天使的聲音，他們的數目千千萬萬，大聲喊説：『被宰殺的羔羊堪享權能、富裕、智慧、勇毅、尊威、光榮、和讚頌！』」〔意〕利類思《聖若翰宗徒默照經書》：「維時上座，及獸，及耆老，環圍。予已聞多天神聲音，厥數森森，大號曰：『被殺者羔羊，受德，受天主之位，及知，及勇，及榮，及福，宜哉！』」（頁640）

145 木，徐匯本作「水」，今據伯祿本及呂註本改。

也，乃上九之上應。三居人位，故稱「旅人」。上九乃旅之高位也，因其不正而居火炎之上，乃鳥喞食而帶火，是故「焚其巢」也。入于上互而應六三，乃為 ☱ 悅，是先笑也。其應不正，乃為 ☵ 陷，是「後號咷」也。上互六三，暗 ☷ 為牛，終喪而不能得，故曰「喪牛于易，凶」也。[146]

本旨生時不義而富，乃先笑也。[147]死則終必失之，而後號咷也。旅終必喪，概非我有，永不能得，悔之晚矣，是故凶也。

〈象〉曰：「以旅在上，其義焚也。『喪牛于易』，終莫之聞也。」

居于火上，其義焚也。「終莫之聞」者，乃永不能得聞也。錯 ☵ 為耳痛，故「終莫之聞」也。

本旨上九居卦之終，乃人之死候也。居世為旅，死候為終。死時世物盡喪，杳無音信，故曰「終莫之聞」也。在世如長夢，莫以夢為真。本有真正事，提醒夢中人。忠言必逆耳，苦口是良藥。服藥能愈病，不食奈我何。

---

146 語出〔明〕來知德《周易集註》：「離，其為木也。科上稿，巢之象也。離為鳥，為火，中爻巽，為木，為風，鳥居風木之上而遇火，火燃風烈，焚巢之象也。旅人者，九三也，乃上九之正應也。三為人位，得稱旅人。先笑者，上九未變，中爻兌悅，笑之象也。故與同行正應之旅人為之相笑，及焚其巢，上九一變，則悅體變為震動，成小過災眚之凶矣，豈不號咷？故『先笑，後號咷』也。離為牛，牛之象也。與大壯『喪羊于易』同。易，即場田畔地也。震為大塗，有此象。」（下冊，頁554–555）

147 也，徐匯本無，今據伯祿本及呂註本增。

巽卦

䷸	巽下巽上			
屬卦	初爻變成 ䷈ 小畜			
	二爻變成 ䷤ 家人			
	三爻變成 ䷩ 益			
	四爻變成 ䷘ 無妄			
	五爻變成 ䷔ 噬嗑			
	六還四爻成 ䷚ 頤			
	七歸內卦成 ䷑ 蠱			
錯	䷲ 震			
綜	䷹ 兌			
參伍	下互 ䷛ 大過	中互 ䷥ 睽	上互[148] ䷤ 家人	
五爻互	下互[149] ䷱ 鼎	上互[150] ䷼ 中孚		
各爻變[151]	初爻變成 ䷈ 小畜	錯 ䷏ 豫	綜 ䷉ 履	地位
	二爻變成 ䷴ 漸	錯綜 ䷵ 歸妹		
	三爻變成 ䷺ 渙	錯 ䷶ 豐	綜 ䷻ 節	人位
	四爻變成 ䷫ 姤	錯 ䷗ 復	綜 ䷪ 夬	
	五爻變成 ䷑ 蠱	錯綜 ䷐ 隨		天位
	六爻變成 ䷯ 井	錯 ䷔ 噬嗑	綜 ䷮ 困	

---

148 互，徐匯本、伯祿本及呂註本無，今據諸表增。
149 同上。
150 同上。
151 各爻變，徐匯本、伯祿本及呂註本無，今據諸表增。

巽：小亨，利有攸往，利見大人。

巽，入也，乃長女入世也。一陰伏于二陽之下，其性能巽以入也。其象為風，乃取風化之義也。[152]卦文無應，乃童身之義也。以陰為主，不能大通，故曰「小亨」。以陰從陽而巽，是以「利有攸往」也。上互為家人，乃大人在本家之中，故曰「利見大人」也。「利有攸往」者，宜往上互也。風行，為利往之象。互☲，為利見之象。九五為大人之象。

本旨「巽，小亨」者，乃因聖母謙潔柔順諸德而得通天國之路也。「利有所往」者，乃宜往而行 配取潔之禮，並徃厄日多國也。「利見大人」者，乃利見吾主也。以陰從陽而順者，乃聖母從吾主及聖若瑟而利于行也。以☴生☲而有☲鼎，[153] 是故由「鼎由巽變」也。[154]

〈象〉曰：「重巽以申命，

☴為言。☴初爻變☵為命。☵為申命。中爻☱為口舌，為申命之象。上下皆巽，故曰「重巽」也。申命者，乃申明約束也。中互有王命，故曰「重巽以申命」也。[155]

本旨乃聖母入世，而吾主繼入以發明天主降生救世之旨，入天而發明主保之恩。又，聖教重入他國而傳天主之旨，故曰「重巽以申命」也。[156] 伸命之人數萬里東來，綜卦四萬里，中互五萬里，下互七萬里，上互八萬里，暗互九萬里，本身十萬里，乃伸之命人所行之路也。惜乎伸命之人

---

152 語出〔明〕來知德《周易集註》：「**巽，入也**。二陰伏于四陽之下，能巽順乎陽，故名為巽。**其象為風，風亦取入義，亦巽之義也**。〈序卦〉：『旅而無所容，故受之以巽。』旅途覉寡，非巽順何以取容？所以次旅。」（下冊，頁555）

153 參閱頁220注219。

154 〔宋〕朱熹〈上下經卦變歌〉：「鼎由巽變漸渙旅，渙自漸來終於是。」見卷首，頁81。

155 「本旨『巽，小亨』者」至「故曰『重巽以申命』」，徐匯本無，今據伯祿本及呂註本增。

156 此處指聖母為耶穌之前驅。〔葡〕陽瑪諾《天主降生聖經直解》解釋「聖母聖誕瞻禮」的意義時曾作以下的比喻：「聖母出世，正若曉明之星。亮星未出，黑闇羅地，人皆穩寐，無務世事。既顯于東，太陽嗣繼，使炤普地，人寤皆興百工。」（卷十，頁12a）

數萬里漂洋過海，九死一生，意救我等之靈命，而吾不自救，豈不可傷之
甚乎？

剛巽乎中正而志行，柔皆順乎剛，是以『小亨，利有攸往，利見大人』。」

「剛巽乎中正」，指九五志行，指九二以內為志，乃行歸上互也。「柔皆
順乎剛」，柔指初、四，順乎陽剛也。「是以小亨」者，乃以陰爻柔順而為
主也。[157]

本旨由巽生子以中正之德，而救世之志行也。「柔皆順乎剛」者，乃柔
順之人皆順從聖教會也。「是以小亨」者，乃謙人通于上主也。「利有攸往」
者，乃利行天國之路也。「利見大人」者，乃行于見吾主也。以吾主之人
性，故曰「利見大人」也。

〈象〉曰：「隨風，巽；君子以申命行事。」

「隨風，巽」者，乃上下皆 ☴ 而相隨也。「君子以申命行事」者，乃君
子之所以為君子者，全在乎伸命行事也。聖化之風，自東南相繼而入中
國，以伸上主之命也。[158] ☴ 為風為工，為行事之象。

本旨「隨風，巽」者，乃吾主隨聖母入世也。君子者，乃天地大君之子
也。乃指吾主伸明聖父之命，而行寵教之事也。寵教之事，乃普世濟衆而
救大體也。[159]

---

157 語出〔明〕來知德《周易集註》：「**剛巽乎中正，指九五**，巽乎中正者，居巽卦之中
正也。志行者，能行其志也，蓋剛居中正，則所行當其理，而無過中失正之弊。
凡出身加民，皆建中表正，而志以行矣，此大人之象也。**柔指初與四**，剛指二、
三、五、六，惟**柔能順乎剛**，是以小亨。利有攸往；惟**剛巽乎中正，故利見大
人。**」（下冊，頁556）

158 東南，應指澳門一帶，為早期耶穌會士——如利瑪竇、湯若望、南懷仁、艾儒略
等人——入華傳教的首站。有關聖教由外國傳教士傳入的說法，可另參無妄 ☳
〈象〉辭（頁371–373）、大畜 ☶ 卦辭（頁379–380）、巽 ☴ 卦辭、彖辭、象辭（頁
494–496）、渙 ☴ （頁508–514）解義。

159 參閱頁115注26。

初六：進退，利武人之貞。

風行進退，故曰巽為進退。初六不得其正，而上又無應。進往歸互，退還本身，皆屬不可。幼而無應，惟宜履人性之正斯可矣，故曰「利武人之貞」也。初變☰純剛，[160]故曰「武人」。蓋陰居陽位，則屬不正，變☰則正，故曰「利武人之貞」，如云「利陽剛之正」也。爻象言受命之人，故有吉凶之別。[161]

本旨「進退」者乃聖母之行也。[162]無染原罪，其性本正，故曰「利武人之貞」也。[163]「利武人之貞」者，乃宜踐吾主之行也。

〈象〉曰：「『進退』，志疑也。『利武人之貞』，志治也。」

☰變成☷，為疑之象。初六志疑者，[164]乃因其初無應，與二為志而三疑之也。宜履人之正性而無妄動，則志治矣。

本旨「志疑」者，乃聖母疑受孕，恐損其童身也。[165]「志治」者，乃因己德其正，而知係天主之全能，神工變化而志治也。

---

160 純，徐匯本作「絕」，今據伯祿本及呂註本改。

161 語出〔明〕來知德《周易集註》：「巽為進退，進退之象也。變乾純剛，故曰武人。故履六三變乾亦曰『武人』，皆陰居陽位，變陽則稱『武人』也。蓋陰居陽位則不正，變乾則貞矣，故曰『利武人之貞』。曰『利武人之貞』，如云『利陽剛之正』也。」（下冊，頁557）

162 者，徐匯本無，今據伯祿本及呂註本增。

163 此處指聖母始孕無玷（*Immaculata Conceptio* / Immaculate Conception），以無染原罪之軀誕下耶穌基督。相關學說源自十五世紀，由方濟會會士主力提倡，直到1854年12月8日方獲教廷正式確立為信理。參〔意〕艾儒略《口鐸日抄》：「乃聖母之孕耶穌也，只聖母自有之淨血，聚而成胎，特藉斯彼利多三多之神功耳，是豈分斯彼利多三多之有哉？故不可以謂之父。」（卷四，頁295）另參〔意〕高一志《聖母行實》：「凡受生者，當神形交合時，皆染始祖之病，所謂元罪也。一染此罪，則性稟劣弱，易就諸惡，難修諸德。獨瑪利亞，豫蒙天主佑寵，免其夙染，始胎即含聖德，是以形神之潔，特超眾聖〔⋯〕咸謂聖母與日爭光，與玉比潔，絕不受染原罪，諒矣。」（頁333）

164 者，徐匯本作「也」，今據伯祿本及呂註本改。

165 此處指瑪利亞得天使預言即將懷孕生子後，心懷疑慮。《路加福音》一章34節：「瑪利亞便向天使說：「這事怎能成就？因為我不認識男人。」〔葡〕陽瑪諾《天主降生聖經直解》：「瑪利亞曰：『我既童身，爾言曷行？』」（卷八，頁3b）

九二：巽在牀下，用史巫紛若，吉，無咎。

　　一陰在下，二陽在上，牀之象也。九二之心在初，故曰「牀下」。男覡女巫，以 ☴ 為女，是故曰「巫」。中爻為 ☱，為巫，為口舌，毀折、附、紛若之象。史掌卜筮，是故曰「史」。以陽居陰而有不安之意，故曰「巽在牀下」也。巫，祝也，紛衆也，史籍也。「用史巫紛若，吉，無咎」者，乃用古經祝禱，諸書印証真道，而得其為人之真向，是故吉而無咎矣。九二得中吉，而無咎之象也。[166]

　　本旨「巽在牀下」者，乃豫言聖母懷孕吾主而顧復劬勞也。「用史巫紛若」者，乃用古經印證救世真主，而信順之則吉而無妄矣。本經作証，乃無可咎也。

〈象〉曰：「紛若之吉，得中也。」

　　以九居二，故曰「得中」也。

　　本旨「得中」者，乃得 ☴ 女胎中，而豫言後事也。古經早著，而今應驗矣。詳察吾主之行，而與古經合符矣。

---

166 語出〔明〕來知德《周易集註》：「一陰在下，二陽在上，牀之象，故剝以牀言。巽性伏，二無應于上，退而比初，心在于下，故曰『牀下』。**中爻為兌**，又巽綜兌，兌為巫，史巫之象也。**又為口舌，為毀，為附，紛若之象也**。史掌卜筮，曰「史巫」者，善于卜吉凶之巫也，故曰「史巫」，非兩人也。《周禮》女巫有府一人，史四人，胥四人。《離騷》云：『巫咸將夕降兮，懷椒糈而要之。』注：『巫咸，古之神巫，善于筮吉凶者。』紛者，繽紛雜亂貌。若，語助辭。巫者擊鼓擊缶，婆娑其舞，手舞足蹈，不安寧之事也。必曰巫者，**男曰覡，女曰巫，巽為長女，故以巫**言之。初乃陰爻，居于陽位，二乃陽爻，居于陰位，均之過于卑巽者也。初教以武人之貞，教之以直前勇敢也；二教之以巫之紛若，教之以抖擻奮發也。初陰據陽位，故教以男子之武；二陽據陰位，故教以女人之紛，爻辭之精如此。」（下冊，頁558–559）

九三：頻巽，吝。

頻，數也。三居兩巽之間，一巽盡，一巽復來，故曰「頻巽」。過剛不中，志欲上進，而上無應。志欲歸互而為陰爻，數入而不得其應，是故曰「吝」也。[167]

本旨豫言聖風化世之頻，而世人不接其恩，乃終落永苦之吝也。

〈象〉曰：「頻巽之吝，志窮也。」

無互可入，是「志窮」也。「志窮」者，志六四也。陰爻為窮之象。

本旨乃聖教數傳而教不開，是故「吝」也。「志窮」者，乃無可如何也。然未至其時，是故不能開也。此指中國先迷而後信者也。

六四：悔亡，田獲三品。

陰柔無陰，承乘皆剛，是故曰可悔。然因其得正，其悔亡矣。九二為田，乃為六四之子，因生聖子而得三品也。「三品」者，乃內互之風火澤也。☴之正位在四，六四之位，自然有☴風、☲火、☱澤，三品之象，故曰「三品」。

本旨「悔亡」者，乃無可悔也。「田獲三品」者，乃因聖母生養聖子，而得三冕旒也。[168]歸上互應初九，乃得☶三，為三冕旒之象也。

---

167 語出〔明〕來知德《周易集註》：「**頻者，數也。三居兩巽之間，一巽既盡，一巽復來，頻巽之象。曰『頻巽』，則頻失可知矣。『頻巽』與『頻復』不同，頻復者終于能復也，頻巽者終于不巽也。**」（下冊，頁559）

168 三冕旒，指天主教聖人的三大德行：精修守貞、傳教證道、受苦殉道。〔意〕高一志在《聖母行實》中同樣謂聖母「兼含三冠之美」（卷二，頁369）。

〈象〉曰：「『田獲三品』，有功也。」

　　四順九五行事，故有功也。八卦正位 ☴ 居四所以獲三品而有功也。[169]

　　本旨全備諸德，以苦勞而劬養吾主之身者，故有功也。其功大著而普世被其澤也。

九五：貞吉，悔亡，無不利。無初有終，先庚三日，後庚三日，吉。

　　九五剛健中正，而居 ☴ 體，象有悔。因其中正而吉，故曰得亡其悔而「無不利也。初無應過，是無初也。上互有應，是有終也。庚，更也。[170]中爻為 ☶，為庚。以先卦位，☴ 在西南，☶ 在東北。☴ 五變外卦，為成 ䷑〔蠱〕。[171]今伸命以治蠱，故以九五發之。先庚乃 ☴，後庚乃 ☶，三日乃 ☲，先庚後庚，取庚變之義。☲ 為三日，先庚中互有三日，後庚上互有三日，是故曰「先庚三日，後庚三日」也。☶ 為吉祥之原，得 ☶ 則得吉也。

　　本旨九五者乃吾主也，是為貞吉之原。人得吾主，則得悔亾而無不利也。無初者，乃受難也。有終者，乃復活升天也。先庚後庚，不離吾主則得吉也。先庚者乃生前也，後庚者乃死後也。[172]先庚進聖教，後庚享永福，生前死後不離吾主，是以吉也。此吉者，乃永遠無窮之吉祥也。福哉！福哉！

〈象〉曰：「九五之吉，位正中也。」

　　九五之吉者，乃因位乎天上正中之位也。

---

169 語出〔明〕來知德《周易集註》：「八卦正位巽在四，所以獲三品而有功。」（下冊，頁560）

170 語出〔宋〕朱熹《周易本義》：「先，西薦反。後，胡豆反。**九五剛健中正，而居巽體，故有悔，以有貞而吉也，故得亡其悔而『无不利』**。有悔，是无初也。亡之，是有終也。**庚，更也**，事之變也。先庚三日，丁也。後庚三日，癸也。丁，所以丁甯於其變之前。癸，所以揆度於其變之後。有所變更而得此占者，如是則吉也。」（頁201）

171 語出〔明〕來知德《周易集註》：「先庚、後庚，詳見蠱卦。**五變則外卦為艮，成蠱矣**。先庚丁，後庚癸，其說始於鄭玄，不成其說。」（下冊，頁560）

172「先庚者乃生前也，後庚者乃死後也」，徐匯本無，今據伯祿本及呂註本增。

本旨 ☴ 之聖子，居聖三正中之位，而禍福之權皆由之操，故得吉也。

上九：巽在牀下，喪其資斧，貞凶。

本卦綜 ☱，又中爻 ☱，今斧之象也。上九不正居 ☴ 之極而不能安，故曰「巽在牀下」也。失其下應，乃喪其資斧也。不正而失應，乃正乎凶也。又中爻 ☲ 為戈兵，亦斧之象。陰乃 ☴ 之主，在下四爻屬陰，上亦欲比乎四，故與二之 ☴ 在牀下同。[173]九三、九五不言牀下者，三過剛，五中正也。☱ 近市利三倍，本有其資，此爻變坎為盜，則喪其資矣。且中爻 ☲☱，斧象，皆在下爻，不能冒攝，是喪其資斧矣。貞者，☴ 木美德，今因變爻而並喪之，是故得凶。[174]

本旨 ☴ 在牀下者，乃惡人死而屍下牀也。「喪其資斧」者，乃失其肉身世物也。貞凶者，乃靈入獄也。凶字象地穿爻，而陷其中也。以其不正為惡人，臨終不安而喪世物，死後入獄，乃正乎凶。上九變 ☵，為凶之象。

〈象〉曰：「『巽在牀下』，上窮也。『喪其資斧』，正乎凶也。」

居卦之終，無所可往，是故曰「上窮」也。失其陰斷之應，是「喪其資斧」也。窮而喪資，乃正乎凶也。居外不正，而凥九五之上，是故得凶也。

本旨乃言古教惡徒欺主傲上，[175]其死已至，乃屍下牀，無路可逃，而世物盡喪，魂入地獄，永遠受苦，乃正乎凶也。

---

173 ☱，徐匯本作「四」，今據伯祿本及呂註本改。

174 語出〔明〕來知德《周易集註》：「本卦巽木，綜兑金，又中爻兑金，斧之象也。又中爻離為戈兵，亦斧之象也。陰乃巽之主，陰在下四爻，上亦欲比乎四，故與二之『巽在牀下』同。九三、九五不言『牀下』者，三過剛，五居中得正也。巽近市利三倍，本有其資，此爻變坎為盜，則喪其資矣。且中爻離兑，斧象，皆在下爻，不相管攝，是喪其斧矣。貞者，巽本美德也。上九居巽之終，而陰居于下，當巽之時，故亦有巽在牀下之象。但不中不正，窮之極矣，故又有喪其資斧之象。占者得此，雖正亦凶也。」（下冊，頁561）

175 古，徐匯本作「故」，今據伯祿本及呂註本改。

兌卦

䷹	兌下兌上			
屬	初爻變成 ䷎ 困			
	二爻變成 ䷬ 萃			
	三爻變成 ䷞ 咸			
	四爻變成 ䷦ 蹇			
	五爻變成 ䷎ 謙			
	六還四爻成 ䷽ 小過			
	七歸內卦成 ䷵ 歸妹			
錯	䷳ 艮			
綜	䷸ 巽			
參伍	下互 ䷥ 睽	中互 ䷤ 家人	上互 ䷛ 大過	
五爻互	下互[176] ䷼ 中孚	上互[177] ䷰ 革		
各爻變[178]	初爻變成 ䷎ 困	錯 ䷕ 賁	綜 ䷯ 井	地位
	二爻變成 ䷐ 隨	錯綜 ䷑ 蠱		
	三爻變成 ䷪ 夬	錯 ䷖ 剝	綜 ䷫ 姤	人位
	四爻變成 ䷻ 節	錯 ䷷ 旅	綜 ䷺ 渙	
	五爻變成 ䷵ 歸妹	錯綜 ䷴ 漸		天位
	六爻變成 ䷉ 履	錯 ䷎ 謙	綜 ䷈ 小畜	

---

176 互，徐匯本、伯祿本及呂註本無，今據諸表增。
177 同上。
178 各爻變，徐匯本、伯祿本及呂註本無，今據諸表增。

兌：亨，利貞。

兌，悦也。上下皆悦，是故「亨」也。二、三、四宜歸中互，則得其正，故曰「利貞」。「利貞」者，乃宜正也。[179]

本旨上下皆☱者，乃表聖神無所不在也。其雖臨世，亦不離失，是故「亨」也。「利貞」者，乃利于世之守正也，而得其恩光照之也。

〈象〉[180]曰：「兌，悦也。

兌言為悦，概凡可悦之事，而無如其可悦也。

本旨兌者，聖神也，喜悦也，聖舌也，恩澤也，寵照也，乃天主第三位也。第三爻缺斷者，以表其為聖神也。設無缺斷，則與三無異，而人不能知其為聖神也。上互☱二☱五，合之為七，乃聖神之七恩也。[181]內有忻順，[182]是故曰「兌者悦」也。

---

179 語出〔明〕來知德《周易集註》：「**兌，悦也。**一陰進于二陽之上，喜悦之見于外也，故為兌。〈序卦〉：『巽者，入也。入而後悦之，故受之以兌。』所以次巽。」（下冊，頁 561–562）

180 象，徐匯本作「像」，今據伯祿本及呂註本改。

181 聖神七恩，即上智、聰敏、超見、剛毅、明達、孝愛、敬畏天主。〔意〕艾儒略《口鐸日抄》：「而聖神七恩，又當朝夕切祈者也。何謂七恩？一敬畏、二忻順、三智識、四剛毅、五計策、六明達、七上智。〔…〕聖神之恩反是矣。若受聖神之恩者，卑以自牧，夙夜只慎。上則敬主，下則敬人，其視驕傲為何如哉？夫敬畏之恩未受，則於性命之事，尚強勉承之。有敬畏，則無強勉，舉所施為，靡不踴躍擔當，即為忻順之德矣。既有忻順，使無智識，猶慮見解未真，而生疑阻。迨智之明識之定，則必剛毅為之，以成厥功，剛毅矣。然天下事，亦有不能任意者，故必求善策至計，而後可百舉而百當者也。有剛毅，復有計策，則九上天下地之理，皆其所通達。明悟者智識又不足言矣，求之愈切，則恩之降愈深，上智之妙，曷可言哉？故聖母禱文有曰：『上智之座』，正以明聖母之德精行粹，而為聖神所托基者也。」（卷七，頁 482–484）

182 忻，通「欣」，意為心喜。《説文解字》：「忻，閨也。」〔清〕段玉裁注曰：「閨者，開也。言閨不言開者，閨與忻音近也。如昕讀若希之類也。忻謂心之開發，與欠部欣謂笑喜也異義。廣韻合爲一字，今義非古義也。」（頁 507）《史記・周本紀》：「姜原出野，見巨人跡，心忻然悦。」《淮南子・覽冥》：「忻忻然常自以為治。」

剛中而柔外，説以利貞，是以順乎天而應乎人。説以先民，民忘其勞，説以犯難，民忘其死。説之大，民勸矣哉！」

剛中而柔外者，乃九居內，而六居外也。「悦以利貞」者，乃喜諸爻皆得其正也。☱在上者，乃順乎天也。☱在下者，乃應乎人也。☱之本身先互者，乃「悦以先民」也。陽爻為君，陰爻為民，陽居陰先，為先民之象。暗互☰者，乃「悦以犯難」也。上互大過者，乃悦之大也。悦之既大，民勸矣哉！中互家人，中爻☲為勞，本卦無☲，為忘其勞也。下互☲睽，中爻為隱伏，為死之象。本卦無☲，乃忘其死也。☱為口舌，民勸之象。本卦屬悦，曷為悦也。知其勞我以逸我，死我以生我也，是以悦而自勸也，故曰「民勸矣哉」。

本旨「剛中而柔外」者，乃吾主內剛而外柔也。「悦以利貞」者，乃吾主喜利正人也。是以順乎天主而應乎世人者，乃因此而順聖父之命，以救世人也。「悦以先民」者，乃天主先愛我也。「民忘其勞」者，乃人忘其事主之勞也。「悦以犯難」者，乃吾主喜為我等受難也。「民忘其死」者，乃人捨命以為主也。「悦以大」者，乃愛人之甚也。「民勸矣哉」，乃民悦而咸守聖規也。民得真道，是故勸矣。迷子不信耶穌受難，乃悦以犯難者之謂誰也。「民忘其死」者之謂何也？下互☳三☳二，合之為五，乃耶穌受難之五傷也。[183] 中互☶三☴五，合之為八，乃言訓事主之真福八端也。[184] 是故曰「民勸矣哉」，民得真向，是故勸矣。

〈象〉曰：「麗澤，悦；君子以朋友講習。」

「麗澤，悦」者，乃上下光美恩澤也。互☴為君子，☱本為愛，二愛相結，乃為朋友。☱為聖舌，乃因愛而講習真道也。

183　五傷，指耶穌基督在釘十字架所受的五個主要傷口—左手、右手、左腳、右腳及肋旁。敬禮「五傷」為教會傳統，詳參《天主聖教日課·卷一》中的〈五傷經〉（頁11b–13a）

184　真福八端，即《瑪竇福音》五章3–10節中的耶穌八項教訓。另參〔葡〕陽瑪諾 譯《天主降生聖經直解》卷十二「諸聖人之瞻禮」，頁5b–6a。

本旨「麗澤，悦」者，乃聖神在上下也。「君子以朋友講習」者，乃聖神之言也。聖神之言，即人愛之道也。[185] ☱上☱下為朋友，講習之象。

初九：和兑，吉。

初九得正而居幼時，本無邪思，而以和悦之愛相結，是故得吉。

本旨大人者，不失其赤子之心也。初九無應，因愛得知，乃神性無交婚，是故吉也。初悦為太和之象。

〈象〉曰：「和悦之吉，行未疑也。」

小子無邪愛，其悦也正。和悦以正，是故吉也。乃其行事未有可疑之處，故曰「行未疑」也。

本旨幼子無犯罪之質，因此無所可疑也，故小子無本罪也。[186]初變☱為質，初九未變又無陰比，是故曰「行未疑」也。

九二：孚兑，吉，悔亡。

剛中為孚，居陰為悔，以其得中信之悦，是故「吉而悔亡」也。[187]

本旨信真主而愛敬之，故得吉也。和而不同，故「悔亡」也。

〈象〉曰：「孚兑之吉，信志也。」

九二誠實，故曰「信志」也。以信而發善志，是故吉也。

---

185 此説是基於聖神的特性，因為聖神本身就是愛（參注1）。另見〔意〕艾儒略《口鐸日抄》：「聖神者，仁愛之火也。」（卷三，頁188–189）

186 「本罪」（Actual Sin），即是人自身所犯的罪。一件行為是否有罪，在乎人的立心及意向。相關理論闡述，請見〔意〕利類思《司鐸典要》，上卷，〈痛解論·總論罪惡等例〉，頁106–108。

187 語出〔明〕來知德《周易集註》：「本卦無應與，專以陰陽相比言。**剛中為孚，居陰為悔**。蓋來兑在前，私係相近，因居陰不正，所以不免悔也。九二當兑之時，承比陰柔，説之當有悔矣，然剛中之德，孚信內充，雖比小人，自守不失正，所謂『和而不同』也。占者能如是，以孚而説，則吉而悔亡矣。」（下冊，頁564）

本旨信為諸德之本，有信真主，而發愛敬之誠情，故「信志」也。[188]

六三：來兌，凶。

六三無應來入，下互雖得其應，乃應之不正，而居 ☵ 險之下，故曰「來兌，凶」也。三不中正，為兌之主，上無所應，歸互無益，是故凶也。[189]

本旨愛之不以其正乃為之罪，是以凶也。悅之不以其道，豈能悅哉？

〈象〉曰：「來兌之凶，位不當也。」

以六居三，承乘皆剛，故曰位不當也。

本旨位不當者，乃位不當悅而悅，是來兌凶也。《經》云：「目視他人之婦而心悅之，即可議其罪也。」[190]故誠修餙儀容服色以悅人目者，其心則污，是故凶也。

九四：商兌未寧，介疾有喜。

商，商度也。中爻 ☴ 為不果，為商之象。四不中正，又無正應，上承九五之中正，下比六三之柔邪，故不能決。而商度所悅，未能有定，故曰「商兌未寧」也。介，副也，謂上互也。[191]疾入上互，乃得其應，不失本兌，合奉九五，故有喜也。☱ 本為喜之象。

---

188 〔法〕馬若瑟《儒交信》：「西師答道：『人之神心，有此三德，譬之美木焉。信德為其深根，望德為其芳華，愛德為其嘉實。人心無此三德，如樹無根、無華、無實，是死木矣、枯槁矣、非物矣。』」（頁121–122）

189 語出〔明〕來知德《周易集註》：「三陰柔不中正，上無應與，近比于初與二之陽，乃來求而悅之，是自卑以求悅于人，不知有禮義者矣，故其占凶。」（下冊，頁565）

190 《瑪竇福音》五章28節：「我卻對你們説：凡注視婦女，有意貪戀她的，他已在心裏姦淫了她。」〔意〕艾儒略《天主降生言行紀畧》：「我有進于是者：凡目視他人婦女而心悅之，則心已姦。」（卷3，頁236）

191 語出〔明〕來知德《周易集註》：「**商者，商度也。中爻巽，巽為不果，商之象也。**寧者，安寧也。兩間謂之介，分限也。故人守節，亦謂之介。四與三上下異體，猶疆介然，故以介言之。比乎五者，公也，理也，故不敢舍公而從私。比乎三者，私也，情也，故不能割情而就理，此其所以商度未寧也。商者四，介者九。」（下冊，頁565）

本旨誠意改惡遷善，則有積德之喜也。[192]

〈象〉曰：「九四之喜，有慶也。」

四屬中爻 ䷤ 家人，象人遇恩澤，是故有慶也。

本旨改其不正之愛，而愛其正，是謂之仁。仁則榮，故有慶也。慶因喜來，乃永遠之慶也。

九五：孚于剝，有厲。

以九為孚，剝為陰，能剝陽者也。九五陽剛中正，以居尊位，當無剝者也。然當悅之時，密近上六。上六陰柔，為悅之主，處悅之極，勢能以陰剝陽者也，是故九五有厲而不安，乃悅以犯難也。[193]

本旨乃吾主因愛我等，而悅以犯難也。以其為君，乃悅以先民也。「孚于剝」者，乃因信而降世也。「有厲」者，乃有苦難而不安也。

〈象〉曰：「『孚于剝』，位正當也。」

卦屬 ☱ 悅，以九五之位，乃正當孚于剝而不安也。

本旨吾人有罪不奢，陷冰入火之災，無力自出。天主仁慈，豈忍溺死而不救乎？是故正當犯難，而補救之陷溺，故曰「位正當」也。正所謂悅之大，而民勸矣。

上六：引兌。

引，開弓也，心專一之意。中爻 ☳ 錯 ☴ 為弓，故用引字。上六為成悅之主，以陰居悅之極，引下九五之陽，相與為悅，而不能必其從，故曰

---

192 喜，伯祿本作善。

193 語出〔明〕來知德《周易集註》：「**九五陽剛中正，當悅之時，而居尊位，密近上六，上六陰柔，為悅之主，處悅之極，乃妄悅以剝陽者也。**故戒占者，若信上六，則有危矣。」（下冊，頁566）

「引兌」也。然引之在己而從之則在人也。[194]

本旨「引兌」者，乃引人愛上主也。正所謂仁者愛人是也。

〈象〉曰：「上六引兌，未光也。」

六三暗互 ☳ 光，上六不應，六三為未光之象。上六得正，而陰柔引人悅道而未明，故曰「未光」也。光者，明也。引之為言，乃因其未明正道，是故引之。

本旨聖神未臨人心，人未深明大道，故曰「未光」也。因心未光，故求聖神降臨而寵照焉。

---

194 語出〔明〕來知德《周易集註》：「引者，開弓也，心志專一之意，與萃『引吉』之『引』同。中爻離錯坎，坎為弓，故用『引』字。萃六二變坎，故亦用『引』字。本卦二陰，三曰『來兌』，止來于下，其字猶緩，其為害淺，至上六則悅之極矣，故『引兌』，開弓發矢，其情甚急，其為害深，故九五有厲。上六陰柔，居悅之極，為悅之主，專于悅五之陽者也，故有引兌之象。不言吉凶者，五已有危厲之戒矣。」（下冊，頁566–567）

渙卦

䷺	坎下巽上			
屬	䷝離[195]	五爻變成 ䷺ 渙		
錯	䷶豐			
綜	䷻節			
參伍	下互 ䷧ 解	中互 ䷚頤	上互 ䷴漸	
五爻互	下互[196] ䷃蒙	上互[197] ䷩益		
各爻變[198]	初爻變成 ䷼中孚	錯 ䷽小過		地位
	二爻變成 ䷓觀	錯 ䷡大壯	綜 ䷒臨	
	三爻變成 ䷸巽	錯 ䷲震	綜 ䷹兌	人位
	四爻變成 ䷅訟	錯 ䷣明夷	綜 ䷄需	
	五爻變成 ䷃蒙	錯 ䷰革	綜 ䷂屯	天位
	六爻變成 ䷜坎	錯 ䷝離		

渙：亨。王假有廟，利涉大川，利貞。

　　渙，散也。為卦下 ☵ 上 ☴，風行水上，離披解散之象，故曰「渙」也。[199]風水通天下，是故曰「亨」。暗 ☷ 為王，互 ☶ 為廟，中有純陽王，故曰「王假有廟」也。本卦屬 ☲ 為王，來假于 ☴ ☵ 之中而為九五，此所以為假也。以風吹木而行水上，[200]故曰「利涉大川」也。☵ 為大川，以九五得正，諸爻皆宜正，故曰「利貞」也。乃以己之正，使人得正也。

---

195 離，徐匯本、伯祿本及呂註本無，今據卦象增。
196 互，徐匯本、伯祿本及呂註本無，今據諸表增。
197 同上。
198 各爻變，徐匯本、伯祿本及呂註本無，今據諸表增。
199 語出〔明〕來知德《周易集註》：「**渙者，離散也。其卦坎下巽上，風行水上，有披離解散之意，故為渙。**〈序卦〉：『兌者悦也，悦而後散之，故受之以渙。』所以次兌。」（下冊，頁569）
200 木，徐匯本作「水」，今據伯祿本及呂註本改。

本旨渙卦乃散開通傳，王格人世，宜涉大海，宜貞身以正人也。世人為廟，王格有廟者，為主格人世也。以 ☱ 生 ☴，乃有 ䷿ 未濟。[201]因其未濟而令涉大海，[202]以濟人靈之隔也。

〈彖〉[203]曰：「渙，亨，剛來而不窮，柔得位乎外而上同。

剛來者，言節上卦 ☵ 中陽來居于渙之二也。言剛來亦在下之中，不至于窮也。☴ 為柔得位乎外也。☴ 之正位在四，故曰「得位乎外」也。本卦上為 ☴，上互仍為 ☴，乃「上同」也。[204]

本旨「剛來而不窮」者，乃天主之恩來而不窮也。「柔得位乎外而上同」者，乃傳教者在外國，而上主與之同偕，故曰「上同」也。

『王假有廟』，王乃在中也。

中爻 ☶ 為廟，故曰「在中」。本卦之中，乃有純陽王，居卦正中為王，在中之象。

本旨吾主曰：「三人同為善事，我必在其中，而與之偕焉。」[205]吾主在中，與我同偕，幸矣哉，善人之幸也。

201　參閱頁220注219。

202　令，伯祿本作「今」。

203　彖，徐匯本作「象」，今據伯祿本及呂註本改。

204　語出〔明〕來知德《周易集註》：「言剛來，亦在下之中，不至于窮極也。柔得位乎外而上同者，節下卦兌三之柔，上行而為巽之四，與五同德，以輔佐乎五也。八卦正位，乾在五，巽在四，故曰『得位』，故曰『上同』。王乃在中者，中爻艮為門闕，門闕之內即廟矣。今九五居上卦之中，是在門闕之內矣，故曰『王乃在中也』。乘木者，上卦巽木乘下坎水也。有功者，即『利涉』也。因有此卦綜之德，故能王乃在中。至誠以感之，以聚天下之心；乘木有功，冒險以圖之，以濟天下之難。此渙之所以亨也。」（下冊，頁570）

205　《瑪竇福音》十八章20節之意：「因為那裏有兩個或三個人，因我的名字聚在一起，我就在他們中間。」《古新聖經‧聖徒瑪竇萬日畧》：「不拘那方或有二三人聚，為榮我名，我在他們當中。」（第八冊，頁2711）

『利涉大川』，乘木有功也。」

☴為木。中爻☳為木舟。☵為大川，海之象也。木在水上，乃為舟船，[206]故曰「乘木」也。乘木以從王事，故有功也。

本旨宜涉大海以傳主命，以救人靈，是故「乘木仍有功」也。迷子不醒，何必乘木，乃有功耶。思之思之，求明可也。☵之中陽，為海之象，上下四點，乃四大洲之象也。

〈象〉曰：「風行水上，渙；先王以享于帝立廟。」

「風行水上」者，乃☴行☵上也。渙自漸來，漸卦有王而居渙先，故曰「先王」。以下獻上，亨之象也。「先王以享于帝」，中爻☳為帝之象。立☵互☶為殿，故曰「立廟」也。

本旨「風行水上」者，乃聖化之風涉海，行世以傳主命者。先王者，乃先天之主也。先王因亨于帝，立☵互☶，乃為聖三之寶殿，聖三因生聖子，乃所以立☴為母也。[207]中互為☲〔頤〕，乃養也。因養聖子而立母也。《經》云：「『亞物聖子之貞母』，主又云：『天下義人，乃吾母也。』」[208]此言造物之主，因事上主而造人也。是人也者，乃事奉天主之殿堂也。堂中居主，可知其貴。夫貴也者，乃良貴也。

---

206 船，徐匯本作「般」，今據伯祿本及呂註本改。

207 聖母為聖三寶殿的説法亦見於〔墨〕石鐸琭《聖母花冠經》：「獻啞！無原罪極有真福聖母瑪利亞。天主聖父之長女、天主聖子之貞母、天主聖神之潔婦、天主皇皇聖三之寶殿。我獻此經、虔恭慶賀於爾。升天在諸聖之上、爾心不勝歡喜。」（頁7b–8a）

208 《路加福音》八章21節：「他卻回答他們説：『聽了天主的話而實行的，纔是我的母親和我的兄弟。』」〔意〕艾儒略《天主降生言行紀畧》：「耶穌曰：『疇為吾母？疇為吾兄？』顧群弟子暨諸問道者曰：『是非吾母吾兄弟乎？蓋承順在天我父之旨，即吾兄弟、吾姊妹、即吾母也。』」（卷3，頁243–244）

初六：用拯馬壯，吉。

以陽比陰，中爻☶乎，用拯之象，☶為亟心馬。初六溺于水下，是心待救，救之用壯馬，則得其救，是故吉也。初六無應，待二救之。九二為壯，故得吉也。

本旨初六不正，乃因原罪陷于九泉之下，用救之速，乃能脫苦，是故吉也。

〈象〉曰：「初六之吉，順也。」

初六以柔，故曰「順」也。順二得救，是故吉也。

本旨初六為幼子無應，順乎九二以得聖洗，乃得原罪之赦，是故吉而順受其恩也。二九為聖水恩泉，接恩待救，故曰「順」也。[209]

九二：渙奔其机，悔亡。

奔，疾走也。中爻☳足，☷本亟心，奔之象也。机，木也。中爻☳木，應爻☴木，為机之象，指五。九二未得其正，是故有悔。渙入上互，乃得其正，故悔亡象。[210]

本旨九二奔三，六三奔二，乃為☶漸，而漸開聖教也。斯渙奔其傳教之机，而悔亡矣。

〈象〉曰：「『渙奔其机』，得願也。」

渙奔其机而為中正有應者，是故曰「得願」也。陽爻為得願之象。

---

209 〔意〕利類思譯《聖事禮典》：「洗滌之效，即赦原罪本罪，與其應受刑罰。」（頁360）
210 語出〔明〕來知德《周易集註》：「奔者，疾走也。中爻震足，坎本亟心，奔之象也。又當世道渙散，中爻震動不已，皆有出奔之象。机，木也，出蜀中，似榆可燒以糞稻田。《山海經》云『大堯之上多松栢多机』是也。中爻震木，應爻巽木，机之象也，指五也。」（下冊，頁571–572）

本旨「得願」者，乃得其救人之願也。《經》云「散天下敷教于萬有。」[211]萬有者，世人也。人身雖小，天地合道，乃天地間所有者，人盡有之，故以人為萬有者此也。

六三：渙其躬，無悔。

六三乘剛而不正。「渙其躬」者，乃散其本身，渙入中互，乃得其正，則無悔矣。

本旨散躬而傳聖教，乃為天下第一正事，是故乃得無悔也。

〈象〉曰：「『渙其躬』，志在外也。」

渙入上互，乃為外卦，故曰「志在外也」。「志在外」者，乃志在外卦之上九也。[212]

本旨散入外國以傳聖教，乃志在外國以救人之靈性也。修士救人，人何不自救？

六四：渙其群，元吉，渙有丘，匪夷所思。

六四得正，其下無應，渙其本卦之群，入于中互，乃應初九而得元吉也。中爻☲〔頤〕，大象☲，元吉之象也。六四本當歸之上互，渙在上互，乃為高丘而陽聚于上，故曰「渙有丘」也。非下互所能思及，故曰「匪夷所思」也。中爻☷，為丘之象。☷之正位在四。夷，平常也。「匪夷所思」者，非平常之陰所思及也。☷為思，居下不應，「匪夷所思」之象也。

本旨乃言傳教者，散其本群，天下傳教而得吾主之恩，是為元吉。渙少而得多，有如丘陵，乃非下愚之所思及也。愚者心在塵世，思念不及于此，故曰「匪夷所思」也。

---

211 《馬爾谷福音》16：15節：「然後耶穌對他們說：『你們往普天下去，向一切受造物宣傳福音。』」〔葡〕陽瑪諾 譯《天主降生聖經直解》相近：「繼云：『遊遍地，**敷教於萬有。**』」(卷九，頁55b)
212 語出〔明〕來知德《周易集註》：「**在外者，志在外，卦之上九也。**」(下冊，頁572)

〈象〉曰:「『渙其群,元吉』,光大也。」

上互含日,故曰「光大」也。

本旨乃因散群而傳聖教,是以聖教之光,得其大也。吾主為照世之真光,乃正道之光大顯于世也。

九五:渙汗其大號,渙王居,無咎。

下☵為汗,五不應二,乃渙汗之象也。「其大號」者,乃九五之大號也。☴綜☱,為口號之象也。五為君,又陽爻,大號之象也。上互☶居☷上,遇風,乃「渙王居」之象也。「渙王居」者,乃☶王之居也。中爻☷為居,乃王居也。「無咎」者,乃因其中正。[213]

本旨「渙汗」者,乃吾主為罪人而出流血汗也。以示傳教者,當效吾主而出其血汗也。其大號者,乃耶穌之聖號也。九五上互暗☲。離者,麗也。固知其內,為耶穌之聖號也。為傳耶穌之大號,散其王居不為過,乃為理當,故無咎也。耶穌聖名之詳䑏,乃見☲卦,茲不復贅。

〈象〉曰:「王居無咎,正位也。」

以九居五,故曰「正位」也。

本旨吾主之聖身,乃為聖三之居,而忍為吾輩捨之。吾當以死還死,乃正位也。耶穌為師,我為其徒,不效耶穌,何以為之徒也。

---

213 語出〔明〕來知德《周易集註》:「上卦風以散之,**下卦坎水,汗之象也。巽綜兌,兌為口,號之象也。五為君,又陽爻,大號之象也。**散人之疾而使之愈者,汗也。解天下之難而使之安者,號令也。大號,如武王克商〈武成〉諸篇,及唐德宗罪己之詔皆是也。王居者,帝都也,如赤眉入長安,正渙之時矣,光武乃封更始為淮陽王,而定都洛陽是也。又如徽、欽如金,正渙之時矣,建炎元年,皇后降書中外,乃曰:『歷年二百,人不知兵;傳世九君,世無失德。雖舉族有比轅之釁,而敷天同左袒之心,乃眷賢王,越居舊服。』高宗乃即位于南京應天府,皆所謂渙王居也。益卦中爻為坤,『利用為依遷國』,此爻一變,亦中爻成坤,故『渙王居』。坎錯離,離為日,王之象。五乃君位,亦有王之象。孔子恐人不知『王居』二字,故〈小象〉曰『正位也』。曰『正位』,義自顯明。」(下冊,頁574)

上九：渙其血，去逖出，[214] 無咎。

上九下應六三，乃 ☵ 體為血之象，而應之不得其正，故當散其血，而去其六三。逖出而歸上互，乃上互無應。然當渙之時無應，則無私係，故無咎也。上居風之極，為逖出之象。

本旨乃傳教者辭親眷離本國，遠出外方，則無咎也。親人骨肉相屬，今遠出數萬里外之，故謂「渙其血」之象。

〈象〉曰：「『渙其血』，遠害也。」

下 ☵ 為害之象，上九不應六三，乃為遠害之象。

本旨遠害者，乃為遠衆人之靈而害上體，天主之聖意也。

---

214 逖，本指遙遠，後引伸為遠離。《説文解字》：「逖，遠也。」〔清〕段玉裁注曰：「《釋詁》：『逷，遠也。』按《集韻》云，《説文》引詩捨爾介逖，王伯厚《詩》攷因之，攷《大雅》作介狄。毛訓遠也。蓋謂狄同逖，言叚借也。用逷蠻方。雲逷，遠也。則言轉注也。《集韻》所據不足信。」(頁75)《書經・多方》：「我則致天之罰，離逖爾土。」《漢書・谷永傳》：「誅逐仁賢，離逖骨肉。」

節卦

䷻	兌下坎上		
屬	䷜ 坎[215]	初爻變成 ䷻ 節	
錯	䷷ 旅		
綜	䷺ 渙		
參伍	下互 ䷵ 歸妹	中互 ䷚ 頤	上互 ䷦ 蹇
五爻互[216]	下互[216] ䷨ 損	上互[217] ䷂ 屯	
各爻變[218]	初爻變成 ䷜ 坎	錯 ䷝ 離	|地位
	二爻變成 ䷂ 屯	錯 ䷱ 鼎	綜 ䷃ 蒙
	三爻變成 ䷄ 需	錯 ䷢ 晉	綜 ䷅ 訟 |人位
	四爻變成 ䷹ 兌	錯 ䷳ 艮	綜 ䷸ 巽
	五爻變成 ䷒ 臨	錯 ䷠ 遯	綜 ䷓ 觀 |天位
	六爻變成 ䷼ 中孚	錯 ䷽ 小過	

節：亨，苦節，不可貞。

節，有限而止之也。[219]為卦內 ☱ 悅而外 ☵ 險，恐其太過，故戒以節
而免其傷，是故 ䷻ 節也。下流之愛在乎食色，九五中正而居尊位，是故
戒人守節。節而歸上互，其應乃通。☵ 為通之象，故曰「節，亨」。上六陰
柔無應，乃為「苦節」。☵ 為加憂，為蒺藜，為心病，苦節之象也。䷻ 錯
☶ 止，為不可之象。上 ☵ 得正，為貞之象。「不可貞」者，謂不可固守本
卦，[220]當歸上互，乃得其正，是故曰「不可貞」也。

---

215 坎，徐匯本、伯祿本及呂註本無，今據卦象增。
216 互，徐匯本、伯祿本及呂註本無，今據諸表增。
217 同上。
218 各爻變，徐匯本及伯祿本無，今據諸表增。
219 也，徐匯本無，今據伯祿本及呂註本增。
220 謂，徐匯本無，今據伯祿本及呂註本增。

本占「節，亨」者，乃守節而能大通天國之路也。[221]「苦節，不可貞」者，苦節謂過分之節，乃不可固守過分。不正之節，因其反害德行故也。

〈彖〉[222]曰：「節亨，剛柔分而剛得中。

「剛柔分」者，謂三剛三之柔均分也。「剛得中」者，乃二、五兩爻也。[223]節而能亨者，乃剛柔均平，而剛志中者也。

本旨「剛柔分」者，乃善惡分而善得中也。

苦節不可貞，其道窮也。

指上六其下無應，其上卦窮，故曰其「其道窮」也。中爻 ☳ 為道之象，上六無道，為道窮之象。

本旨「苦節」者，乃因節而苦，心不甘也。「不可貞」者，乃不可固執愚惡也。「道窮」者，乃無可奈何也。

説以行險，當位以節，中正以通。

中爻 ☳ 為行之象，內悦外險，乃悦以行險也。九五當位而不應，乃所以節衆也。因其中正，乃歸上互則通矣。[224]行險有節，中正則通。☵ 之正位在五，故以當位言之。☵ 為通之象，是故曰「通」。悦則易流，遇險則止。悦而不流，所以為節也。

本旨「悦以行險」者，喜受苦難也。「當位以節」者，乃當有節制之德也。「中正以通」者，乃無過無不及，則能通乎道也。

---

221 天國，徐匯本作「天下」，今據伯祿本及呂註本改。

222 彖，徐匯本作「象」，今據伯祿本及呂註本改。

223 五，徐匯本作「互」，今據伯祿本及呂註本改。

224 乃歸上互則通矣，伯祿本作「而終歸足互則得通矣。」

天地節而四時成，節以制度，不傷財，不害民。」

上卦為天，下卦為地。天地一十二節，[225] 三節為一時，而四時成也。☰綜☷，為時之象。☷春☱夏☶秋☵冬，四時之象也。「節以制度」者，乃人君效天地之節，則不傷財，不害民矣。以☰綜☷，為繩直制度之象。又為近市利三倍。中互☷為民。中爻☶止，為不傷財、不害民之象。☵為律，亦制度之象。

本旨造物主製造天地有節，而四時成矣。上下二互，暗互王法，故曰「節以制度」也。然既有節度，則不傷財，不害民矣。可惜無節之徒，乃傷財而害命也。

〈象〉曰：「澤上有水，節；君子以制數度，議德行。」

「澤上有水」者，乃☱上☵下也。君子者，乃大君之子也。「君子以制數度」者，乃知數學而通天文也。「議德行」者，乃通理性而明道德之本也。數者，乃☶二☱四☷七☵六，數之象也。☶陽德☷足，議德行之象也。

本旨「數度」者，乃規矩也。制規矩命人遵守，乃有節度，而非亂道可比也。議論德行者，則知何者為善而當行，何者為惡而當避。善惡既分，則知趨避而免錯行，乃所以節之之義也。

初九：不出戶庭，無咎。

中爻☵為門，門在外戶在內，故二爻取門象。此爻取戶象，前有陽爻閉塞，為閉戶不出之象。又應六四險難在前，故不當出，亦不出之象。中爻☷，為庭之象。以初得正，[226] 無咎之象。初九得正而有應，因其幼節，是故不當出戶庭，以為守節，故「無咎」也。[227]

---

225 天地，徐匯本作「天下」，今據伯祿本及呂註本改。

226 得正，徐匯本作「德正」，今據伯祿本及呂註本及改。

227 語出〔明〕來知德《周易集註》：「**中爻艮為門，門在外，戶在內，故二爻取門象，此爻取戶象。前有陽爻蔽塞，閉戶不出之象也。又應四，險難在前，亦不當出，亦不出之象也。**此象所該者廣，在為學為含章，在處事為括囊，在言語為簡默，在用財為儉約，在立身為隱居，在戰陣為堅壁。〈繫辭〉止以言語一事言之。无咎者，不失身，不失時也。」（下冊，頁578）

本旨幼子既正不交外人，不受染污，則無咎也。

〈象〉曰：「『不出戶庭』，知通塞也。」

本身通也，下互塞也。守身而不出，乃知通塞也。互 ☲ 為光明，為知之象。本應六四 ☵ 體為通，然 ☵ 體險難，必不可往。又九二橫于前，為塞之象也。

本旨外教異端淫亂之風閉塞正道。不密親友交往外人者，天路則通。濫交而不避漸染者，天路則塞矣。

九二：不出門庭，凶。

九二前無閉塞，可以出門庭矣。但陽德不正，又無應與，故有「不出門庭」之象。上 ☵，為凶之象。門庭者，乃門外之庭也。九二不得其正位，又無正應，若不出身而入互則凶矣。[228]

本旨言若不改過歸節，乃終得凶而受永苦之罰矣。[229]

〈象〉曰：「『不出門庭，凶』，失時極也。」

極，至也。言失時之至，乃惜之也。初時之塞，故不出。無咎，二時之通矣，故不出凶。☲ 為時，此卦無 ☲，故曰「失時」。九二反 ☲，為失時之象。九二當出之時，而不出門，乃不能得其正，故曰「失時極」也。設言不出身，而歸上互，乃失上互之正，是為之極也。[230]

---

228 語出〔明〕來知德《周易集註》：「聖賢之道，以中為貴，故『邦有道，其言足以興；邦無道，其默足以容』。九二當禹稷之位，守顏子之節，初之无咎，二之凶，可知矣。**九二前無蔽塞，可以出門庭矣，但陽德不正，又無應與，故有不出門庭之象。**此則惟知有節，而不知通其節，節之失時者也，故凶。」（下冊，頁579）

229 終，徐匯本無，今伯祿本增。

230 語出〔明〕來知德《周易集註》：「極，至也。言失時之至，惜之也。初與二，〈小象〉皆一意，惟觀時之通塞而已。**初，時之塞矣，故『不出戶庭，无咎』。二，時之通矣，故『不出門庭，凶』。**所以可仕則仕，可止則止。孔子為聖之時，而禹稷顏回同道者，皆一意也。」（下冊，頁579）

本旨義謂理當出門而拜師，[231] 以求明正道。設不然者，則失為學之時，而後悔無及也。

六三：不節若，則嗟若，無咎。

☱ 為口舌，☵ 為加憂，又悅之極，則生悲嘆，皆嗟嘆之象。六三不正，為咎之象。三不中正，故為不節。歸互不得，是故嗟若，而無所歸咎也。

本旨食色財言者，等設不節。若受害則嗟，而無所歸咎矣。

〈象〉曰：「不節之嗟，又誰咎也。」

「不節之嗟」者，乃因受不節之害而嗟嘆也。咎在本身，而又誰咎也？是乃以己害己，而歸咎于誰也。自作之孽，何所歸咎？[232]

六四：安節，亨。

安，順也。中互 ☷ ，為順之象。六四得正而有應，又奉九五之節，是故曰「安節，亨」也。「安節，亨」者，乃安行節道則天路通也。六四 ☵ 體，為亨之象。[233]

---

231 義謂，徐匯本作「議」，今據伯祿本及呂註本改。

232 語出〔明〕來知德《周易集註》：「**兌為口舌，又坎為加憂，又兌悅之極，則生悲嘆，皆嗟嘆之象也。**用財恣情妄費，則不節矣；修身縱情肆欲，則不節矣。嗟者，財以費而傷，德以縱而敗，豈不自嗟？若，助語辭。**自作之孽，何所歸咎？**」（下冊，頁579）

233 語出〔明〕來知德《周易集註》：「**安者，順也。**上承君之節，順而奉行之也。九五為節之主，『當位以節，中正以通』，乃節之極美者。四最近君，先受其節，不節之節。以脩身用財言者，舉其大者而言耳。若臣安君之節，則非止二者。蓋節者，中其節之義，在學為不陵節之節，在禮為節文之節，在財為撙節之節，在信為符節之節，在臣為名節之節，在君師為節制之節，故不止于修身用財。」（下冊，頁580）。

〈象〉曰：「安節之亨，承上道也。」

「承上道」者，乃奉行九五之節道也。中爻 ☳ 為道之象。九五居上，故曰「上道」。四居五下，為奉之象。

本旨安心于守節，則通于上主，而奉行上主之節道也。奉行上主之節道者，乃天國之路則通也。

九五：甘節，吉，往有尚。

☵ 變 ☷ 土，其味則甘。下卦 ☱ 為口舌，甘節之象。五居悦體之上，則人悦乎哉，故往有尚吉者，節之盡善盡美也。九五陽剛中正，而其下无應，往歸上互，乃得其應，故曰「甘節，吉而往有尚」也。中爻 ☳，為往之象。[234]

本旨「甘節」者，乃甘心守吾主之節也。[235]往行吾主之節道者，乃尚有德之人也。凡事有節則甘，无節則苦，[236]故曰「甘節，吉，而往有尚」也。

〈象〉曰：「甘節之吉，居位中也。」

雖歸上互，乃居九五，故曰「居位中」也。節以中正，無過不及，甘心如是，故得吉也。

---

234 語出〔明〕來知德《周易集註》：「甘者，樂易而無艱苦之謂。**坎變坤**，坤為土，其數五，**其味甘**，甘之象也。凡味之甘者，人皆嗜之。**下卦乃悦體，又兑為口舌，甘節之象也**。諸爻之節，節其在我者。九五之節，以節節人者也。臨卦六三居悦體之極，則求悦乎人，故无攸利。**節之九五居悦體之上，則人悦乎我，故往有尚**。吉者，**節之盡善盡美也**。往有尚者，立法于今而可以垂範于後也。蓋甘節者，中正也。往有尚者，通也。數度德行，皆有制議，而通之天下矣。正所謂『當位以節，中正以通』也。」（下冊，頁580-581）

235 「九五陽剛中」至「乃甘心守吾主之節也」，徐匯本無，今據伯祿本及呂註本增。

236 无節則苦，徐匯本無，今據呂註本增。

本旨「甘節」者，乃因聽吾主之命，而甘守節德，是故吉也。「居位中」者，乃居位聖教之中也。居位乎聖教之中者，乃非吾人能節，因奉聖規而甘節之也。

上六：苦節，貞凶，悔亡。

六居險極，乃苦之象。上六得正而居 ☵ 體，乃貞凶之象。上六為臨終之象，死乃凶之象也。上六陰柔，居節之極，其力不勝，故為「苦節」。下又無應，乃正乎凶，因其得正，故「悔亡」也。

本旨乃凶乎身而靈悔亡也。

〈象〉曰：「『苦節，貞凶』，其道窮也。」

居卦之終，無所可往，故曰「其道窮」也。乃謂節道，窮于此而已矣。上六乏 ☷，為道窮之象。

本旨乃言六十以上不失大齋則無罪也。[237]「苦節」者，乃過分之節也。因其過分而 大事，故曰「貞凶」也。「其道窮」者，乃無善道可行也。六十以上其力已衰，而不能行，故曰「道窮」也。意謂人當及時修德，無待老時，而遺後悔也。

---

237 失，徐匯本作「守」，今據伯祿本及呂註本改。

中孚卦

䷼	兌下巽上			
大象	☲離[238]			
屬	☶艮[239]	六還四爻成 ䷼ 中孚		
錯	䷽ 小過			
參伍	下互☱歸妹	中互☲頤	上互☴漸	
五爻互	下互[240] ䷨ 損	上互[241] ䷩ 益		
各爻變[242]	初爻變成 ䷺ 渙	錯䷶ 豐	綜䷻ 節	地位
	二爻變成 ䷩ 益	錯䷟ 恒	綜䷨ 損	
	三爻變成 ䷈ 小畜	錯䷏ 豫	綜䷉ 履	人位
	四爻變成 ䷉ 履	錯䷎ 謙	綜䷈ 小畜	
	五爻變成 ䷨ 損	錯䷞ 咸	綜䷩ 益	天位
	六爻變成 ䷻ 節	錯䷷ 旅	綜䷺ 渙	

中孚：豚魚，吉，利涉大川，利貞。

　　☴順而☱悅，其中皆實，故曰「中孚，豚魚」。[243]生于澤中，將生風，則先出拜，而信之自然，無所勉强者也，唐詩「江豚吹浪夜還風」[244]。信然豚

---

238 離，徐匯本、伯祿本及呂註本無，今據卦象增。

239 艮，徐匯本、伯祿本及呂註本無，今據卦象增。

240 互，徐匯本、伯祿本及呂註本無，今據諸表增。

241 同上。

242 各爻變，徐匯本、伯祿本及呂註本無，今據諸表增。

243 孚，原指孵化，後引申信任、使人信服、符合等意。《說文解字》：「卵孚也。」〔清〕段玉裁注：「卽字依玄應書補。通俗文。卵化曰孚，音方赴反。《廣雅》：『孚，生也。』謂子出於卵也。方言，鷄卵伏而未孚。於此可得孚之解矣。卵因伏而孚，學者因卽呼伏爲孚。凡伏卵曰抱，房奧反亦曰嫗。央富反。」（頁114）《詩·大雅·文王》：「萬邦作孚。」《報劉一丈書》：「此世所謂上下相孚也。」

244 語出〔唐〕許渾〈金陵懷古〉：「玉樹歌殘王氣終，景陽兵合戍樓空。鬆楸遠近千官冢，禾黍高低六代宮。石燕拂雲晴亦雨，江豚吹浪夜還風。英雄一去豪華盡，惟有青山似洛中。」

魚，則吉矣。本卦上風下澤，豚魚生于澤而知風，故以豚魚象之。豚魚指三四，乃陰柔而無能食飲者也，故謂之豚魚也。☵，為魚之象。大象☲錯☵，為豚之象。中爻☱，舟居澤上，為利涉之象。然豚魚有應而得食，是故吉也。木在澤上，外實而中虛，乃為舟楫之象。且互中暗水火既濟，舟遇風水，是故利涉也。上下互暗☵，是為大川。九五得正，諸爻皆宜，故曰「利貞」也。[245]

本旨「中孚」者，乃心信也。「豚魚，吉」者，乃謙人得吉也。「利涉大川」者，乃宜涉海也。「利貞」者，乃宜貞身以正人也。因天下之人不正，是故宜正之也。「涉大川」者，乃為救天下之人，登世海之岸，而得天上國。以☲生☵，乃有䷥睽，[246]亦聖母生耶穌，人性之証也。[247]

〈彖〉[248]曰：「中孚柔在內而剛得中，說而巽孚，乃化邦也。

「中孚柔在內」者，乃二陰在內也。「剛得中」者，乃二五得中也。「悅而巽孚」者，乃☱悅而☴孚也。「乃化邦」者，因中孚之內，本有純陽王，又大象☲，為王，「乃化邦」也。下悅上順，所以中孚，「乃化邦」也。☴為風化，為化邦之象。

本旨「柔在內」者，乃心良善也。「剛得中」者，乃善惡得中也。「悅而☴孚」者，乃喜而兩家相愛也。主訓宗徒，乃以吾主真道化行以及天下萬邦，是故曰「乃化邦」也。化之如何，使之改邪歸正而得永福之樂也。

---

245 語出〔明〕來知德《周易集註》：「**豚魚生于大澤之中，將生風，則先出拜，乃信之自然，無所勉強者也，唐詩云『河豚吹浪夜還風』是也。信如豚魚，則吉矣。本卦上風下澤，豚魚生于澤，知風，故象之。**鶴知秋，雞知旦，三物皆信，故卦爻皆象之。利貞者，利于正也。若盜賊相約，男女相私，豈不彼此有孚，然非理之正矣，故利貞。」(下冊，頁582)

246 參閱頁220注219。

247 此處指耶穌的人性來自聖母，相關教義可參〔法〕沙守信《真道自證》：「曰：『耶穌有兩性：一為天主性，一為人性。生於漢時者，乃人性也。天主性，原無始而自有。惟天主聖子，當日結合一人性，而有降生之事也。』」(卷三，頁297)

248 彖，徐匯本作「象」，今據易文改。

豚魚吉，信及豚魚也。『利涉大川』，乘木舟虛也。

「信及豚魚也」者，乃陽應陰也。宜涉大川者，以救豚魚也。「乘木舟虛」者，乃中下二互有☴為舟也。而巽為木，乃☴乘舟而中虛也。川衆流者，大川即大海也，乃☵之象。上下二互☵，穿地而流也。☵之上下四點，乃四大川之象也。木在水上，涉大川之象。中虛者，乃舟之象也。

本旨「豚魚吉」者，乃謙人之吉也。「信及豚魚」者，乃信及謙人也。「利涉大川」者，乃宜涉海以救謙人也。豚魚無知，乃謙人之象也。海水遍通天下者，故為乘舟而利涉，乃天主之妙意也。「乘木舟虛」者，乃惟虛而能受以救人者也。救之如何，乃免地獄永火之災，而登于天國永福之岸也。

中孚以利貞，乃應乎天也。」

「中孚以利貞」者，乃言九二宜歸家人而為六二，乃應乎上天之九五也。

本旨「中孚以利貞」者，乃宜守貞身而應乎天主之命也。由☷生☲而救世人也。觀變卦之意，乃証因聖神之工降孕，而☷變成☲乃為䷤家人矣。[249]家人也者，乃為吾主之本家人也。

〈象〉曰：「澤上有風，中孚；君子以議獄緩死。」

有☲之明，☶之威，方可用獄。此卦大象☲，而中爻為☵，☱為口舌，議獄之象。☶為不果，緩死之象。議獄罪之當死者，乃緩其死而欲求其生也。下互☵險，為獄之象。☵毀，為死之象。上互☶不果，☶止刑，為緩死之象。「澤上有風」者，乃☱上☴下也。君子者，乃大君之子也。議獄以☱舌，緩死以仁愛。

本旨「澤上有風」者，乃聖化涉海以救人也。主祭者，議罪而定補，以緩人靈之死，故曰「君子以議獄緩死」也。

249《瑪竇福音》一章20節：「達味之子若瑟，不要怕娶你的妻子瑪利亞，因為那在她內受生的，是出於聖神。」〔意〕利類思譯《彌撒經典・聖瑪竇萬日畧經》：「達未德子若瑟勿懼，受爾耦媾瑪利亞，蓋生于伊者，即由于斯彼利多三多矣。」（頁533）

初九：虞吉，有他不燕。

虞，樂也。[250]☱為悦樂之象。初九得正而有應，是故樂乎正道，乃得吉也。「有他不燕」者，燕，安也，喜也。因有他下互，乃失其應而遇其☵，故曰「有他不燕」也。☵為不安之象，是故得正而有應者，乃不可他求也。設有他求則不燕矣。☱為悦樂，得其正應，則安而有他。六三居近，是故不安。[251]

本旨初九專心守正，自有神樂，故得吉也。「有他不燕」者，乃初未得中，因幼力弱，恐被他誘，故不安也。

〈象〉曰：「初九虞吉，志未變也。」

以九為志，初九以專志，樂從正道而不變怪，是故得吉。初九得正，[252]不入互，故曰「志未變」也。初變成☵，居九泉之下，即得其凶。是故吉者，乃「志未變」也。

本旨居初為幼，故志未變，而得聖洗之吉也。聖洗之吉者，乃得原罪之赦，並得永福之樂，是故吉也。人長則變，變善者，十之一。變惡者，十之九也，故曰「志未變」也。

九二：鳴鶴在陰，其子和之。我有好爵，吾與爾靡之。

大象☳為雉，中爻☶為鵠，皆飛鳥之象。不言雉、鵠而言鶴者，乃☶為白鶴，而有信者也。常以夜半鳴聲，聞八九里，雞知將旦，鶴知夜半。☱為口舌，鳴之象也。在陰者，鶴行依洲嶼，不集林木，九居陰位，

---

250 虞，通「娛」，意為安樂。《説文解字》：「虞，樂也。」〔清〕段玉裁注曰：「古多借虞爲之。」（頁626）《國語・周語》：「虞於湛樂。」《呂立本春秋・慎人》：「故許由虞乎潁陽。」

251 語出〔明〕來知德《周易集註》：「虞者，樂也，安也。燕者，喜也，安也。二字之義相近。有他者，其志不定而他求其所應也。本卦三四皆陰爻，六三則陰柔不正，六四則得八卦之正位者，因有此陰柔不正者，隔于其中，故周公方設此有他之戒。若論本爻應爻，則不容戒也。」（下冊，頁584）

252 得正，徐匯本作「不」，伯祿本作「得當正」，今據呂註本改。

為在陰之象。中爻☷子，為和之象。九居中互，☳好爵之象。初爻變☷，為渙散之象。☶為鳴鶴。「鳴鶴在陰」者，謂九居二也。不得其正，宜歸中互，乃謂長子，[253]是故曰「其子和之」也。「我有好爵」者，乃九二自我也。中爻☳為好爵，「吾與爾靡之」者，爾指中互眾陰。靡者，散也，謂吾與爾眾散之，乃得同食好爵也。[254]

本旨「鳴鶴在陰」者，乃聖神在主人性之內也。「其子和之」者，乃聖子應聖神也。「我」者，乃聖子自我也。「好爵」者，乃聖體聖血[255]及天堂上國之真福也。[256]「吾與爾靡之」者，謂吾有真福欲與眾散之，乃得同亨真福也。

〈象〉曰：「『其子和之』，中心願也。」

以二居中，故曰「中心」。以兌為悅，故曰「願」也。

本旨「中心」者，乃良心也。良心願之，故應其聲而和之也。「和之」者，乃得同食好爵也。聖徒代主行教，而散好爵于眾，乃因上恩感動人心，是故曰「中心願」也。

---

253 子，徐匯本，今據伯祿本及呂註本增。
254 語出〔明〕來知德《周易集註》：「**大象離，雉象；變震，鵲象，皆飛鳥之象也。不言雉、鵲而言鶴者，鶴信故也。**鶴八月霜降則鳴，兌乃正秋，故以鶴言之。中孚錯小過之『遺音』，又兌為口舌，鳴之象也。故謙、豫二卦，〈象〉、小過皆言『鳴』。**在陰者，鶴行依洲嶼，不集林木，九居陰爻，在陰之象也。**巽為長女，兌為少女，子母之象也。好爵者，懿德也。陽德居中，故曰好爵。子與爾，皆指五。因中孚感應極至而無以加，所以不論君臣，皆呼子、爾。言懿德人之所好，故好爵雖我之所有，而彼亦繫戀之也。物之相愛者莫如子母之同心，人之所慕者莫如好爵之可貴。鶴鳴子和者，天機之自動也。好爵爾靡者，天理之自孚也。靡與縻同，繫戀也。巽為繩，繫之象也。」（下冊，頁585）
255 聖體聖血，即天主教七件聖事中「聖體聖事」的核心，由耶穌基督親自建立。在彌撒中，當神司鐸祝聖麵餅與葡萄酒時，被祝聖之麵餅及葡萄酒在實際上轉變為耶穌基督聖體聖血的真實臨在。〔意〕利類思譯《聖事禮典》：「吾主將謝世歸天時，臨終，尤特愛世人，建定聖體，為愛人實証、諸奧妙之約義、受苦難之記〔…〕聖體即是耶穌，眞天主，眞人之實體，實在麭餅葡萄酒兩者色味之內。」（頁443–444）
256 「血」後，徐匯本有「也」，今據伯祿本及呂註本刪。

六三：得敵，或鼓或罷，或泣或歌。

六三不得其正，是故謂應為敵。乃或進而鼓風，☳ 為鼓，☴ 為風。或入中互 ☶ 止而罷行，或入 ☵ 險而涕泣，或居 ☱ 悅而喜歌，乃位不定也。敵指上九，乃信之窮者，皆不能得正，故三或也。

本旨「得敵」者，乃遇讐也。「或鼓或罷，或泣或歌」者，乃言不正之人，心無定見，是故或此或彼，遇善則善，遇惡則惡。

〈象〉曰：「『或鼓或罷』，位不當也。」

以六居三，位不當也。

本旨「位不當」者，言心中無自主之人，或此或彼，無定守也。「無定守」者，乃因其本身之不正也。

六四：月幾望，馬匹亡，無咎。

下卦 ☱，中爻 ☳，震東兌西，日月相對，故曰「幾望」。曰幾者，將望而未望也。因六四近九五，故有此日月之象。☳ 為馬，此爻變中爻成 ☲ 為牛匹亡之象，匹配也。指初九曰亡者，不與之交而絕其類也。無咎者，心事光明也。四居 ☴ 初，乃得其正。上互六四，暗互 ☲ 為月。「月幾望」者，乃幾十五也。以六居四，乃為十四。六四乘 ☳，故謂「馬匹」。以上互 ☶ 止為不下，故謂「馬匹亡」也。絕其下愛，故無咎也。「馬匹」者，謂初己為四，乃絕之而上以信于五，故謂「馬匹亡」之象也。[257]

本旨「月幾望」者，乃 ☲ 女年幾十五也。「馬匹亡」者，乃絕其下情之愛也。「無咎」者，乃無原本二罪也。[258]

---

257 語出〔明〕來知德《周易集註》：「月幾望者，月與日對而從乎陽也。本卦下體兌，中爻震，震東兌西，日月相對，故幾望。曰『幾』者，將望而猶未望也。因四陰爻近五陽爻，故有此日月之象。馬匹亡者，震為馬，馬之象也。此爻變，中爻成離牛，不成震馬矣，馬匹亡之象也。匹者，配也，指初九也。曰亡者，不與之交而絕其類也。无咎者，心事光明也。」（下冊，頁586）

258 二罪，指原罪（Original Sin）與本罪（Actual Sin）。〔法〕沙守信《真道自證》：「原罪者，原祖傳於子孫之罪；本罪者，人本身自作之罪。」（卷四，頁376）有關聖母無染原罪與本罪的說法，參〔意〕高一志《聖母行實》卷二，頁351–353。

〈象〉曰：「『馬匹亡』，絕類上也。」

六四趨上而趨下，乃絕其在下之類而向上也。此爻大異諸爻，諸爻皆喜下應，此爻獨不下應而上。

本旨乃言聖母年十四，[259] 無人道之下情，乃因上主全能神工變化而孕聖子，乃超絕人類之道，而獨向上主也，是故曰「絕類上也」。常理無此，故曰「非至神，其孰能與于此乎？」

九五：有孚，攣如，無咎。

攣，拘係也。九五陽剛中正，乃為中孚之實而居尊位，為中孚之主者也。下係九二與之同德而本為一，故「無咎」也。☰ 為係攣，中爻 ☳ 手，為拘係之象。

本旨「有孚」者，乃吾主也。「攣如」者，乃指二五于在 ☴ 在 ☳，為一耶穌也。「無咎」者，乃無可咎也。

〈象〉曰：「『有孚，攣如』，位正當也。」

以九居五，乃「位正當」也。

本旨 ☴ 為聖神，☳ 為聖母，乃因聖神之工降孕，生于瑪利亞之童身。聖神工化，傳與世人，是故曰「位正當」也。

上九：翰音登于天，貞凶。

「雞曰翰音」乃 ☴ 之象，而非正者也。☴ 為高，居卦之上，為天位，故曰「登于天」也。[260] 居不得其正，而應亦不正，乃正乎凶，故曰「貞凶」。

---

259 據〔意〕高一志《聖母行實》，聖母懷孕耶穌的年歲為十五（頁335），與呂立本指聖母十四歲懷孕耶穌的說法有所出入。

260 語出〔明〕來知德《周易集註》：「《禮記》『雞曰翰音』，而此亦曰『翰音』者，以巽為雞也。因錯小過『飛鳥遺之音』，故九二曰『鶴鳴』，而此曰『翰音』也。雞信物，天將明則鳴，有中孚之意。巽為高，登天之象也；又居天位，亦登天之象也。《禮記》註：『翰，長也。』雞肥則音長。考諸韻，無長字之義。蓋翰，羽也。雞鳴則振拍其羽，故曰『翰音』，則『翰音』即『雞鳴』二字也。登者，升也。言雞鳴之聲登聞

雞非登天之物，而欲登天，乃信非可信而不知變，是故「貞凶」也。[261]雞為信物，天將明則鳴，有中孚之意，故曰「翰音」。

本旨傲子登高，乃正乎凶，惜其吉暫而永凶也。

〈象〉曰：「『翰音登于天』，何可長也。」

上九居極而出頤，[262]乃神失其養，居世高位中不能久，故曰「何可長」也。

本旨乃指暗弟基利斯督之黨居然九五之上揚揚得意，[263][264]死其已矣。天主罰之而受永苦，世間之福何可長也？

于天也。雞鳴本信，但鳴未幾而天明，不能信之長久。巽進退不果，不長久之象也。」（下冊，頁 587）

261 語出〔宋〕朱熹《周易本義》：「居信之極而不知變，雖得其貞，亦凶道也。故其象占如此。雞曰翰音，乃巽之象。居巽之極，為登于天。**雞非登天之物，而欲登天，信非所信而不知變，亦猶是也。**」（頁 212）

262 頤，原指面頰，後引申養等意。《說文解字》：「顄也。」〔清〕段玉裁注：「頁部曰：顄，頤也。二篆爲轉注。𦣞者，古文頤也。鄭易注曰：『頤中，句口車輔之名也。震動於下，艮止於上，口車動而上。因輔嚼物以養人，故謂之頤。頤，養也。』按鄭意謂口下爲車，口上爲輔，合口車輔三者爲頤。左氏云：『輔車相依。』車部云：輔，人頰車也。〈序卦傳〉曰：『頤者，養也。』古名頤字眞，晉枚頤，字仲眞；李頤，字景眞。枚頤或作梅賾，誤也。」（頁 599）《後漢書・王符傳》：「頤育萬民，以成大化。」〈閑己賦〉：「惡飲食乎陋巷兮，亦足以頤神而保年。」

263 基，伯祿本及呂註本作「雞」。

264 基利斯督，譯自希臘文 Χριστός（Christós），為耶穌的別號。〔意〕艾儒略《天主降生言行紀畧》：「天主降生名號，一曰耶穌，譯言『救世者』；一曰契利斯督，譯言『受油傅〔傅〕』也。古禮立王、立司教者，以聖油傅〔傅〕其頂，祈〔祈〕天主祐〔祐〕之。吾主雖未嘗〔嘗〕受此禮，然《古經》借此為號，指耶穌寔〔實〕為諸王之王，主教之宗主，而被滿〔滿〕聖神諸德也。」（頁 200）

小過卦

䷽	艮下震上			
大象	☵ 坎[265]			
屬	䷹ 兌[266]	六還四爻成 ䷽ 小過		
錯	䷼ 中孚			
參伍	下互 ䷴ 漸	中互 ䷛ 大過	上互 ䷵ 歸妹	
五爻互	下互[267] ䷞ 咸	上互[268] ䷟ 恒		
各爻變[269]	初爻變成 ䷶ 豐	錯 ䷺ 渙	綜 ䷷ 旅	地位
	二爻變成 ䷟ 恒	錯 ䷩ 益	綜 ䷞ 咸	
	三爻變成 ䷏ 豫	錯 ䷈ 小畜	綜 ䷎ 謙	人位
	四爻變成 ䷎ 謙	錯 ䷉ 履	綜 ䷏ 豫	
	五爻變成 ䷞ 咸	錯 ䷨ 損	綜 ䷟ 恒	天位
	六爻變成 ䷷ 旅	錯 ䷻ 節	綜 ䷶ 豐	

小過：亨，利貞，可小事，不可大事。飛鳥遺之音，不宜上，宜下，大吉。

小謂陰。為卦四陰在外，二陽居中，陰多陽少，故曰「小過」。[270]小者過而得應，故「小過亨」也。大象 ☵，為亨之象。二五不應，故宜守貞，以柔得中，故曰「可小事」。大象 ☵ 為可之象。三四剛而失位不中，是故「不

---

265 坎，徐匯本、伯祿本及呂註本無，今據卦象增。
266 兌，徐匯本、伯祿本及呂註本無，今據卦象增。
267 互，徐匯本、伯祿本及呂註本無，今據諸表增。
268 同上。
269 各爻變，徐匯本、伯祿本及呂註本無，今據諸表增。
270 語出〔明〕來知德《周易集註》：「**小謂陰也。為卦四陰二陽，陰多于陽，小者過也，故曰小過。**〈序卦〉：『有其信者必行之，故受之以小過。』所以次中孚。」（下冊，頁588）

可大事」也。下 ☶ 止，[271] 為不可之象，陽為大之象，因其未得九五，有不可大事之象。卦體內實外虛，形如飛鳥，故曰「飛鳥其遺音」。[272] 下而不上者，為氣愈上而愈輕，鳥音較之為重，[273] 是故下而不上也。六五不得其正，是故「不宜上宜下，大吉」也。中孚象 ☲ 為雉，乃飛鳥也。既錯小過，則象 ☵ 矣。見 ☵ 不見 ☲，則飛鳥過，微有遺音也。「不宜上」者，上不正也。「宜下」者，下得正也。☶ 之正位在三，因其陽爻得正，故大吉也。[274]

　　本旨「小過，亨，利貞」者，乃傳教者通傳聖教宜貞身以正大也。「可小事，不可大事」者，乃可少得人而不可多得也。「飛鳥遺之音」者，乃傳教者所傳之福音也。[275]「不宜上宜下」者，乃不宜傲而宜謙也。謙人受教，乃大體得吉，故曰「大吉」也。「其遺音」者，乃唐時之京城寺〈景教流行中國碑文〉是也。[276]

〈象〉[277]曰：「小過，小者過而亨也，

　　因性之解見右。

271　☶，徐匯本作「☶」，今據伯祿本及呂註本改。

272　「故曰飛鳥」，徐匯本無，今據伯祿本及呂註本增。

273　之，徐匯本無，今據伯祿本及呂註本增。

274　語出〔明〕來知德《周易集註》：「**小過錯中孚，象離，離為雉，乃飛鳥也。既錯，變為小過，則象坎矣。見坎不見離，則鳥已飛過，微有遺音也。**《易經》錯綜之妙至此。若以卦體論，二陽象鳥身，上下四陰象鳥翼，中爻兌為口舌，遺音之象也。遺音人得而聽之，則鳥低飛在下不在上，與上六『飛鳥離之』者不同矣。大過曰『撓棟』，棟，重物也，故曰『大過』。飛鳥，輕物，而又曰『遺音』，故曰『小過』。不宜上宜下，又就小事言也，如坤之居後不居先是也。上經終之以坎離，坎離之上，頤與大過，頤有離象，大過有坎象，方繼之以坎離。下經終之以既濟、未濟，既濟、未濟之上，中孚與小過，中孚有離象，小過有坎象，方繼之既濟、未濟。文王之〈序卦〉精矣。」（下冊，頁588–589）

275　傳教者，伯祿本及呂註本作「聖教者」。

276　此處指出《大秦景教流行中國碑》出土的地點，據〔明〕李之藻《讀景教碑書後》謂：「盧居靈竺間，歧陽同志張賡虞，惠寄唐碑一幅曰：『邇者長安中掘地所得，名曰景教流行中國碑頌，此教之前聞，其即利西泰氏所傳天學乎？』」（頁329）

277　彖，徐匯本作「象」，今據易文改。

本旨謙小能通天國者路，是故曰「小者亨」也。吾主曰「謝父密意，乃啟乎斯于世之小者，而閉乎斯于世之哲者是也。」[278][279]

過以利貞，與時行也。柔得中，是以小事吉也。

小者既過，因過宜正時，時以正與時行也。「柔得中」者，乃二五得中也。因柔得中，是以小事吉也。中爻 ☶ 為時，上 ☳ 為行，與時行之象。陰爻為小之象。

本旨小過利貞，[280]是故「與時行」也。「柔得中」者，乃柔順得中也。欽事上主，是以小事吉也。

剛失位而不中，是以不可大事也。

三四陽剛失位而不中，是以不可大事也。

本旨「大事」者，乃欽崇天主之事也。禮以祭為重，祭以祀上帝為重，[281]是故可知大事者，乃欽崇天主之事也。九四失位而不中正，六五陰柔居中而不正，是故「不可大事」也。陽失位而陰得之，是故不能成大事也。「不可大事」者，乃不能大開聖教也。[282]

---

278 「乃啟乎斯于世之小者，而閉乎斯于世之哲者是也」，徐匯本作「乃啟乎斯之于世小者，而閉乎斯于之于世哲者是也」，今據伯祿本及呂註本改。

279 《瑪竇福音》十一章25節：「就在那時候，耶穌發言說：『父啊！天地的主宰！我稱謝你，因為你將這些事瞞住了智慧和明達的人，而啟示給小孩子。』」〔葡〕陽瑪諾《天主降生聖經直解》：「維時耶穌〔…〕曰：『予揚聖父天地真主，葢閉乎斯於世之哲者〔…〕，而開世之小者。」（卷十二，頁37a）

280 小過利貞，伯祿本及呂註本作「小過因利正」。

281 上帝，伯祿本及呂註本作「上主」。

282 語出〔明〕來知德《周易集註》：「以卦體、卦象釋卦名、卦辭。陽大陰小，本卦四陰二陽，是小者過也。此原立卦名之義。過而亨者，言當小過之時，不容不小過，不小過則不能順時，豈得亨？惟小者過，所以亨也。時者，理之當可也。時當小過而小過，非有意必之私也，時之宜也，乃所謂正也。亦如當大過之時，理在于大過，不得不大過也，則以大過為正也。故『過以利貞者，與時行也』。以二五言，柔順得中，則處一身之小事，能與時行矣，所以小事吉；以三四言，凡天下之大事，必剛健中正之君子方可為之。**今失位不中，則陽剛不得志矣，**所以不可大事。」（下冊，頁589–590）

有飛鳥之象焉，『飛鳥遺之音，不宜上，宜下，大吉』，上逆而下順也。」

「有飛鳥之象焉」者，乃 ䷽ 之形也。「飛鳥遺之音」者，乃飛鳥所遺之聲音也。「不宜上，宜下，大吉」者，乃因其上逆而下順也。六五不正為逆，六二得正為順，故曰「上逆而下順」也。[283]

本旨「上逆下」者，乃因其傲而悖逆也。下順者，乃因其謙而順命也。

〈象〉曰：「山上有雷，小過；君子以行過乎恭，喪過乎哀，用過乎儉。」

☳ 為君子之行，☶ 居下恭之象也。大象 ☶ 隱伏，喪之象也。☰ 為用之象，今 ☰ 缺一，為儉之象。小過者，乃謙過也，是以行過乎恭矣。互水泣血乃「喪過乎哀」矣。澤風氣，乃「用過乎儉」矣。小過則無害，是以君子過之，而引人于中道也。

本旨「山上有雷」者，乃主未格中心也。君子者，乃吾主也。吾主與下降與人為子，乃行過乎恭矣。死于刑下，乃「喪過乎哀」矣。四旬嚴齋，[284] 飲食盡絕，乃「用過乎儉」矣。

---

283 語出〔明〕來知德《周易集註》：「卦體內實外虛，**有飛鳥之象**焉，故卦辭曰『飛鳥遺之音』。不宜上者，上卦乘陽，且四五失位，逆也。『宜下，大吉』者，下卦承陽，且二三得正，順也。惟上逆而下順，所以雖小事亦宜下也，無非與時行之意。」（下冊，頁590）

284 此處指耶穌守齋四十日。《瑪竇福音》四章1–2節：「那時，耶穌被聖神領往曠野，為受魔鬼的試探。他四十天四十夜禁食，後來就餓了。」〔葡〕陽瑪諾《天主降生聖經直解》：「維時神〔…〕攜耶穌赴曠野〔…〕，欲魔〔…〕至試誘〔…〕。主晝夜連四旬既齋，後飢。」（卷四，頁1a–2a）

初六：飛鳥以凶。

因本卦有鳥象，故就鳥言之。以，因也，因飛而致凶也。初六不正其應，亦不正歸互，亦無應，是故「飛鳥以凶」也。柔而不正，是以凶也。飛鳥遇山止，[285]傷其翅尖，是以凶也。大象 ☶，為凶之象。[286]

本旨聖教初傳，乃人負恩而不奉教，是以凶也。

〈象〉曰：「『飛鳥以凶』，不可如何也。」

下不得正，往上不可，乃無如之何也。飛鳥當位乎上，居下非其本所，因此而凶，且不可如何也。大象 ☶ 為可，遇 ☶ 止之，不可之象。以此則可，以彼則不可，如何之象。

本旨乃言傳教者不得其正，是以得凶，且不可如何也。時居小過，乃小人過多，大不中正，故不可如何而焉能不凶乎？

六二：過其祖，遇其妣，不及其君，遇其臣，無咎。

陽爻陰母，祖妣之象。☶ ☳ 皆一君二民，君臣之象。三四陽爻皆君。二之上，有祖象、君象。初在下，有妣象、臣象。陰爻四，故曰「過」。陽爻二，故曰「不及」。六二柔順中正，進則過三四而遇六五，是故「過其祖而遇其妣」也。[287]然六五非其所應，如此則不及六五。而自得其正，是不及其君，而適遇其臣也。乃過而不過，守正得中之意，無咎之道也。[288]

---

285 「鳥」後，徐匯本有「以凶者」，今據伯祿本及呂註本刪。

286 語出〔明〕來知德《周易集註》：「**因本卦有飛鳥之象，故就飛鳥言之。飛鳥在兩翼，而初六、上六又翼之銳者也，故初與上皆言飛、言凶。以者，因也，因飛而致凶也。**」（下冊，頁590）

287 過，徐匯本無，今據伯祿本及呂註本增。

288 語出〔明〕來知德《周易集註》：「『遇』字，詳見噬嗑六三。**陽為父，陰為母，祖妣之象。震艮皆一君二民，君臣之象。三四陽爻，皆居二之上，有祖象，有君象。初在下，有妣象，有臣象。陰四故曰過，陽二故曰不及。**本卦初之與四，上之與三，皆陰陽相應，陰多陽少，又陽失位，似陰有抗陽之意，故二陽爻皆言『弗過』。此爻不應乎陽，惟與初之陰相遇，故曰遇妣、遇臣也。觀九四遇五曰『遇』，上六隔五曰『弗遇』，可見矣。蓋遇者，非正應，而卒然相逢之辭。言以陰論，

本旨「過其祖，遇其妣」者，乃過其不正之人而遇其正人也。「不及其君，遇其臣」者，乃君不接天主之恩，而臣接其恩也。「無咎」者，乃因其得赦罪之恩也。

〈象〉曰：「『不及其君』，臣不可過也。」

所以不及其君而適遇其臣者，以臣不可過故也。守己之正而不過者，則無咎也。下為 ☶ 止，為不可過之象。

本旨乃傳教者，求其上而上不應，故當守己之正，而不可過求之也。

九三：弗過，防之，從或戕之，凶。

☶ 止，弗過之象，互 ☱ 戈兵，防之之象。☱ 動戈兵，為戕之象。三變成 ☷，從迷之象。大象 ☵，為凶之象。「弗過」者，陽不過乎陰也。「防之」者，當儆慎防乎其陰也。從，從乎其陰也。[289]何以象陰欲害九三？蓋九三剛正，邪正不能兩立，況陰多陽少乎？九三以剛居正，眾陰所欲害之，設自恃其剛而不過防，反從迷人，則被迷者戕害之，如是則凶也。九三乘陰，故當過防，忽之則陷，是故凶也。[290]

本旨言設不過防異端邪妄之害，而反從之，則暗中迷者戕害之，是故凶也。

四陰二陽，若孫過其祖矣，然所遇者乃妣也，非遇而抗乎祖也；以陽論，二陽四陰，若不及在君，過在臣矣，然所遇者乃臣也，非過而抗乎君也。若初之于四，上之于三，則祖孫君臣相為應與，對敵而抗矣，所以初與上皆凶。此爻因柔順中正，所以過而不過。本卦陰過乎陽，陰陽不可相應，六爻以陽應陰者皆曰『弗過』，以陰應陽者，則曰『過之』。」(下冊，頁590)

[289] 「從，從乎其陰也」，徐匯本作「往從何其陰也」，今據伯祿本及呂註本改。

[290] 語出〔明〕來知德《周易集註》：「弗過者，陽不能過乎陰也。兩字絕句。本卦陰過乎陽，故二陽皆稱『弗過』。**防之者，當備懼防乎其陰也。從者，從乎其陰也。何以眾陰欲害九三？蓋九三剛正，邪正不兩立，況陰多陽。**九三當小過之時，陽不能過陰，故言『弗過』。然陽剛居正，乃羣陰之所欲害者，故當防之。若不防之而反從之，則彼必戕害乎我而凶矣，故戒占者如此。」(下冊，頁591–592)

〈象〉曰：「『從或戕之』，凶如何也。」

凶而後方知受其害至此，如之何其可也。須知豫防之大力，受害而後晚矣。☳行☶止，為如之何之象。

本旨當隨防三仇之陷，免遭其凶，而無如之何也。[291]

九四：無咎，弗過遇之，往厲必戒，勿用永貞。

九四不正，乃為之咎。因為☶主，又為互卦九五，乃不能有咎，故曰「無咎」也。不可過遇，陰爻當俟，彼來遇我，往之則厲。☳為往之象，必戒不可弗用，固執者也。「往厲必戒」者，因其應之不正，故有厲也。勿以其剛而固執之也。弗過者，弗過乎陰也。往，往從乎陰也。永貞者，長相從也。不正，為厲之象。☶止，必戒、勿用之象。

本旨九四者乃代聖子行教之人，故「無咎」也。「弗過遇之」者，乃不可以過求人之遇合也。「往厲」者，乃過則不安，必戒不可也。「勿用永貞」者，乃勿以其剛而固執之者。勿執者，乃勿固必求人應我也。人應之于我無加也，[292]即不應之于我亦無減也。何必執也？

〈象〉曰：「『弗過遇之』，位不當也。『往厲必戒』，終不可長也。」

「位不當」者，乃因九居四也。終不得其正，而與其應，故曰「終不可長」也。中爻☴，為長之象。☶為可。上六為終，因其☶止，故曰「終不可長」也。

本旨「位不當」者，乃陽剛之子而居于下陰之位也。「終不可長」者，乃小過之時，終不能得聖教大通也。

---

291 三仇，參閱頁201注124。
292 加，徐匯本作「如」，今據伯祿本及呂註本改。

六五：密雲不雨，自我西郊。公弋，取彼在穴。

本卦大象☵，為雲之象。中爻☱，為雨之象。又☱西☴東，自西向東之象。以絲繫矢而射曰「弋」。[293]☵為弓，為弋之象。又☴為繩，亦弋之象。又☵隱伏，為穴之象。今五變成☱，不成☳，鳥不動，在于穴之象。[294]公者，陽失位在四，五居四之上，故得稱「公」。「取彼」者，取彼鳥也。鳥既在穴，則有遮蔽，弋豈能取？六五不得其正而又無應，當歸上互，乃為重陰，是為密雲在上而不下，故謂「密雲不雨」也。☱居西方，故曰「自我西郊」也。公指九四，以下為穴，六五弋取九四，以為之助也。[295]

本旨「密雲不雨，自我西郊」者，乃上恩不加之西人也。「公戈，取彼在穴」者，乃用之助而待之下也。

〈象〉曰：「『密雲不雨』，已上也。」

雷行山上，是以太高，故不雨也。云此者，乃正不可大事也。因其柔而傲，故曰「已上」也。

本旨「密雲不雨」者，乃因陰暗而無恩澤也。「已上」者，乃自高自大也。夫暗君之行，固如是也。

293　弋，用末端綁上長繩的箭矢射獵，通常用於射取飛禽。《呂立本春秋・貴當》：「夫事無大小，固相與通，田獵馳騁，弋射走狗，賢者非不為也，為之而智日得焉，不肖主為之，而智日惑焉。」

294　「今五變成☱，不成☳，鳥不動在于穴之象」，徐匯本無，今據伯祿本及呂註本增。

295　語出〔明〕來知德《周易集註》：「**本卦大象坎，雲之象也。中爻兌，雨之象也。又兌西巽東，自西向東之象。以絲繫矢而射曰弋。坎為弓，弋之象也。又巽為繩，亦弋之象也。坎為隱伏，又坎出自穴，入于穴，皆穴之象也。**鳥之巢穴多在高處，今至五則已高而在上矣，故不言飛而言穴。本卦以飛鳥遺音象卦體，**今五變成兌不成震，鳥不動，在于穴之象也。公者，陽失位在四，五居四之上，故得稱公也。取彼者，取彼鳥也。鳥既在穴，則有遮避，弋豈能取之？**雲自西而東者，不能成其雨；弋取彼在穴者，不能取其鳥，皆不能小過者也。蓋雨之事，大則雷雨，小則微雨；射之事，大則狩，小則弋。如有微雨，是雨之小過矣；能取在穴，是弋之小過矣。今不雨、不能取，是不能小過也。小畜以小畜大，小過以小過大。畜與過皆陰之得志也，故周公小過之爻辭同文王小畜之卦辭。」（下冊，頁593–594）

上六：弗遇，過之。飛鳥離之，凶，是謂災眚。[296]

上六以本身下止不應，以上互不應，故曰「弗遇過之」也。上互下為澤，上為 ☱，[297] 乃飛鳥離之之象，是故凶也。☱ 為恩澤，不合澤，是為災眚矣。大象 ☷ 凶，災眚之象。

本旨在上者，不接天主之恩以傲過之也。「飛鳥離之」者，乃傳教者離之也。失恩，故凶，是故「災眚」矣。鐸聲離之者，乃漢末唐中之二時也。

〈象〉曰：「『弗遇，過之』，已亢也。」

上六出于互澤之外，是故「弗遇則過之」矣。「已亢」者，乃太高傲也。六居五上，為已亢之象。

本旨主恩離之，是故得凶，是謂災眚矣。「已亢」者，乃高傲太過，傲罪迷心，致不能明真道而不能認真主也。豈不傷乎？革言二就者，乃唐太宗九年之時，距天主降生之後九百餘年，乃下互暗九百為証，有闗中景教流行中國碑為憑，求明者詳之可也。[298]

296　眚，眼疾，後引申為過失或災難。《說文解字》：「眚，目病生翳也。」〔清〕段玉裁注：「元應曰：『《翳韵集》作 』。眚，引伸爲過誤，如『眚災肆赦』、『不以一眚掩大德』是也。又爲災眚。」（頁135）《書經·舜典》：「眚災肆赦，怙終賊刑。」《左傳·僖公三十年》：「大夫何罪？且吾不以一眚掩大德。」

297　上，伯祿本及呂註本作「不」。

298　按《大秦景教流行中國碑頌并序》，景教主教阿羅本（Alopen）於貞觀九年抵達當時的長安城。〔唐〕景淨《大秦景教流行中國碑頌并序》：「太宗文皇帝，光華啓運，明聖臨人。大秦國有上德〔德〕，曰阿羅夲〔本〕，占青雲而載真經，望風律以馳〔艱〕〔險〕。貞觀九祀，至扵長安。」

既濟卦

䷾	離下坎上		
屬	䷜ 坎[299]	三變成 ䷾ 既濟	
錯綜	䷿ 未濟		
參伍	下互同身[300]	中互 ䷿ 未濟	上互復身[301]
五爻互	下互[302] ䷝ 離	上互[303] ䷜ 坎[304]	
各爻變[305]	初爻變成 ䷦ 蹇	錯 ䷥ 睽	綜 ䷧ 解	地位
	二爻變成 ䷄ 需	錯 ䷢ 晉	綜 ䷅ 訟	
	三爻變成 ䷂ 屯	錯 ䷱ 鼎	綜 ䷃ 蒙	人位
	四爻變成 ䷰ 革	錯 ䷃ 蒙	綜 ䷱ 鼎	
	五爻變成 ䷣ 明夷	錯 ䷅ 訟	綜 ䷢ 晉	天位
	六爻變成 ䷤ 家人	錯 ䷧ 解	綜 ䷥ 睽	

既濟：亨小，利貞。初吉終亂。

「既濟」者，[306]乃渡通而止也，乃事之既成也。為卦水火相交，各得其
用；六爻之位各得其正，是以為既濟也。[307]「既濟，亨」者，乃因濟而得通
也。☵ 為通之象。「亨小」者，乃因陽爻在下，而陰爻居上也。「利貞」者，

---

299 坎，徐匯本、伯祿本及呂註本無，今據卦象增。

300 同身，即 既濟。

301 復身，即 ䷾ 既濟。

302 互，徐匯本、伯祿本及呂註本無，今據諸表增。

303 同上。

304 坎，徐匯本作「次」，今據伯祿本及呂註本改。

305 各爻變，徐匯本、伯祿本及呂註本無，今據諸表增。

306 濟，原指古水名，後引申為眾多、幫助、救濟、渡過水流等意。《左傳・僖公
二十四年》：「濟河，圍令狐。」《行路難》：「直掛雲帆濟滄海。」

307 語出〔明〕來知德《周易集註》：「既濟者，事之已成也。為卦水火相交，各得其用；
又六爻之位，各得其位，故為既濟。〈序卦〉：『有過物者必濟，故受之以既濟。』所
以次小過。」（下冊，頁594）

諸爻皆得正也。「初吉終亂」者，乃因火居水下，其性相反，火性炎上，水性潤下，初治故吉。終必火上水下，是故亂也。初陽為吉之象，[308] 終陰為亂之象。

本旨「既濟」者，乃天主濟世之事已成也。世為苦海，乃 ☵ 之象也。☵ 居海中密濟群生，而救登岸也。「亨小」者，乃謙小而應濟者，得通天國之道也。「利貞」者，乃利益正固之人也。「初吉」者，乃少年也。「終亂」者，乃臨終之時也。初因身正，故吉。終困病困，是故亂也。云此者，言人當及時修德，而不可推遲于末年也。又「亨小」者，乃天主抑傲揚謙也。「初吉」者，乃小人得吉也。「終亂」者，乃傲人作亂也。又旨，聖教初興則吉，世界將終則亂也。

〈彖〉[309] 曰：「既濟亨，小者亨也。

以大濟小，是故「小者亨」也。

本旨謙人居世之時，而傲者閉塞，多不通順，至此則通，是故曰「小者亨」也。

利貞，剛柔正而位當也。

本旨「利貞」者，利正人也。「剛柔正」者，乃陰陽各得其正也。「位當」者，乃賞善罰惡，各居其本位也。福善禍淫，各得其當也。

初吉，柔得中也，

「柔得中」指六二。

本旨乃吾主居中而降福我等，是故吉也。又「柔得中」者，乃柔順而得中道者，則得吉也。

---

308 陽，徐匯本作「歸」，今據伯祿本及呂註本改。
309 彖，徐匯本作「象」，今據易文改。

終止則亂，其道窮也。」

終止則亂者，乃天地終窮之時也。道窮者，指上六。陰爻為窮之象，無道可行，故曰「其道窮」也。時至衰，世人多詭詐，故曰「終止則亂，其道窮」也。

本旨「終止則亂」者，乃時眾末流，妖人作亂，是故曰「其道窮」也。又以陰居中，終乃為臨終，又為天地終窮之時，是故曰「亂而其道窮」也矣。[310]

〈象〉曰：「水在火上，既濟；君子以思患而豫防之。」

水在火上者，乃 ☵ 在 ☲ 上。☲ 為文明，為思之象。「君子以思患而豫防之」者，乃君子當思何者為患。然患有輕重，久暫之不同。其患至重者，其人必死，柰人死一事，俱不能免者，君子之所思而豫防之者是何患也耶。患者，蹇者，[311] 蹇難之事，象 ☵ 險。防者，見機之事，象 ☲ 明。思以心言，豫以事言。思患者，慮乎其後。豫防者，圖之于前。能如此者，則未雨而徹桑土，未火而徙積薪。前卦繫苞桑，乃豫防之象，迷子者之免邅永患。[312]

本旨君子常思臨終之患，而無人能免。預防死後之凶，而永苦難釐，吾以何策可以逃之，是故曰「君子以思患而豫防之」也。「預防之」者，乃以避地獄之永苦也。惜迷子不信死後之永苦，而以死亡為凶患。這死亡之事，概為世人均平，善惡俱不能免。而君子預防之者，是何患耶？中互未

---

310 據《瑪竇福音》二十四章1–20節，耶穌指出末世時會有假先知欺騙大眾及時局混亂。

311 蹇，原指跛腳，後引申為不順利、傲慢、遲鈍等意。《說文解字》：「跛也。」〔清〕段玉裁注：「尣部曰：尳，蹇也。是爲轉注。尳，曲脛也。《易》曰：『蹇，難也。』行難謂之蹇，言難亦謂之蹇。俗作謇，非。」（頁84）《易經．蹇卦》：「王臣蹇蹇，匪躬之故。」〈與元九書〉：「況詩人多蹇，如陳子昂、杜甫，各授一拾遺，而迍剝至死。」

312 語出〔明〕來知德《周易集註》：「**患者，蹇難之事，象坎險。防者，見幾之事，象離明。思以心言，豫以事言。思患者，慮乎其後。豫防者，圖之于先。能如此，則未雨而徹桑土，未火而徙積薪**。天下之事，莫不皆然，非但既濟當如此也。」（下冊，頁596）

濟者，乃人終後隨死而濟其靈，乃遺其身而未濟也。「未濟之」者，乃因其身行，居靈念之後，是故先濟其靈，而後濟其身也。又天主示我當先修其靈德，而後養其身行，[313]乃大體小體輕重之義也。

初九：曳其輪，濡其尾，無咎。

坎為輪，為狐，為曳。初在狐之後，為尾之象。在水之下，為濡之象。因其得正，為無咎之象。輪在下，尾在後，初之象也。曳輪則車不前，濡尾則狐不濟，乃初九陽剛得正，各居本位，不進應陰則無咎也。[314]

本旨以正而修靈德，不隨肉身之私欲，故無咎也。

〈象〉曰：「『曳其輪』，義無咎也。」

以此守成，理當無咎。理當者，謂之義。因得其正義，無咎也。諸卦之爻，皆喜有正應，此爻獨否者，何耶？[315]

本旨答之曰：諸爻者，乃生世之象，故喜有應。此卦乃死候之象，當棄絕世間諸有，而專心向愛天主，是故不喜應與世物，故曰「義無咎」也。

六二：婦喪其茀，勿逐，七日得。

二乃陰爻，☲曰中女，為婦之象。應爻中男，六二者，乃五之婦也。☷為輿，☲中虛，為茀之象。☵為盜，為戈兵，為喪茀之象。中陽阻之，勿逐之象。茀，音佛，婦車之蔽也。「婦喪其茀」者，言失其所以行也。六二中正，乘承皆剛。九五困于二陰之中，不能來應，乃六二失其正

---

313 身行，伯祿本及呂註本作「身形」。

314 語出〔明〕來知德《周易集註》：「**坎為輪，為狐，為曳輪，狐曳之象也。初在狐後，尾象；在水之下，濡象。**若專以初論，輪在下，尾在後，皆初之象。濡其尾者，垂其尾於後而霑濡其水也。輿賴輪以行，**曳其輪則不前**；獸必揭其尾而後涉，**濡其尾則不濟**，皆不輕舉妄動之象也。无咎者，能保其既濟也。」（下冊，頁596）

315 語出〔明〕來知德《周易集註》：「**以此守成，理當无咎。**」（下冊，頁597）

應，而不能進，故曰「婦喪其茀」也。「勿逐」者，乃不必追求也。「七日得」者，乃二合五為七，[316] ☲為日，陽為得，「七日得」之象也。[317]

本旨「婦喪其茀」者，乃身失其靈，而不能行也。因其暗互二五緊相連，故曰「勿逐，七日得」也。「七日得」者，乃身得其靈而復活也。

〈象〉曰：「『七日得』，以中道也。」

「以中道」者，乃因中互未濟之道也。九三變☲，為道之象，因其未至濟身之時，故待七日之後而濟之也。

本旨「以中道」者，乃因身居土中之道也。「勿逐，七日得」者，乃復活之日得之也。開闢以至終窮，共記七千九百年，[318] 除去人祖九百年，[319] 只存七千，故曰「七日得」也。「七日得」者，乃七千年之日，得其肉身復活也。此言《聖經》未載，易數如此。

九三：高宗伐鬼方，三年克之，小人勿用。

四變，中爻☳，為高之象。☳為王，三居☳首，為高宗之象。又為戈兵。變為☳，戈兵震動，為伐國之象。九三、上六正應，☵居北，故曰「鬼方」。坎為陰伏，為鬼之象。變☳，中爻為方之象。陰爻為小之象。三居人位，為小人之象。變☶，中爻成☶止，「勿用」之象。「高宗伐鬼

---

316 五，徐匯本無，今據伯祿本及呂註本增。

317 語出〔明〕來知德《周易集註》：「二乃陰爻，離為中女，婦之象也；又應爻中男，乃五之婦也。茀者，車後茀也；即今舟中蓬之類，所以從竹。**坎為輿，離中虛，茀之象也。**近日書房皆寫茀，茀者，草多也，去茀遠矣。坎為盜，離持戈兵，喪茀之象也。此與屯卦六二相同，屯乘剛，故『邅如班如』；此則乘、承皆剛，故『喪其茀』矣。**婦人喪其茀，則無遮蔽，不能行矣。**變乾居一，前坎居六，離為日，七日之象也。勿逐自得者，六二中正，久則妄求去，正應合，所以勿逐自得也。又詳見睽卦初九。若以理數論，陰陽極于六，七則變矣，時變則自得，蓋變則通之意。」（下冊，頁597）

318 據呂立本對〈洛書〉之數的推演，聖教大通於天地開闢七千年之時，大通九百年後便至世界終末。詳見〈導論〉，頁27–28。

319 人祖，指亞當。據《創世紀》五章5節，亞當活了930歲。

方，三年克之」者，[320]乃 ☵ 為鬼方，☷ 為三年，以 ☶ 勝 ☵，乃三年克之也。小人不能勝克鬼，故曰「小人勿用」也。然迷子以高宗為商王武丁。設為商帝，當以九五言之，何以九三論之耶？夫九三者，乃 ☷ 王也，非指商王武丁也。夫小人者，乃指上六而言之也。[321]

本旨高宗本指上主。「伐鬼方」者，乃伐魔也。「三年克之」者，乃 ☷ 王三年敗魔也。小人乃為魔鬼之奴，不能勝鬼，[322]故曰「勿用」。上六陰柔，故謂之小人。「小人勿用」者，亦不應上六之意也，乃示靈魂不可用肉情之私欲而行事也。[323]

〈象〉曰：「『三年克之』，憊也。」

憊，疲極也。九三失中，暗 ☵，故曰「憊」也。時久師老，財乏力困，甚言行師之不易也。[324]

本旨假基利斯多亂道三年，吾主罰之，而活魔失命，故曰「憊」也。

六四：繻有衣袽，終日戒。

繻，音需，繒彩色也。袽，音緒，蔽衣也。「繻有衣袽」者，謂彩錦終有蔽，蔽則成衣，袽所以塞舟之罅漏也。四變，中爻成 ☱，為衣之象。錯

---

320 典出《論衡・恢國》：「黃帝有涿鹿之戰；堯有丹水之師；舜時有苗不服；夏啟有扈叛逆；**高宗伐鬼方，三年剋之**；周成王管、蔡悖亂，周公東征。前代皆然，漢不聞此。高祖之時，陳豨反，彭越叛，治始安也。孝景之時，吳、楚興兵，怨鼂錯也。匈奴時擾，正朔不及，天荒之地，王功不加兵，今皆內附，貢獻牛馬。此則漢之威盛，莫敢犯也。」（頁189）

321 語出〔明〕來知德《周易集註》：「**離為戈兵，變爻為震，戈兵震動，伐國之象也。**鬼方者，北方國也，夏曰獯鬻，商曰鬼方，周曰獫狁，漢曰匈奴，魏曰鮮卑。三與上六為應，坎居北，故曰鬼方。**坎為隱伏，鬼之象也。變坤，中爻為方，方之象也**，周公非空取『鬼方』二字也。離居三，三年之象也。既變坤，**陽大陰小，小之象也。**三居人位，小人之象也。變坤，中爻成艮止，勿用之象也。周公爻、象一字不空，此所以為聖人之筆也。」（下冊，頁598）

322 鬼，伯祿本及呂註本作「魔」。

323 私，徐匯本無，今據伯祿本及呂註本增。

324 語出〔明〕來知德《周易集註》：「憊者，病也。**時久師老，財匱力困也。**甚言兵不可輕用。」（下冊，頁599）

☵，為帛繻之象。又成 ☱ 為毀折，為敝之象。成卦為既濟，本爻又得位，猶人服飾之盛。[325] 濟道將革，不敢持其服飾之盛。雖有繻需不衣之，[326] 而乃衣其敝衣。四多懼，為戒之象。衣袽以行衣，言戒以心言。六四以柔得正，是故為繻然。然繻終有敝，乃為衣之袽。可以塞舟之罅者，意謂舟中心有漏，因此終日戒而恐其溺也。六四位居日又日，故謂「終日」。因居 ☵ 水之內，是故戒其漏而恐其溺也。[327]

　　本旨人之肉身乃靈魂之舟也。漏者，謂人之終時，不能知其何時，故當日日戒備，以防其不虞而免沉永苦之海也。謹記美衣終成袽，[328] 以喻美人終後成灰袽，塞舟之漏。臭屍塞人欲，[329] 防其舟而免溺水，塞其欲而免隨獄。臭穢蛆鑽乃人之肉身結果下塲也。以此思之，交愛肉身，究何益耶？不惟無益，而且有大害，戒之哉！

〈象〉曰：「『終日戒』，有所疑也。」

　　☵ 水為疑，疑之者恐溺于九泉之下也。

　　本旨有所疑者，恐今日即死溺入火海焚本體，[330] 求死而不得溺之者，永不得出，乃真可畏也。畏之而備，乃所以戒也。[331] 己不能知己死落何地，是故「有所疑」也。

325　猶，徐匯本作「獨」，今據伯祿本及呂註本改。

326　之，徐匯本作「衣」，今據伯祿本及呂註本改。

327　語出〔明〕來知德《周易集註》：「細密之羅曰繻。凡帛皆可言，故過關之帛曰繻。袽者，敝衣也。**四變，中爻為乾，衣之象也。錯坤為帛，繻之象也。又成兌為毀折，敝衣之象也。成卦為既濟，本爻又得位，猶人服飾之盛也。濟道將革，不敢恃其服飾之盛，雖有繻，不衣之，而乃衣其敝衣也。**終日，盡日也。居離日之上，離日已盡之象也。戒者，戒懼不安也，四多懼，戒之象也。衣袽以在外言，終日戒以心言。」（下冊，頁599）

328　謹記美衣終成袽，徐匯本作「謹記終成美衣以袽有日」，今據伯祿本及呂註本改。

329　屍，徐匯本作「死」，今據伯祿本及呂註本改。

330　日，徐匯本無，今據伯祿本及呂註本增。

331　戒，徐匯本無，今據伯祿本及呂註本增。

九五：東鄰殺牛，不如西鄰之禴祭，實受其福。

　　䷾之東鄰☲也，西鄰☵。³³²當知☲東☵西，乃先天之位也。今乃後天之時，☲居西方，乃寵教之祭也。☵居東方，乃古教之祭也。九五☵體而為互☲，為戈兵之象。☲動戈兵，乃有殺牛之象，故曰「東鄰殺牛」也。☵居外卦，☲居內卦，外革而內興，是故「東鄰殺牛，不如西鄰之禴祭，實受其福」也。文王圓圖，☲南☵北☳東☱西，則東西乃水火之鄰。五變☷，為牛之象。☲為戈兵，☵為血，見戈兵而流血，為殺牛之象。禴為夏祭，☲為夏，為禴祭之象。陽實陰虛，陽大陰小，虛則能受小，〈象〉曰「吉大來」也。大即實告，即福。九五陽剛中正，下應亦正，乃為受福之象也。³³³

　　本旨「東鄰殺牛」者，乃古教之祭禮也。³³⁴「西鄰之禴祭」者，乃今寵教之彌撒也。他祭不能受福而反得其禍，惟彌撒之祭，乃能實受其福也。³³⁵禴為夏祭。夏者，大也。其禮則薄，而其義則大，是至尊之祭貴薄，故祭天主尚禴而能實受其福也。³³⁶

---

332 西鄰 ☵，徐匯本無，今據伯祿本及呂註本增。

333 語出〔明〕來知德《周易集註》：「鄰者，**文王圓圖離居正南，坎居正北，震居正東，兌居正西，則東西者乃水火之鄰也**，故有東西之象。觀震卦上六變離，爻辭曰『不于其躬，于其鄰』，則震兌又以南北為鄰矣。殺牛不如禴祭者，言當既濟之終，不當侈盛，當損約也。五變坤，牛之象。**離為戈兵，坎為血，見戈兵而流血，殺之象。禴，祭夏。離為夏，禴之象**。坎為隱伏，人鬼之象；又為有孚，誠心祭人鬼之象。殺牛盛祭，禴薄祭，實受其福者，**陽實陰虛，陽大陰小。〈小象〉曰『吉大來也』**，大字即實字，吉字即福字，大與實皆指五也。言如此損約，則五吉而受其福矣。泰入否，聖人曰『勿恤其孚，于食有福』；既濟將終，聖人曰『不如禴祭，實受其福』，聖人之情見矣。六四不衣美衣而衣惡衣，九五不尚盛祭而尚薄祭，皆善與處終亂者也。」(下冊，頁600)

334 不論中國古代或是以色列傳統，祭禮同樣需要動物的犧牲。此處呂立本將二者作出對比。

335 也，徐匯本無，今據伯祿本及呂註本增。

336 彌撒，聖體聖事的核心禮儀，只有在彌撒中才能祝聖聖體聖血。見〔意〕艾儒略《彌撒祭義》：「天主之心者，但用酒麵二色為其聖體寶血以當世間萬品，蓋緣吾主耶穌降生受難，自用已之本體為祭品，奉獻罷德肋于十字架之臺，以贖萬民之罪。」(卷上，頁487–488)

〈象〉曰：「『東鄰殺牛，不如西鄰之時也，實受其福』，吉大來也。」

　　時即「二簋應有時」之「時」。言東鄰殺牛，不如西鄰知時也。[337]上六變☳，為時之象，又為吉福之象。☵卦在外為東，而時已過，不如☲卦之在內者，始得其時也。「實受其福」者，因☲親臨降福，是以實受其福也。☲為大吉之原，故曰「吉大來」也。[338]

　　本旨殺牛者，乃古教之祭也。今時革除古祭，定獻吾主之聖體聖血，是為禮祭，乃得其時而實受其福者也。其福者，乃天國永遠之真福也。迷子不求受永福，而專心喜求暫世之福，惜其得暫而失永也。古祭既革，乃無福而有禍也。是故人欲既濟而受福，當獻吾主之聖體聖血功勞于天主聖父，乃得實受其無疆之真福也。

上六：濡其首，厲。

　　水于首平，濡首之象。既濟之極，☵體之上，而以陰柔處之，為狐涉水而濡其首之象。[339]上六為水首，因其不能下應而又乘剛，是以不安而厲也。

　　本旨富貴終有苦死，病不能免。濡其首者，乃能其終而死也。死時富貴，皆遺而永遠不能復得，是故不安而危厲也。

〈象〉曰：「濡其首厲，何可久也厶。」

　　上六居卦之終，乃為死候之象。且身命世樂，何可久也？言必死亡，[340]豈可久也？☲為可，上居卦終，何可久之象也。

337　知，徐匯本作「之」，今據伯祿本及呂註本改。

338　語出〔明〕來知德《周易集註》：「『之』當作『知』，因與音同，寫時之誤。**時即『二簋應有時』之『時』。言東鄰殺牛，不如西鄰知時也。**蓋濟道終亂之時，此何時哉？能知其時，艱難菲薄以處之，則自有以享其既濟之福矣。吉大來者，言吉來于大也。來字，與益卦『自外來也』『來』字同。」（下冊，頁601）

339　語出〔宋〕朱熹《周易本義》：「既濟之極，險體之上，而以陰柔處之，為狐涉水而濡其首之象。」（頁218）

340　語出〔明〕來知德《周易集註》：「**言必死亡。**」（下冊，頁601）

　　本旨世上之富貴為首，然居之而有危險，且其世樂何可久也。《經》云「巨繩穿針孔尚易，富貴得天國實難」[341]，是以處之而厲，且其不久而永苦臨身也。哀哉！到此則知，而悔已晚矣！

341《瑪竇福音》十九章23–24節：「於是，耶穌對門徒說：『我實在告訴你們：富人難進天國。我再告訴你們：駱駝穿過針孔，比富人進天國還容易。』」此處用詞〔意〕艾儒略《天主降生言行紀畧》：「我復語爾：以巨繩〔繩〕穿針尚易，有財者之進天國實難也。」（卷5，頁280）艾儒略以「巨繩」替代「駱駝」屬本色化翻譯，以便漢語讀者理解。

未濟卦

䷿	坎下離上			
屬	䷝ 離[342]	三變成 ䷿ 未濟		
錯綜	䷾ 既濟			
參伍	上下二互同身[343]		中互 ䷿ 未濟	
五爻互	下互[344] ☵ 坎		上互[345] ☲ 離	
各爻變[346]	初爻變成 ䷤ 睽	錯 ䷦ 蹇	綜 ䷤ 家人	地位
	二爻變成 ䷢ 晋[347]	錯 ䷄ 需	綜 ䷣ 明夷	
	三爻變成 ䷱ 鼎	錯 ䷂ 屯	綜 ䷰ 革	人位
	四爻變成 ䷃ 蒙	錯 ䷰ 革	綜 ䷂ 屯	
	五爻變成 ䷅ 訟	錯 ䷣ 明夷	綜 ䷄ 需	天位
	六爻變成 ䷧ 解	錯 ䷤ 家人	綜 ䷦ 蹇	

未濟：亨。小狐汔濟，濡其尾，無攸利。[348]

　　火上水下，未得其用，故曰「未濟」也。☲ 為通，亨之象也。「未濟，亨」者，謂諸爻皆不得其正，乃通行未濟，故曰亨也。[349]☵ 初爻，為「小狐

342　離，徐匯本、伯祿本及呂註本無，今據卦象增。

343　同身，即 ䷿ 未濟。

344　互，徐匯本、伯祿本及呂註本無，今據諸表增。

345　同上。

346　各爻變，徐匯本、伯祿本及呂註本無，今據諸表增。

347　䷢，徐匯本作 ䷢，今據伯祿本及呂註本改。

348　汔，原指水乾涸，後引申完成、接近、差不多、將要等意。《說文解字》：「汔，水涸也。」〔清〕段玉裁注：「《大雅・民勞傳》曰：『汔，危也。』《周易》『汔至，亦未繘井』、『小狐汔濟』，虞翻曰：『汔，幾也。』皆引伸之義。水固爲將盡之時，故引伸之義曰危、曰幾也。」(頁564)《詩經・民勞》：「民亦勞止、汔可小康。」〈上揚州韓資政啟〉：「汔由恩臨，得以理去。」

349　語出〔明〕來知德《周易集註》：「未濟，事未成之時也。水火不交，**不相為用，其六爻皆失其位**，故為未濟。〈序卦〉：『物不可窮也，故受之以未濟終焉。』所以次既濟。」(下冊，頁602)

汔濟」也。幾濟而濡其尾，[350] 乃不能進而濟，是故「無攸利」也。初居 ☵ 下，為濡尾之象。

本旨「未濟，亨」者，言人之肉身，通未得其濟也。「小狐汔濟」者，乃人之死候也。「濡其尾」者，乃肉身不能行也。「無攸利」者，乃屍臭爛而無所利也。☲ 在 ☵ 上，未入海中，以濟羣生，是故曰「未濟」也。中互既濟，乃水上而火下，是天地將終，從天降火以滅世界而吾主降來行大公之審判也。[351] 前卦既濟，乃濟其靈而未濟其身，今因其未濟而中互既濟，[352] 乃濟其身，是謂公審判而並濟之也。「未濟，亨」者，乃世為苦海，世人通行海中，是故曰「亨」。人死皆歸于主，此又為通。「小狐汔濟」者，乃死候之象也。「濡其尾」者，乃身不能行也。在世之樂已往而無攸利，乃其前樂不能救死時之苦，在世之樂愈多而死時之苦愈甚，是故「無攸利」也。到此方知無攸利而晚矣，是故吾人不可養小而失大也。

〈象〉[353]曰：「未濟亨，柔得中也；

柔得中指六五，而得上中也。[354]

本旨柔謂吾主，而得審判之權也。中互 ☲ 在 ☵ 下，乃吾主降臨下世而行公審之判也。[355]

---

350 濡，原指古水名，後引申停留、含忍、沾濕等意。《詩經・曹風・候人》：「不濡其翼。」《禮記・祭義》：「春雨露既濡。」

351 「來」後，徐匯本有「審判」，今據伯祿本及呂註本刪。

352 「今」後，徐匯本有「而」，今據伯祿本及呂註本刪。

353 彖，徐匯本作「象」，今據易文改。

354 語出〔明〕來知德《周易集註》：「釋卦辭。**柔得中，指六五陰居陽位得中**，則既不柔弱無為，又不剛猛償事，未濟終于必濟，所以亨。前卦既濟之初吉者，已然之亨也，柔中之善于守成者也。此卦未濟之亨者，未然之吉。柔中之善于撥亂者也。」（下冊，頁603）

355 〔意〕羅明堅《天主聖教實錄》：「七者，當信天地終窮之日，則耶穌從天降來，將往古來今人之生死者，公審判，從而賞罰之。」（頁299）

小狐汔濟，未出中也。濡其尾，無攸利，不續終也。 雖不當位，剛柔應也。」

「未出中」者，乃未出本身之中也。「不續終」者，[356] 乃不隨本身之終也。「雖不當位」者，乃六爻俱未當位也。「剛柔應」者，乃六爻剛柔俱有應也。☵為繩，今未得繩，[357] 為不續之象。此為終卦，此卦之後無所接續，為「不續終」之象。

本旨「未出中」者，謂人已死，其屍已化，未出天壤之中也。「濡其尾」者，謂肉身不能行而無攸利也。「不續終」者，乃形不能隨神而終也。「雖不當位」者，乃善惡肉身皆腐，未得其報應之位也。「剛柔應」者，乃善惡肉身終隨其靈魂，而受其報應，是故曰「剛柔應」也。[358]

〈象〉曰：「火在水上，未濟；君子以慎辨物居方。」

「火在水上」者，乃☲上☵下也。君子者，乃☲為君子。「君子以慎」者，乃因其下有險也。「辨物居方」者，乃辨其否而歸之中互，各居之本方本位也。慎因☵險，辨因☲明，[359] 物以群分，[360] 方以類聚，則分定不亂而使之各得其位也。九二變☷，為「居方」之象。

本旨「君子」者，乃大君之子也。「以慎」者，乃審判公嚴也。[361]「辨物居方」者，乃辨別善惡之人，各居之本方本立。賞善者居之上方永遠亨福，罰惡者入于下方永遠受苦也。[362] 至誠之道可以前知，[363] 惟易為然，是故知幽

---

356 終，徐匯本作「中」，今據伯祿本及呂註本改。

357 今未得繩，徐匯本無，今據伯祿本及呂註本增。

358 據教會訓導，在公審判之時，所有亡者的肉身都會復活、接受審判。參〔意〕羅明堅《天主聖教實錄》：「十一者，當信吾人肉身死後，至於天主公審判之日，還要復活。上文已言天地終窮之日，往古來今人之生死者，公同復活，受天主之審判，從而賞罰之矣。」（頁302）

359 「辨」後，徐匯本有「之」，今據伯祿本及呂註本刪。

360 物，徐匯本無，今據伯祿本及呂註本增。

361 「乃」後，徐匯本有「因其下」，今據伯祿本及呂註本刪。

362 也，徐匯本無，今據伯祿本及呂註本增。

363 語出《中庸》：「至誠之道，可以前知。」（頁1692）

明之故，明死生之説也。[364] 既濟二合五乃為七千，☳ 三 ☵ 六乃為九百，共七千九百年，乃大終之限也。自開闢以至乾隆三十九年歲次甲午，已過六千七百七十四年，尚有一千一百二十六年，乃世界窮盡而已矣。非至神，其孰能與于此？即鬼神亦不能知，而豈能前言若是之詳乎？惜迷子何不信至神之道耶。[365] 此言《聖經》未記，易數如此。[366]

初六：濡其尾，吝。

初六不正，其應亦不正，乃不能上進，故曰「濡其尾，吝」也。

本旨乃言不正之人，不能上升天國，故曰「吝」也。是到公審判之日，乃羞惡人之日也。

〈象〉曰：「『濡其尾』，亦不知極也。」

極，終也。即〈象〉「無攸利，不續終」也。[367] 言不量其才力而進以至，濡其尾亦不知終之不能濟也。☵ 為溝瀆，[368] 不知之象。[369]

本旨初六應灰，乃死屍所化之灰也。「亦不知極」者，乃不知終後天主審判賞罰之公嚴也。因其不知身後之永賞永罰，故侟侟而不求善生以福終也。

---

364 〈繫辭上傳〉四章：「仰以觀于天文，俯以察於地理，是故知幽明之故，原始反終，故知死生之説。」

365 「惜」後，伯祿本及呂註本有「乎」。

366 易數，伯祿本及呂註本作「易説」。

367 彖，徐匯本作「象」，今據伯祿本及呂註本改。

368 瀆，原指水溝，後引申為輕慢、不敬、貪求等意。《説文解字》：「瀆，溝也。」〔清〕段玉裁注：「各謂井閒廣四尺，深四尺者也。」（頁559）《史記‧屈原賈生傳》：「彼尋常之污瀆兮，豈能容吞舟之魚！」《韓非子‧五蠹》：「中古之世，天下大水，而鯀禹決瀆。」

369 語出〔明〕來知德《周易集註》：「極者，終也。即〈象〉辭『濡其尾，無攸利，不續終也』。言不量其才力而進，以至濡其尾，亦不知其終之不濟者也。」（下冊，頁604）

九二：曳其輪，貞吉。

☵為曳，為輪，曳不進應也。九二不得其正，當曳輪而歸中互，乃得其正則吉矣。[370]

本旨「曳其輪」者，乃靈魂曳輪而歸屍中也。復活而得其正者，得吉也。

〈象〉曰：「九二貞吉，中以行正也。」

「中以行正」者，乃中互以行則正而得吉也。九二居中，水能流行，以中得中，為中以行正之象。

本旨乃靈魂歸入屍中，而復活同亨真福，故曰「貞吉」。乃正固之吉也，此指改過之人而言之也，惜迷子不知歸互改過。九二本屬不正，何以云「中以行正」也？

六三：未濟，征凶，利涉大川。

六三不正，其應亦不正。「征凶」者，乃往應則凶也。六三☲體，行則日 日下，是故凶也。☵為凶之象。「利涉大川」者，乃因有☵水，故曰「利涉大川」也。三變為☴，木在水上，乘木有功，故「利涉大川」。征，行也。初濡尾，二曳輪，俱不行也。至于三則☵之極，水益深矣，故必賴木以渡，方可濟也。若不賴木而直行則必死而无生，故凶。是必賴木方可利涉。☵為大川之象。[371]

本旨乃指惡人復活往受永苦，故曰「征凶」也。[372]「利涉大川」者，乃宜涉審判之所，而聽天主之審判也。

---

370 語出〔明〕來知德《周易集註》：「**坎為輪，曳其輪者**，不遽然而進也。凡濟渡，必識其才力，量其淺深，不遽于進，方可得濟。不然，必濡其尾矣。貞者，得濟之正道也。吉者，終得以濟。二以陽剛之才，當未濟之時，居柔得中，能自止而不輕于進，故有**曳其輪**之象。占者如是，正而吉矣。」（下冊，頁604）

371 「三變為☴」至「☵為大川之象」，徐匯本無，今據伯祿本及呂註本增。

372 征，徐匯本無，今據伯祿本及呂註本增。

〈象〉曰：「『未濟，征凶』，位不當也。」

以六居三，乃「位不當」也。

本旨六三往墓，故凶。乃非永苦本所，故曰「位不當」也。「未濟」者，乃未出水也。未出水者，[373]乃未復活而往地獄者，是故凶也。「位不當」者，乃位人不害己而受永苦也。

九四：貞吉，悔亡。震用伐鬼方三年，有賞于大國。

四為中互九五，故曰「貞吉」。九四不得其正，是可悔也。歸入中互，而為九五，乃得其正，故曰「貞吉而悔亡」也。「☳用伐鬼方」者，☳為長子，乃未濟從䷔〔噬嗑〕而來。☷為鬼方，以☷變☳，乃「☳用伐鬼方」也。四變中爻為☲，故以☲言大國對鬼方言。☲為戈兵。☲動戈兵，「伐鬼方」之象。「三年」者，乃☲為三年，故曰「三年」。因功受賞，故曰「有賞大國」也。陽爻為實，為大之象。九四變中爻☲，為大國之象。

本旨「貞吉，悔亡」者，乃因正得吉而悔亡也。「☷用伐鬼方」者，乃吾主用伐地下諸魔，用神兵三年大敗群魔，乃聖父有賞于天國也。入中互而為☲，乃吾主三年伐鬼方也。因勝三仇而得判世之大權，乃世界終窮之時，而吾主降來審判世人也。又「三年」者，乃天地將終之先，魔亂三年，吾主伐魔，[374]故曰「☷伐鬼方三年」也。[375]又「貞吉，悔亡」者，乃正固守誠則

---

373 「『未濟』者，乃未出水也。未出水者」，徐匯本無，今據伯祿本及呂註本增。

374 伐，徐匯本作「代」，今據伯祿本及呂註本改。

375 魔亂三年，源自《若望默示錄》十三章4–6節的預言：「世人遂都朝拜那龍，因為牠把權柄賜給了那獸；世人朝拜那獸說：『誰可與這獸相比？誰能和牠交戰？』又賜給了那獸一張說大話和褻聖的口，並且賜給了牠可妄為四十二個月的權柄；牠便張開自己的口，向天主說褻瀆的話，褻瀆他的聖名、他的帳幕和那些居住在天上的人。」《古新聖經・聖若望默照經》：「那時〔人〕拜蟒，〔他〕付獸如此大能，〔人〕也拜獸說：『誰如獸？誰能 他？』給他說大話並咒罵的口，給他四十二月任意之能。他開口就咒主，詈他聖名，罵他堂及天上諸神、〔諸〕聖。」（冊九，頁3439）經文當中的「四十二個月」，正正是三年半。

得吉也，改惡遷善則悔亡也。吾主用我戰三仇，立功一世，故曰「☷ 用伐鬼方三年」也。「有賞于大國」者，乃言凡戰勝三仇者，俱得永賞天國也。[376]

〈象〉曰：「『貞吉，悔亡』，志行也。」

「志行」者，乃行歸中互也。四變中爻 ☳ 足，為行之象。

本旨「志行」者，乃吾主志行判世之公義也，亦吾人為善之志行也。

六五：貞吉無悔，君子之光，有孚，吉。

以六居五得上之中，又未濟綜之而為九五則正而吉，[377] 乃無悔矣。無悔與悔亡不同。無悔者，自然無悔也。悔亡者，乃有悔而亡之也。君子之光謂 ☲，有九五之信，是故吉也。[378]

本旨「貞吉無悔」者，乃吾主為貞吉之原，故無可悔也。君子之光者，乃吾主之光也。[379]「有孚吉」者，乃有信吾主之德者，則獲吉也。其吉者，乃信德有常生也。常生真福，乃永遠之吉也。[380]

〈象〉曰：「『君子之光』，其暉吉也。」

暉，日光也。因有日光，故得吉也。

本旨言吾主審判之時，其光如日。其信吾主之光者亦得復活之光，吉也，是故曰「其暉吉」也。

---

376 三仇，參閱頁201注124。

377 為，徐匯本無，今據伯祿本及呂註本增。

378 語出〔明〕來知德《周易集註》：「貞非戒辭，乃六五之所自有。无悔與悔亡不同，无悔者，自无悔也。悔亡者，有悔而亡也。未濟漸濟，故雖六五之陰而亦有暉光；既濟漸不濟，故雖九五之陽而必欲如『西鄰之禴祭』，凡天地間造化之事，富貴功名類皆如此。」（下冊，頁606）

379 也，徐匯本作「者」，今據伯祿本及呂註本改。

380 乃，徐匯本無，今據伯祿本及呂註本增。

上九：有孚于飲酒，無咎。濡其首，有孚，失是。

六爻皆有酒象，凡言酒者皆 ☵ 也。上三爻 ☵ 錯 ☲，亦酒也。是字，即「無咎」二字，「濡其首」者，三也。☵ 水至三，水極深矣，故涉之者濡其首。上九與六三為正應，即以濡其首言之。有孚于五則無咎，有孚于三則濡首而失是矣。上九變 ☶ 綜 ☳，錯 ☴ 為口，[381]飲酒之象。以九為孚，上九居 ☵ 之極，故曰「飲酒，無咎」。因應六三 ☵ 水，故曰「濡其首」也。因其俱不得正，乃傷其信矣，故曰「有孚，失是」矣。[382]

本旨有信之人食飲無辜，但當有節失其過，當則為貪味而傷靈首，豈有信德之人而失是節乎？以此可見其信不真，是故而隨下九泉也。哀哉！

〈象〉曰：「飲酒濡首，亦不知節也。」

亦，又也。上九不得其正，以剛自守猶可仍下應不正之六三，是又不知節也。節，即是字，知節便是，不知節便不是。「亦不知節」者，亦不知是也。☶ 為堅多節之象，不知節者，乃不知綜 ☳ 也。上變 ☶ 綜 ☳，節之象也。因其濡首不知之象。

本旨乃言魂殉肉身之人，而終濡其靈首，落于九泉之下，其苦不可勝言，皆因貪世間之暫樂，而不知節也。嗚呼！哀哉！噬臍無及矣。[383]酒色財氣，乃為溺靈之物，有信當節而免溺其靈也。改過必宜速，積德當用漸，貴在恒心守，真榮公審判。世人如酒醉，諸辜多犯遍，[384]死後悔之

---

381 錯、口，徐匯本無，今據伯祿本及呂註本增。

382 語出〔明〕來知德《周易集註》：「六爻皆有酒象。《易》中凡言『酒』者，皆坎也。上二爻離錯坎，亦酒也。『是』字即『无咎』二字。『濡其首』者，三也。坎水至三，坎水極深矣，故涉之者濡其首。既濟之上六即未濟之六三也。既濟言『濡其首』，故上九與六三為正應，即以『濡其首』言之。」（下冊，頁 606–607）

383 噬臍無及，指人無法用嘴咬自己的肚臍，意為後悔已遲。《左傳・莊公六年》：「楚文王伐申，過鄧。鄧祁侯曰：『吾甥也。』止而享之。騅甥、聃甥、養甥請殺楚子，鄧侯弗許。三甥曰：『亡鄧國者，必此人也。若不早圖，後君噬齊，其及圖之乎！圖之，此為時矣。』」

384 辠，徐匯本作「辜」，今據伯祿本及呂註本改。

晚，[385] 早該聽善勸，要将良心守，歸本是真善。設若不認主，乃為無根辨，不能結善果，永苦無天宴，慎之！慎之！求本可也。

同治十一年壬申嵗清和月中浣雲間方濟各謹錄

〈易經本旨〉卷之終

參考文獻

一、手稿／古籍

〔清〕呂立本：《易經本旨》，上海徐家匯藏書樓。

　　徐匯本（卷一、二、三、六），藏書號：213000・94441–94444B。

　　石室本（卷一），藏書號：213000・94440B。

　　神院本（卷一），藏書號：213000・94931–94935B。

　　文院本（卷一），藏書號：213000・94944B。

　　會院本（卷一），藏書號：213000・95645B。

　　伯祿本（卷五及六），藏書號：213000・95678B。

　　呂註本（卷二、三及六），藏書號：213000・95679B–95681B。

〔清〕邵之棠：〈中西曆學源流異同論〉，《皇朝經世文統編》，光緒二十七年〔1901〕寶善齋石印本。

〔意〕羅雅谷（Giacomo Rho）：《聖母經解》，法國國家圖書館館藏 Chinois no. 7316 本。

〔葡〕陽瑪諾（Emmanuel Diaz, Junior）：《聖若瑟行實》，法國國家圖書館館藏 Chinois no. 6748 本。

———：《天主聖教日課》，法國國家圖書館館藏 Chinois no. 7433 本。

〔墨〕石鐸琭（Pedro de la Piñuela）：《聖教啟蒙指要》，法國國家圖書館館藏 Chinois no. 7420 本。

Amiot, Joseph-Marie. *Mémoires concernant l'histoire, les sciences, les arts, les moeurs, les usages, &c. des Chinois. Vol 2, Par les Missionaries de Pekin.* Paris: Chez Nyon, Libraire, rue Saint-Jean-de-Beauvais, vis-à-vis le College, 1777.

Bouvet, Joachim. "Travail de 200 pages sur une découverte faite dans l'y king." Paris, Bibliothèque Nationale de France, Ms. n. a. lat., no. 1173.

Kircher, Athanasius. *Are magna lucis et umbrae.* Amsterdam: Janssonius van Waesberge, 1671.

Kircher, Athanasius. *Magnes sive de Arte Magnetica.* 3rd ed. Rome: Blasio Deversini and Zanobio Masotti, 1654.

Prémare, Joseph de. *Selecta Quaedam Vestigia procipuorum Christianae Relligionis dogmatum, ex antiquis Sinarum libris eruta.* Paris, Bibliothèque Nationale de France, Chinois no. 9248.

Stumpf, Kilian. "De controversia libri y kim seu contra sententias Kinisticae." Archivum Romanum Societatis Iesu, Jap. Sin. 176.

二、影印／點校本

〔漢〕朱震：《漢上易傳》，載嚴靈峰編：《無求備齋易經集成》21 冊。臺北：成文出版社有限公司，1976 年影印宋刊鈔補本。

〔漢〕班固：《白虎通德論》。河北省：鄂官書處，1912 年。

〔漢〕班固撰，〔唐〕顏師古注：《漢書》。北京：中華書局，1962 年點校本。

〔漢〕許慎撰，〔清〕段玉裁注，李添富總校訂：《說文解字注》。臺北：洪葉文化，2016 年影印經韻樓藏本。

〔漢〕鄭玄：《易緯‧乾鑿度》，載嚴靈峰編：《無求備齋易經集成》157 冊。臺北：成文出版社有限公司，1976 年影印本。

〔漢〕劉安撰，陳廣忠譯注：《淮南子譯注》。北京：中華書局，1989 年。

〔魏〕王弼撰，樓宇烈校釋：《周易注附周易略例》。北京：中華書局，2011 年。

〔後蜀〕彭曉：《周易參同契分章通真義》，載洪丕謨編：《道藏氣功要集》下冊。上海：上海書店，1995 年影印本。

〔唐〕孔穎達疏，邱燮友點校，國立編譯館主編：《周易正義》。臺北：新文豐出版公司，2001 年。

〔唐〕李鼎祚編，王豐先點校：《周易集解》。北京：中華書局，2016 年。

〔宋〕朱熹述，鄭明等點校：《朱子語錄》，《朱子全書》14–18 冊。上海：上海古籍出版社，2014 年。

〔宋〕朱熹撰，陳俊民校編：《朱子文集》。臺北：德富文教基金會，2000 年。

〔宋〕朱熹撰，廖名春點校：《周易本義》。北京：中華書局，2019 年。

〔宋〕李昉等編，汪紹楹點校：《太平傳記》。北京：中華書局，1961 年。

〔宋〕邵雍撰，郭彧、于天寶點校：《邵雍全集》。上海：上海古籍出版社，2015 年。

〔宋〕程顥、程頤撰，王孝魚點校：《二程集》。北京：中華書局，2004 年。

〔宋〕程頤撰，王孝魚點校：《周易程氏傳》。北京：中華書局，2011 年。

〔明〕王徵：《仁會約》，載毛瑞方編注：《畏天愛人極論：王徵天主教文獻集》。新北市：橄欖出版，2014 年。

〔明〕邵輔忠：〈天學說〉，載吳相湘編：《天主教東傳文獻續編》1 冊。臺北：臺灣學生書局，1966 年影印梵蒂岡圖書館館藏 Borg. cin. 334.7 本。

〔明〕來知德撰，王豐先點校：《周易集註》。北京：中華書局，2019 年。

〔明〕徐道：《歷代神仙通鑑》，載王秋桂、李豐楙編：《中國民間信仰資料彙編》10 冊。臺北：臺灣學生書局，1989 年影印本。

〔明〕黃宗炎：《圖學辯惑》，《四庫全書》40冊。上海：上海古籍出版社，1987年影印文淵閣本。

〔明〕楊廷筠：《代疑篇》，載張西平、馬西尼（Federico Masini）、任大援、裴佐寧（Ambrogio M. Piazzonni）編：《梵蒂岡圖書館館藏明清中西文化交流史文獻叢刊》23冊。鄭州：大象出版社，2019年影印梵蒂岡館藏R.G. Oriente III 219.9本。

〔清〕李光地撰，馮雷益、鍾友文點校：《御纂周易折中》。北京：中央編譯出版社，2011年。

〔清〕呂立本：《易經本旨》，載鐘鳴旦（Standaert, Nicolas）、杜鼎克（Dudink, Ad）、王仁芳編：《徐家匯藏書樓明清天主教文獻續編》1–2冊。臺北：利氏學社，2013年影印徐匯館藏213000·94441–94444B本。

〔清〕張星曜著，肖清和、王善卿編注：《天儒同異考：清初儒家基督徒張星曜文集》。新北：橄欖出版，2015年。

〔清〕陳淳著，鄭安德編：《開天寶鑰》。北京：北京大學宗教研究所，2000年。

《清實錄·清世宗皇帝實錄》7冊。北京：中華書局，1986年影印本。

〔西〕龐迪我（Diego de Pantoja）：《七克》，載張西平、馬西尼（Federico Masini）、任大援、裴佐寧（Ambrogio M. Piazzonni）編：《梵蒂岡圖書館館藏明清中西文化交流史文獻叢刊》6–7冊。鄭州：大象出版社，2014年影印梵蒂岡館藏RACCOLTA GENERALE-ORIENTE-III 183本。

〔法〕沙守信（Emeric Langlois de Chavagnac）：《真道自證》，載鐘鳴旦、杜鼎克、王仁芳編：《徐家匯藏書樓明清天主教文獻續編》26冊。台北：台北利氏學社，2013年。

〔法〕馬若瑟（Joseph-Henri-Marie de Prémare）：《儒交信》，載鐘鳴旦、杜鼎克、王仁芳編：《徐家匯藏書樓明清天主教文獻續編》26冊。台北：台北利氏學社，2013年。

───：《儒教實義》，載吳相湘編：《天主教東傳文獻續編》3冊。臺北：臺灣學生書局，1966年影印梵蒂岡圖書館館藏Borg. cin. 316.20本。

〔法〕賀清泰（Louis Antoine de Poirot）著，李爽學、鄭海娟編校：《古新聖經殘稿》。北京：中華書局，2014年。

〔意〕艾儒略（Giulio Alenio）：《口鐸日抄》，載鐘鳴旦、杜鼎克編：《耶穌會羅馬檔案館明清天主教文獻》7冊。臺北：利氏學社，2002年影印本。

───：《三山論學紀》，載張西平、馬西尼（Federico Masini）、任大援、裴佐寧（Ambrogio M. Piazzonni）編：《梵蒂岡圖書館館藏明清中西文化交流史文獻叢刊》14冊。鄭州：大象出版社，2014年影印梵蒂岡館藏Borg. Cin. 324.20a本。

───：《天主降生言行紀畧》，載李奭學、林熙強編校：《晚明天主教翻譯文學箋注》卷3。臺北：中央研究院中國文哲研究所，2014年。

───：《天主降生引義》，載張西平、馬西尼（Federico Masini）、任大援、裴佐寧（Ambrogio M. Piazzonni）編：《梵蒂岡圖書館館藏明清中西文化交流史

文獻叢刊》1冊。鄭州：大象出版社，2014年影印梵蒂岡館藏RACCOLTA GENERALE-ORIENTE-II 164本。

———：《萬物真原》，載張西平、馬西尼（Federico Masini）、任大援、裴佐寧（Ambrogio M. Piazzonni）編：《梵蒂岡圖書館館藏明清中西文化交流史文獻叢刊》1冊。鄭州：大象出版社，2014年影印梵蒂岡館藏RACCOLTA GENERALE-ORIENTE-II 164本。

———：《彌撒祭義》，載張西平、馬西尼（Federico Masini）、任大援、裴佐寧（Ambrogio M. Piazzonni）編：《梵蒂岡圖書館館藏明清中西文化交流史文獻叢刊》32冊。鄭州：大象出版社，2014年影印梵蒂岡館藏RACCOLTA GENERALE-ORIENTE-III 224.7本。

〔意〕利瑪竇（Matteo Ricci）：《天主實義》，載張西平、馬西尼（Federico Masini）、任大援、裴佐寧（Ambrogio M. Piazzonni）編：《梵蒂岡圖書館館藏明清中西文化交流史文獻叢刊》31冊。鄭州：大象出版社，2014年影印梵蒂岡館藏Borg. Cin. 355.7–8本。

———：《乾坤體義》，載〔明〕刑雲路輯：《古今律歷考》787冊。臺北：臺灣商務印書館，1983年影印文淵閣四庫全書本。

〔意〕高一志（Alfonso Vagnoni）：《天主聖教聖人行實》，載李奭學、林熙強校：《晚明天主教翻譯文學箋注》卷2。臺北：中央研究院中國文哲研究所，2014年。

———：《聖母行實》，載李奭學、林熙強校：《晚明天主教翻譯文學箋注》卷2。臺北：中央研究院中國文哲研究所，2014年。

———：《齊家西學》，載鐘鳴旦、杜鼎克、黃一農、祝平一等編：《徐家匯藏書樓明清天主教文獻》2冊。臺灣：方濟出版社，1996年影印本。

〔意〕羅明堅（Michele Ruggieri）：《天主聖教實錄》，載張西平、馬西尼（Federico Masini）、任大援、裴佐寧（Ambrogio M. Piazzonni）編：《耶穌會羅馬檔案館明清天主教文獻》24冊。鄭州：大象出版社，2014年影印梵蒂岡館藏R.G. Oriente III 221.3本。

〔葡〕孟儒望（João Monteiro）：《天學略義》，載張西平、馬西尼（Federico Masini）、任大援、裴佐寧（Ambrogio M. Piazzonni）編：《梵蒂岡圖書館館藏明清中西文化交流史文獻叢刊》31冊。鄭州：大象出版社，2014年影印梵蒂岡館藏R.G. Oriente III 213.15本。

〔墨〕石鐸琭（Pedro de la Piñuela）：《聖母花冠經》，載鐘鳴旦（Nicolas Standaert）、杜鼎克（Adrian Dudink）、蒙曦編：《法國國家圖書館明清天主教文獻》21冊。臺北：臺北利氏學社，2009年影印本。

二手文獻

一、外文著述

Aquinas, Thomas. *Summa Theologiae*. Translated by T. C. O'Brien. London: Blackfriars, 1964.

Bellah, Robert N. "Religious Evolution." *American Sociological Review* 29.3 (1964): 358–374.

Brown, Raymond E. *The Virginal Conception and Bodily Resurrection of Jesus*. New York: Paulist Press, 1973.

Crichton, J. D. *Saints or Sinners? Jansenism and Jansenisers in Seventeenth Century France*. Dublin: Veritas, 1996.

Childs, Brevard S. "Allegory and Typology within Biblical Interpretation." In *The Bible as Christian Scripture: The Work of Brevard S. Childs*, edited by Christopher R. Seitz and Kent Harold Richards, 299–311. Atlanta: Society of Biblical Literature, 2013.

Cobb, John B. *Beyond Dialogue: Toward a Mutual Transformation of Christianity and Buddhism*. Philadelphia: Fortress Press, 1982.

von Collani, Claudia. "The First Encounter of The West with The *Yijing*: Introduction to and Edition of Letters and Latin Translations by French Jesuits from the 18th Century." *Monumenta Serica: Journal of Oriental Studies* 55 (2007): 227–387.

———. *P. Joachim Bouvet S. J. Sein Leben und sein Werk*. Nettetal: Steyler Verlag, 1985.

———. *Die Figuristen in der Chinamission*. Frankfurt am Main: Peter Lang, 1981.

Gaubil, Antoine. Letter to Nicolas Fréret, October 28, 1735. Quoted in Renée Simon, ed., *Correspondence de Pekin 1772–1759*. Geneva: Librairie Droz, 1970.

Gernet, Jacques. *China and the Christian Impact: A Conflict of Cultures*. Translated by Janet Lloyd. Cambridge: Cambridge University Press, 1985.

Herdt, Jennifer A. "Christian Humility, Courtly Civility and the Code of the Streets." *Modern Theology* 25 (2009): 541–587.

Hon, Tze-ki. "From a Hierarchy in Time to a Hierarchy in Space: The Meanings of Sino-Babylonianism in Early Twentieth-Century China." *Modern China* 36 (2010): 139–169.

Huang, Paulos. *Confronting Confucian Understandings of the Christian Doctrine of Salvation: A Systematic Theological Analysis of the Basic Problems in the Confucian-Christian Dialogue*. Botson: Brill, 2009.

Kolakowski, Leszek. *God Owes Us Nothing: A Brief Remark on Pascal's Religion and on the Spirit of Jansenism*. Chicago: University of Chicago Press, 1995.

Kirkpatrick, Daniel. *Monergism or Synergism: Is Salvation Cooperative or the Work of God Alone?* Eugene/Oregon: Pickwick Publications, 2018.

Lackner, Michael. "Jesuit Figurism." In *China and Europe: Images and Influences in Sixteenth to Eighteenth Centuries*, edited by Hongqi Li and Thomas H. C. Lee, 129–148. Hong Kong: Chinese University Press, 1991.

Lai, John Tsz Pang and Wu, Jochebed Hing Ming. "The Catholic *Yijing*: Lü Liben's Passion Narratives in the Context of the Qing Prohibition of Christianity." *Religions* 10.7 (2019): 416.

Lee, Archie C. C. "Scriptural Translation and Cross-Textual Hermeneutics." In *The Oxford Handbook of Christianity in Asia,* edited by Felix Wilfred, 122–131. Oxford: Oxford University Press, 2014.

Lindberg, David C. *The Beginnings of Western Science: The European Scientific Tradition in Philosophical, Religious, and Institutional Context, 600 B.C. to A.D. 1450.* Chicago/London: University of Chicago Press, 1992.

Lundbæk, Knud. *Joseph de Prémare (1666–1736), S.J.: Chinese Philology and Figurism.* Aarhus C, Denmark: Aarhus University Press, 1991.

Margiotti, Fortunato. *Il Cattolicismo nello Shansi dale origini al 1738.* Roma: Ediziomi Sinica Franciscana, 1958.

McFarland, Ian A., et al. *The Cambridge Dictionary of Christian Theology.* New York: Cambridge University Press, 2011.

Miguens, Manuel. *The Virgin Birth: An Evaluation of Scriptural Evidence.* O.F.M. Westminster, Md.: Christian Classics, 1975.

Min, Anselm Kyongsuk. "The Trinity of Aquinas and the Triad of Zhu Xi: Some Comparative Reflections." In *Word and Spirit: Renewing Christology and Pneumatology in a Globalizing World.* Edited by Anselm Kyongsuk Min and Christoph Schwöbel, 151–170. Berlin/Boston: De Gruyter, 2014.

Mungello, David E. *The Silencing of Jesuit Figurist Joseph de Prémare in Eighteenth-Century China.* Lanham: Lexington Books, 2019.

———. *The Spirit and the Flesh in Shandong, 1650–1785.* Lanham: Rowman & Littlefield, 2001.

———. "The Evolution of Jesuit Accommodation in the Figurism of Bouvet." In *Land: Jesuit Accommodation and The Origins of Sinology*, 301–328. Honolulu: University of Hawai'i Press, 1985.

Pan, Feng-Chuan. "Some Reflections on the Methodology of the Studies on Missionary Sinology." *Monumenta Serica: Journal of Oriental Studies* 68 (2020): 429–434.

Pinot, Virgile. *La Chine et la formation de l' esprit phiosophique en France (1640 –1740).* Paris: Librairie orientaliste Paul Geuthner, 1932.

Prémare, Joseph de. *Vestiges dans principaux dogmes Chréstiens tirés des anciens livres chinois.* Translated by A. Bonnetty and Paul Perny. Paris: Bureau des Annales de philosophie chrétienne, 1878.

Randles, William G. L. *The Unmaking of the Medieval Christian Cosmos, 1500–1760: From Solid Heavens to Boundless Aether.* Aldershot, England/Brookfield VT: Ashgate, 1999.

Ricci, Matteo. Letter to Claudio Acquaviva, achieved 1604. Quoted in Pasquale M. D' Elia, *Fonti Ricciane.* Vol. 2. Rome, Libreria dello Stato, 1949.

Rowbotham, Arnold H. "The Jesuit Figurists and Eighteenth-Century Religious Thought." *Journal of the History of Ideas* 17 (1956): 471–485.

Rule, Paul A. "K'ung-tzu or Confucius? The Jesuit Interpretation of Confucianism." PhD diss., Australian National University, 1972.

Rushing, Sara. "Comparative Humilities: Christian, Contemporary, and Confucian Conceptions of a Political Virtue." *Polity* 45.2 (2013): 198–222.

Smith, Richard J. "Collaborators and Competitors: Western Translators of the *Yijing* in the Eighteenth and Nineteenth Centuries." In *Sinologists as Translators in the Seventeenth to Nineteenth Centuries*, 385–434. Hong Kong: Chinese University Press, 2015.

———. "Jesuit Interpretations of the *Yijing* (Classic of Changes) in Historical and Comparative Perspective." *Southeast Asian Studies* 33 (2002): 147–162.

Song, Gang. "The Many Faces of Our Lady: Chinese Encounters with the Virgin Mary between 7th and 17th Centuries." *Monumenta Serica: Journal of Oriental Studies* 66.2 (2018): 312–377.

Standaert, Nicolas. *Handbook of Christianity in China, Volume One: 635–1800.* Leiden/Boston/Köln: Brill, 2001.

Van Kley, Edward J. "Europe's Discovery of China and the Writing of the World History." *The American Historical Review* 76.2 (1971): 358–385.

Warner, Marina. *Alone of All Her Sex: The Myth and the Cult of the Virgin Mary.* Oxford: Oxford University Press, 2013.

Wei, Sophie Ling-chia. *Chinese Theology and Translation: The Christianity of the Jesuit Figurists and Their Christianized* Yijing. London: Routledge, 2019.

Witek, John W. *Controversial Ideas in China and in Europe: A Biography of Jean-François Foucquet, S.J. (1665–1741).* Roma: Institutum Historicum S.I., 1982.

Wright, Jonathan, and Burson, Jeffrey D., eds. *The Jesuit Suppression in Global Context: Causes, Events and Consequences.* Cambridge: Cambridge University Press, 2015.

二、漢文著述

〔法〕榮振華（Joseph Dehergne）著，耿昇譯：《在華耶穌會列傳及書目補編》。北京：新華書店，1995年。

〔西〕潘尼卡（Raimundo Panikkar）著，王志成、思竹譯：《宗教內對話》。北京：宗教文化，2001年。

方豪：《中國天主教史人物傳——清代篇》，載周駿富編：《清代傳記叢刊》65冊。臺北：明文書局，1985年。

———：《中國天主教人物傳（下）》。北京：中華書局，1988年。

王新春：《周易虞氏學》。臺北：頂淵文化事業有限公司，1999年。

王德威：《後遺民寫作》。臺北：麥田出版，2007年。

王澤偉：〈17–18世紀初在華耶穌會士的漢字收編：以馬若瑟《六書實義》為例〉。國立清華大學碩士論文，2020年。

代國慶：《聖母瑪利亞在中國》。新北：臺灣基督教文藝出版社，2014年。

古偉瀛：〈明末清初耶穌會士對中國經典的詮釋及其演變〉，《臺大歷史學報》25期（2000年6月），頁85–117。

田合祿、田峰：《〈周易〉與日月崇拜——周易‧神話‧科學》。北京：光明日報出版社，2004年。

朱伯崑：《易學哲學史》。臺北：藍燈文化事業公司，1991年。

余敦康：〈論邵雍的先天之學與後天之學〉，《道家文化研究》11期（1997年10月），頁223–238。

吳展良：〈朱子之鬼神論述義〉，《漢學研究》29卷4期（2013年12月），頁111–144。

———：〈朱子理氣論新詮〉，發表於「中國的經典詮釋傳統第十次學術會議」，臺北：國立臺灣大學，2002年12月。

吳昶興：《大秦景教流行中國碑：大秦景教文獻釋義》。臺北：橄欖出版社，2015。

佚名：〈黃斐默司鐸傳〉，《聖心報》12期（1909年），頁358–359。

李強：〈晚清華籍神父黃伯祿中西傳略考述〉，《基督教學術》15輯（2016年9月），頁239–256。

李海生：《樸學思潮》。上海：上海社會科學院出版社，2006年。

李奭學：《馬若瑟的文學世界》。臺北：國立臺灣大學出版中心，2022年。

———：〈中西合璧的小說新體——清初耶穌會士馬若瑟著《夢美土記》初探〉，《漢學研究》29卷2期（2011年6月），頁81–116。

———：〈三面瑪利亞——論高一志《聖母行實》裏的聖母的奇蹟故事的跨國流變及其意義〉，《中國文哲研究集刊》34期（2009年3月），頁53–110。

李熾昌：〈跨文本閱讀策略：明末清初中國基督徒著作研究〉，載《文本實踐與身份辨識：中國基督徒知識分子的中文著述1583–1949》。上海：上海古籍出版社，2005年。

肖清和：〈清初索隱派傳教士馬若瑟的三一論與跨文化詮釋——以《三一三》為中心〉,《北京行政學院學院學報》4期（2018年7月）,頁113–119。

胡知凡：《瑰奇清雅——道教對中國繪畫的影響》。上海：上海辭書出版社,2011年。

徐宗澤：《明清間耶穌會士譯著提要》。上海：中華書局,1946年。

祝平一：〈《經傳眾說》——馬若瑟的中國經學史〉,《中央研究院歷史語言研究所集刊》78本3分（2007年9月）,頁435–472。

馬釗：〈乾隆朝地方高級官員與查禁天主教活動〉,《清史研究》4期（1998年4月）,頁53–56。

高慧琳：〈聖母瑪利亞：聖神的畫像〉,《神學論集》117–118期（1998年12月）,頁369–409。

康全誠：〈清代易學八家研究〉,載林慶彰編《中國學術思想研究輯刊》5冊。臺北：花木蘭出版社,2008年。

張西平：〈《易經》研究：康熙和法國傳教士白晉的文化對話〉,《文化雜誌》54期（2005年9月）,頁83–93。

———：〈梵蒂岡圖書館藏白晉讀《易經》文獻初探〉,《文獻季刊》3期（2003年7月）,頁17–30。

梁工：《聖經敘事藝術研究》。北京：商務印書館,2006年。

陳欣雨：《白晉易學思想研究——以梵蒂岡圖書館見存中文易學數據為基礎》。北京：人民出版社,2017年。

———：〈立足於文字學的馬若瑟易經研究——以《周易理數》與《太極略說》為例〉,《澳門理工學報》20卷1期（2017年1月）,頁85–92。

陳鼓應注譯,王雲五主編：《莊子今註今譯》。臺北：臺灣商務印書館,2011年。

陳德述：〈來知德的易說及其自然哲學〉,載《周易研究論文集》。北京：北京師範大學,1990年,頁443–454。

無名氏：《聖教要理》,載鐘鳴旦、杜鼎克、蒙曦編：《法國國家圖書館明清天主教文獻》24冊。臺北：利氏學社,2009年影印本。

黃保羅：〈漢語索隱神學——對法國耶穌會士續講利瑪竇之後文明對話的研究〉,《深圳大學學報（人文社科版）》28卷2期（2011年3月）,頁5–12。

楊自平：《清初至中葉〈易〉學十家之類型研究》。臺北：臺北大學出版中心,2017年。

———：《世變與學術：明清之際士林〈易〉學與殿堂〈易〉學》。臺北：臺北大學出版中心,2012年。

———：〈來知德《易》學特色——錯綜哲學〉,載《明代學術論集》。臺北：萬卷樓圖書股份有限公司,2008年,頁129–182。

趙世瑜：〈多元的標識,層累的結構——以太原晉祠及周邊地區的寺廟為例〉,《首都師範大學學報（社會科學版）》1期（2019年）,頁1–23。

劉玉建：《兩漢象數易學研究》。南寧：廣西教育出版社，1996年。

劉耘華：《詮釋的圓環——明末清初傳教士對儒家經典的解釋及其本土回應》。北京：北京大學出版社，2005年。

張劍華：《漢傳佛教繪畫藝術》。北京：今日中國出版社，1992年。

潘鳳娟：〈述而不譯？艾儒略《天主降生言行紀畧》的跨語言敘事初探〉，《中國文哲研究集刊》34期（2009年3月），頁111–167。

———、江日新：〈早期耶穌會士與《道德經》翻釋〉，《中國文化研究所學報》65期（2017年7月），頁249–283。

蔡彥仁：〈從宗教的「不可化約性」論華人學術處境中的宗教研究〉，載黎志添編：《華人學術處境中的宗教研究：本土方法的探索》。香港：三聯書店，2012年。

黎子鵬編注：《清初耶穌會士白晉〈易經〉殘稿選注》。臺北：國立臺灣大學出版中心，2020年。

黎子鵬、胡獻皿：〈索隱遺珠：呂立本《易經本旨》的抄本考略與跨語境詮釋〉，《香港大學中文學報》2.1期（2024年3月）。

鄭吉雄：〈中國古代形上學中數字觀念的發展〉，《周易研究》79期（2006年10月），頁11–14。

盧德：〈從榮格心理學看天主聖三「隱而未顯」幅度〉，《神學論集》142期（2005年1月），頁600–617。

賴品超：《宗教都是殊途同歸？宗教研究與漢語神學的視角》。香港：漢語基督教文化研究所，2020年。

賴貴三：《科技部補助專題研究計劃報告：乾隆中葉呂立本〈易經本旨〉稿本研究》。取自https://www.grb.gov.tw/search/planDetail?id=13132640，2024年2月20日擷取。

賴錫三：〈《周易參同契》的「先天－後天學」與「內養－外煉一體觀」〉，《漢學研究》20卷2期（2002年12月），頁109–140。

韓琦：〈科學與宗教之間：耶穌會士白晉的《易經》研究〉，載陶飛亞、梁元生編：《東亞基督教再詮釋》。香港：香港中文大學崇基學院宗教與中國社會研究中心，2004年。

———：〈再論白晉的《易經》研究——從梵蒂岡教廷圖書館所藏手稿手析其研究背景、目的及反響〉，載榮新江、李孝聰編：《中外關係史：新史料與新問題》。北京：科學出版社，2004年。

———：〈白晉的《易經》研究和康熙時代的「西學中源說」〉，《漢學研究》16卷1期（1998年6月），頁185–201。

羅麗達：〈白晉研究《易經》史事稽考〉，《漢學研究》15卷1期（1997年6月），頁173–184。

索 引